KURZLEHRBÜCHER
FÜR DAS JURISTISCHE STUDIUM

Jauernig/Berger
Zwangsvollstreckungs- und Insolvenzrecht

Zwangsvollstreckungs- und Insolvenzrecht

EIN STUDIENBUCH

vormals bearbeitet von

Dr. Dr. h. c. Othmar Jauernig

em. o. Professor an der Universität Heidelberg

fortgeführt von

Dr. Christian Berger

Professor an der Universität Leipzig
Richter am Oberlandesgericht Dresden

23., völlig neubearbeitete Auflage
des von Friedrich Lent begründeten Werkes

Verlag C. H. Beck München 2010

Verlag C. H. Beck im Internet:
beck.de

ISBN 978 3 406 59510 3

Wilhelmstraße 9, 80801 München
Druck und Bindung: Nomos Verlagsgesellschaft
In den Lissen 12, 76547 Sinzheim

Satz: Reemers Publishing Services GmbH, Krefeld

Gedruckt auf säurefreiem, alterungsbeständigem Papier
(hergestellt aus chlorfrei gebleichtem Zellstoff)

Vorwort

Othmar Jauernig hatte das von ihm seit der 9. Auflage 1963 betreute führende Kurzlehrbuch zum Zwangsvollstreckungs- und Insolvenzrecht mit der 22. Auflage 2007 in meine Hände gelegt. Das darin zum Ausdruck gekommene Vertrauen ist Ehre und Verpflichtung zugleich. Auch mit dieser Neuauflage bietet das Werk eine knappe und präzise Darstellung des gesamten Zwangsvollstreckungs- und Insolvenzrechts.

Das Buch wurde in allen Teilen überarbeitet und aktualisiert. Zu berücksichtigen waren wichtige Gerichtsentscheidungen und zahlreiche Gesetzesänderungen. Zu nennen sind im Zwangsvollstreckungsrecht etwa die Internetversteigerung beweglicher Sachen, das Europäische Mahnverfahren oder der Europäische Zahlungsbefehl als Vollstreckungstitel; im Insolvenzrecht insbesondere das Gesetz zur Vereinfachung des Insolvenzverfahrens und das Gesetz zur Modernisierung des GmbH-Rechts.

Völlig neu geschrieben wurden die Abschnitte zum Schuldnerschutz und zur Gläubigeranfechtung im Zwangsvollstreckungsverfahren sowie die Teile zum Insolvenzanfechtungsrecht.

Das Buch gibt den Gesetzesstand vom 1. 1. 2010 wieder. Bereits berücksichtigt wurden die erst am 1. 7. 2010 in Kraft tretenden Gesetzesänderungen durch Einführung des Pfändungsschutzkontos nach dem Gesetz zur Reform des Kontopfändungsschutzes vom 7. 7. 2009. Auf die durch das Gesetz zur Reform der Sachaufklärung in der Zwangsvollstreckung vom 29. 7. 2009 mit seinen erst am 1. 1. 2013 in Kraft tretenden Änderungen zur erweiterten Vermögensauskunft des Schuldners und zur Einführung eines elektronischen Schuldnerverzeichnisses wird hingewiesen.

Leipzig, im März 2010 *Christian Berger*

Aus dem Vorwort zur 1. Auflage (1948)

Der zweite Band meiner Darstellung des Zivilprozessrechts ist die notwendige Ergänzung des ersten Teils. Denn die Zwangsvollstreckung gibt oft dem Verfahren erst den erstrebten Abschluss, sichert die Durchsetzung des im Prozess festgestellten Rechtes und gibt der gerichtlichen Entscheidung den erforderlichen Nachdruck. Als zweite Art der Vollstreckung schließt sich ihr das Konkursverfahren an.

Mehr noch als das Erkenntnisverfahren erscheinen Vollstreckungs- und Konkursrecht als rein technische Teile der Rechtsordnung ohne Ideengehalt. Und doch prägt sich auch in ihnen das Streben nach Gerechtigkeit aus, das jeden wichtigen Teil der Rechtsordnung mit gestalten muss. Neben wirtschaftlichen Erwägungen üben auch soziale Gedanken einen bedeutenden Einfluss aus. Wenn die Darstellung auch auf viele Einzelheiten eingehen muss – vielleicht in höherem Maße als beim

Erkenntnisverfahren –, so habe ich mich doch bemüht, einige große Linien herauszuarbeiten, die dem Anfänger das Eindringen in die schwierige Materie erleichtern sollen.

Friedrich Lent

Inhaltsverzeichnis

2. Teil. Insolvenzrecht

Abkürzungsverzeichnis

a. A.	je nach Zusammenhang: anderer Ansicht; am Anfang
a. a. O.	am angegebenen Ort
abl.	ablehnend
abw.	abweichend
AcP	Archiv für die civilistische Praxis (Band, Seite)
a. E.	am Ende
a. F.	alte Fassung
AfP	Archiv für Presserecht
AG	je nach Zusammenhang: Die Aktiengesellschaft; Aktiengesellschaft; Amtsgericht
AGB	Allgemeine Geschäftsbedingungen
AGGVG	Ausführungsgesetz zum Gerichtsverfassungsgesetz
AktG	Aktiengesetz v. 6. 9. 1965
allg. M.	allgemeine Meinung
AnfG	Art. 1 des EGInsO (Gesetz über die Anfechtung von Rechtshandlungen eines Schuldners außerhalb des Insolvenzverfahrens – Anfechtungsgesetz) v. 5. 10. 1994
Andres/Leithaus	Kommentar zur InsO, 2006
Anm.	Anmerkung
AnwBl	Anwaltsblatt
AO 1977	Abgabenordnung (AO 1977) i. d. F. der Bekanntmachung v. 1. 10. 2002
ArbG	Arbeitsgericht
ArbGG	Arbeitsgerichtsgesetz i. d. F. der Bekanntmachung v. 2. 7. 1979
arg.	argumentum (siehe zum Beweis)
AVAG	Gesetz zur Ausführung zwischenstaatlicher Verträge und zur Durchführung von Verordnungen der Europäischen Gemeinschaft auf dem Gebiet der Anerkennung und Vollstreckung in Zivil- und Handelssachen (Anerkennungs- und Vollstreckungsausführungsgesetz) v. 19. 2. 2001
BAföG	Bundesgesetz über individuelle Förderung der Ausbildung (Bundesausbildungsförderungsgesetz) i. d. F. der Bekanntmachung v. 6. 6. 1983
BAG	Bundesarbeitsgericht
Balz/Landfermann	Die neuen Insolvenzgesetze, 2. Aufl., 1999
Baumann/Brehm	Zwangsvollstreckung, 2. Aufl., 1982
Baumbach	*Baumbach/Lauterbach/Albers/Hartmann*, ZPO, 68. Aufl., 2010
Baur/Stürner/Bruns	Zwangsvollstreckungsrecht, 13. Aufl., 2006
Baur/Stürner II	Zwangsvollstreckungs-, Konkurs- und Vergleichsrecht, Bd. II: Insolvenzrecht, 12. Aufl., 1990
Baur/Stürner, Fälle	Fälle und Lösungen nach höchstrichterlichen Entscheidungen. Zwangsvollstreckungs-, Konkurs- und Vergleichsrecht, 6. Aufl., 1989
BayObLG	Bayerisches Oberstes Landesgericht
BayVBl	Bayerische Verwaltungsblätter
BB	Der Betriebs-Berater
BBankG	Gesetz über die Deutsche Bundesbank i. d. F. der Bekanntmachung v. 22. 10. 1992
BDSG	Bundesdatenschutzgesetz (BDSG) v. 14. 1. 2003
Becker	Insolvenzrecht, 2. Aufl., 2008
Beil.	Beilage
Bek.	Bekanntmachung
BetrAVG	Gesetz zur Verbesserung der betrieblichen Altersversorgung v. 19. 12. 1974
BetrVG	Betriebsverfassungsgesetz i. d. F. der Bekanntmachung v. 25. 9. 2001
BeurkG	Beurkundungsgesetz v. 28. 8. 1969

BFH	Bundesfinanzhof
BGB	Bürgerliches Gesetzbuch i. d. F. der Bekanntmachung v. 2. 1. 2002
BGBl	Bundesgesetzblatt
BGH	Bundesgerichtshof
BGHSt	Entscheidungen des Bundesgerichtshofs in Strafsachen (Band, Seite)
BGHZ	Entscheidungen des Bundesgerichtshofs in Zivilsachen (Band, Seite)
Blomeyer I	*A. Blomeyer,* Zivilprozeßrecht, Erkenntnisverfahren, 2. Aufl., 1985
Blomeyer II	*A. Blomeyer,* Zivilprozeßrecht, Vollstreckungsverfahren, 1975, mit Nachtrag 1979
BNotO	Bundesnotarordnung v. 24. 2. 1961
Böttcher	Gesetz über die Zwangsversteigerung, 4. Aufl., 2005
Bork	*Bork,* Einführung in das Insolvenzrecht, 5. Aufl., 2009
Bork/*Bearbeiter*	*Bork,* Handbuch des Insolvenzanfechtungsrechts, 2006
BRAO	Bundesrechtsanwaltsordnung v. 1. 8. 1959
Brehm/Berger	Sachenrecht, 2. Aufl., 2006
Brox/Walker	Zwangsvollstreckungsrecht, 8. Aufl., 2008
Bruns/Peters	*R. Bruns* und *E. Peters,* Zwangsvollstreckungsrecht, 3. Aufl., 1987
BSG	Bundessozialgericht
BT-Drs.	Bundestagsdrucksache
Büro	Das Juristische Büro
BVerfGE	Entscheidungen des Bundesverfassungsgerichts (Band, Seite)
BVerfGG	Gesetz über das Bundesverfassungsgericht i. d. F. der Bekanntmachung v. 11. 8. 1993
BVerwGE	Entscheidungen des Bundesverwaltungsgerichts (Band, Seite)
CR	Computer und Recht
DB	Der Betrieb
DDR	Deutsche Demokratische Republik
DepotG	Gesetz über die Verwahrung und Anschaffung von Wertpapieren (Depotgesetz) i. d. F. der Bekanntmachung v. 11. 1. 1995
DGVZ	Deutsche Gerichtsvollzieher-Zeitung
DNotZ	Deutsche Notar-Zeitschrift
DÖV	Die Öffentliche Verwaltung
DR	Deutsches Recht
DtZ	Deutsch-deutsche Rechtszeitschrift, seit 1998 vereint mit VIZ
DVBl	Deutsches Verwaltungsblatt
E 1931	Entwurf einer ZPO, veröffentlicht durch das Reichsjustizministerium, 1931
EG	Europäische Gemeinschaft
EGBGB	Einführungsgesetz zum Bürgerlichen Gesetzbuch i. d. F. der Bekanntmachung v. 21. 9. 1994
EGInsO	Einführungsgesetz zur Insolvenzordnung v. 5. 10. 1994
EGStGB	Einführungsgesetz zum Strafgesetzbuch v. 2. 3. 1974
EheVO	Verordnung (EG) Nr. 2201/2003 des Rates vom 27. 11. 2003 über die Zuständigkeit und Anerkennung und Vollstreckung von Entscheidungen in Ehesachen und in Verfahren betreffend die elterliche Verantwortung und zur Aufhebung der Verordnung Nr. 1347/2000
EinV	Vertrag zwischen der Bundesrepublik Deutschland und der Deutschen Demokratischen Republik über die Herstellung der Einheit Deutschlands – Einigungsvertrag – v. 31. 8. 1990
ErbbauVO	Verordnung über das Erbbaurecht v. 15. 1. 1919
EU	Europäische Union
EuGFVO	Verordnung (EG) Nr. 861/2007 des Europäischen Parlaments und des Rates vom 11. 7. 2007 zur Einführung eines europäischen Verfahrens für geringfügige Forderungen
EuGH	Gerichtshof der Europäischen Gemeinschaften
EuGVVO	Verordnung (EG) Nr. 44/2001 des Rates vom 22. 12. 2000 über die gerichtliche Zuständigkeit und die Anerkennung und Vollstreckung von Entscheidungen in Zivil- und Handelssachen

EuGVÜ	Brüsseler Übereinkommen (der EWG) über die gerichtliche Zuständigkeit und die Vollstreckung gerichtlicher Entscheidungen in Zivil- und Handelssachen v. 27. 9. 1968 i. d. F. des 3. Beitrittsübereinkommens v. 26. 5. 1989
EuInsVO	Verordnung (EG) Nr. 1346/2000 des Rates vom 29. 5. 2000 über Insolvenzverfahren
EuMVVO	Verordnung (EG) Nr. 1896/2006 des Europäischen Parlaments und des Rates zur Einführung eines Europäischen Mahnverfahrens vom 12. 12. 2006
EuVTVO	Verordnung (EG) Nr. 805/2004 über einen Europäischen Vollstreckungstitel für unbestrittene Forderungen vom 21. 4. 2004
EuZW	Europäische Zeitschrift für Wirtschaftsrecht
EWG	Europäische Wirtschaftsgemeinschaft
EWIV	Europäische Wirtschaftliche Interessenvereinigung
EzA	Entscheidungssammlung zum Arbeitsrecht
FamG	Familiengericht
FamRZ	Zeitschrift für das gesamte Familienrecht
FGG	Gesetz über die Angelegenheiten der freiwilligen Gerichtsbarkeit i. d. F. der Bekanntmachung v. 20. 5. 1898 (aufgehoben)
FGO	Finanzgerichtsordnung i. d. F. der Bekanntmachung v. 28. 3. 2001
FK-InsO/*Bearbeiter*	Frankfurter Kommentar zur Insolvenzordnung, 5. Aufl., 2009
Foerste	Insolvenzrecht, 4. Aufl., 2008
Frege/Keller/Riedel	Insolvenzrecht, 7. Aufl., 2008
FS	Festschrift
GBO	Grundbuchordnung i. d. F. der Bekanntmachung v. 26. 5. 1994
GenG	Gesetz betr. die Erwerbs- und Wirtschaftsgenossenschaften i. d. F. d. Bekanntmachung v. 16.10.2006
Gerhardt	Vollstreckungsrecht, 2. Aufl., 1982
GesO	Gesamtvollstreckungsordnung i. d. F. der Bekanntmachung v. 23. 5. 1991 (aufgehoben)
GewSchG	Gesetz zum zivilrechtlichen Schutz vor Gewalttaten und Nachstellungen – Gewaltschutzgesetz v. 11. 12. 2001
GG	Grundgesetz für die Bundesrepublik Deutschland v. 23. 5. 1949
GmbH	Gesellschaft mit beschränkter Haftung
GmbHG	Gesetz betr. die Gesellschaften mit beschränkter Haftung i. d. F. d. Bekanntmachung v. 20. 5. 1898
GmS	Gemeinsamer Senat der obersten Gerichtshöfe des Bundes
Gottwald/*Bearbeiter*	Insolvenzrechts-Handbuch, 3. Aufl., 2006
Grunsky	Grundzüge des Zwangsvollstreckungs- und Insolvenzrechts, 5. Aufl., 1996
GRUR	Gewerblicher Rechtsschutz und Urheberrecht
GS	je nach Zusammenhang: Gedächtnisschrift; Großer Senat
GVG	Gerichtsverfassungsgesetz i. d. F. der Bekanntmachung v. 9. 5. 1975
GVGA	Geschäftsanweisung für Gerichtsvollzieher
Häsemeyer	Insolvenzrecht, 4. Aufl., 2007
HGB	Handelsgesetzbuch v. 10. 5. 1897
h. M.	herrschende Meinung
HS	Halbsatz
i. d. F.	in der Fassung
InsÄndG	Gesetz zur Änderung der Insolvenzordnung und anderer Gesetze v. 26. 10. 2001
IntFamRVG	Internationales Familienrechtsverfahrensgesetz v. 26. 1. 2005
InVO	Insolvenz & Vollstreckung
IPRax	Praxis des internationalen Privat- und Verfahrensrechts
JA	Juristische Arbeitsblätter
Jaeger, Lehrbuch	*Jaeger*, Lehrbuch des Deutschen Konkursrechts, 8. Aufl., 1932
Jaeger/Henckel	*Jaeger*, Konkursordnung, 9. Aufl., 1977/91; erschienen §§ 1–42, bearbeitet von *Henckel;* unvollendet)
Jaeger/Lent	*Jaeger*, Konkursordnung, 8. Aufl., Bd. I (bearbeitet von *Lent*), 1958

Jaeger/Weber	*Jaeger*, Konkursordnung, 8. Aufl., Bd. II/1 und II/2 (bearbeitet von *Fr. Weber*), 1973
Jauernig/*Bearbeiter*	*Jauernig*, BGB, 13. Aufl., 2009
JHG/*Bearbeiter*	Jaeger, Insolvenzordnung, hrsg. von Wolfram Henckel und Walter Gerhardt, 1. Aufl., 2004
JMBlNW	Justizministerialblatt des Landes Nordrhein-Westfalen
JR	Juristische Rundschau
Jura	Juristische Ausbildung
JuS	Juristische Schulung
Justiz	Die Justiz
JW	Juristische Wochenschrift
JZ	Juristenzeitung
KG	je nach Zusammenhang: Kommanditgesellschaft; Kammergericht
KGaA	Kommanditgesellschaft auf Aktien
Kilger/Schmidt	Insolvenzgesetze, 17. Aufl., 1997
Kissel	Gerichtsverfassungsgesetz, 5. Aufl., 2008
KO	Konkursordnung i. d. F. der Bekanntmachung v. 20. 5. 1898 (aufgehoben)
KO-FS	Festschrift Einhundert Jahre Konkursordnung, 1977
KölSch	Kölner Schrift zur Insolvenzordnung, 2. Aufl., 2000
KP/*Bearbeiter*	*Kübler/Prütting/Bork*, Kommentar zur InsO, Loseblatt, Stand: Dezember 2009
krit.	kritisch
KSchG	Kündigungsschutzgesetz i. d. F. der Bekanntmachung v. 25. 8. 1969
KTS	Zeitschrift für Insolvenzrecht
KWG	Gesetz über das Kreditwesen i. d. F. der Bekanntmachung v. 9. 9. 1998
LAG	Landesarbeitsgericht
Lippross	Vollstreckungsrecht, 10. Aufl., 2008
LG	Landgericht
LM	Nachschlagewerk des Bundesgerichtshofs, begründet von Lindenmaier und Möhring
LPartG	Gesetz über die eingetragene Lebenspartnerschaft – Lebenspartnerschaftsgesetz v. 16. 2. 2001
Lugano-Übereinkommen	Luganer Übereinkommen über die gerichtliche Zuständigkeit und die Vollstreckung gerichtlicher Entscheidungen in Zivil- und Handelssachen v. 16. 9. 1988
W. Lüke	Zivilprozessrecht (Erkenntnisverfahren, Zwangsvollstreckung), 9. Aufl., 2006
MarkenG	Gesetz über den Schutz von Marken und sonstigen Kennzeichen (Markengesetz) v. 25. 10. 1994
MDR	Monatsschrift für Deutsches Recht
MünchKomm-ZPO/*Bearbeiter*	Münchener Kommentar zur ZPO, 3. Aufl., 2007/08
MünchKomm-BGB/*Bearbeiter*	Münchener Kommentar zum BGB, 5. Aufl., ab 2000
MünchKomm-InsO/*Bearbeiter*	Münchener Kommentar zur InsO, 2. Aufl., 2007/08
Musielak/*Bearbeiter*	Kommentar zur ZPO, 7. Aufl., 2009
m. N.	mit Nachweisen
m. w. N.	mit weiteren Nachweisen
Nachw.	Nachweise
Nerlich/Römermann/*Bearbeiter*	Kommentar zur InsO, Loseblatt, Stand: März 2009
NJW	Neue Juristische Wochenschrift
NJW-RR	NJW-Rechtsprechungsreport Zivilrecht
NVwZ	Neue Zeitschrift für Verwaltungsrecht
NZA	Neue Zeitschrift für Arbeits- und Sozialrecht
NZI	Neue Zeitschrift für Insolvenz und Sanierung

OHG .... offene Handelsgesellschaft
OLG .... Oberlandesgericht
OLGZ .... Entscheidungen der Oberlandesgerichte in Zivilsachen, seit 1995 FGPrax

PartGG .... Art. 1 (Gesetz über Partnerschaftsgesellschaften Angehöriger Freier Berufe – Partnerschaftsgesellschaftsgesetz) des Gesetzes zur Schaffung von Partnerschaftsgesellschaften und zur Änderung anderer Gesetze v. 25. 7. 1994
PKH .... Prozesskostenhilfe

RdA .... Recht der Arbeit
RDG .... Gesetz über außergerichtliche Rechtsdienstleistungen (Rechtsdienstleistungsgesetz) v. 12. 12. 2007
RegE .... Regierungsentwurf
RG .... Reichsgericht
RGZ .... Entscheidungen des Reichsgerichts in Zivilsachen (Band, Seite)
Rn. .... Randnummer
Rosenberg/Bearbeiter. *Rosenberg/Gaul/Schilken*, Zwangsvollstreckungsrecht, 11. Aufl., 1997
Rosenberg/Schwab/ Gottwald .... *Rosenberg/Schwab/Gottwald*, Zivilprozessrecht, 16. Aufl., 2004
Rpfleger .... Der Deutsche Rechtspfleger
RPflG .... Rechtspflegergesetz v. 5. 11. 1969
RVO .... Reichsversicherungsordnung i. d. F. der Bekanntmachung v. 15. 12. 1924

Schlosser .... Zivilprozessrecht II (Zwangsvollstreckungs- und Insolvenzverfahren), 1984
Schuschke/Walker/ *Bearbeiter* .... Vollstreckung und Vorläufiger Rechtsschutz, 4. Aufl., 2008
Serick .... Eigentumsvorbehalt und Sicherungsübertragung (Bd. 1, 1963; Bd. 2, 1965; Bd. 3, 1970; Bd. 4, 1976; Bd. 5, 1982; Bd. 6, 1986)
SGB I .... Sozialgesetzbuch, Erstes Buch – Allgemeiner Teil v. 11. 12. 1975
SGB III .... Sozialgesetzbuch, Drittes Buch – Arbeitsförderung v. 24. 3. 1997
SGB VIII .... Sozialgesetzbuch, Achtes Buch – Kinder- und Jugendhilfe i. d. F. der Bekanntmachung v. 14. 12. 2006
SGG .... Sozialgerichtsgesetz i. d. F. der Bekanntmachung v. 23. 9. 1975
Soergel/*Bearbeiter* ...... *Soergel/Siebert*, BGB, 13. Aufl., ab 1999
Staudinger/*Bearbeiter* *Staudinger*, Kommentar zum BGB, 13. Bearbeitung, ab 1993
StGB .... Strafgesetzbuch i. d. F. der Bekanntmachung v. 13. 11. 1998
StJ .... *Stein/Jonas*, Kommentar zur ZPO, 22. Aufl., ab 2002
Storz .... Praxis des Zwangsversteigerungsverfahrens, 11. Aufl., 2008
str. .... streitig
st. Rspr. .... ständige Rechtsprechung
StSen .... Strafsenat
StVollzG .... Gesetz über den Vollzug der Freiheitsstrafe und der freiheitsentziehenden Maßregeln der Besserung und Sicherung (Strafvollzugsgesetz) v. 16. 3. 1976

Thomas/Putzo .... ZPO, 30. Aufl., 2009

Uhlenbruck/ *Bearbeiter* .... Kommentar zur Insolvenzordnung, 12. Aufl., 2002
Umbruch .... *Leipold* (Hrsg.), Insolvenzrecht im Umbruch, 1991
UmwG .... Art. 1 (Umwandlungsgesetz) des Gesetzes zur Bereinigung des Umwandlungsrechts v. 28. 10. 1994
unstr. .... unstreitig
unzutr. .... unzutreffend
UrhG .... Gesetz über Urheberrecht und verwandte Schutzrechte (Urheberrechtsgesetz) v. 9. 9. 1965

VbrInsVV .... Verordnung zur Einführung von Vordrucken für das Verbraucherinsolvenzverfahren und das Restschuldbefreiungsverfahren vom 17. 2. 2002
Vereinfachungs- novelle .... Gesetz zur Vereinfachung und Beschleunigung gerichtlicher Verfahren (Vereinfachungsnovelle) v. 3. 12. 1976
VerglO .... Vergleichsordnung v. 26. 2. 1935 (aufgehoben)
VersR .... Versicherungsrecht

VG	Verwaltungsgericht
VGH	Verwaltungsgerichtshof
VwGO	Verwaltungsgerichtsordnung i. d. F. v. 19. 3. 1991
VwVG	Verwaltungs-Vollstreckungsgesetz v. 27. 4. 1953
WEG	Gesetz über das Wohnungseigentum und das Dauerwohnrecht (Wohnungseigentumsgesetz) v. 15. 3. 1951
WM	Zeitschrift für Wirtschafts- und Bankrecht, Wertpapier-Mitteilungen Teil IV
WRP	Wettbewerb in Recht und Praxis
WRV	Die Verfassung des Deutschen Reichs („Weimarer Reichsverfassung") v. 11. 8. 1919
Zeller/Stöber	*Zeller/Stöber*, Zwangsversteigerungsgesetz, 19. Aufl., 2009
ZEV	Zeitschrift für Erbrecht und Vermögensnachfolge
ZGB-DDR	Zivilgesetzbuch (der DDR) v. 19. 6. 1975
ZGR	Zeitschrift für Unternehmens- und Gesellschaftsrecht
ZHR	Zeitschrift für das gesamte Handelsrecht und Wirtschaftsrecht
ZInsO	Zeitschrift für das gesamte Insolvenzrecht
ZIP	Zeitschrift für Wirtschaftsrecht
Zivilprozessrecht	*Jauernig*, Zivilprozessrecht, 29. Aufl., 2007
Zöller	ZPO, 28. Aufl., 2010
ZPO	Zivilprozessordnung i. d. F. der Bekanntmachung v. 5. 12. 2005
ZRP	Zeitschrift für Rechtspolitik
zustimm.	zustimmend
zutr.	zutreffend
ZVG	Gesetz über die Zwangsversteigerung und die Zwangsverwaltung i. d. F. der Bekanntmachung v. 20. 5. 1898
ZwVwV	Zwangsverwalterverordnung v. 19. 12. 2003
ZZP	Zeitschrift für Zivilprozess (Band, Seite)

Alle Paragraphen, die ohne Bezeichnung eines Gesetzes und ohne den Hinweis „vgl. o." oder „vgl. u." zitiert werden, sind im 1. Teil des Werkes solche der ZPO, im 2. Teil solche der InsO.

Alle Hinweise auf Paragraphen, die mit den Worten „vgl. o." oder „vgl. u." verbunden sind, beziehen sich auf solche dieses Werkes.

Literaturhinweise

I. Zwangsvollstreckungsrecht. In Betracht kommen insbesondere die Lehrbücher von *Baur/Stürner,* 13. Aufl., 2006; *Brox/Walker,* 8. Aufl., 2008; *Bruns/Peters,* 3. Aufl., 1987; *Rosenberg,* 11. Aufl. (bearbeitet von *Gaul* und *Schilken*), 1997; für den Rechtszustand vor 1933 *J. Goldschmidt,* 2. Aufl., 1932, mit Nachtrag 1934. Knappe Darstellungen bieten *Baumann/Brehm,* Zwangsvollstreckung, 2. Aufl., 1982; *W. Gerhardt,* Vollstreckungsrecht, 2. Aufl., 1982; *ders.*, Grundbegriffe des Vollstreckungs- und Insolvenzrechts, 1985; *Grunsky,* Grundzüge des Zwangsvollstreckungs- und Insolvenzrechts, 5. Aufl., 1996; *Lackmann,* Zwangsvollstreckungsrecht mit Grundzügen des Insolvenzrechts, 9. Aufl., 2010; *W. Lüke,* Zivilprozessrecht (Erkenntnisverfahren, Zwangsvollstreckung), 9. Aufl., 2006; *Musielak,* Grundkurs ZPO, 9. Aufl., 2007; *Paulus,* Zivilprozessrecht (Erkenntnisverfahren und Zwangsvollstreckung), 3. Aufl., 2004; *Schlosser,* Zivilprozessrecht II (Zwangsvollstreckungs- und Insolvenzrecht), 1984. An Kommentaren sind zu nennen: Münchener Kommentar zur ZPO, 3. Aufl., 2007/08; *Stein/Jonas,* 22. Aufl., ab 2002; *Wieczorek,* 3. Aufl., ab 1994; *Baumbach/Lauterbach/Albers/Hartmann,* 68. Aufl., 2010; *Thomas/Putzo,* 30. Aufl., 2009; *Zimmermann,* 8. Aufl., 2008; *Zöller,* 28. Aufl., 2010.

Schrifttum zum **ZVG** vgl. u. § 22.

II. Insolvenzrecht. In Betracht kommen die *Lehrbücher* von *Becker,* Insolvenzrecht, 2. Aufl., 2008; *Bork,* Einführung in das Insolvenzrecht, 5. Aufl., 2009; *Breuer,* Insolvenzrecht, 2. Aufl., 2003; *Foerste,* Insolvenzrecht, 4. Aufl., 2008; *Gogger,* Insolvenzrecht, 2. Aufl., 2006; *Häsemeyer,* Insolvenzrecht, 4. Aufl., 2007; *Reischl,* Insolvenzrecht, 2008; *Smid,* Grundzüge des Insolvenzrechts, 4. Aufl., 2002; *Zimmermann,* Grundriss des Insolvenzrechts, 7. Aufl., 2008.

An Kommentaren sind zu nennen: *Andres/Leithaus,* Insolvenzordnung, 2006; *Braun* (Hrsg.), Insolvenzordnung, 3. Aufl., 2007; Frankfurter Kommentar zur InsO, 5. Aufl., 2009; Heidelberger Kommentar zur InsO, 5. Aufl., 2008; *Jaeger/Henckel/Gerhardt,* Insolvenzordnung, Bd. I, 2004; *Kübler/Prütting/Bork* (Hrsg.), InsO, ab 1998 (Loseblatt); Münchener Kommentar zur InsO, 2. Aufl., 2007/08; *Nerlich/Römermann,* InsO, ab 1999 (Loseblatt); *Smid,* Deutsches und Europäisches Internationales Insolvenzrecht, 2004; *Smid/Leonhardt/Zeuner,* InsO, 3. Aufl., 2009; *Uhlenbruck,* Insolvenzordnung, 12. Aufl., 2002.

Die InsO weist zwar viele Veränderungen, auch Neuheiten gegenüber der KO und der VerglO auf, doch sind zahlreiche Strukturfragen und Probleme gleich geblieben. Daher können folgende Kommentare zur KO und VerglO jedenfalls partiell weiter genutzt werden: zur KO der führende Kommentar von *Jaeger,* 8. Aufl., Bd. I, 1958 (bearbeitet von *Lent*); Bd. II/1 und 2, 1973 (bearbeitet von *Fr. Weber*); die 9. Aufl., ab 1977 (bearbeitet von *Henckel*) ist nur bis zu § 42 gediehen; ferner sind zu nennen *Kuhn/Uhlenbruck,* KO, 11. Aufl., 1994 und *Kilger/K. Schmidt,* Insolvenzgesetze (KO, VerglO, GesO), 17. Aufl., 1997. Bei Heranziehung dieser Werke leistet die Paragraphensynopse von InsO/KO/GesO/VerglO in der dtv-Ausgabe der InsO (Bd. 5583, 4. Aufl., 1998) gute Dienste.

III. An **Zeitschriften** und **Entscheidungssammlungen** kommen die bei *Jauernig,* Zivilprozessrecht, S. XIX f. genannten in Betracht, ferner für das Insolvenzrecht insbesondere „Zeitschrift für Insolvenzverwaltung und Sanierungsberatung" (InsVZ), „Zeitschrift für Insolvenzrecht" (KTS), „Zeitschrift für Wirtschafts- und Bankrecht" (WM), „Zeitschrift für Wirtschaftsrecht" (ZIP), „Insolvenz und Vollstreckung" (InVo), „Neue Zeitschrift für Insolvenz und Sanierung" (NZI), „Zeitschrift für das gesamte Insolvenzrecht" (ZInsO) und „Deutsche Zeitschrift für Wirtschafts- und Insolvenzrecht" (DZWir).

IV. Weitere Hilfsmittel. *Baur/Stürner,* Fälle und Lösungen zum Zwangsvollstreckungs-, Konkurs- und Vergleichsrecht, 6. Aufl. (bearbeitet von *Stürner*), 1989; *Braun/Uhlenbruck,* Unternehmensinsolvenz, 1997; *Gottwald* (Hrsg.), Insolvenzrechts-Handbuch, 3. Aufl., 2006; *Haarmeyer/Wutzke/Förster,* Handbuch zur Insolvenzordnung, 3. Aufl., 2001; *Lackmann,* Die Klausur im Zwangsvollstreckungsrecht, 3. Aufl., 2007; *Lippross,* Vollstreckungsrecht, 10. Aufl., 2008; *Lüke,* Fälle zum Zivilprozessrecht (Erkenntnis- und Vollstreckungsverfahren der ZPO), 2. Aufl., 1993; *G. Lüke/Hau,* Zwangsvollstreckungsrecht (Prüfe dein Wissen), 3. Aufl., 2008; *Mohrbutter/Ringstmeier,* Handbuch der Insolvenzverwaltung, 8. Aufl., 2007; *Frege/Keller/Riedel,* Insolvenzrecht,

7. Aufl., 2008; *Schrader/Steinert,* Zwangsvollstreckung in das bewegliche Vermögen, 8. Aufl., 2006; *Stöber,* Zwangsvollstreckung in das unbewegliche Vermögen, 9. Aufl., 2009; *Tempel,* Mustertexte zum Zivilprozess, Bd. II, 6. Aufl., 2007; *Zimmermann,* ZPO-Fallrepetitorium, 7. Aufl., 2008.

1. Teil. Zwangsvollstreckungsrecht

§ 1. Grundlagen

Literatur: *Gaul,* Zur Struktur der Zwangsvollstreckung, Rpfleger 71, 1, 41, 81; *Gaul,* „Prozessuale Betrachtungsweise" und Prozesshandlungen in der Zwangsvollstreckung, GS Arens, 1993, S. 89; *Goldschmidt,* Ungerechtfertigter Vollstreckungsbetrieb, 1910; *Henckel,* Prozessrecht und materielles Recht, 1970, S. 236 ff., 349 ff.; *Stein,* Grundfragen der Zwangsvollstreckung, 1913; *Stürner,* Prinzipien der Einzelzwangsvollstreckung, ZZP 99, 291; *Wieser,* Der Grundsatz der Verhältnismäßigkeit in der Zwangsvollstreckung, 1989 (dazu *E. Peters* ZZP 103, 518).

I. Begriff

Ist der Schuldner zu einer Leistung verurteilt worden, erfüllt er seine Leistungspflicht aber nicht freiwillig, so kann das Recht des Gläubigers zwangsweise gegen den Schuldner durchgesetzt werden. Das geschieht in der Zwangsvollstreckung. Darunter versteht man ein staatliches Verfahren, das dazu dient, einen – in der Regel privatrechtlichen – Anspruch mithilfe staatlicher Zwangsgewalt zu verwirklichen. 1

Das Vollstreckungsverfahren ist ein **Teil des Zivilprozesses.** Es schließt sich häufig an das Erkenntnisverfahren an, vielfach ist es dessen notwendige Ergänzung; denn das Recht muss nicht nur festgestellt, sondern auch durchgesetzt werden können. Erst dann ist der Rechtsschutz vollkommen. Ohne die Drohung der Zwangsvollstreckung würde sich wohl mancher Schuldner nicht „freiwillig" zur Leistung bequemen. Ein notwendiger Anhang zum Erkenntnisverfahren ist die Zwangsvollstreckung aber nicht: Zum einen ist nicht jedes Urteil vollstreckbar, wie z. B. ein Scheidungsurteil (vgl. u. § 2 Rn. 4), zum anderen muss ein vollstreckbares Urteil nicht vollstreckt werden, wenn der Beklagte nach Urteilserlass von sich aus leistet, was oftmals der Fall ist. 2

Die Zwangsvollstreckung ist ein *selbstständiger* Teil des Zivilprozesses und vielfach anderen Grundsätzen als das Erkenntnisverfahren unterworfen (vgl. *Stürner* S. 294 f., 297). Sie hat eigene Organe, insbesondere den Gerichtsvollzieher und das Vollstreckungsgericht (dieses ist nicht mit dem Prozessgericht identisch, vgl. u. § 9 Rn. 5). Eine mündliche Verhandlung ist in der Regel nicht notwendig, oft nicht möglich, zuweilen verboten. Vor allem setzt die Vollstreckung nicht stets ein vorhergehendes Erkenntnisverfahren voraus, denn z. B. kann aus vollstreckbaren Urkunden ohne Prozess vollstreckt werden (vgl. u. § 3 Rn. 7). Auch können ein Erkenntnis- und ein Vollstreckungsverfahren nebeneinander herlaufen (*Beispiel:* Aus einem noch nicht rechtskräftigen Urteil wird vollstreckt – das ist möglich, vgl. u. § 2 Rn. 5, 6 – und gleichzeitig Berufung eingelegt). Die Zwangsvollstreckung ist Betätigung der streitigen Zivilgerichtsbarkeit; sie ist kein Verfahren der freiwilligen Gerichtsbarkeit oder der Verwaltung (vgl. *Gaul* Rpfleger 71, 41 ff.; zustimm. *Blomeyer* II § 1 II; a. A. BGHZ 66, 80: Pfändungs- und Überweisungsbeschluss als Verwaltungsakt; *BGH* NJW 88, 2544: Hoheitsakt). 3

4 Die zwangsweise Durchsetzung des Gläubigerrechts kann den Schuldner hart treffen. Seine wirtschaftliche Existenz darf jedoch nicht vernichtet werden. Das Schutzbedürfnis des Schuldners stößt sich mit dem Interesse des Gläubigers, das eigene Recht durchzusetzen. Hier muss der Gesetzgeber nach einem Ausgleich der widerstreitenden Interessen suchen. Ihn zu finden, ist eine ebenso schwierige wie wichtige Aufgabe (vgl. u. Rn. 7, 41 ff.).

5 **II.** Neben der in der ZPO geordneten „gerichtlichen Zwangsvollstreckung" (vgl. § 322 I AO 1977) gibt es noch **andere Arten von Vollstreckungen.** Vor allem ist auf die *Verwaltungsvollstreckung* hinzuweisen (Schrifttum: *App,* Verwaltungsvollstreckungsrecht, 4. Aufl., 2005). Sie dient der Durchsetzung von Anordnungen (Verwaltungsakten) der Verwaltungsbehörden, z. B. Beitreibung von Steuern, Abreißen eines baufälligen Hauses. Sie ist auf Teilgebieten bundesrechtlich geregelt, so für die Bundesbehörden allgemein im Verwaltungs-Vollstreckungsgesetz v. 27. 4. 1953, im Besonderen für die Finanzbehörden in der AO 1977 (vgl. auch § 150 FGO) und für die Justizbehörden des Bundes, z. T. auch der Länder, in der Justizbeitreibungsordnung v. 11. 3. 1937. In diesen Fällen ist die Verwaltungsbehörde vielfach Gläubiger und Vollstreckungsorgan in einem (instruktives Beispiel in *BGH* NJW 80, 1754 f.; allg. *App* JuS 87, 203 ff.); das ist mit dem Grundsatz der Gewaltenteilung unvereinbar und rechtspolitisch verfehlt (*Gaul* JZ 73, 477 f.; 79, 510 f.; *Zeiss* JZ 74, 567 f.). Aus diesem Grund erweckt auch § 150 FGO Bedenken: Finanzgerichtliche Urteile werden gegen den Bürger durch das Finanzamt vollstreckt; es ist somit Gläubiger, Prozesssieger und Vollstreckungsorgan in einem!

6 **III.** Die **gesetzliche Grundlage** der Zwangsvollstreckung bildet in erster Linie die ZPO, neben ihr für die Vollstreckung wegen Geldforderungen in das unbewegliche Vermögen das *Gesetz über die Zwangsversteigerung und die Zwangsverwaltung* vom 24. 3. 1897 i. d. F. der Bekanntmachung vom 20. 5. 1898. Von großer Bedeutung ist ferner das *Rechtspflegergesetz* vom 5. 11. 1969.

7 Die **Entwicklung des Zwangsvollstreckungsrechts** hat das Vollstreckungsgericht aus seiner früheren Passivität im Verfahren herausgeführt. Heute kann das Gericht gestaltend in das Verfahren eingreifen. Das zeigt sich vor allem beim *praktischen Hauptproblem des Vollstreckungsrechts* und seiner Reform: dem *Gläubiger- und Schuldnerschutz* (vgl. u. Rn. 41 ff. und §§ 31 f.). Die Krisenzeit um 1930 und die spätere Kriegs- und Nachkriegszeit führten zu einem ausgedehnten gesetzlichen Schuldnerschutz. Das Vollstreckungsrecht war in zahlreichen Vorschriften geregelt, nicht nur in der ZPO. Das Gesetz über Maßnahmen auf dem Gebiete der Zwangsvollstreckung vom 20. 8. 1953 bereinigte die unübersichtlich gewordene Rechtslage, indem es zeitbedingte Änderungen und Ergänzungen des Vollstreckungsrechts aufhob und andere Änderungs- und Ergänzungsvorschriften in die ZPO und das ZVG einfügte. Wichtige Änderungen brachten das Gleichberechtigungsgesetz vom 18. 6. 1957, die Vereinfachungsnovelle vom 3. 12. 1976, das Gesetz zur Änderung zwangsvollstreckungsrechtlicher Vorschriften vom 1. 2. 1979, das Sechste Gesetz zur Änderung der Pfändungsfreigrenzen vom 1. 4. 1992 und das Zweite Gesetz zur Änderung zwangsvollstreckungsrechtlicher Vorschriften (2. Zwangsvollstreckungsnovelle) vom 17. 12. 1997. Die „Entwicklungen im Zwangsvollstreckungsrecht seit 1949" beschreibt krit. *Münzberg* in: 40 Jahre Bundesrepublik Deutschland. 40 Jahre Rechtsentwicklung, 1990, S. 99 ff.

8 **IV.** Die **Parteien** der Zwangsvollstreckung heißen **Gläubiger** und **Schuldner.** Wer Gläubiger und wer Schuldner ist, richtet sich nach dem Vollstreckungstitel oder der Vollstreckungsklausel (vgl. u. § 4 Rn. 7): *Schuldner* ist, wer danach etwas zu „leisten", *Gläubiger* ist, wer etwas zu „fordern" hat (vgl. u. § 7 Rn. 2). Gläubiger ist meist der Kläger, Schuldner meist der Beklagte des (in der Regel vorausgegangenen) Erkenntnisverfahrens. Notwendig ist das aber nicht: Der Kläger ist Vollstreckungsschuldner, wenn ihm die Kosten des Rechtsstreits auferlegt sind und der Beklagte (als Gläubiger) deshalb vollstreckt; die Vollstreckung wird durch oder gegen den Rechtsnachfolger des Klägers oder des Beklagten betrieben (vgl. § 727).

9 Gläubiger und Schuldner müssen im Titel so genau bezeichnet sein, dass ihre **Identität eindeutig festgestellt** werden kann. Das ist vor allem beim Schuldner von praktischer Bedeutung: Ist die zweifelsfreie Bestimmung nicht möglich, so ist der Titel nicht vollstreckungsfähig. Einzelheiten bei *Schüler* DGVZ 82, 65 ff. vgl. auch u. § 7 Rn. 2 f.

Die Vollstreckung kommt nicht von Amts wegen in Gang. Vielmehr ist ein **Antrag** erforderlich (das ist kein „Auftrag“, wie es z. B. in § 753 heißt; vgl. u. § 8 Rn. 6). Das Gesetz folgt also der Dispositionsmaxime. Den Antrag kann zulässigerweise nur der Gläubiger stellen. 10

Stellt die Rechtsordnung es grundsätzlich dem Einzelnen anheim, ob er sein Recht einklagen will, dann ist es folgerichtig, ihm auch freizustellen, ob er die Zwangsvollstreckung betreiben will (vgl. *Zivilprozessrecht* § 24 I, II). 11

Nimmt man an, dass der Partei im Erkenntnisverfahren ein besonderer Rechtsschutzanspruch zur Seite steht (vgl. *Zivilprozessrecht* § 36), so muss man auch einen **Vollstreckungsanspruch** zugunsten des betreibenden Gläubigers bejahen, ein subjektives öffentliches Recht, das einer Partei unter besonderen Voraussetzungen gewährt wird. Praktische Bedeutung für die Erklärung und Begründung einzelner Vorschriften des Vollstreckungsrechts hat diese Konstruktion nicht. Festzuhalten ist nur, dass die Vornahme der Vollstreckung grundsätzlich nicht Ermessenssache, sondern Rechtspflicht des Staates ist (vgl. *Blomeyer* II § 1 III). Nur so versteht BVerfGE 61, 133 den Vollstreckungsanspruch (dazu krit. *Baur/Stürner/Bruns* Rn. 7.1). 12

Die **Durchführung** der Vollstreckung ist ausschließlich Sache des Staates (eine Folge des Verbots privater Selbsthilfe) und liegt in den Händen besonderer **Vollstreckungsorgane** (die wichtigsten sind das Vollstreckungsgericht und der Gerichtsvollzieher). Diese handeln nicht als privatrechtliche Vertragspartner des Gläubigers, sondern auf Antrag (nicht „im Auftrag“) des Gläubigers und kraft staatlicher Hoheitsgewalt (vgl. u. § 8 Rn. 6). 13

Die ZPO verlangt aber nicht nur, dass der Gläubiger den *Anstoß* für die Vollstreckung gibt. Er muss, wenn er wegen einer Geldforderung vollstrecken will, auch das **Vollstreckungsobjekt** (bewegliche Sache, Forderung, Grundstück) bestimmen. Ist der Zugriff auf das benannte Objekt fehlgeschlagen (das Grundstück war überbelastet, die Forderung bestand nicht, pfändbare Sachen waren nicht auffindbar), so muss der Gläubiger einen anderen Gegenstand benennen, d. h. einen *neuen Antrag* stellen. Die Vollstreckung wird also nicht auf den einmal gestellten Antrag des Gläubigers bis zu dessen Befriedigung durchgeführt. 14

Über die Arten der Vollstreckung vgl. u. § 15.

V. Der Staat stellt dem Gläubiger seine Machtmittel nur unter bestimmten *Voraussetzungen* zur Verfügung. In der Regel muss der Anspruch in einem Prozess geprüft und durch Urteil festgestellt worden sein. Auf die bloße Behauptung eines Anspruchs hin kann eine Vollstreckung nicht erfolgen. 15

Die wichtigsten **Voraussetzungen der Vollstreckung** sind *Vollstreckungstitel und Vollstreckungsklausel.* 16

Der Vollstreckungstitel ist eine öffentliche Urkunde (wichtigster Titel ist das vollstreckbare Urteil). Der Titel muss erkennen lassen, dass er vollstreckbar ist. Dazu dient die Vollstreckungsklausel: eine auf den Titel gesetzte amtliche Bescheinigung seiner Vollstreckbarkeit.

Dagegen ist *nicht Voraussetzung* der Vollstreckung, dass dem Gläubiger wirklich der zu vollstreckende *materielle Anspruch gegen den Schuldner* zusteht. Der vollstreckbare Titel deckt das Vorgehen der Vollstreckungsorgane und sichert die Vollstreckung ohne Rücksicht auf das Bestehen des Anspruchs; er begründet die Amtspflicht zur Vollstreckung. Die Zwangsvollstreckung ist insoweit **formalisiert;** die Vollstreckungsorgane haben sich nur nach dem Vollstreckungstitel und der -klausel zu richten; materielle Rechtsfragen prüft grundsätzlich allein der Richter. Das bedeutet nicht, dass die Vollstreckung vom materiellen Recht völlig losgelöst wäre. Aber die Existenz des Anspruchs ist im Vollstreckungsverfahren nicht (erneut) zu prüfen, die Vollstreckungsorgane haben sich vielmehr auf den Titel zu verlassen. Das ist auch aus 17 praktischen Gründen geboten, weil eine (nochmalige) Prüfung der materiellen Rechtslage, diesmal im Vollstreckungsverfahren, die Vollstreckung verzögern, ja vereiteln könnte. Auf einem anderen Blatt steht, dass der Schuldner gegen den materiellen Anspruch durchaus Einwendungen vorbringen kann. Diese Möglichkeit steht ihm aber nur *außerhalb* des Vollstreckungsverfahrens offen; denn er muss zu diesem Zweck eine besondere *Klage* erheben, die sog. Vollstreckungsgegenklage (§ 767, vgl. u. § 12). Es ist also Sache des Schuldners, gegen die Vollstreckung anzugehen. Diese bleibt rechtmäßig, bis sie für unzulässig erklärt (vgl. u. §§ 10 ff.) oder der Titel selbst (z. B. ein Urteil in der Rechtsmittelinstanz) aufgehoben worden ist. Ihm verbleiben Ansprüche nach § 717 (vgl. u. § 2 Rn. 52 ff.) sowie aus Bereicherung oder unerlaubter Handlung, die er im ordentlichen Verfahren verfolgen muss.

18 **Beispiel:** G hat ein Urteil erstritten, das S zur Zahlung von 1000 Euro verurteilt. G beauftragt den Gerichtsvollzieher mit der Pfändung des Pkw, der bei S in der Garage steht. Als der Gerichtsvollzieher bei S erscheint, erklärt S, gestern habe er G die 1000 Euro in bar bezahlt; seine Ehefrau könne dies bestätigen. – Materiellrechtlich ist der Anspruch des G durch die Zahlung erloschen (§ 362 I BGB). Gleichwohl wird der Gerichtsvollzieher den Pkw pfänden. Er hat sich nur (formal) nach dem Vollstreckungstitel zu richten (Ausnahme beispielsweise § 775 Nr. 4, wenn der Schuldner eine Quittung des Gläubigers vorlegt). S obliegt es, vor dem Prozessgericht nach § 767 gegen die Zwangsvollstreckung zu klagen. Damit wird erreicht, dass der Richter über die materiellrechtlichen Einwendungen des S entscheidet. Erst wenn S vor Gericht obsiegt hat, stellt der Gerichtsvollzieher die Zwangsvollstreckung nach § 775 Nr. 1 ein.

19 Weitere Voraussetzungen sind für den *Beginn* der Vollstreckung gefordert, vor allem muss der Vollstreckungstitel dem Schuldner zugestellt werden (§ 750), vgl. u. § 7 Rn. 4.

VI. Es muss festliegen, **gegen wen** und **in was vollstreckt** werden soll.

20 1. **Inhalt und Umfang** der Vollstreckung werden **durch den Titel bestimmt** (BGHZ 112, 17 f.). Aus dem Titel selbst muss sich eindeutig ergeben, zu welcher Handlung, Duldung, Unterlassung oder Willenserklärung der Schuldner verpflichtet ist oder welche Sache er herauszugeben hat. Können Unklarheiten nicht durch Auslegung des Titels beseitigt werden (dazu BGHZ 122, 17), so ist er nicht vollstreckungsfähig.

21 **Beispiele nicht vollstreckungsfähiger Titel:** Verurteilung zu Schadensersatz in der von einem Sachverständigen zu bestimmenden Höhe (*OLG Koblenz* MDR 79, 587 f.; vgl. auch *BGH* NJW 94, 587), zur Mitwirkung an der Neufestsetzung des Pachtzinses (*BGH* ZZP 86, 323), zur Mitwirkung an der Auseinandersetzung einer BGB-Gesellschaft (*OLG Hamm* MDR 83, 849 f.), zur Abstützung eines Grundstücks bei zukünftiger Bebauung im Sinne eines vorliegenden Gutachtens (*BGH* WM 82, 68), zur Freistellung von unbestimmt bezeichneter Forderung (*BGH* NJW 91, 635), zur Herausgabe einer Zahnarztpraxis (*KG* NJW-RR 98, 424 ff.). Weitere Beispiele bei *Schüler* DGVZ 82, 69 ff.

22 Lautet der Titel auf *Zahlung,* dann muss die genaue Geldsumme entweder im Titel genannt oder mithilfe offenkundiger, insbesondere aus dem BGBl oder dem Grundbuch ersichtlicher Umstände berechenbar sein (*BGH* NJW 95, 1162).

23 **Beispiele:** Verurteilung zur Zahlung von Verzugszinsen in Höhe von fünf Prozentpunkten über dem Basiszinssatz, §§ 247, 288 I BGB; Verurteilung zur Rentenzahlung in Höhe der Grundvergütung eines Bundesbeamten einer bestimmten Besoldungsgruppe und Dienstaltersstufe (MünchKomm-ZPO/*Wolfsteiner* § 794, 227; wohl auch *BGH* NJW 95, 1162; a. A. *BGH* WM 86, 1399; *OLG Köln* FamRZ 86, 1019 m. w. N.). Die *Vollstreckungsfähigkeit fehlt* bei Bezugnahme auf einen bestimmten Lebenshaltungsindex (str.; *BGH* NJW-RR 89, 319 m. N. lässt offen) oder einen Tarifvertrag. Die Frage der Bestimmbarkeit hat praktische Bedeutung insbesondere für die Wertsicherung von Vollstreckungstiteln gegen den Währungsverfall.

24 In seltenen Fällen kann die Vollstreckungsfähigkeit durch ein klarstellendes Feststellungsurteil herbeigeführt werden (*Beispiele* in *BGH* NJW 72, 2268 f.; BB 76, 1433).

2. *Grundsätzlich* erfasst die Vollstreckung *nur* das **Vermögen des Schuldners.** 25
Sie ergreift jeweils nur einzelne Gegenstände, nicht das Schuldnervermögen als Einheit oder einen Betrieb als Ganzes.

Zum Vermögen in diesem Sinne gehören auch bloße Anwartschaften, z. B. aus 26
bedingter Übereignung (vgl. u. § 20 Rn. 24). Zum Vermögen gehören nicht Familien- und Persönlichkeitsrechte sowie die Arbeitskraft des Schuldners.

In der Regel erfasst die Vollstreckung das *gesamte Vermögen* des Schuldners, 27
zuweilen aber nur bestimmte Teile, seien es abgesonderte Vermögensmassen („Sondervermögen") oder einzelne Gegenstände, auf die sich die Haftung beschränkt (z. B. bei der Vollstreckung aufgrund einer Hypothek oder in den Nachlass im Falle einer beschränkten Haftung des Erben oder bei einem Titel auf Duldung der Vollstreckung in einen bestimmten Gegenstand). Auch hierfür ist der Titel maßgebend.

3. **Vollstreckungserweiternde Parteivereinbarungen,** die den gesetzlichen Rah- 28
men der Vollstreckung ausdehnen, insbesondere durch Verzicht auf den Schuldnerschutz vor Vollstreckungsbeginn (vgl. u. § 32 Rn. 8, 46), sind *nichtig.* Zulässig ist aber eine **vollstreckungsbeschränkende** Vereinbarung, z. B. dass die Vollstreckung nicht vor Ablauf einer bestimmten Frist erfolgen darf oder bestimmte Gegenstände nicht ergreifen soll.

Streitig ist, wann eine Vereinbarung nur die *Vollstreckung* und nicht das mate- 29
rielle Recht beschränkt und in welcher Weise die Vereinbarung zu beachten und durchzusetzen ist.

a) Eine materiellrechtliche, *keine Vollstreckungsvereinbarung* liegt vor, wenn der *Umfang des* 30
materiellen Rechts oder dessen *Durchsetzung außerhalb der Vollstreckung* betroffen ist (z. B. Erlass, Stundung). Solche materiellrechtlichen Abreden sind schon *im Prozess* zu beachten (z. B. durch Klageabweisung); werden sie *später* getroffen, so ist nach § 767 vorzugehen (Abs. 2 setzt Grenzen, vgl. u. § 12 Rn. 8 f.).

Eine *Vollstreckungsvereinbarung,* keine materiellrechtliche Vereinbarung liegt vor bei gegenständli- 31
cher Beschränkung der Vollstreckung, gleich, ob nur einzelne Gegenstände (allg. M.) oder bestimmte Vermögensmassen herausgenommen werden (a. A. *Schiedermair,* Vereinbarungen im Zivilprozess, 1935, S. 182 f. mit S. 129 ff.; StJ § 766, 25; h. M.). Zwischen beiden Fällen zu unterscheiden, ist theoretisch nicht einsichtig und praktisch u. U. schwierig.

b) Die *Berücksichtigung* „echter" (vgl. o. Rn. 31) Vollstreckungsvereinbarungen muss im Interesse 32
der Parteien vor allem praktikabel sein.

Ergibt sich der Ausschluss der Vollstreckung bereits aus dem Titel selbst, so darf eine Vollstreckungsklausel nicht erteilt werden (*OLG Düsseldorf* JMBlNW 87, 95). Im Übrigen ist zu unterscheiden:

Ist die Vereinbarung spätestens *vor* dem Schluss der letzten Tatsachenverhandlung (vgl. § 767 II) 33
getroffen worden, so ist ein Verstoß gegen sie nur beachtlich, wenn sie im Urteil aufgenommen ist. Verstöße kann der Schuldner mit der Erinnerung, § 766, rügen; § 767 scheidet aus (ebenso ausdrücklich bei gegenständlicher Beschränkung *Baur/Stürner/Bruns* Rn. 10.9, aber auch allg. Rn. 10.7).

Ist die Vereinbarung erst *nach* der letzten Tatsachenverhandlung getroffen worden, und voll- 34
streckt der Gläubiger abredewidrig, so steht dem Schuldner ebenfalls die Erinnerung, § 766, zu: Zwar ist keine Vollstreckungsnorm verletzt, sondern nur die Vereinbarung; doch ist wegen der Ähnlichkeit des Verletzungstatbestands die entsprechende Anwendung von § 766 und nicht des § 767 geboten (str.; *Thomas/Putzo* § 766, 26 m. N.).

4. In **schuldnerfremdes Vermögen** kann aufgrund einer Gläubigeranfechtung 35
vollstreckt werden (vgl. u. § 33).

5. Die **Person** des Schuldners wird heute nur noch **ausnahmsweise** von der 36
Vollstreckung erfasst. Haft ist lediglich zur Erzwingung der eidesstattlichen Offenbarungsversicherung und bestimmter Handlungen des Schuldners vorgesehen (vgl. u. §§ 27 Rn. 18 ff., 29), ferner wegen Zuwiderhandlung gegen ein Unterlassungs-

gebot (vgl. u. § 27 Rn. 33) und als persönlicher Sicherheitsarrest (vgl. u. §§ 35 Rn. 10, 36 Rn. 13).

Das frühere Recht hielt sich vornehmlich an die Person (Schuldknechtschaft, abgelöst durch die Schuldhaft, die im Norddeutschen Bund 1868 aufgehoben worden ist).

37 **VII.** Die **allgemeinen Prozessvoraussetzungen** gelten für die Vollstreckung nicht ohne weiteres, da sie Voraussetzungen für den Erlass einer Sachentscheidung sind (vgl. *Zivilprozessrecht* § 33 III), die es in der Zwangsvollstreckung nicht gibt. Aber einige müssen auch hier gegeben sein, so vor allem die *Zulässigkeit des Rechtswegs.* Doch ist dessen Feststellung einfach, denn alle Urteile, die im Zivilprozess erlassen sind, und alle in der ZPO aufgeführten Schuldtitel sind im Wege der Zwangsvollstreckung zu vollstrecken (ebenso alle Titel, die durch gesetzliche Vorschriften der Vollstreckung nach der ZPO unterworfen sind, z. B. die Urteile der Arbeitsgerichte, § 62 II ArbGG). Unzulässig ist die Vollstreckung gegen Personen und in Gegenstände, die nicht der *deutschen Gerichtsbarkeit* unterliegen (§§ 18–20 GVG; BVerfGE 46, 345 [dazu *Bleckmann* NJW 78, 1092 ff.]; 64, 23 ff.). Gläubiger und Schuldner müssen *parteifähig* sein, ebenso *prozessfähig* (*Arens,* FS Schiedermair, 1976, S. 5 ff.; *Brammsen* Büro 81, 13 ff., je m. N.; für die Prozessfähigkeit des Schuldners differenzierend *Rosenberg/Gaul* § 23 II 6, *H. Roth* JZ 87, 895 ff.). Hat das Urteil die Partei- und Prozessfähigkeit (zumeist inzident) bejaht, so ist das für die Vollstreckungsorgane bindend, außer bei nachträglicher Änderung (z. B. durch Anordnung des Einwilligungsvorbehalts für einen Betreuten, § 1903 I 2 BGB, vgl. *Zivilprozessrecht* § 20 II 2). Die *Prozessvollmacht* erstreckt sich auf das Vollstreckungsverfahren (§ 81). Funktionelle und örtliche *Zuständigkeit* sind besonders geregelt (vgl. u. § 9).

38 **VIII.** Das **Verfahren** unterscheidet sich wesentlich von dem Erkenntnisverfahren, insbesondere kennt es *keine obligatorische mündliche Verhandlung,* da es jetzt nicht mehr auf Rechtsfeststellung, sondern auf Zugriff ankommt. Nur bei Einwendungen des Schuldners und in Einzelfällen ist die mündliche Verhandlung fakultativ vorgesehen (vgl. §§ 707, 719, 732, 769, 891). Selbst das vorhergehende *rechtliche Gehör* des Schuldners ist nicht immer erforderlich (in § 834 sogar verboten, vgl. u. § 19 Rn. 13). Wo dagegen als Rechtsbehelf eine Klage vorgesehen ist, wie in §§ 767, 771, 805, findet das normale Erkenntnisverfahren mit notwendiger mündlicher Verhandlung statt.

39 **IX.** Die **Vollstreckbarkeit** ist *von der Rechtskraft* scharf *zu unterscheiden.* Sie stellt keine Bindung des Richters an den Inhalt einer Entscheidung dar, deckt sich auch nicht mit der Unanfechtbarkeit, denn auch anfechtbare Urteile können vollstreckbar sein (vgl. u. § 2 Rn. 12 ff.), manche unanfechtbare sind es nicht. Man unterscheidet Vollstreckbarkeit **im weiteren und im engeren Sinne.**

40 Letztere kommt nur Titeln zu, die *ihrem Inhalt nach* vollstreckbar sind; das sind allein die Leistungstitel (vgl. u. § 2 Rn. 2). Manche Urteile sind von Gesetzes wegen für „vorläufig vollstreckbar" zu erklären, obwohl sie ihrem Inhalt nach gar nicht vollstreckt werden, also nicht selbst Vollstreckungstitel sein können (vgl. u. § 2 Rn. 4, 15 f.). Sie sind *vollstreckbar im weiteren Sinne;* denn sie bilden die Grundlage für staatliche Akte, die keine Zwangsanwendung gegen den Schuldner darstellen oder erfordern, z. B. für die Eintragung in öffentliche Bücher, die Berichtigung der Insolvenztabelle, die Einstellung und Aufhebung der Zwangsvollstreckung nach §§ 775 f., die Kostenfestsetzung nach §§ 103 ff.

41 **X. Das praktische Hauptproblem** des Vollstreckungsrechts ist der **Ausgleich zwischen den Interessen des Gläubigers und des Schuldners.** In frühen Rechtsordnungen war die Vollstreckung hart und konnte die wirtschaftliche und soziale

Existenz des Schuldners vernichten. Das moderne Recht hat allmählich ein regelrechtes System des Schuldnerschutzes entwickelt. Ausbau des Schuldnerschutzes bedeutet Einschränkung der Vollstreckung und damit zugleich Abbau des Gläubigerrechts. Geht eine Rechtsordnung in der Gewährung von Schuldnerschutz zu weit, so beraubt sie den Gläubiger in den meisten Fällen praktisch jeder Zugriffsmöglichkeit, macht dadurch die Vollstreckung illusorisch, untergräbt die Schuldnermoral und entwertet damit schließlich das materielle Recht (und das Erkenntnisverfahren), da ein Recht, das nicht durchgesetzt werden kann, nur auf dem Papier steht und daher in aller Regel sinnlos ist. So muss die Rechtsordnung immer wieder versuchen, einen Mittelweg zu finden, der die gegensätzlichen Interessen von Gläubiger und Schuldner ausgleicht (vgl. u. §§ 31–33). Das ist um so notwendiger, als der Gläubiger zumeist auch Schuldner (eines Dritten) ist, vgl. u. § 31 Rn. 4.

Manche Gerichte gewähren darüber hinaus einen Schuldnerschutz besonderer Art: **42**
Sie halten vielfach die **Zwangsvollstreckung von Minimalforderungen** für rechtsmissbräuchlich und daher unzulässig (so *LG Köln* DGVZ 91, 75). Das soll der Fall sein, wenn die Vollstreckungskosten des Schuldners ein Vielfaches der Gläubigerforderung betragen (*Beispiel* nach *AG Staufen* DGVZ 78, 189 f.: Forderung 0,71 DM, Vollstreckungskosten 34,28 DM). Diese Rechtsprechung ist abzulehnen (insoweit zutr. *LG Hannover* DGVZ 91, 190). Wann eine Forderung „minimal" ist, lässt sich nicht allgemein sagen. Was für den einen Gläubiger oder Schuldner „wenig" ist, erscheint dem anderen als „viel", jedenfalls als „nicht wenig". Weiter: Wer die Vollstreckung einer geringfügigen Forderung ablehnt, diskriminiert den „kleinen" Gläubiger und ermuntert den Schuldner, Minimalbeträge nicht zu bezahlen. Vor allem aber ist zu bedenken, dass auch bei Minimalforderungen dem Gläubiger eine kostensparende Selbsthilfe grundsätzlich verboten ist. Der ihm allein offen stehende Weg, durch Zwangsvollstreckung zu seinem Recht zu kommen, kann nicht deshalb versperrt werden, weil dieser Weg (zu) teuer ist. Eine solche Rechtsschutzsperre kann auch nicht durch den Verfassungsgrundsatz der Verhältnismäßigkeit staatlichen Handelns errichtet werden (zur Problematik *Gerhardt* ZZP 95, 482 ff. m. N.; *Baur/Stürner/Bruns* Rn. 7.45; *Münzberg* [vgl. o. § 1 Rn. 7 a. E.] S. 105 ff.). Das ist schon deshalb ausgeschlossen, weil der Schuldner ohne weiteres den Nachteil relativ hoher Vollstreckungskosten abwehren kann: Er muss nur das wenige (noch) zahlen, wozu er verpflichtet ist (BVerfGE 61, 136 bejaht Verhältnismäßigkeit, wenn der Schuldner die harte Sanktion für Pflichtverletzung leicht abwenden kann, nämlich durch einfach zu bewerkstelligende Pflichterfüllung). Sollte die Nichterfüllung einer minimalen Restforderung für den Gläubiger erkennbar auf einem Versehen des Schuldners beruhen, so können die Kosten der Zwangsvollstreckung erst „notwendig" (§§ 788 I, 91) sein, wenn eine vorausgegangene schriftliche Zahlungsaufforderung erfolglos geblieben ist (undifferenziert *Rosenberg/Gaul* § 26 II 1 c, anders § 50 II 3). Deshalb ist die Vollstreckung wegen der Minimalforderung aber nicht etwa rechtsmissbräuchlich, auch dann nicht, wenn keine Zahlungsaufforderung vorausgegangen ist (a. A. *LG Hannover* DGVZ 91, 190).

Generell ist zum Grundsatz der Verhältnismäßigkeit zu bemerken, dass er nur für **43**
die Durchsetzung staatlicher Rechte, also für das Verhältnis von Bürger und Staat gilt. Er passt nicht für das Verhältnis von Gläubiger und Schuldner, in das der Staat sich allein deshalb hineinschiebt, weil er dem Gläubiger die Selbsthilfe verbietet und durch kostenträchtige Staatshilfe ersetzt (an deren Erfolg – auch – ein öffentliches Interesse besteht: BVerfGE 61, 136). Zwischen Gläubiger und Schuldner gilt zwar das privatrechtliche Gebot der Rücksichtnahme, das nach der Rechtsprechung schon zu einer materiellen Begrenzung von Gläubigerrechten führen kann (*BGH*

NJW 85, 267 m. N.: Übermaßverbot, § 242 BGB). Liegt aber ein Vollstreckungstitel vor, so zwingt das Rücksichtsgebot den Gläubiger nicht, im bloßen Schuldnerinteresse auf die Durchsetzung seines titulierten Rechts zu verzichten (vgl. *Rimmelspacher* ZZP 97, 358); erst die guten Sitten setzen eine Grenze (vgl. § 765 a I und u. § 31 Rn. 6).

44 Für die Geltung des Verhältnismäßigkeitsgrundsatzes auch im Verhältnis Gläubiger-Schuldner tritt insbes. *Wieser* a. a. O. ein. Seine Argumente überzeugen nicht. § 803 I 2 und § 818 – Verbot der Überpfändung und der Überverwertung – sind entgegen *Wieser* (a. a. O. S. 8, 43 f., 55) kein Ausdruck des Verhältnismäßigkeitsgrundsatzes, sondern folgen aus dem Zweck der Zwangsvollstreckung, den Gläubiger (zwangsweise, daher § 803 I 2) zu befriedigen (daher § 818). § 818 entspricht obendrein dem § 1230 S. 2 BGB, denn Zweck des privaten Pfandrechts ist es ebenfalls, den (Pfand-)Gläubiger „nur" zu befriedigen; der Verhältnismäßigkeitsgrundsatz erlangt auch hier keine Bedeutung.

45 Gelegentlich wird behauptet, dem Gläubiger sei keine **freie Wahl unter den Vollstreckungsobjekten** gelassen. Vor allem **bei Minimalforderungen** habe er die den Schuldner am wenigsten belastende Vollstreckungsart zu wählen; am Ende der Rangordnung habe die Zwangsversteigerung des vom Schuldner bewohnten Grundstücks zu stehen (vgl. Sondervotum *Böhmer* in BVerfGE 49, 228 ff.). Diese Auffassung ist abzulehnen (vgl. *Stürner* ZZP 99, 305 m. N.; *LG Oldenburg* ZIP 82, 627). Die ZPO legt nur in § 777 eine Art von Rangordnung fest (*Rimmelspacher* ZZP 97, 359). Eine Ordnung jenseits des Gesetzes könnte – wenn überhaupt – nur von Fall zu Fall aufgestellt werden. Ein von vornherein so gestaltetes Vollstreckungsverfahren wäre für den Gläubiger nicht zu überschauen und daher unzumutbar. Kein Ausweg ist es, dem Gläubiger das Wahlrecht gänzlich zu nehmen und – nach vorheriger Sachaufklärung – das jeweilige Vollstreckungsobjekt von einem zentralen Vollstreckungsgericht bestimmen zu lassen; denn dagegen bestehen ebenfalls durchgreifende Bedenken (vgl. u. § 9 Rn. 6).

46 **XI.** Im Zusammenhang mit dem Problem des Schuldnerschutzes steht die Aufgabe des Vollstreckungsrechts, die Vollstreckung möglichst **wirtschaftlich** zu gestalten, um die Verschleuderung wirtschaftlicher Werte zu vermeiden, unnötig schwere Einbußen des Schuldners zu verhindern und dem Gläubiger den höchstmöglichen Erlös zuzuführen. Aber die Vollstreckung muss schnell erfolgen, soll sie überhaupt Erfolg haben. Sie kann daher nicht immer den wirtschaftlich günstigsten Moment für Eingriff und Verwertung treffen. Aus diesem Grund versucht das Gesetz, durch eine **elastische Gestaltung des Verfahrens** den Besonderheiten des Einzelfalls Rechnung zu tragen, so dass der Gläubiger möglichst zu seinem Recht kommt. Daran besteht auch ein öffentliches Interesse, da die Durchsetzung des Gläubigerrechts dazu dient, den Rechtsfrieden und die Rechtsordnung als Grundbestandteil der rechtsstaatlichen Ordnung durchzusetzen (vgl. o. Rn. 41; BVerfGE 61, 136).

I. Buch: Allgemeiner Teil

1. Kapitel. Die Voraussetzungen der Zwangsvollstreckung

§ 2. Das Endurteil als Vollstreckungstitel

I. Der *bedeutsamste Vollstreckungstitel* ist das Endurteil, § 704 (auch die ihm gleichgestellten Vorbehaltsurteile, §§ 302 III, 599 III). Von ihm geht das Gesetz bei der Regelung der Vollstreckung aus und wendet die hierfür gegebenen Vorschriften auf andere Vollstreckungstitel entsprechend an (§ 795 S. 1). 1

Nicht alle Endurteile sind *ihrem Inhalt nach* vollstreckbar. Dem Inhalt nach vollstreckbar **(vollstreckbar im engeren Sinne)** sind *nur* die **Leistungsurteile.** Ihnen stehen die Duldungsurteile gleich (z. B. nach § 748 II oder das Urteil gegen einen Grundstückseigentümer, die Zwangsvollstreckung wegen eines Grundpfandrechts in sein Grundstück zu dulden, vgl. §§ 1147, 1192 I BGB). 2

Nicht vollstreckbar sind die Urteile auf Herstellung des ehelichen Lebens und auf Leistung von unvertretbaren Diensten, § 888 III; vgl. u. § 27 Rn. 4, 17. 3

Feststellungs- und Gestaltungsurteile sind ihrem *Inhalt nach nicht vollstreckbar,* jene, weil der staatliche Leistungsbefehl fehlt, diese, weil das Urteil unmittelbar gestaltend wirkt. Sie scheiden als Vollstreckungstitel aus. Vgl. aber auch u. Rn. 16. 4

II. Die Endurteile sind *vollstreckbar,* wenn sie *rechtskräftig* (vgl. u. Rn. 7, aber auch Rn. 11) *oder* wenn sie für *vorläufig vollstreckbar* erklärt sind, § 704. 5

Danach sind **zwei Arten der Vollstreckung** zu unterscheiden: die **endgültige** und die **nur vorläufige.** In der Durchführung ergeben sich grundsätzlich keine Unterschiede, vor allem *beschränkt sich die vorläufige Vollstreckung in der Regel nicht auf bloße Sicherungsmaßnahmen* (vgl. u. Rn. 40). Aber die Vollstreckbarkeit kann wieder wegfallen, und der Gläubiger ist dann dem Schuldner zum Schadensersatz verpflichtet (§ 717 II; vgl. u. Rn. 52 ff.); die vorläufige Vollstreckung geschieht also auf Risiko des Gläubigers. 6

III. Unter **Rechtskraft** ist hier die *formelle* zu verstehen: die Unanfechtbarkeit mit Rechtsmitteln, beim Versäumnisurteil mit dem Einspruch. 7

1. Die Rechtskraft eines Urteils **tritt ein**

- *bei Unstatthaftigkeit* eines Rechtsbehelfs: mit Erlass des Urteils;
- *bei Statthaftigkeit,* aber Unterbleiben eines Rechtsbehelfs: mit Ablauf der Rechtsmittel- oder Einspruchsfrist (vgl. § 705) oder durch Rechtsbehelfsverzicht beider Parteien (§§ 346, 515, 565);
- *bei Verwerfung* eines rechtzeitig eingelegten statthaften Rechtsbehelfs mit Rechtskraft der Verwerfungsentscheidung (BGHZ 88, 357 ff.).

Unanfechtbar wegen *Unstatthaftigkeit* eines Rechtsbehelfs sind insbesondere (außer Versäumnisurteilen) alle Urteile des BGH. Ein Rechtsmittel ist *statthaft* (Anfechtbarkeit also gegeben), wenn es 8 der Zulassung bedarf (§§ 511 II Nr. 2, 543) oder wenn seine Zulässigkeit vom Wert der Beschwer (§ 511 II Nr. 1) abhängt, da über die Höhe der Beschwer erst das Rechtsmittelgericht endgültig entscheidet. Wurde die Revision gegen ein Berufungsurteil nicht zugelassen, hemmt die Einlegung der Nichtzulassungsbeschwerde den Eintritt der Rechtskraft, § 544 V 1.

9 Das in § 706 geregelte **Rechtskraftzeugnis** dient dem Nachweis der formellen Rechtskraft. Es ist erforderlich in dem häufigen Fall, dass ein Urteil gegen Sicherheitsleistung für vorläufig vollstreckbar erklärt wurde, der Gläubiger aber den Eintritt der Rechtskraft abwartet. Ohne den Nachweis der Rechtskraft aufgrund des Rechtskraftzeugnisses würde das Vollstreckungsorgan die Zwangsvollstreckung wegen § 751 II nicht betreiben. Daneben dient das Rechtskraftzeugnis dem Nachweis der Rechtskraft in anderen vollstreckungsrechtlichen Fällen (z. B. § 715, zur Berichtigung der Insolvenztabelle), ferner, wenn die formelle Rechtskraft in einem anderen Prozess geltend gemacht wird, wenn aufgrund des Urteils eine Registereintragung (z. B. Berichtigung des Grundbuchs) erfolgen soll und wenn das BGB (z. B. §§ 864 II, 1561 II Nr. 1, 2342 II) an die formelle Rechtskraft Wirkungen knüpft.

10 Es wird erteilt auf Antrag von der Geschäftsstelle des Gerichts erster Instanz (solange der Prozess in einer höheren Instanz anhängig ist, dieser Instanz). Als Beweismittel dafür, dass die Rechtskraft durch Ablauf der Rechtsmittel- oder Einspruchsfrist eingetreten ist, dient das *Notfristzeugnis,* § 706 II, welches bescheinigt, dass ein Rechtsmittel (oder Einspruch) nicht eingelegt ist. Es ist nur dann erforderlich, wenn es von einer anderen Geschäftsstelle zu erteilen ist.

11 2. **Rechtskraft und Vollstreckbarkeit sind zu unterscheiden.** Trotz § 704 ist nicht jedes formell rechtskräftige Urteil zugleich vollstreckbar, z. B. ein Urteil auf künftige Leistung, §§ 257–259; vgl. *Rosenberg/Gaul* § 11 II 4.

12 **IV.** Die **vorläufige Vollstreckbarkeit** ist eine zunächst befremdende Einrichtung. Mit welcher Begründung kann ein Urteil vollstreckt werden, ehe es rechtskräftig ist, also noch aufgehoben werden kann? Praktische Erwägungen haben dazu geführt. Könnten nur rechtskräftige Urteile vollstreckt werden, so würde die unterlegene Partei leicht geneigt sein, durch Einlegung eines (unbegründeten) Rechtsmittels den Eintritt der Rechtskraft und damit Prozessende und Vollstreckungsbeginn hinauszuziehen. Dem schiebt die mögliche Vollstreckung noch nicht rechtskräftiger Urteile einen Riegel vor.

13 Die vorläufige Vollstreckbarkeit schützt den Gläubiger auf Kosten des Schuldners. In bestimmten Fällen verdient aber der Schuldner mehr oder gleichen Schutz. Das Gesetz gewährt ihn in einer differenzierten Abwägung von Gläubiger- und Schuldnerinteressen, wobei die Gläubigerinteressen zutreffend bevorzugt werden, weil es schließlich in der Zwangsvollstreckung um die Durchsetzung des Gläubigerrechts geht.

14 A. Grundsätzlich sind nur **Urteile** für vorläufig vollstreckbar zu erklären. Das geschieht durch **besonderen Ausspruch im Tenor** („Das Urteil ist vorläufig vollstreckbar").

15 **Ohne solchen Ausspruch** vollstreckbar sind Urteile, die *kraft Gesetzes* vollstreckbar sind, z. B. solche, die ein vorläufig vollstreckbares Urteil aufheben (§ 717 I), ferner Arrestbefehle, einstweilige Verfügungen, Arbeitsgerichtsurteile (§§ 62 I, 64 VII ArbGG).

16 Auch Gestaltungs- und Feststellungsurteile (einschließlich der klageabweisenden Urteile) sind zumindest im Kostenpunkt für vorläufig vollstreckbar zu erklären (h. M.), obwohl sie insoweit ebenfalls nicht vollstreckbar im engeren Sinne sind; denn das Urteil entscheidet über die Kosten nur „dem Grunde nach" (vgl. *BGH* NJW 62, 37).

In der Hauptsache für vorläufig vollstreckbar zu erklären sind prozessuale Gestaltungsurteile, die die Vollstreckung z. B. gemäß §§ 767, 771 für unzulässig erklären (dazu vgl. § 775 Nr. 1 [„vollstreckbare Entscheidung"] und u. §§ 12 Rn. 2, 23, 13 Rn. 28, 14 Rn. 15), ferner die ein Leistungsurteil aufhebenden Rechtsmittelurteile (vgl. § 775 Nr. 1). 17

Schweigt das Urteil *zu Unrecht* über die vorläufige Vollstreckbarkeit, so kann es auf Antrag ergänzt werden (§§ 716, 321). 18

Sonstige Vollstreckungstitel (vgl. u. § 3) bedürfen des Ausspruchs nicht, da sie nach § 794 ohne weiteres vollstreckbar sind (s. § 795; *Ausnahmen:* § 794 I Nr. 4 a mit § 1064 II und § 794 I Nr. 4 b mit §§ 796 a–c). 19

B. Die vorläufige Vollstreckbarkeit wird in der Regel **von Amts wegen angeordnet** (zu den Ausnahmen vgl. u. Rn. 29). Das geschieht entweder **gegen oder ohne Sicherheitsleistung des Gläubigers.** 20

Die Sicherheitsleistung bezweckt den Schutz des Schuldners: Das Urteil ist nicht rechtskräftig, kann also noch beseitigt werden und damit eine Schadensersatzpflicht des Gläubigers auslösen (§ 717 II; vgl. u. Rn. 52); zu deren Erfüllung dient die geleistete Sicherheit. Doch gibt es Fälle, in denen das Interesse des Gläubigers am ungehinderten Zugriff überwiegt, so dass eine Sicherheitsleistung nicht angebracht erscheint. Das Gesetz bemüht sich, den von Fall zu Fall höchst unterschiedlichen Interessengegensatz zwischen Gläubiger und Schuldner durch eine variantenreiche Regelung sachgerecht zu lösen. 21

1. **Ohne Sicherheitsleistung** werden **von Amts wegen** für vorläufig vollstreckbar erklärt: 22

a) *Anerkenntnis- und Verzichtsurteile* (§ 708 Nr. 1);

b) *Versäumnisurteile* und *Urteile nach Lage der Akten gegen* – nicht: für! – *die säumige Partei* gemäß § 331 a (§ 708 Nr. 2);

c) Urteile, die den *Einspruch* gemäß § 341 *verwerfen* (§ 708 Nr. 3); betrifft nur die Vollstreckbarkeit (im weiteren Sinn, vgl. o. § 1 Rn. 40) der Kostenentscheidung;

d) Urteile im *Urkunden-, Wechsel- und Scheckprozess* (§ 708 Nr. 4);

e) Urteile, die ein im Urkunden-, Wechsel- oder Scheckprozess ergangenes *Vorbehaltsurteil* für *vorbehaltlos erklären* (§ 708 Nr. 5, dazu §§ 599 f.);

f) Urteile, durch die *Arreste oder einstweilige Verfügungen* abgelehnt oder aufgehoben werden (§ 708 Nr. 6);

g) Urteile in bestimmten Streitigkeiten zwischen *Vermieter und Mieter,* insbesondere auf Räumung (§ 708 Nr. 7); Vollstreckung u. U. erst nach Ablauf einer gerichtlichen Räumungsfrist (§ 721);

h) Urteile auf Zahlung von *Unterhalt oder* von *Renten* wegen Unterhaltsentziehung, Körper- oder Gesundheitsverletzung (z. B. gemäß §§ 843 f. BGB) in zeitlich engem Rahmen (§ 708 Nr. 8);

i) Urteile wegen *verbotener Eigenmacht* nach §§ 861 f. BGB (§ 708 Nr. 9);

j) *Berufungsurteile* in vermögensrechtlichen Streitigkeiten (§ 708 Nr. 10); das Klagebegehren solcher Streitigkeiten beruht auf einem vermögensrechtlichen Rechtsverhältnis (z. B. Kauf) oder auf einem nichtvermögensrechtlichen, sofern das Begehren auf Geld oder geldwerte Leistung gerichtet ist (z. B. Unterhalt);

k) Urteile in vermögensrechtlichen Streitigkeiten, wenn der *Gegenstand der Verurteilung in der Hauptsache* den Wert von 1250 Euro nicht übersteigt *oder* wenn nur die Entscheidung über die *Kosten* vorläufig vollstreckbar ist und eine Vollstreckung im Wert von *höchstens* 1500 Euro ermöglicht (§ 708 Nr. 11). Der zweite Fall ist vor allem der des klageabweisenden Urteils.

23 Die Gründe dafür, dass ohne Sicherheitsleistung vollstreckt werden kann, sind sehr unterschiedlich.

Bei a–c ist die Erwägung maßgebend, dass das Urteil auf dem Verhalten der verurteilten Partei selbst beruht. Bei d, e, g–i wird das Interesse des Gläubigers, bei f das des Schuldners gewahrt. Bei k handelt es sich um verhältnismäßig kleine Beträge, deren Vollstreckung für den Schuldner nicht allzu gefährlich und deren Rückzahlung bei Aufhebung des Urteils (§ 717) zu erwarten ist. Durch j soll der BGH vor Revisionen bewahrt bleiben, die der Prozessverschleppung dienen.

24 2. *Alle anderen Urteile* sind **gegen Sicherheitsleistung** für vorläufig vollstreckbar zu erklären, § 709.

25 *Art und Höhe der Sicherheit* bestimmt das Gericht; ohne weiteres kann sie durch Bankbürgschaft geleistet werden, § 108. Die Höhe ist so zu bemessen, dass ein etwaiger Schadensersatzanspruch des Schuldners aus § 717 II ausreichend gesichert ist, und sollte deshalb neben dem Wert des vollstreckbaren Hauptanspruchs auch Zinsen und Kosten abdecken. Bei der Vollstreckung wegen einer Geldforderung genügt es, wenn die Höhe der zu leistenden Sicherheit in einem Verhältnis zum jeweils beizutreibenden Betrag angegeben wird, § 709 S. 2 (Beispiel: „... gegen Sicherheitsleistung in Höhe von 110 % des jeweils zu vollstreckenden Betrages ...“). Aus dieser Fassung kann nicht nur der Gesamt-, sondern auch jeder Teilbetrag vollstreckt werden. Fehlt der Ausspruch nach § 709 S. 2, bedarf es bei der Vollstreckung wegen eines Teilbetrages der Anordnung einer *Teilsicherheitsleistung* nach § 752 S. 1.

26 Die Anordnung der Sicherheitsleistung hat zur Folge, dass die Vollstreckung erst beginnen darf, wenn der Gläubiger die Sicherheit geleistet hat (vgl. § 751 II und u. § 7 Rn. 7). Das dient dem Schutz des Schuldners, kann aber dem Gläubiger nachteilig sein. Sind die Nachteile zu gravierend, so ist auf seinen Antrag das Urteil *ohne Sicherheitsleistung* für vorläufig vollstreckbar zu erklären, **§ 710** *(Gläubigerschutz).*

27 Eine gegenüber § 710 teils eingeengte, teils weitergehende *Ausnahme vom Grundsatz des § 751 II* enthält **§ 720 a:** Sie fordert, anders als § 710, keine Not des Gläubigers, gilt aber bloß bei Zahlungsurteilen. Aus solchen Urteilen darf der Gläubiger ohne vorherige Sicherheitsleistung die Vollstreckung (nur) zum Zwecke seiner Sicherung (nicht seiner Befriedigung) betreiben (sog. **Sicherungsvollstreckung**): Bewegliches Vermögen kann (nur) gepfändet, ein Grundstück (nur) mit einer Sicherungshypothek belastet werden.

28 Für die Pfändung gilt § 930 II, III entsprechend (§ 720 a II); die Abnahme einer Offenbarungsversicherung (§ 807) ist zulässig (*BGH* NJW-RR 07, 416). Für die Sicherungshypothek gelten die §§ 864–868, 870, 870 a. Der Schuldner soll sich auf die Sicherungsvollstreckung einstellen (vgl. § 750 III und u. § 7 Rn. 4) und sie abwehren können (vgl. § 720 a III).

29 3. Schließlich sind noch gewisse Urteile **auf Antrag und ohne Sicherheitsleistung** für vorläufig vollstreckbar zu erklären, vor allem durch das Rechtsmittelgericht jedes Urteil der Vorinstanz, soweit es nicht angefochten ist (und noch nicht oder nur gegen Sicherheitsleistung für vorläufig vollstreckbar erklärt war), §§ 537, 558. Das Urteil ist deshalb „nur“ vorläufig vollstreckbar, weil die Teilanfechtung den Rechtskrafteintritt auch für den nicht angefochtenen Teil hemmt, solange dieser noch angefochten werden kann (*BGH* NJW 94, 657, 659).

30 C. Die vorläufige Vollstreckbarkeit dient dem Gläubigerinteresse und gefährdet den Schuldner. Das Gesetz versucht, die **schutzwürdigen Interessen des Schuldners** angemessen zu **berücksichtigen:** im äußersten Fall durch den Ausschluss der vorläufigen Vollstreckbarkeit oder die Zulassung einer bloßen Sicherungsvollstreckung, sonst durch die Ermächtigung des Schuldners, mithilfe eigener Sicherheitsleistung die Vollstreckung abzuwenden, oder durch Anordnung einer Sicherheitsleistung des

Gläubigers. In bestimmten Fällen kann dem Schuldner ein Ersatzanspruch gegen den Gläubiger zustehen (vgl. u. 52 ff.).

1. In den Urteilen des § 708 Nr. 4–11, die ohne Sicherheitsleistung für vorläufig vollstreckbar zu erklären sind (vgl. o. B Rn. 22), hat das Gericht von Amts wegen (d. h. ohne Antrag) auszusprechen, dass der **Schuldner** die **Vollstreckung durch Sicherheitsleistung** oder Hinterlegung **abwenden** darf, wenn nicht der Gläubiger seinerseits Sicherheit leistet, **§ 711 S.** 1. 31

Das bedeutet: In das Urteil wird neben dem Vorbehalt für den Schuldner der Gegenvorbehalt für den Gläubiger aufgenommen („Das Urteil ist vorläufig vollstreckbar. Der Beklagte kann die Vollstreckung durch Sicherheitsleistung in Höhe von ... Euro abwenden, falls nicht der Kläger vor der Vollstreckung in dieser Höhe Sicherheit leistet"). Ebenso wie die Gläubiger-Sicherheit (§ 709 S. 2) kann auch die vom Schuldner zu leistende Sicherheit im Verhältnis zum vollstreckbaren Betrag angegeben werden, § 711 S. 2. Solange kein Teil die Sicherheit leistet, bewirkt schon der bloße Vorbehalt der Sicherheitsleistung zugunsten des Schuldners, dass die Vollstreckung nicht über die Sicherung des Gläubigers hinausgehen darf. Daher ist der Erlös gepfändeter Sachen nicht dem Gläubiger auszuhändigen, sondern zu hinterlegen, § 720; vgl. ferner § 839. Leistet der Gläubiger Sicherheit, so bleibt das Urteil vorläufig vollstreckbar trotz einer Sicherheitsleistung des Schuldners (zur Rückgabe vgl. u. Rn. 37). In diesem Fall kann der Schuldner nur unter den Voraussetzungen des § 712 einer Vollstreckung entgehen. 32

Der Gläubiger kann auf Antrag von der Sicherheitsleistung befreit werden, wenn er sie nur unter erheblichen Schwierigkeiten erbringen könnte und der Vollstreckungsaufschub für ihn unbillig wäre, § 711 S. 3 mit § 710. Wird Befreiung gewährt, so ist das Urteil ohne eine Abwendungsbefugnis des Schuldners (§ 711 S. 1) für vorläufig vollstreckbar zu erklären.

2. In **§ 712** fasst das Gesetz die **Möglichkeiten** zusammen, die einem **besonders schutzbedürftigen Schuldner gegen** die **vorläufige Vollstreckbarkeit** offen stehen. 33

Besonders schutzbedürftig ist der Schuldner, wenn ihm die Vollstreckung – was selten ist – einen **nicht zu ersetzenden Nachteil** bringen würde (*Beispiel:* Zerstörung der wirtschaftlichen Existenz). Dann kann ihm *auf Antrag* nachgelassen werden, die **Vollstreckung durch eigene Sicherheitsleistung abzuwenden,** mag auch der Gläubiger seinerseits Sicherheit geleistet haben (Unterschied zu § 711 S. 1, vgl. o. Rn. 31), § 712 I 1 (bei Vollstreckung eines Teilbetrags genügt eine Teilsicherheit, § 752 S. 2). Die Sicherheit kann prozentual festgelegt werden, §§ 712 I 1, 709 S. 2. Ist der Schuldner zur Sicherheitsleistung außerstande, so ist entweder bloß eine **Sicherungsvollstreckung** gemäß § 720 a I, II zuzulassen (kommt nur bei Zahlungsurteilen in Betracht) **oder** das Urteil ist **nicht** für **vorläufig vollstreckbar** zu erklären, § 712 I 2. Eine andere Wahlmöglichkeit hat das Gericht nicht. Der Antrag des Schuldners nach § 712 I ist abzulehnen, wenn die schutzwürdigen Interessen des Gläubigers überwiegen; in diesem Fall kann aber bei den Urteilen des § 708 die Vollstreckung von einer Sicherheitsleistung des Gläubigers abhängig gemacht werden (§ 712 II). 34

3. Die Anträge des Gläubigers nach §§ 710, 711 S. 3 und des Schuldners nach § 712 müssen vor Schluss der letzten mündlichen Verhandlung (im schriftlichen Verfahren: § 128 II 2) gestellt werden, § 714 I (vgl. u. Rn. 38). Zur Glaubhaftmachung § 714 II. 35

4. Die o. Rn. 31–33 genannten Anordnungen zugunsten des Schuldners sollen nicht ergehen, wenn ein Rechtsmittel gegen das Urteil ohne Zweifel unzulässig ist, § 713. 36

5. Die vom Gläubiger geleistete *Sicherheit ist zurückzugeben,* wenn das Urteil rechtskräftig oder nachträglich ohne Sicherheitsleistung für vorläufig vollstreckbar erklärt wird (z. B. gemäß § 537), die des Schuldners, wenn der Gläubiger gemäß § 711 S. 1 Sicherheit geleistet hat, wenn die Vollstreckbarkeit aufgehoben oder das Urteil in der Hauptsache zugunsten des Schuldners abgeändert wird. Das Verfahren richtet sich im Falle der Rechtskraft nach § 715, sonst nach § 109. 37

D. Die **Verhandlung und Entscheidung über die vorläufige Vollstreckbarkeit** erfolgt nicht im Rahmen des Vollstreckungsverfahrens, sondern des *Erkenntnisver-* 38 *fahrens.* Daher hat das Prozessgericht die Entscheidung aufgrund mündlicher Verhandlung zu treffen; zur Antragstellung vgl. o. Rn. 35. Entschieden wird in dem Urteil, das in der Hauptsache ergeht (sonst Ergänzung nach §§ 716, 321; *Beispiel: BGH* WM 81, 1236 f.).

39 Gegen die Entscheidung ist die Berufung zulässig, zusammen mit einer Anfechtung der Entscheidung in der Hauptsache oder auch allein. Ist das Urteil nach beiden Richtungen hin angefochten, so kann jede Partei abgesonderte Verhandlung und Entscheidung vorab über die Frage der vorläufigen Vollstreckbarkeit beantragen (§ 718 I), weil diese Frage nicht bis zur Entscheidung in der Hauptsache aufgeschoben werden darf. Die Entscheidung ist dann Teilurteil, setzt daher mündliche Verhandlung voraus. Die Entscheidung des Berufungsgerichts über die vorläufige Vollstreckbarkeit ist unanfechtbar, § 718 II.

40 E. Die **Vollstreckung** aus dem vorläufig vollstreckbaren Urteil *zielt auf Befriedigung* des Gläubigers (auch in den Fällen der §§ 887 ff.), nicht nur auf seine Sicherung, z. B. durch Pfändung ohne Verwertung. Doch führt die Vollstreckung bloß zu einer **vorläufigen Befriedigung,** die erst mit der Rechtskraft des Urteils endgültig wird. Gleiches gilt, wenn der Schuldner nur zur Abwendung der Vollstreckung aus dem vorläufig vollstreckbaren Titel leistet (*BGH* NJW 90, 2756 m. N., auch 94, 943; vgl. ferner *Zivilprozessrecht* § 42 VI 2 a). Das entspricht der h. M. (gegen sie *Czub* ZZP 102, 273 ff. m. N. zum Streitstand).

41 **Ausnahmsweise** erlaubt das vorläufig vollstreckbare Urteil **nur sichernde Maßnahmen,** so bei der Verurteilung zur Abgabe bestimmter grundstücksrechtlicher Willenserklärungen (§ 895), in den Fällen der §§ 720, 839 (vgl. o. Rn. 32) und bei der Sicherungsvollstreckung gemäß § 720 a (vgl. o. Rn. 27).

42 Ein weiterer tiefgreifender Unterschied zur endgültigen Vollstreckung liegt im Risiko des Gläubigers, bei Aufhebung des vorläufig vollstreckbaren Urteils dem Schuldner Schadensersatz leisten zu müssen (vgl. u. Rn. 52 ff.).

43 F. *Die vorläufige Vollstreckbarkeit wird nicht durch Einlegung eines Rechtsmittels oder des Einspruchs beseitigt.* Nur so kann sie ihrer Hauptaufgabe gerecht werden, nämlich Rechtsmittel abzuschneiden, die bloß die Vollstreckung aufschieben sollen. Das Gericht kann aber auf Antrag des Schuldners **vorläufige Anordnungen** durch Beschluss treffen, § 719 (vgl. u. § 14 Rn. 8).

Sie sind in der Regel dieselben, die nach § 707 in den viel selteneren Fällen der Wiederaufnahme des Verfahrens oder der Wiedereinsetzung in den vorigen Stand zulässig sind.

44 Die wichtigste Anordnung ist die *einstweilige Einstellung der Zwangsvollstreckung* mit oder ohne Sicherheitsleistung.

45 *Ohne Sicherheitsleistung* darf nur eingestellt werden, wenn der Schuldner glaubhaft macht, dass er zur Sicherheitsleistung außerstande ist und die Vollstreckung ihm einen nicht ersetzbaren Nachteil bringen würde, § 707 I 2. Noch weiter verschärfte Anforderungen beim Versäumnisurteil, § 719 I 2; für das Revisionsgericht vgl. § 719 II (dazu *BGH* NJW 96, 198). Zu beachten ist, dass der BGH nur einstellt, wenn der Schuldner bereits in der Berufungsinstanz gemäß §§ 712, 714 Vollstreckungsschutz beantragt hatte (*BGH* NJW-RR 02, 1650), es sei denn, es liegen neue Gründe vor (*BGH* NJW 01, 375).

46 Das Gericht (nicht das Revisionsgericht, § 719 II) kann ferner anordnen, dass die Vollstreckung nur gegen Sicherheitsleistung des Gläubigers stattfindet; darüber hinaus kann es auch die Aufhebung der bereits erfolgten Vollstreckungsmaßnahmen gegen Sicherheitsleistung des Schuldners anordnen (§§ 719 I 1, 707 I 1).

47 Die Anordnungen sind stets nur vorläufige und treten automatisch außer Kraft, wenn das vorläufig vollstreckbare Urteil bestätigt oder rechtskräftig oder (§ 717 I) umgekehrt das Urteil oder seine vorläufige Vollstreckbarkeit beseitigt wird. Soweit es sich um Anordnungen im Rahmen des Ermessens des Gerichts handelt, sind die Beschlüsse unanfechtbar (§§ 707 II 2, 719); das Gericht kann sie aber auf Antrag abändern. Missachtet der Beschluss die gesetzlichen Voraussetzungen der §§ 719 I, 707, so ist die sofortige Beschwerde (§ 793) gegeben (nicht zum BGH, *Thomas/Putzo* § 707, 18).

Die Anordnungen begrenzen Wert und Wirksamkeit der im Gesetz vorgesehenen vorläufigen Vollstreckbarkeit erheblich. Daher dürfen sie nur dann getroffen werden, wenn der Rechtsbehelf Erfolg verspricht und dem Schuldner durch eine Vollstreckung Schäden drohen, gegen die er nicht (schon) durch Sicherheitsleistung des Gläubigers geschützt ist (vgl. *OLG Köln* NJW-RR 87, 189). 48

G. Die vorläufige Vollstreckbarkeit **endet,** wenn und soweit ein Urteil ergeht, welches die Entscheidung in der Hauptsache oder die Vollstreckbarkeitserklärung aufhebt oder abändert (§ 717 I). Diese Wirkung tritt bereits mit dem Erlass, nicht erst mit der Rechtskraft des aufhebenden oder abändernden Urteils ein. 49

Wird das aufhebende Urteil des OLG vom BGH aufgehoben, „so fällt es dahin, und die Prozesslage ist dieselbe wie vor (seinem) Erlass" (RGZ 158, 196; *Jauernig,* Das fehlerhafte Zivilurteil, 1958, S. 100 ff.). Damit leben sowohl das erstinstanzliche Urteil wie seine Vollstreckbarkeit wieder auf (*OLG Frankfurt* NJW 90, 721; auch *BGH* NJW 82, 1397; a. A. *Boemke-Albrecht* NJW 91, 1333 ff.). 50

Wird umgekehrt das vorläufig vollstreckbare Urteil rechtskräftig, dann fallen die Beschränkungen fort, die für die vorläufige Vollstreckbarkeit festgelegt waren; daher kann der Gläubiger z. B. die Rückgabe der Sicherheit fordern (in einem vereinfachten Verfahren, § 715), vgl. o. Rn. 37. 51

H. Vollstreckt der Kläger das vorläufig vollstreckbare Urteil, oder wendet der Beklagte die Vollstreckung durch eine Leistung ab, und wird dann das Urteil in der Hauptsache (genügend: aus verfahrensrechtlichen Gründen, BGHZ 136, 201) oder im Kostenpunkt (nicht nur in der vorläufigen Vollstreckbarkeit) durch ein anderes Urteil aufgehoben, so hat das fühlbare Konsequenzen für den Kläger: Er ist zum **Ersatz des Schadens** verpflichtet, der dem Beklagten – nicht einem Dritten (*BGH* NJW 85, 128 f.) – durch die Vollstreckung des Urteils (z. B. durch Pfändung und Versteigerung beweglicher Sachen) oder durch eine zur Abwendung der angedrohten (§ 750 I, III; vgl. *BGH* NJW 76, 2163) Vollstreckung gemachte Leistung entstanden ist (z. B. durch Aufnahme eines verzinslichen Darlehens, um die Urteilssumme zu bezahlen), **§ 717 II.** 52

Der Schadensersatzanspruch verlangt *kein Verschulden des Klägers.* Das Gesetz gestattet ja die Vollstreckung, belastet den Kläger aber zum Ausgleich mit einer **Risikohaftung** (vgl. StJ § 717, 9–11; auch BGHZ 136, 205 m. N.). Daher ist Zurückhaltung des Klägers angezeigt, wenn der endgültige Ausgang des Rechtsstreits zweifelhaft ist. 53

Zur Problematik des Schadensersatzanspruchs vgl. *Pecher,* Die Schadensersatzansprüche aus ungerechtfertigter Vollstreckung, 1967; *ders.,* Anm. zu *BGH* ZZP 94, 444 ff. = NJW 80, 2527 f. (dazu BGHZ 136, 202 ff.); *Häsemeyer,* Schadenshaftung im Zivilrechtsstreit, 1979, S. 81 ff., 103 ff.; *BGH* NJW 96, 397 f. (Leistung zur Abwehr der Vollstreckung eines Unterlassungsurteils); *Saenger* JZ 97, 222 f. 54

Der Ersatzanspruch steht – entgegen dem Wortlaut von § 717 II – **auch dem Kläger** gegen den Beklagten zu, wenn dieser gegen den Kläger vollstreckt hat (z. B. wegen der Kosten) und das vorläufig vollstreckbare Urteil aufgehoben wird (*BGH* NJW 62, 807). 55

Nach **materiellem Recht** (insbes. §§ 249 ff. BGB) bestimmt sich der *Umfang* des Schadensersatzanspruchs. Er erfasst nur die unmittelbaren und mittelbaren Auswirkungen des Vollstreckungszugriffs (nicht z. B. Kreditschäden durch Bekanntwerden der Vollstreckung, BGHZ 85, 114 f.). Der Anspruch umgreift, was der Schuldner geleistet, nicht nur, was der Gläubiger bekommen hat, daher auch die oft erheblichen Kosten der Vollstreckung, die ja vom Erlös der Vollstreckung abgezogen werden. Durch die Gewährung des Schadensersatzanspruchs werden auch sie dem Gläubiger aufgebürdet. Nach materiellem Recht bestimmen sich ferner die *Einwendungen* (z. B. mitwirkende Verursachung, Aufrechnung [sie ist aber unzulässig mit der vollstreckten, noch rechtshängigen Klageforderung, BGHZ 136, 204 ff.]). Für die *Verjährung* gelten §§ 195, 199 I und III BGB; die Verjährung beginnt, sobald die Partei Kenntnis 56 von dem aufhebenden Urteil erlangt (*BGH* NZI 07, 740, 741). Der Anspruch entsteht nicht vor der Aufhebung (vgl. *BGH* NJW 57, 1926).

57 **Prozessual** kann der Anspruch gleich *im anhängigen Verfahren* mit erledigt werden, wenn der Beklagte einen **Zwischenantrag** stellt (also neben der Klageabweisung die Verurteilung des Klägers zum Schadensersatz verlangt), § 717 II 2 HS 1. Der Antrag wird gemäß § 261 II rechtshängig, jedoch treten die materiellrechtlichen Wirkungen der Rechtshängigkeit im Interesse des Beklagten rückwirkend ab der Zahlung oder Leistung ein, § 717 II 2 HS 2. *Statt* durch *Zwischenantrag* kann der Anspruch auch durch *selbstständige Klage* geltend gemacht werden.

58 Der Haftung nach § 717 II entspricht der verschuldensunabhängige **Schadensersatzanspruch aus § 799 a.** Er greift ein, wenn die Vollstreckung aus einer *vollstreckbaren Urkunde* (§ 795 I Nr. 5), die zur Sicherung einer Forderung aus einem Immobiliengeschäft errichtet wurde, für unzulässig erklärt wird.

Ein **Schadensersatzanspruch entsprechend § 717 II** ist dann zuzubilligen, wenn eine Vollstreckung aus den in § 794 I Nr. 2, 3 genannten Titeln erfolgt ist und diese aufgehoben werden; denn auch in diesen Fällen ist mit der Möglichkeit einer Aufhebung der Titel zu rechnen, daher die Vollstreckung vor Rechtskraft mit entsprechendem Risiko verbunden. Ebenso ist in den Fällen der §§ 280, 304 zu verfahren, wenn nach Vollstreckung aus dem Endurteil das Zwischenurteil aufgehoben wird und damit das Endurteil entfällt (vgl. *Zivilprozessrecht* §§ 33 VII 2, 59 V). Analogie ist ferner geboten, wenn zulässigerweise auf Feststellung statt, wie möglich, auf Leistung geklagt und wegen des (noch) nicht rechtskräftigen Feststellungsurteils geleistet wird (a. A. *BAG* JZ 90, 194 mit zustimm. Anm. *Münzberg*, da ohne Rechtskraft kein „Erfüllungsdruck" bestehe; entscheidend ist jedoch das Urteil, nicht seine Rechtskraft, vgl. RGZ 92, 8; 146, 295; auch BGHZ 28, 126). Ausdrücklich ist der Schadensersatzanspruch gewährt in § 1065 II 2 (bei Aufhebung des gerichtlichen Beschlusses, der den Schiedsspruch für vollstreckbar erklärt), §§ 302 IV, 600 II (bei Aufhebung der Vorbehaltsurteile) und ein ähnlicher in § 945 (bei Aufhebung eines Arrestes oder einer einstweiligen Verfügung als von Anfang an ungerechtfertigt; vgl. u. §§ 36 Rn. 18 ff., 37 Rn. 37 f.).

59 Dagegen kann *kein Schadensersatz* gefordert werden, wenn aus *Prozessvergleichen*, nicht unter § 799 a fallenden *vollstreckbaren Urkunden* (vgl. o. Rn. 58) oder *Europäischen Zahlungsbefehlen* vollstreckt ist (§ 794 I Nr. 1, 5, 6); denn hier fehlt es an dem Instanzenzug, der bei Urteilen die sofortige Vollstreckung mit einem erkennbaren Risiko belastet. Ferner nicht, wenn der materielle Anspruch nachträglich wegfällt und die Vollstreckungsgegenklage (§ 767) durchdringt oder wenn die Widerspruchsklage (§ 771) Erfolg hat (BGHZ 95, 16; a. A. *Häsemeyer* NJW 86, 1028 f.) oder bei Aufhebung des Urteils infolge Wiederaufnahme oder bei Beseitigung des Urteils analog § 269 III 1 durch übereinstimmende Erledigungserklärung (*BGH* NJW 88, 1269). In diesen Fällen bleiben dem Schuldner aber die nach bürgerlichem Recht begründeten Delikts- und Bereicherungsansprüche (nur setzen erstere Verschulden voraus im Gegensatz zu § 717).

60 Ein bloßer **Bereicherungsanspruch** ist gegeben, falls in einer vermögensrechtlichen Streitigkeit das vorläufig vollstreckbare Urteil (außer Versäumnisurteil) eines OLG vom Revisionsgericht aufgehoben wird, §§ 717 III 1–3, 708 Nr. 10. Auch dieser Anspruch kann wie der des § 717 II durch Zwischenantrag (§ 261 II) oder selbstständige Klage geltend gemacht werden. Die privatrechtlichen Wirkungen der Rechtshängigkeit treten in jedem Fall schon mit der Zahlung oder Leistung ein, § 717 III 4. § 818 III BGB gilt hier nicht (*BAG* JZ 62, 99).

61 Ansprüche aus § 717 II und III können nebeneinander bestehen. Zur Abgrenzung BGHZ 69, 375 ff. (abl. *Fricke* WRP 79, 100 ff.).

Wegen der drohenden Haftung aus § 717 II, III ist der Gläubiger nicht verpflichtet, aus einem vorläufig vollstreckbaren Urteil sofort zu vollstrecken (*BGH* BB 64, 529).

V. Die Vollstreckung ausländischer Urteile

62 1. **Grundsatz.** Die einem ausländischen Urteil nach dem Recht des Urteilsstaats zukommende Vollstreckbarkeit wird im Inland nicht anerkannt. Will ein Gläubiger

aufgrund eines ausländischen Urteils vollstrecken, muss er bei einem deutschen Gericht besondere *Klage auf Erlass eines Vollstreckungsurteils* erheben, § 722 I. Erst aus diesem ist die Vollstreckung zulässig (BGHZ 118, 315 f.; 122, 18).

Die §§ 722 f. setzen ein ausländisches *Urteil* voraus. Ein ausländischer Prozessvergleich, eine ausländische vollstreckbare Urkunde genügen also nicht als Grundlage eines Vollstreckungsurteils. 63

Die *sachliche Zuständigkeit* für den Erlass des Vollstreckungsurteils richtet sich nach dem Streitwert dieses Urteils (§ 23 Nr. 1 GVG; *Schütze* NJW 83, 154 f.; str.); *örtlich zuständig* ist das Gericht des allgemeinen Gerichtsstands des Schuldners (in Ermangelung eines solchen das Gericht, in dessen Bezirk sich Vermögen von ihm befindet, § 23), § 722 II. Die Zuständigkeit ist eine ausschließliche, § 802. Das Vollstreckungsurteil darf nur ergehen, wenn das ausländische Urteil nach ausländischem Recht formell rechtskräftig geworden ist (eine vorläufige Vollstreckbarkeit des ausländischen Urteils genügt also nicht), § 723 II 1. Die Gesetzmäßigkeit, insbesondere die Richtigkeit des ausländischen Urteils wird nicht nachgeprüft, auch nicht, ob das Verfahren mangelfrei war; der im Ausland entschiedene Prozess wird also keineswegs nochmals aufgerollt. Nur im Rahmen des § 328 findet eine Nachprüfung des Urteils statt, insbesondere bei Fehlen der Gegenseitigkeit, § 723 II 2 (zu einem Fall des materiellen *ordre public* gemäß § 723 II 2, § 328 I Nr. 4: BGHZ 118, 338 ff., dazu Anm. *Schack* ZZP 106, 104 ff.). Einwendungen gegen den festgestellten Anspruch können im selben Umfang wie gegen einen inländischen Titel erhoben werden, also nur in den Grenzen des § 767 II (vgl. u. § 12), aber bereits im Prozess über das Vollstreckungsurteil (*BGH* NJW 94, 1416). 64

Das Urteil stellt nicht den materiellen Anspruch erneut fest, da die Rechtskraft des ausländischen Urteils anerkannt ist (§§ 723 II 2, 328; vgl. *Zivilprozessrecht* § 62 VI), sondern begründet seine Vollstreckbarkeit, also eine neue Rechtslage, und ist daher als *prozessuales Gestaltungsurteil* aufzufassen. Das Vollstreckungsurteil nimmt den Inhalt des ausländischen Urteils, soweit für die Vollstreckung relevant, in deutscher Sprache in seine Formel auf (StJ § 722, 23), es ist nach den allgemeinen Vorschriften anfechtbar und vorläufig vollstreckbar. 65

Daneben wird eine Klage aus dem festgestellten ursprünglichen Rechtsverhältnis als zulässig betrachtet. Sie ist möglich, wenn das ausländische Urteil auf Zahlung in ausländischer Währung lautet und der Gläubiger einen Titel auf Zahlung in Euro erhalten will (*Rosenberg/Gaul* § 12 II 7; a. A. MünchKomm-ZPO/*Gottwald* § 722, 38). 66

2. Zwischen den Mitgliedstaaten der Europäischen Union erleichtert die **EuGVVO** (Verordnung [EG] Nr. 44/2001 des Rates über die gerichtliche Zuständigkeit und die Anerkennung und Vollstreckung von Entscheidungen in Zivil- und Handelssachen v. 22. 12. 2000) die Vollstreckbarerklärung. In Art. 38 ff. EuGVVO ist ein vereinfachtes Klauselerteilungsverfahren vorgesehen. Der Antragsteller muss dem zuständigen Gericht nur eine Ausfertigung der zu vollstreckenden Entscheidung und eine Bescheinigung nach dem Muster gemäß Anhang V der EuGVVO vorlegen (Art. 53 EuGVVO). Die Entscheidung aus dem anderen Mitgliedstaat ist dann unverzüglich durch Beschluss (§ 8 f. AVAG) für vollstreckbar zu erklären, Art. 41 EuGVVO. Der Schuldner wird erstinstanzlich nicht gehört (Art. 41 Satz 2 EuGVVO). Die Hindernisse der Art. 34 f. EuGVVO, insbesondere der Verstoß gegen den *ordre public* (Art. 34 Nr. 1 EuGVVO) und die Nichtzustellung des verfahrenseinleitenden Schriftstücks (Art. 34 Nr. 2 EuGVVO), sind allenfalls im Rechtsbehelfsverfahren nach EuGVVO Art. 43 zu prüfen, in dem beide Parteien (der Schuldner erstmals) rechtliches Gehör genießen (Art. 43 III EuGVVO). Die ausländische Entscheidung darf inhaltlich nicht nachgeprüft werden, Art. 45 II EuGVVO. Die EuGVVO gilt für Zivil- und Handelssachen in den Mitgliedstaaten der EU unmittelbar; auch im Verhältnis zu Dänemark (Art. 1 III EuGVVO) gelten aufgrund eines besonderen Abkommens seit 1. 7. 2007 im Wesentlichen die Regeln der EuGVVO (dazu *Wagner* EuZW 06, 424, 426). 67

Die EuGVVO geht ihrem Vorläufer, dem EuGVÜ (Brüsseler EWG-Übereinkommen über die gerichtliche Zuständigkeit und die Vollstreckung gerichtlicher Entscheidungen in Zivil- und Handelssachen v. 27. 9. 1968), vor (Art. 68 EuGVVO). Das LGVÜ (Luganer Übereinkommen 68 über die gerichtliche Zuständigkeit und die Vollstreckung gerichtlicher Entscheidungen in Zivil- und Handelssachen v. 16. 9. 1988) erklärt die Vorschriften des EuGVÜ im Verhältnis zu Vertragsstaaten, die nicht Mitglied der Europäischen Union sind (Island, Norwegen, Schweiz) für anwendbar. Eine Anpassung des LGVÜ an die EuGVVO wurde bereits beschlossen, aber noch nicht ratifiziert.

69 3. Die EheVO (Verordnung [EG] Nr. 2201/2003 des Rates über die Zuständigkeit und die Anerkennung und Vollstreckung von Entscheidungen in Ehesachen und in Verfahren betreffend die elterliche Verantwortung und zur Aufhebung der Verordnung [EG] Nr. 1347/2000) erleichtert in Art. 28 ff. EheVO die Vollstreckung von Entscheidungen über die elterliche Verantwortung. Das Verfahren ist der EuGVVO nachgebildet. Für das Umgangsrecht und die Kindesrückgabe sehen Art. 40 ff. EheVO sogar von dem Erfordernis einer Vollstreckbarerklärung ab. Ergänzt wird die EheVO durch das IntFamRVG.

70 4. Nach der **EuVTVO** (Verordnung [EG] Nr. 805/2004 des Europäischen Parlaments und des Rates vom 21. 4. 2004 zur Einführung eines europäischen Vollstreckungstitels für unbestrittene Forderungen) ist die Zwangsvollstreckung bei unbestrittenen Forderungen ohne Vollstreckbarerklärung möglich. Erforderlich ist nach Art. 5 EuVTVO allein eine Bestätigung des Entscheidungsstaats, dass es sich bei der Entscheidung um einen Europäischen Vollstreckungstitel handelt. Das ist günstig für den Gläubiger, der rascher vollstrecken kann, begegnet aber im Hinblick auf den Rechtsschutz des Schuldners Bedenken, denn Versagungsgründe wie die Vereinbarkeit der Anerkennung mit dem *ordre public* oder Zustellungsmängel werden nicht geprüft (krit. *Stadler* IPRax 04, 2, 5 ff.). Der Anwendungsbereich der EuVTVO ist sehr weit. Darunter fallen (vgl. Art. 3 EuVTVO) neben Vollstreckungsbescheiden und Anerkenntnisentscheidungen auch Prozessvergleiche und notarielle Urkunden nach § 795 I Nr. 5, ferner die in der Praxis wichtigen Versäumnisentscheidungen (dazu *Stein* IPRax 04, 181, 188).

71 Innerstaatlich wird die EuVTVO ergänzt durch die im Abschnitt 4 des Buchs 11 der ZPO enthaltenen §§ 1079–1086 (dazu *Wagner* IPRax 05, 401). Titel 1 (§§ 1079–1081) regelt die Bestätigung in Deutschland ergangener Titel als Europäische Vollstreckungstitel. § 1079 befasst sich mit der Zuständigkeit für die Ausstellung der Bestätigung; zuständig sind die Gerichte, Behörden und Notare, denen auch die Erteilung einer vollstreckbaren Ausfertigung obliegt. Der Schuldner wird – ebenso wie bei der Erteilung der einfachen Vollstreckungsklausel – nicht gehört, § 1080 I 1; die Bestätigung ist ihm von Amts wegen zuzustellen, § 1080 I 2. Die Bestätigung ist nicht anfechtbar (Art. 10 IV EuVTVO); der Schuldner kann nur eine Berichtigung oder einen Widerruf beantragen (Art. 10 I EuVTVO); zur Zuständigkeit und zur Frist vgl. § 1081. Zum Rechtsbehelf bei Zurückweisung des Antrags auf Bestätigung vgl. § 1080 II.

72 Titel 2 (§§ 1082–1086) regelt Einzelheiten der Zwangsvollstreckung aus Europäischen Vollstreckungstiteln anderer Mitgliedstaaten in Deutschland. Nach § 1082 besteht für die Zwangsvollstreckung aus ausländischen bestätigten Europäischen Vollstreckungstiteln kein Klauselerfordernis. Das entspricht Art. 5 EuVTVO. Im Übrigen gelten die innerstaatlichen Regelungen über die Zwangsvollstreckung, insbesondere § 750. Gegen die ausländischen Vollstreckungstitel ist die Vollstreckungsgegenklage in Deutschland statthaft; § 1086 I regelt die Zuständigkeit. Die Entscheidung darf in der Sache selbst nicht nachgeprüft werden. Für gerichtliche Entscheidungen stellt dies § 767 II sicher; die Bestimmung ist nach § 1086 II auch auf gerichtliche Vergleiche und öffentliche Urkunden anzuwenden (krit. *Hess* IPRax 04, 494). Einwendungen gegen den Bestand des titulierten Anspruchs im Zeitpunkt der Errichtung des Titels können daher nur im Ursprungsstaat geltend gemacht werden.

73 5. Ohne dass es eines Anerkennungs- oder Exequaturverfahrens bedarf, wird seit 1. 1. 2009 ferner ein auf Grundlage der **EuGFVO** (Verordnung [EG] Nr. 861/2007 des Europäischen Parlaments und des Rates vom 11. 7. 2007 zur Einführung eines europäischen Verfahrens für geringfügige Forderungen) ergangenes Urteil in jedem Mitgliedstaat der Europäischen Union (mit Ausnahme Dänemarks, Art. 2 III EuGFVO) anerkannt und kann vollstreckt werden, Art. 20 I EuGFVO; erforderlich ist lediglich dessen Bestätigung, Art. 20 II EuGFVO. Anwendbar ist das

Verfahren auf Klageforderungen in grenzüberschreitenden Zivil- und Handelssachen mit einem Streitwert von höchstens 2000 Euro, Art. 2 I 1 EuGFVO. Urteile sind grundsätzlich ohne Sicherheitsleistung (vorläufig) vollstreckbar, Art. 15 I EuGFVO. Bis zum Eintritt der Rechtskraft kann auf Antrag des Titelschuldners die Vollstreckung jedoch beschränkt, von einer Sicherheitsleistung abhängig gemacht oder ausgesetzt werden, Art. 15 II, 23 EuGFVO. Gegen die Urteile sind die Rechtsbehelfe nach Art. 22 I, 23 EuGFVO statthaft; die Entscheidung darf in der Sache selbst im Vollstreckungsstaat aber nicht überprüft werden, Art. 22 II EuGFVO.

Für die Durchführung des Verfahrens im Inland gelten ergänzend §§ 1097–1109. Auf Grundlage 74 der EuGFVO ergangene Urteile sind nach Maßgabe von § 1105 I, II für vorläufig vollstreckbar zu erklären. Die in Art. 22 II EuGFVO vorgesehene Bestätigung wird durch das Hauptsachegericht (Rechtspfleger, § 20 Nr. 11 RPflG) erteilt, § 1106 I. Ausländische Titel bedürfen keiner Vollstreckungsklausel, § 1107; sie ist wegen der in die deutsche Sprache übersetzten Bestätigung (Art. 20, 21 II 1 Buchstabe b EuGFVO) entbehrlich. Neben den in Art. 22 I, 23 EuGFVO vorgesehenen Rechtsbehelfen sind diejenigen der ZPO statthaft. Wegen der Vollstreckungsgegenklage (§ 767) verweist § 1109 II auf § 1086; der Einwendungsausschluss gemäß § 767 II (vgl. u. § 12 Rn. 8 ff.) gilt auch hier.

Ebenfalls ohne Vollstreckbarerklärung kann gemäß § 794 I Nr. 6 aus Europäischen Zahlungs- 75 befehlen vollstreckt werden, die auf Grundlage der **EuMVVO** (Verordnung [EG] Nr. 1896/2006 des Europäischen Parlaments und des Rates zur Einführung eines Europäischen Mahnverfahrens vom 12. 12. 2006) ergangen sind (dazu u. § 3 Rn. 13).

6. Daneben sehen zahlreiche Staatsverträge (vgl. StJ Anhang zu § 723) eine 76 erleichterte Vollstreckbarkeitserklärung vor. Innerstaatliche Durchführungsbestimmungen für die Übereinkommen, Verträge und Verordnungen enthält das AVAG (Anerkennungs- und Vollstreckungsausführungsgesetz) v. 19. 2. 2001.

VI. Urteile von Gerichten **der ehemaligen DDR** bleiben nach Art. 18 I 1 EinV wirksam und 77 können nach Maßgabe der ZPO vollstreckt werden (Art. 8 EinV). §§ 722 f. sind also unanwendbar (das war schon vor der Wiedervereinigung h. M., vgl. 19. Aufl. dieses Buches, § 2 VI). Nach der ZPO richtet sich auch eine Überprüfung, ob die Entscheidungen und ihre Vollstreckung mit rechtsstaatlichen Grundsätzen vereinbar sind (Art. 18 I 2 EinV). Als Rechtsbehelf kommt in erster Linie die Erinnerung nach § 766 in Betracht, in besonderen Fällen die Vollstreckungsgegenklage oder eine Feststellungsklage gemäß § 256 (diese Behelfe wurden schon vor der Wiedervereinigung gewährt, vgl. 19. Aufl. dieses Buches, § 2 VI).

§ 3. Andere Vollstreckungstitel

I. Der Prozessvergleich (gerichtlicher Vergleich), § 794 I Nr. 1, ist ein praktisch 1 wichtiger Vollstreckungstitel. Zweck des Vergleichs ist stets die Beilegung eines Rechtsstreits. Zumeist hat er auch einen vollstreckungsfähigen Inhalt (*Beispiel:* Der Beklagte verpflichtet sich, 5000 Euro an den Kläger zu zahlen), und nur dann kann er Vollstreckungstitel sein. Der Prozessvergleich muss protokolliert werden (§ 160 III Nr. 1, § 162 I); sonst ist er unwirksam (str.) und als Vollstreckungstitel untauglich.

Zu den einzelnen Tatbestandsmerkmalen und Wirksamkeitsvoraussetzungen des Prozessver- 2 gleichs vgl. *Zivilprozessrecht* § 48 II–IV. Hervorzuheben ist, dass der Prozessvergleich auch im Arrest- oder einstweiligen Verfügungsverfahren, also in einem summarischen Prozess (vgl. u. § 34 Rn. 4), geschlossen werden kann, ferner im Vollstreckungsverfahren (z. B. vor dem Vollstreckungsgericht bei der Zwangsversteigerung) und im Gütestellenverfahren (§ 15 a VI 2 EGZPO).

3 Die Vollstreckbarkeit des Prozessvergleichs ist praktisch geboten; denn sie gewährleistet die Erfüllung der vergleichsweise übernommenen Pflichten und erleichtert daher den Entschluss, sich auf einen Vergleich einzulassen (also nicht auf einem vollstreckbaren Urteil zu bestehen!).

4 Die *Vollstreckungswirkungen des Prozessvergleichs* entsprechen denen des Urteils. Zu beachten ist jedoch, dass der Vergleich nicht in Rechtskraft erwächst und die Fiktion des § 894 deshalb ausscheidet. Hat sich der Schuldner im Vergleich zur *Abgabe einer Willenserklärung* verpflichtet, so kann nach § 888 vollstreckt (vgl. u. § 27 Rn. 5) oder eine Leistungsklage auf Abgabe der Erklärung erhoben werden (vgl. BGHZ 98, 128 ff.). Deshalb ist es besser, gleich die Willenserklärung selbst in den Vergleich aufzunehmen.

5 Der außergerichtliche Vergleich ist nicht Vollstreckungstitel, sondern nur Grundlage eines materiellen Anspruchs, auf den eine Klage gestützt werden kann. Vgl. *Jauernig* JZ 58, 657 f.

6 **II. Die vollstreckbare Urkunde** ist ein weiterer bedeutender Vollstreckungstitel neben dem Urteil (dazu *Wolfsteiner,* Die vollstreckbare Urkunde, 1978; *Münch,* Vollstreckbare Urkunde und vollstreckbarer Anspruch, 1989 [dazu *Münzberg* ZZP 104, 227 ff.]). § 794 I Nr. 5 nennt ihre Tatbestandsmerkmale:

7 In der Urkunde muss sich der *Schuldner* ausdrücklich der *sofortigen Zwangsvollstreckung unterworfen* haben. „Sofortig" bedeutet nicht etwa Zwangsvollstreckung sofort nach Errichten der Urkunde – vielmehr kann die Fälligkeit des Anspruchs und damit die Möglichkeit einer Vollstreckung weit hinausgeschoben sein –, sondern Vollstreckung ohne Prozess und Urteil. Darin liegt ein großer Vorteil für den Gläubiger, aber eine Gefahr für den Schuldner. Sie wird dadurch gemindert, dass die Urkunde von einem *deutschen Gericht oder Notar* innerhalb seiner Zuständigkeit und in der vorgeschriebenen Form (Protokollierung: §§ 8 ff. BeurkG) aufgenommen sein muss. Unterwerfungsfähig ist jeder vergleichsfähige Anspruch (ähnlich § 1030 I für die Schiedsfähigkeit), also z. B. nicht Ehe- und Kindschaftssachen; ausdrücklich ausgenommen sind Ansprüche auf Abgabe einer Willenserklärung (nicht die Abgabe selbst) und Ansprüche, die den Bestand eines Mietverhältnisses über Wohnraum betreffen (dazu gehören insbesondere Räumungsansprüche, Ansprüche auf Fortsetzung des Mietverhältnisses). Der Grundstückseigentümer kann sich hinsichtlich eines Grundpfandrechts so der Zwangsvollstreckung unterwerfen, dass sie nicht bloß gegen ihn, sondern gegen den jeweiligen Eigentümer zulässig ist; nur hierfür ist aus Gründen der Publizität die Eintragung im Grundbuch erforderlich, § 800.

8 Die Unterwerfungserklärung entfaltet rein prozessuale Wirkungen (Schaffung eines Vollstreckungstitels, *BGH* NJW 04, 59, 60). Deshalb ist sie eine einseitige, nichtempfangsbedürftige Prozesshandlung (Prozessfähigkeit erforderlich, § 180 BGB unanwendbar) und unabhängig von der Wirksamkeit des materiellen Rechtsgeschäfts, dem sie dient (*BGH* NJW 96, 2792). Die auf Abgabe einer Unterwerfungserklärung gerichtete Vollmacht unterfällt §§ 78 ff. und nicht §§ 164 ff. BGB; daher kommen §§ 172 ff. BGB bei Nichtigkeit der Vollmacht (beispielsweise nach § 134 BGB wegen Verstoßes gegen das RDG) nicht zur Anwendung (*BGH* NJW 04, 59, 60 f.). Sie bedarf daher auch nicht der notariellen Beurkundung (*BGH* NJW 04, 844, 845). §§ 305 ff. BGB erfassen auch die Unterwerfungserklärung (*BGH* NJW 02, 139).

9 Zur Gefährlichkeit der Unterwerfung unter die sofortige Zwangsvollstreckung vgl. *Baur,* FS Demelius, 1973, S. 315 ff.; *Stürner,* JZ 74, 157; dagegen BGHZ 99, 282 ff.

10 Der vollstreckbaren Urkunde z. T. nachempfunden ist der **Anwaltsvergleich,** nämlich für die Vergleichsfähigkeit von Ansprüchen (§ 796 a II, s. § 794 I Nr. 5) und die Unterwerfungserklärung des Schuldners. Abweichend von § 794 I Nr. 5 bedarf der Anwaltsvergleich, um vollstreckbar zu sein, der gerichtlichen oder notariellen Vollstreckbarkeitserklärung, §§ 796 a I, 796 b, 796 c. Vollstreckungstitel ist der entsprechende Beschluss, § 794 I Nr. 4 b.

11 **III.** Einen wichtigen Vollstreckungstitel bilden ferner die **Vollstreckungsbescheide** im Mahnverfahren, § 794 I Nr. 4, sowie die **Arrestbefehle und einstweiligen Verfügungen,** §§ 928, 936 (zu diesen vgl. u. §§ 35, 37).

IV. Vollstreckungstitel sind die zivilprozessualen **Entscheidungen,** die **mit der Beschwerde anfechtbar** sind (§ 794 I Nr. 3; aber auch die unanfechtbaren, die anfechtbar wären, wenn sie ein Gericht erster Instanz erlassen hätte, z. B. Entscheidungen des OLG, denn ihnen die Vollstreckbarkeit vorzuenthalten, wäre widersinnig), vorausgesetzt, sie weisen einen vollstreckungsfähigen Inhalt auf, z. B. Beschlüsse über Ordnungsmaßnahmen gegen ausgebliebene Zeugen, §§ 380, 390. Zu nennen sind ferner die **Kostenfestsetzungsbeschlüsse,** § 794 I Nr. 2. 12

Schiedssprüche sind nur dann vollstreckbar, wenn sie durch Entscheidung des staatlichen Gerichtes für vollstreckbar erklärt sind und diese Entscheidung rechtskräftig oder für vorläufig vollstreckbar erklärt ist, §§ 794 I Nr. 4 a, 1060 (für inländische Schiedssprüche; für ausländische s. § 1061). Vollstreckungstitel ist die Vollstreckbarkeitserklärung.

V. Nach § 794 I Nr. 6 ist die Vollstreckung aus für vollstreckbar erklärten **Europäischen Zahlungsbefehlen** möglich. Hierbei handelt es sich um Titel, die auf Grundlage der **EuMVVO** (Verordnung [EG] Nr. 1896/2006 des Europäischen Parlaments und des Rates zur Einführung eines Europäischen Mahnverfahrens vom 12. 12. 2006) in einem eigenständigen Erkenntnisverfahren ergangen sind und in allen Mitgliedstaaten der EU (mit Ausnahme Dänemarks, Art. 2 III EuMVVO) nach Ablauf einer Einspruchsfrist (Art. 16 EuMVVO) ohne Exequaturverfahren für vollstreckbar erklärt wurden (Art. 18 EuMVVO). Das inländische Europäische Mahnverfahren ist in Umsetzung der EuMVVO in §§ 1087–1096 geregelt. Für die Vollstreckung aus inländischen oder ausländischen Europäischen Zahlungsbefehlen im Inland sind gemäß § 795 S. 1, 3 die allgemeinen Vorschriften der ZPO anwendbar, ergänzend gelten die §§ 1093–1096. 13

Die Zwangsvollstreckung aus Europäischen Zahlungsbefehlen ist derjenigen aus europäischen Vollstreckungstiteln für unbestrittene Forderungen (vgl. §§ 1079–1086 und o. § 2 Rn. 70 ff.) nachgebildet. Nach Ablauf der Einspruchsfrist (Art. 16 EuMVVO) und Vollstreckbarerklärung (Art. 18 EuMVVO) ist die Erteilung einer Vollstreckungsklausel im Inland nicht erforderlich, § 1093. Gegen einen Europäischen Zahlungsbefehl sind die Rechtsbehelfe nach Art. 20, 22 f. EuMVVO mit §§ 1095 f. statthaft; daneben treten im Inland die vollstreckungsrechtlichen Rechtsbehelfe der ZPO, Art. 21, 26 EuMVVO. Auf Einwendungen gegen den materiellen Anspruch darf die Entscheidung nach Ablauf der Einspruchsfrist gemäß Art. 16 EuMVVO dabei nur insoweit überprüft werden, als sie nach Zustellung des Zahlungsbefehls entstanden sind, § 1095 II (dazu *Preuß* ZZP 122, 3, 18 ff.; krit. *Vollkommer/Huber* NJW 09, 1105, 1107). Gleiches gilt für die Vollstreckungsgegenklage (§ 767 II), § 1096 II 2. Für diese besteht ein Rechtsschutzbedürfnis, da die Entscheidung nach Art. 22 II EuMVVO nur im Vollstreckungsstaat wirkt, indessen ein Urteil nach § 767 in allen Mitgliedstaaten anerkannt wird, Art. 33 I EuGVVO. Wegen der Zuständigkeit verweist § 1096 II 2 insoweit auf § 1086 I. Bis zur Entscheidung über die Gegenklage kann die Vollstreckung nach Maßgabe von § 707 einstweilen eingestellt werden; hierüber entscheidet das Gericht, das den Zahlungsbefehl erlassen hat, §§ 1087, 1095 I. 14

VI. Außerhalb der ZPO sind noch eine Reihe z. T. wichtiger Vollstreckungstitel geregelt (vgl. die Aufzählung in § 68 GVGA). Vollstreckungstitel bilden einstweilige Anordnungen in Familiensachen und in Angelegenheiten der freiwilligen Gerichtsbarkeit, die nach §§ 49 ff. FamFG ergehen (vgl. § 794 I Nr. 3 a a. F.), soweit keine abweichenden Sondervorschriften gelten, etwa für Unterhaltssachen in §§ 246 ff. FamFG (vgl. u. § 37 Rn. 36). Für die Vollstreckung der in § 86 I FamFG aufgezählten anderen *familienrechtlichen Titel* verweist § 95 I FamFG für die dort genannten Vollstreckungsarten auf die Vorschriften der ZPO; gleiches gilt etwa für Familienstreitsachen gemäß § 120 FamFG (vgl. § 794 I Nr. 2 a a. F.). Beachtung verdienen ferner der *Auszug aus der Insolvenztabelle,* § 201 II InsO, der rechtskräftig bestätigte *Insolvenzplan* in Verbindung mit der Eintragung in der Insolvenztabelle, § 257 InsO, der *Zuschlag* in der Zwangsversteigerung, §§ 93, 132, 162, 180 I ZVG (vgl. u. §§ 58 Rn. 3, 62 Rn. 9, 24 Rn. 40), die Entscheidungen der *Arbeitsgerichte* nach §§ 62, 64 VII, 85 ArbGG, ferner Verpflichtungserklärungen betr. den Unterhalt eines Kindes, die Entbindungskosten und den Unterhalt der Mutter eines nichtehelichen Kindes nach Maßgabe von § 59 I 1 Nr. 3, 4, § 60 SGB VIII. 15

§ 4. Die Vollstreckungsklausel

1 **I.** Die Vollstreckungsklausel ist *ein amtliches Zeugnis, dass ein Titel vollstreckbar* ist. Sie wird auf eine Ausfertigung des Urteils oder des sonstigen Titels gesetzt („Ausfertigung" ist die amtliche Abschrift eines amtlichen Schriftstücks, die im Rechtsverkehr die Urschrift vertritt, vgl. *BGH* NJW 81, 2346, auch § 47 BeurkG). § 725 enthält ihren Wortlaut (dessen Gebrauch nicht unbedingt erforderlich ist): „Vorstehende Ausfertigung wird dem [z. B. Kläger] zum Zwecke der Zwangsvollstreckung erteilt." Die mit der Klausel versehene Ausfertigung heißt **vollstreckbare Ausfertigung** (§§ 724 I, 795).

2 Die Klausel wird auf dasjenige Urteil gesetzt, das die Verurteilung zur Leistung ausspricht, also auf das Urteil erster Instanz, wenn dasjenige der zweiten Instanz das Rechtsmittel verwirft oder zurückweist (sonst wäre der Ausfertigung nicht zu entnehmen, worauf die Vollstreckung sich richtet), andernfalls auf das Urteil der oberen Instanz.

Über die Erteilung der Klausel vgl. u. Rn. 16 ff.

3 Die Klausel ist in der Regel (vgl. u. Rn. 5) unentbehrliche *Voraussetzung der Vollstreckung*. Fehlt die Klausel, so darf dem Antrag des Gläubigers auf Vornahme der Vollstreckung nicht entsprochen werden. Geschieht es dennoch, so ist die Vollstreckung wirksam (nach h. M. entsteht jedoch kein Pfändungspfandrecht, vgl. u. § 16 Rn. 15 und Rn. 25), aber jede einzelne Maßnahme ist mit der Erinnerung, § 766, angreifbar.

4 Das Klauselerteilungsverfahren beruht auf der Trennung von Erkenntnis- und Vollstreckungsinstanz, die das geltende Recht kennzeichnet, und verbindet das Getrennte in sinnvoller Weise: Das Vollstreckungsorgan, z. B. der Gerichtsvollzieher, muss nicht prüfen, ob der vorgelegte Titel wirksam und vollstreckbar ist; diese Prüfung obliegt der Stelle, die für die Klauselerteilung zuständig ist. Entsprechendes gilt, wenn die Vollstreckung vom Eintritt einer Bedingung abhängt (vgl. u. Rn. 15) oder für oder gegen eine andere als die im Titel genannte Person vollstreckt werden soll (vgl. u. Rn. 7 ff.); auch hier ist für das Vollstreckungsorgan die Klausel maßgebend. Sie ist für das Vollstreckungsorgan nicht nachprüfbar, sondern bindend.

5 **II.** Abweichend von der Regel sind *ohne Vollstreckungsklausel vollstreckbar* die Vollstreckungsbescheide (§ 796 I), die Arrestbefehle und einstweiligen Verfügungen (§§ 929, 936), weil hier besondere Eile geboten ist. Die Klausel ist aber nötig, wenn die Vollstreckung für oder gegen eine andere Person erfolgen soll als die im Titel genannte, vgl. u. Rn. 7 ff. Ohne Vollstreckungsklausel vollstreckbar sind schließlich Titel aus anderen EU-Mitgliedstaaten (mit Ausnahme Dänemarks), die nach der EuVTVO als Europäischer Vollstreckungstitel bestätigt worden sind, § 1082 (vgl. o. § 2 Rn. 70 ff.), sowie für vollstreckbar erklärte Europäische Zahlungsbefehle, §§ 794 I Nr. 6, 1093 (vgl. o. § 3 Rn. 13).

6 **III.** Besondere Bedeutung hat die Vollstreckungsklausel in den Fällen, in denen die Vollstreckung für einen anderen Gläubiger oder gegen einen anderen Schuldner betrieben werden soll als den im Titel bezeichneten **(titelübertragende Klausel),** oder in denen sie von Bedingungen abhängig ist **(titelergänzende Klausel).** Die Klausel ist dann mehr als ein bloßes Zeugnis der Vollstreckbarkeit.

7 1. **Die titelübertragende Klausel, § 727.** Im Vollstreckungstitel sind die Personen bezeichnet, für und gegen die vollstreckt werden soll, §§ 750, 795. Im Falle einer Rechtsnachfolge ist es aus praktischen Gründen aber geboten, die Vollstreckung für oder gegen den Rechtsnachfolger zu ermöglichen, ohne dass ein neuer Titel (wo-

möglich in einem neuen Prozess!) beschafft werden muss. Diesem Zweck dient die titelübertragende Klausel. Sie bezeichnet den neuen Gläubiger oder Schuldner und hat daher *konstitutive Wirkung*. Sie wird nur erteilt, wenn die Rechtsnachfolge nach der Rechtshängigkeit (aber nicht notwendig schon während des Prozesses) eingetreten ist.

Für die *Rechtsnachfolge auf der Gläubigerseite* kommen in Betracht: Gesamtnachfolge (z. B. Erbschaft), aber auch jede Art von Sondernachfolge (z. B. Übereignung, Abtretung), Nachfolge in das volle Recht oder in ein aus ihm abgezweigtes minderes Recht (z. B. Pfandrecht); gleichgültig ist, ob die Nachfolge auf Rechtsgeschäft, Gesetz oder Staatsakt (z. B. Überweisung aufgrund einer Pfändung, *OLG Frankfurt* NJW 83, 2266) beruht. Gegen den *Rechtsnachfolger des Schuldners* ist die Umschreibung des Titels möglich bei Gesamtnachfolge (aber erst gegen den endgültigen Erben, vgl. § 1958 BGB) oder bei Erwerb der in Streit befangenen Sache (was nur bei dinglichen Rechten der Fall ist) oder ihres unmittelbaren Besitzes (vgl. § 325). Die befreiende Schuldübernahme begründet keine Rechtsnachfolge in diesem Sinne (BGHZ 61, 141 ff. m. N.; str.). Rechtsnachfolge ist ferner anzunehmen, wenn ein Vermögen von seinem Inhaber auf eine *Partei kraft Amtes* als Verwalter übergeht und umgekehrt nach Beendigung der Verwaltung (vgl. StJ § 727, 28 und u. § 43 Rn. 38). 8

Voraussetzung einer Umschreibung des Vollstreckungstitels auf den Rechtsnachfolger ist der *Nachweis der Rechtsnachfolge* oder des Besitzverhältnisses *durch öffentliche oder öffentlich beglaubigte Urkunden* oder ihre Offenkundigkeit bei Gericht. Auf der Gläubigerseite ist dieser Nachweis leicht zu beschaffen (z. B. durch Erbschein); dagegen ist der Nachweis einer Nachfolge auf der Schuldnerseite für den Gläubiger nicht ganz einfach (dazu vgl. u. Rn. 27). 9

Die *praktische Bedeutung* der Umschreibungsmöglichkeit ist beträchtlich. Der siegreiche Gläubiger kann das für ihn festgestellte Recht übertragen und seinem Rechtsnachfolger die Vollstreckung überlassen; müsste dieser erneut gegen den Schuldner klagen, um vollstrecken zu können, würde eine Übertragung das Recht praktisch entwerten. Bei einer Nachfolge auf der Schuldnerseite muss gegen den neuen Schuldner vollstreckt werden können, sonst würde die Verschiebung des streitbefangenen Gegenstands zu reizvoll und der Gläubiger gezwungen sein, nunmehr gegen den Erwerber oder neuen Besitzer zu klagen. 10

Ist die Umschreibung eines rechtskräftigen Urteils gemäß §§ 727, 325 möglich, so steht nur dieser Weg offen. Einer Klage durch den Rechtsnachfolger des Gläubigers stünde die Rechtskraft entgegen (§ 325: ne bis in idem; unzutr. *BGH* NJW 87, 2863; *BAG* NJW 95, 73), nicht fehlte ihr wegen der Umschreibmöglichkeit „nur" das Rechtsschutzinteresse (so aber *BGH* NJW 57, 1111). Vgl. *Zivilprozessrecht* § 62 III 1, § 63 IV 2. 11

Entsprechende Anwendung findet die Regelung des § 727: bei Umschreibung auf den Nacherben (§ 728), auf den Übernehmer eines Vermögens (§ 729 I), auf denjenigen, der ein unter Lebenden erworbenes Handelsgeschäft unter der bisherigen Firma fortführt (§ 729 II, § 25 HGB), auf den nichtverklagten Ehegatten bei der nachträglichen Gütergemeinschaft (§ 742). Gesetzlich nicht geregelte Fälle bei *Loritz* ZZP 95, 310 ff.; zur Klausel für den gewillkürten Prozessstandschafter: *BGH* NJW 83, 1678 (auch BGHZ 92, 349 und Anm. *Brehm* JZ 85, 342 f.), für den Kläger bei § 265: *BGH* NJW 84, 806 (zust. *Gerhardt* Anm. JR 84, 288 ff.; abl. *Kion* NJW 84, 1601 f.). 12

2. *Ohne Nachweis* des Eintritts einer Bedingung, auch schon vor deren Eintritt, wird die Vollstreckungsklausel erteilt, wenn die Vollstreckung von einer *Sicherheitsleistung oder* vom *Eintritt eines Kalendertages* abhängt, wie z. B. bei Verurteilung zu einer künftigen Leistung, §§ 726 I, 751. Ebenso wird verfahren bei Gewährung einer Räumungsfrist, § 721. Hier kann die Prüfung wegen ihrer Einfachheit ohne Bedenken den Vollstreckungsorganen überlassen werden. 13

Auch bei der Vollstreckung einer **Leistung Zug um Zug** wird die Klausel ohne weiteres erteilt, arg. § 726 II (anders, wenn „Leistung" die Abgabe einer Willenserklärung ist, vgl. u. § 28 Rn. 9). Müsste schon vor Erteilung der Klausel nachgewiesen werden, dass die Gegenleistung erbracht oder Annahmeverzug eingetreten ist, so würde das den Gläubiger – entgegen dem materiellen Recht – zur Vorleistung zwingen. Die Vollstreckung ist aber grundsätzlich erst zulässig, wenn durch öffentliche 14 oder öffentlich beglaubigte Urkunden nachgewiesen ist, dass die Gegenleistung erbracht oder in einer den Annahmeverzug des Vollstreckungsschuldners bewirkenden Weise angeboten ist (§§ 756 I, 765 Nr. 1). Doch genügt es, dass der Gerichtsvollzieher die Leistung wörtlich anbietet und der Vollstreckungsschuldner erklärt, sie nicht anzunehmen (§ 756 II); Entsprechendes gilt für das Vollstreckungsgericht, wenn es Vollstreckungsmaßregeln anzuordnen hat, nachdem der Gerichtsvollzieher gemäß § 756 II verfahren ist, § 765 Nr. 2.

Der Anspruch auf die Gegenleistung kann nicht mitvollstreckt werden, denn er ist weder rechtskräftig festgestellt noch vollstreckbar.

15 3. In anderen Fällen dagegen, in denen der zu vollstreckende materielle Anspruch oder die Vollstreckbarkeit von einer *Bedingung* abhängt, z. B. bei aufschiebend bedingten oder von einer Kündigung abhängigen Ansprüchen oder bei Vorleistungspflicht des Gläubigers, wird die Vollstreckungsklausel erst erteilt, wenn der *Eintritt der Bedingung* durch öffentliche oder öffentlich beglaubigte Urkunden nachgewiesen ist, § 726, **titelergänzende Klausel.** (Vorausgesetzt ist aber, dass der Gläubiger nach allgemeinen Grundsätzen die Beweislast für die betreffende Tatsache hat; liegt sie nicht bei ihm, sondern beim Schuldner, so ist die Klausel ohne Nachweis zu erteilen; dazu *Baur/Stürner/Bruns* Rn. 17.27–17.29. Der Nachweis ist entbehrlich, wenn die Rechtsnachfolge zugestanden wird, § 288; Nichtbestreiten, § 138 III, genügt dagegen nicht, *BGH* MDR 06, 52.). Als Vollstreckungstitel kommen hier Urteile nur ausnahmsweise in Betracht (*Beispiel:* Nach dem Tenor hängt die Vollstreckung von der Erteilung einer behördlichen Genehmigung ab, *BGH* NJW 78, 1263); in erster Linie handelt es sich um Prozessvergleiche und vollstreckbare Urkunden (*Beispiel:* Im Prozessvergleich wird eine Zahlungspflicht an die rechtskräftige Scheidung der Parteien geknüpft, *OLG München* Rpfleger 84, 106).

16 **IV. Erteilt** wird die Vollstreckungsklausel bei Urteilen und Prozessvergleichen durch den *Urkundsbeamten der Geschäftsstelle* erster Instanz, ist der Prozess bei einem höheren Gericht anhängig, durch den Urkundsbeamten dieses Gerichts, §§ 724 II, 795.

Für vollstreckbare Urkunden ist der Urkundsbeamte des Gerichts zuständig, das die Urkunde aufbewahrt, § 797 I, oder der Notar, der sie verwahrt, § 797 II. Zuständig ist der Urkundsbeamte des Gerichts erster Instanz bzw. des Rechtsmittelgerichts auch bei Vergleichen nach § 794 I Nr. 1, deren Wirksamkeit von einer ausschließlich aus der Verfahrensakte ersichtlichen Tatsache abhängt, § 795 b.

17 Die Erteilung erfolgt nur auf Antrag, der formlos und ohne Anwaltszwang möglich ist. Der Gegner ist wegen Art. 103 I GG grundsätzlich vor der Erteilung zu hören (§ 730 trägt dem nicht Rechnung), str., vgl. StJ § 730, 3.

18 In den Fällen oben Rn. 6 ff. erteilt der *Rechtspfleger* die Klausel, § 20 Nr. 12 RPflG (ausgenommen notarielle vollstreckbare Urkunden, § 797 II); für die Zuständigkeit im Übrigen gelten die §§ 724 II, 795 entsprechend.

19 **V.** 1. Wird die **Erteilung** der Vollstreckungsklausel *vom Urkundsbeamten der Geschäftsstelle* **verweigert,** so kann der Gläubiger um Entscheidung des Gerichts nachsuchen (sog. Erinnerung), § 573: Durch Beschluss wird entweder der Urkundsbeamte zur Erteilung angewiesen oder die Erinnerung zurückgewiesen. Dagegen ist die sofortige Beschwerde gegeben, § 573 II.

20 *Verweigert* der *Rechtspfleger* (vgl. o. Rn. 18) die Erteilung, so kann der Gläubiger die sofortige Beschwerde einlegen, § 567 I mit § 11 I RPflG. Wird die Erteilung verweigert, weil die erforderlichen Nachweise (§§ 726–729) nicht vorliegen, so kann der Gläubiger statt der Erinnerung oder Beschwerde eine besondere Klage erheben (vgl. u. Rn. 27).

21 2. **Formelle Einwendungen gegen die Erteilung** muss der Schuldner durch **Erinnerung** (sog. Klauselerinnerung) geltend machen. Sie geht an das Gericht, dessen Urkundsbeamter oder Rechtspfleger die Klausel erteilt hat, § 732 I, auch § 797 III, VI. Auch wenn der Rechtspfleger die Klausel erteilt hat (vgl. o. Rn. 18), gilt nur § 732, nicht § 11 RPflG (*OLG Stuttgart* NJW-RR 86, 549; h. M.). Grund: § 732 ist lex specialis.

Als formelle Einwendungen kommen in Betracht: Mangel eines vollstreckbaren Titels (z. B. im Falle des § 717 I), fehlender Nachweis der Rechtsnachfolge gemäß § 727. 22

Das Gericht kann vorläufige Anordnungen treffen, insbesondere die Vollstreckung gegen oder ohne Sicherheitsleistung einstellen, § 732 II. Erfolgte Vollstreckungsmaßnahmen dürfen nicht aufgehoben werden (anders nach §§ 707, 719 I). Die Anordnung ist unanfechtbar (entsprechend § 707 II; vgl. o. § 2 Rn. 47). 23

Über die Einwendungen wird durch Beschluss entschieden, gegen den sofortige Beschwerde zulässig ist (StJ § 732, 13). Gibt der Beschluss dem Antrag des Schuldners statt, so hebt er die Klausel auf und erklärt die Vollstreckung für unzulässig (§ 775 Nr. 1; vgl. u. § 14 Rn. 15). Zur Rechtsbeschwerde § 574 I Nr. 2. 24

Materielle Einwendungen, namentlich gegen den Bestand des materiellen Anspruchs, kann der Schuldner nicht mit der Klauselerinnerung nach § 732, sondern nur durch Vollstreckungsgegenklage (vgl. u. § 12) vorbringen (*BGH* WM 04, 1745; WM 05, 1997, 1998). 25

3. Falls die Vollstreckungsklausel gemäß §§ 726–729 besondere Nachweise erfordert (vgl. o. Rn. 9), kann der Schuldner gegen die Erteilung der Klausel eine **besondere Art der Vollstreckungsgegenklage** erheben, um den Eintritt der materiellen Voraussetzungen für die Klauselerteilung zu bestreiten, §§ 768, 796 III, 797 V, VI. Er muss beantragen, die Zwangsvollstreckung aus der (genau benannten) vollstreckbaren Ausfertigung für unzulässig zu erklären. Die Einwendungen des Schuldners sind zeitlich nicht beschränkt (§ 767 II, vgl. u. § 12 Rn. 8, ist nicht anwendbar), doch können sie durch die Rechtskraft des Urteils abgeschnitten sein (vgl. *Zivilprozessrecht* § 62 IV). Wird der Klage stattgegeben, so ist nach §§ 775 Nr. 1, 776 zu verfahren. 26

4. Es kann vorkommen, dass der in §§ 726–729 geforderte Urkundenbeweis (vgl. o. Rn. 9) nicht zu führen ist. Dann muss der Gläubiger gegen den Schuldner **auf Erteilung der Vollstreckungsklausel klagen,** § 731. Ausschließlich zuständig (§ 802) ist das Prozessgericht erster Instanz (vgl. ferner §§ 796 III, 797 V, VI, 797 a III). 27

Der Schuldner muss im Prozess alle Einwendungen gegen die Zulässigkeit der Vollstreckung vorbringen; soweit sie nach § 767 II zulässig sind, auch solche gegen den Anspruch selbst. Ist die Zulässigkeit der Vollstreckungsklausel rechtskräftig festgestellt, so sind Einwendungen aus §§ 732, 768 ausgeschlossen, weiterhin solche, die im Rahmen des § 767 II gegen den Anspruch selbst hätten geltend gemacht werden können. Der Rechtspfleger, der die Klausel zu erteilen hat (*LG Stuttgart* Rpfleger 00, 538; a. A. *Zöller* § 731, 6 m. N.: Urkundsbeamter der Geschäftsstelle), und der erteilende Notar sind an das Urteil gebunden. 28

Die Klage ist keine Leistungsklage; denn nicht der Schuldner, sondern das zuständige Rechtspflegeorgan erteilt die Klausel. Daher handelt es sich um eine *prozessuale Feststellungsklage:* Das Urteil soll feststellen, dass die Voraussetzungen für die Erteilung (die ja urkundlich nicht nachweisbar sind) vorliegen, h. M. 29

Zum Verhältnis der Klage aus § 731 zur wiederholten Leistungsklage vgl. o. Rn. 11.

VI. Ausnahmsweise kann sich der Gläubiger **mehrere vollstreckbare Ausfertigungen** neben- oder nacheinander erteilen lassen. Stets ist der Schuldner vor Doppelvollstreckungen zu schützen. 30

Grundsätzlich wird dem Gläubiger nur *eine* vollstreckbare Ausfertigung erteilt, eine *weitere nur,* wenn dafür ein *Rechtsschutzbedürfnis* besteht (*OLG Stuttgart* NJW-RR 90, 126) – z. B. bei Vollstreckung gegen Gesamtschuldner, bei Verlust der ersten vollstreckbaren Ausfertigung – *oder* die *erste* Ausfertigung *zurückgegeben* wird (z. B. bei Unleserlichkeit). Die weitere Ausfertigung ist stets als solche zu kennzeichnen, § 733 III. Zuständig für ihre Erteilung ist der Rechtspfleger (§ 20 Nr. 12, 13 RPflG) oder der Notar (§ 797 II, III). Der Schuldner muss in Zweifelsfällen gehört werden, vgl. § 733 I, II. 31

32 **VII.** Hat der Gerichtsvollzieher die im Titel bezeichneten Leistungen vom Schuldner freiwillig oder zwangsweise erlangt, so händigt er ihm die vollstreckbare Ausfertigung nebst einer **Quittung** über die empfangenen Leistungen aus (Teilleistungen werden auf der Ausfertigung vermerkt, der Schuldner erhält nur eine Quittung), § 757. Dadurch wird der Schuldner gegen eine unberechtigte Fortsetzung der Vollstreckung geschützt (vgl. § 775 Nr. 4). Der materiellrechtliche Anspruch auf eine Quittung des Gläubigers (§ 368 BGB) bleibt unberührt, § 757 II.

33 Hat der Schuldner unmittelbar an den Gläubiger geleistet und ihn voll befriedigt, so hat er außerdem einen materiellrechtlichen Anspruch auf Herausgabe des Titels in Analogie zu § 371 BGB, regelmäßig (insoweit krit. *Windel* ZZP 102, 227 ff.) aber erst nach erfolgreicher Durchführung einer Vollstreckungsgegenklage nach § 767 (G. *Lüke* JuS 95, 203 und *Henckel* ZZP 108, 258 zu BGHZ 127, 148 ff. m. N.; ferner *BGH* NJW 95, 1163).

§ 5. Die Zwangsvollstreckung in besondere Vermögensmassen

1 **I.** Probleme für das Vollstreckungsrecht entstehen, wenn ein Recht mehreren Personen in einer Art von Rechtsgemeinschaft zusteht (z. B. als Gesellschaftsvermögen) oder wenn eine Person am Vermögen einer anderen ein eigenes Verwaltungs- oder Nutzungsrecht hat, so dass mehrere Berechtigte: der Inhaber und der Verwalter des Vermögens (z. B. der Testamentsvollstrecker), nebeneinanderstehen. Gegen wen muss sich der Vollstreckungstitel richten, gegen alle oder nur gegen einen?

II. Zwangsvollstreckung bei Rechtsgemeinschaften

2 1. Für die Zwangsvollstreckung in das Vermögen einer **Gesellschaft bürgerlichen Rechts** (§§ 705 ff. BGB) ist ein gegen alle Gesellschafter ergangenes Urteil erforderlich, § 736. Nicht vorausgesetzt wird eine gemeinsame Verurteilung der Gesellschafter (beispielsweise als Gesamtschuldner) aus einem einheitlichen Schuldgrund. Ebensowenig ist für die Durchführung der Zwangsvollstreckung erforderlich, dass Gesellschaftsschulden tituliert sind (*Brehm* KTS 83, 21). Das Vollstreckungsorgan prüft die materiellrechtliche Grundlage des Titels nicht. Gelingt es einem Gläubiger, gesellschaftsfremde Forderungen gegen alle Gesellschafter titulieren zu lassen, kann er daher in das Gesellschaftsvermögen vollstrecken. Davon zu unterscheiden ist die materiellrechtliche Haftung des Gesellschaftsvermögens für Privatschulden der Gesellschafter. Haftet der Vollstreckungsgegenstand nicht (h. M., *K. Schmidt* NJW 01, 993, 1000 f.), so ist dies durch die (regelmäßig parteifähige, *BGH* NJW 01, 1056) Gesellschaft entsprechend § 774 nach § 771 geltend zu machen (StJ § 736, 8). Dann bleibt dem Gläubiger nur der Weg der Pfändung des Gesellschaftsanteils (vgl. § 859 I, dazu vgl. u. § 20 Rn. 14).

3 Im Anschluss an *BGH* NJW 01, 1056, wonach die vermögenstragende (Außen-)Gesellschaft bürgerlichen Rechts *rechts- und parteifähig* ist, lässt man die Zwangsvollstreckung in das Gesellschaftsvermögen auch aufgrund eines gegen die Gesellschaft bürgerlichen Rechts selbst gerichteten Titels zu (*K. Schmidt* NJW 01, 993, 1000; weitergehend MünchKomm-BGB/*Ulmer* § 718, 44 m. w. N., wonach das Vorgehen nach § 736 ausgeschlossen ist und ein gegen alle Gesellschafter gerichteter Titel nach

§ 727 auf die Gesellschaft umgeschrieben werden müsse). Diese Ansicht ist mit § 736 kaum vereinbar (a. M. *BGH* NJW 01, 1056, 1060), der einen Titel gegen die Gesellschafter voraussetzt (und nicht nur wie § 735 „genügen“ lässt, StJ § 736, Fn. 1, 7). Folgt man dieser Auffassung, ist zur Zwangsvollstreckung in das Gesellschaftsvermögen entweder ein Titel gegen alle namentlich benannten Gesellschafter (Rn. 2) oder die Gesellschaft genügend. Die Gesellschaft kann im Titel durch die Nennung ihrer Gesellschafter und/oder einen Gesellschaftsnamen bezeichnet werden.

Nachdem es der BGH für zulässig gehalten hatte, die Gesellschaft bürgerlichen Rechts allein unter ihrem Gesellschaftsnamen in das *Grundbuch* einzutragen (*BGH* NJW 09, 594; dazu *Tebben* NZG 09, 288), hat der Gesetzgeber durch Ergänzung von § 47 GBO die von der herrschenden Meinung schon zuvor zur Identifizierung der Gesellschaft für nötig erachtete Bezeichnung aller Gesellschafter klarstellend vorgeschrieben: Da seit 18. 8. 2009 gemäß § 47 II 1 GBO n. F. auch die Gesellschafter einzutragen sind, wenn eine Berechtigung für die Gesellschaft eingetragen werden soll (weiterhin: „Gesellschaft bürgerlichen Rechts bestehend aus ...“, BT-Drs. 16/13437, S. 27), ist zur Vollstreckung in Immobilien der Gesellschaft im gegen die Gesellschaft gerichteten Titel auch die Bezeichnung der Gesellschafter erforderlich (vgl. § 17 ZVG; zum Ganzen *Steffek* ZIP 09, 1445).

Für die **Vollstreckung in das Vermögen einer OHG oder KG** ist ein Titel gegen 4
die Gesellschaft selbst erforderlich und genügend, §§ 124 II, 161 II HGB. Zur Zwangsvollstreckung gegen den einzelnen Gesellschafter ist ein Titel gegen diesen notwendig (vgl. § 129 IV HGB), der zur Pfändung des Anteils am Gesellschaftsvermögen berechtigt (§ 859 I, vgl. u. § 20 Rn. 14). Die gleichen Grundsätze gelten für die Partnerschaftsgesellschaft (Personengesellschaft von Angehörigen Freier Berufe), §§ 7, 8 PartGG, ferner für die EWIV als einer besonderen Form der OHG.

Zur **Vollstreckung in das Vermögen eines nichtrechtsfähigen Vereins** genügt ein gegen den 5
Verein ergangenes Urteil, § 735. Dies ist die praktische Folgerung aus seiner passiven Parteifähigkeit und erleichtert die Rechtsverfolgung; die Zwangsvollstreckung ist auch möglich, weil ein abgetrenntes Vereinsvermögen besteht. Aus diesem Titel kann nur in das Vereinsvermögen, das die Organe des Vereins im Gewahrsam haben, vollstreckt werden. Soll in Vereinsvermögen vollstreckt werden, das (auch) im Gewahrsam bloßer Mitglieder steht, so ist ein Titel gegen alle Mitglieder erforderlich (§ 736 mit § 54 BGB); differenzierend *Braun* AcP 196, 579: Vollstreckung inner- und außerhalb der „Vereinsräume“ (wenn es sie gibt!).

2. Für die **Vollstreckung in das Gesamtgut einer Gütergemeinschaft** genügt ein Urteil gegen 6
den alleinverwaltenden Ehegatten (§ 740 I), bei gemeinschaftlicher Verwaltung müssen beide Ehegatten zur Leistung verurteilt sein (§ 740 II). Nach Beendigung der Gütergemeinschaft gelten §§ 743 f., für die fortgesetzte Gütergemeinschaft gilt § 745. Für Eheleute, die im Güterstand der Eigentums- und Vermögensgemeinschaft (Art. 234 § 4 II EGBGB) leben, gelten die §§ 740–744 entsprechend, § 744 a.

3. *Zur Vollstreckung in den ungeteilten,* also mehreren Miterben zustehenden *Nachlass* vgl. u. § 6 7
Rn. 8.

III. Zwangsvollstreckung bei fremdem Verwaltungs- oder Nutzungsrecht

1. Wird *an einem Vermögen* ein **Nießbrauch** bestellt, so ist die Vollstreckung wegen der vor 8
seiner Bestellung entstandenen Verbindlichkeiten ohne Rücksicht auf den Nießbrauch in die ihm unterliegenden Gegenstände zulässig, wenn der Besteller zur Leistung und der Nießbraucher zur Duldung der Vollstreckung verurteilt ist, § 737 I. (Entsprechendes gilt bei dem Nießbrauch an einer *Erbschaft* für die Nachlassverbindlichkeiten ohne Rücksicht auf den Zeitpunkt ihrer Entstehung, § 737 II.) Dies entspricht der materiellen Regelung in §§ 1086, 1089 BGB.

9 2. Bei der **Testamentsvollstreckung** ist zu unterscheiden, ob dem Testamentsvollstrecker die Verwaltung des ganzen Nachlasses oder (was seltener ist) nur einzelner Nachlassgegenstände zusteht. Im ersten Fall ist ein Urteil gegen den Testamentsvollstrecker für die Vollstreckung in den Nachlass erforderlich und genügend, § 748 I. Im zweiten Fall ist ein Urteil auf Leistung gegen den Erben (Grund: § 2213 I 2 BGB) und ein Urteil auf Duldung gegen den Testamentsvollstrecker erforderlich, wenn in diese Gegenstände vollstreckt werden soll, § 748 II. Zum Zusammenhang von materiellem und Vollstreckungsrecht BGHZ 51, 129 f. betr. § 748 III, § 2213 I 3, III BGB.

10 Vom Standpunkt der Amtstheorie (vgl. u. § 43 Rn. 38) aus muss bei **Nachlassverwaltung** der Titel gegen den Nachlassverwalter ergehen (§ 1984 I 3 BGB), im **Insolvenzverfahren** gegen den Insolvenzverwalter (eine Vollstreckung während des Insolvenzverfahrens kommt nur wegen eines Aussonderungsrechts oder einer Masseverbindlichkeit in Betracht, § 47 S. 2, §§ 89, 90 InsO; vgl. u. §§ 44 Rn. 17, 46 Rn. 11, 47 Rn. 5).

§ 6. Die Zwangsvollstreckung in den Nachlass und in das Eigenvermögen des Erben

Literatur: *Börner,* Das System der Erbenhaftung, JuS 68, 53, 108; *Dauner-Lieb,* Zwangsvollstreckung bei Nachlassverwaltung und Nachlasskonkurs, FS Gaul, 1997, S. 93; *K. Schmidt,* Zum Prozessrecht der beschränkten Erbenhaftung, JR 89, 45.

1 Das Gesetz unterscheidet bei der Vollstreckung gegen Erben zwei Vermögensmassen und zwei Typen von Vollstreckungsgläubigern: **Nachlass und** sonstiges Vermögen **(Eigenvermögen)** des Erben einerseits, **Nachlassgläubiger und Eigengläubiger** andererseits. Selbstverständlich können die Nachlassgläubiger auf den Nachlass und die Eigengläubiger auf das Eigenvermögen zugreifen. Problematisch ist hingegen, ob sich die Nachlassgläubiger auch an das Eigenvermögen und die Eigengläubiger auch an den Nachlass halten können. Beides bejaht das Gesetz im Grundsatz, sofern der Erbe die Erbschaft angenommen hat oder die Ausschlagungsfrist verstrichen ist. Dann sind Nachlass und Eigenvermögen nur Teile des gesamten Erbenvermögens, mit dem der Erbe auch den Nachlassgläubigern haftet („unbeschränkte Erbenhaftung“). Der Erbe kann jedoch seine Haftung beschränken (§§ 1975 ff. BGB). Tut er das, so können die Nachlassgläubiger nur noch auf den Nachlass zugreifen. Zugleich entzieht der Erbe diesen Vermögensteil seinen Eigengläubigern, die sich nur noch an sein Eigenvermögen halten können. Die Haftungsbeschränkung bedeutet sonach Wiederherstellung der zwei Vollstreckungsobjekte „Nachlass“ und „Eigenvermögen“, verbunden mit einer Zugriffsbeschränkung je nach dem Typ des Vollstreckungsgläubigers. Ein ähnlicher Zustand besteht vor Annahme der Erbschaft (bei noch laufender Ausschlagungsfrist, § 1944 BGB), weil hier die Person des Erben noch nicht endgültig feststeht.

Diese Grundgedanken der gesetzlichen Regelung sind einfach. Die Regelung selbst ist unnötig kompliziert.

I. Zwangsvollstreckung in den Nachlass

2 Hier sind *zwei Hauptfälle* zu unterscheiden.

1. Die **Vollstreckung hatte** schon **zu Lebzeiten des Erblassers** gegen ihn **begonnen,** § 779 I.

Hier wird nicht nur die begonnene Vollstreckungsmaßnahme fortgeführt, sondern die *Vollstreckung in sämtliche Nachlassgegenstände fortgesetzt* (*LG Dortmund* NJW 73, 374 f.), ohne dass es einer Titelumschreibung auf den Erben bedarf. Ob der Erbe die Erbschaft annimmt, ist in diesem Fall gleichgültig; denn es steht ja fest, dass der Nachlass für die Verbindlichkeiten des Erblassers haftet, und in das Vermögen des Erben wird nicht vollstreckt.

2. Die **Vollstreckung** in den Nachlass **soll erst** nach dem Tode des Erblassers **beginnen.** 3

In diesem Fall kommt es darauf an, ob die Erbschaft angenommen oder die Ausschlagungsfrist abgelaufen ist.

a) **Vor Annahme** (sofern Ausschlagung noch möglich, § 1943 BGB) darf wegen einer Eigenverbindlichkeit nicht in den Nachlass (§ 778 II) und wegen einer Nachlassverbindlichkeit **nur in den Nachlass** vollstreckt werden (§ 778 I). Eigenvermögen und Nachlass werden als getrennte Vermögensmassen behandelt. Denn es steht noch nicht fest, ob der Nachlass Vermögen des Erben wird und damit (auch) für die Eigenverbindlichkeiten haftet; ebensowenig ist sicher, ob der Erbe auch Erbe bleibt und daher mit seinem Vermögen für die Nachlassverbindlichkeiten einstehen muss. Die Vollstreckung in den Nachlass ist aber, da weder der gegen den Erblasser ergangene Titel sich auf den Erben umschreiben lässt noch ein Titel gegen den Erben zu erreichen ist (§ 1958 BGB), nur dann möglich, wenn schon der Titel gegen den Nachlasspfleger (§ 1961 BGB), Nachlassverwalter oder Testamentsvollstrecker ergangen ist oder die Klausel gegen sie erteilt wird (vgl. § 749). Vollstreckt der Gläubiger in das Eigenvermögen des Erben, so hat der Erbe die Erinnerung (§ 766) und die Widerspruchsklage (§ 771). 4

b) **Nach Annahme** der Erbschaft oder Ablauf der Ausschlagungsfrist (§ 1943 BGB) ist ein gegen den Erblasser ergangenes Urteil auf den Erben umzuschreiben (§§ 727, 731). Auch kann, falls der Prozess z. Z. des Todes des Erblassers noch nicht beendet ist, das Verfahren mit dem Erben fortgesetzt und ein Urteil gegen ihn erreicht werden (§ 239). Wenn ein Prozess nicht anhängig ist, kann der Erbe verklagt werden. Für die Zwangsvollstreckung ist es gleichgültig, ob der Titel eine Nachlassverbindlichkeit oder eine Eigenverbindlichkeit des Erben zum Inhalt hat; denn der Nachlass gehört ja nunmehr endgültig zum Vermögen des Erben und haftet grundsätzlich mit für seine Verbindlichkeiten. Nachlass und Erbenvermögen sind – wenn nicht besondere Maßnahmen ergriffen werden – nicht mehr getrennt. 5

Haftet der Erbe nicht unbeschränkt (§ 2016 BGB), so kann er mithilfe der aufschiebenden Einreden der §§ 2014 f. BGB erreichen, dass die Vollstreckung sich auf Sicherungsmaßnahmen beschränkt. Das gilt gegenüber Nachlassgläubigern für die Vollstreckung in den Nachlass und das Eigenvermögen des Erben (§ 782), gegenüber Eigengläubigern für die Vollstreckung in den Nachlass (§ 783). Die Einreden müssen im Wege der Klage geltend gemacht werden, § 785. Ist der Erbe als solcher verurteilt worden, so hat die Klage nur Erfolg, wenn die Verurteilung unter Vorbehalt der beschränkten Haftung erfolgt ist (§§ 305 I, 780), vgl. u. Rn. 12. 6

Hat der Erbe seine Haftung beschränkt, so können Eigengläubiger nicht mehr in den Nachlass vollstrecken; er ist für die Nachlassgläubiger reserviert (§ 1984 II BGB für die Nachlassverwaltung; §§ 38, 325 InsO für das Nachlassinsolvenzverfahren, ebenso im Fall der Dürftigkeitseinrede, § 1990 BGB). Gleichwohl ausgebrachte Vollstreckungen von Eigengläubigern haben keinen Bestand (§ 321 InsO für das Nachlassinsolvenzverfahren; § 784 II für die Nachlassverwaltung, hier ist Klage nötig: §§ 785, 767; bei der Dürftigkeitseinrede gilt zugunsten des Erben § 784 II entsprechend, str.). 7

c) Sind *mehrere Erben* vorhanden, so erfordert die Vollstreckung in den *ungeteilten Nachlass* einen (nicht notwendig einheitlichen, BGHZ 53, 113) Titel gegen alle Erben, § 747, entweder durch Umschreibung der Vollstreckungsklausel auf alle (*BayObLG* NJW 70, 1801) oder durch Fortsetzung des Prozesses oder durch Klage gegen alle Miterben; sie stehen dann nicht in notwendiger Streitgenossenschaft (*Zivilprozessrecht* § 82 III). Sonst ist nur Vollstreckung in den Erbanteil möglich 8

(§ 859 II) und daraufhin Auseinandersetzung des Nachlasses, während eine Pfändung des Anteils an den einzelnen Nachlassgegenständen ausgeschlossen ist.

Nach der Teilung genügt ein Titel gegen den Miterben, gegen den vollstreckt werden soll.

II. Zwangsvollstreckung in das Eigenvermögen

9 1. Handelt es sich um *eigene Verbindlichkeiten des Erben,* so ist die Vollstreckung in das Eigenvermögen jederzeit möglich ohne Rücksicht auf den Erbfall und die Annahme der Erbschaft. Denn das Vermögen des Erben außerhalb des Nachlasses haftet stets für seine Verbindlichkeiten.

10 2. Wegen einer *Nachlassverbindlichkeit* ist die Vollstreckung in das Eigenvermögen vor *Annahme* der Erbschaft nicht zulässig, § 778 I (vgl. o. Rn. 4).

11 3. **Nach Annahme** oder Ablauf der Ausschlagungsfrist können Nachlassgläubiger und Eigengläubiger ohne weiteres in das Vermögen des Erben vollstrecken. Ob der Nachlass oder das Eigenvermögen ergriffen wird, braucht sie nicht mehr zu kümmern. Vielmehr bleibt es dem **Erben überlassen,** seine **Haftung zu beschränken** *und* – sofern zulässig – die *Haftungsbeschränkung durch Klage geltend zu machen.* Hat der Erbe damit Erfolg, so dürfen die Nachlassgläubiger sich nur an den Nachlass halten. Die Vollstreckung in das Eigenvermögen ist unzulässig.

12 a) Ist der Erbe als solcher, d. h. als Erbe des Schuldners, wegen einer Nachlassverbindlichkeit verurteilt, so kann er die *Beschränkung seiner Haftung nur geltend machen, wenn* sie ihm *im Urteil vorbehalten* ist, § 780 I. Gleiches gilt für den Prozessvergleich (*BGH* NJW 91, 2840; dazu *Deubner* JuS 91, 1038 f.).

13 Er muss also die Einwendung der beschränkten Haftung schon im Prozess über die Nachlassverbindlichkeit erheben, nicht erst in der Vollstreckung oder bei der Klage (§§ 781, 785), mit der er sich gegen die Vollstreckung wendet. Das Prozessgericht kann den Vorbehalt ohne sachliche Prüfung erteilen, braucht also nicht festzustellen, ob die Beschränkung durchgeführt oder überhaupt noch möglich ist; es kann diese Frage aber auch schon jetzt entscheiden. Die Haftungsbeschränkung ist in der Regel bereits in der Tatsacheninstanz, nicht erst im Revisionsverfahren geltend zu machen (vgl. BGHZ 54, 205 ff.).

14 Ein *Vorbehalt* im Urteil ist unnötig, wenn die Vollstreckung schon vor dem Tod des Erblassers begonnen hatte (vgl. § 780 I) – denn der Erbe konnte in diesem Falle gar keinen Vorbehalt im Urteil erwirken, da ja nicht er, sondern noch der Erblasser Partei war – oder wenn der Titel gegen den Erblasser lautete und auf den Erben nach § 727 umgeschrieben ist (vgl. § 780 I) – die gleiche Begründung gilt auch für diesen Fall – oder wenn nur Klage auf Erteilung der Vollstreckungsklausel zu einem gegen den Erblasser ergangenen Urteil erhoben ist, ferner bei Urteilen gegen den Fiskus als gesetzlichen Erben oder gegen Nachlassverwalter, Nachlasspfleger oder Testamentsvollstrecker, § 780 II. Es entfällt nur die Notwendigkeit des Vorbehalts, nicht die der klageweisen Geltendmachung der Haftungsbeschränkung, § 785 (vgl. u. Rn. 15).

15 b) Die Beschränkung der Haftung bleibt, selbst wenn sie vorbehalten ist (oben Rn. 12), solange unberücksichtigt, bis der Erbe deshalb *Einwendungen gegen die Vollstreckung* erhebt, § 781. Das hat durch eine Art Vollstreckungsgegenklage (vgl. u. § 12) zu geschehen, §§ 785, 767. Sie zielt darauf ab, die Zwangsvollstreckung des Nachlassgläubigers in das Eigenvermögen für unzulässig zu erklären (differenzierend *K. Schmidt* JR 89, 45).

Ist durch einen Nachlassgläubiger in das Eigenvermögen vollstreckt und dann erst die Haftung beschränkt worden, so kann der Erbe die Aufhebung der Vollstreckungsmaßregeln verlangen, § 784 I für Nachlassverwaltung und Nachlassinsolvenzverfahren; für die Dürftigkeitseinrede, § 1990 BGB, muss § 784 I entsprechend gelten. Das Verlangen ist durch Klage geltend zu machen, §§ 785, 767. Es hat nur Erfolg, wenn dem Erben die Haftungsbeschränkung gemäß § 780 vorbehalten ist, vgl. o. Rn. 12. 16

§ 7. Beginn, Ende und Mängel der Zwangsvollstreckung

I. Bei **Beginn** der Vollstreckung müssen grundsätzlich **drei Voraussetzungen** vorliegen: **Titel, Klausel, Zustellung.** Ob sie gegeben sind, hat das Vollstreckungsorgan selbst zu prüfen. 1

1. Die Vollstreckung darf nur beginnen, wenn die Personen, für und gegen die sie stattfinden soll, im Vollstreckungstitel oder in der Vollstreckungsklausel namentlich bezeichnet sind, § 750 I; denn es muss feststehen, wer Gläubiger, wer Schuldner, d. h. wer **Partei im Vollstreckungsverfahren** ist. Zuweilen ist eine Berichtigung durch eine sog. Klarstellungsklausel möglich (*Winterstein* DGVZ 84, 2 ff. m. N.). Nach h. M. darf im Titel die Firma statt des Inhabers stehen (vgl. *KG* Rpfleger 82, 191). 2

Wer nicht in Titel oder Klausel genannt ist, kann nicht durch bloße Antragstellung „Partei", d. h. Gläubiger oder Schuldner, werden (vgl. *Brehm* Anm. JZ 85, 343 zu BGHZ 92, 347 ff.; unzutr. *Wieser* ZZP 99, 342). Der Antrag ist – mangels der formal durch Titel oder Klausel zu bestimmenden Parteistellung – unzulässig. 3

2. Der Vollstreckungstitel muss bereits **zugestellt** sein oder gleichzeitig mit dem Beginn der Vollstreckung zugestellt werden, § 750 I, an den Schuldner oder seinen gesetzlichen Vertreter oder seinen Prozessbevollmächtigten (§ 172 I 1). Urteile werden von Amts wegen (§§ 317 I 1, 166 II) oder durch den Gläubiger (§ 750 I 2) zugestellt. Die Zustellung soll dem Schuldner, der nicht notwendig von der Klage oder dem Erlass des Urteils Kenntnis erhalten hat (z. B. bei Ersatzzustellung der Klage, §§ 178 ff.), Gelegenheit zur Kenntnisnahme vom Urteil geben, damit er sein Verhalten danach einrichten kann. 4

Vollstreckbare Urkunden müssen zwei Wochen vorher zugestellt sein (weil kein Prozess vorausgegangen ist), ebenso bestimmte Unterhaltsbeschlüsse, Vollstreckbarerklärungen von Anwaltsvergleichen sowie nicht auf das Urteil gesetzte und daher dem Schuldner unbekannte Kostenfestsetzungsbeschlüsse, § 798; eine *Sicherungsvollstreckung* (§ 720 a) darf frühestens zwei Wochen nach Zustellung von Urteil und Klausel beginnen, § 750 III. Umgekehrt darf der *Arrest* schon vor Zustellung des Arrestbefehls vollzogen werden, § 929 III, weil hier Eile geboten sein kann; gleiches gilt für die *einstweilige Verfügung*, § 936. 5

Die *Vollstreckungsklausel* muss nur als titelergänzende oder -übertragende zugestellt werden, § 750 II (vgl. o. § 4 Rn. 6 ff.), und zwar mit Abschrift der notwendigen Urkunden; bei einer Sicherungsvollstreckung muss auch die einfache Klausel (§ 725) zugestellt werden (*BGH* Rpfleger 05, 547; a. A. *Baur/Stürner/Bruns* Rn. 15.17 m. N.). 6

3. Ist die Vollstreckung von einer *Sicherheitsleistung des Gläubigers* abhängig, so darf sie erst beginnen oder fortgesetzt werden (z. B. in den Fällen der §§ 709 S. 3, 720 a I 2), wenn die erfolgte Sicherheitsleistung durch eine öffentliche oder öffentlich beglaubigte Urkunde nachgewiesen und eine Abschrift der Urkunde zugestellt ist oder gleichzeitig zugestellt wird, § 751 II. Ist die Vollstreckung vom Eintritt eines Kalendertages abhängig, so darf sie erst nach Ablauf dieses Tages beginnen, § 751 I. 7

4. Über die Vollstreckung einer *Leistung Zug um Zug* vgl. o. § 4 Rn. 14. 8

9 **II.** Die **Vollstreckung beginnt** nicht schon mit dem Antrag des Gläubigers, sondern erst *mit einer Handlung des Vollstreckungsorgans,* daher beim Gerichtsvollzieher mit seiner ersten Maßnahme gegen den Schuldner, z. B. Aufforderung zur Zahlung oder Gestattung der Wohnungsdurchsuchung (StJ 110 vor § 704), beim Vollstreckungsgericht mit der Verfügung einer Vollstreckungshandlung (z. B. bereits mit der Hinausgabe, nicht erst mit der Zustellung eines Pfändungsbeschlusses), beim Prozessgericht z. B. mit der Androhung von Ordnungsmaßnahmen durch besonderen Beschluss (§ 890 II; vgl. StJ 113 vor § 704).

10 **III. Die Vollstreckung als Ganzes endet** erst mit der vollen Befriedigung des Gläubigers (BGHZ 128, 368).

Einzelne Vollstreckungsmaßnahmen sind beendet, wenn sie ohne Sicherheitsleistung aufgehoben werden oder sobald sie durchgeführt sind (z. B. Pfändung einer Forderung und ihre Überweisung zur Einziehung mit Zahlung des Drittschuldners an den Gläubiger, ohne dass dessen volle Befriedigung eingetreten ist, StJ 114, 118 vor § 704; BGHZ 128, 366 ff.). Damit werden eine Drittwiderspruchsklage (§ 771; dazu BGHZ 96, 326) und eine Erinnerung (§ 766; dazu *Münzberg* Rpfleger 82, 329 ff.) unbegründet (h. M.: unzulässig), soweit sie sich auf diese Maßnahme beziehen.

Zur *Einstellung* und *Aufhebung* der Zwangsvollstreckung vgl. u. § 14.

11 **IV. Mängel der Zwangsvollstreckung** lassen sich nicht ausschließen. Es wird z. B. mit der Vollstreckung begonnen, ohne dass die Voraussetzungen (vgl. o. Rn. 1) vorliegen, oder es werden die gesetzlich vorgeschriebenen Formen (etwa die Anbringung einer Pfandmarke) nicht eingehalten, oder es wird auf eine Art vollstreckt, die das Gesetz nicht kennt. Solche Mängel können unterschiedliches Gewicht haben, doch ist zu bedenken, dass sie stets Hoheitsakten anhaften, die kraft staatlicher Zwangsgewalt in die Rechtssphäre des Schuldners, zuweilen auch eines Dritten, eingreifen. Daher fragt es sich, ob der **fehlerhafte Vollstreckungsakt** wegen des Mangels **nichtig oder aber wirksam, jedoch anfechtbar** (also – jedenfalls vorläufig – gültig) ist.

12 Da die möglichen Fehler höchst unterschiedlich sein können (ebenso wie die betroffenen Vollstreckungsakte), lässt sich die gestellte Frage nur sehr allgemein beantworten. Verletzt der Vollstreckungsakt (auch Vollstreckungshandlung, -maßregel oder -maßnahme genannt) **wesentliche Verfahrensvorschriften,** so ist er **nichtig.** Er kann nicht durch Heilung wirksam werden; es bleibt nur fehlerfreie Neuvornahme.

13 **Beispiele** (vgl. auch u. § 16 Rn. 5): Vollstreckung ohne Titel (vgl. *BGH* NJW 88, 1027; BGHZ 121, 101 ff.: Fehler muss offenkundig sein, dazu BGHZ 127, 152); Vollstreckung durch ein funktionell unzuständiges Vollstreckungsorgan (der Gerichtsvollzieher pfändet eine Forderung, das Vollstreckungsgericht eine bewegliche Sache); unwirksamer Überweisungsbeschluss bei unwirksamer Pfändung (BGHZ 127, 150 ff., dazu *Walker* Anm. LM Nr. 3 zu § 830); Erteilung der Vollstreckungsklausel durch den Urkundsbeamten statt durch den Rechtspfleger (h. M.; a. A. *OLG Zweibrücken* NJW-RR 97, 882 f. m. N.); zweifelhaft *BGH* LM Nr. 1 zu § 831: Verstoß gegen § 831 mache Pfändungsbeschluss nicht unwirksam.

14 Bei Verstößen gegen andere, d. h. **nicht wesentliche Vorschriften** ist der Vollstreckungsakt wirksam, aber **anfechtbar** (BGHZ 80, 298).

15 **Beispiele:** Ein örtlich unzuständiges Vollstreckungsgericht pfändet; Vollstreckung für oder gegen eine Person, die weder im Titel noch in der Klausel genannt ist (BGHZ 30, 175; *LG Bielefeld* DGVZ 87, 10); Verstoß gegen § 803 I 2 (*BGH* NJW 85, 1157); Vollziehung eines Arrestbefehls oder einer einstweiligen Verfügung nach Ablauf der Vollziehungsfrist des § 929 II mit § 936 (a. A. BGHZ 112, 360 f.; h. M.).

Hier kann der Schuldner (oder ein betroffener Dritter) **Erinnerung** gegen die Art und Weise der Zwangsvollstreckung, § 766, einlegen und die Aufhebung des Vollstreckungsakts erreichen. Ist der Mangel behebbar (eine fehlende Voraussetzung nachholbar) und geschieht das, so ist er von nun an („ex nunc") beseitigt (keine Rückwirkung, *Baur/Stürner/Bruns* Rn. 11.8 m. N., str.; differenzierend StJ 137 ff. vor § 704 m. w. N.). **16**

Eine andere Frage ist es, ob bei einer fehlerhaften, aber nur anfechtbaren Pfändung von beweglichem Vermögen neben der Verstrickung auch ein *Pfändungspfandrecht* begründet wird. Dazu vgl. u. § 16 Rn. 15 und Rn. 25. **17**

2. Kapitel. Die Vollstreckungsorgane

§ 8. Der Gerichtsvollzieher

Literatur: *Dütz,* Der Gerichtsvollzieher als selbstständiges Organ der Zwangsvollstreckung, 1973; *Dütz,* Freiheit und Bindung des Gerichtsvollziehers, DGVZ 75, 49, 65, 81; *Gaul,* Der Gerichtsvollzieher – ein organisationsrechtliches Stiefkind des Gesetzgebers, ZZP 87, 241; *Nesemann*, Gerichtsvollzieher in Vergangenheit und Zukunft, ZZP 119, 87; *Pawlowski,* Die Wirtschaftlichkeit der Zwangsvollstreckung, ZZP 90, 345; *Schilken,* Der Gerichtsvollzieher auf dem Weg in das 21. Jahrhundert, DGVZ 95, 133; *H. Schneider,* Die Ermessens- und Wertungsbefugnis des Gerichtsvollziehers, 1989 (dazu *Münzberg* ZZP 103, 505 ff.) und DGVZ 89, 145; *Seip,* Die Zwangsvollstreckung durch den Gerichtsvollzieher, NJW 94, 352; *Uhlenbruck,* Das Bild des Gerichtsvollziehers, DGVZ 93, 97.

I. Das wichtigste Vollstreckungsorgan ist nach § 753 *der Gerichtsvollzieher* (dies ist so ziemlich das Einzige, was ein Laie vom Vollstreckungsrecht weiß). Ihm obliegt insbesondere die Vollstreckung wegen Geldforderungen in bewegliche Sachen (§ 808) und zur Erwirkung der Herausgabe von Sachen (§§ 883–885, 897). 1

2007 wurden in Deutschland durch 4780 Gerichtsvollzieher etwa 1,38 Milliarden Euro eingezogen. Vgl. die Statistik in DGVZ 08, 143; beachte aber auch u. § 18 Rn. 2. 2

Handelt der Gerichtsvollzieher außerhalb seiner funktionellen Zuständigkeit (pfändet er z. B. eine Forderung), so ist die Handlung nichtig. Verletzt er die örtliche Zuständigkeit (die durch Landesrecht bestimmt wird, § 154 GVG), so ist sein Handeln wirksam, aber mit der Erinnerung (§ 766) anfechtbar, vgl. BGHZ 80, 298. 3

Der Gerichtsvollzieher ist von der Ausübung seines Amtes nach Maßgabe des § 155 GVG ausgeschlossen, eine Ablehnung ist nicht zugelassen. Ein Verstoß gegen § 155 GVG macht die Amtshandlung nur anfechtbar, nicht nichtig (*Kissel* § 155, 4; str.). 4

II. Die Rechtsstellung des Gerichtsvollziehers

1. Die Zwangsvollstreckung ist stets Ausübung staatlicher (Hoheits-)Gewalt. Das gilt auch für die Vollstreckungshandlungen des Gerichtsvollziehers. Daraus ergeben sich wichtige Folgerungen. 5

6 a) **Das Rechtsverhältnis zwischen Gerichtsvollzieher und Gläubiger** ist *öffentlich-rechtlicher Natur.* Der „Auftrag“ des Gläubigers, von dem die ZPO z. B. in §§ 753–755, 766 II spricht, ist wegen der hoheitlichen Natur der Zwangsvollstreckung ein *Antrag auf Vornahme einer Amtshandlung* (BGHZ 93, 298). Ihm hat der Gerichtsvollzieher kraft Amtspflicht, nicht kraft Vertrags („Auftrags“) nachzukommen, nicht anders als das Vollstreckungsgericht. Das ist heute allgemein anerkannt (grundlegend RGZ 82, 85 ff.).

7 b) Der Gerichtsvollzieher übt bei der Vollstreckungstätigkeit ein ihm anvertrautes **öffentliches Amt** aus. *Verletzt er* dabei eine *Amtspflicht,* die ihm einem anderen, z. B. dem Schuldner, gegenüber obliegt, so haftet an seiner Stelle das Land, Art. 34 GG, und zwar im Rahmen von § 839 BGB (also bei Fahrlässigkeit nur subsidiär, § 839 I 2 BGB).

8 Der Gläubiger haftet regelmäßig nicht für unzulässige Vollstreckungshandlungen (aber möglicherweise dann, wenn er den Gerichtsvollzieher zur Vornahme schädigender Amtshandlungen anweist). Zur Haftung des Gerichtsvollziehers selbst (z. B. als Arbeitgeber für Büro- und Schreibpersonal) *Kühn* DGVZ 93, 71 f.

9 c) Der Gerichtsvollzieher ist **nicht Vertreter des Gläubigers;** denn er leitet seine Befugnis zur Vollstreckung nicht vom Gläubigerwillen ab, vielmehr handelt er als Beamter kraft Amtspflicht. Deshalb wird er nicht im Namen des Gläubigers, sondern des Staates tätig. Das gilt auch dann, wenn seine Amtshandlungen unmittelbar Rechtswirkungen für den Gläubiger auslösen (z. B. Entstehen des Pfändungspfandrechts als Folge einer Sachpfändung, §§ 808, 804).

10 Stellvertreter des Gläubigers ist der Gerichtsvollzieher nach h. M., wenn er bei der Entgegennahme von Leistungen, die der Schuldner angesichts der drohenden Zwangsvollstreckung *freiwillig* erbringt (vgl. § 754), rechtsgeschäftlich tätig wird (so StJ § 754, 17 m. w. N.; str.). Jedenfalls ist der Gerichtsvollzieher zur Entgegennahme der Leistungen befugt. Das muss genügen, um die Gefahr entsprechend §§ 815 III, 819 (vgl. u. § 18 Rn. 5, Rn. 13) auf den Gläubiger übergehen zu lassen, so dass der Schuldner nicht noch einmal leisten muss, wenn der Gerichtsvollzieher z. B. das empfangene Geld verliert oder unterschlägt (ähnlich *Baur/Stürner/Bruns* Rn. 8.7; *Rosenberg/Gaul* § 25 IV 1 d). Dazu *Messer,* Die freiwillige Zahlung des Schuldners in der Zwangsvollstreckung, 1966; *Fahland* ZZP 92, 432 ff.

11 Hat der Gerichtsvollzieher gepfändet und der Gläubiger Zahlung in Teilbeträgen nicht von vornherein ausgeschlossen, so kann der Gerichtsvollzieher vorläufig, d. h. bis zum Widerspruch des Gläubigers, von Amts wegen – also auch ohne Einverständnis des Gläubigers – für maximal ein Jahr **Verwertungsaufschub** gewähren **und Ratenzahlungen** festsetzen, § 813 a. Darin liegt eine Konkretisierung der Pflicht des Gerichtsvollziehers, in jeder Lage des Verfahrens auf eine gütliche und zügige Erledigung hinzuwirken, § 806 b S. 1. Zugleich wird die Befugnis zur Gewährung von Stundung erweitert (§ 806 b S. 2): Bei fruchtloser (!) Pfändung kann Teilzahlung in der Regel bis zu sechs Monaten gewährt werden, wenn der Gläubiger damit einverstanden ist und der Schuldner glaubhaft versichert, seine Schuld kurzfristig „abzustottern“. Vgl. hierzu *Schilken* DGVZ 98, 145 ff.

12 2. Der *Gerichtsvollzieher ist* zur Vornahme der Vollstreckung und zu den in § 754 genannten Handlungen dem Schuldner wie Dritten gegenüber *durch Besitz der vollstreckbaren Ausfertigung legitimiert,* § 755. Der Gläubiger muss daher die Handlungen des Gerichtsvollziehers auch dann gegen sich gelten lassen, wenn er keinen oder einen anderen Antrag auf Vollstreckung gestellt hatte.

13 Empfehlenswert kann es sein, dass sich der Gläubiger von einem Vollstreckungsversuch des Gerichtsvollziehers vorab informieren lässt, um dabei zu sein (einer richterlichen Gestattung gemäß Art. 13 I GG bedarf es jedenfalls dann nicht [nach a. A. ist sie notwendig, aber nur dann zulässig], wenn der Gläubiger bei der Vollstreckung gebraucht wird, z. B. zur Identifizierung herauszugebender Sachen, vgl. *Rosenberg/Gaul* § 26 IV 4; StJ § 758, 10–12; abw. *Wertenbruch* DGVZ 94, 23, je m. N.). Das ist insbesondere nach einem (ersten) erfolglosen Versuch anzuraten; denn die Praxis zeigt, dass bei Anwesenheit des Gläubigers (seines Anwalts) der zweite Versuch oft erfolgreich ist (vgl. *Borsbach/Sokolish* AnwBl 83, 437 f.).

14 3. Der Gerichtsvollzieher ist nicht bloßes Hilfsorgan des Gerichts, er handelt vielmehr in eigener Verantwortung gegenüber den Parteien. Seine Handlungen

unterliegen im Erinnerungsverfahren nach § 766 (vgl. u. §§ 9 Rn. 2, 11 Rn. 1 f.) uneingeschränkt der Kontrolle des Vollstreckungsgerichts (*Gaul* ZZP 87, 255 ff.: Kontrolle auf Recht- *und* Zweckmäßigkeit; a. A. *Pawlowski* ZZP 90, 345, 364 N. 82: nur Rechtmäßigkeit).

4. Seine *Zwangsbefugnisse* sind in den §§ 758 ff. geregelt. Danach ist er (auch) befugt, die **Wohnung** des Schuldners zu **durchsuchen,** § 758. Diese Vorschrift war nach BVerfGE 51, 114 in verfassungskonformer Auslegung gemäß Art. 13 II GG dahin zu ergänzen, „dass die Durchsuchung, soweit nicht Gefahr im Verzuge ist, der Anordnung durch den Richter bedarf". 15

Diese Entscheidung des BVerfG warf zahlreiche Probleme auf (vgl. die 20. Aufl. dieses Buches § 8 II 3), nicht zuletzt deshalb, weil die Rspr. vielfach versuchte, die als lästig empfundene Auslegung von § 758 durch das BVerfG nach Kräften einzuschränken. § 758 a, in Kraft seit 1. 1. 1999, beseitigt nur einige Probleme. 16

Schutzobjekt des § 758 a ist die *Wohnung* des Schuldners. Darunter sind – in der Auslegung von Art. 13 II GG durch BVerfGE 44, 371 – auch Arbeits-, Betriebs- und Geschäftsräume zu verstehen (*Schilken* InVo 98, 304 f., str.). Außerhalb einer „Wohnung" bedarf es daher keiner Durchsuchungsanordnung, z. B. für eine Taschenpfändung auf offener Straße (*OLG Hamburg* NJW 84, 2899). 17

Durchsuchungsanordnungen sind in bestimmten Fällen **entbehrlich.** Das trifft gemäß § 758 a II zu für die Vollstreckung eines **richterlichen Haftbefehls** (§ 901 mit § 4 II Nr. 2 RPflG) und eines Titels auf **Räumung einer Wohnung** (nicht auf Herausgabe beweglicher Sachen, §§ 883, 884); in beiden Fällen wird eine richterliche Entscheidung vollstreckt, die bereits eine Durchsuchungsgestattung in sich trägt (daher Anordnung auch entbehrlich, wenn Titel ein Prozessvergleich ist). Aus dem gleichen Grund ist eine richterliche Anordnung entbehrlich, wenn dem Schuldner in einer von einem Richter erlassenen Entscheidung aufgegeben wurde, dem Gläubiger den Zutritt zu seiner Wohnung zu gestatten und dort bestimmte vorgegebene Handlungen zu dulden (*BGH* NJW 06, 3352, 3353: Abstellen der Gasversorgung). In allen diesen Fällen geht es nicht um eine „Durchsuchung" im Sinne von Art. 13 II GG und § 758 a; diese liegt vielmehr nur dann vor, wenn ein Betreten der ziel- und zweckgerichteten Suche nach Personen oder Sachen oder zur Ermittlung eines nicht bereits offenkundigen Sachverhalts, d. h. dem Aufspüren dessen dient, was der Wohnungsinhaber von sich aus nicht herausgeben oder offenlegen will (BVerfGE 76, 89; *BGH* a. a. O.). 18

Eine Durchsuchungsanordnung ist ferner entbehrlich, wenn ihre Einholung den Erfolg der Durchsuchung gefährden würde, § 758 a I 2 (das konkretisiert die **„Gefahr im Verzuge"** des Art. 13 II GG, dazu BVerfGE 51, 114). Str. ist, ob Durchsuchungsanordnungen auch für **weitere Gläubiger,** die gleichzeitig mit dem anordnungsbesitzenden Gläubiger vollstrecken, notwendig sind (vgl. *Bittmann* DGVZ 89, 136 ff. zu BVerfGE 76, 83 ff.). Bei *Einwilligung des Schuldners* in die Durchsuchung ist eine richterliche Anordnung unnötig, § 758 a I 1. Daraus folgert die h. M., dass ein **Rechtsschutzbedürfnis** für eine Durchsuchungsanordnung nur bestehe, wenn der Schuldner vor Vollstreckungsbeginn angehört worden sei und die Einwilligung verweigert habe (*Zöller* § 758 a, 19 m. N.). Damit würde dem Schuldner – neben und über § 765 a hinaus – ein neues Vollstreckungsschutzverfahren eröffnet (beispielhaft *OLG Celle* Rpfleger 87, 73). Ein solches Verfahren würde ihm Zeit gewähren, bewegliche Sachen als Objekte künftiger Vollstreckung beiseite zu schaffen und so den Erfolg der Durchsuchung zu gefährden. Daher besteht zumindest die Gefahr, dass aufgrund der vorherigen Anhörung der Tatbestand des § 758 a I 2 verwirklicht wird. Um das zu vermeiden, muss eine **vorsorgliche Durchsuchungsanordnung** ohne vorherige Schuldneranhörung zulässig sein; rechtliches Gehör kann dann aus tatsächlichen Gründen erst nachträglich gewährt werden, was mit Art. 103 I GG vereinbar ist (vgl. BVerfGE 57, 359 f.; zur Problematik StJ § 758 a, 19–21). Bei Zulassung einer vorsorglichen Anordnung entfällt der praktisch größte Unsicherheitsfaktor der h. M., nämlich wann, wo, wie oft und unter welchen Umständen eine Vollstreckung erfolglos versucht sein muss, um ein Rechtsschutzbedürfnis für die Anordnung zu bejahen (Nachw. zur auseinanderdriftenden Rspr. bei *Zöller* § 758 a, 20). Der Gesetzgeber will das Problem dadurch entschärfen, dass er die Verweigerung und die vom Schuldner bewirkte Unmöglichkeit der Durchsuchung gleichsetzt mit der Fruchtlosigkeit einer Pfändung und damit den Schuldner zur Offenbarungsversicherung zwingt (§ 807 I Nr. 3, 4). Das Offenbarungsverfahren wird als Druck- und damit als inadäquates Mittel eingesetzt (*Gaul* ZZP 108, 36 ff.), um zu erreichen, was durch sinnvolle Handhabung des § 758 a möglich wäre: Respektierung von Art. 13 II GG (Wohnungsschutz) *und* Art. 14 I GG (Rechtsschutz für den Gläubiger). Es geht hier – was kaum beachtet wird – um eine Grundrechtekollision, die nicht einseitig zu Lasten des Gläubigers gelöst werden darf, wozu die Figur des Rechtsschutzbedürfnisses nur zu leicht verführt.

19 **Verfahren** und Entscheidungsinhalt regelt das Gesetz nicht. Zuständig für die Anordnung der Durchsuchung ist der Richter, und zwar des Amtsgerichts, in dessen Bezirk die Durchsuchung erfolgen soll, § 758 a I 1 (also nicht das Vollstreckungsgericht, nicht der Rechtspfleger). Die Zuständigkeit ist eine ausschließliche, § 802. Antragsberechtigt ist nur der Gläubiger, nicht der Gerichtsvollzieher. Zum Rechtsschutzbedürfnis vgl. o. Rn. 18. **Prüfungsmaßstab** soll nach BVerfGE 51, 113; 57, 356 f. der Grundsatz der *Verhältnismäßigkeit* sein. Diese Äußerung des BVerfG gehört nicht zu seiner „Entscheidung" und bindet daher nicht gemäß § 31 I BVerfGG (str., vgl. *Gerhardt* ZZP 95, 480 ff. m. N.). In der gerichtlichen Zwangsvollstreckung geht es um das Verhältnis von Gläubiger und Schuldner. Daher ist hier nicht auf den Grundsatz der Verhältnismäßigkeit zurückzugreifen (vgl. o. § 1 Rn. 43 f.), sondern auf die in § 765 a konkretisierte Wertung von Gläubigerrecht und Schuldnerinteresse, so dass eine Durchsuchungsanordnung nicht schon wegen Geringfügigkeit des titulierten Anspruchs unzulässig ist (a. A. *LG Hannover* NJW-RR 86, 1256). In BVerfGE 57, 356 f. stellte das BVerfG aber zutr. auf die Verhältnismäßigkeit ab, da die Vollstreckung von Haftungsbescheiden des Finanzamts in Rede stand, also das Verhältnis von Staat (als Gläubiger) und Bürger; vgl. auch §§ 227, 258, 261, 297, 328 II AO 1977; § 9 II VwVG.

20 Die Anordnung gilt allein für die beantragte Vollstreckung; sie gilt bloß begrenzte Zeit, die zweckmäßigerweise in der Anordnung festgesetzt wird. Die Anordnung ergeht in Beschlussform, nennt Gläubiger und Schuldner, den Schuldtitel sowie die Wohnung, deren Durchsuchung angeordnet wird.

21 Ist die Durchsuchung zulässig (kraft Einwilligung des Schuldners, richterlicher Anordnung oder deren Entbehrlichkeit), so haben **Mitgewahrsamsinhaber** an der Schuldnerwohnung die Durchsuchung zu dulden; unbillige Härten ihnen gegenüber sind zu vermeiden (§ 758 a III).

22 **Rechtsbehelf** gegen die Anordnung ohne Anhörung ist die Erinnerung, § 766 (*KG* NJW 86, 1181), nach Anhörung und gegen die Ablehnung der Anordnung gibt es die sofortige Beschwerde, § 793 (alles sehr str., s. *Zöller* § 758 a, 36; *Goebel* DGVZ 98, 166 f.). Vgl. auch u. § 11 Rn. 3.

23 Für die *Zeit* der Ausübung der Zwangsbefugnisse vgl. § 758 a IV.

Der Gerichtsvollzieher hat über jede Vollstreckungshandlung ein *Protokoll* aufzunehmen, das auch die Unterschrift der Personen enthalten muss, mit denen verhandelt worden ist, z. B. die Unterschrift des Schuldners, § 762. Das Protokoll ist aber für die Gültigkeit der Vollstreckungshandlung nicht wesentlich.

24 Seit dem 1. 1. 1999 ist dem Gerichtsvollzieher die **Abnahme eidesstattlicher Offenbarungsversicherungen** (§§ 807, 836, 883) zugewiesen worden, vgl. u. §§ 29, 30.

5. Die **Dienst- und Geschäftsverhältnisse der Gerichtsvollzieher** sind in den Ländern durch *Gerichtsvollzieherordnungen* geregelt; diese beruhen auf einer bundeseinheitlichen Neufassung, die von den Landesjustizverwaltungen vereinbart worden und am 1. 4. 1980 in Kraft getreten ist. In den einzelnen Bundesländern gelten Ergänzungen und Änderungen. Bundeseinheitlich können die Vollstreckungsaufträge unmittelbar an den Gerichtsvollzieher gerichtet werden oder an die Gerichtsvollzieherverteilungsstelle, die bei Amtsgerichten mit mehreren Gerichtsvollziehern besteht und den Auftrag an den zuständigen Gerichtsvollzieher weiterleitet. Die bundeseinheitlich von den Landesjustizverwaltungen vereinbarte *Geschäftsanweisung für Gerichtsvollzieher* (GVGA; in der Fassung vom 1. 4. 1980) mit unterschiedlichen Ergänzungsbestimmungen der Länder erläutert eingehend die Aufgaben des Gerichtsvollziehers. Sie vermittelt ein anschauliches Bild seiner vielfältigen Tätigkeit. Eine Verletzung der Geschäftsanweisung kann zur Staatshaftung (Art. 34 GG, § 839 BGB; vgl. o. Rn. 7) führen; Beispiel: *OLG Celle* VersR 63, 293 f. **25**

6. Umfangreiche Diskussionen mündeten im Jahr 2007 in einen Gesetzentwurf zur Reform des Gerichtsvollzieherwesens (BT-Drs. 16/5727; dazu *Heister-Neumann* ZRP 07, 140; *Pilz* DÖV 09, 102). Mit dem Argument finanzieller Entlastung der Länderhaushalte und im erklärten Bestreben nach einem einheitlichen europäischen Berufsbild des Gerichtsvollziehers sah der Entwurf die weitgehende Privatisierung des Gerichtsvollzieherwesens vor. Die Aufgaben der Gerichtsvollzieher sollten Beliehenen übertragen werden, deren Status in einem eigenständigen Gerichtsvollziehergesetz in Anlehnung an die BNotO zur hauptamtlichen Berufsausübung geregelt werden sollte. **26**

§ 9. Das Vollstreckungsgericht und die anderen Vollstreckungsorgane

I. Das Vollstreckungsgericht wird in dreierlei Weise in der Vollstreckung tätig: Es kann gegen Handlungen eines Vollstreckungsorgans angerufen werden (vgl. u. Rn. 2), in bestimmten Bereichen ist es selbst Vollstreckungsorgan (vgl. u. Rn. 3), zuweilen gewährt es Vollstreckungsschutz (vgl. u. Rn. 4). 1

1. **Erinnerungen** gegen die Art und Weise der Vollstreckung und das Verfahren des Gerichtsvollziehers gehen an das Vollstreckungsgericht, § 766. Auf diesem Wege übt es die Sachaufsicht über den Gerichtsvollzieher aus (*Baur/Stürner/Bruns* Rn. 8.3 m. N.). 2

2. Es hat als **Vollstreckungsorgan** eine Reihe von Vollstreckungshandlungen (auch Vollstreckungsakte, Vollstreckungsmaßregeln oder Vollstreckungsmaßnahmen genannt) vorzunehmen: 3

a) die Zwangsvollstreckung in **Forderungen** und andere Vermögensrechte nach §§ 828 ff., 857 (vgl. u. §§ 19, 20);
b) die Zwangsvollstreckung in das **unbewegliche Vermögen** nach dem ZVG (vgl. u. §§ 22–25);
c) das **Verteilungsverfahren,** §§ 872 ff. (vgl. u. § 21).
d) Dagegen wirkt es bei der Mobiliarvollstreckung nur in wenigen Fällen mit: § 825 II (vgl. u. § 18 Rn. 28), §§ 811 a, c (vgl. u. § 32 Rn. 13 ff.).

3. In besonderen Fällen gewährt es auf Antrag *Vollstreckungsschutz*, z. B. gemäß § 765 a (vgl. u. § 31 Rn. 9), § 813 b (vgl. u. § 32 Rn. 24), § 850 k (vgl. u. § 32 Rn. 25 ff.). 4

II. Vollstreckungsgericht ist stets **das Amtsgericht,** § 764 I (Ausnahme: § 930 I 3). Seine Zuständigkeit ist eine ausschließliche (§ 802). Örtlich ist, mangels anderer 5 gesetzlicher Bestimmung, das AG ausschließlich zuständig, in dessen Bezirk die einzelne Vollstreckungshandlung vorgenommen werden soll oder vorgenommen worden ist (z. B. durch den Gerichtsvollzieher, gegen dessen Vorgehen sich die Erinnerung, § 766, richtet), § 764 II. Eine andere örtliche Zuständigkeit ist vor allem in § 828 II (vgl. u. § 19 Rn. 1) und § 899 (vgl. u. § 30 Rn. 1) vorgesehen.

6 Hiernach ist *nicht ein einziges Vollstreckungsgericht für die gesamte Durchführung der Vollstreckung* zuständig, sondern es kommt jedes Mal darauf an, wo die einzelne Vollstreckungshandlung durchgeführt ist oder durchgeführt werden soll. – Das ist vor allem dann lästig, wenn die Vollstreckungsobjekte in mehreren Gerichtsbezirken verstreut sind (z. B. gehört dem Schuldner ein Grundstück in Berlin, er wohnt in Leipzig und betreibt ein Einzelhandelsgeschäft in Halle; hier sind drei verschiedene Vollstreckungsgerichte zu befassen). Deshalb spricht manches für die Zusammenfassung und planmäßige Leitung der Vollstreckung bei einem Gericht, was aber dessen Befugnis voraussetzt, die gesamte Vollstreckung nach eigenem Plan durchzuführen (so der E 1931, dazu positiv *Behr* Rpfleger 81, 420). Woher aber soll das Gericht die Kenntnisse nehmen, um einen sinnvollen Vollstreckungsplan aufzustellen? Dem Richter (Rechtspfleger) fehlt nicht nur das Wissen, sondern höchstwahrscheinlich auch das Interesse und die Energie, sich dieses Wissen zu beschaffen. Daher sind gegen die Reformidee des E 1931 mit Recht durchgreifende Bedenken angemeldet worden (*Brehm* Rpfleger 82, 126 ff.; *Seip* Rpfleger 82, 257 ff.; *Stürner* ZZP 99, 311 ff.; *Bruns/Peters* S. 75 f.).

7 Nach der ZPO wird das Vollstreckungsgericht durch einen Richter tätig. Heute ist *an die Stelle des Richters* praktisch der **Rechtspfleger** getreten, § 3 Nr. 1 Buchst. i, § 20 Nr. 15–17 RPflG. Nur wenige Entscheidungen sind noch dem Richter vorbehalten, insbes. die nach § 766 (§ 20 Nr. 17 S. 2 RPflG).

8 Die Übertragung praktisch der gesamten Vollstreckung auf den Rechtspfleger ist wegen Art. 92 GG bedenklich, soweit die Vollstreckung auch Aufgaben der rechtsprechenden Gewalt umfasst (z. B. die Entscheidung nach § 765 a, vgl. *Gaul* Rpfleger 71, 47 f.). In diesen Fällen kann man annehmen, dass sich vor dem Rechtspfleger nur ein – verfassungsrechtlich zulässiges – innergerichtliches Vorverfahren abspielt (*Rosenberg/Gaul* § 27 III 2 m. N., auch zur Gegenansicht).

9 Das *Vollstreckungsgericht* ist als solches *nicht mit dem Prozessgericht identisch.* Das zeigt sich deutlich, wenn das Urteil eines AG im Bezirk eines anderen AG vollstreckt werden soll oder wenn es um die Vollstreckung von Urteilen eines höheren Gerichts geht. Aber selbst dann ist der Unterschied beachtlich, wenn der Prozess vor dem AG geschwebt hat, in dessen Bezirk auch vollstreckt werden soll: Prozess- und Vollstreckungsgericht sind zwar Abteilungen desselben AG, doch mit unterschiedlicher funktioneller Zuständigkeit (*Zivilprozessrecht* § 10 I).

10 **III.** Das **Prozessgericht erster Instanz** wird nur in wenigen Fällen als Vollstreckungsorgan tätig. Es ist ausschließlich zuständig (§ 802) für die Zwangsvollstreckung zur Erwirkung von Handlungen und Unterlassungen, §§ 887, 888, 890 (vgl. u. § 27). Stets entscheidet das Gericht durch den Richter, nie durch den Rechtspfleger (vgl. § 20 Nr. 17 RPflG); mündliche Verhandlung ist freigestellt, § 891. Gegen die Entscheidung gibt es die sofortige Beschwerde, § 793 (zur Rechtsbeschwerde vgl. u. § 11 Rn. 15).

11 **IV.** Das **Grundbuchamt** handelt in einigen Fällen als Vollstreckungsorgan. Bei der Zwangsvollstreckung wegen einer Geldforderung in das unbewegliche Vermögen trägt es eine Zwangshypothek ein, §§ 720 a, 867, 932 (vgl. o. § 2 Rn. 28 und u. §§ 23, 36 Rn. 11); vgl. ferner §§ 830, 857.

12 **V.** Zum **Fehlen der** funktionellen oder örtlichen **Zuständigkeit** vgl. o. § 7 Rn. 13 und u. § 16 Rn. 5.

Anhang zu § 9: Kosten der Zwangsvollstreckung

I. Die Kosten der Zwangsvollstreckung gehören *nicht* zu den *Prozesskosten,* über die dem Grunde nach im Urteil entschieden wird. Sie fallen grundsätzlich dem Schuldner zur Last, § 788; denn ihn trifft die Verantwortung dafür, dass es zur Vollstreckung kommt (Ausnahme § 788 IV). 13

Wer die Prozesskosten trägt, ist für die Zuweisung der Vollstreckungskosten ohne Belang; das wird z. B. in den Fällen der §§ 92, 93 wichtig. Dem Schuldner werden die Kosten nur soweit auferlegt, als sie zur zweckmäßigen Rechtsverfolgung notwendig sind. Hierzu rechnen auch die Kosten eines Rechtsanwalts, dagegen nicht die Kosten eines von vornherein aussichtslosen Pfändungsversuchs. § 788 II sieht eine gesonderte Festsetzung der Vollstreckungskosten vor (in den Fällen der §§ 887, 888, 890 durch das Prozess-, sonst durch das Vollstreckungsgericht). Die Kosten sind dem Schuldner zu erstatten, wenn das Urteil, aus dem vollstreckt worden ist, aufgehoben wird, § 788 III. Die Regelung von § 788 gilt nicht für die Kosten eines Rechtsbehelfs im Vollstreckungsverfahren, hier verbleibt es bei den allgemeinen Vorschriften. 14

II. Ein *besonderer Vollstreckungstitel* ist *nicht erforderlich.* Die Kosten werden vielmehr zusammen mit dem Hauptanspruch, dessentwegen vollstreckt wird, beigetrieben (Kostenfestsetzungsbeschluss nach § 794 I Nr. 2 unnötig). Als *Rechtsbehelf* steht dem Gläubiger und dem Schuldner die Erinnerung (§ 766 II) zur Verfügung, wenn der Gerichtsvollzieher Vollstreckungsorgan ist; sonst kommt § 793 (§ 11 RpflG) oder § 71 GBO in Betracht. 15

3. Kapitel. Die Rechtsbehelfe in der Zwangsvollstreckung

§ 10. Allgemeines

Literatur: *Gaul,* Das Rechtsbehelfssystem der Zwangsvollstreckung – Möglichkeiten und Grenzen einer Vereinfachung, ZZP 85, 251; *Kunz,* Erinnerung und Beschwerde, 1980; *Neumüller,* Vollstreckungserinnerung, Vollstreckungsbeschwerde und Rechtspflegererinnerung, 1981; *Preuß*, Rechtsbehelfe in der Zwangsvollstreckung, Jura 03, 181 und 540.

I. Die Zwangsvollstreckung bringt schwerwiegende Eingriffe in das Vermögen des **Schuldners** mit sich. Daher müssen ihm Rechtsbehelfe zustehen. Aber auch **Dritte** müssen sich wehren können, wenn die Vollstreckung in ihre Rechtsphäre eingreift, was immer wieder vorkommt, z. B. wenn beim Schuldner eine Sache gepfändet wird, die einem Dritten gehört (vgl. u. §§ 13, 17 Rn. 4). Schließlich muss auch der **Gläubiger** die Möglichkeit haben, sich gegen die Art und Weise der Vollstreckung zu wenden, wenn sie seinen Anträgen oder Interessen nicht entspricht. 1

Auch an dieser Stelle taucht das praktische Grundproblem des Vollstreckungsrechts auf, wie das Interesse des Schuldners an Schonung der eigenen Existenz mit dem Interesse des Gläubigers an Durchsetzung seines Rechts in Einklang zu bringen ist. Denn je zahlreicher die Rechtsbehelfe des Schuldners, desto größer die Gefahr, dass mit ihrer Hilfe die Vollstreckung verschleppt oder lahmgelegt wird. Daher ist besondere Vorsicht am Platze gegenüber dem mit einem Rechtsbehelf meist verbundenen Antrag auf einstweilige Einstellung der Zwangsvollstreckung (vgl. u. § 14). 2

3 **II.** Die Rechtsbehelfe sind verschieden je nachdem, weshalb sich jemand gegen die Vollstreckung wendet.

4 1. *Gegen Mängel des Verfahrens,* nicht gegen die materielle Berechtigung der Vollstreckung, haben Schuldner, Gläubiger oder ein Dritter die **Erinnerung gegen Art und Weise der Zwangsvollstreckung,** § 766. Sie geht an das Vollstreckungsgericht.

5 *Gegen Entscheidungen des Vollstreckungsgerichts,* gleichgültig, ob sie der Richter oder der Rechtspfleger getroffen hat, gibt es die **sofortige Beschwerde,** § 793; § 11 I RPflG. Im einzelnen vgl. u. § 11.

6 2. Will sich der *Schuldner gegen die Vollstreckung insgesamt* wenden, weil gegen den zu vollstreckenden Anspruch materiellrechtliche Einwendungen bestehen, so muss er die **Vollstreckungsgegenklage** erheben, § 767 (vgl. u. § 12).

7 3. Wendet sich ein *Dritter gegen eine Vollstreckungsmaßnahme* mit der Begründung, ihm stehe an dem Gegenstand der Vollstreckung ein die Veräußerung hinderndes Recht zu, z. B. die gepfändete Sache gehöre ihm und nicht dem Schuldner, so ist die **Widerspruchsklage** gegeben, § 771 (vgl. u. § 13).

8 4. Dem Schuldner, der sich nur gegen die Erteilung der Vollstreckungsklausel wendet, stehen die *Erinnerung nach § 732* und die *Klage nach § 768* zu (vgl. o. § 4 Rn. 21–28).

§ 11. Erinnerung und sofortige Beschwerde

1 **I.** Die **Erinnerung nach § 766** ist gegeben für Einwendungen gegen „die Art und Weise der Zwangsvollstreckung oder das vom Gerichtsvollzieher bei ihr zu beobachtende Verfahren", sog. *Vollstreckungserinnerung.*

2 1. Der **Anwendungsbereich** erfasst vor allem die **Vollstreckungsakte des Gerichtsvollziehers,** z. B. die Pfändung eines (angeblich) unpfändbaren Kraftfahrzeugs, § 766 I. Die Erinnerung ist ferner gegeben, wenn der Gerichtsvollzieher einen Vollstreckungsauftrag ablehnt oder ihn nicht antragsgemäß ausführt (z. B. lehnt er die Pfändung des Kraftfahrzeugs wegen dessen Unpfändbarkeit ab), ferner wegen der von ihm angesetzten Kosten (z. B. behandelt er die vom Gläubiger begehrten Kosten als nicht notwendig, vgl. §§ 788 I, 91 und o. Anhang zu § 9 Rn. 14), § 766 II.

3 Die Erinnerung ist ferner gegen solche **Vollstreckungsakte des Vollstreckungsgerichts** gegeben, die **ohne vorherige Anhörung** des Schuldners ergehen (z. B. Pfändungsbeschlüsse nach §§ 829, 834, 846; vgl. auch u. Rn. 16). Ist der Schuldner zuvor – gesetzmäßig oder gesetzwidrig (z. B. unter Verstoß gegen § 834) – gehört oder ist ein Vollstreckungsantrag (z. B. auf Erlass eines Pfändungsbeschlusses) abgelehnt worden, so scheidet § 766 aus. Vielmehr handelt es sich im Blick auf die Rechtsbehelfe um „Entscheidungen" des Vollstreckungsgerichts (zu den Rechtsbehelfen vgl. u. Rn. 16).

4 Vollstreckungsakte des Prozessgerichts (vgl. o. § 9 Rn. 10) sind Beschlüsse; gegen sie gibt es nicht die Erinnerung (h. M.), sondern die sofortige Beschwerde, § 793 (vgl. u. § 27 Rn. 19, Rn. 32).
Zu den Rechtsbehelfen gegen *Entscheidungen des Grundbuchamts* vgl. u. § 23 Rn. 7.

2. **Erinnerungsberechtigt** sind der *Schuldner* (er beherrscht in der Praxis das Feld), aber auch der *Gläubiger* und ein *Dritter.* Gerügt werden können nur Mängel des Verfahrens (vgl. o. § 10 Rn. 4), durch die der Erinnerungsführer selbst beschwert ist (*BGH* MDR 09, 1415). 5

a) Der **Schuldner** kann z. B. rügen, dass ein Vollstreckungstitel oder die vollstreckbare Ausfertigung (z. B. mangels Umschreibung des Titels, *BGH* NJW 92, 2160) fehlt, dass der Vollstreckungstitel noch nicht zugestellt ist oder dass trotz einstweiliger Einstellung der Vollstreckung noch vollstreckt wird. (Fällt der Titel nachträglich weg, z. B. durch Aufhebung in der Rechtsmittelinstanz, so ist nicht sofort die Erinnerung gegeben; vielmehr haben die Vollstreckungsorgane nach §§ 775 Nr. 1, 776 zu verfahren, vgl. u. § 14 Rn. 14 f., Rn. 23. Erst wenn sie das nicht tun, ist die Erinnerung zulässig.) Vor allem aber ist die Erinnerung von Bedeutung, wenn der Schuldner die Unpfändbarkeit gepfändeter Sachen oder Forderungen behauptet (nach §§ 811, 850 ff., vgl. u. § 32) oder sich auf eine Verletzung von § 803 beruft (vgl. u. § 32 Rn. 1). Ferner kann der Schuldner im Fall von § 777 den Gläubiger mit der Erinnerung auf das Pfand verweisen und der Vollstreckung in sein übriges Vermögen widersprechen. Vertragliche Vollstreckungsbeschränkungen sind ebenfalls durch Erinnerung geltend zu machen (vgl. o. § 1 Rn. 34). Auch die Unzulässigkeit der Vollstreckung in Zubehör nach § 865 kann mit der Erinnerung gerügt werden (vgl. u. § 22 Rn. 10). 6

b) Der **Gläubiger** kann Erinnerung einlegen, wenn z. B. der Gerichtsvollzieher die Vollstreckung ablehnt oder sich weigert, eine einzelne Vollstreckungshandlung gemäß den Weisungen des Gläubigers auszuführen (§ 766 II; vgl. o. Rn. 2); zu den Grenzen des Weisungsrechts des Gläubigers *LG Berlin* MDR 77, 146 f. 7

c) Einem **Dritten** steht die Erinnerung z. B. zu, wenn ohne sein Einverständnis eine Sache gepfändet ist, die sich in seinem Gewahrsam befindet, § 809 (vgl. u. § 17 Rn. 17), oder wenn er sich als Hypothekengläubiger gegen die Pfändung von Zubehör wendet (§ 865 II, vgl. u. § 22 Rn. 10) oder wenn er als Drittschuldner die Unwirksamkeit der Pfändung geltend machen will (vgl. u. § 19 Rn. 47). Der Gerichtsvollzieher ist kein erinnerungsbefugter Dritter (*BGH* NJW 04, 2979, 2981). 8

Literatur: *J. Blomeyer,* Die Erinnerungsbefugnis Dritter in der Mobiliarzwangsvollstreckung, 1966.

3. **Einzulegen** ist die Erinnerung **beim Vollstreckungsgericht,** § 766 I. Das gilt auch, wenn ein Vollstreckungsakt dieses Gerichts angefochten werden soll (vgl. o. Rn. 3). Die *örtliche Zuständigkeit* bestimmt § 764 II; auch sie ist ausschließlich (§ 802). 9

Die Erinnerung ist *nicht befristet,* sondern gegeben, sobald die Vollstreckung begonnen hat und bis zum Abschluss der beanstandeten Vollstreckungsmaßnahmen (*BGH* WM 05, 292, 293). Eine *Form* ist *nicht* vorgeschrieben. Die Partei muss ihre Behauptungen beweisen, bloße Glaubhaftmachung genügt nicht. 10

Über die Erinnerung **entscheidet** der **Richter,** nicht der Rechtspfleger (§ 20 Nr. 17 S. 2 RPflG). Vor der Entscheidung kann das Gericht *einstweilige Anordnungen* nach § 732 II treffen, § 766 I 2; vgl. u. § 14 Rn. 2. Die Entscheidung ergeht durch Beschluss (§ 764 III); daher ist mündliche Verhandlung freigestellt (§ 128 IV). 11

Wird der Erinnerung des Schuldners oder eines Dritten stattgegeben, so erklärt der Beschluss in der Regel die beanstandete Vollstreckungsmaßnahme für unzulässig. Hat der Gläubiger mit seiner Erinnerung Erfolg, so kann das Gericht z. B. den beantragten Pfändungs- und Überweisungsbeschluss erlassen oder den Gerichtsvollzieher anweisen, eine bestimmte Sache zu pfänden (und nicht mehr als unpfändbar anzusehen). 12

Das Gericht wird, wenn es eine Vollstreckungsmaßnahme aufhebt, die Vollziehung der Entscheidung bis zum Ablauf der Beschwerdefrist (vgl. § 569 I) zweckmäßigerweise aussetzen (analog § 570 II). Denn es besteht sonst die Gefahr, dass die Beschwerde tatsächlich illusorisch werden könnte, weil die aufgehobene Maßnahme nicht mit rückwirkender Kraft auf Beschwerde hin wiederhergestellt werden kann, sondern erneut vorgenommen werden müsste (z. B. erneute Pfändung nach Aufhebung der ersten Pfändung) und inzwischen erfolgte Vollstreckungsmaßnahmen (Pfändungen) anderer Gläubiger im Range vorgehen würden. Vgl. *OLG Köln* NJW-RR 89, 1406.

13 Die Entscheidung über die Erinnerung ist mit sofortiger Beschwerde anfechtbar, § 793 (vgl. u. Rn. 15). Ob ihr materielle Rechtskraft zukommt, ist str. Dazu *J. Blomeyer,* Die Erinnerungsbefugnis Dritter in der Mobiliarzwangsvollstreckung, 1966, S. 111 ff. (bejahend); *E. Peters* ZZP 90, 145 ff., auch 104, 358 (verneinend), beide m. w. N.

14 4. Eine *Konkurrenz mit anderen Rechtsbehelfen* ist möglich, wenn z. B. einem Dritten neben der Erinnerung wegen Verletzung des § 809 auch die Widerspruchsklage zusteht (etwa bei Pfändung einer in seinem Gewahrsam befindlichen und ihm gehörenden Sache). Vgl. auch u. § 12 Rn. 25.

15 **II. Gegen Entscheidungen des Vollstreckungsgerichts** gibt es die **sofortige Beschwerde,** § 793 (bei Kosten nach Maßgabe des § 567 II), unabhängig davon, ob der Richter (z. B. gemäß § 766) oder der Rechtspfleger entschieden hat.

16 Eine *Entscheidung* im Sinne von § 793; § 11 RPflG liegt vor, wenn der Betroffene zuvor gehört worden ist (StJ § 766, 7,8; Beispiele: §§ 766, 769 II, III, 771 III, 785); ferner bei gesetzwidrig, z. B. entgegen § 834, erfolgter Anhörung (StJ § 766, 8; *OLG Köln* NJW-RR 92, 894 m. N.; a. A. *Baur/Stürner/Bruns* Rn. 43.4; für eine Art Meistbegünstigung zugunsten des Rechtsbehelfsführers *K. Schmidt,* JuS 92, 90, 93 ff.).

17 Gegen die Entscheidung des Beschwerdegerichts kann die Rechtsbeschwerde zum BGH (§ 133 GVG) zugelassen werden (§ 574 I 2 Nr. 2; dazu *Becker* JuS 04, 574).

§ 12. Die Vollstreckungsgegenklage

Literatur: *Burgard,* Die Präklusion der zweiten Vollstreckungsgegenklage, ZZP 106, 23; *Gaul,* Materielle Rechtskraft, Vollstreckungsabwehr und zivilrechtliche Ausgleichsansprüche, JuS 62, 1; *Gaul,* Die Ausübung privater Gestaltungsrechte nach rechtskräftigem Verfahrensabschluss usw., GS Knobbe-Keuk, 1997, S. 135; *Gerlach,* Ungerechtfertigte Zwangsvollstreckung und ungerechtfertigte Bereicherung, 1986; *Gilles,* Vollstreckungsgegenklage usw., ZZP 83, 61; *Goldschmidt,* Ungerechtfertigter Vollstreckungsbetrieb, 1910; *H. Otto,* Grundprobleme der Vollstreckungsgegenklage, JA 81, 606, 649; *H. Otto,* Die inner- und außerprozessuale Präklusion im Fall der Vollstreckungsgegenklage, FS Henckel, S. 615; *Lakkis,* Präklusion von Einwendungen aus zivilrechtlichen Ausgleichsansprüchen analog § 767 III ZPO?, ZZP 119, 435; *K. Schmidt,* Präklusion und Rechtskraft bei wiederholten Vollstreckungsgegenklagen, JR 92, 89.

1 **I.** Der Vollstreckungstitel ist in seinem Bestand von dem vollstreckbaren materiellrechtlichen Anspruch unabhängig. Daher bleibt der Titel vollstreckbar, auch wenn der ihm zugrunde liegende Anspruch ganz oder teilweise erlischt, z. B. durch (Teil-)Zahlung der Urteilssumme. Das (Weiter-)Bestehen des Anspruchs ist eine materiellrechtliche Frage und daher von den Vollstreckungsorganen grundsätzlich nicht zu prüfen. Trotz Zahlung des Schuldners nach Urteilserlass kann der Gläubiger vollstrecken. **Einwendungen,** die sich **gegen den zu vollstreckenden Anspruch** richten (mittelbar also gegen die Vollstreckung aus dem Titel), sind vom Schuldner nicht im Rahmen des Vollstreckungsverfahrens anzubringen und zu erledigen, sondern müssen **durch eine besondere Klage im ordentlichen Zivilprozess** geltend gemacht werden, **§ 767.** Sie ist im Gesetz als „Vollstreckungsabwehrklage" bezeichnet; üblich geworden ist daneben der hier verwendete Name „Vollstreckungsgegenklage" (*Kohler*). Mit ihr wird nicht das Verfahren fortgesetzt, das zum Erlass des

Vollstreckungstitels geführt hat, sondern ein eigenständiger neuer Rechtsstreit eingeleitet (*BGH* NJW 09, 1282).

Das **Ziel** der Vollstreckungsgegenklage ist es, die *Vollstreckbarkeit des Titels* zu *beseitigen,* um damit die Vollstreckung ganz, teil- oder zeitweise unmöglich zu machen (BGHZ 100, 212; *BGH* NJW-RR 91, 760). Die materielle Rechtskraft hingegen bleibt unangetastet (soweit sie dem Titel überhaupt zukommt), *BGH* BB 95, 2495; das Fortbestehen des titulierten Anspruchs ist nicht Gegenstand von Klage und Urteil (BGHZ 127, 149). Die Klage ist **gegen Vollstreckungstitel aller Art** gegeben, z. B. Urteile, Vollstreckungsbescheide, Prozessvergleiche, vollstreckbare Urkunden, Kostenfestsetzungsbeschlüsse, Eintragungen in die Insolvenztabelle usw. **Verklagt** wird der betreibende Gläubiger (BGHZ 120, 391). **Klageberechtigt** ist *nur* der *Schuldner.* Er muss *beantragen,* die **Zwangsvollstreckung** *aus dem bestimmt bezeichneten Titel* (z. B. Urteil des *AG Leipzig* vom 18. 1. 2006 – 3 C 201/05) ganz, teil- oder zeitweise **für unzulässig zu erklären;** dementsprechend lautet das stattgebende Urteil. Stets geht es um Einwendungen gegen den vollstreckbaren Anspruch, nicht gegen eine einzelne Vollstreckungsmaßnahme. Daher muss die Vollstreckung z. Z. der Klageerhebung noch nicht begonnen haben. Auch eine vollstreckbare Ausfertigung muss noch nicht vorliegen. Die Klage ist vielmehr schon begründet (h. M.: zulässig), wenn ein Vollstreckungstitel vorliegt; sie wird unbegründet (h. M.: mangels Rechtsschutzinteresses unzulässig) mit Beendigung der Vollstreckung, sofern der Titel an den Schuldner herausgegeben ist (*Brehm* Anm. ZZP 101, 453 f.; *BGH* NJW 94, 1162). 2

Ist der *Titel* nach Form und Inhalt *zur Vollstreckung ungeeignet,* so ist der gegebene Rechtsbehelf an und für sich die Klauselerinnerung (§ 732) oder die Vollstreckungserinnerung (§ 766), vgl. StJ § 766, 15. Nach der neueren Rechtsprechung kann sich der Schuldner gegen die inhaltliche Unbestimmtheit aber auch mit einer **prozessualen Gestaltungsklage analog § 767 ZPO** wehren, obwohl er damit keine materiellen Einwendungen gegen den titulierten Anspruch vorträgt, sondern lediglich geltend macht, dass der Leistungstenor nicht hinreichend bestimmt ist (*BGH* NJW 94, 460; NJW-RR 04, 472, 473) oder nicht erkennen lässt, auf welchen Teil des eingeklagten Anspruchs er sich bezieht (*BGH* NJW 06, 695, 696). Der Schuldner erhält so die Möglichkeit, die Vollstreckungsfähigkeit eines zwar der materiellen Rechtskraft nicht fähigen, aber gleichwohl vollstreckbaren Urteils zu beseitigen; § 732 versagt hier, da sich die Erinnerung nur gegen die Vollstreckungsklausel richtet und keine Entscheidung über die Unzulässigkeit der Zwangsvollstreckung aus dem mangels Bestimmtheit unwirksamen Titel herbeiführt. Liegen die Voraussetzungen einer Klauselerinnerung vor (vgl. o. § 4 Rn. 21 ff.), hat der Schuldner ein Wahlrecht zwischen den Rechtsbehelfen nach § 732 und § 767 analog (*BGH* NJW-RR 04, 1718). Wehrt sich der Schuldner gegen die Vollstreckung aus einer notariellen Urkunde mit dem Einwand, die Unterwerfungserklärung sei unbestimmt, soll freilich allein die Erinnerung nach § 732 statthaft sein (*BGH* NJW-RR 04, 1135, 1136). Macht der Schuldner neben der Unwirksamkeit des Titels materiellrechtliche Einwendungen geltend, kann die Gestaltungsklage analog § 767 mit der Vollstreckungsgegenklage in direkter Anwendung des § 767 verbunden werden (BGHZ 118, 229, 236; *BGH* NJW 05, 1576, 1577; krit. *Barnert* MDR 04, 605). 3

Besonderes gilt für den **Prozessvergleich.** Hier kommt eine Klage aus § 767 in Betracht, wenn die Einwendung nach Vergleichsabschluss entstanden ist. Ist der Prozessvergleich hingegen insgesamt unwirksam und eine Fortsetzung des alten Prozesses möglich, so fehlt einer Vollstreckungsgegenklage das Rechtsschutzbedürfnis (vgl. *BGH* NJW 77, 583; h. M.; a. A. *Baur/Stürner/Bruns* Rn. 45.5: 4

Schuldner kann zwischen beiden Möglichkeiten wählen); im Falle der Verfahrensfortsetzung sind die §§ 707, 719 entsprechend anzuwenden (vgl. u. § 14 Rn. 9).

5 **Grundlage** der Klage bilden **materiellrechtliche Einwendungen,** z. B. Erfüllung, Leistung an Erfüllungs Statt, Aufrechnung, Erlass, Verzicht, Vergleich, Stundung, Verjährung und der Übergang des titulierten Anspruchs auf einen anderen Berechtigten.

6 Zweifelhaft ist, ob die Klage auf eine nachträgliche *Änderung der Gesetzgebung* gestützt werden kann. Das ist bei gesetzlicher Zulassung und in Bezug auf Dauerschuldverhältnisse, bei denen die Ansprüche immer neu entstehen, zu bejahen (vgl. BGHZ 133, 323 für Unterlassungstitel). Ein Wandel der höchstrichterlichen Rechtsprechung begründet keine „Einwendung“ gegen den titulierten Anspruch. Hiervon machen §§ 79 II, 95 III 3 BVerfGG eine Ausnahme für den Fall, dass eine dem Vollstreckungstitel zugrunde liegende Rechtsnorm vom BVerfG für nichtig erklärt wurde. Unter Aufhebung von BGHZ 151, 316 entschied das BVerfG, dass § 79 II BVerfGG auch dann analog anwendbar sei, wenn der rechtskräftige Titel auf einer später für verfassungswidrig erklärten ständigen Rechtsprechung beruhte; die vom BVerfG für verfassungswidrig erklärte gerichtliche Auslegung einer Rechtsnorm soll unter Rücksicht auf Art. 3 I GG nicht anders behandelt werden als die Aufhebung der verfassungswidrigen Norm selbst (BVerfGE 115, 51 mit Anm. *Sachs* JuS 06, 454). Hat das Verfassungsgericht eines Landes die Nichtigkeit von Landesrecht festgestellt, gilt § 767 entsprechend, § 183 VwGO.

7 Die Klage richtet sich nicht gegen Feststellungs- und Gestaltungsurteile, weil diese nur im weiteren Sinne vollstreckbar sind (vgl. o. §§ 1 Rn. 39 f., 2 Rn. 4).

8 **II.** Ist der Vollstreckungstitel aufgrund mündlicher Verhandlung erlassen worden (wie insbesondere ein **Urteil**), so konnten materiellrechtliche Einwendungen bereits in der Verhandlung vorgebracht werden, wenn sie damals schon bestanden. Der Beklagte konnte z. B. geltend machen, dass er die Klageforderung schon vor dem Prozess erfüllt habe. Solche **Einwendungen** müssen deshalb für die Vollstreckungsgegenklage **ausgeschlossen** sein, sonst liefe sie (insoweit) auf eine Wiederholung des alten Prozesses hinaus, sogar bereits erledigte Einwendungen könnten erneuert werden. Außerdem würde die vielfach schon eingetretene Rechtskraft des Urteils umgangen: Unterließ der Beklagte z. B. den Erfüllungseinwand und wurde er deshalb rechtskräftig verurteilt, so schließt die Rechtskraft das nachträgliche Vorbringen des Einwandes aus (vgl. *Zivilprozessrecht* § 62 IV). Daher bestimmt **§ 767 II:** Die Klage kann nur auf solche **Einwendungen** gestützt werden, deren Gründe **erst nach** dem **Schluss der letzten mündlichen Tatsachenverhandlung entstanden** sind, in der sie spätestens hätten geltend gemacht werden müssen (also spätestens in der Berufungsinstanz, grundsätzlich – s. *BGH* NJW 98, 2975; 99, 279 – nicht in der Revisionsinstanz); andernfalls ist die Klage unbegründet. Es kommt auf die objektive Entstehung der Einwendung, nicht auf die Kenntnis des Schuldners von ihr an (*BGH* NJW 01, 231, 232). Daher ist er auch mit solchen Einwendungen ausgeschlossen, die er ohne sein Verschulden im Prozess nicht geltend gemacht hat.

9 § 767 II erfasst auch den Einwand des Verlusts der Sachlegitimation durch Abtretung. Die Vollstreckungsgegenklage kann daher nicht auf den Einwand gestützt werden, der Gläubiger habe den titulierten Anspruch abgetreten, wenn die Abtretung schon vor oder während des Prozesses erfolgte. Nach *BGH* NJW 01, 231 (abl. *Foerste* JZ 01, 467) gilt dies trotz § 407 I BGB auch dann, wenn der Schuldner erst nach dem Eintritt der Rechtskraft von der Abtretung Kenntnis erlangt, also subjektiv nicht in der Lage war, die fehlende Sachlegitimation im Prozess einzuwenden. Der Schuldner wird auf die Hinterlegung verwiesen (§§ 372 Satz 2, 378 BGB).

10 Streitig ist, wann bei selbstständigen **Gestaltungsrechten** (Aufrechnung, Anfechtung, Rücktritt, Widerruf nach § 355 BGB, Minderung) die Einwendung „entstanden“ ist: schon mit Entstehung des Gestaltungsrechts (z. B. mit der Aufrechnungslage) oder erst mit seiner Ausübung (z. B. mit der Aufrechnungserklärung).

Für den Zeitpunkt der *Ausübung* wird angeführt, dass das materielle Recht erst an die Ausübung Rechtswirkungen knüpfe und den Gestaltungsberechtigten nicht zwinge, sein Recht schon während des Prozesses und damit u. U. vorzeitig (z. B. vor Fristablauf nach § 124 BGB) auszuüben; deshalb komme es auch für § 767 II auf die Rechtsausübung an (StJ § 767, 32 ff.; *Rosenberg/Gaul* § 40 V 2 b bb, zur abw. Beurteilung der Aufrechnung ebda. cc und *Gaul*, GS Knobbe-Keuk, S. 135, 139 ff.; im Ergebnis auch *Baur/Stürner/Bruns* Rn. 45.14). 11

Der BGH stellte bislang generell auf den Zeitpunkt der *Entstehung* des Gestaltungsrechts ab (vgl. NJW 80, 2528). Nunmehr unterscheidet er (BGHZ 94, 34 f.; auch 103, 366 f.): In der Regel (!) komme es auf die Ausübung des Gestaltungsrechts an; nur bei den gesetzlichen Gestaltungsrechten sei ausnahmsweise der Zeitpunkt ihrer Entstehung maßgebend. Die Bedeutung zeigt der entschiedene Fall (BGHZ 94, 29 ff.): Ein Mieter war durch rechtskräftiges Urteil zur Räumung in drei Jahren verurteilt worden; dagegen erhob er Klage nach § 767 mit der Begründung, ihm stehe ein Optionsrecht auf Vertragsverlängerung zu, das er jetzt ausübe. Die Klage hatte Erfolg, weil der BGH a. a. O. auf die Ausübung des Optionsrechts abstellte und nicht darauf, dass das Recht längst vor dem Räumungsprozess entstanden war. Damit folgt der BGH für die vertraglichen Gestaltungsrechte der von ihm bislang abgelehnten Ansicht: Auch für § 767 II kommt es auf die Ausübung an, ein prozessualer Zwang zur vorzeitigen Rechtsausübung besteht nicht. 12

BGHZ 94, 29 ff. ist nur im Ergebnis, nicht in der Begründung zuzustimmen (vgl. auch *Arens* Anm. JZ 85, 751 ff.). Entgegen dem BGH (a. a. O., ferner 100, 225) stellt das materielle Recht für jede Art von Gestaltungsrecht, nicht nur das vertragliche, auf die Ausübung ab (vgl. RGZ 120, 282 f.); auch kann es für § 767 II nicht darauf ankommen, ob eine etwaige Ausübungsfrist auf Vertrag oder Gesetz beruht, da sie in beiden Fällen Zeit zum Überlegen gewähren soll. 13

Ausgangspunkt muss sein, dass das materielle Recht auf die Ausübung abstellt. Wäre das für § 767 II allein entscheidend, so könnte ein böswilliger Schuldner die Vollstreckung leicht verschleppen oder gar vereiteln (insoweit zutr. RGZ 64, 229 f.). Das ist für die Aufrechnung durch analoge Anwendung von § 533 vermeidbar: Der Aufrechnungseinwand ist stets nur bei Sachdienlichkeit zuzulassen, unabhängig davon, wann die Aufrechnungslage eingetreten ist (vgl. *Bötticher* MDR 63, 935; ZZP 77, 483 f.; auch StJ § 767, 38; *Rosenberg/Gaul* § 40 V 2 b aa mit dem zutr. Hinweis, dass die Zurückweisung des Aufrechnungseinwands im Vorprozess nun im Verfahren nach § 767 nachwirkt, so auch *BGH* NJW 94, 2770). Für andere Gestaltungsrechte scheidet § 533 aus, weil diese bei Nichtbeachtung endgültig verloren sind, während bei Nichtzulassung der Aufrechnung die Gegenforderung noch anderweit geltend gemacht werden kann (vgl. BGHZ 42, 40 f.). Daher kommt es für die anderen Gestaltungsrechte nicht auf die Sachdienlichkeit, sondern auf das Verhalten des Schuldners an, und zwar im vorausgegangenen Prozess. Das ist berechtigt, denn die Vollstreckungsgegenklage „kommt in der Sache einer Fortsetzung des früheren Prozesses nahe" (*BGH* NJW 80, 1393; auch NJW 94, 2770). Hat der Schuldner dort seine Prozessförderungspflicht verletzt, indem er z. B. die Anfechtung nicht fristgerecht erklärt und geltend gemacht hat (vgl. *BAG* MDR 84, 347), so ist er mit der Geltendmachung im Prozess nach § 767 präkludiert (§ 296 II analog). Die Vollstreckungsgegenklage kann also nicht dazu missbraucht werden, eine im Vorprozess bestehende (und verletzte) Prozessförderungspflicht praktisch außer Kraft zu setzen. Da dem Schuldner eine Abwehr nach § 767 versagt ist, kann er die präkludierte Einwendung nicht zur Grundlage einer Bereicherungsklage (vgl. u. Rn. 30) machen (a. A. ohne Begründung *H. Otto* JA 81, 653, wie hier aber S. 608, wenig durchsichtig in FS Henckel S. 627 ff.; widersprüchlich *Rosenberg/Gaul* § 40 V 2 b bb gegen XI 3; wie hier StJ § 767, 55; weitergehend *BGH* NJW 60, 1460 f.). 14

Handelt es sich um ein **Versäumnisurteil,** so sind nur solche Einwendungen gestattet, die – wegen Ablaufs der Frist – nicht mehr durch Einspruch geltend gemacht werden können (§ 767 II). 15

Umstritten ist, ob die Einspruchsfrist bereits bei Entstehen der Einwendung abgelaufen sein muss (so *Rosenberg/Gaul* § 40 V 3 b; *Baur/Stürner/Bruns* Rn. 45.15; für § 323 II ebenso *BGH* NJW 82, 1812) oder erst bei Schluss der Verhandlung über die Vollstreckungsgegenklage (so *Baumann/Brehm* S. 215; StJ § 767, 40). Der zweiten Auffassung ist der Vorzug zu geben. Sie vermeidet, dass der Schuldner, der sich mit dem Versäumnisurteil abfindet und den Gläubiger befriedigt, Einspruch einlegen muss, obwohl der Gläubiger in aller Regel nicht vollstrecken wird, der Einspruch also überflüssig ist. 16

Bei den **anderen Vollstreckungstiteln,** die ohne mündliche Verhandlung ergangen sind, kann naturgemäß nicht auf die Entstehung der Einwendungen nach Schluss der letzten mündlichen Tatsachenverhandlung abgestellt werden. Beim Vollstreckungsbescheid kommt es darauf an, ob die Einwendung nach seiner 17

Zustellung entstanden ist und nicht mehr durch Einspruch geltend gemacht werden kann, § 796 II (die Einspruchsfrist kann – wie beim Versäumnisurteil, § 767 II, vgl. o. Rn. 16 – noch laufen, wenn die Einwendung entsteht). Bei Schiedssprüchen sind die Einwendungen unzulässig, die vor Abschluss der Verhandlung entstanden sind (*BGH* NJW 90, 3211); nach der letzten Verhandlung entstandene Einwendungen können im Verfahren über die Vollstreckbarerklärung geltend gemacht werden (*Schwab* Anm. ZZP 78, 386 f.; einschränkend *BGH* NJW 65, 1138). Keine Einschränkung besteht bei vollstreckbaren Urkunden, § 797 IV, weil sie der Rechtskraft nicht fähig sind, deren Gefährdung also nicht in Frage kommt; das gilt auch für Prozessvergleiche (*BGH* NJW 98, 3122 m. N.), wobei sich die Frage stellt, ob die Einwendung durch den Vergleich materiellrechtlich abbedungen wurde. Die Klage hat bei den vollstreckbaren Urkunden besondere Bedeutung: Da vorher kein Prozess stattgefunden hat, wird er nun – mit umgekehrten Parteirollen – „nachgeholt", indem der Schuldner jetzt die erste Gelegenheit erhält, Einwendungen geltend zu machen; er kann daher – anders als bei Urteilen (vgl. BGHZ 100, 212 f.) – auch rechtshindernde Einwendungen erheben, z. B. geltend machen, dass der Anspruch nie bestanden habe. Gleiches gilt für Kostenfestsetzungsbeschlüsse (vgl. § 103), da das Kostenfestsetzungsverfahren keine Gelegenheit bietet, materielle Einwendungen zu erheben (Ausnahme § 11 RVG).

18 **III.** Von dem Einwendungsausschluss nach § 767 II zu unterscheiden ist das **Bündelungsgebot** des **§ 767 III.** Nach Abweisung der ersten Vollstreckungsgegenklage kann eine weitere Vollstreckungsgegenklage erhoben werden; wegen der Rechtskraft der ersten abweisenden Klage (§ 322 I) kann sie jedoch nur auf Einwendungen gestützt werden, die nicht Gegenstand der Erstklage waren (dazu StJ § 767, 55). Gemäß § 767 III ist der Schuldner jedoch mit Einwendungen präkludiert, die er schon mit der ersten Vollstreckungsgegenklage hätte geltend machen können. Damit soll verhindert werden, dass der Schuldner die Einwendungen für spätere Prozesse „aufspart" und die Vollstreckung (über einstweilige Anordnungen nach § 769) immer wieder hinauszögern kann. § 767 III greift nicht ein, wenn der Schuldner ohne Verschulden außerstande war, die Einwendung in der ersten Vollstreckungsgegenklage vorzubringen (so die früher h. M., *Münzberg* ZZP 87, 455 m. N.). Der BGH stellt jedoch auch für § 767 III – wie für § 767 II (Rn. 8) – auf das objektive Bestehen der Einwendung ab; ob der Schuldner subjektiv in der Lage war, die Einwendung geltend zu machen, ist unerheblich (BGHZ 61, 26 f.; *BGH* NJW-RR 87, 59).

19 In Erweiterung des Wortlauts („Zeit der Erhebung der Klage") erfasst § 767 III auch Einwendungen, die während des Prozesses entstehen (*BGH* NJW-RR 87, 59). Kein Einwendungsausschluss erfolgt, wenn der „erste" Prozess durch Klagerücknahme oder übereinstimmende Erledigungserklärung beendet wurde (*BGH* NJW 91, 2281).

20 Die Präklusion nach § 767 III bei der „zweiten" Vollstreckungsgegenklage ist dem Schuldner aber nur zuzumuten, wenn er bei der „ersten" Vollstreckungsgegenklage alle Einwendungen uneingeschränkt vorbringen konnte. Dass sein Vorbringen keinen Begrenzungen unterliegt, kann entweder damit begründet werden, dass man den Streitgegenstand der Vollstreckungsgegenklage weit fasst, ihn also auf die Unzulässigkeit der Zwangsvollstreckung insgesamt bezieht; dann ist die nach Klageerhebung erfolgende Auswechslung oder Häufung von materiellrechtlichen Einwendungen nur eine stets zulässige Ergänzung tatsächlicher Ausführungen bei unverändertem Streitgegenstand (§ 264 Nr. 1). Stellt man sich hingegen auf den Standpunkt, jede einzelne Einwendung ergebe einen gesonderten Streitgegenstand,

liegt in der Auswechslung oder Häufung von materiellrechtlichen Einwendungen eine Klageänderung oder -häufung. Wegen der Präklusionswirkung des § 767 III darf beides nicht an § 263 scheitern (die nachträgliche Klagehäufung wird wie eine Klageänderung behandelt, vgl. *Zivilprozessrecht* § 41 IV). Der BGH folgt nunmehr einem weiten Streitgegenstand (BGHZ 61, 25 ff.; dazu *Münzberg* ZZP 87, 457 f.; anders noch BGHZ 45, 232 f.).

IV. Zuständig *ist ausschließlich* (§ 802) *das Prozessgericht erster Instanz,* § 767 I. 21
Das ist das erstinstanzliche Gericht desjenigen Prozesses, in dem der Vollstreckungstitel entstanden ist (z. B. das LG, wenn Vollstreckungstitel ein vor dem BGH geschlossener Prozessvergleich ist), §§ 795, 767 I. Für eine in Deutschland erhobene Vollstreckungsgegenklage gegen einen nach der EuVTVO bestätigten Vollstreckungstitel (vgl. o. § 3 Rn. 67 ff.) ist grundsätzlich das Gericht am Klägerwohnsitz zuständig, § 1086 I (abl. *Halfmeier* IPRax 07, 381).

Bei *vollstreckbaren Urkunden* richtet sich die sachliche Zuständigkeit nach dem Wert des zu 22
vollstreckenden Anspruchs; örtlich zuständig ist in der Regel das Gericht des allgemeinen Gerichtsstands des Schuldners, § 797 V, abweichend § 800 III (dazu *KG* NJW-RR 89, 1408).

V. *Das zusprechende Urteil* ist ein **prozessuales Gestaltungsurteil** (BGHZ 127, 149). Es ist kein 23
Leistungsurteil, da es dem Gläubiger nichts befiehlt, und kein Feststellungsurteil, da es weder eine neue rechtskräftige Feststellung des materiellen Rechtszustandes ausspricht, noch die rechtskräftige Feststellung des Urteils, gegen dessen Vollstreckung sich die Klage wendet, beseitigt. Nur die bisher zulässige Vollstreckung wird unzulässig (vgl. *Gerhardt* S. 206; BGHZ 85, 371). Zur vorläufigen Vollstreckbarkeit vgl. o. § 2 Rn. 17.

Unzulässigwerden der Vollstreckung bedeutet nicht, dass bereits vorgenommene Vollstre- 24
ckungsakte, z. B. eine Pfändung, automatisch wegfallen. Vielmehr ist es dem Schuldner überlassen, die Einstellung der Vollstreckung und die Aufhebung bereits erfolgter Vollstreckungsmaßnahmen herbeizuführen (§ 775 Nr. 1, § 776; vgl. u. § 14 Rn. 15, 23). Bis dahin bleibt also bei einer Pfändung jedenfalls die Verstrickung des gepfändeten Gegenstands bestehen, während nach h. M. das Pfändungspfandrecht mit Unzulässigwerden der Vollstreckung ohne weiteres erlischt (vgl. u. § 16 Rn. 15, 25).

VI. Verhältnis zu anderen Rechtsbehelfen

Die *Erinnerung nach § 766* und die Vollstreckungsgegenklage schließen sich gegenseitig aus (vgl. 25
BGH JZ 93, 94 f. m. Anm. *Münzberg*); anders bei der *Klauselerinnerung nach § 732* (vgl. o. Rn. 3).

Feststellungs- und Vollstreckungsgegen*klage* können nebeneinander gegeben sein, wenn für jene 26
die Voraussetzungen des § 256 I vorliegen; mit dem Feststellungsurteil kann der Schuldner jedoch nicht die Vollstreckung abwenden (vgl. RGZ 158, 149 f.).

Noch nicht geklärte Probleme wirft die Frage der Abgrenzung der Vollstreckungsgegenklage und 27
der *Abänderungsklage* nach § 323 auf. Die Abänderungsklage dient der Korrektur von Prognosefehlern hinsichtlich klagebegründender Tatsachen (*Thomas/Putzo* § 323, 1) und erlaubt auch eine Durchbrechung der Rechtskraft eines Urteils. Beispielsweise kann der verurteilte Unterhaltsschuldner mit § 323 geltend machen, seine Leistungsfähigkeit oder die Bedürftigkeit des Gläubigers sei entfallen. Im Ausgangspunkt ist die Vollstreckungsgegenklage gegeben, wenn aufgrund des Einwands eine abschließende Entscheidung möglich ist (z. B. Zahlung). Wird hingegen geltend gemacht, der titulierte Anspruch sei überhaupt nicht oder nicht in der prognostizierten Höhe entstanden, ist die Abänderungsklage statthaft. Eine endgültige Entscheidung wird damit aber nicht getroffen: Entsteht der Anspruch wieder, beispielsweise weil der Schuldner wieder leistungsfähig geworden ist, kann der Gläubiger seinerseits nach § 323 klagen. Um beide Klagen nicht an den Abgrenzungsfragen scheitern zu lassen, lässt es die Rechtsprechung zu, dass beide Klagen hilfsweise verbunden und die Klageanträge erforderlichenfalls umgedeutet werden, wenn für beide Klagearten dasselbe Gericht zuständig ist (*BGH* NJW 01, 828, 829). Zulässig soll es auch sein, Einwendungen nach § 767 im Rahmen einer Abänderungsklage zu berücksichtigen (*BGH* NJW 01, 828). Besondere Vorschriften für Unterhaltstitel Minderjähriger in §§ 654–656.

28 Der Beklagte (der Schuldner) kann zwischen § 767 und der *Berufung im Prozess über den Anspruch* wählen, wenn die Einwendung nach Schluss der Verhandlung erster Instanz entstanden und die Berufungsfrist noch nicht abgelaufen ist (vgl. *Münzberg* ZZP 87, 451). Wird Berufung eingelegt, so ist die Vollstreckungsgegenklage unzulässig (*Münzberg* KTS 84, 196; *BAG* BB 85, 2180 m. w. N.).

29 Zur Konkurrenz mit der *Klage auf Herausgabe des Vollstreckungstitels* im Falle völliger Befriedigung des Gläubigers vgl. o. § 4 Rn. 33.

30 Konnte der Schuldner sich nach § 767 gegen die Vollstreckung wehren, hat es aber nicht getan, so kann er nach durchgeführter Vollstreckung vom Gläubiger die *Herausgabe des zu Unrecht Beigetriebenen* verlangen (§§ 812 ff. BGB, vgl. *Gaul* a. a. O.; *Gerlach* a. a. O. S. 12 ff.; *BGH* NJW 93, 3320 m. w. N.), unter Umständen steht ihm gegen den Gläubiger ein *Schadensersatzanspruch* zu (§§ 823 ff. BGB). Auch im Rahmen einer solchen Klage („verlängerte Vollstreckungsgegenklage") ist der Vollstreckungsschuldner nach Maßgabe von § 767 II, III mit verspäteten Einwendungen präkludiert (*BGH* NJW-RR 88, 957, 958; *OLG Schleswig* JR 04, 504; a. A. *Lakkis* a. a. O.).

31 **VII.** Das Prozessgericht kann **einstweilige Anordnungen** im Hinblick auf die Vollstreckung aus dem Titel treffen, § 769 I (vgl. u. § 14 Rn. 2), in Eilfällen auch das Vollstreckungsgericht (durch den Rechtspfleger, § 20 Nr. 17 RPflG), § 769 II. Diese Anordnungen sind von besonderer Bedeutung, weil die Erhebung der Vollstreckungsgegenklage allein eine Vollstreckung nicht hindert und der Prozess sich in die Länge ziehen kann.

32 Einstweilige Anordnungen nach § 769 bleiben solange in Kraft, bis das Prozessgericht über die Klage durch Urteil entschieden hat, vgl. § 770 und BGHZ 32, 242 f. Sie sind nicht mit der sofortigen Beschwerde anfechtbar (*BGH* NJW 04, 2224).

33 **VIII.** Zur Vollstreckungsgegenklage im besonderen Fall des § 768 vgl. o. § 4 Rn. 26.

§ 13. Die Widerspruchsklage

1 **I. Gegenstand der Vollstreckung** ist **nur** das **Vermögen des Schuldners** (BGHZ 11, 41; auch 67, 383). Das Vermögen Dritter unterliegt nicht dem Zwangszugriff des Gläubigers (BGHZ 119, 84). Dahinter steht folgende einfache Überlegung: Würde der Schuldner seine Verbindlichkeiten freiwillig begleichen wollen, könnte er dies nur mit eigenem Geld bewerkstelligen; auch könnte er nur eigene Gegenstände veräußern und aus dem Erlös den Gläubiger befriedigen. Die Zwangsvollstreckung ersetzt die privatautonome Handlung des Schuldners. Daher kann der Zugriff des Gläubigers auf haftendes Vermögen nicht weiter reichen als bei freiwilliger Leistung durch den Schuldner.

2 Ob das vom Vollstreckungsorgan ins Auge gefasste Vollstreckungsobjekt zum Vermögen des Schuldners gehört, ist zuweilen schwierig festzustellen. Das Vollstreckungsorgan kann die Feststellung nicht treffen, sonst würde die Vollstreckung verzögert oder gänzlich blockiert. Vielmehr muss es sich an schnell und sicher erfassbare äußere Tatsachen halten können, z. B. bei beweglichen Sachen an den Gewahrsam (vgl. u. § 17 Rn. 7) statt an das Eigentum des Schuldners. Deshalb besteht die Gefahr, dass die Vollstreckung in das Vermögen eines Dritten eingreift und damit die ihr grundsätzlich gezogene Grenze rechtswidrig überschreitet (vgl. BGHZ 95, 15). Die einzelne Vollstreckungsmaßnahme wird aber trotz des Über-

griffs nicht unwirksam; sonst würde eine unerträgliche Unsicherheit in die Vollstreckung hineingebracht. Vielmehr muss sich der Dritte, wenn sein Recht von der Vollstreckung erfasst wird, dagegen wehren. Bei diesem Streit des Dritten mit dem Gläubiger geht es um ein materielles Recht des Dritten. Daher ist der Streit außerhalb des Vollstreckungsverfahrens auszutragen: Der Dritte muss gegen den Gläubiger eine besondere Klage im ordentlichen Verfahren erheben, § 771; sie wird **Widerspruchsklage** (auch Drittwiderspruchsklage oder Interventionsklage) genannt. Sie ist neben der Erinnerung nach § 766 der in der Praxis wichtigste Rechtsbehelf des Vollstreckungsrechts.

II. Dritter ist, wer weder Gläubiger noch Schuldner noch deren Rechtsnachfolger (vgl. o. § 1 Rn. 8) ist. 3

Ist jemand Verwalter eines anderen Vermögens und Vollstreckungsschuldner hinsichtlich des verwalteten Vermögens, wie nach der Lehre von der Partei kraft Amtes der Insolvenzverwalter usw., so kann er der Vollstreckung in sein eigenes Vermögen widersprechen, denn insoweit ist er nicht Vollstreckungsschuldner, sondern Dritter. Dritter ist auch die Ein-Mann-GmbH bei der Vollstreckung gegen ihren Alleingesellschafter, vgl. § 13 GmbHG (*BGH* NJW 04, 217). 4

Beklagter ist nur der Gläubiger, nicht der Schuldner. Der Dritte kann ein Interesse daran haben, zugleich den Schuldner mitzuverklagen, wenn auch aus einem anderen Rechtsgrund und mit anderem Ziel. Hat z. B. der Gläubiger eine dem Dritten gehörende, an den Schuldner vermietete Sache gepfändet, so kann der Dritte gegen den Gläubiger nach § 771, gegen den Schuldner auf Herausgabe der Mietsache (nicht etwa nach § 771!) klagen. Beide Klagen kann er verbinden; Gläubiger und Schuldner sind dann einfache Streitgenossen (§ 771 II in missverständlicher Formulierung). 5

Die **Widerspruchsklage** ist erst **begründet,** wenn die Vollstreckung begonnen hat (nach h. M. fehlt zuvor das Rechtsschutzinteresse, vgl. BGHZ 72, 336 f.); denn sie richtet sich nur gegen einzelne Vollstreckungsmaßnahmen und bestreitet nicht die Zulässigkeit der Vollstreckung in das Vermögen des Schuldners. Drohende Vollstreckung genügt nur, wenn die *Herausgabe* bestimmter Sachen erzwungen werden soll, weil dann die zu erwartende Vollstreckungsmaßnahme von vornherein feststeht und mit ihrer Vornahme die Vollstreckung sofort beendet ist (vgl. u. § 26), so dass die Widerspruchsklage zu spät kommen würde, müsste man erst den Vollzug der Vollstreckung abwarten (vgl. *BGH* NJW 93, 935). Ist eine Fortsetzung oder Wiederholung der Vollstreckung möglich, bleibt die Klage begründet (nach h. M. zulässig, vgl. *BGH* NJW-RR 04, 1221). 6

Die Klage wird **unbegründet** (nach h. M. mangels Rechtsschutzinteresses unzulässig), wenn die einzelne Vollstreckungsmaßnahme, gegen die sie sich richtet, vollständig durchgeführt ist (z. B. mit Abführung des Erlöses nach Pfändung und Verwertung). Doch hat der Dritte gegen den Gläubiger einen Anspruch auf Herausgabe des ungerechtfertigt Erlangten (h. M., vgl. BGHZ 119, 84 ff.; *Gerlach* [o. § 12] S. 24 ff.; zur Gegenansicht – Anspruch nur gegen den Schuldner – *Günther* AcP 178, 456 ff. m. N.); Anspruchsgrundlage ist § 812 I 1 Alt. 2 BGB (BGHZ 100, 99 f.; h. M.), nicht § 816 BGB (vgl. u. § 18 Rn. 25). Die Kosten der Vollstreckung sind nicht herauszugeben, weil der Gläubiger nur den die Vollstreckungskosten übersteigenden Betrag „erlangt" hat (BGHZ 66, 156 ff. m. N.; dagegen *Gerlach* [o. § 12] S. 59 ff. m. N.). Der Dritte kann auch einen Schadensersatzanspruch aus unerlaubter Handlung gegen den Gläubiger haben (§§ 823 ff. BGB, vgl. BGHZ 118, 205 ff. m. N.). Gibt der Gläubiger die schuldnerfremde Sache nicht frei, obwohl das Recht des Dritten hinreichend geklärt ist (vgl. u. Rn. 30), so kann der Dritte Ersatz seines Verzögerungsschadens verlangen; ist der Anwalt des Gläubigers (mit) Schuld am Unterbleiben rechtzeitiger Freigabe, dann haftet der Gläubiger dafür gemäß § 278 BGB, nicht nach § 831 BGB (BGHZ 58, 211 ff.; im Wesentlichen zustimm. *Henckel* Anm. JZ 73, 32 f.). Ferner kommt ein Schadensersatzanspruch gegen den Staat (Art. 34 GG mit § 839 BGB) in Betracht, z. B. bei Pfändung einer zwar im Schuldnergewahrsam stehenden, aber unzweifelhaft einem Dritten gehörenden Sache; Enteignungsansprüche gegen den Staat hat der Dritte nicht (BGHZ 32, 244 ff.; *BGH* BB 67, 941). Auch diese materiellen Ansprüche sind außerhalb des Vollstreckungsverfahrens durch Klage im ordentlichen Verfahren zu verfolgen („verlängerte Drittwiderspruchsklage").

Ob die Vollstreckungsmaßnahme, gegen die sich die Klage wendet, auch mit anderen Rechtsbehelfen angreifbar wäre, ist für § 771 gleichgültig; z. B. kann die Pfändung einer dem Dritten gehörenden Sache zugleich auch gegen § 809 verstoßen, daher neben der Widerspruchsklage auch die Erinnerung (§ 766) gegeben sein, vgl. o. § 11 Rn. 8.

7 **III.** Umstritten ist die **rechtliche Natur** der Widerspruchsklage. Nach h. M. handelt es sich um eine prozessuale Gestaltungsklage, da sie ein Urteil erstrebt, das die Vollstreckung in den betreffenden Gegenstand für unzulässig erklärt (StJ § 771, 5). Andere sehen in ihr eine Beseitigungs- und Unterlassungsklage (*Bettermann,* FS Weber, S. 87 ff.; dazu *Henckel* ZZP 105, 102 ff.); vermittelnd *Baur/Stürner/Bruns* Rn. 46.2. Das *Urteil* ist ein Gestaltungsurteil eigener Art, da es einerseits nicht von selbst die Unzulässigkeit der Vollstreckung bewirkt (arg. §§ 775 Nr. 1, 776, vgl. u. Rn. 29), andererseits nicht rechtskräftig geworden sein muss, um diese Wirkung über §§ 775 Nr. 1, 776 herbeizuführen. Jedenfalls kommt dem Streit keine praktische Bedeutung zu; auch *Zöllner* AcP 190, 488 ff. zeigt sie nicht auf. – Zur Entwicklungsgeschichte *Picker,* Die Drittwiderspruchsklage in ihrer geschichtlichen Entwicklung als Beispiel für das Zusammenwirken von materiellem Recht und Prozessrecht, 1981.

8 **IV.** Die Widerspruchsklage hat die Aufgabe, Übergriffe der Vollstreckung auf schuldnerfremdes Vermögen abzuwehren, weil dem Gläubiger nur das schuldnereigene Vermögen haftet. Daher ist die wahre **Grundlage für die Klage** die Behauptung und für das Urteil die richterliche Überzeugung, *dass der Gegenstand der Vollstreckung nicht zum Schuldnervermögen gehört* (BGHZ 11, 41; BGHZ 55, 26 kehrt Grund und Folge um).

9 Eine deutliche *Parallele* ergibt sich *zum Aussonderungsrecht im Insolvenzverfahren,* § 47 InsO. Dieses beruht auf der Nichtzugehörigkeit eines Gegenstands zur Insolvenzmasse, hat also im Insolvenzverfahren dieselbe Aufgabe wie die Widerspruchsklage bei der Einzelzwangsvollstreckung (vgl. u. § 44).

10 Nach dem Gesetz kommt es darauf an, dass der Dritte eine bestimmte Rechtsposition innehat. Ihm muss, wie § 771 I sagt, **„ein die Veräußerung hinderndes Recht"** zustehen. Das ist missverständlich, denn ein solches Recht gibt es nicht. Selbst das umfassendste dingliche Recht, das Eigentum, verhindert nicht die wirksame Veräußerung durch einen Nichtberechtigten, wie die §§ 892, 932 ff. BGB zeigen. § 771 muss daher anders verstanden werden. Gemeint ist ein Recht des Dritten, das die Zuordnung des Vollstreckungsobjekts zum haftenden Schuldnervermögen ausschließt (*Henckel* JuS 85, 836). Nichts anderes meint die Rechtsprechung (BGHZ 55, 26), wenn sie für § 771 ein Recht des Dritten verlangt, das eine Veräußerung des Vollstreckungsgegenstands durch den Schuldner rechtswidrig machen würde; die (hypothetisch festzustellende) Rechtswidrigkeit gegenüber dem Dritten zeigt an, dass das Vollstreckungsobjekt nicht zum haftenden Schuldnervermögen gehört.

11 1. In diesem Sinne kommen in erster Linie *dingliche Rechte* in Betracht, vor allem das **Eigentum.** Den praktisch wichtigsten Fall der Widerspruchsklage zeigt folgendes *Beispiel:* D hat eine ihm gehörende bewegliche Sache an S vermietet, verliehen, ihm zur Verwahrung gegeben usw., und G – ein Gläubiger des S – lässt sie bei diesem pfänden. Hier kann D mit Erfolg gegen G nach § 771 klagen.

12 a) Str. ist, ob auch das **Sicherungseigentum** ein veräußerunghinderndes Recht im Sinne des § 771 ist.

Beispiel: S hat bei D ein Darlehen aufgenommen. Zu dessen Sicherung übereignet er eine ihm gehörende Maschine dem D, behält sie aber in unmittelbarem Besitz (§ 930 BGB). G – ein Gläubiger des S – pfändet die Maschine bei S. Das Darlehen ist noch nicht (vollständig) an D zurückgezahlt. (Zur Terminologie: D als Sicherungseigentümer ist Sicherungsnehmer, S als Veräußerer ist Sicherungsgeber.) Es handelt sich um einen Fall der sog. **eigennützigen Treuhand:** D ist Treunehmer, S ist Treugeber.

Nach der einen Auffassung kann D in diesem Fall die Widerspruchsklage erheben, weil auch das Sicherungseigentum echtes Eigentum sei (*Baur/Stürner/Bruns* Rn. 46.8; BGHZ 118, 206 f., h. M.; grundsätzlich ebenso *Serick*, Bd. 3, S. 206 ff.; jetzt auch StJ § 771, 26). Nach der anderen Auffassung kann D nur auf vorzugsweise Befriedigung aus dem Erlös klagen (§ 805; vgl. u. Rn. 34), weil die Sicherungsübereignung ihrem Zweck nach einem besitzlosen Pfandrecht gleichstehe (MünchKomm-ZPO/*K. Schmidt* § 771, 29). 13

Wäre der Sicherungseigentümer auf die Klage aus § 805 beschränkt, so würde nicht er, sondern der Vollstreckungsgläubiger bestimmen, ob und wann das Sicherungsgut verwertet werden soll (vgl. u. Rn. 37); das Verwertungsrecht des Sicherungseigentümers bliebe somit schutzlos. Obendrein müsste er, um am Erlös beteiligt zu werden, das Darlehensverhältnis mit dem Sicherungsgeber vorzeitig, also u. U. mit Zinsverlust, lösen. Demgegenüber ist festzuhalten, dass die Sicherungsübereignung materiellrechtlich anerkannt, dass sie weder Scheingeschäft noch Rechtsschöpfung contra legem ist (RGZ 57, 177 f.). Daher gehört eine zur Sicherheit übereignete Sache auch vollstreckungsrechtlich zum Vermögen des Sicherungseigentümers. Ihm steht folglich ein „veräußerunghinderndes Recht" zu. Zu beachten ist aber, dass das Sicherungseigentum – seinem Zweck gemäß – ein Widerspruchsrecht nur gewährt, wenn es noch der Sicherung einer Forderung dient (*BGH* WM 87, 541 f.). Daher muss der Dritte außer seinem Sicherungseigentum auch das Entstehen der gesicherten Forderung darlegen und beweisen, nicht aber, dass sie nicht erloschen ist (*BGH* NJW 86, 2427 für eine pfandgesicherte Forderung). 14

Anders liegt es, wenn im obigen *Beispiel* die Maschine dem D (Sicherungsnehmer = Treunehmer) übergeben worden ist (Übereignung nach § 929 S. 1 BGB) und nunmehr ein Gläubiger des D die Maschine bei diesem pfändet. Hier hat S (Sicherungsgeber = Treugeber) die Widerspruchklage, weil er im Verhältnis zu D und zu dessen Gläubigern der Berechtigte ist, aus dessen Vermögen die Maschine (das Sicherungsgut) so lange nicht ausscheidet, als D sie noch nicht zu seiner Befriedigung verwerten darf (vgl. BGHZ 72, 144 ff. m. N.; dazu krit. MünchKomm-ZPO/*K. Schmidt* § 771, 28). 15

Zur sog. **uneigennützigen Treuhand,** insbes. Verwaltungstreuhand, vgl. *BGH* NJW 96, 1543 f.: Rechtsanwalt legt als Treuhänder ein Treuhandkonto („Anderkonto") zugunsten seines Mandanten (Treugebers) an; dieser ist „Dritter" (§ 771), wenn ein Gläubiger des Anwalts in das Konto vollstreckt. 16

Auch das **vorbehaltene Eigentum** (vgl. § 449 BGB) ist ein die Veräußerung hinderndes Recht. 17

So mit Recht die h. M. (vgl. BGHZ 54, 218; *Serick*, Bd. 1, S. 296 ff. m. w. N.); denn noch ist die aufschiebende Bedingung nicht eingetreten und daher der Veräußerer weiterhin Eigentümer (vgl. u. § 20 Rn. 24 ff.). – Befindet sich die Sache beim Veräußerer (z. B. Vorbehaltsverkäufer) und pfändet sie dort einer seiner Gläubiger, so kann der Erwerber (z. B. Vorbehaltskäufer) aufgrund seiner Anwartschaft widersprechen (BGHZ 55, 27; 128, 188; *A. Blomeyer* JR 78, 273 f.; h. M.). Freilich kann die Klage nach § 771 nicht dazu führen, dass die Zwangsvollstreckung in den Gegenstand insgesamt für unzulässig erklärt und die Pfändung aufgehoben wird (§§ 775 Nr. 1, 776 S. 1; vgl. u. Rn. 29). Sonst wäre der die Vollstreckung betreibende Gläubiger dann, wenn die Bedingung später ausfällt und einer erneuten Pfändung andere Gläubiger zuvorkommen, auf ein nachrangiges Pfandrecht verwiesen, § 804 III (vgl. u. § 16 Rn. 32). Auf die Widerspruchsklage des Gläubigers gegen den Vorbehaltskäufer wird deshalb (analog § 773) nur die *Verwertung* des Pfandes für unzulässig erklärt (BGHZ 55, 20; StJ § 771, 20 f.; *Lux* MDR 08, 895, 897). 18

b) Bei **anderen dinglichen Rechten** (z. B. Erbbaurecht, Nießbrauch, Hypothek) kommt es darauf an, ob durch die Vollstreckung das dingliche Recht beeinträchtigt wird – zu verneinen z. B. für Hypotheken, wenn ein persönlicher Gläubiger in das Grundstück vollstreckt; zu bejahen für einen Nießbraucher, dem der Besitz durch eine Zwangsverwaltung (vgl. u. § 25) entzogen werden soll – und ob das Recht des Dritten demjenigen des Gläubigers vorgeht (z. B. zu verneinen für einen Hypothekengläubiger, wenn ein im Range vorgehender Hypothekengläubiger vollstreckt). Vgl. auch u. § 22 Rn. 10. 19

20 c) Der **Besitz** ist bei *unbeweglichen Sachen* unstr. kein veräußerunghinderndes Recht; denn er hat nach materiellem Recht keine Bedeutung für die dingliche Rechtslage. Der bloße Besitzerwerb am Grundstück verschafft dem Käufer und künftigen Erwerber des Grundstücks keine stärkere Rechtsposition als er sie schon hat (ihm steht lediglich ein obligatorischer Anspruch auf Eigentumsverschaffung zu, der nicht zum Widerspruch nach § 771 berechtigt, vgl. u. Rn. 23); vgl. RGZ 127, 8 ff.

21 Bei *beweglichen Sachen* kommt praktisch allein der *mittelbare Besitz* als veräußerunghinderndes Recht in Frage (gegen Beeinträchtigungen des unmittelbaren Besitzes schützt § 766; vgl. o. § 11 Rn. 2 ff. und u. § 17 Rn. 14 ff.). Der mittelbare Besitz ist mit einem obligatorischen Herausgabeanspruch verbunden (vgl. § 868 BGB); mit ihm wird die Nichtzugehörigkeit des Vollstreckungsobjekts zum haftenden Schuldnervermögen geltend gemacht (vgl. u. Rn. 23). Daher ist es belanglos, ob der mittelbare Besitz eine Widerspruchsklage rechtfertigt (vgl. aber auch o. Rn. 12 ff.).

22 d) Dem Eigentum an der gepfändeten Sache steht die **Inhaberschaft eines Rechts,** z. B. einer Forderung, gleich. Hat der Gläubiger ein angebliches Recht des Schuldners gepfändet, das in Wahrheit einem Dritten zusteht, so ist die Pfändung zwar nur scheinbar wirksam (vgl. u. § 19 Rn. 4), aber wegen dieses Anscheins ist der Dritte berechtigt, Widerspruchsklage gegen den Gläubiger zu erheben (*BGH* NJW 94, 1057). Der Drittschuldner kann dem Gläubiger die Wirkungslosigkeit der Pfändung im Einziehungsprozess entgegenhalten (vgl. BGHZ 66, 80 f. und u. § 19 Rn. 42 ff.). Zu § 392 II HGB vgl. BGHZ 104, 127.

23 2. **Obligatorische Ansprüche** müssten nach dem Wortlaut von § 771 ausscheiden. Doch ist zu bedenken, dass die Widerspruchsklage darauf beruht, dass der Vollstreckungsgegenstand nicht zum haftenden Schuldnervermögen gehört. Die Nichtzugehörigkeit macht auch derjenige geltend, der einen **obligatorischen Herausgabeanspruch** gegen den Schuldner wegen Überlassung der Sache hat, wie z. B. der Vermieter, Hinterleger, Auftraggeber. Daher ist ihm die Widerspruchsklage zuzubilligen. Dagegen legitimieren obligatorische Ansprüche auf Leistung der gepfändeten Sache aus dem Vermögen des Schuldners, also bloße „Verschaffungsansprüche", z. B. aufgrund Kaufs, niemals zur Widerspruchsklage; denn mit der Behauptung, (nur) Käufer zu sein, gibt der Dritte ja zu, dass die Sache noch zum Schuldnervermögen gehört. Daran ändert sich nichts, wenn der Verschaffungsanspruch, z. B. der Auflassungsanspruch (§ 433 I 1 BGB), durch Vormerkung gesichert ist (*BGH* NJW 94, 129). Auch der Insolvenzanfechtungsanspruch gewährt nicht die Widerspruchsklage (BGHZ 135, 147 f. zu § 37 KO m. N.; abl. *Häsemeyer* ZZP 111, 86; str., vgl. u. § 51 Rn. 21 ff.).

24 3. Der Verstoß gegen ein **relatives Veräußerungsverbot** (§§ 135, 136 BGB) ist nach § 772 ebenfalls durch Widerspruchsklage geltend zu machen.

25 4. Beschränkt sich die Vollstreckung auf ein **Sondervermögen** (z. B. Insolvenzmasse, Nachlass) oder auf einzelne Sachen (dingliche Haftung eines Grundstücks oder verpfändeter beweglicher Sachen), so kann der Vollstreckungsschuldner einer Vollstreckung in nicht haftende oder nicht zum Sondervermögen gehörige Gegenstände widersprechen, ebenso ein Dritter, gegen den der erforderliche Duldungstitel fehlt. Vgl. o. Rn. 3 und § 6 Rn. 4.

26 5. **Haftet der Dritte** selbst für den zu vollstreckenden Anspruch, so ist die *Klage abzuweisen.* Das ist z. B. der Fall, wenn sein Rechtserwerb anfechtbar nach dem AnfG ist (vgl. u. § 31 Rn. 10); wenn dem Gläubiger ein rechtsgeschäftliches oder gesetzliches Pfandrecht an der Sache des Dritten zusteht (*Plander* JuS 81, 566 m. N.) oder falls der Dritte für die titulierte Forderung selbst haftet, z. B. als Gesellschafter nach § 128 HGB.

27 **V.** Die *sachliche* **Zuständigkeit** richtet sich nach dem Wert des Streitgegenstands. *Örtlich (ausschließlich) zuständig* ist das Gericht, in dessen Bezirk die Vollstreckung erfolgt, §§ 771, 802.

28 Die Klage zielt auf **Unzulässigkeit der Zwangsvollstreckung** in den bestimmten Gegenstand (Antrag und Tenor: „Die Zwangsvollstreckung des Beklagten in den am 18. 3. 2010 bei dem Schuldner [Name, Anschrift] gepfändeten [genau bezeich-

neten Gegenstand, z. B.:] Pkw, Marke Audi A 3, amtliches Kennzeichen M – WF 30 [Pfändungsprotokoll des Gerichtsvollziehers Drastik, DR Nr. II – 103/10] wird für unzulässig erklärt"). Die Klage zielt nicht auf Freigabe des Gegenstands durch den Gläubiger, denn eine Leistung des Gläubigers ist nicht das Ziel der Klage (BGHZ 58, 212 f.); auf den Willen des Gläubigers kommt es nicht an.

Durch ein zusprechendes Urteil wird eine erfolgte Vollstreckungsmaßnahme nicht ohne weiteres unwirksam; vielmehr ist es dem Dritten überlassen, die Einstellung der Vollstreckung und die Aufhebung bereits getroffener Maßnahmen nach §§ 775 Nr. 1, 776 herbeizuführen (vgl. o. Rn. 7, §§ 2 Rn. 17, 12 Rn. 24). 29

Durch Freigabeerklärung des die Pfändung betreibenden Gläubigers wird die Widerspruchsklage unbegründet (nach h. M. unzulässig, *BGH* NJW-RR 04, 1220; 07, 781, 782), wenn keine Wiederholung der Vollstreckung droht und die Hauptsache nicht für erledigt erklärt wird (§ 91 a). 30

Die *Kostenentscheidung* stößt auf Schwierigkeiten, wenn der Beklagte zwar im Prozess sofort anerkennt und die Sache freigibt, aber der Kläger ihn bereits vor dem Prozess über die Rechtslage unterrichtet hat. Wann hat der Beklagte Veranlassung zur Klage gegeben (§ 93)? Man kann vom Gläubiger (das ist der Beklagte) nicht verlangen, dass er aufgrund bloßer Behauptung des Dritten auf seine Rechtsstellung verzichtet; er kann vom Dritten hinreichende Nachweise fordern, um sich ein Urteil bilden zu können. Auch mit bloßen eidesstattlichen Versicherungen des Dritten oder des Schuldners braucht er sich nicht zu begnügen. Auch ist ihm eine Erkundungs- und Überlegungsfrist zuzubilligen, bevor man gegen ihn Klage erhebt. Andererseits kann der Dritte vom Gläubiger verlangen, dass dieser ihm mitteilt, ob und welche weitere Aufklärung er begehrt. Daher hat derjenige die Klage veranlasst im Sinne von § 93, der sich um die Aufklärung der Rechtslage nicht genügend bemüht hat (str., vgl. StJ § 771, 69–75). Der Beklagte bleibt von den Kosten verschont, wenn er sofort nach Aufklärung der Rechtslage anerkennt. Vgl. *OLG Düsseldorf* NJW-RR 98, 790 f.

VI. Auch bei der Widerspruchsklage sind **vorläufige Anordnungen** von großer praktischer Bedeutung, §§ 771 III, 769 (vgl. o. § 12 Rn. 31 und u. § 14 Rn. 2). Erweisen sie sich wegen Erfolglosigkeit der Klage als ungerechtfertigt, so steht dem Gläubiger kein Schadensersatz analog § 717 II zu (BGHZ 95, 13 ff.; a. A. *Häsemeyer* NJW 86, 1028 f.; MünchKomm-ZPO/*K. Schmidt* § 771, 69 m. w. N.). Eine dem Gläubiger zur Aufhebung der Vollstreckungsmaßnahmen durch den Widerpruchskläger gestellte Sicherheit ist freilich verwertbar (*BGH* NJW-RR 04, 1128: Prozessbürgschaft). 31

VII. Mit der Widerspruchsklage **konkurriert** die *Erinnerung nach § 766* nur, wenn zugleich ein Fehler im Verfahren der Vollstreckung vorliegt (z. B. Verstoß gegen § 809; vgl. o. § 11 Rn. 8). Hingegen ist eine auf ein materielles Recht gestützte Klage auf Freigabe oder Herausgabe des Pfändungsgegenstands oder auf Unterlassung der Vollstreckung (§§ 985, 1004 BGB) nicht begründet (*Jauernig* ZZP 66, 403 ff.), da § 771 Vindikations- und Unterlassungsansprüche ausschließt (BGHZ 100, 104); nach *BGH* NJW 89, 2542 handelt es sich um eine Klagenkonkurrenz: Die Widerspruchsklage schließe eine Herausgabeklage aus, diese sei daher unstatthaft. 32

Nach Beendigung der Vollstreckungsmaßnahme (z. B. Ablieferung des Versteigerungserlöses an den Gläubiger) hat der Dritte nur noch Bereicherungs- und Schadensersatzansprüche, vgl. o. Rn. 6. 33

VIII. Besitzlose Pfandrechte an beweglichen Sachen geben dem Pfandgläubiger kein Recht auf Widerspruch nach § 771. Der Inhaber eines solchen Pfandrechts kann aber die **Klage auf vorzugsweise Befriedigung** aus dem Erlös erheben, § 805. Der Klageantrag geht dahin, dass der Kläger aus dem Reinerlös (Vollstreckungserlös abzüglich Vollstreckungskosten) der am … gepfändeten (genau zu bezeichnenden) Sache bis zum Betrag von … Euro vor dem Beklagten zu befriedigen ist. 34

Diese Klage setzt voraus, dass wegen einer Geldforderung in die Pfandsache vollstreckt wird. Wird wegen Herausgabe der Sache vollstreckt (§ 883), so steht auch den besitzlosen Pfandgläubigern die Klage aus § 771 zu. 35

Als *Pfandrechte im Sinne des § 805* kommen in Betracht die *gesetzlichen* Pfandrechte, vor allem des Vermieters, des Verpächters, des Gastwirts (jeweils vor der Inbesitz- 36 nahme der Sachen) sowie des Frachtführers (nach Ablieferung); vertragliche Pfandrechte dann, wenn die Sache aus dem Gewahrsam des Gläubigers gekommen ist.

37 Hiermit ist zwar das Interesse des Gläubigers insofern gewahrt, als er bei der Vollstreckung seinem Rang gemäß berücksichtigt wird; aber er kann nicht selber die Vollstreckung betreiben, sondern muss auch bei besserem Range abwarten, dass der andere Gläubiger die Vollstreckung durchführt (wobei die Gefahr besteht, dass der Schuldner mit diesem anderen Gläubiger Teilzahlungen und Stundung gegen vorläufigen Stillstand der Vollstreckung vereinbart, so dass der Pfandgläubiger weiter auf Befriedigung warten muss). Zur Vermeidung dieser Lage kann der Pfandgläubiger selber einen Titel, z. B. ein Urteil, erwirken und dann durch Anschlusspfändung (vgl. u. § 17 Rn. 28) sich die Möglichkeit verschaffen, die Vollstreckung selbst zu betreiben, und zwar aufgrund seines älteren Pfandrechts mit Vorrang.

38 Ausschließlich zuständig für diese Klage ist, je nach Streitwert, das AG oder LG, in dessen Bezirk das Vollstreckungsverfahren stattfindet, § 805 II mit §§ 764 II, 802.

39 Eine einstweilige Einstellung der Vollstreckung kommt hier nicht in Frage, doch ist bei Glaubhaftmachung des Rechts die Hinterlegung des Erlöses anzuordnen, § 805 IV.

§ 14. Einstellung und Aufhebung der Zwangsvollstreckung

1 **I.** Sämtliche Rechtsbehelfe, die in der Zwangsvollstreckung gegeben sind, laufen Gefahr, zu spät zu kommen, denn die **Vollstreckung** wird **durch Einlegung eines Rechtsbehelfs nicht gehemmt,** sondern geht weiter, und kann daher vollendete Tatsachen schaffen, insbesondere beendet sein, ehe sie auf den Rechtsbehelf hin für unzulässig erklärt wird. Am deutlichsten ist dies bei der Widerspruchs- und Vollstreckungsgegenklage, weil der durch sie ausgelöste Prozess im Normalfall länger dauert als die Vollstreckung. Aber auch bei der schneller zu erledigenden Erinnerung kann die Entscheidung zu spät kommen, zumal wenn der Rechtsbehelf erst in letzter Minute eingelegt wird.

2 Aus dieser Erwägung heraus sieht das Gesetz **bei allen Rechtsbehelfen der Zwangsvollstreckung** vor, dass das angerufene Gericht (Sonderfälle in §§ 769 II, 771 III) *einstweilige Anordnungen* treffen kann, die insbesondere den Fortgang der Vollstreckung stoppen und dadurch erreichen, dass die endgültige Entscheidung nicht zu spät kommt (so in § 732 II, wenn der Schuldner Einwendungen gegen die Vollstreckungsklausel erhebt, in § 766 I 2 für den Fall der Erinnerung, in § 769 für die Vollstreckungsgegenklage, in § 771 III für die Widerspruchsklage und in § 805 IV 2 für die Klage auf vorzugsweise Befriedigung). Man spricht hier von **einstweiliger Einstellung der Vollstreckung.** Das ist eine Art Ruhen.

3 Soweit das Vollstreckungsgericht nach §§ 769 II, 771 III, 805 IV zuständig ist, entscheidet es durch den Rechtspfleger (§ 20 Nr. 17 RPflG); im Falle des § 766 I 2 entscheidet stets der Richter (§ 20 Nr. 17 RPflG).

4 Die Anordnungen können nach den §§ 732 II und 766 I 2 namentlich dahin gehen, dass die Vollstreckung gegen oder ohne Sicherheitsleistung einstweilen einzustellen oder nur gegen Sicherheitsleistung fortzusetzen sei. Dies genügt für den Zweck vollauf; eine Aufhebung getroffener Vollstreckungsmaßnahmen ist unzulässig. Nach §§ 769 und 771 können sogar die erfolgten Vollstreckungsmaßregeln gegen Sicherheitsleistung aufgehoben werden. Eine Einstellung ohne Sicherheitsleistung muss Ausnahme sein, vgl. §§ 707 I 2, 769 I 2. Die Anordnungen erfolgen auch gegen den Willen des Gläubigers (zu seinen Rechtsbehelfen vgl. o. §§ 2 Rn. 43, 11, 12 Rn. 31 f.).

5 § 769 I–III gelten entsprechend bei Erhebung einer auf Herabsetzung gerichteten Abänderungsklage (§ 323) gegenüber der Vollstreckung aus dem Urteil, dessen Abänderung begehrt wird, § 769 IV.

6 Durch Erlass der **Anordnung** allein ist die Zwangsvollstreckung noch nicht eingestellt. Die Entscheidung muss vielmehr gemäß § 775 Nr. 2 dem Vollstre-

ckungsorgan, z. B. dem Gerichtsvollzieher, vorgelegt werden, um die wirkliche **Einstellung** durch eine entsprechende Erklärung des Vollstreckungsorgans zu erreichen (das ist natürlich nicht nötig, wenn das Vollstreckungsgericht selbst als Vollstreckungsorgan die Zwangsvollstreckung einstweilen eingestellt hat, z. B. auf Erinnerung gegen eine Forderungspfändung).

Diesen einstweiligen Anordnungen kommt eine *große praktische Bedeutung* zu; 7
ohne sie wären die Rechtsbehelfe nahezu wertlos. Welche Anordnungen erlassen werden, bleibt weithin dem Ermessen des Gerichts überlassen. Es wird sich davon leiten lassen, ob erkennbar ist, dass der Antragsteller in der Hauptsache Erfolg haben könnte. Keinesfalls darf es dem Antrag ohne Prüfung formularmäßig entsprechen (vgl. u. Rn. 11).

II. Ein ähnliches Bedürfnis nach **einstweiliger Einstellung** der Vollstreckung 8
besteht dann, **wenn das Urteil,** aus dem vollstreckt wird, angegriffen wird und **beseitigt werden soll;** denn der Angriff hemmt nicht automatisch die Vollstreckung. Daher ist auch hier die Gefahr gegeben, dass die Aufhebung des Urteils zu spät kommt, um die Vollstreckung verhindern zu können. § 707 gestattet daher einstweilige Anordnungen im selben Umfang wie nach § 769, falls Wiedereinsetzung in den vorigen Stand oder Wiederaufnahme des Verfahrens beantragt oder der Rechtsstreit nach Erlass eines Vorbehaltsurteils (§§ 302, 599 f.) fortgesetzt wird. Die gleichen einstweiligen Anordnungen sind nach § 719 I auch möglich in dem weit häufigeren Fall, dass ein vorläufig vollstreckbares Urteil mit der Berufung angefochten wird. Solche Anordnungen sind nur eingeschränkt zugelassen, wenn Einspruch (§ 719 I 2) oder Revision eingelegt wird (§ 719 II; vgl. o. § 2 Rn. 43).

Die §§ 707, 719 sind entsprechend anwendbar bei der Behauptung der Unwirksamkeit eines 9
gerichtlichen Vergleichs (*BGH* NJW 71, 468; str., vgl. o. § 12 Rn. 4) und bei Widerspruch gegen Arrestbefehle und einstweilige Verfügungen (§§ 924 III, 936).

Die *Aufhebung* der erfolgten Vollstreckungsmaßregeln wird wie bei § 769 nur ausnahmsweise in 10
Betracht kommen. Meist genügt es, dass die Vollstreckung angehalten wird, dass insbesondere nicht durch die Verwertung des Pfändungsgegenstands vollendete Tatsachen zum Nachteil des Schuldners geschaffen werden.

Stets ist zu prüfen, ob der Rechtsbehelf aussichtsreich erscheint. Zum Vollstreckungsaufschub bei 11
vorläufig vollstreckbaren Urteilen vgl. o. § 2 Rn. 48.

Zu den Rechtsbehelfen vgl. o. §§ 2 Rn. 43 ff., 11, 12 Rn. 32.

III. Die Vollstreckung ist auch dann **einstweilen einzustellen,** wenn sie bisher 12
ohne Sicherheitsleistung zulässig war, nun aber kraft gerichtlicher Anordnung nur gegen Sicherheitsleistung fortgesetzt werden darf, die Sicherheit aber noch nicht geleistet ist, § 775 Nr. 2; zur Fortsetzung vgl. § 751 II.

Das ist insbesondere der Fall, wenn ein Versäumnisurteil (vgl. § 708 Nr. 2) nach Einspruch 13
aufrechterhalten wird (§ 343 S. 1); dabei ist auszusprechen, dass die Vollstreckung nur gegen Sicherheitsleistung fortgesetzt werden darf (§ 709 S. 3). Weitere Fälle in §§ 707 I, 719 I, 732 II, 769 I, II.

IV. Die **Vollstreckung wird** ferner **eingestellt (nicht nur „einstweilen")** vor 14
allem in folgenden Fällen:

1. Es wird die Ausfertigung einer vollstreckbaren Entscheidung vorgelegt, welche das zu *vollstreckende Urteil* oder seine vorläufige Vollstreckbarkeit *aufhebt,* § 775 Nr. 1 (z. B. Aufhebung des Urteils in der Berufungs- oder Revisionsinstanz). Ein vorläufig vollstreckbares Urteil ist bereits mit Erlass der aufhebenden Entscheidung beseitigt, § 717 I (StJ § 717, 1; str.).

2. Es wird die Ausfertigung einer vollstreckbaren Entscheidung vorgelegt, welche 15
die *Zwangsvollstreckung für unzulässig erklärt* oder ihre Einstellung anordnet,

§ 775 Nr. 1 (gemäß §§ 732 I, 766 I 1 und II, 767, 768, 771 I – zu unterscheiden von den bloß einstweiligen Anordnungen, vgl. o. Rn. 2).

16 3. Es wird eine öffentliche Urkunde vorgelegt, wonach die zur Abwendung der Vollstreckung erforderliche *Sicherheitsleistung* oder *Hinterlegung* seitens des Schuldners erfolgt ist, § 775 Nr. 3, vgl. z. B. § 711 S. 1, §§ 712, 720 a III.

17 4. Der Schuldner weist durch eine öffentliche Urkunde (z. B. Quittung des Gerichtsvollziehers gemäß § 757 I) oder eine vom Gläubiger ausgestellte Privaturkunde (z. B. Quittung gemäß § 368 BGB) nach, dass der *Gläubiger* nach Urteilserlass *befriedigt* worden ist oder Stundung bewilligt hat (§ 775 Nr. 4).

18 5. Der Schuldner legt einen Einzahlungs- oder Überweisungsnachweis einer Bank oder Sparkasse vor, aus dem sich ergibt, dass der zur *Befriedung* des Gläubigers erforderliche Betrag auf dessen Konto eingezahlt oder überwiesen worden ist, § 775 Nr. 5. Ein Kontoauszug genügt, wenn er den Gläubiger als Empfänger erkennen lässt (StJ § 775, 25). Die Einzahlung muss beim Urteil nach Schluss der mündlichen Verhandlung, bei anderen Titeln nach deren Errichtung erfolgen (*Thomas/Putzo* § 775, 15).

19 6. Über das Vermögen des Schuldners ist das Insolvenzverfahren (§ 89 InsO) eröffnet worden.

20 In den Fällen 3–5 stellt das Vollstreckungsorgan von sich aus, d. h. ohne gerichtliche Anordnung, die Vollstreckung ein (vgl. u. Rn. 21). In den Fällen 4 und 5 ist nicht einzustellen, wenn der Gläubiger die Befriedigung bestreitet, vgl. *OLG Hamm* MDR 73, 857 f.; *Münzberg* DGVZ 71, 167 f.

21 **V.** Nach der Regelung des Gesetzes hemmen Einwendungen des Schuldners oder eines Dritten nicht automatisch die Vollstreckung; sie genügen auch nicht, um vom Vollstreckungsorgan die Einstellung der Vollstreckung zu erreichen. Vielmehr bedarf es in der Regel einer gerichtlichen Entscheidung über die Einstellung, aufgrund deren dann das Vollstreckungsorgan einstellt. Nur ausnahmsweise darf dieses von sich aus einstellen, so wenn es vom Gläubiger angewiesen wird, nicht mehr zu vollstrecken, oder wenn der Schuldner freiwillig erfüllt (über weitere Fälle vgl. o. Rn. 16–18).

22 Die **Einstellung** der Zwangsvollstreckung **bedeutet** nur, dass nicht oder nicht weiter vollstreckt werden darf, sei es im Ganzen (z. B. im Fall des § 767), sei es im Hinblick auf eine einzelne Vollstreckungsmaßregel (z. B. im Fall des § 771). Im zweiten Fall spricht das Gesetz von einer *Beschränkung* der Vollstreckung, weil im Übrigen aus dem Titel vollstreckt werden darf.

23 Die *Einstellung beseitigt* die bereits *getroffenen Vollstreckungsmaßregeln nicht.* Dazu bedarf es deren **Aufhebung** (werden nur einzelne Maßregeln aufgehoben, so spricht man von einer *Beschränkung* der Zwangsvollstreckung). Aufgehoben wird nach einer endgültigen Einstellung gemäß §§ 775 Nr. 1 und 3, 776 (vgl. o. Rn. 14 f.). Ausnahmsweise kommt es aufgrund einer einstweiligen Anordnung zur Aufhebung, §§ 775 Nr. 2, 776 (vgl. o. Rn. 1–13); besondere gerichtliche Aufhebungsanordnung ist nötig. Die Aufhebung wird *vom Vollstreckungsorgan vollzogen,* damit tritt die sog. *Entstrickung* ein (z. B. gibt der Gerichtsvollzieher die gepfändete Sache an den Schuldner zurück; das Vollstreckungsgericht hebt den Pfändungsbeschluss auf, was im Fall, dass das Vollstreckungsgericht selbst die Vollstreckung für unzulässig erklärt hat, bereits durch diese Entscheidung geschehen ist, RGZ 84, 203). Zur Aufhebung ist das Vollstreckungsorgan in der Regel nur aufgrund gerichtlicher Entscheidung befugt (vgl. § 775 Nr. 1 und 2, Ausnahme § 775 Nr. 3; § 776). *Mit der Aufhebung* ist die *Vollstreckungsmaßregel als nicht geschehen* zu betrachten, auch wenn die aufhebende Entscheidung noch anfechtbar ist (zur Problematik, wenn ein Rechtsbehelf Erfolg hat, vgl. *OLG Köln* NJW-RR 89, 1406 und o. § 11 Rn. 12).

24 **VI.** Über die Einstellung der Vollstreckung als Maßnahme des Schuldnerschutzes vgl. u. §§ 31 Rn. 6 ff., 32 Rn. 23 f.

II. Buch: Die einzelnen Arten der Zwangsvollstreckung

§ 15. Übersicht

I. Die Zwangsvollstreckung ist – je nach der *Art des zu vollstreckenden Anspruchs* – unterschiedlich geregelt. Das Gesetz kennt die **Vollstreckung wegen Geldforderungen** (den praktisch weitaus bedeutsamsten Fall), §§ 803 ff., die Vollstreckung **zur Erwirkung der Herausgabe von Sachen,** §§ 883 ff., und die Vollstreckung **zur Erwirkung von Handlungen und Unterlassungen,** §§ 887 ff. Es liegt auf der Hand, dass z. B. eine Herausgabevollstreckung anders ablaufen muss als die Vollstreckung wegen einer Geldforderung. In diesem Fall will der Gläubiger zu seinem Geld kommen. Wird beim Schuldner kein Bargeld gefunden, so müssen andere Vermögensstücke beschlagnahmt und versilbert werden, um den Gläubiger aus dem Erlös zu befriedigen. Mit solch einer Vollstreckung wäre dem Gläubiger eines Herausgabeanspruchs nicht geholfen; er will die Sache haben, und deshalb muss die Vollstreckung andere Wege gehen. Hat der Schuldner Handlungen vorzunehmen, so muss versucht werden, ihn zum Handeln zu bewegen. 1

II. Die **Vollstreckung wegen Geldforderungen** gestaltet sich wiederum *verschieden nach dem Gegenstand, in den vollstreckt wird.* Nach dem Vollstreckungsobjekt wird getrennt die **Vollstreckung in das bewegliche** und **in das unbewegliche Vermögen** (insbesondere in Grundstücke). Innerhalb des *beweglichen Vermögens* wird unterschieden zwischen **beweglichen Sachen** einerseits und **Forderungen** und anderen Vermögensrechten andererseits; das liegt nahe: Sachen sind tatsächlich greifbare Objekte, so dass auch die Pfändung durch einen tatsächlichen Akt erfolgen kann, während bei Forderungen und Rechten ein tatsächliches Zugriffsobjekt fehlt. Die **Auswahl der Vollstreckungsgegenstände** steht dem **Gläubiger** frei (Ausnahme in § 777), eine vom Verhältnismäßigkeitsgrundsatz, also von der Verfassung, geforderte Reihenfolge im Zugriff besteht nicht (vgl. o. § 1 Rn. 45). Grundsätzlich haftet das gesamte Vermögen des Schuldners. 2

Besonderes gilt für die *Zwangsvollstreckung* wegen einer Geldforderung *gegen Bund und Länder* sowie gegen (rechtsfähige) Körperschaften, Anstalten und Stiftungen des öffentlichen Rechts (ausgenommen öffentlich-rechtliche Bank- und Kreditanstalten), § 882 a; zu Gemeinden s. § 15 Nr. 3 EGZPO (dazu *Willenbruch* ZIP 98, 817 m. w. N.). Es darf nicht in Sachen vollstreckt werden, die für die Erfüllung öffentlicher Aufgaben des Schuldners unentbehrlich sind oder deren Veräußerung ein öffentliches Interesse entgegensteht (z. B. staatliche Gemäldesammlung); das gilt nur für Sachen des Verwaltungs-, nicht des Finanzvermögens (BVerfGE 64, 44). Merkwürdig ist, dass der Gläubiger seine Absicht zu vollstrecken anzeigen muss und erst vier Wochen später mit der Vollstreckung beginnen darf (das gilt nicht für den Vollzug einer einstweiligen Verfügung). Das ist ein besonderer Schuldnerschutz. 3

Bei *Vollstreckungsmaßnahmen gegen einen fremden Staat* darf nicht auf die seiner diplomatischen Vertretung zur Wahrnehmung ihrer amtlichen Funktion dienenden Gegenstände zugegriffen werden, wenn dies die diplomatische Tätigkeit beeinträchtigen könnte. Grund hierfür ist nicht der Schuldnerschutz, vielmehr unterliegen hoheitlich genutzte Gegenstände fremder Staaten schon nicht der deutschen Gerichtsbarkeit (*Zivilprozessrecht* § 6 I 1; *BGH* NJW-RR 03, 1218, 1219; 06, 425).

4 **III. Geldforderungen** sind auf *Leistung einer Geldsumme* gerichtet, d. h. auf Zahlung eines summenmäßig bestimmten Geldwertes.

Geldforderungen sind auch die *Haftungsansprüche* (vgl. BGHZ 103, 33), insbesondere der Anspruch aus einer Hypothek oder Grundschuld, der auf Duldung der Vollstreckung geht, um dem Gläubiger zu einer Geldsumme „aus dem Grundstück" zu verhelfen. Darin liegt nur insoweit ein Unterschied gegenüber der gewöhnlichen Vollstreckung wegen einer Geldforderung, als die Haftung auf ein bestimmtes Objekt (im Beispiel: auf das belastete Grundstück) beschränkt ist.

4. Kapitel. Die Zwangsvollstreckung wegen Geldforderungen

1. Abschnitt. Die Zwangsvollstreckung in das bewegliche Vermögen

§ 16. Pfändung, Verstrickung und Pfändungspfandrecht

Literatur: *A. Blomeyer,* Zur Lehre vom Pfändungspfandrecht, Festgabe für v. Lübtow, 1970, S. 803; *H. Böhm,* Ungerechtfertigte Zwangsvollstreckung und materiellrechtliche Ausgleichsansprüche, 1971 (dazu *Gaul* AcP 173, 323 ff.); *Fahland,* Das Verfügungsverbot nach §§ 135, 136 BGB in der Zwangsvollstreckung und seine Beziehung zu den anderen Pfändungsfolgen, 1976 (dazu *E. Peters* ZZP 90, 308 ff.); *P. Geib,* Die Pfandverstrickung, 1969 (dazu *Gaul* FamRZ 72, 533 ff.); *Henckel,* Prozessrecht und materielles Recht, 1970, S. 309 ff.; *G. Huber,* Die Versteigerung gepfändeter Sachen, 1970; *Kuchinke,* Pfändungspfandrecht und Verwertungsrecht bei der Mobiliarzwangsvollstreckung, JZ 58, 198; *Lipp,* Das Pfändungspfandrecht, JuS 88, 119; *G. Lüke,* Der Inhalt des Pfändungspfandrechts, JZ 55, 484; *G. Lüke,* Die Rechtsnatur des Pfändungspfandrechts, JZ 57, 239; *Martin,* Pfändungspfandrecht und Widerspruchsklage im Verteilungsverfahren, 1963 (dazu *Pieper* AcP 166, 532 ff.); *Säcker,* Der Streit um die Rechtsnatur des Pfändungspfandrechts, JZ 71, 156; *K. Schmidt,* Pfandrechtsfragen bei erlaubtem und unerlaubtem Eingriff der Mobiliarvollstreckung in schuldnerfremde Rechte, JuS 70, 545; *Schwinge,* Der fehlerhafte Staatsakt im Mobiliarvollstreckungsrecht, 1930; *Stein,* Grundfragen der Zwangsvollstreckung, 1913; *O. Werner,* Die Bedeutung der Pfändungspfandrechtstheorien, JR 71, 278.

1 **A.** Die *Vollstreckung in bewegliches Vermögen* erfolgt *durch* **Pfändung und Verwertung** (§ 803 I 1 erwähnt nur die Pfändung). Das Gesetz gebraucht zwar den Ausdruck „Pfändung" für die Zwangsvollstreckung in bewegliche Sachen wie in Forderungen (und andere Vermögensrechte), der Pfändungsvorgang ist aber in beiden Fällen grundverschieden. Bewegliche Sachen werden gepfändet, indem sie der Gerichtsvollzieher in Besitz nimmt (§ 808 I; vgl. u. § 17 Rn. 19–28); Forderungen und Rechte werden durch einen Beschluss des Vollstreckungsgerichts gepfändet (§§ 828 f., 846, 857 I; vgl. u. §§ 19 Rn. 16, 20). In beiden Fällen hat die Pfändung jedoch die gleiche Bedeutung. Sie ist ein Hoheitsakt, nämlich eine **staatliche Beschlagnahme** des Vollstreckungsgegenstands, **mit zwei Wirkungen:** Sie führt zur **Verstrickung** des Gegenstands (vgl. u. Rn. 2 ff.) und lässt an ihm ein **Pfändungspfandrecht** entstehen (vgl. u. Rn. 7).

2 **B.** Die **Verstrickung** des Vollstreckungsobjekts bedeutet, dass es zum Zweck der Befriedigung des Gläubigers sichergestellt und der Verfügungsbefugnis des Schuld-

ners entzogen wird. Die Verstrickung beweglicher Sachen ist strafrechtlich geschützt (§ 136 StGB).

Das Veräußerungsverbot für den Schuldner (vgl. §§ 135 f. BGB; BGHZ 82, 31) ist nur bei der Pfändung von Forderungen und anderen Vermögensrechten ausdrücklich erwähnt (§§ 829 I, 846, 857 I); es besteht aber ebenso bei beweglichen Sachen. 3

Die Verstrickung entsteht mit jeder Pfändung, sofern nicht wesentliche Verfahrensvorschriften verletzt sind (*BGH* NJW 79, 2045). 4

Eine *Verletzung wesentlicher Vorschriften* liegt z. B. vor bei Pfändung durch ein funktionell unzuständiges Vollstreckungsorgan (der Gerichtsvollzieher pfändet eine Forderung, das Vollstreckungsgericht pfändet eine Sache), bei Verletzung von §§ 808 I und II 2, 829 III, bei Fehlen eines Titels. Wesentliche Verfahrensvorschriften sind *nicht* verletzt, wenn ein unpfändbarer Gegenstand (vgl. u. § 32 Rn. 7 ff., § 33 Rn. 22) gepfändet worden oder die Zustellung des Titels vor Erlass eines Pfändungs- und Überweisungsbeschlusses unterblieben ist (BGHZ 66, 82). Vgl. auch o. § 7 Rn. 11 ff. 5

Die Verstrickung tritt unabhängig davon ein, ob dem Gläubiger gegen den Schuldner eine Forderung zusteht (sie ist also nicht akzessorisch) und ob der gepfändete Gegenstand zum Vermögen des Schuldners gehört. 6

C. Hat die Pfändung zur Verstrickung geführt (vgl. o. Rn. 2), dann erwirbt der Gläubiger grundsätzlich ein **Pfändungspfandrecht** an dem gepfändeten Gegenstand, § 804 I. Das ist eine Eigentümlichkeit der Mobiliarzwangsvollstreckung, die weder in der Immobiliarzwangsvollstreckung noch im Insolvenzverfahren ein Gegenstück hat. Wie dort käme man auch in der Mobiliarzwangsvollstreckung ohne Pfändungspfandrecht aus; aber das Gesetz sieht es vor, und seine Auslegung darf nicht zum Ziel haben, das Pfändungspfandrecht praktisch bedeutungslos zu machen (vgl. u. Rn. 23 a. E.). 7

Wesen und Bedeutung des Pfändungspfandrechts sind umstritten.

I. Das Wesen des Pfändungspfandrechts

Drei Ansichten sind zu unterscheiden, von denen jede zahlreiche Varianten aufweist (zur Terminologie vgl. *G. Lüke* NJW 54, 254 N. 1). 8

1. Die **privatrechtliche Theorie** sieht im Pfändungspfandrecht die *dritte Art eines privatrechtlichen Pfandrechts* neben dem durch Vertrag oder Gesetz begründeten. Es ist wie die beiden anderen akzessorisch, hängt also vom Bestehen einer Forderung des Vollstreckungsgläubigers gegen den Vollstreckungsschuldner ab, und erfasst nur dem Schuldner gehörendes Vermögen, weil ein gutgläubiger Erwerb des Pfandrechts (wie nach § 1207 BGB) in der Vollstreckung nicht möglich ist. Das Pfändungspfandrecht setzt die Verstrickung voraus und außerdem die Einhaltung aller (wesentlichen) Vollstreckungsvoraussetzungen, z. B. der Vorschriften über die örtliche Zuständigkeit des Vollstreckungsorgans. Dem Pfandrecht kommt entscheidende Bedeutung zu. Es ist die wesentliche Wirkung der Pfändung (arg. § 804, der von der Verstrickung nichts sagt). *„Die ganze weitere Vollstreckung stellt sich als die Verwirklichung des Pfändungspfandrechts dar“* (*Goldschmidt* § 94, 1). 9

Diese Ansicht war bis zum Beginn der 1930er-Jahre in Rechtsprechung und Literatur herrschend. Das ist bei älteren Entscheidungen zu beachten.

2. Die **gemischt privat-öffentlich-rechtliche Theorie** sieht im Pfändungspfandrecht ebenfalls die dritte Art eines privatrechtlichen Pfandrechts, auf das grundsätzlich die Regeln des BGB anwendbar sind. Auch sie lässt ein Pfandrecht nur entstehen, wenn die Verstrickung eingetreten ist und alle Vollstreckungsvorschriften (außer bloßen Ordnungsvorschriften) beachtet worden sind. Sind Vollstreckungsnormen verletzt, so entsteht zwar die Verstrickung, aber kein Pfandrecht. Im Gegensatz zur privatrechtlichen Theorie sieht sie aber die Grundlage der 10

Verwertung nicht im Pfändungspfandrecht, sondern in der Verstrickung. Das wird mit dem Hinweis auf § 806 (unter Gleichsetzung von „Pfändung" und „Verstrickung") sowie damit begründet, dass die Vollstreckung nach heutiger Auffassung insgesamt Ausübung staatlicher Zwangsgewalt sei und daher die wesentliche Pfändungswirkung in der Verstrickung des Vollstreckungsobjekts liege.

11 So, mit manchen Abweichungen im Einzelnen, die h. M., vgl. z. B. *Baur/Stürner/Bruns* Rn. 27.10; *Brox/Walker* Rn. 393; *Bruns/Peters* S. 126 ff.; *Gaul* Rpfleger 71, 4 ff.; *Henckel* S. 309 ff.; MünchKomm-ZPO/*Gruber* § 804, 11; *Mohrbutter* § 13 V 3, 4; *Rosenberg/Schilken* § 50 III 3 a; *Säcker* JZ 71, 156; Schuschke/Walker/*Walker* 13–17 vor §§ 803, 804; *Stein* S. 24 ff. (der diese Ansicht begründet hat); RGZ 156, 398; beiläufig auch BGHZ 20, 101; 56, 351; *BGH* NJW 90, 992 (jeweils zur Pfändung schuldnerfremder Sachen); BGHZ 23, 299; vgl. auch *BGH* MDR 78, 401; unentschieden BGHZ 119, 82 ff. Stark modifizierend im Sinne eines Gleichlaufs von öffentlich-rechtlichen und materiellrechtlichen Pfändungsfolgen (Verstrickung und Pfändungspfandrecht) *Blomeyer* II § 41 III: Das Pfändungspfandrecht sei bei Fehlen einer Gläubigerforderung oder bei Pfändung einer schuldnerfremden oder unpfändbaren Sache „schwebend wirksam" bis zum Verfahrensende (dagegen BGHZ 119, 83 f.).

12 3. Die **öffentlich-rechtliche Theorie** sieht im Pfändungspfandrecht die Grundlage der weiteren Verwertung. Das ist für sie (anders als für die privatrechtliche Theorie) unproblematisch, weil sie mit jeder Verstrickung ein Pfändungspfandrecht entstehen lässt. Es ist nicht akzessorisch und entsteht nicht nur an Gegenständen, die dem Schuldner gehören. Das Pfändungspfandrecht ist ein öffentliches Recht. Es gewährt seinem Inhaber die Verwertungsbefugnis, die Wesensmerkmal eines jeden, auch dieses Pfandrechts ist. Sein Zweck ist die Befriedigung des Gläubigers.

13 So *G. Lüke* JZ 55, 484; *W. Lüke* Rn. 611; *Martin* S. 96 ff.; StJ § 804, 1–28 (mit Differenzierungen; anders StJ § 850, 18); *Thomas/Putzo* § 803, 8; *Zöller* § 804, 2; *OLG Frankfurt* NJW 53, 1835; 54, 1083. – *Baumann/Brehm* S. 289 ff. folgen im Ergebnis weitgehend dieser Theorie, obwohl sie das Pfandrecht für ein privates Recht halten.

II. Die praktische Bedeutung des Pfändungspfandrechts

14 Werden gegen die Pfändung keine Einwendungen erhoben, so kommt es zur Verwertung, ohne dass nach dem Pfändungspfandrecht gefragt wird. Darüber besteht Einigkeit. Dennoch ist der Theorienstreit auch in diesem Fall von Bedeutung. Das zeigt sich daran, dass das Pfändungspfandrecht dem Gläubiger im Verhältnis zu anderen Gläubigern dieselben Rechte wie ein Vertragspfand gewährt (§ 804 II) und im Insolvenzverfahren zur abgesonderten Befriedigung berechtigt (§ 50 I InsO, vgl. u. § 45 Rn. 4). Besondere Bedeutung erlangt das Pfandrecht, wenn ein Gegenstand für mehrere Gläubiger gepfändet und verwertet worden ist, der Erlös aber nicht zur Befriedigung aller Gläubiger ausreicht. Der Erlös wird in einem Verteilungsverfahren nach dem Rang der Pfandrechte verteilt (vgl. u. § 21); das früher begründete geht dem durch spätere Pfändung begründeten vor, § 804 III (vgl. u. Rn. 32). Fraglich ist, ob im Verteilungsverfahren z. B. der Gläubiger Y dem Gläubiger X entgegenhalten kann, X habe zwar früher als er gepfändet, aber kein Pfändungspfandrecht erlangt, weil ihm, X, gegen den Vollstreckungsschuldner keine Forderung zustehe. Hält man das Pfandrecht für akzessorisch im Sinne des BGB, so muss man die Frage bejahen mit der Folge, dass zunächst Y aus dem (unzureichenden) Erlös befriedigt wird. – Oder: X und später auch Y pfänden bei S eine dem X gehörende Maschine. Erst nach der letzten Pfändung erwirbt sie der Vollstreckungsschuldner S. Sind die Pfändungspfandrechte von X und Y erst mit dem Eigentumserwerb des S entstanden, haben sie also gleichen Rang (obwohl X früher gepfändet hat)? Das ist zu bejahen, wenn man das Pfandrecht grundsätzlich dem BGB unterstellt: X konnte durch die Pfändung kein Pfandrecht erlangen, weil er zu dieser Zeit Eigentümer der Pfandsache war (vgl. § 1256 BGB); Y erwarb ebenfalls kein Recht, weil die Maschine nicht dem Schuldner gehörte und gutgläubiger Pfandrechtserwerb in der Zwangsvollstreckung nicht möglich ist. Kann sich Y im Verteilungsverfahren auf diese Rechtslage berufen mit der Folge, dass trotz der früheren Pfändung für X beide Gläubiger gleichen Rang haben und der Erlös anteilmäßig verteilt wird? Das wird von manchen bejaht (vgl. aber u. Rn. 27 ff.) und daher dem pfändenden Eigentümer empfohlen, zur Erlangung eines vorrangigen Pfandrechts auf sein Eigentum zu verzichten (nach

Goldschmidt § 94, 1 a g kann der Verzicht ohne weiteres in der Pfändung gläubigereigner Sachen gesehen werden!). – Oder: Die dem Schuldner gehörende Maschine wird für X und Y und in dieser zeitlichen Reihenfolge gepfändet. Für X pfändet ein örtlich unzuständiger Gerichtsvollzieher. Ist wegen Verletzung einer Vollstreckungsvoraussetzung deshalb für X kein Pfändungspfandrecht entstanden? Das wird von den Vertretern der privatrechtlichen und der gemischten Theorie überwiegend angenommen. Daraus ergeben sich praktische Konsequenzen z. B. im Insolvenzverfahren des Vollstreckungsschuldners (kein Absonderungsrecht nach § 50 I InsO) und im Verteilungsverfahren (Y geht dem X vor).

III. Bewertung der Theorien

1. Nur bei **Verletzung wesentlicher Verfahrensvorschriften** entsteht **kein Pfändungspfandrecht,** *da* in diesem Fall *die Pfändung selbst unwirksam* ist (vgl. o. Rn. 4). Ein Verstoß gegen *unwesentliche Vorschriften* beeinträchtigt die Pfändung nicht, so dass Verstrickung und Pfändungspfandrecht entstehen. Die h. M. unterscheidet jedoch (vgl. *Baur/Stürner/Bruns* Rn. 11.5 f.; MünchKomm-ZPO/*Gruber* § 804, 16): Gesetzesverletzungen, die so schwer sind, dass die Pfändung insgesamt unwirksam ist, also weder Verstrickung noch Pfandrecht eintreten; Gesetzesverletzungen, welche die Verstrickung nicht berühren, die aber doch so beträchtlich sind, dass ein Pfändungspfandrecht nicht entsteht; Gesetzesverletzungen, die weder die Verstrickung noch das Entstehen eines Pfandrechts hindern (z. B. Verstoß gegen § 758 a IV). Das Gesetz differenziert aber nicht zwischen Normverletzungen, welche die Pfändung insgesamt wirkungslos machen, und solchen, die nur eine ihrer Wirkungen, das Pfändungspfandrecht, vereiteln. 15

Die *Differenzierung* soll sich nach h. M. daraus ergeben, dass das Pfändungspfandrecht als die *privatrechtliche Wirkung der Pfändung* leichter entfallen könne als die *öffentlich-rechtliche Wirkung,* die Verstrickung (vgl. *Schwinge* S. 63 ff.). Diese Annahme ermöglicht es, einen Verfahrensverstoß bei der Pfändung als einen Formfehler bei Begründung eines privatrechtlichen Pfandrechts zu qualifizieren und wegen dieses Formfehlers ein Pfandrecht nicht entstehen zu lassen; denn im Privatrecht hindert die Verletzung von Formvorschriften grundsätzlich die wirksame Begründung von Rechten (vgl. § 125 BGB). Dieser Gedankengang der h. M. lässt außer acht, dass das Pfändungspfandrecht – wie die Verstrickung – auf einem Staatsakt, der Pfändung, beruht, und dass es darum geht, ob dieser Staatsakt wegen eines Verfahrensverstoßes eine seiner Wirkungen, das Pfändungspfandrecht, einbüßen muss. Daher steht auch hier im Mittelpunkt „der staatshoheitliche Charakter der Pfändung", „der bei der Verstrickung eine Einschränkung der Nichtigkeitsfolge auf … Ausnahmefälle zur Notwendigkeit" macht (*Schwinge* S. 64). Er zwingt – entgegen der h. M. – dazu, auch das Pfändungspfandrecht nur in Ausnahmefällen (vgl. o. Rn. 4) nicht entstehen zu lassen. Im Ergebnis zustimm. *Gerhardt* S. 77; abl. *Rosenberg/Schilken* § 50 III 3 b aa; Schuschke/Walker/*Walker* 14 vor §§ 803, 804, je m. w. N. 16

Entscheidend ist also, dass ein Staatsakt – hier die Pfändung – nur ausnahmsweise wegen Verletzung von Verfahrensnormen unwirksam ist, gleichgültig ob die Wirkungen öffentlich-rechtlicher oder privatrechtlicher Art sind. Folglich hat das behandelte Problem mit der Rechtsnatur des Pfändungspfandrechts nichts unmittelbar zu tun.

Sind Verfahrensvorschriften verletzt worden, so ist die Pfändung – von den Fällen o. Rn. 5 abgesehen – wirksam, aber anfechtbar (vgl. o. § 7 Rn. 11). Damit ist ein großer Teil der praktischen Schwierigkeiten ausgeräumt (vgl. das letzte Beispiel o. Rn. 14). 17

2. **Die privatrechtliche Theorie** ist *abzulehnen.* Die Zwangsvollstreckung ist Ausübung staatlicher Zwangsgewalt (vgl. o. § 8 Rn. 5). Daher kann ein privatrechtliches Pfandrecht nicht Grundlage der staatlichen Zwangsverwertung sein. 18

3. Dieser Vorwurf trifft **die öffentlich-rechtliche Theorie** nicht, denn sie hält das Pfändungspfandrecht für ein öffentliches Recht. Sie verwickelt sich jedoch in *unlös-* 19

bare Widersprüche. Sie gewährt dem Gläubiger ein Pfandrecht, d. h. ein Verwertungsrecht, das seine Befriedigung bezwecken soll (StJ § 804, 22–28). Dieser Zweck ist nur erreichbar, wenn der Gläubiger den Erlös nicht nur „bekommen", sondern auch „behalten" darf, das Pfandrecht also ein *Recht auf den Erlös* gibt (vgl. BGHZ 119, 83). Das Recht auf den Erlös verneint die öffentlich-rechtliche Theorie jedoch und gewährt damit dem Gläubiger eine Verwertungsbefugnis ohne Rücksicht auf deren Zweck. Das nennt *G. Lüke* (AcP 153, 547) „eine gewisse Inkonsequenz in der Konstruktion". Sie legt, bei Lichte besehen, einen inneren Widerspruch offen, an dem die ganze Konstruktion zerbricht: Es gibt kein Pfandrecht, das eine Verwertungsbefugnis unabhängig vom Recht auf den Erlös gewährt.

20 Einige Beispiele mögen das verdeutlichen.

(1) G lässt bei dem Vollstreckungsschuldner S in eine dem D gehörende Sache vollstrecken. Den an G abgelieferten Erlös kann D nach § 812 BGB herausverlangen (vgl. o. § 13 Rn. 6), denn G hat das Geld ohne Rechtsgrund erlangt – trotz seiner nach der öffentlich-rechtlichen Theorie gegebenen Verwertungsbefugnis!

21 (2) G besitzt einen rechtskräftigen Titel gegen S. S zahlt, dennoch vollstreckt G. S kann den an G abgelieferten Erlös nach § 812 BGB herausverlangen (vgl. *Gaul* JuS 62, 1 f.), obwohl G angeblich zur Verwertung befugt war.

22 (3) G vollstreckt aufgrund einer vollstreckbaren Urkunde gegen S. Erst nach Ablieferung des Erlöses an G stellt sich heraus, dass die im Titel „verbriefte" Forderung des G nie bestand. S kann den Erlös herausverlangen – obwohl G auch hier angeblich verwerten durfte.

23 Bleibt die öffentlich-rechtliche Theorie jedoch konsequent und lehnt materiellrechtliche Ausgleichsansprüche gegen den Gläubiger ab (so in der Tat *Böhm;* vgl. auch *Bötticher* ZZP 85, 14; *Gloede* MDR 72, 291 ff. und JR 73, 99 ff.; *Schünemann* JZ 85, 52 ff.), so ist sie wegen solcher Konsequenzen erst recht zu verwerfen (zutr. BGHZ 119, 83 f.). Dass die Nichtausnutzung vollstreckungsrechtlicher Behelfe, z. B. § 771, eine Ausgleichung nach §§ 812, 823 BGB präkludiert, d. h. die zwangsweise Befriedigung aus schuldnerfremdem Vermögen zulässt, ist zwar vereinbar mit der öffentlich-rechtlichen Theorie, aber unvereinbar mit dem Gesetz (ebenso *Gaul* AcP 173, 331 ff.; *Gerlach,* ungerechtfertigte Zwangsvollstreckung und ungerechtfertigte Bereicherung, 1986, S. 14 ff.; auch BGHZ 119, 86).

Nach der Ansicht von *Münzberg* (StJ § 804, 16–28) besteht die oben festgestellte Widersprüchlichkeit der öffentlich-rechtlichen Theorie nicht; denn ein Pfandrecht und jedes sonstige (akzessorische und nichtakzessorische) Sicherungsrecht, wie z. B. die Sicherungsgrundschuld, sicherten nur das „Bekommen", gewährten aber kein Recht zum „Behaltendürfen" des Erlöses. Rechtsgrund im Sinne von § 812 BGB sei nämlich dem Schuldner gegenüber nicht das Sicherungsrecht, sondern die gesicherte Forderung des Gläubigers. Diese Ansicht ist abzulehnen. Träfe sie zu, so müsste das nichtakzessorische Sicherungsrecht bei Fehlen der gesicherten Forderung gemäß § 812 I 1 BGB („condictio indebiti") kondiziert werden, was bei der Sicherungsgrundschuld unzutreffend wäre (*Jauernig* § 1191, 9 m. N.; str.). Der Bereicherungsausgleich wickelt sich bei bestehendem Sicherungsrecht vielmehr nach der Sicherungsabrede, subsidiär gemäß § 812 I 2 Fall 2 BGB („condictio ob rem") ab (letzteres str.). Der von *Münzberg* beim Pfändungspfandrecht generell befürwortete unmittelbare Durchgriff auf die gesicherte Forderung macht das Pfändungspfandrecht letztlich überflüssig. Das ist konsequent, denn dieses Recht erscheint nach der hier abgelehnten Lehre *Münzbergs* nur und stets als Annex einer wirksamen Pfändung, „d. h. (!) der Verstrickung" (StJ § 804, 41, aber auch § 803, 3, 4, 6). Neben dieser kommt ihm eine rechtliche Eigenbedeutung nicht zu. Das zu erreichen, ist letztlich das Ziel der öffentlich-rechtlichen Theorie (vgl. *Rüßmann* ZZP 102, 402). Daher können konstruktive „Umwege", die über das Pfändungspfandrecht führen, „vermieden" werden; es hat bestenfalls noch Symbolcharakter oder Darstellungswert (so deutlich *Baumann/Brehm* S. 290 f.). Das ist nach der gegebenen Gesetzeslage zu wenig (vgl. o. Rn. 7).

24 4. **Die gemischt privat-öffentlich-rechtliche Theorie** kann in der Form, wie sie überwiegend vertreten wird, *nicht voll befriedigen.*

25 a) Die Unterscheidung zwischen Gesetzesverletzungen, die schon die Verstrickung, und solchen, die nur das Entstehen eines Pfändungspfandrechts verhindern, ist unzutreffend und daher abzulehnen (vgl. o. Rn. 15). Von diesem Standpunkt aus ist anzumerken, dass der **Theorienstreit** über das Pfändungspfandrecht zwar beträchtlichen Umfang, aber **geringe praktische Bedeutung** aufweist.

b) Grundlage der Verwertung soll die Verstrickung sein, weil in ihr die Zwangsgewalt des Staates sinnfällig zum Ausdruck komme (RGZ 156, 398). Die Begründung ist missverständlich. Gemeint ist offenbar nur, dass die Verwertung ebenso wie die Pfändung sich als Akte darstellen, die das Vollstreckungsorgan „kraft der ihm vom Gesetz gegebenen Macht" (vgl. RGZ 153, 261) vornimmt. Vgl. *Gaul* Rpfleger 71, 4, auch *A. Blomeyer* S. 822; BGHZ 66, 81. 26

c) Die **Aufgabe des Pfändungspfandrechts** wie jedes Pfandrechts ist es, nach außen **darzutun,** dass der Gläubiger zur Befriedigung aus dem Pfandobjekt berechtigt ist und ein **Recht auf den Erlös** aus der Pfandverwertung hat (vgl. o. Rn. 19). 27

Fraglich ist, *wem gegenüber* diese *Berechtigung bestehen* muss: gegenüber dem Schuldner, dem mitpfändenden Gläubiger, einem unbeteiligten Dritten, in dessen Vermögen eingegriffen wird; gegenüber allen diesen Personen oder nur im Verhältnis zur einen oder anderen?

Die Berechtigung muss zunächst *gegenüber dem Vollstreckungsschuldner* bestehen. Sie ergibt sich aus der Existenz des vollstreckbaren Anspruchs. Es muss also auf den Titel zurückgegriffen werden. Ist darin der Anspruch rechtskräftig festgestellt, so kann er vom Schuldner nicht bestritten werden (außer nach § 767); das genügt, mag das Urteil auch falsch sein (*Baur/Stürner/Bruns* Rn. 27.9; *Bruns/Peters* S. 128, 129). Es genügt sogar die bloß rechtskraft*fähige* Feststellung (wichtig, wenn aufgrund eines zwar falschen, aber vorläufig vollstreckbaren Titels vollstreckt wird; abl. MünchKomm-ZPO/*Gruber* § 804, 18). In diesem Sinne ist das Pfändungspfandrecht „akzessorisch". – Hingegen spielt es für die Berechtigung des Gläubigers gegenüber dem Schuldner keine Rolle, wem das Pfandobjekt zusteht. Selbst wenn es einem Dritten gehört, hat der Schuldner keinerlei Rechtsbehelfe gegen die Pfändung.

Gegenüber unbeteiligten Dritten ist zu beachten, dass der Vollstreckungsgläubiger kein Recht hat, sich aus dem Vermögen eines Dritten zwangsweise zu befriedigen (daraus erklärt sich § 771; vgl. o. § 13 Rn. 1; BGHZ 100, 100). Daher erlangt der Gläubiger kein Pfändungspfandrecht (BGHZ 119, 89) und damit kein Recht auf den Erlös, wenn in die einem Dritten zustehende Sache vollstreckt wird. 28

Das Recht, den Erlös zu erhalten und zu behalten, umfasst auch den *Vorrang gegenüber mitpfändenden Gläubigern.* Daher muss das Pfändungspfandrecht, das den Vorrang gewährt, auch den anderen Gläubigern gegenüber bestehen (vgl. *OLG Hamburg* MDR 74, 322). Doch gelten hier die gleichen Einschränkungen wie im Verhältnis Gläubiger-Schuldner (vgl. o. Rn. 27): Für den Vorrang spielt es keine Rolle, wem das Pfandobjekt zusteht, weil die Schuldnerfremdheit des Pfandgegenstandes nur vom betroffenen Dritten (vgl. o. § 13 Rn. 3), nicht von einem Gläubiger als solchen geltend gemacht werden kann (daher hat im Beispiel o. Rn. 14 der X bei Pfändung seiner Sache den Vorrang gegenüber dem nachpfändenden Y). Für das Pfändungspfandrecht und damit für den Vorrang genügt es, wenn die Forderung tituliert ist und nicht nach § 767 bestritten werden kann und bestritten wird (vgl. BGHZ 63, 62; *BGH* NJW 88, 829). Das ist bei allem Theorienstreit heute h. M. 29

Vgl. *Batsch* ZZP 87, 1 ff., *Baumann/Brehm* S. 290, 291, *Henckel* S. 339 ff., *U. Huber* JuS 72, 627 f., alle m. w. N.; im Ergebnis ebenso *A. Blomeyer* S. 826 ff.; ferner – inkonsequent wegen des Rückgriffs auf die materielle Rechtslage (zutr. *U. Huber* JuS 72, 628) – Vertreter der öffentlich-rechtlichen Theorie, z. B. *Baumbach* § 878, 9 gegen 7. 30

d) Das **Pfandrecht endet** mit dem Erlöschen der Pfändung (vgl. *KG* MDR 66, 515). Trotz Fortbestands der Verstrickung endet es kraft seiner akzessorischen Natur, wenn der zu vollstreckende Anspruch untergeht (z. B. wenn der Schuldner nach der Pfändung freiwillig zahlt; vgl. auch Beispiel (2) o. Rn. 21). 31

32 **IV.** Das **Prioritätsprinzip** (Präventionsprinzip) des § 804 II HS 2, III (vgl. o. Rn. 14) entspricht dem materiellen Recht (§§ 1209, 1273 II BGB); dazu *Chr. Berger*, ZZP 121, 407. Es kann zu Härten führen; denn der nur einen Tag später pfändende Gläubiger geht vielleicht leer aus, während der vorher pfändende Gläubiger volle Befriedigung erlangt. Daher findet sich in manchen ausländischen Rechten und im E 1931 eine andere Regelung: Alle Pfandrechte, die innerhalb eines bestimmten Zeitraums nach der ersten Pfändung begründet sind (z. B. nach dem E 1931 binnen 10 Tagen, nach schweizerischem Recht binnen 30 Tagen), gewähren gleiche Rechte. So entstehen nacheinander Gruppen von Pfandrechten, innerhalb derer die einzelnen Rechte einander gleichstehen. So wird für eine anteilmäßige Befriedigung in der Gruppe gesorgt, wenn der Erlös nicht für alle ausreicht. Für diese Regelung spricht, dass der Zufall eines kleinen Vorsprungs sich nur an den „Gruppengrenzen" auswirkt; sie bedeutet freilich zugleich das Ende des Pfändungspfandrechts im Sinne des geltenden Rechts (vgl. *Gaul* Rpfleger 71, 6; ferner *Schlosser* ZZP 97, 130 ff., der das Prioritätsprinzip für „wahrscheinlich" verfassungswidrig [!] hält, aber letztlich auch keine rundum glatte, insbesondere zufallsfreie Lösung parat hat; gegen *Schlosser* eingehend *Stürner* ZZP 99, 326 ff.; vgl. auch u. § 36 Rn. 10).

A. Die Zwangsvollstreckung in bewegliche Sachen

§ 17. Die Pfändung

1 **I. Pfändbar** sind **bewegliche Sachen** (was hierzu gehört, bestimmt das bürgerliche Recht). Dieser Grundsatz wird nach beiden Seiten hin durchbrochen. Noch nicht getrennte *Früchte* eines Grundstücks sind keine beweglichen Sachen und dennoch *pfändbar* (§ 810, vgl. u. § 22 Rn. 5). *Grundstückszubehör* besteht zwar aus beweglichen Sachen, unterliegt aber – soweit es der hypothekarischen Haftung unterfällt (§ 865 I) – *nicht der Pfändung*, sondern der Immobiliarvollstreckung, § 865 II (vgl. u. § 22 Rn. 8).

2 Nach den Vorschriften über die Pfändung beweglicher Sachen erfolgt auch die **Pfändung von Wertpapieren** (dazu *Becker* JuS 05, 232) im engeren Sinne, also Papieren, die Träger des Rechts sind und es verkörpern, so dass das Recht aus dem Papier dem Recht am Papier folgt, insbesondere Wechsel, §§ 821, 831, auch Verrechnungsschecks (zur Verwertung *LG Göttingen* NJW 83, 635 m. N.). Dagegen werden bloße Legitimationspapiere, bei denen der Bestand des Rechts nicht von dem Papier abhängig ist, z. B. Sparbücher, zwar auch durch den Gerichtsvollzieher weggenommen (vgl. u. § 19 Rn. 49), aber dies ist nur eine Hilfsvollstreckung, neben der die Pfändung der Forderung nach den dafür gegebenen Vorschriften (§ 829) bewirkt werden muss (str. ist, ob die Wegnahme schon vor der Forderungspfändung erfolgen darf, dafür StJ § 821, 4; dabei handelt es sich nicht um eine „echte" Sachpfändung, sondern um eine „vorläufige Inbesitznahme" [in § 156 I 3 GVGA irreführend als „Hilfspfändung" bezeichnet], der eine Rechtspfändung folgen muss; vgl. auch u. § 19 Rn. 55 f.). Miteigentumsanteile an im **Sammeldepot** verwahrten Wertpapieren (§ 6 I DepotG) werden als „andere Vermögensrechte" nach § 857 I gepfändet und verwertet (vgl. u. § 20 Rn. 14).

3 **Computerprogramme** („Software") sind keine Sachen und daher als solche nicht pfändbar. Pfändbar nach § 808 ist allerdings der körperliche Datenträger (Festplatte, CD-ROM) auf dem ein Computerprogramm gespeichert ist, wenn sich die Unpfändbarkeit nicht ausnahmsweise aus § 811 ergibt (StJ § 808, 4). Besteht an dem Computerprogramm ein Urheberrecht (§§ 2 I Nr. 1, 69 a ff. UrhG), so steht das ausschließliche Verbreitungsrecht des Urhebers der Verwertung (dazu StJ § 808, 5) infolge Erschöpfung (§ 69 c Nr. 3 UrhG) regelmäßig nicht entgegen. Ist keine Erschöpfung des Verbreitungsrechts eingetreten, kann der Inhaber der Urheberrechte der Verwertung nach § 771 widersprechen (*Chr. Berger* AcP 201, 411, 442 f.). Von der Pfändung des Datenträgers zu unterscheiden ist die Vollstreckung in das Urheberrecht und die Nutzungsrechte an Computerprogrammen, die nach § 857 und §§ 112 ff. UrhG erfolgt.

II. Voraussetzungen der Pfändung. Der Gläubiger darf sich zwangsweise nur aus dem Vermögen des Schuldners befriedigen. Ob eine bewegliche Sache, die gepfändet werden soll, wirklich dem Schuldner gehört, prüft der Gerichtsvollzieher nicht, sonst würde die Vollstreckung aufgehalten oder gänzlich verhindert, auch wäre der Gerichtsvollzieher mangels voller juristischer Ausbildung nicht selten überfordert. Daher ist die Pfändung *ohne Prüfung* und Feststellung *des Eigentums* des Schuldners vorzunehmen und wirksam (BGHZ 80, 298 f.). Es bleibt dem Eigentümer, der nicht der Schuldner ist, überlassen, gegen die Pfändung mit der Widerspruchsklage vorzugehen (vgl. o. § 13). 4

Anders liegt es, wenn ohne weiteres ersichtlich ist, dass eine Sache nicht zum Vermögen des Schuldners gehört, z. B. Bücher mit Bibliotheksstempel, Transportgüter beim Frachtführer, Autos in Reparaturwerkstätten. Sie soll der Gerichtsvollzieher nicht pfänden (vgl. *BGH* LM Nr. 2 zu § 808; § 119 Nr. 2 GVGA). Doch ist auch in diesem Fall die Pfändung wirksam, dem Eigentümer kann aber ein Schadensersatzanspruch gegen den Staat zustehen (vgl. o. § 13 Rn. 6). 5

Eine *Ausnahme* besteht, wenn gegen den Schuldner als *Verwalter fremden Vermögens* (z. B. als Insolvenzverwalter oder Testamentsvollstrecker) vollstreckt wird. Dann muss geprüft werden, ob die zu pfändende Sache zum haftenden Vermögen gehört. 6

Voraussetzung der Vollstreckung ist also nicht das Eigentum des Schuldners. Notwendig und genügend ist vielmehr sein **Gewahrsam** an der zu pfändenden Sache, d. h. der *unmittelbare Besitz* im Sinne des BGB, sofern er mit tatsächlicher Gewalt verbunden ist. Ihn kann der Gerichtsvollzieher vor der Pfändung schnell prüfen. Daher unterliegen der Pfändung grundsätzlich alle Sachen, die sich in der tatsächlichen Herrschaft, d. h. im Gewahrsam des Schuldners befinden, § 808 I. 7

Es macht keinen Unterschied aus, ob es sich um Eigen- oder Fremdbesitz handelt (sie lassen sich ja äußerlich nicht unterscheiden). Der bloß mittelbare Besitz (§ 868 BGB) genügt dagegen nicht. Auch der Besitz des Erben (unabhängig von seiner tatsächlichen Herrschaft, § 857 BGB) begründet in der Regel keinen Gewahrsam. Der Besitzdiener (§ 855 BGB) hat keinen Gewahrsam (zweifelhaft, wenn sich der Besitzdiener äußerlich nicht vom Besitzer unterscheidet und tatsächlich die Sache beherrscht, z. B. der Reisende, der den Musterkoffer in seiner Wohnung aufbewahrt; vgl. StJ § 808 Fn. 68; *LG Frankfurt/M.* NJW-RR 88, 1215 f.). 8

Dementsprechend hat nur der Mieter Gewahrsam an den ihm mietweise überlassenen Sachen; daher können z. B. Sachen in vermieteten möblierten Zimmern, auch wenn sie dem Vermieter gehören, aufgrund eines Titels gegen diesen nicht nach § 808, sondern nur nach § 809 gepfändet werden (vgl. u. Rn. 13 ff.). Juristische Personen und nichtrechtsfähige Vereine üben den Gewahrsam durch ihre Organe aus, sind also selbst Gewahrsamsinhaber als Besitzer (das leugnet *Braun* AcP 196, 578 ff. und schafft so Probleme, wo keine sind). Entsprechendes gilt für den Gewahrsam einer (Außen-)Gesellschaft bürgerlichen Rechts, bei OHG und KG. 9

Ehegatten, die *in ehelicher Gemeinschaft* leben, haben in der Regel Mitgewahrsam am gemeinsam benutzten Hausrat. Wird bei Vollstreckung gegen einen Ehegatten in Hausrat vollstreckt, könnte der andere Ehegatte nach § 766 vorgehen (vgl. u. Rn. 14). § 1362 I 1 BGB stellt jedoch zugunsten des Gläubigers die widerlegbare (*BGH* NJW 76, 238 f.) Vermutung auf, dass der Schuldner – gleich, ob Ehemann oder Ehefrau – Eigentümer der beweglichen Sache ist, die ein Ehegatte allein oder mit dem anderen besitzt (Ausnahmen in § 1362 I 2, II BGB; vgl. bzgl. der „Lebenspartner" § 8 LPartG). Im gleichen Umfang vermutet § 739 I unwiderlegbar, dass nur der Schuldner Gewahrsamsinhaber und Besitzer ist. Folglich kann der andere Ehegatte einer Vollstreckung in diese Sachen nicht nach §§ 766, 809 widersprechen (*Brox* FamRZ 81, 1125 m. N.; a. A. *Baur/Stürner/Bruns* Rn. 19.4, je m. N.). Ihm bleibt, wenn er Eigentümer ist, nur die Widerspruchsklage, § 771; er muss dann die Vermutung des § 1362 I 1 BGB widerlegen (*Brox* FamRZ 81, 1125, 1126). 10

11 Der Gerichtsvollzieher prüft also nur, ob die Eheleute zusammenleben (sonst gelten § 739, § 1362 BGB nicht) und ein Ehegatte am Vollstreckungsobjekt Besitz oder Gewahrsam hat (Ausnahmen: § 1362 I 2, II BGB und wenn die Vermutung des § 1362 BGB offensichtlich nicht zutrifft, z. B. Bücher mit Bibliotheksstempel versehen sind). § 739 gilt für den gesetzlichen Güterstand (Zugewinngemeinschaft) und die Gütertrennung, für die Gütergemeinschaft nur, wenn die Sache nicht zum Gesamtgut gehört (die Zugehörigkeit wird aber vermutet). Der Anwendungsbereich von § 739 ist nicht auf Pfändungen (§§ 808 ff.) beschränkt, wie sich aus der Stellung dieser Vorschrift im Gesetz ergibt. So gilt § 739 z. B. auch bei der Vollstreckung nach §§ 883, 884 (StJ § 739, 19).

12 § 739 führt die Eigentumsvermutung des § 1362 BGB im Vollstreckungsrecht fort. Beide Vorschriften knüpfen an einen Umstand (das Zusammenleben) an, der nach der Lebenserfahrung leicht und oft zu unlauteren Handlungen gegen den Gläubiger genutzt wird. Doch wendet sich das Gesetz nur gegen Eheleute (und „Lebenspartner“, § 739 II), nicht auch gegen Partner nichtehelicher Gemeinschaften. Nichtverheiratete werden also gegenüber Eheleuten bevorzugt. Das ist mit Art. 3 I, 6 I GG nur vereinbar, wenn die ungünstige Regelung entweder den Eheleuten auch Vorteile bietet oder durch die besondere Situation der ehelichen Lebensgemeinschaft gerechtfertigt ist (*Soergel/Lange* § 1357, 2; auch BVerfGE 81, 6 ff.). An beidem fehlt es. § 739, § 1362 BGB dienen allein dem Gläubigerschutz. Da eine verfassungskonforme Auslegung – Ausdehnung auf nichteheliche Gemeinschaften – angesichts von Wortlaut und Entstehungsgeschichte ausscheidet, sind die Vorschriften verfassungswidrig und nichtig (*Brox* FamRZ 81, 1125, 1127 f. m. N.; str.). Anders *LG Frankfurt/M.* NJW 86, 729: Keine Ausdehnung auf Unverheiratete, da diesen sonst ein Nachteil wie Eheleuten zugefügt werde, ohne dass ihnen die mit der Eheschließung verbundenen Vorteile zukämen (grundgesetzlicher Schutz der Nicht-Ehe?!).

13 **III. Sachen im Gewahrsam des Gläubigers** selbst können gepfändet werden, § 809. Ob der Gläubiger damit einverstanden sein muss, ist str., aber praktisch belanglos.

14 **Sachen im Gewahrsam eines Dritten,** also einer Person, die weder Gläubiger noch Schuldner ist, können nur dann gepfändet werden, wenn der *Dritte zur Herausgabe bereit* ist, gleichgültig, ob die Sache dem Schuldner gehört oder nicht, § 809. Der Dritte muss also sein Einverständnis mit Pfändung und Wegnahme der Sache zwecks Verwertung erklärt haben; die bloße Duldung genügt nicht. Der Gerichtsvollzieher muss den Dritten befragen (*BGH* NJW-RR 04, 352, 353). Infolge des Einverständnisses verliert der Dritte die Erinnerung und – bei Kenntnis seines Widerspruchsrechts – auch die Widerspruchsklage (*BGH* MDR 78, 401; str.), aber nicht die Klage aus § 805. Mitgewahrsam des Dritten neben dem Schuldner genügt für § 809. Dass der Dritte dem Gläubiger oder Schuldner gegenüber zur Herausgabe verpflichtet ist, berührt seine Rechte aus § 809 nicht (h. M.).

15 Eine prozessrechtliche Verpflichtung zur Bereitschaft besteht nicht. Wieweit der Dritte sich durch sein Einverständnis dem Schuldner gegenüber haftbar macht, richtet sich nach dem Rechtsverhältnis, aufgrund dessen er die Sache besitzt. Der Dritte wird in der Regel nicht zur Herausgabe bereit sein, weil die Vollstreckung gegen sein eigenes Interesse verstößt (z. B. kann der Mieter das möblierte Zimmer nach Wegschaffung der Möbel nicht mehr benutzen) oder gegen das Interesse des Schuldners, das er vertragsmäßig zu wahren hat, z. B. als Verwahrer.

16 Ist der Dritte nicht zur Herausgabe bereit, so kann der Gläubiger den Herausgabeanspruch des Schuldners gegen den Dritten pfänden und sich überweisen lassen (§§ 846 f., vgl. u. § 20 Rn. 10; eine Sicherung durch Vorpfändung, § 845, ist möglich, vgl. u. § 19 Rn. 55 f.) – ein umständliches, oft langwieriges Verfahren, weil der Dritte, sofern er jetzt nicht die Sache freiwillig an den Gerichtsvollzieher herausgibt, vom Gläubiger auf Herausgabe an den Gerichtsvollzieher verklagt werden muss.

17 Ein **Verstoß gegen § 808,** der nur in der Beurteilung des Gewahrsams besteht, **oder** gegen **§ 809** macht die Pfändung nicht gänzlich unwirksam, sondern begründet nach h. M. lediglich kein Pfandrecht (dagegen vgl. o. § 16 Rn. 15 ff.), rechtfertigt aber jedenfalls die **Erinnerung** nach § 766. Die Pfändung stellt keine verbotene Eigenmacht dar.

18 Ein **Verfolgungsrecht des Gerichtsvollziehers** besteht nicht. § 809 ist daher auch einschlägig, wenn die bereits beim Schuldner gepfändete Sache ohne Zustimmung des Gerichtsvollziehers oder des

Gläubigers in den Gewahrsam eines Dritten gelangt (StJ § 808, 49; a. A. *Jauernig* in der 21. Aufl. des Buches, S. 80). Die Wegnahme zum Zwecke der Versteigerung ist nur mit Einverständnis des Dritten zulässig. Die durch die Pfändung beim Schuldner erfolgte Verstrickung verschafft dem Gerichtsvollzieher keinen von der Person des Gewahrsamsinhabers unabhängigen Herausgabeanspruch; gegen den Drittgewahrsamsinhaber bestehen keine hoheitlichen Zugriffsrechte. Ihm gegenüber liegen die Voraussetzungen der Zwangsvollstreckung nicht vor, insbesondere hat der Gläubiger keinen Vollstreckungstitel gegen den Dritten. Der Gerichtsvollzieher darf die gepfändete Sache dem Dritten daher nicht einfach wegnehmen. Vielmehr muss der Gläubiger gegen den Dritten auf der Grundlage des (fortbestehenden) Pfändungspfandrechts (§ 804 II; §§ 1227, 985, 823 I BGB) auf Herausgabe an den Gerichtsvollzieher klagen (vgl. *BGH* NJW-RR 04, 352, 353: für den Fall des zum Zeitpunkt der Pfändung bereits bestehenden, vom Gerichtsvollzieher nicht erkannten Drittgewahrsams). Dieser Weg ist zuweilen umständlich und mag einem gerissenen Schuldner – ggf. im kollusiven Zusammenwirken mit dem Dritten – die Möglichkeit eröffnen, die Zwangsvollstreckung zu erschweren. Es fehlt aber an einer gesetzlichen Grundlage für eine effizientere Lösung. Die Rechtslage ist ohnehin nicht anders als habe der Schuldner die Sache schon *vor* der Pfändung in den Drittgewahrsam gegeben.

IV. Die Durchführung der Pfändung

1. Der Gerichtsvollzieher hat die Sache **in Besitz** zu **nehmen,** § 808 I; er muss also dem Schuldner die tatsächliche Gewalt entziehen und sie selbst erlangen. 19

2. Die Inbesitznahme (vgl. o. Rn. 19) geschieht entweder durch *Wegschaffen* der Sachen (dann besteht eine Pflicht zu sorgfältiger Verwahrung, Einzelheiten regelt die GVGA) *oder* durch deren *Verbleib im Schuldnergewahrsam* (zur Konstruktion, vgl. u. Rn. 27), *nachdem* die *Besitzergreifung ersichtlich* gemacht ist, z. B. durch Anbringung von Siegeln oder einer Pfandanzeige, und zwar in der Regel an den Sachen selbst (vgl. § 132 Nr. 2–6 GVGA). 20

Erforderlich ist eine gewisse Auffälligkeit, denn es soll damit auch einer Veräußerung an einen gutgläubigen Dritten vorgebeugt werden (vgl. u. Rn. 27); zugleich muss erkennbar werden, welche Sache gepfändet ist. Daher bedarf es bei Pfändung von Teilen eines Warenlagers oder Vorrats zuerst einer tatsächlichen Aussonderung und danach der Kenntlichmachung (vgl. *OLG Stuttgart* NJW 59, 992). 21

Ohne Inbesitznahme (§ 808 I) oder Kenntlichmachung (§ 808 II) ist die Pfändung nichtig. Die Nichtigkeit wird auch nicht durch spätere Wegschaffung und Versteigerung geheilt. Dagegen beeinträchtigen die unbefugte Beseitigung oder das Abfallen der Pfandzeichen nicht die Wirksamkeit der Pfändung, vgl. RGZ 161, 114. 22

Die *Wegschaffung* ist die *Ausnahme.* Sie muss erfolgen bei Geld, Kostbarkeiten und Wertpapieren, § 808 II (für Wechsel vgl. § 831). Hier erfordert die Wegschaffung meist keine besonderen Vorkehrungen; andererseits ist die Gefahr, dass der Schuldner diese Gegenstände beiseite schafft, besonders groß. Ausnahmen sind aber zulässig bei Einwilligung des Gläubigers oder wenn die Wegschaffung schwierig oder gefährlich wäre (z. B. bei großen Kunstgegenständen oder wertvollen Sammlungen). Andere Sachen sind wegzuschaffen, wenn durch ihre Belassung beim Schuldner die Befriedigung des Gläubigers gefährdet wird, § 808 II, insbesondere wenn zu befürchten ist, dass der Schuldner oder ein Dritter die Sache beiseite schafft oder wenn bei weiterer Benutzung durch den Schuldner – die an sich erlaubt ist – die Gefahr einer Beschädigung der Sache besteht (so in der Regel bei Kraftfahrzeugen, vgl. § 157 GVGA). 23

Der Gerichtsvollzieher hat den Schuldner von der Pfändung in Kenntnis zu setzen, § 808 III. Das Unterbleiben macht aber die Pfändung nicht unwirksam. – Zur Anwesenheit des Gläubigers vgl. o. § 8 Rn. 13. 24

3. § 806 a weist dem Gerichtsvollzieher bei ganz oder teilweise erfolgloser Sachpfändung weitere Aufgaben zu. Erfährt er durch Befragen des Schuldners (keine Auskunftspflicht, arg. § 807 S. 1; rechtspolitische Kritik bei *Gaul* ZZP 108, 33 ff.) oder beiläufig aus Schriftstücken (z. B. einem Sparbuch) von Forderungen des 25

Schuldners gegen Dritte, so teilt er das detailliert dem Gläubiger mit (§ 806 a I). Ist der Schuldner bei der (versuchten) Pfändung abwesend, so kann der Gerichtsvollzieher die zum Hausstand des Schuldners gehörenden Erwachsenen (nur) nach dem Arbeitgeber des Schuldners befragen, wenn er ihnen zuvor gesagt hat, dass sie keine Auskunft geben müssen; was der Gerichtsvollzieher erfährt, teilt er dem Gläubiger mit (§ 806 a II). Diese Möglichkeiten, Forderungen als Vollstreckungsobjekte zu entdecken, sollten Gläubiger häufiger veranlassen, den Gerichtsvollzieher vorsorglich mit einer Vorpfändung, § 845, zu beauftragen (vgl. u. § 19 Rn. 55 f.).

26 Bei fruchtloser Sachpfändung kann der Gerichtsvollzieher nach Maßgabe von § 806 b Teilbeträge einziehen, vgl. o. § 8 Rn. 11.

27 V. Belässt der Gerichtsvollzieher die Sachen im Gewahrsam des Schuldners, so wird dieser **durch Wiedereinräumung** der tatsächlichen Gewalt unmittelbarer **Fremdbesitzer** (nicht nur Besitzdiener; h. M., vgl. BGHSt 16, 332). Der Gerichtsvollzieher (strenggenommen: durch ihn der Staat) ist mittelbarer Fremdbesitzer erster Stufe, der Gläubiger mittelbarer Fremdbesitzer zweiter Stufe (RGZ 118, 277), der Schuldner mittelbarer Eigenbesitzer dritter Stufe. Veräußert der Schuldner, also der unmittelbare Besitzer, die Pfandsache, so ist sie nicht abhanden gekommen (§ 935 BGB), Erwerb vom Nichtverfügungsberechtigten also möglich (§§ 136, 135, 936 BGB; vgl. o. § 16 Rn. 3). – Schafft der Gerichtsvollzieher die Sachen fort, so bleibt er unmittelbarer Fremdbesitzer, der Gläubiger ist mittelbarer Fremdbesitzer erster Stufe, der Schuldner mittelbarer Eigenbesitzer zweiter Stufe.

28 **VI.** Die **Pfändung** bereits **gepfändeter Sachen** *durch einen anderen Gläubiger* (oder für denselben wegen einer anderen Forderung) *erfolgt durch* **Anschlusspfändung,** § 826. Da hier eine nochmalige Besitzergreifung durch den Gerichtsvollzieher nicht in Betracht kommt, genügt die ins Protokoll aufzunehmende Erklärung des Gerichtsvollziehers, dass er die Sache für den Auftraggeber pfände. Jedem vorher pfändenden Gerichtsvollzieher ist die Anschlusspfändung mitzuteilen, § 826 II (wichtig wegen der Verteilung des Erlöses, vgl. u. § 21).

29 Die Anschlusspfändung setzt voraus, dass die Erstpfändung nach außen hin wirksam, z. B. ein Pfandsiegel ordnungsgemäß angebracht ist. Das kann und muss der Gerichtsvollzieher prüfen, mehr nicht (also nicht, ob z. B. bei der Erstpfändung der Titel zugestellt war), StJ § 826, 8; a. A. *Rosenberg/Schilken* § 51 IV 2: Voraussetzung sei eine nicht nur anscheinend, sondern wirklich wirksame Pfändung. Zur Frage der Schuldneridentität bei Erst- und Anschlusspfändung *Gerlach* ZZP 89, 294 ff.

30 Der Anschlusspfandgläubiger erlangt die volle Stellung eines Pfändungspfandgläubigers. Daher hat er auch das Recht, selbstständig die Vollstreckung weiter zu betreiben, z. B. auch wenn der erste Pfandgläubiger Stundung bewilligt hat. Er wird aber erst nach dem vorgehenden Gläubiger aus dem Erlös befriedigt. In der Regel verwertet der Gerichtsvollzieher der ersten Pfändung (§ 827). Über die Verteilung des Erlöses, besonders wenn der Erlös nicht für alle Gläubiger ausreicht und Streit über die Verteilung entsteht, vgl. u. § 21. Fällt das vorgehende Pfandrecht fort, so wirkt die Anschlusspfändung wie eine Erstpfändung. Daher kann sie – entgegen § 803 II – auch dann vorgenommen werden, wenn ein Überschuss des Erlöses nach Deckung des vorhergehenden Gläubigers nicht zu erwarten ist (*Brehm* DGVZ 85, 65 ff., h. M.; a. A. *Wieser* ZZP 98, 432 f.).

31 **VII.** Zahlreiche Sachen sind aus sozialen Gründen unpfändbar, § 811 (vgl. u. § 32 Rn. 6 ff.). Zur Überpfändung vgl. u. § 32 Rn. 1, zur Austauschpfändung vgl. u. § 32 Rn. 14.

§ 18. Die Verwertung

Literatur: *G. Lüke,* Die Übereignung der gepfändeten Sache durch den Gerichtsvollzieher, ZZP 67, 356; *ders.* Die Versteigerung der gepfändeten Sache durch den Gerichtsvollzieher, ZZP 68, 341; *Paulus,* Schranken des Gläubigerschutzes aus relativer Unwirksamkeit, FS Nipperdey, 1965, Bd. I, S. 909. Weiteres Schrifttum o. § 16.

I. Durch die Pfändung allein wird der Gläubiger nicht befriedigt, denn er hat auf seine Forderung (noch) kein Geld erhalten. Zwangsweise kann es ihm nur durch Verwertung der gepfändeten Sache verschafft werden. Daher sieht das Gesetz die Verwertung als zweiten Akt der Vollstreckung vor. 1

In der Praxis kommt es aufgrund des Pfändungsauftrags in weniger als 1 % aller Fälle zur Verwertung der Pfandsache durch Versteigerung (*Seip* NJW 94, 352). Zumeist zahlt der Schuldner unter dem Eindruck der Pfändung, also „freiwillig". Zur Erleichterung kann der Gerichtsvollzieher Ratenzahlung verbunden mit Verwertungsaufschub bewilligen; der Gläubiger kann das durch ausdrückliche Erklärung von vornherein verhindern oder nachträglich mit der Folge widersprechen, dass der Verwertungsaufschub endet (§ 813 a; vgl. o. § 8 Rn. 11). Dann bleibt immer noch auf Antrag des Schuldners eine Verwertungsaussetzung durch das Gericht möglich, auch gegen den Willen des Gläubigers (§ 813 b; vgl. u. § 32 Rn. 24). 2

II. Einfach gestaltet sich die Verwertung, wenn **bares Geld** gepfändet ist; es ist *an den Gläubiger abzuliefern,* § 815 I (natürlich nach Abzug der Vollstreckungskosten). 3

Nicht im Inland als Währung geltendes Geld fällt nicht unter § 815; der Gerichtsvollzieher kann im Inland geltende Banknoten und Münzen umwechseln und diese abliefern (für Banknoten vgl. § 821). 4

Das Geld ist zu *hinterlegen,* wenn dem Gerichtsvollzieher ein an dem Geld bestehendes, die Veräußerung hinderndes Recht eines Dritten glaubhaft gemacht wird, § 815 II 1 (damit der Dritte nicht durch sofortige Ablieferung des Geldes um die Widerspruchsklage gebracht wird). 5

Im Fall der Hinterlegung wird deutlich, dass allein mit der Wegnahme (Pfändung) des Geldes der Gläubiger weder Befriedigung seiner Forderung noch Eigentum am Geld erlangt hat. Das gilt auch dann, wenn eine Hinterlegung nicht erforderlich ist, doch bestimmt § 815 III, dass in diesem Fall die Wegnahme durch den Gerichtsvollzieher als Zahlung seitens des Schuldners gilt. Diese Bestimmung regelt – weil der Gläubiger weder befriedigt noch Eigentümer des Geldes ist – lediglich die *Gefahrtragung:* Wenn der Gerichtsvollzieher das Geld verliert oder unterschlägt, kann der Gläubiger nicht noch einmal Leistung fordern. Ist das Geld zu hinterlegen, dann geht die Gefahr nicht über, § 815 III; bei Verlust des Geldes muss der Schuldner erneut leisten.

Der Gläubiger wird in jedem Falle erst mit der *Ablieferung des Geldes* an ihn Eigentümer des Geldes. Bis dahin gehört das Geld noch dem bisherigen Eigentümer, also dem Schuldner oder einem Dritten. Deshalb sind Anschlusspfändung und Widerspruchsklage bis zur Ablieferung möglich. 6

Befriedigt wird der Gläubiger nur, wenn das Geld dem Schuldner gehörte (StJ § 815, 19), also nicht, wenn ein Dritter (bis zur Ablieferung) Eigentümer des Geldes war. Zum Bereicherungsanspruch des Dritten vgl. u. Rn. 25. 7

III. Als normaler Verwertungsakt ist bei *beweglichen Sachen* die **öffentliche Versteigerung** durch den Gerichtsvollzieher vorgesehen, § 814 I. Die öffentliche Versteigerung kann seit 5. 8. 2009 nach Wahl des Gerichtsvollziehers *vor Ort* oder *über eine Versteigerungsplattform im Internet* geschehen, § 814 II. Mit Gesetz über die Internetversteigerung in der Zwangsvollstreckung (BGBl. 2009 I 2474) tritt die Versteigerung im Internet, die bislang allenfalls nach § 825 (vgl. u. Rn. 28 ff.) angeordnet werden konnte, als Regelfall der öffentlich-rechtlichen Verwertung neben die Präsenzversteigerung. 8

Für die **Versteigerung vor Ort** (§ 814 II Nr. 1) bestimmt der Gerichtsvollzieher im Bezirk des Vollstreckungsgerichts (§ 764) einen Versteigerungsort, wenn nicht Gläubiger und Schuldner sich anderweit einigen (§ 816 II) oder eine andere Verwertungsart angeordnet wurde (§ 825). Die Präsenzversteigerung soll in der Regel 9 nicht vor Ablauf einer Woche seit der Pfändung erfolgen, § 816 I. Die Frist wird gewährt, um dem Schuldner die Zahlung und einem Dritten die Widerspruchsklage zu ermöglichen. Ein Verstoß gegen § 816 I macht die Versteigerung nicht unwirksam, ist aber Verletzung einer Amtspflicht durch den Gerichtsvollzieher (Art. 34 GG, § 839 BGB).

Zeit, Ort und Objekt der Präsenzversteigerung sind öffentlich bekanntzumachen, § 816 III. Bei der Versteigerung dürfen Gläubiger und Schuldner mitbieten, § 816 IV; § 1239 I 1 BGB, dagegen nicht der Gerichtsvollzieher oder seine Gehilfen, § 450 I BGB. Das Gebot des Schuldners kann zurückgewiesen werden, wenn er den Betrag nicht sofort oder bis zum Ende der Versteigerung zahlt, § 816 IV; § 1239 I 2 BGB.

10 Auf die **Internetversteigerung** (§ 814 II Nr. 2) passen die Vorschriften in § 816 II, III nicht und finden deshalb keine Anwendung, § 816 V. Die näheren Bestimmungen zur Versteigerungsplattform, Beginn, Ende und Abbruch des Versteigerungsverfahrens und die Versteigerungsbedingungen werden durch Rechtsverordnungen der Länder festgelegt, § 814 III. Als Vorbild kann dabei die von der Bundeszollverwaltung in Ausführung von § 299 I, II AO über die Internetplattform *www.zoll-auktion.de* (§ 296 I 2 Nr. 2 AO) veranstaltete öffentliche Versteigerung dienen.

11 Gemäß § 817 I 3, § 156 S. 2 BGB erlöschen Gebote mit Schluss der Versteigerung und vor allem durch Abgabe eines Übergebots. Der Meistbietende hat kein Recht auf den Zuschlag (vgl. § 156 S. 2 BGB), erhält ihn aber in der Regel. Zum Schutz des Schuldners gegen Verschleuderung der gepfändeten Sachen ist als *Mindestgebot* die Hälfte des Verkaufswertes vorgeschrieben (§ 817 a I). Ein Verstoß gegen diese Schutzvorschrift macht weder Zuschlag noch Eigentumserwerb des Erstehers unwirksam (str.; a. A. StJ § 817, 23 bei Nichteinhaltung eines bekanntgegebenen Mindestgebots).

12 Die Ablieferung der Sache an den Ersteher darf nur gegen Barzahlung erfolgen, § 817 II, die Abnahme hat vor Ort in der Regel im Versteigerungstermin zu geschehen (sonst § 817 III). Wird bei der Internetversteigerung die zugeschlagene Sache an den Bieter versendet, stellt sich die Frage der Gefahrtragung, die § 299 II 4 AO für die Versteigerung über die Plattform www.zoll-auktion.de nach dem Vorbild des Versendungskaufes (§ 447 BGB) dahin beantwortet, dass die Übergabe mit Aushändigung an die Versendungsperson als bewirkt gilt und damit die Gefahr der Verschlechterung und des Untergangs auf den Bieter übergeht. Die Versteigerung ist einzustellen, sobald der Erlös ausreicht, § 818 (ergänzt das Verbot der Überpfändung, § 803 I 2; vgl. o. § 1 Rn. 44 und u. § 32 Rn. 1).

13 **IV. Drei Hauptstadien der Verwertung** sind zu unterscheiden:
1. der **Eigentumserwerb des Erstehers** *an der versteigerten Sache,*
2. der **Gefahrübergang** *auf den Vollstreckungsgläubiger,*
3. der **Eigentumserwerb des Vollstreckungsgläubigers** *am Erlös.*

14 **1. Der Eigentumserwerb des Erstehers**

Der Versteigerungsvorgang gliedert sich in *Gebot* und *Zuschlag* sowie die *Eigentumsübertragung.* Bei der Versteigerung vor Ort (§ 814 II Nr. 1) soll dem Zuschlag ein dreimaliger Aufruf vorausgehen, § 817 I 1. Diese Voraussetzung und der Zuschlag entsprechen den tatsächlichen Bedingungen bei einer Versteigerung im Internet (§ 814 II Nr. 2) nicht. Der Zuschlag ist hier derjenigen Person erteilt, die am Ende der Bietzeit das höchste zulässige Gebot abgegeben hatte, § 817 I 2; die spätere Zuschlagsnachricht (§ 817 I 3) ist bloße Mitteilung.

15 Durch *Gebot und Zuschlag* kommt ein kaufähnlicher öffentlich-rechtlicher Vertrag zustande, der den *Rechtsgrund für* die nachfolgende *Eigentumsübertragung* bildet (*Rosenberg/Schilken* § 53 III 1 a m. N., BGHZ 119, 78 f., h. M.; vgl. § 817 I mit § 156 S. 1 BGB; a. A. *Gaul,* GS Arens, 1993, S. 110 ff.: Das Gebot sei Antrag auf Vornahme des Zuschlags; dieser und die Eigentumszuweisung seien jeweils einseitige Hoheitsakte des Gerichtsvollziehers). Weder dieser Vertrag noch allein der

Zuschlag verschafft also dem Ersteher schon das Eigentum (anders der Zuschlag nach § 90 ZVG, vgl. u. § 24 Rn. 33).

Der Ersteher erwirbt durch Gebot und Zuschlag einen öffentlich-rechtlichen Anspruch auf Eigentumserwerb, bei dessen Nichterfüllung nicht auf Erfüllung geklagt, sondern nur Erinnerung gemäß § 766 eingelegt werden kann. *Gewährleistungsansprüche* wegen Rechts- oder Sachmängel sind *ausgeschlossen,* § 806. § 445 BGB gilt hier nicht. 16

Dass das Grundgeschäft bei der Internetversteigerung (§ 814 II Nr. 2) durch den gemäß § 817 I 2 fingierten hoheitlichen Zuschlag zustande kommt (vgl. o. Rn. 14), unterscheidet es von denjenigen Verträgen, die unter äußerlich gleichen Umständen auf einer privatrechtlich betriebenen Internetplattform (z. B. www.ebay.de) geschlossen werden; anders als bei der Versteigerung nach § 817 I 3; § 156 BGB kommt hier durch Angebot und (vorweggenommene) Annahme ein Kauf gegen Höchstgebot zustande (BGHZ 149, 133), der überdies uneingeschränkt dem Gewährleistungsrecht unterliegt.

Nicht nur das Rechtsgrundgeschäft gehört dem öffentlichen Recht an, auch die *Eigentumsübertragung* durch den Gerichtsvollzieher auf den Ersteher ist öffentlich-rechtlicher Natur. Sie erfolgt durch *Ablieferung* der Sache an den Ersteher; das erfordert einen entsprechenden Willen auf beiden Seiten und die Übergabe des Besitzes. Die Ablieferung ist also ein eigentumsübertragender, d. h. *privatrechtsgestaltender Staatsakt,* den der Gerichtsvollzieher kraft staatlicher Gewalt vornimmt. Daher vollzieht sich der Eigentumserwerb weder nach §§ 929 ff. BGB noch nach den Regeln des privaten Pfandverkaufs (§§ 1228 ff. BGB). Das entspricht der heute herrschenden Auffassung, wonach die Zwangsvollstreckung insgesamt, also auch die Verwertung, eine hoheitliche Tätigkeit (hier: des Gerichtsvollziehers) darstellt (vgl. o. § 16 Rn. 10, 26). 17

Die Eigentumsübertragung geschieht in Ausübung staatlicher Vollstreckungsgewalt. Sie ist daher nur wirksam, wenn die Sache aufgrund der Pfändung (noch) verstrickt ist. Ein Pfändungspfandrecht des Gläubigers muss nicht bestehen (vgl. o. § 16 Rn. 26). Ist die Pfändung und damit auch die Verstrickung nichtig, so erwirbt der Ersteher nach h. M. folglich kein Eigentum (vgl. *Baur/Stürner/Bruns* Rn. 29.7). Eine Mindermeinung will den Ersteher entsprechend § 1244 BGB Eigentum erwerben lassen (*Bruns/Peters* S. 159 m. N.). Der h. M. ist zu folgen, weil ohne wirksame Pfändung für die staatliche Zwangsverwertung jede Grundlage fehlt. 18

Ist die Pfändung zwar fehlerhaft, aber wirksam, so erwirbt der Ersteher die Pfandsache, sofern die wesentlichen Versteigerungsvorschriften eingehalten worden sind (die Versteigerung muss ein hierzu Befugter öffentlich vornehmen). Unerheblich ist insbesondere, dass dem Gläubiger kein Pfändungspfandrecht zusteht oder dem Schuldner die Pfandsache nicht gehört oder dass sie unpfändbar ist. Für den Eigentumserwerb unbeachtlich sind ferner Verstöße gegen die bloße Ordnungsmäßigkeit der Versteigerung sowie Willensmängel und fehlende Prozessfähigkeit aufseiten des Erwerbers. Auf den guten Glauben des Erwerbers kommt es nicht an, §§ 932, 1244 BGB sind unanwendbar. 19

So *Baur/Stürner/Bruns* Rn. 29.7; *Blomeyer* II § 49 V; *G. Lüke* ZZP 67, 370 f. und 68, 352 f.; StJ § 817, 21–26; RGZ 156, 397 ff. gegen früher; BGHZ 100, 98. Krit. *Paulus* S. 918 ff.; *Henckel,* Prozessrecht und materielles Recht, 1970, S. 316 ff.; *Marotzke* NJW 78, 133 ff. Weitere Nachweise in BGHZ 119, 76 f. 20

Weiß allerdings der Ersteher, dass die Pfandsache nicht dem Schuldner, sondern einem Dritten gehört, so kann bei Hinzutreten besonderer Umstände das Eigentum nach § 826 BGB an den vormals Berechtigten zurückzuübertragen sein (StJ § 817, 21; Beispiel nach *Bruns/Peters* S. 158: G lässt einen, wie er weiß, dem S nur in Verwahrung gegebenen, wertvollen Teppich pfänden und ersteigert ihn). 21

22 **2. Der Gefahrübergang auf den Vollstreckungsgläubiger**

Die Empfangnahme des Erlöses durch den Gerichtsvollzieher gilt als Zahlung seitens des Schuldners, § 819. Das bedeutet – wie bei der Pfändung von Geld (vgl. o. Rn. 3 ff.) – zunächst einmal, dass der Gläubiger seine Forderung noch behält und kein Eigentum am Geld erwirbt. Daher ist zu fragen, ob er oder der Schuldner die Gefahr trägt, dass der Gerichtsvollzieher das Geld nicht abliefert. § 819 bürdet dem Gläubiger die Gefahr auf, enthält also wie § 815 III (vgl. o. Rn. 5) eine Gefahrtragungsregel (RGZ 156, 399). Deshalb kann der Gläubiger vom Schuldner nicht nochmals Zahlung verlangen, wenn der Gerichtsvollzieher das Geld unterschlägt oder verliert. Lediglich ein Staatshaftungsanspruch wegen Verletzung einer Amtspflicht durch den Gerichtsvollzieher kann gegeben sein, Art. 34 GG, § 839 BGB.

23 **3. Der Eigentumserwerb am Erlös**

Zahlt der Ersteher an den Gerichtsvollzieher, so tritt der *Erlös an die Stelle der gepfändeten Sache,* d. h. er gehört dem bisherigen Eigentümer der Sache, er unterliegt der Verstrickung, und an ihm steht dem Gläubiger ein Pfändungspfandrecht (nicht schon das Eigentum!) zu, soweit ihm der Erlös gebührt; erst mit der Ablieferung des Erlöses an den Gläubiger erwirbt dieser das Eigentum am Erlös und ist – sofern ihm der Erlös gebührt (vgl. u.) – *befriedigt.*

24 Das ist praktisch wichtig, weil somit noch bis zur Ablieferung Widerspruchsklage und Anschlusspfändung möglich sind (vgl. o. Rn. 6).

Der Gerichtsvollzieher hat den Erlös an den Gläubiger nach Abzug der Kosten abzuführen (bei mehreren Gläubigern in der Reihenfolge der Pfändungen), ein Überschuss ist dem Schuldner auszuhändigen. Die Pflicht zur Auszahlung ist eine öffentlich-rechtliche. Der Gläubiger hat keinen klagbaren Anspruch gegen den Gerichtsvollzieher, sondern nur die Erinnerung nach § 766, danach die sofortige Beschwerde nach § 793, vgl. o. § 11 Rn. 15 ff.

25 Die Auszahlung ist eine staatliche Verfügung über den Erlös. Durch sie wird der Gläubiger Eigentümer des Geldes, gleichgültig, ob ihm ein Pfändungspfandrecht zustand oder ob dem Schuldner die Pfandsache (und damit der Erlös) gehörte. Der gute Glaube des Gläubigers spielt keine Rolle. Aber: Gehörte die Pfandsache und daher auch der Erlös einem Dritten, so besaß der Gläubiger kein Recht auf den Erlös (vgl. o. § 16 Rn. 27). Er hat das Geld ohne rechtlichen Grund erlangt und ohne dass sein vollstreckbarer Anspruch durch die Zahlung aus fremdem Gut erloschen wäre (*G. Lüke* AcP 153, 543 f.). Deshalb kann der Dritte von ihm nach § 812 I 1 Alt. 2 BGB Herausgabe des Erlangten fordern (BGHZ 119, 83 f. m. N., st. Rspr.; vgl. o. § 13 Rn. 6).

26 V. Neben der Versteigerung gibt es noch **andere Möglichkeiten der Verwertung.**

27 Gepfändete *Wertpapiere,* die einen Börsen- oder Marktpreis haben, sind nicht zu versteigern, sondern vom Gerichtsvollzieher zum Tagespreis freihändig zu verkaufen, § 821. Vgl. ferner § 817 a III 2.

28 Vor allem kann auf (begründeten) Antrag von Gläubiger oder Schuldner eine **andere Art der Verwertung** angeordnet werden, **§ 825.** Der **Gerichtsvollzieher** entscheidet über die Verwertung an einem anderen Ort (als § 816 II sagt) und über die Verwertung in anderer Weise (§ 825 I; Rechtsbehelf: § 766), ausgenommen die Versteigerung durch einen Nicht-Gerichtsvollzieher, die vom Vollstreckungsgericht (durch den Rechtspfleger, § 20 Nr. 17 RPflG; Rechtsbehelf: § 793; § 11 I RPflG) angeordnet werden muss (§ 825 II). Der Gerichtsvollzieher kann z. B. den freihändigen Verkauf durch sich oder einen Dritten (etwa einen Kunsthändler) anordnen. Praktisch besonders wichtig ist die Eigentumszuweisung an eine bestimmte Person (Gläubiger oder Dritten) zu einem bestimmten Preis im Einverständnis mit dieser Person (also keine „Zwangsüberweisung", wie sie bis zum 31. 12. 1998 das Vollstreckungsgericht vornehmen konnte, vgl. 20. Aufl. dieses Buches § 18 V). Wird die Pfandsache durch einen Nicht-Gerichtsvollzieher versteigert oder freihändig verkauft, so richtet sich der Erwerb nach bürgerlichem Recht, was insbesondere für den gutgläubigen Erwerb nach §§ 932 ff. BGB wichtig ist (BGHZ 119, 89 f.).

Vor der Anordnung ist dem Antragsgegner rechtliches Gehör zu gewähren (dem dient die Unterrichtung nach § 825 I 2, 3). 29

Die anderweitige Verwertung ist zwar nach dem Gesetz ein Ausnahmefall, aber oft der öffentlichen Versteigerung (dem gesetzlichen Regelfall der Verwertung) vorzuziehen, weil dort vielfach keine hohen Gebote zu erzielen sind. Eine Versteigerung von Kunstwerken z. B. ist weit aussichtsvoller, wenn sie von einem Fachgeschäft an einem Ort vorgenommen wird, der als Kunstmarkt in Frage kommt. 30

B. Die Zwangsvollstreckung in Forderungen und andere Vermögensrechte

§ 19. Die Zwangsvollstreckung in Geldforderungen

I. Für die Zwangsvollstreckung in Geldforderungen ist nicht der Gerichtsvollzieher, sondern **das Vollstreckungsgericht** *funktionell zuständig,* § 828 I, weil hier keine tatsächlichen Eingriffe in Frage kommen. Als Vollstreckungsgericht ist örtlich ausschließlich zuständig das AG des allgemeinen Gerichtsstands des Schuldners (in Ermangelung eines solchen das AG gemäß § 23), §§ 828 II, 802; Ausnahme in § 930 I 3. Das Gericht wird tätig durch den Rechtspfleger, § 20 Nr. 17 RPflG. 1

Ist das angerufene Gericht unzuständig, so kann der Gläubiger die (nicht bindende) Abgabe an das zuständige Gericht beantragen, § 828 III. 2

Pfändungen durch ein örtlich unzuständiges Gericht sind nicht nichtig, sondern nur mit der Erinnerung (§ 766; vgl. o. §§ 7 Rn. 15, 11 Rn. 1 ff., 16 Rn. 4 f.) anfechtbar.

II. Bei der Vollstreckung sind *drei Personen* zu unterscheiden: Der vollstreckende Gläubiger – von der ZPO **„Gläubiger“** genannt –, der Vollstreckungsschuldner, gegen den vollstreckt wird und der zugleich der Gläubiger der gepfändeten Forderung ist – **„Schuldner“** genannt – und der Schuldner der gepfändeten Forderung – **„Drittschuldner“** genannt –. (Im BGB lauten die entsprechenden Bezeichnungen bei der Verpfändung von Forderungen „Pfandgläubiger“, „Gläubiger“, „Schuldner“.) 3

III. Der **Schuldner muss Inhaber der** zu pfändenden **Geldforderung** sein. Nur dann ist eine wirksame Pfändung möglich, sonst geht sie ins Leere. Daher kann eine Forderungspfändung nicht in schuldnerfremde Rechte eingreifen (wichtiger Unterschied zur Sachpfändung, die nicht an die Rechtsinhaberschaft – das Eigentum –, sondern an den Gewahrsam des Schuldners anknüpft und daher zum Eingriff in fremdes Eigentum führen kann; vgl. o. § 17 Rn. 7, aber auch § 13 Rn. 22). Die Pfändung erfolgt allerdings ohne Prüfung, ob die Forderung wirklich dem Schuldner zusteht, ist aber gegenstandslos, wenn dies nicht der Fall ist (vgl. u. Rn. 15). Die Forderung braucht sich nicht gegen einen Dritten zu richten, auch der *Gläubiger* selbst *kann Drittschuldner* sein; das ist wichtig, wenn der Gläubiger nicht aufrechnen darf, z. B. nach § 393 BGB (*Beispiel: OLG Stuttgart* Rpfleger 83, 409). 4

IV. Geldforderungen *als Vollstreckungsobjekt* unterscheiden sich begrifflich nicht von den Geldforderungen, derentwegen vollstreckt wird (vgl. o. § 15 Rn. 4); doch scheiden Haftungsansprüche als Vollstreckungsobjekt aus (zur Vollstreckung in eine hypothekarisch gesicherte Forderung, in eine Grund- oder Rentenschuld vgl. u. § 20 Rn. 1, 19). 5

1. Pfändung vor Fälligkeit ist möglich. Forderungen aus einem aufschiebend bedingten Rechtsgeschäft (sog. aufschiebend bedingte Forderungen) sind noch nicht entstandene, also künftige 6

Rechte; sie sind aber durch das aufschiebend bedingte Rechtsgeschäft nach Art und Person des Drittschuldners bestimmt und daher schon vor Bedingungseintritt pfändbar (vgl. § 844; BGHZ 123, 187). Andere künftige Forderungen können gepfändet werden, wenn sie wenigstens individualisierbar sind, d. h. es muss bereits eine rechtliche Beziehung bestehen, aus der ihr Rechtsgrund und die Person des (künftigen) Drittschuldners abgeleitet werden können (*BGH* NJW 03, 1457, 1458); die Person des künftigen Drittschuldners muss also bereits feststehen, was bei der Abtretung künftiger Forderungen nach h. M. nicht nötig ist, weshalb künftige Forderungen eher [insbesondere zur Sicherung] abgetreten als gepfändet werden können; deshalb wird gefordert, die Pfändung entsprechend zu erleichtern (*Rosenberg/Schilken* § 54 I 1; *Brehm/Kleinheisterkamp* JuS 98, 784 f., je m. N.; generell krit. *Häsemeyer* Anm. ZZP 111, 83 f.), was aber wegen der notwendigen Benennbarkeit eines Drittschuldners (§ 829 I 1, II 1, III!) ausgeschlossen ist. Pfändbar, da hinreichend individualisiert (bestimmbar), sind z. B. (vgl. *David* MDR 93, 108) die künftige Forderung aus einem schon bestehenden Kontokorrentverhältnis (für die nächsten und alle weiteren Guthabensalden bis zur vollen Befriedigung des Gläubigers, BGHZ 80, 181 f.; 135, 142 mit krit. Anm. *Häsemeyer* ZZP 111, 83 f.), die künftigen Ansprüche auf Auszahlung des Guthabens aus Girovertrag zwischen den Rechnungsabschlüssen, sog. Tagesguthaben (BGHZ 84, 329 ff.), auch wenn das Konto als Kontokorrentkonto geführt wird (BGHZ 84, 375; 93, 323; zustimm. *BFH* NJW 84, 1920 mit weiteren Fallgestaltungen – lesenswert!), ferner Provisionsansprüche eines Reisenden aus noch nicht abgeschlossenen Geschäften (vgl. RGZ 138, 253 ff.). Der Anspruch eines Bankkunden gegen das Kreditinstitut aus einem vereinbarten Dispositionskredit („offene Kreditlinie“; „Überziehungskredit“) auf Verschaffung einer bestimmten Geldsumme nach § 488 BGB ist pfändbar (*BGH* NJW 01, 1937, 1938 f.). Der Anspruch entsteht nur, wenn der Schuldner den „Kredit“ abruft. Das Abrufrecht selbst ist nicht pfändbar (*BGH* NJW 04, 1444, 1445). Eine pfändbare Forderung existiert nicht, wenn das Kreditinstitut die Kontoüberziehung nur duldet (insoweit zutr. *OLG Schleswig* NJW 92, 579 f.). Zweckbestimmte Darlehen sind nur im Rahmen der Zweckbestimmung pfändbar (vgl. u. § 33 Rn. 38). Zu beachten ist, dass Steuererstattungsansprüche erst nach Entstehen, also nicht als künftige Ansprüche pfändbar sind; eine vorzeitige Pfändung ist nichtig; Drittschuldner ist das zuständige Finanzamt (§ 46 VI 2, VII AO; *BGH* NJW-RR 06, 425).

7 2. Eine Forderungen kann grundsätzlich **nicht abgetreten werden, wenn sie unpfändbar ist**, § 400 BGB, **und umgekehrt**, § 851 I. Gleiches gilt für andere Vermögensrechte, § 413 BGB; § 857 I.

Hierher gehören z. B. die Ansprüche der Gesellschafter untereinander (§ 717 S. 1 BGB), die Ansprüche auf Leistung von Diensten (sofern Übertragbarkeit nicht vereinbart, § 613 S. 2 BGB). Unübertragbar und daher unpfändbar ist auch eine Baugeldforderung, d. h. ein Anspruch auf Auszahlung von Geld zu Bauzwecken, weil das Geld sonst seiner besonderen Zweckbestimmung entzogen würde (daher ist die Forderung übertragbar und pfändbar im Rahmen der Zweckbestimmung, z. B. zugunsten der Bauhandwerker, vgl. *BGH* LM Nr. 3 zu § 851). Dagegen ist der Anspruch auf Auszahlung eines nicht zweckgebundenen Darlehens pfändbar (vgl. o. Rn. 6; str.). Die Abtretbarkeit (und damit mittelbar die Pfändbarkeit) der Honorarforderung eines Rechtsanwalts folgt aus § 49 b IV BRAO. Zur Unpfändbarkeit des Arbeitseinkommens vgl. u. § 32 Rn. 25 ff.

Beruht die *Unabtretbarkeit* einer Forderung nur *auf* einem *Vertrag* zwischen Gläubiger und Schuldner (§ 399 Fall 2 BGB), so ist die Forderung insoweit pfändbar, als der geschuldete Gegenstand der Pfändung unterworfen ist, z. B. Geld, § 851 II (Überweisung nur zur Einziehung!). Sonst könnte der Vollstreckungsschuldner alle seine Forderungen durch Verträge mit seinen Schuldnern unpfändbar machen und damit dem Zugriff der Gläubiger entziehen (vgl. BGHZ 56, 232). Daher erfasst § 851 II trotz seines Wortlauts nicht § 399 Fall 1 BGB (vgl. StJ § 851, 28; str.).

8 3. *Wechsel* und andere indossable Papiere werden nicht wie Forderungen, sondern *wie bewegliche Sachen gepfändet* (§ 831), aber wie Forderungen verwertet (§§ 835 ff.; letzteres gilt nicht für Verrechnungsschecks, *LG Göttingen* NJW 83, 635). Ein Pfändungsbeschluss soll trotz Verstoßes gegen § 831 wirksam sein (*BGH* LM Nr. 1 zu § 831; vgl. o. § 7 Rn. 13).

9 4. *Pfändung von (künftigem) Diensteinkommen* erfasst auch dessen Änderungen bei gleichbleibendem Dienstherrn, § 833 I. Werden Arbeits- oder Dienstbezüge gepfändet, der zugrunde liegende Vertrag beendet (damit die Pfändung gegenstandslos), dieser aber binnen neun Monaten wiederbegründet, so erfasst die wiederbelebte Pfändung die Forderungen aus dem wiederbegründeten („neuen“) Arbeits- oder Dienstverhältnis, § 833 II.

V. Das Verfahren. Auch hier sind, wie bei der Vollstreckung in bewegliche Sachen, *zwei Akte* zu *unterscheiden: Pfändung und Verwertung.* 10

Der *erste* Akt führt auch hier die Bezeichnung **„Pfändung"**, obwohl er sich von der Pfändung beweglicher Sachen stark unterscheidet; der *zweite* besteht in der **Überweisung** der gepfändeten Forderung an den Gläubiger. Die Pfändung hat auch hier die doppelte Wirkung der Pfandverstrickung und des Pfandrechts des Gläubigers (vgl. o. § 16 Rn. 1, 7). 11

1. Das **Verfahren beginnt** mit dem formlosen *Gesuch des Gläubigers.* 12

Es kann schriftlich oder mündlich (unter Aufnahme eines schriftlichen Vermerks) erklärt werden, und es muss die zu pfändende Forderung genau bezeichnen, insbesondere die Person des Drittschuldners eindeutig bestimmen. Titel und Klausel sind vorzulegen, die Zustellung (§ 750) ist nachzuweisen. Das Gericht darf jedoch keine übermäßigen Anforderungen stellen (*BGH* NJW 04, 2097).

2. Das **Gericht entscheidet** ohne mündliche Verhandlung, sogar **ohne Anhörung des Schuldners,** die nicht einmal erfolgen darf, § 834. Hierdurch soll verhindert werden, dass der Schuldner von der bevorstehenden Pfändung Kenntnis erhält, daraufhin schnell noch (wirksam!) über die Forderung verfügt und sie so der Vollstreckung zum Nachteil des Gläubigers entzieht (z. B. durch Abtretung, Einziehung, Erlass); das gilt auch, wenn im Beschwerdeverfahren erstmals die Pfändung angeordnet wird. § 834 schützt also nicht die Allgemeinheit, sondern nur den Gläubiger, der deshalb auf diesen Schutz auch verzichten kann (*OLG Celle* MDR 72, 958); auf seinen Antrag muss dann der Schuldner vor der Pfändung gehört werden. 13

§ 834 ist mit Art. 103 I GG vereinbar, weil sich der Schuldner mithilfe der Erinnerung (vgl. u. Rn. 17) nachträglich rechtliches Gehör verschaffen und den Pfändungsbeschluss überprüfen lassen kann (vgl. BVerfGE 9, 98). 14

3. Das *Gericht* **prüft** seine Zuständigkeit und die allgemeinen *Vollstreckungsvoraussetzungen* (Titel, Klausel und Zustellung, die hier bereits erfolgt sein muss, vgl. o. Rn. 12), ferner, ob – die tatsächlichen Behauptungen des Gläubigers zugrundegelegt – nach irgendeiner vertretbaren Rechtsansicht eine Forderung bestehen und dem Schuldner zustehen kann (sog. *Schlüssigkeitsprüfung*, vgl. *OLG Frankfurt/M.* Rpfleger 78, 229). Die Schlüssigkeit wird selten fehlen (z. B. wenn eine Forderung aus Spiel oder Wette gepfändet werden soll, § 762 I BGB). Niemals wird geprüft, ob die Behauptungen des Gläubigers zutreffen. Daher wird stets nur die **„angebliche" Forderung** des Schuldners gegen den Drittschuldner gepfändet. Stellt sich später heraus, dass die Forderung nicht besteht oder nicht dem Schuldner zusteht, so ist die Pfändung wirkungslos (*BGH* NJW-RR 89, 316 und o. Rn. 4, § 13 Rn. 22). Sie bleibt es auch, wenn der Schuldner die Forderung nach der Pfändung (zurück-)erwirbt (*BGH* NJW 02, 755, 757: § 185 II BGB nicht analog anwendbar; ebenso BGHZ 100, 42 ff. für Rückerwerb gemäß § 7 AnfG a. F. [zustimm. *Münzberg* Anm. ZZP 101, 441 ff. m. N., auch zur Gegenansicht]; ferner *BAG* NJW 93, 2700 f. mit Besonderheit für die Pfändung künftigen Arbeitseinkommens, dazu StJ § 829, 69). 15

4. Das Gericht (Rechtspfleger) entscheidet über das Gesuch durch Beschluss. Gibt er dem Gesuch statt, so heißt er **Pfändungsbeschluss.** 16

Gegen den Pfändungsbeschluss hat der nicht gehörte (vgl. § 834 und o. § 11 Rn. 16) Schuldner die Erinnerung nach § 766. Gegen die – seltene – Ablehnung der Pfändung steht dem Gläubiger die sofortige Beschwerde, § 793, zu; zum weiteren Verfahren vgl. o. § 11 Rn. 17. 17

18 **Der Beschluss enthält neben dem Ausspruch der Pfändung** *zwei Anordnungen,* § 829 I:

- das **Verbot an den Drittschuldner,** *noch an den Schuldner zu zahlen,* „arrestatorium"; fehlt es, so ist der Beschluss unwirksam, Grund: § 829 III;
- das **Gebot an den Schuldner,** *sich jeder Verfügung über die Forderung,* insbesondere der Einziehung, *zu enthalten,* „inhibitorium" (vgl. u. Rn. 24); sein Fehlen ist für die Wirksamkeit des Beschlusses nicht wesentlich, Grund: § 829 III.

19 Der Beschluss muss den zu vollstreckenden Anspruch nach Schuldtitel und Betrag bezeichnen. Die zu pfändende Forderung muss nach Grund und Gegenstand genau bestimmt sein (*BGH* NJW-RR 91, 1198) und die Person des Drittschuldners festlegen (letzteres ist bei Pfändung künftiger Forderungen besonders bedeutsam, vgl. o. Rn. 6). Unbestimmte Bezeichnung der Forderung macht die Pfändung unwirksam (Beispiele: unauflösbarer Widerspruch zwischen ziffern- und buchstabenmäßiger Bezeichnung der Forderung; unbestimmt ist auch die Pfändung angeblicher Forderungen „aus Bankverbindungen an die X-Bank" [StJ § 829, 44], sofern kein ausreichend individualisierender Zusatz folgt, vgl. *BGH* NJW-RR 91, 1198; NJW 91, 1677).

20 Der **Umfang der Pfändung** kann nicht über den Betrag des zu vollstreckenden Anspruchs – einschließlich Kosten (§ 788) und Zinsen – hinausgehen (Ausnahme § 832). Grund: **Verbot der Überpfändung,** § 803 I 2 (dazu *Chr. Paulus* DGVZ 93, 129 ff.); vgl. u. § 32 Rn. 1.

21 Soweit der Pfändungsantrag und daher auch der Pfändungsbeschluss keine Einschränkungen enthalten, wird die Forderung in voller Höhe gepfändet (BGHZ 147, 225; StJ § 829, 74 ff.; a. A. *Jauernig* in der 21. Aufl. des Buchs, S. 90 f.). Eine Vollpfändung findet daher auch statt, wenn der Betrag der Titelforderung geringer ist als der Nennbetrag der gepfändeten Forderung (*Beispiel*: Titelforderung 1000 Euro, gepfändete Forderung 50 000 Euro). Der Gläubiger kann allerdings die ihm zum vollen Nennbetrag überwiesene Forderung nur in Höhe der titulierten Forderung beitreiben. Dass gleichwohl eine Vollpfändung geboten ist, zeigt sich in der Insolvenz des Drittschuldners: Sind Pfändung und Überweisung der Forderung gegen den Drittschuldner auf den Betrag der Titelforderung beschränkt, kann der Gläubiger in der Drittschuldner-Insolvenz nur den überwiesenen Betrag zur Insolvenztabelle anmelden und erhält nur darauf die Quote (im obigen *Beispiel* die Quote auf 1000 Euro); den Restbetrag (im *Beispiel* von 49 000 Euro) könnte der Schuldner anmelden. Bei der Vollpfändung und -überweisung kann der Gläubiger in der Insolvenz des Drittschuldners den gesamten überwiesenen Betrag zur Tabelle anmelden, erhält freilich nur den ihm zustehenden Betrag in Höhe der Titelforderung (im *Beispiel* also 1000 Euro, nicht jedoch – bei einer angenommenen Quote von 5 % – 2500 Euro). Daher verstößt die Vollpfändung nicht gegen das Verbot der Überpfändung (vgl. § 803 I 2). Die Vollpfändung blockiert die Forderung nicht: Nachpfändende Gläubiger erhalten (wenngleich nachrangige) Pfandrechte. Die in der Praxis verwendeten Vordrucke und die Pfändungs- und Überweisungsbeschlüsse sehen indes häufig vor, dass eine Pfändung nur „in Höhe des vollstreckten Anspruchs nebst Kosten" erfolgt. Dann liegt immer eine Teilpfändung vor. Der Gläubiger sollte diese Einschränkung streichen.

22 5. Der Pfändungsbeschluss wird dem Drittschuldner und dem Schuldner zugestellt. **Wesentlich** für die Wirksamkeit – und daher zuerst auszuführen – ist nur die **Zustellung an den Drittschuldner,** § 829 III (dazu lesenswert *ArbG* und *LAG Saarbrücken* FamRZ 67, 689 ff.). Sie hat auf Betreiben des Gläubigers zu geschehen (§§ 829 II 1, 191 ff.). Die Zustellung an den Schuldner geschieht ebenfalls im Parteibetrieb, aber ohne weiteren Antrag, § 829 II 2; sie ist für die Wirksamkeit unerheblich.

23 Die wesentliche Wirkung des Pfändungsbeschlusses ist die staatliche Verstrickung. Daneben entsteht wiederum ein Pfandrecht des Gläubigers (Einzelheiten vgl. o. § 16 Rn. 27).

24 6. Der *Gläubiger* erhält aufgrund der bloßen Pfändung *nur* eine *Sicherung,* keine Befriedigung. Er kann über die gepfändete Forderung noch nicht verfügen, insbesondere sie nicht alleine einziehen, sondern nur Leistung an sich und den Schuldner gemeinschaftlich oder Hinterlegung für sie beide verlangen (vgl. die Stellung des Pfandgläubigers nach §§ 1281, 1287 BGB). Der *Schuldner bleibt* noch *Inhaber der Forderung;* aber jede Verfügung, die das Recht des Gläubigers beeinträchtigen würde, ist ihm verboten, z. B. Einziehung, Abtretung, Erlass; eine dennoch getroffene Verfügung ist dem Gläubiger gegenüber unwirksam, sonst wirksam (§§ 136, 135 BGB). Der Schuldner darf aber auf

Feststellung klagen, weil er noch Forderungsinhaber ist und in dieser Klage keine dem Gläubiger nachteilige Verfügung über die Forderung liegt; deshalb darf er auch auf Hinterlegung für ihn und den Gläubiger gemeinschaftlich klagen (nicht aber auf Leistung an sich), ferner kündigen. Vgl. *BGH* NJW 68, 2060.

7. *Mehrfache Pfändung* einer Forderung ist möglich (vgl. § 853 und u. § 21 Rn. 1). Form: § 829; Rang: § 804 III. Hat der Drittschuldner versehentlich an den nachrangigen Gläubiger gezahlt und muss er deshalb nochmals, nämlich an den vorrangigen, zahlen, so kann er vom nachrangigen das Geld gemäß § 812 I 1 Alt. 1 BGB herausverlangen (BGHZ 82, 31 ff.; *Joost* WM 81, 82 ff.; *Lieb* ZIP 82, 1153 ff.). 25

Mehrere Geldforderungen des Schuldners gegen verschiedene Drittschuldner können durch einheitlichen Beschluss gepfändet werden, soweit das für Zwecke der Vollstreckung geboten erscheint und schutzwürdige Interessen des Drittschuldners nicht erkennbar entgegenstehen, § 829 I 3. Zur Vereinbarkeit mit dem von BVerfGE 65, 1 f. erfundenen Grundrecht auf informationelle Selbstbestimmung vgl. BT-Drs. 13/341 S. 32 f. (Begründung zu § 829 I 3), vgl. auch 10. Tätigkeitsbericht des Bundesbeauftragten für den Datenschutz ZIP 88, 200. 26

VI. Der *zweite Akt* der Vollstreckung, die **Verwertung,** ist bei Forderungen die **Überweisung an den Gläubiger.** 27

Auch sie geschieht durch Beschluss des Vollstreckungsgerichts, in der Praxis regelmäßig zusammen mit der Pfändung, so dass formularmäßig ein *„Pfändungs- und Überweisungsbeschluss“* zu ergehen pflegt, § 835.

Ohne Verstrickung (§ 829) ist die Überweisung unwirksam (das meint auch BGHZ 127, 152, vermengt aber „Pfändung“ und „Pfändungspfandrecht“). Die Anhörung des Schuldners ist weder notwendig noch üblich, aber zulässig, bei der üblichen Zusammenfassung beider Beschlüsse dagegen grundsätzlich unzulässig (§ 834; kein Verstoß gegen Art. 103 I GG: *Kahlke* NJW 91, 2688 ff.). Vgl. o. Rn. 13 f. 28

Auch hier ist die Zustellung an den Drittschuldner wesentlich für das Wirksamwerden der Überweisung, §§ 835 III 1, 829 III. 29

Die ZPO kennt **zwei Arten der Überweisung:** *zur Einziehung* und *an Zahlungs Statt zum Nennwert,* § 835 I. Zwischen beiden hat der Gläubiger die Wahl; im Beschluss muss die Art bezeichnet sein. 30

Im Fall von § 711 S. 1, § 712 I 1 ist nur die Überweisung zur Einziehung und nur zwecks Hinterlegung zulässig, § 839. 31

1. Die **Überweisung an Zahlungs Statt zum Nennwert** (die nur bei Geldforderungen möglich ist) **hat** die volle **Wirkung der Abtretung.** Deshalb geht die Forderung mit allen Nebenrechten (z. B. Pfandrecht, Bürgschaft) in Höhe des zu vollstreckenden Betrags nebst Kosten auf den Gläubiger über. Folglich gilt er mit der Überweisung als befriedigt, ohne Rücksicht darauf, ob und wann er vom Drittschuldner wirklich die Zahlung erhält, er trägt also das Risiko der Zahlungsunfähigkeit oder -unwilligkeit des Drittschuldners, § 835 II. Daher kommt diese Art der Überweisung praktisch nicht vor. Besteht freilich die überwiesene Forderung nicht und sind deshalb Pfändung (vgl. o. Rn. 15) und Überweisung (vgl. o. Rn. 28) unwirksam, dann ist der Gläubiger nicht befriedigt, § 835 II. 32

2. Die **Überweisung zur Einziehung** hat nicht so weitgehende Wirkung, ist deshalb für den Gläubiger risikolos und von ihm im Zweifel beantragt (nur sie ist in den gebräuchlichen Formularen vorgesehen!). Sie belässt die Forderung immer noch im Vermögen des Schuldners; dieser bleibt Inhaber, kann aber – wegen der Pfändung (vgl. o. Rn. 24) – nicht zum Nachteil des Gläubigers über sie verfügen und nicht Leistung an sich selbst, wohl aber an den Gläubiger verlangen (*BGH* NJW-RR 89, 1072). 33

Der Gläubiger kann vor allem die Forderung einziehen. Hierzu ist er sogar verpflichtet. Er kann auch kündigen, falls hiervon die Fälligkeit abhängt, ferner Leistung an Erfüllungs Statt vereinbaren, aufrechnen (mit der überwiesenen Forderung gegen eine Forderung des Drittschuldners an ihn); Verfügungen, welche die Leistung vereiteln würden, kann er nicht treffen. Er kann jetzt, anders als nach 34 bloßer Pfändung, auf Leistung allein an sich klagen, und zwar im eigenen Namen, d. h. als Partei, wobei der Überweisungsbeschluss seine Sachlegitimation begründet (insoweit Klage aus eigenem Recht, vgl. BGHZ 102, 296 f.). Dem Schuldner ist der Streit zu verkünden, § 841. Die Leistung an den Gläubiger befreit den Drittschuldner gegenüber dem Schuldner. Verzögert der Gläubiger die Einziehung, so wird er bei Verschulden schadensersatzpflichtig, § 842. Zusätzlich soll der Schuldner gegen den Drittschuldner auf Erfüllung der gepfändeten Forderung an die Pfandgläubiger klagen können (*BGH* NJW 01, 2178), was jedenfalls bei mehrfacher Pfändung zweifelhaft ist, da die Gläubiger selbst nur auf Hinterlegung klagen dürften (vgl. §§ 853 ff., 856 I und u. § 21 Rn. 6; Anm. *Chr. Berger* JZ 02, 46).

35 3. Eine andere Art der Verwertung ist nur auf Antrag und in bestimmten Fällen zulässig, § 844. Beispiel in *OLG Frankfurt/M.* BB 76, 1147 f., vgl. auch o. § 18 Rn. 26 ff.

36 **VII.** Besondere Beachtung verdient die **Stellung des Drittschuldners.**

Literatur: *Gaul,* Zur Rechtsstellung der Kreditinstitute als Drittschuldner in der Zwangsvollstreckung, 1978.

37 1. Grundsätzlich darf seine *Rechtsstellung* durch Pfändung und Überweisung (ebenso wie durch Abtretung) *nicht nachteilig verändert* werden – ein notwendiger Ausgleich dafür, dass diese Rechtsakte ohne sein Zutun erfolgen.

38 a) Eine wichtige Veränderung tritt durch die Pfändung (§ 829 I) aber insofern ein, als er nicht mehr an seinen Gläubiger, den Vollstreckungsschuldner, zahlen darf. Zahlt er dennoch, so wird er gegenüber dem Vollstreckungsgläubiger nicht frei.

39 Nur wenn er nachweislich in Unkenntnis der Pfändung noch an seinen Gläubiger – den Vollstreckungsschuldner – zahlt (was bei Ersatzzustellung des Pfändungsbeschlusses immerhin vorkommen kann), wird er gegenüber dem Vollstreckungsgläubiger in Analogie zu §§ 1275, 407 BGB geschützt (BGHZ 105, 359 f.; *Seibert* WM 84, 521 ff.).

40 Ferner wird der Drittschuldner für den Fall geschützt, dass der Überweisungsbeschluss ohne sein Wissen aufgehoben ist, § 836 II; seine Zahlung an den Vollstreckungsgläubiger befreit ihn gegenüber dem Vollstreckungsschuldner (vgl. § 409 BGB). Der Drittschuldner genießt auch dann Schutz nach § 836 II, wenn der Überweisungsbeschluss unwirksam ist (BGHZ 127, 153 ff. [dazu *G. Lüke* JuS 95, 202 ff.; *Henckel* ZZP 108, 260 ff.], anders noch BGHZ 121, 104 ff.). Steht freilich dem Vollstreckungsschuldner die Forderung gar nicht zu, sondern einem Dritten, so wird der Drittschuldner gegenüber dem Dritten nicht befreit (vgl. *BGH* NJW 88, 495 f.; 02, 757 und o. Rn. 15). Ist die Forderung für mehrere Gläubiger gepfändet, so kann der Drittschuldner zu seinem Schutz den Betrag beim Vollstreckungsgericht hinterlegen, u. U. ist er dazu verpflichtet, § 853 (vgl. u. § 21 Rn. 5). Zahlt er an den Erstpfändenden, so ist er einem nachrangigen Vollstreckungsgläubiger gegenüber in erweiternder Auslegung des § 836 II geschützt, wenn die vorrangige Pfändung ohne sein Wissen vor der Zahlung aufgehoben worden ist (BGHZ 66, 396 f.; dazu *BGH* NJW 88, 496). Zum Bereicherungsausgleich bei Zahlung an den nachrangigen Gläubiger, wenn vor- und nachrangige Pfändung wirksam sind, vgl. o. Rn. 25.

41 b) Aufgrund der Pfändung, nicht erst der Überweisung (BGHZ 68, 291), hat der Drittschuldner dem Gläubiger auf Verlangen **Auskunft** zu geben, ob er die Forderung anerkennt und zur Zahlung bereit ist, ferner, ob andere Personen Ansprüche auf die Forderung erheben (z. B. aufgrund eines Pfandrechts) und ob sie bereits für andere gepfändet ist, § 840 I Nr. 1–3. „Anerkennen" der Forderung meint nur eine tatsächliche Auskunft, nicht ein Schuldanerkenntnis gemäß § 781 BGB (*BGH* MDR 83, 308 m. N.). Ab 1. 7. 2010 hat der Drittschuldner darüber hinaus anzugeben, ob Maßnahmen nach § 883 a n. F. getroffen wurden oder das Konto, dessen Guthaben gepfändet ist, als Pfändungsschutzkonto gemäß § 850 k n. F. geführt wird (vgl. u. § 32 Rn. 56 ff.), § 840 I Nr. 4, 5. Die Auskunft soll dem Gläubiger die Möglichkeit geben, sich über sein weiteres Vorgehen schlüssig zu werden, z. B. ob eine Klage gegen den Drittschuldner notwendig ist und einen Sinn hat oder ob er besser auf die Rechte aus der Pfändung verzichtet (§ 843, vgl. BGHZ 98, 293 f.; *BGH* NJW 95, 717 und u. Rn. 53; zum Umfang der Auskunftspflicht *Foerste* NJW 99, 904 ff.). Gibt der Drittschuldner keine Auskunft, so verletzt er nach BGHZ 91, 128 ff. lediglich eine nicht einklagbare Obliegenheit, weshalb eine Auskunftsklage (mangels Klagbarkeit als unzulässig?) abzuweisen sei; nach a. A. fehlt einer solchen Klage in der Regel (nur) das Rechtsschutzinteresse, da der Gläubiger den Dritt-

schuldner sofort auf Zahlung verklagen könne (*Gerhardt* S. 123 m. N.; zur Problematik *Brüne/Liebscher* BB 96, 743). Verweigert der Drittschuldner schuldhaft (BGHZ 98, 293) die Auskunft, so haftet er dem Gläubiger auf Ersatz des durch die Weigerung entstandenen Schadens (z. B. auf Ersatz der Prozesskosten des Gläubigers, wenn dieser den Zahlungsprozess gegen den Drittschuldner verliert oder die Klage zurücknimmt; dazu vgl. BGHZ 91, 129 f.; 98, 294; *BAG* NJW 90, 2644 f.; *Brüne/Liebscher* BB 96, 744 ff.); eine kostenprivilegierte Klagerücknahme analog § 269 III 2, 3 kommt mangels planwidriger Regelungslücke nicht in Betracht (a. A. *Saueressig* ZZP 119, 463; offen gelassen *BAG* NJW 06, 717, 718). Die Haftung besteht auch bei falscher oder unvollständiger Erklärung (StJ § 840, 30). Der Gläubiger ist so zu stellen, als wäre die Auskunft rechtzeitig und richtig erteilt worden (§ 249 BGB). Zu ersetzen ist beispielsweise der Schaden, der dem Gläubiger daraus erwachsen ist, dass er im Vertrauen auf die Richtigkeit des Anerkenntnisses weitere Vollstreckungsmaßnahmen unterlassen hat. Nicht jedoch muss der Drittschuldner die unzutreffende Auskunft als wahr gelten lassen (BGHZ 69, 328, 332 f.; StJ § 840, 30).

c) Der Drittschuldner kann dem Gläubiger analog §§ 412, 404 BGB (BGHZ 93, 78) alle Einreden und Einwendungen entgegenhalten, die ihm z. Z. der Pfändung gegenüber dem Schuldner zustanden. 42

Er kann insbesondere geltend machen, dass die Forderung nicht entstanden oder erloschen sei, z. B. infolge Nichtigkeit des die Forderung begründenden Vertrags, Anfechtung, Zahlung, Aufrechnung mit einer Forderung gegen den Schuldner unter den Voraussetzungen von § 392 BGB (dazu BGHZ 58, 26 ff.; *Denck* NJW 79, 2375 ff.), Abtretung, Ablauf einer tarifvertraglichen Verfallfrist (dazu *Schaub* NJW 65, 2329 ff.). 43

Da ihm auch die Einrede des nichterfüllten Vertrags zusteht, wird die Pfändung einer Forderung aus einem gegenseitigen Vertrag, solange die Gegenforderung noch besteht, für den Gläubiger in der Regel wertlos sein; denn der Schuldner wird kein großes Interesse haben, seinerseits zu erfüllen, wenn ihm die Zahlung doch nicht mehr zugute kommt. Der Gläubiger müsste also, um die Einrede zu beseitigen, selber leisten, wozu er weder stets imstande ist noch Lust haben wird. 44

Der Drittschuldner kann das Nicht(mehr)bestehen dem Gläubiger gemäß § 840 mitteilen und ihn zur Freigabe nach § 843 auffordern. Erst dann besteht für eine Klage des Drittschuldners auf Feststellung des Nichtbestehens der Forderung ein Rechtsschutzinteresse (BGHZ 69, 149 ff.). In jedem Fall kann sich der Drittschuldner im Einziehungsprozess des Gläubigers gegen ihn (vgl. u. Rn. 51) auf das Nicht(mehr)bestehen berufen. 45

Außerdem kann der Drittschuldner die *Wirksamkeit der Pfändung und Überweisung bestreiten* (BGHZ 66, 80 f.), jedoch nicht, dass die titulierte Forderung des Gläubigers besteht (*BAG* NJW 89, 1053 f.). Die Unwirksamkeit der Pfändung und Überweisung kann der Drittschuldner entweder gemäß § 766 (BGHZ 69, 148 f.) oder im Einziehungsprozess (BGHZ 66, 80 f.; vgl. u. Rn. 51) geltend machen. Für eine Klage des Drittschuldners auf Feststellung der Unwirksamkeit fehlt das Rechtsschutzinteresse (BGHZ 69, 146 ff.). 46

Str. ist, ob der Drittschuldner die *Unpfändbarkeit* der gegen ihn gerichteten Forderung auch im Einziehungsprozess dem Vollstreckungsgläubiger gegenüber geltend machen kann oder ob er hierfür auf die Erinnerung angewiesen ist; vgl. u. § 33 Rn. 26. 47

d) Ist das Guthaben einer natürlichen Person bei einer Bank (Sparkasse) gepfändet und überwiesen worden, so darf die Bank (Sparkasse) erst zwei Wochen nach der Überweisung an den Gläubiger leisten, § 835 III 2. Zum Grund vgl. u. § 33 Rn. 3. 48

e) Ist über die Forderung eine Urkunde ausgestellt worden (z. B. ein Sparbuch), so ist sie dem Schuldner gemäß § 883 wegzunehmen (sog. Hilfsvollstreckung). Vollstreckungstitel ist der Überweisungsbeschluss, § 836 III 3 (StJ § 836, 14 f.). 49

f) Der Schuldner hat dem Gläubiger die zur Geltendmachung der Forderung nötigen Informationen zu erteilen und einschlägige Urkunden herauszugeben, § 836 III 1. Auskunfts- und Herausgabeanspruch können vollstreckt werden, § 836 III 2, 3. 50

2. *Der Gläubiger kann gegen den die* **Zahlung verweigernden Drittschuldner** *nicht vollstrecken,* denn er hat keinen Vollstreckungstitel gegen ihn. Der Pfändungs- und Überweisungsbeschluss genügt hierfür nicht, da gepfändet wird, ohne das Bestehen der Forderung zu prüfen (vgl. o. Rn. 15) und ohne irgendeine Beteiligung des Drittschuldners. Verweigert er die Zahlung, so muss ihn der Gläubiger im jeweiligen Rechtsweg **verklagen**, sog. Einziehungsklage. Ist der gepfändete An- 51

spruch, wie häufig, eine Lohnforderung, so ist das ArbG zuständig (§ 3 ArbGG; BGHZ 68, 128 ff.). Zur Klage ist er berechtigt: bei der Überweisung zur Einziehung, weil ihm das Einziehungsrecht verliehen ist (vgl. o. Rn. 33), bei der Überweisung an Zahlungs Statt, weil er Gläubiger der Forderung geworden ist.

52 Zum Anspruch des Drittschuldners (Arbeitgebers) gegen den Schuldner (Arbeitnehmer) auf Ersatz von Lohnpfändungskosten *Brill* DB 76, 2400 ff.; abw. *Brüne/Liebscher* BB 96, 743; zum entsprechenden Anspruch eines Kreditinstituts gegen seinen Kunden *Rösler* BB 99, 127 ff.; *BGH* NJW 99, 2276. Wegen des Kosten- oder Arbeitsaufwandes bei zahlreichen Lohnpfändungen kann der Drittschuldner (Arbeitgeber) dem Schuldner (Arbeitnehmer) erst kündigen, wenn Ablauf oder Organisation des Betriebs objektiv in erheblichem Umfang gestört ist (*BAG* NJW 82, 1063). Der Aufwand entsteht vor allem dadurch, dass bei der üblichen Blankettpfändung die Berechnung des pfändbaren und damit gepfändeten Arbeitslohnes dem Arbeitgeber (Drittschuldner) aufgebürdet wird (vgl. u. § 33 Rn. 22).

53 **VIII. Verzicht des Gläubigers** auf die Rechte aus Pfändung und Überweisung zur Einziehung ist möglich, und zwar durch eine Erklärung, die dem Schuldner zuzustellen ist, § 843 S. 1, 2 (die Zustellung an den Drittschuldner, § 843 S. 3, dient nur der Information). Der Verzicht kommt in Frage, wenn Pfändung und Überweisung sich als Fehlschlag erweisen, weil z. B. der Drittschuldner zahlungsunfähig ist oder eine Klage gegen ihn dem Gläubiger zu riskant erscheint. Eine förmliche Aufhebung des Pfändungsbeschlusses ist entbehrlich, kann auf Antrag der Beteiligten aber zur Klarstellung erfolgen (*BGH* NJW 02, 1788, 1789). – Zum *materiellrechtlichen Verzicht,* der neben dem gemäß § 843 möglich ist, vgl. *BGH* NJW 83, 887; StJ § 843, 2.

54 **IX.** Die **praktische Bedeutung** der Pfändung von Forderungen, vor allem von *Geld*forderungen, ist groß, zumal die Vollstreckung in bewegliche Sachen angesichts der weiten Ausdehnung der Unpfändbarkeit (§ 811, vgl. u. § 32 Rn. 6 ff.) in zahlreichen Fällen aussichtslos geworden ist. Hinzu kommt die schnelle Wertminderung von Konsumgütern – vom Kühlschrank bis zum Auto –, die einen Zwangszugriff oftmals nicht lohnend erscheinen lässt. Innerhalb der Geldforderungspfändung überwiegt bei weitem die Pfändung von Lohn- und Gehaltsforderungen. Sie sind heute für einen großen Teil der Bevölkerung „das Vermögen". Bei ihnen ist der Gläubiger regelmäßig leicht in der Lage, die Person des Drittschuldners (des Arbeitgebers, der Behörde) und die ungefähre Höhe der Forderung festzustellen. Wechselt aber der Schuldner häufig den Arbeitsplatz – was in Zeiten der Vollbeschäftigung nicht selten vorkam –, so wird dem Gläubiger freilich die Rechtsverfolgung fast unmöglich gemacht. Bei anderen Forderungen, z. B. bei den Außenständen eines Kaufmanns, kann sich der Gläubiger über Bestand und Höhe der Forderung nur schwer Gewissheit verschaffen. Ohne Kenntnis der Sachlage ist die Pfändung leicht ein Fehlschlag. Instruktiv *OLG Köln* MDR 70, 150 f.

55 **X. Die Vorpfändung,** § 845. Hat der Gläubiger einen Vollstreckungstitel, so kann er den Schuldner und den Drittschuldner durch den Gerichtsvollzieher von der bevorstehenden Forderungspfändung benachrichtigen und dabei dem Drittschuldner untersagen, an den Schuldner zu zahlen, und dem Schuldner gebieten, über die Forderung nicht zu verfügen. Für diese Vorpfändung bedarf es keiner Zustellung des Titels und keiner vollstreckbaren Ausfertigung. Die Benachrichtigung des Drittschuldners hat die Wirkung eines Arrestes, begründet also die Pfandverstrickung und ein Arrestpfandrecht (vgl. u. § 36 Rn. 10), unter der Voraussetzung, dass die Pfändung innerhalb eines Monats seit Zustellung der Benachrichtigung an den Drittschuldner bewirkt wird, § 845 II. In diesem Fall verwandelt sich das auflösend bedingte bloße Sicherungspfandrecht in ein endgültiges Pfändungspfandrecht, dessen Rang sich aber nach dem Zeitpunkt der Vorpfändung richtet. Andernfalls verliert die Vorpfändung ihre Wirkung (ebenso bei Einstellung der Vollstreckung aus dem Titel, bei Eröffnung des Insolvenzverfahrens [beachte § 88 InsO: „Rückschlagsperre"], bei Beschlagnahme der Forderung im Wege der Immobiliarvollstreckung, die nach der Vorpfändung, aber vor der Pfändung erfolgen; denn in diesen Fällen ist eine Pfändung nicht mehr möglich, vgl. § 865 II 1, §§ 89, 91 InsO). Daher besteht bis zur Pfändung ein Schwebezustand. Gegen die Vorpfändung sind Erinnerung und Widerspruchsklage gegeben.

Die Vorpfändung ist bedeutsam im Wettlauf mit anderen Gläubigern, da sie ohne Klausel und Zustellung des Titels möglich ist. Praktisch wichtig ist sie auch, wenn bei einer erfolglosen Sachpfändung vom Gerichtsvollzieher Forderungen des Schuldners festgestellt werden, z. B. durch Auffinden eines Sparbuchs (vgl. o. § 17 Rn. 2). Auch in diesem Fall darf der Gerichtsvollzieher aber nicht – im Rahmen des allgemeinen Vollstreckungsantrags, § 753 I – „von Amts wegen" vorpfänden. Vielmehr bedarf es eines ausdrücklichen Antrags („Auftrags": § 845 I 2), der den Gerichtsvollzieher ermächtigt, selbst die Benachrichtigung samt den Aufforderungen anzufertigen (sofern ihm nicht schon vom Gläubiger ausgestellte vorliegen). Sodann hat der Gerichtsvollzieher auch hier die Schriftstücke dem Schuldner und dem Drittschuldner zuzustellen. **56**

Praktisch bedeutsam ist die Vorpfändung im Zusammenspiel mit *§ 806 a*, namentlich dann, wenn sie bereits vorsorglich vom Gläubiger beantragt ist. Vgl. o. § 17 Rn. 25.

§ 20. Die Zwangsvollstreckung in andere Forderungen und Vermögensrechte

I. Die durch eine **Hypothek gesicherte Forderung** ist zwar eine Geldforderung, aber es bedarf einiger Sondervorschriften, um die Vollstreckung mit den Bestimmungen des materiellen Rechts (insbesondere § 1154 BGB) in Einklang zu bringen. Daher sind zur Pfändung notwendig: stets ein Pfändungsbeschluss, außerdem bei einer *Buch*hypothek die Eintragung der Pfändung im Grundbuch, bei einer *Brief*hypothek die Übergabe des Briefs an den Gläubiger, § 830. Solange Grundbucheintragung oder Briefübergabe fehlen, liegt (noch) keine wirksame Pfändung vor (BGHZ 127, 150 ff.). Eine Pfändung der Forderung allein ohne Pfändung der Hypothek ist unwirksam (vgl. § 1153 II BGB), ebenso eine Pfändung der Hypothek ohne Pfändung der Forderung (vgl. u. Rn. 15). 1

Wird der Brief vom Schuldner nicht freiwillig herausgegeben, so muss der Gerichtsvollzieher aufgrund des Pfändungsbeschlusses nach §§ 883 ff. vorgehen (nicht nach § 808, weil der Brief nicht Befriedigungsobjekt ist), also den Brief dem Schuldner wegnehmen und dem Gläubiger abliefern *(Hilfsvollstreckung)*. Andererseits ist die Zustellung des Pfändungsbeschlusses an den Drittschuldner zur Wirksamkeit der Pfändung nicht erforderlich (anders als nach § 829 III), bewirkt aber, wenn sie vor Eintragung oder Briefübergabe erfolgt, bereits, dass die Pfändung ihm gegenüber als bewirkt gilt, § 830 II, vorausgesetzt, es kommt noch zu einer wirksamen Pfändung (BGHZ 127, 151). 2

Bei der Überweisung ist wiederum die Zustellung des Beschlusses an den Drittschuldner nicht erforderlich, nur seine Aushändigung an den Gläubiger, falls dieser den Brief aufgrund der Pfändung (§ 830 I 1) schon in seiner Hand hat, § 837. Die Wirkung der Überweisung tritt, wenn sie mit der Pfändung in einem Beschluss verbunden ist, erst ein, wenn die Pfändung (also Eintragung oder Übergabe des Briefes) erfolgt ist. BGHZ 127, 154 hält die Verbindung beider Beschlüsse für unzulässig, weil die Pfändung vor Eintragung oder Übergabe (noch) unwirksam sei und daher auch die Überweisung; doch wird bei Komplettierung der Pfändung (durch Eintragung oder Übergabe) auch die Überweisung wirksam. 3

Die Überweisung muss allein bei Buchhypotheken im Grundbuch eingetragen werden, und auch dann nur, wenn es sich um eine Überweisung an Zahlungs Statt handelt, weil dadurch ein neuer Gläubiger eintritt (§ 837 I 2). 4

II. Ansprüche auf Herausgabe oder Leistung von Sachen, § 846

In Betracht kommen bewegliche (§ 847) und unbewegliche (§§ 848, 864) Sachen. Die Ansprüche werden durch **Pfändungsbeschluss** gepfändet, dessen Inhalt sich nach § 829 I richtet (§ 846). Eine Überweisung an Zahlungs Statt ist mangels 5

Nennwerts unzulässig (§ 849). Im Übrigen ist nach beweglichen und unbeweglichen Sachen zu unterscheiden.

6 1. Betrifft der gepfändete Anspruch eine **bewegliche Sache,** so bestimmt der Pfändungsbeschluss (neben den Anordnungen nach §§ 846, 829 I), dass die Sache an einen Gerichtsvollzieher herauszugeben ist, § 847 I (diese Anordnung ist für die Pfändung nicht wesentlich). Mit Zustellung des Beschlusses an den Drittschuldner erwirbt der Gläubiger ein Pfandrecht am Anspruch, §§ 846, 829 III. Durch Herausgabe der Sache an den Gerichtsvollzieher erlangt der Gläubiger ohne weiteres ein Pfandrecht an der Sache selbst, nicht etwa wird er Eigentümer; denn weder hat er hierauf einen Anspruch noch stimmt stets der Wert der Sache mit dem Betrag der Gläubigerforderung überein. Eigentümer bleibt vielmehr der Schuldner, oder er wird es, wenn er es noch nicht ist und einen Anspruch darauf hat (z. B. bei Pfändung eines Anspruchs aus § 433 I BGB).

7 Ist die herauszugebende Sache unpfändbar, so ist es auch der Anspruch auf ihre Herausgabe, weil der Gläubiger die unpfändbare Sache nicht verwerten dürfte.

8 Gibt der Drittschuldner die Sache nicht freiwillig heraus, so darf sie der Gerichtsvollzieher nicht wegnehmen. Vielmehr muss sich der Gläubiger den Anspruch zur Einziehung (vgl. § 849) überweisen lassen (*Baur/Stürner/Bruns* Rn. 31.9; a. A. Schuschke/Walker/*Schuschke* § 847, 3, je m. N.) und gegen den Drittschuldner Klage auf Herausgabe an den Gerichtsvollzieher erheben. Der Drittschuldner kann alle Einwendungen und Einreden erheben, die ihm gegen den Schuldner zustehen.

9 Ist die Sache freiwillig oder zwangsweise an den Gerichtsvollzieher herausgegeben, so wird sie wie eine gepfändete Sache verwertet, § 847 II, in der Regel also durch Versteigerung. Der Erlös wird an den Gläubiger abgeführt, vgl. o. § 18 Rn. 23 ff. Die Verwertung setzt stets voraus, dass der Herausgabeanspruch dem Gläubiger zur Einziehung (vgl. § 849) überwiesen worden ist (arg. § 847 II, vgl. *Baumbach* § 847, 7; str.).

10 Der Gläubiger wird dieses Verfahren wählen, um an Vermögensstücke heranzukommen, die dem Schuldner zwar noch nicht gehören, auf deren Übereignung der Schuldner aber einen Anspruch hat (z. B. aus § 433 I BGB), sofern die Übereignung nicht von einer Gegenleistung abhängt (vgl. u. Rn. 13 a. E.). Ferner kommt dieses Verfahren im Fall des § 809 in Betracht, wenn dem Schuldner ein Herausgabeanspruch gegen den Dritten zusteht, z. B. aus Miete (vgl. o. § 17 Rn. 16). Hier wird es freilich häufig zum *Herausgabeprozess zwischen Gläubiger und Drittem* (= Drittschuldner) kommen: War der Dritte schon nach § 809 nicht zur Herausgabe bereit, dann wird er es nur selten aufgrund der Pfändung und Überweisung eines angeblichen Herausgabeanspruchs des Schuldners gegen ihn werden. Ein dornenreicher Weg für den Gläubiger, aber unvermeidlich, um unbeteiligte Dritte zu schützen.

11 Ist der Anspruch für mehrere Gläubiger gepfändet und überwiesen, und reicht der Erlös nicht für alle aus, so kommt das Verteilungsverfahren in Betracht, § 854 II, vgl. u. § 21.

12 2. Betrifft der Anspruch die Herausgabe einer **unbeweglichen Sache,** so ist im Pfändungsbeschluss (§§ 846, 829 I) auch die Herausgabe an einen Sequester anzuordnen, der auf Antrag des Gläubigers vom AG (Rechtspfleger), in dessen Bezirk die Sache gelegen ist, bestellt wird, § 848 I, § 20 Nr. 17 RPflG. Daran schließt sich die Zwangsvollstreckung in das Grundstück nach den dafür geltenden Vorschriften an, § 848 III. Dazu *Hoche* NJW 55, 162 ff.

13 Geht der Anspruch auf Übertragung des Eigentums, so muss die Auflassung an den Sequester als Vertreter des Schuldners, nicht etwa an den Gläubiger erfolgen (aus dem o. zu Rn. 6 angeführten Grund), § 848 II 1. Weigert sich der Drittschuldner, so muss der Gläubiger (oder der Schuldner, vgl. *BGH* BB 68, 397) auf Auflassung klagen. Der Gläubiger erwirbt mit dem Eigentumsübergang auf den Schuldner eine Sicherungshypothek an dem Grundstück, und zwar *ohne* (!) Eintragung, § 848 II 2. Diese Vollstreckung hat keine große praktische Bedeutung. Der Übereignungsanspruch ist regelmäßig an eine Gegenleistung (z. B. die Zahlung des Kaufpreises) geknüpft, die der Schuldner meistens noch nicht erbracht hat. Das kann der Drittschuldner dem Gläubiger entgegenhalten (vgl. o. Rn. 8). Folglich hat der Gläubiger nur dann Erfolg, wenn er oder der Schuldner den Kaufpreis zahlt. Dazu werden beide in der Regel nicht bereit sein.

III. Eine **Vollstreckung in andere Rechte** ist möglich (§ 857 I), *soweit* sie *gesetzlich übertragbar* sind (der Ausschluss der Übertragung durch bloßen Vertrag hindert die Vollstreckung grundsätzlich nicht, §§ 857 I, 851) oder wenigstens die Ausübung des Rechts einem anderen überlassen werden kann, § 857 III. So kann bei einem gepfändeten Nießbrauch der Gläubiger eine ordnungsgemäße Nutzung des Grundstücks nur dadurch erreichen, dass das Gericht nach § 857 IV die Verwaltung in Anlehnung an die Vorschriften der Zwangsverwaltung (§§ 146 ff. ZVG; vgl. u. § 25) anordnet (*BGH* NJW 07, 149); der Gläubiger kann (anders als der Nießbraucher, § 1065 BGB) nicht Herausgabe an sich, sondern nur an den Verwalter verlangen (*BGH* NJW 06, 1124; 07, 149). Kann das unübertragbare Recht *nicht* zur Ausübung überlassen werden, so ist es unpfändbar, § 857 I, 851 I, z. B. das Vorkaufsrecht, sofern nicht ein anderes vereinbart ist (§ 473 BGB). 14

Nach §§ 857 I, 828 ff. gepfändet und verwertet werden Miteigentumsanteile an im Sammelbestand gemäß § 6 I DepotG verwahrten Wertpapieren (BGHZ 160, 121, 124; *BGH* NJW-RR 08, 494, 495).

Ausgeschlossen von selbstständiger Vollstreckung sind *akzessorische Rechte,* die nur neben einem Hauptrecht bestehen, wie Pfandrecht, Hypothek, Ansprüche gegen den Bürgen, Ansprüche auf Auskunft, Rechnungslegung (*BGH* NJW-RR 03, 1555, 1556 [aus Bankvertrag]), Berichtigung des Grundbuchs. Sie können nur zusammen mit dem Hauptrecht gepfändet werden, wenn sie nicht schon automatisch mit dessen Pfändung zusammen gepfändet werden, wie z. B. Pfandrecht und Hypothek mit der Forderung. 15

Ferner scheiden alle Rechte aus, die *nicht Vermögensrechte* sind, z. B. das Namensrecht, das allgemeine Persönlichkeitsrecht (dazu *Sosnitza* JZ 04, 992), familienrechtliche Ansprüche (die meist auch unübertragbar sind, vgl. § 860), aber auch *Gestaltungsrechte, wenn* sie *unübertragbar* sind (z. B. Kündigungsrecht). Das *kaufmännische Unternehmen* als Ganzes kann nicht gepfändet werden (BGHZ 32, 105 f.). Unzulässig ist die *Pfändung öffentlich-rechtlicher Befugnisse,* z. B. des Anspruchs gegen das Grundbuchamt auf Eintragung, des Rechts auf Einlegung von Rechtsmitteln im Prozess. 16

Manche Rechte sind zwar übertragbar (und damit grundsätzlich dem Gläubigerzugriff unterworfen, § 851 I), pfändbar aber nur, wenn sie vertraglich anerkannt oder rechtshängig (§ 261) sind, § 852: Hierzu zählen der Pflichtteilsanspruch (§ 2317 II BGB), der Rückerstattungsanspruch des Schenkers wegen Verarmung (§ 528 BGB; § 852 II) und der Anspruch eines Ehegatten auf Zugewinnausgleich (§ 1378 III BGB). Bei diesen Ansprüchen soll allein der Berechtigte über die Rechtsausübung entscheiden. Allerdings sind diese Rechte als in ihrer „zwangsweisen Verwertbarkeit aufschiebend bedingte" Ansprüche schon vor Anerkennung oder Rechtshängigkeit pfändbar (so zum Pflichtteilsanspruch BGHZ 123, 185 ff.; das gilt auch für die Ansprüche des § 852 II, StJ § 852, 4; unentschieden *BGH* NJW 07, 60, 62 f.). § 852 II ist nicht entsprechend anwendbar auf einen allein vom Willen des Gläubiger-Ehegatten abhängigen Rückauflassungsanspruch bei „ehebezogener Zuwendung" (*BGH* NJW 03, 1858, 1859 f.). Bei der ehelichen Gütergemeinschaft ist – solange sie besteht – der Anteil eines Ehegatten am Gesamtgut und an den Einzelgegenständen unpfändbar; nach Beendigung der Gemeinschaft ist der Anteil am Gesamtgut pfändbar (§ 860). 17

Wichtig ist die Pfändbarkeit der Anteile an einer Personengesellschaft. Hier ist zu unterscheiden zwischen dem Anteil am Gesellschaftsvermögen und an den einzelnen dazu gehörenden Gegenständen. Über beide kann der Gesellschafter nicht verfügen (§ 719 I BGB, §§ 105 III, 161 II HGB). Der Anteil am einzelnen Gegenstand ist unpfändbar, der Anteil am Gesellschaftsvermögen pfändbar, § 859 I. Dasselbe gilt für den Anteil eines Miterben, § 859 II (vgl. *BayObLG* Rpfleger 83, 112 f.; der Anteil am Nachlass ist auch übertragbar, § 2033 I 1, II BGB). Nach h. M. sind auch die Anteile an einer OHG und KG gemäß § 859 I pfändbar (StJ § 859, 12 m. N.). Vgl. u. Rn. 37. 18

Als Vollstreckungsobjekte kommen ferner in Betracht: Ansprüche auf Bestellung oder Übertragung eines Rechts (z. B. auf Bestellung einer Grundschuld, auf Übertragung einer Forderung [*BGH* NJW 98, 2970]), Gemeinschafts-, Gesellschafts- und Miterbenanteile (vgl. Rn. 14, 37), Grund- und Rentenschulden (§ 857 VI), ferner Anwartschaftsrechte, z. B. des Käufers bei Verkauf unter Eigentumsvorbehalt (vgl. u. Rn. 24) oder des Auflassungsempfängers (vgl. BGHZ 49, 203 ff.). 19

Zunehmende Bedeutung erlangt die Zwangsvollstreckung in Immaterialgüterrechte. Pfändbar sind alle übertragbaren Rechte, beispielsweise das Patent (BGHZ 125, 337), das Markenrecht und – mit Einschränkungen (§§ 112 ff. UrhG) – das 20

Urheberrecht. Ein Drittschuldner ist nicht vorhanden (§ 857 II). Pfändbar sind grundsätzlich auch Lizenz- und Nutzungsrechte an immateriellen Gütern. Der Lizenzgeber ist regelmäßig Drittschuldner.

21 Bei „Internet-Domains" war lange umstritten, ob sie – ähnlich wie eine Marke – als solche übertragen und daher gepfändet werden können (eingehend *Birner*, Die Internet-Domain als Vermögensrecht, 2005). Dies ist zu verneinen, denn der Domain liegt kein absolutes Recht zugrunde (*Chr. Berger* Rpfleger 02, 181). Pfändbar sind nur die dem Domain-Inhaber aus dem Domain-Vergabevertrag gegen die Domain-Registrierungsstelle („DENIC") zustehenden Ansprüche (*BGH* NJW 05, 3353). Die Vergabestelle ist Drittschuldnerin (*Stadler* MMR 07, 71; *Boecker* MDR 07, 1234, 1237). Die Verwertung erfolgt durch Überweisung zum Schätzwert an Zahlungs statt. Häufig enthält die Domain-Bezeichnung auch eine Marke; dann sollte zusätzlich das Markenrecht gepfändet werden.

22 1. Für das **Verfahren** gelten einige Besonderheiten.

Die *Pfändung* geschieht durch Zustellung des Pfändungsbeschlusses an den Drittschuldner (§§ 857 I, 829), das ist hier jeder neben dem Schuldner irgendwie am Recht Beteiligte (z. B. Miteigentümer, Miterbe, dazu BGHZ 49, 204 f.). Wer Drittschuldner bei Pfändung eines Gesellschaftsanteils ist, ist str. (StJ § 859, 3: die Gesamthand; nach a. A. alle Mitgesellschafter). Ist kein Drittschuldner vorhanden, wie z. B. beim Urheberrecht, so ist durch Zustellung an den Schuldner zu pfänden, § 857 II.

23 Die *Verwertung* geschieht durch Überweisung des Rechts (§§ 857 I, 835), sofern der Gläubiger das Recht anstelle des Schuldners ausüben kann. Das Gericht kann besondere Anordnungen über die Verwertung treffen (§ 857 IV, V). Vgl. BGHZ 62, 136 f.; *BGH* NJW 07, 149 zum Nießbrauch.

24 2. Bevorzugter Gegenstand theoretischer Erörterungen ist die Pfändung des **Anwartschaftsrechts** eines Käufers *aus bedingter Übereignung* (vgl. § 449 I BGB). Die Pfändung und Überweisung zur Einziehung (vgl. § 849) des Anwartschaftsrechts allein kommt schon deshalb nicht vor, weil seine Verwertung wohl niemals einen befriedigenden Erlös bringt. Der Gläubiger muss daher auf die Sache selbst, d. h. auf das Eigentum, zugreifen. Das bringt Schwierigkeiten mit sich, weil das Eigentum bis zum Bedingungseintritt noch dem Verkäufer zusteht.

25 Sie lösen sich meistens problemlos. Das hat folgende Gründe:

Der Gläubiger wird in der Regel nicht wissen, ob dem Schuldner nur ein Anwartschaftsrecht zusteht. Der Gerichtsvollzieher weiß es ebenfalls nicht. Für ihn ist die materielle Rechtslage in der Regel belanglos, denn bei der Pfändung kommt es nur auf den Gewahrsam, nicht auf das Eigentum des Schuldners an (vgl. o. § 17 Rn. 7). Weist der Schuldner auf sein fehlendes Eigentum hin, so kann der Gerichtsvollzieher andere Sachen pfänden (vgl. *LG Berlin* MDR 77, 146); besteht diese Möglichkeit nicht, so muss er die Anwartschaftssache beschlagnahmen. Erfährt der Vorbehaltsverkäufer von der Pfändung (z. B. weil der Schuldner zur Benachrichtigung vertraglich verpflichtet ist), so wird er sich im eigenen Interesse schnellstens an den Gläubiger wenden, sein Eigentum dartun (dazu vgl. o. § 13 Rn. 30 a. E.) und die Höhe der (Rest-)Forderung gegen den Schuldner mitteilen. Liegt diese deutlich unter dem Wert der Pfandsache, so wird sie der Gläubiger bezahlen (§ 267 I BGB), damit wird der Schuldner Eigentümer, und die Vollstreckung kann ungehindert fortgesetzt werden (auf diese Weise ist dem Gläubigerinteresse gedient, und der Vorbehaltsverkäufer wird froh sein, Geld zu bekommen; was der Schuldner dazu meint, ist belanglos). Andernfalls wird der Gläubiger die Sache freigeben (vgl. o. § 13 Rn. 30), weil die Vollstreckung für ihn nutzlos ist.

26 Dieser einfache Ablauf wird in der Theorie kompliziert, weil man den Beteiligten ein rechtlich zwar mögliches, praktisch aber unsinniges Verhalten unterstellt.

27 Ausgangspunkt der h. M. ist zu Recht, dass der Verkäufer nach § 771 widersprechen kann, wenn ein Gläubiger des Käufers die Kaufsache pfändet (vgl. o. § 13 Rn. 12 ff.). Will der Gläubiger erfolgreich vollstrecken, so muss er versuchen, einer Widerspruchsklage des Verkäufers die Grundlage zu entziehen. Das gelingt, wenn er den Kaufpreisrest an den Verkäufer zahlt (§ 267 I BGB) und damit den Käufer zum Eigentümer der Sache macht. Der Versuch kann jedoch theoretisch wegen § 267 II BGB scheitern (aber welcher Verkäufer lehnt die Annahme von Geld ab?!); auch kann der Gläubiger theoretisch Schwierigkeiten haben, vom Verkäufer die Höhe der (Rest-)Forderung zu erfahren (aber welcher Verkäufer wird nicht bereitwillig Auskunft geben in der Hoffnung, Geld zu erhalten?!). Wegen dieser Hindernisse, die praktisch keine Rolle spielen, verlangt die h. M., dass der Gläubiger neben der Sache (d. h. neben dem Eigentum) auch das Anwartschaftsrecht pfändet (nach § 857;

Drittschuldner ist der Vorbehaltsverkäufer = Eigentümer), sog. **Doppelpfändung.** Damit ist der Verkäufer gemäß § 840 zur Auskunft verpflichtet und das Widerspruchsrecht des Schuldners (§ 267 II BGB) ausgeschaltet. Weist der Verkäufer trotzdem das Geld zurück, so gilt die Bedingung des § 449 BGB als eingetreten (§ 162 BGB): Der Schuldner (Käufer) ist Eigentümer geworden, und somit braucht der Gläubiger eine Widerspruchsklage des Verkäufers nach § 771 nicht mehr zu befürchten. In welcher Reihenfolge Anwartschaftsrecht und Sache gepfändet wurden, ist nach h. M. gleichgültig. (Einzelheiten bei *Serick,* Bd. 1, S. 303 ff., 314 ff.)

Nach der **Theorie der reinen Rechtspfändung** setzt sich das am Anwartschaftsrecht bestehende Pfändungspfandrecht nach Bedingungseintritt ohne weiteres an der Sache (d. h. am Eigentum) fort, so dass deren Pfändung überflüssig ist, um sie nach Bedingungseintritt verwerten zu können (nötig nur eine Wegnahme der Sache durch den Gerichtsvollzieher analog § 847). So *Baur/Stürner/Bruns* Rn. 32.17 m. N.; ähnlich *Flume* AcP 161, 404; *G. Reinicke* NJW 64, 21. 28

Nach der **Theorie der reinen Sachpfändung** wird nur die Sache (nach § 808) und damit das Anwartschaftsrecht gepfändet. Daher kann ohne weiteres (auch schon vor Bedingungseintritt, vgl. u.) in die Sache vollstreckt werden (*Raiser,* Dingliche Anwartschaften, 1961, S. 91 ff.). Im Ergebnis auch *Hübner* NJW 80, 733. 29

Eine vierte Ansicht will nur das Anwartschaftsrecht pfänden, aber nicht in der Form der Rechts-, sondern der Sachpfändung (§ 808). Der Gerichtsvollzieher habe im Pfändungsprotokoll zu vermerken, dass bis zur Zahlung des Restkaufpreises *nur* das Anwartschaftsrecht gepfändet sei. Daraus folge, dass die Sache erst nach der Zahlung (d. h. nach Bedingungseintritt, vgl. § 449 I BGB) verwertet werden dürfe; denn erst in diesem Augenblick werde das Pfandrecht am Anwartschaftsrecht zum Pfandrecht an der Sache. Da diese Lehre § 808 auf die Rechtspfändung anwendet, kann man sie als **Theorie der analogen Sachpfändung** bezeichnen (dafür *Brox/Walker* Rn. 812–814; *Brehm* in StJ § 857, 88 befürwortet sie nur de lege ferenda). 30

Die zuletzt genannten drei Theorien begegnen Bedenken. 31

Die *Theorie der reinen Sachpfändung* beruht auf der unzutreffenden Annahme, der Verkäufer könne einer Pfändung der Sache (d. h. des Eigentums) nicht als Eigentümer nach § 771 widersprechen, sondern nur gemäß § 805 auf vorzugsweise Befriedigung klagen (vgl. o. § 13 Rn. 13). Daher ist diese Auffassung abzulehnen.

Die *Theorie der analogen Sachpfändung* vermeidet diesen Einwand. Da nur das Anwartschaftsrecht gepfändet ist, wird das Eigentum nicht berührt. Es ist deshalb in Bezug auf das Anwartschaftsrecht kein veräußerunghinderndes Recht, § 771 ist nicht gegeben (vgl. *Brox/Walker* Rn. 812). Dennoch ist diese Lehre abzulehnen. Sie vermischt Sach- und Rechtspfändung, die vom Gesetz genau unterschieden werden (andere Form, anderes Vollstreckungsorgan, BGHZ 125, 341), wobei zu bedenken ist, dass auch die Sachpfändung ein Recht (das Eigentum) zum Gegenstand hat. An dieser Unterscheidung ändern auch die §§ 821, 831 nichts (s. aber *Brox/Walker* Rn. 814, auch StJ § 857, 88), da bei den dort genannten Wertpapieren Gläubiger- und Eigentümerstellung notwendig verbunden sind, so dass der Gesetzgeber entscheiden muss (und entschieden hat), ob und wieweit die Regeln der Sach- oder Forderungspfändung samt Verwertung eingreifen sollen (insoweit zutr. *Brox/Walker* Rn. 691). Demgegenüber ist das Anwartschaftsrecht gerade nicht mit dem Eigentum in einer Person verbunden. Daher muss es bei der scharfen Trennung von Eigentumspfändung und Pfändung sonstiger Rechte bleiben, so dass im Vollstreckungsrecht eine Gleichbehandlung von Eigentum und Anwartschaftsrecht, wie sie im materiellen Recht weithin (wenn auch mit Schwierigkeiten) praktiziert wird, ausscheidet. 32

Auch die *Theorie der reinen Rechtspfändung* überzeugt nicht. Um in die Sache selbst vollstrecken zu können, bedarf es einer Pfändung der Sache (d. h. des Eigentums) selbst. Sie kann nicht so ersetzt werden, dass sich das am Anwartschaftsrecht bestehende Pfändungspfandrecht nach Bedingungseintritt an der Sache fortsetzt; denn die Sache ist nicht verstrickt, folglich fehlt eine Voraussetzung für das Entstehen eines Pfändungspfandrechts (vgl. o. § 16 Rn. 15) und für eine Verwertung der Sache selbst. 33

Die herrschende *Theorie der Doppelpfändung* nimmt zutreffend an, dass sich das Pfandrecht am Anwartschaftsrecht nach Bedingungseintritt nicht an der Sache fortsetzt (*BGH* NJW 54, 1327 f.). Doch ist es nicht bedeutungslos, da sich der Rang des Sachpfandrechts (§ 804 III) nach dem Rang des Pfandrechts am Anwartschaftsrecht richtet (im Ergebnis ebenso *G. Reinicke* MDR 59, 616 f.; StJ § 857, 89; a. A. BGHZ 125, 341). Das ist von Belang, wenn – was praktisch kaum vorkommt – zuerst das Anwartschaftsrecht und dann die Sache von mehreren Gläubigern gepfändet worden ist: Sie werden in der Reihenfolge ihrer Pfandrechte am Anwartschaftsrecht befriedigt. In der Rangwahrung liegt die einzige praktische Bedeutung der Pfändung des Anwartschaftsrechts. 34

Hat der Gläubiger den Restkaufpreis an den Verkäufer gezahlt, so sind seine Aufwendungen Kosten der Zwangsvollstreckung nach § 788 (*Zöller* § 788, 13 „Anwartschaft"; MünchKomm-ZPO/*Smid* § 857, 23; a. A. StJ § 857, 87, je m. w. N.). 35

36 3. Streitig ist, ob eine **Eigentümergrundschuld** mangels Drittschuldner nach § 857 II zu pfänden ist oder – weil es sich bei ihr um eine Art Grundschuld handelt – nach § 857 VI. Die h. M. folgt der zweiten Auffassung (*BGH* NJW-RR 89, 636, 637). Zutreffend erscheint aber die erste (*Baur/Stürner/Bruns* Rn. 32.20; StJ § 857, 62), die nicht auf die Bezeichnung als Grundschuld abstellt, sondern auf die wahre Natur dieses schuldnerlosen Rechts. Für die Pfändung genügt die Zustellung des Pfändungsbeschlusses an den Schuldner, § 857 II. Wegnahme des Briefs oder Eintragung im Grundbuch (wie bei Pfändung einer Grundschuld, §§ 857 VI, 830) ist nicht erforderlich. Daher besteht die Gefahr, dass der Schuldner das Recht an einen Redlichen veräußert (§§ 892, 1155 BGB); nur um das zu verhindern, ist Wegnahme des Briefs oder Eintragung im Grundbuch notwendig. Die h. M. führt zu Komplikationen, insbesondere bei einem Briefgrundpfandrecht, das zum Teil Fremdhypothek, zum Teil Eigentümergrundschuld ist (z. B. infolge teilweiser Tilgung); vgl. StJ § 857, 64. Auch wenn die Eigentümergrundschuld nur zur Einziehung überwiesen ist, kann aus ihr vollstreckt werden; § 1197 I BGB steht nicht entgegen (BGHZ 103, 37 m. N.).

37 4. Bei Pfändung des **Anteils** *am Vermögen* einer **BGB-Gesellschaft** erhält der Gläubiger insbesondere das Recht auf den *Gewinnanteil,* kann aber nicht die Übrigen aus dem Gesellschaftsverhältnis fließenden Rechte des Gesellschafters geltend machen, wie Stimmrecht, Büchereinsicht; § 725 II BGB. Ferner kann der Gläubiger *kündigen,* um die Auseinandersetzung zu erreichen, § 725 I BGB. Die Pfändung des Anteils erstreckt sich dann ohne weiteres auf das Auseinandersetzungsguthaben des Schuldners, wie es sich bei der Auseinandersetzung ergibt; Zahlung kann er erst nach Überweisung fordern (BGHZ 116, 224, 229). Nach h. M. ist eine Anteilspfändung gemäß § 859 I 1 auch bei der **OHG** und **KG** möglich (vgl. o. Rn. 14). Für sie gilt das eben Gesagte entsprechend, doch ist das Kündigungsrecht ebenso eingeschränkt wie bei unmittelbarer Vollstreckung in das Auseinandersetzungsguthaben gemäß §§ 135, 161 II HGB; dazu *Schönle* NJW 66, 1797 f.; *BGH* NJW 82, 2773. Die Pfändung des Anteils des Gesellschafters an einzelnen zum Gesellschaftsvermögen gehörenden Gegenständen ist bei allen Gesellschaften unzulässig, § 859 I 2 (vgl. BGHZ 116, 224). Vgl. auch o. Rn. 18.

C. Das Verteilungsverfahren

Literatur: *Martin,* Pfändungspfandrecht und Widerspruchsklage im Verteilungsverfahren, 1963 (dazu *Pieper* AcP 166, 532 ff.); *Wieser,* Das Verteilungsverfahren als Zwangsvollstreckung, ZZP 103, 171.

§ 21. Übersicht

1 **I.** Eine bewegliche Sache oder ein Recht kann für mehrere Gläubiger oder wegen mehrerer Forderungen desselben Gläubigers gepfändet werden. Durch mehrere Pfändungen entstehen dann **mehrere Pfandrechte,** von denen das früher entstandene dem später entstandenen vorgeht, § 804 III. Die Verwertung erfolgt gemeinsam für alle beteiligten Gläubiger.

2 *Reicht der Erlös für alle* aus, so entstehen keine Schwierigkeiten, selbst wenn über die Rangordnung gestritten werden sollte. Ist der *Erlös unzureichend,* dann muss der vorrangige Gläubiger voll befriedigt sein, ehe der nachrangige etwas bekommt. Unter mehreren Gläubigern gleichen Ranges wird der Erlös nach der Höhe ihrer Forderungen verteilt.

3 Reicht der Erlös nicht aus, und streiten die Gläubiger über eine andere Verteilung, als sie der Rangfolge der Pfändungen entspricht, so soll dem *Gerichtsvollzieher* die Entscheidung des Streits

abgenommen werden. Er hat daher beim Vollstreckungsgericht den Sachverhalt anzuzeigen und zugleich den Erlös zu hinterlegen, § 827 II, III.

In derselben Lage befindet sich der Gerichtsvollzieher, wenn ein Anspruch auf Herausgabe einer beweglichen Sache für mehrere Gläubiger gepfändet und die Sache verwertet ist, aber die Gläubiger über die Verteilung des unzulänglichen Erlöses streiten. Wiederum hat er den Erlös zu hinterlegen und den Sachverhalt dem Vollstreckungsgericht anzuzeigen, dessen Pfändungsbeschluss dem Drittschuldner zuerst zugestellt ist, § 854 II, III. 4

Aber auch der *Drittschuldner* kann in eine unsichere Lage kommen, wenn eine Geldforderung für mehrere Gläubiger gepfändet ist, besonders wenn der Betrag der gepfändeten Forderung nicht zur Befriedigung aller Gläubiger ausreicht, aber nicht nur dann. Es ist angemessen, ihn von der Verteilung und dem damit verbundenen Risiko zu entlasten. Daher hat er das Recht – auf Verlangen eines Gläubigers, dem die Forderung überwiesen ist, auch die Pflicht –, den Forderungsbetrag bei dem Vollstreckungsgericht, dessen Pfändungsbeschluss ihm zuerst zugestellt ist, unter Anzeige des Sachverhalts und Aushändigung aller ihm zugestellten Beschlüsse zu hinterlegen, § 853. Eine ähnliche Berechtigung und Verpflichtung hat auch der Drittschuldner, der eine bewegliche Sache herauszugeben hat, gegenüber dem Gerichtsvollzieher nach § 854 I (bei unbeweglichen Sachen gegenüber dem Sequester nach § 855). 5

Auf die Erfüllung dieser Verpflichtung des Drittschuldners (§§ 853–855) kann jeder Gläubiger, dem der Anspruch überwiesen ist, gegen den Drittschuldner Klage erheben, § 856 I. Jeder Pfandgläubiger kann sich als Streitgenosse anschließen, § 856 II. Der Drittschuldner hat bei dem Prozessgericht zu beantragen, dass die Gläubiger, welche die Klage nicht erhoben und sich auch nicht angeschlossen haben, zur mündlichen Verhandlung geladen werden, § 856 III. Die dann ergehende Entscheidung wirkt *zugunsten* sämtlicher Gläubiger, § 856 IV, *gegen* sie aber nur bei Beteiligung oder bei Ladung, § 856 V. 6

Die Streitgenossenschaft ist keine materiellrechtlich notwendige, da jeder Gläubiger allein Klage erheben kann, aber ein typischer Fall prozessrechtlich notwendiger Streitgenossenschaft, weil die Entscheidung wegen der im § 856 IV angeordneten Erstreckung der Rechtskraft nur eine einheitliche sein kann (vgl. § 62 und *Zivilprozessrecht* § 82 II). 7

II. Ist ein Geldbetrag hinterlegt worden, so hat das Vollstreckungsgericht ihn unter die Gläubiger zu verteilen. Reicht der Geldbetrag für alle Gläubiger aus (möglich bei einer Hinterlegung nach § 853), so ist ohne besonderes Verfahren zu verteilen. Reicht er nicht aus, dann kommt kraft Gesetzes ein **Verteilungsverfahren, §§ 872 ff.,** in Gang. *Voraussetzungen* hierfür sind: eine Zwangsvollstreckung in das bewegliche Vermögen, bei der ein Gegenstand mehrfach gepfändet worden ist, an der also mehrere Gläubiger beteiligt sind, und die Hinterlegung eines Geldbetrags, der für die Befriedigung aller nicht reicht, § 872 (also die Fälle der §§ 827, 854, auch 853, sofern der Betrag nicht ausreicht). Das ist der einzige Weg für die Gläubiger, an das hinterlegte Geld zu kommen; eine Klage ist ausgeschlossen. 8

Sachlich ausschließlich zuständig ist stets das AG als Verteilungsgericht, es entscheidet durch den Rechtspfleger, § 20 Nr. 17 RPflG; die örtliche Zuständigkeit ist in den einzelnen Fällen verschieden, § 873. Das Verfahren beginnt mit der Aufforderung an alle Gläubiger, binnen zwei Wochen eine Berechnung ihrer Forderungen einzureichen, § 873. Nach Ablauf der Frist fertigt das Gericht einen *Teilungsplan* an aufgrund der Berechnungen, welche die Gläubiger eingereicht haben (sonst gemäß § 874 III), ohne Rücksicht darauf, ob sie auf Befriedigung rechnen können oder nicht. Eine mündliche Verhandlung findet nicht statt. Eine Prüfung der Ansprüche erfolgt nicht, dagegen – und das ist die Hauptaufgabe des Verfahrens – die Prüfung der Rangordnung. 9

Danach bestimmt das Gericht von Amts wegen einen *Termin* zur Erklärung der Gläubiger über den Teilungsplan und zur Ausführung der Verteilung, § 875. Alle Gläubiger und der Schuldner werden von Amts wegen geladen. Der Plan wird zur Einsicht auf der Geschäftsstelle niedergelegt, damit sich jeder Beteiligte informieren kann, ob sein Rang im Plan mit dem von ihm beanspruchten übereinstimmt. 10

Gegen den Plan können die Gläubiger Widerspruch einlegen. Er ist vor dem Termin schriftlich oder zu Protokoll der Geschäftsstelle oder im Termin mündlich zu erheben. Eine Begründung ist nicht erforderlich. Er muss aber erkennen lassen, welche Änderung des Plans verlangt wird. Er stellt den einzigen Rechtsbehelf des Gläubigers dar, mit dem er seinen besseren Rang gegenüber einem nach dem Teilungsplan ihm vorgehenden Gläubiger durchsetzen kann. 11

Erfolgt kein Widerspruch, dann wird der Plan ausgeführt: Die Beträge werden gemäß dem Plan ausgezahlt, § 876 S. 1. Wird widersprochen, so haben sich im Termin diejenigen Gläubiger zu 12 erklären, deren Befriedigung durch den Widerspruch in Frage gestellt wird, § 876 S. 2. Gelingt eine Einigung unter den Gläubigern, so wird der Plan berichtigt und ausgeführt, § 876 S. 3. Scheitert sie, so wird der Plan nur insoweit ausgeführt, als er von dem Widerspruch nicht berührt ist (z. B. für den ersten Gläubiger, wenn der zweite und dritte über ihren Rang streiten), § 876 S. 4. Erscheint ein Gläubiger im Termin nicht oder erhebt er keinen Widerspruch, so gilt er als mit dem Plan einverstanden, § 877 I; das ist eine Art von Versäumnisfolge.

13 **III.** Über den Widerspruch wird außerhalb des Verteilungsverfahrens entschieden. Der widersprechende Gläubiger muss gegen alle beteiligten, seinen Widerspruch nicht anerkennenden Gläubiger eine **Widerspruchsklage** erheben, § 878. Nur auf diesem Weg kann der Gläubiger die Ausführung des Plans verhindern (vgl. *OLG Koblenz* DGVZ 84, 59). Er wird also in die Angreiferrolle und zu den entsprechenden Beweisen gezwungen. Die Klage ist zwar nicht in dem Sinn befristet, dass sie nach Fristablauf unzulässig würde; aber wenn der Gläubiger binnen der Frist von einem Monat nach dem Terminstag nicht die Klageerhebung nachweist (dazu *OLG Hamm* NJW 65, 825 f.), so wird der Teilungsplan ohne Rücksicht auf den Widerspruch ausgeführt, und mit der beendeten Auszahlung, also der Verteilung der Masse, wird die Klage unzulässig. Ausschließlich zuständig ist das AG, bei dem das Verteilungsverfahren schwebt, bei höherem Streitwert das übergeordnete LG, §§ 879 I, 802.

14 Die Begründung der Klage muss dartun, dass der Kläger ein *besseres Recht auf den Erlös* als der Beklagte hat. Diese Behauptung kann gestützt werden auf das Fehlen einer wirksamen Pfändung für den vorstehenden Gläubiger, auf einen Vorrang des Klägers aufgrund eines älteren, z. B. eines gesetzlichen Pfandrechts, auf die Anfechtbarkeit der Pfändung des Gegners nach dem AnfG (vgl. *Bötticher* ZZP 77, 489 und u. § 33), ferner auf materielle Einwendungen gegen das Pfändungspfandrecht des Widerspruchsgegners (dazu vgl. o. § 16 Rn. 27), nach BGHZ 57, 111 = JZ 72, 214 f. (m. Anm. *Münzberg*) auch auf Rechtsmissbrauch, z. B. das Erschleichen der öffentlichen Zustellung. Besteht das behauptete Recht nicht, so ist die Klage unbegründet (*BGH* NJW 69, 1428).

15 Ob es sich um eine prozessuale Feststellungs- oder um eine Gestaltungsklage handelt, ist umstritten. Keinesfalls ist die Forderung Gegenstand der Feststellung (sie kann ja unbestritten sein), sondern das bessere Recht zur Teilnahme an der Verteilung.

16 Das *Urteil* weist entweder die Klage ab, dann bleibt der Teilungsplan unverändert und wird ausgeführt, oder es gibt ihr statt, dann wird entweder bereits im Urteil die Änderung des Planes bestimmt oder lediglich die Anfertigung eines neuen Plans und ein neues Verteilungsverfahren angeordnet, § 880 (Versäumnisurteil vgl. § 881). Nach Rechtskraft des Urteils wird die Auszahlung oder das neue Verteilungsverfahren von dem Verteilungsgericht angeordnet, § 882.

17 Hat der widersprechende Gläubiger versäumt, vor Verteilung der Masse Widerspruchsklage zu erheben, so hat er einen **Bereicherungsanspruch** gegen den unberechtigt vor ihm befriedigten Gläubiger, § 878 II. Der Anspruch steht auch dem Gläubiger zu, der weder widersprochen hat noch im Verteilungstermin erschienen ist (*BGH* NJW 63, 1497).

2. Abschnitt. Die Zwangsvollstreckung in das unbewegliche Vermögen

§ 22. Übersicht

Literatur: Kommentare zum ZVG: *Böttcher,* 4. Aufl., 2005; *Dassler/Schiffhauer/Hintzen/Engels/Rellermeyer,* 13. Aufl., 2008; *Steiner,* 9. Aufl. (bearbeitet von *Eickmann, Hagemann, Storz, Teufel*), Bd. 1 (1984), Bd. 2 (1986); *Stöber,* 19. Aufl., 2009.

Eickmann, Zwangsversteigerungs- und Zwangsverwaltungsrecht, 2. Aufl., 2004; *Haegele/Schöner/Stöber,* Grundbuchrecht, 14. Aufl., 2008; *Mohrbutter/Drischler/Radtke/Tiedemann,* Die Zwangsversteigerungs- und Zwangsverwaltungspraxis, 7. Aufl. Bd. 1 (1986), B. 2 (1990); *Stöber,* Zwangsvollstreckung in das unbewegliche Vermögen, 8. Aufl., 2007; *Storz/Kiderlen,* Praxis des Zwangsversteigerungsverfahrens, 11. Aufl., 2008.

I. Die Zwangsvollstreckung wegen Geldforderungen in das unbewegliche Vermögen ist nur zum kleinen Teil in der ZPO geregelt, weil es bei ihrer Abfassung noch kein einheitliches reichsrechtliches Liegenschaftsrecht gab. Als dies mit dem BGB geschaffen wurde, nahm man die neue Regelung der Zwangsvollstreckung nicht in die ZPO auf, sondern in ein besonderes *Gesetz über die Zwangsversteigerung und die Zwangsverwaltung* vom 24. 3. 1897, das auf dem preußischen Gesetz betr. die Zwangsvollstreckung in das unbewegliche Vermögen v. 13. 7. 1883 beruht. Das ZVG ist häufig geändert worden. 1

II. Die ZPO regelt zunächst, welche **Gegenstände der Zwangsvollstreckung in das unbewegliche Vermögen** unterliegen, § 864. 2

Es sind in erster Linie natürlich die **Grundstücke** im Sinne des Grundbuchrechts (vgl. §§ 3, 4 GBO, § 890 BGB) mit allen wesentlichen und unwesentlichen Bestandteilen, z. B. Gebäuden (§ 94 BGB); zu den Bestandteilen gehören auch Rechte, die mit dem Eigentum am Grundstück verbunden sind, § 96 BGB, z. B. Grunddienstbarkeiten, § 1018 BGB. Hierher gehört auch das Wohnungseigentum nach dem WEG (es ist Miteigentumsanteil; vgl. auch § 864 II). Der Immobiliarzwangsvollstreckung unterliegen ferner Rechte, für welche die sich auf Grundstücke beziehenden Vorschriften gelten, sog. **grundstücksgleiche Rechte** (hierher gehört das Erbbaurecht nach der ErbbauVO), weiter die *Gegenstände, auf die sich die Hypothek erstreckt* (§ 865, §§ 1120 ff. BGB), weil die wirtschaftliche Einheit auch bei der Vollstreckung nicht zerrissen werden soll, schließlich die im Schiffsregister *eingetragenen Schiffe* und die in der Luftfahrzeugrolle eingetragenen *Luftfahrzeuge* (§§ 162 ff. ZVG).

Besonderes gilt für die Länder *Brandenburg, Mecklenburg-Vorpommern, Sachsen, Sachsen-Anhalt und Thüringen sowie* für *Berlin-Ost.* Hier gibt es Gebäudeeigentum, das vom Eigentum am Grundstück getrennt ist (§§ 288 IV, 292 III ZGB-DDR; Art. 231 § 5 I 1 EGBGB). Dieses isolierte Gebäudeeigentum ist gleichfalls Gegenstand der Zwangsvollstreckung in das unbewegliche Vermögen (arg. Art. 233 § 4 IV EGBGB). Es soll allmählich verschwinden (Art. 231 § 5 III, IV EGBGB). 3

Manche Gegenstände, die der Immobiliarzwangsvollstreckung unterliegen, können aber **auch Gegenstand einer Mobiliarzwangsvollstreckung** sein, so dass sich eine Konkurrenz zwischen beiden Formen der Vollstreckung ergeben kann: 4

1. **Früchte,** die vom Boden noch nicht getrennt sind, können gepfändet werden, solange ihre Beschlagnahme im Wege der Immobiliarvollstreckung (durch Anordnung der Zwangsversteigerung oder Zwangsverwaltung) noch nicht erfolgt ist, § 810. Dies ist bemerkenswert, denn sie sind wesentliche Bestandteile des Grundstücks (§ 94 BGB) und können als solche nicht Gegenstand besonderer Rechte sein (§ 93 BGB). Die Versteigerung ist erst nach der Reife zulässig, § 824. 5

Die Pfändung richtet sich nach §§ 808, 809, so dass der unmittelbare Besitzer entweder selbst Schuldner oder zur Herausgabe bereit sein muss. 6

Ist noch keine Beschlagnahme erfolgt, so können die dinglichen Gläubiger durch Klage nach § 771 der Pfändung widersprechen, § 810 II (was sie nur tun werden, wenn ihre Sicherheit bedroht ist). Eine Ausnahme besteht, wenn der pfändende Gläubiger dem dinglichen vorgeht, weil er selber dinglicher Gläubiger mit besserem Rang ist oder wenn die Vollstreckung sich gegen den Pächter richtet, weil dann die Beschlagnahme zur Zwangsversteigerung oder Zwangsverwaltung die Früchte gar nicht erfasst, §§ 21 III, 146 I, 148 ZVG.

2. Alle **Gegenstände, auf die sich die Hypothek erstreckt,** mit **Ausnahme** des **Zubehörs** (vgl. u. Rn. 8), können gepfändet werden, solange die Beschlagnahme im Wege der Immobiliarzwangsvollstreckung (durch Anordnung der Zwangsverstei- 7

gerung oder Zwangsverwaltung) noch nicht erfolgt ist, § 865 II (beachte: Miet- und Pachtzinsforderungen werden durch die Anordnung der Zwangsversteigerung nicht beschlagnahmt, § 21 II ZVG). Daher können Gläubiger (auch persönliche) statt der zeitraubenden und für den Schuldner besonders nachteiligen Vollstreckung ins Grundstück den Weg der Mobiliarvollstreckung wählen, besonders wenn es sich nur um kleinere Beträge handelt.

8 3. Das **Zubehör** (§§ 97, 98 BGB) dagegen unterliegt einer **Mobiliarvollstreckung** überhaupt **nicht,** § 865 II 1, solange es der hypothekarischen Haftung unterfällt (§ 865 I). Daher ist es praktisch sehr wichtig zu wissen, ob eine Sache zum Zubehör zählt. § 865 II 1 gilt auch, wenn das Grundstück nicht mit einem Grundpfandrecht belastet ist (h. M.; a. A. *Bruns/Peters* S. 213 f.), weil sonst die Zulässigkeit der Pfändung von einem Umstand abhinge, den der Gerichtsvollzieher nicht „vor Ort“ feststellen kann; so ist möglicherweise die von ihm eingeholte Auskunft des Grundbuchamts („lastenfrei“) z. Z. der Pfändung überholt.

9 Haftfrei ist Zubehör, das dem Grundstückseigentümer nicht gehört (§ 1120 BGB), also z. B. im Eigentum des Mieters oder Pächters steht; weitere Fälle §§ 1121 I, 1122 II BGB. Steht dem Grundstückseigentümer ein Anwartschaftsrecht auf Erwerb des Eigentums am Zubehörstück zu (z. B. im Fall des § 449 I BGB), so haftet dieses Recht (BGHZ 35, 88 ff.; *Möschel* BB 70, 237 ff.).

10 Ist die Pfändung nach § 865 II unzulässig, so ist sie nicht nichtig (a. A. RGZ 135, 206; 153, 259; ebenso StJ § 865, 36, wenn §§ 93, 94 BGB offensichtlich zutreffen; unentschieden BGHZ 104, 302), aber anfechtbar mit der Erinnerung (§ 766) durch den Schuldner, den Zwangsverwalter oder einen dinglichen Gläubiger. Den dinglichen Gläubigern steht mangels eines veräußerunghindernden Rechts die Klage aus § 771 nicht zu (StJ § 865, 36; a. A. *BGH* WM 87, 76).

11 **III. Drei Mittel der Zwangsvollstreckung** sind vorgesehen: **Zwangsversteigerung, Zwangsverwaltung, Zwangshypothek,** § 866 I.

Unter ihnen hat der Gläubiger die *freie Wahl,* er kann auch mehrere nebeneinander beantragen, § 866 II. Sie stehen nicht nur dem dinglichen Gläubiger zu Gebote, sondern auch einem persönlichen, der eine Geldforderung hat.

12 Jedes dieser Mittel hat einen besonderen *Zweck.* Die **Zwangsversteigerung** führt zur Veräußerung des Grundstücks, der dabei erzielte Erlös ist der „versilberte“ Substanzwert des Grundstücks. Die Versteigerung ist für den Schuldner die einschneidendste Maßnahme, denn sie entzieht ihm das Eigentum am Grundstück. Sie ist das geeignete Mittel für die Kapitalforderungen der dinglichen Gläubiger und für große Forderungen persönlicher Gläubiger. Der ausgedehnte Schuldnerschutz in der Mobiliarvollstreckung (vgl. u. § 32) und die Mindestsumme bei der Zwangshypothek von 750,01 Euro (vgl. u. § 23 Rn. 4) zwingen aber auch Gläubiger von „Bagatellforderungen“, zur Zwangsversteigerung zu greifen. Die **Zwangsverwaltung** soll den Gläubiger aus dem Ertrag des Grundstücks befriedigen, ist daher für laufende Verpflichtungen, insbesondere Zinsen von Hypotheken und Grundschulden, geeignet. Auch neben einer Anordnung der Zwangsversteigerung hat sie Sinn, weil bis zur Versteigerung selbst oft geraume Zeit vergeht und der Gläubiger bis dahin (nur) bei angeordneter Zwangsverwaltung die Miet- und Pachterträgnisse erhält (vgl. §§ 148 I, 21 II ZVG und u. § 25 Rn. 1; weitere Gründe für die Zweigleisigkeit bei *Storz/Kiderlen* a. a. O. S. 14–17). Mit der **Zwangshypothek,** d. h. der zwangsweise eingetragenen Sicherungshypothek, erreicht der Gläubiger unmittelbar keine Befriedigung, sondern nur eine Sicherung durch Erwerb eines dinglichen Rechts am Grundstück; erst aus einem dinglichen Titel kann er dann mit dem Rang seiner Zwangshypothek die Vollstreckung in den beiden anderen Arten betreiben (*BGH* NJW 08, 1599, 1600). Dieser Weg hat keine Bedeutung für dingliche Gläubiger, die ja schon ein Recht mit besserem Range haben, wohl aber für

persönliche, die damit ein dingliches Recht mit festem Rang (§ 10 I Nr. 4 ZVG) erwerben und daher in Ruhe auf bessere Zeiten für eine Grundstücksversteigerung warten können (weitere Vorteile: §§ 147, 174, 175 ZVG, ferner der Gewinn eines Löschungsanspruchs gemäß § 1179 a BGB, vgl. *Stöber* Rpfleger 77, 426). Die Zwangshypothek ist die einzige zulässige Art der Immobiliarvollstreckung bei der Sicherungsvollstreckung (§ 720 a, vgl. o. § 2 Rn. 27) und aus einem Arrestbefehl (vgl. § 932 und u. § 36 Rn. 11).

Nur die Zwangshypothek ist in der ZPO geregelt, die beiden anderen Vollstreckungsarten im ZVG. Über sie soll in diesem Buch nur ein einführender Überblick gegeben werden (vgl. u. §§ 24, 25). **13**

IV. 1. **Vollstreckungsorgan** ist für die *Zwangsversteigerung und Zwangsverwaltung* das *AG* als Vollstreckungsgericht, örtlich zuständig das AG der belegenen Sache, § 1 I ZVG. Das AG handelt durch den Rechtspfleger (§ 3 Nr. 1 Buchst. i RPflG). Für die Eintragung einer *Zwangshypothek* ist Vollstreckungsorgan das *Grundbuchamt,* § 867 I. Auch hier wird der Rechtspfleger tätig (§ 3 Nr. 1 Buchst. h RPflG). **14**

2. Zwangsversteigerung und Zwangsverwaltung werden nur auf **Antrag** eines dinglichen oder persönlichen Gläubigers, der einen vollstreckbaren Titel besitzt, angeordnet (§§ 15 f., 146 ZVG); die Zwangshypothek wird nur auf Antrag des Gläubigers im Grundbuch eingetragen, § 867 I. **15**

Im Verfahren herrscht **Amtsbetrieb,** denn Zustellungen erfolgen von Amts wegen, § 3 ZVG.

3. *Zwangsversteigerung und Zwangsverwaltung* greifen stets in die Rechte einer Mehrheit von Personen ein. Aus ihnen hat § 9 ZVG einen Kreis von besonders stark betroffenen ausgewählt. Das sind die **Beteiligten.** Sie haben das Recht, bestimmte Anträge zu stellen (§§ 59, 72, 97, 106, 150 a, 159 ZVG) und von allen gerichtlichen Handlungen benachrichtigt zu werden (§§ 41, 103, 105, 156 ZVG). **16**

Beteiligt sind ohne weiteres der betreibende und die beigetretenen *Gläubiger* (dazu § 27 ZVG) und der *Schuldner* (dazu §§ 17, 147 ZVG), dann die *Realgläubiger,* das sind diejenigen, für welche z. Z. der Eintragung des Vollstreckungsvermerks ein Recht im Grundbuch eingetragen oder durch Eintragung (Widerspruch, Vormerkung, Verfügungsverbot, Pfändungsvermerk) gesichert ist, § 9 Nr. 1 ZVG. **17**

Aufgrund einer Anmeldung und, wenn verlangt, Glaubhaftmachung sind beteiligt (§ 9 Nr. 2 ZVG): der Inhaber eines der Zwangsvollstreckung entgegenstehenden Rechts (z. B. der wirkliche, im Grundbuch zu Unrecht nicht eingetragene Eigentümer); der Inhaber eines nicht oder erst nach Eintragung des Vollstreckungsvermerks eingetragenen Rechts am Grundstück, das der Zwangsvollstreckung nicht entgegensteht (hierher gehören die zu Unrecht gelöschten oder ohne Eintragung entstandenen Rechte, wie nach § 848 II 2; § 1287 S. 2 BGB); der Inhaber eines Anspruchs mit dem Recht auf Befriedigung aus dem Grundstück (dazu vor allem § 10 I Nr. 1–3 ZVG) oder eines Miet- oder Pachtrechts, aufgrund dessen ihm das Grundstück überlassen ist. **18**

4. Die **Zwangsversteigerung** dient der Befriedigung nicht nur des betreibenden Gläubigers, sondern auch anderer Gläubiger, die ihm sogar vorgehen können. Für die Befriedigung besteht daher eine bestimmte **Rangordnung** unter den Gläubigerrechten, § 10 ZVG. Die wichtigste Gruppe bilden die dinglichen Rechte am Grundstück (mit den laufenden und bis zu zwei Jahren rückständigen Zinsen) in der aus dem Grundbuch ersichtlichen Rangordnung, § 10 I Nr. 4 ZVG. **19**

Ihnen gehen aber u. a. vor bei Vollstreckung in ein Wohnungseigentum nach WEG laufende und rückständige Lasten und Kosten des gemeinschaftlichen und des Sondereigentums, § 10 I Nr. 2, III **20**

ZVG, in jedem Fall die öffentlichen Lasten des Grundstücks, § 10 I Nr. 3 ZVG. Hinter den dinglichen Gläubigern (§ 10 I Nr. 4 ZVG) kommt der betreibende Gläubiger, § 10 I Nr. 5 ZVG, natürlich nur, wenn er nicht einer der vorgehenden Klassen angehört, dahinter die erst nach der Beschlagnahme begründeten dinglichen Rechte, § 10 I Nr. 6 ZVG, und die weiter zurückliegenden Rückstände, § 10 I Nr. 7, 8 ZVG. Unter den dinglichen Gläubigern entscheidet die materiellrechtliche Rangordnung, unter mehreren betreibenden Gläubigern im Übrigen die frühere Beschlagnahme, § 11 ZVG.

Für die **Zwangsverwaltung** enthält § 155 ZVG eine Sonderregelung (vgl. u. § 25 Rn. 1, 10).

21 5. Die **Zwangsversteigerung entzieht** dem Schuldner das **Eigentum** am Grundstück. Sie ergreift also ein von der Verfassung (Art. 14 I 1 GG) geschütztes Recht, wobei zu bedenken ist, dass das Grundstück vielfach die Existenzgrundlage (Wohnung, Arbeitsplatz) des Schuldners darstellt, und Grundstücke nicht zu den reproduzierbaren Wirtschaftsgütern gehören. Daher müssen die Vorschriften zum Schutz des Schuldners genau beachtet, Überraschungsentscheidungen verhindert und eine Verschleuderung des Grundstücks vermieden werden. Geschieht das nicht, so liegt eine Verletzung des Art. 14 I 1 GG nahe. Dementsprechend hat sich das BVerfG wiederholt mit der verfassungskonformen Handhabung des ZVG befasst (BVerfGE 42, 64 ff.; 46, 325 ff.; 49, 220 ff., 252 ff.; 51, 150 ff.; *BVerfG* NJW 93, 1699). Leitgedanke ist die „Notwendigkeit einer rechtsstaatlichen Verfahrensgestaltung bei der Versteigerung eines Grundstücks" (BVerfGE 51, 156). Das führt dazu, dass in der Fallprüfung des Verfassungsgerichts die (zumindest im ganzen gesehen rechtsstaatliche) Verfahrensgestaltung des ZVG und deren vertretbare Handhabung in den Hintergrund treten. Stattdessen untersucht das BVerfG den Ablauf des konkreten Verfahrens in allen Subtilitäten anhand des GG (Beispiel: NJW 93, 1699). Damit begibt sich das Gericht in die seiner Aufgabe unangemessene Position einer Super-Beschwerdeinstanz (zu BVerfGE 42, 72 ff. vgl. *Zivilprozessrecht* § 25 VII 7 a. E.; zu BVerfGE 49, 220 ff. vgl. u. § 24 Rn. 11). Davon abgesehen scheint gelegentlich vergessen zu werden, dass die Zwangsvollstreckung von Gesetzes wegen bezweckt, das Gläubigerrecht durchzusetzen, also verfassungsmäßig garantiertes Eigentum (des Gläubigers!) zu realisieren, und nicht die Rundum-Verteidigung des Schuldners zum Ziel hat (zur Problematik vgl. auch u. § 31).

22 **V.** Die Immobiliarvollstreckung kommt *vor allem für die dinglichen Gläubiger* in Betracht, die ihre Befriedigung im Wege der Vollstreckung suchen müssen (§ 1147 BGB), ist aber *auch für persönliche Gläubiger* zulässig, doch wegen der Rangfolge (§ 10 I Nr. 4, 5 ZVG) meist nicht aussichtsreich. Stets geht es um die Zwangsvollstreckung wegen Geldforderungen, zu denen auch die Ansprüche auf Haftung für Geldleistungen (z. B. §§ 1147, 1192 BGB) zählen, vgl. StJ 3 vor § 803 und o. § 15 Rn. 4.

§ 23. Die Zwangshypothek

Literatur: *Fischinger*, Aktuelle Fragen der Zwangshypothek, §§ 867 f. ZPO, WM 09, 637; *Habermeier*, Die Zwangshypotheken der Zivilprozessordnung, 1989 (dazu *Brehm* ZZP 103, 372 ff.).

1 **I.** Die Zwangshypothek ist ihrem Wesen nach **Sicherungshypothek,** § 866 I, also Buchhypothek (§ 1185 I BGB) und streng akzessorisch, so dass der gute Glaube „in Ansehung der Forderung" (§ 1138 BGB) nicht geschützt wird (§§ 1184 I, 1185 II BGB). Sie ist die einzige Form der Sicherungsvollstreckung und der Arrestvollziehung in unbewegliches Vermögen, §§ 720 a, 932. Ab Eintragung unterscheidet sie

sich grundsätzlich nicht von einer rechtsgeschäftlich bestellten Sicherungshypothek (*BayObLG* NJW-RR 98, 951).

Sie wird auf Antrag vom *Grundbuchamt* eingetragen (§ 867 I). Grundbuchamt ist das AG (§ 1 GBO), außer in Baden-Württemberg, wo es eigene Grundbuchämter gibt. Das Grundbuchamt handelt als Vollstreckungsorgan und prüft daher alle Vollstreckungsvoraussetzungen. Es prüft auch die grundbuchrechtlichen Voraussetzungen; dazu gehört insbesondere ein *formloser Antrag* des Gläubigers (nicht die Bewilligung, sie ist durch den Titel „ersetzt“). Insoweit handelt es sich um eine Angelegenheit der freiwilligen Gerichtsbarkeit. Die Eintragung ist also ein gemischtes Verfahren aus Zwangsvollstreckung und freiwilliger Gerichtsbarkeit. 2

Ist der Schuldner bloßer Bucheigentümer, so erwirbt der Gläubiger keine Zwangshypothek (BGHZ 64, 197). 3

Zum Zweck der Zwangshypothek vgl. o. § 22 Rn. 12.

II. Die Eintragung ist nur für einen Betrag von **über 750 Euro** zulässig, § 866 III. 4

Das Grundbuch soll nicht durch eine Fülle kleiner Hypotheken unübersichtlich werden. Ein (unbeabsichtigter) Nebeneffekt ist, dass kleine Forderungen aus alltäglichen Geschäften nicht das Grundeigentum gefährden. Mehrere Schuldtitel desselben Gläubigers können zusammengerechnet werden. Gehören dem Schuldner mehrere Grundstücke, so ist die Eintragung einer Gesamthypothek unzulässig („Verbot der Gesamthypothek“), es muss eine Verteilung auf die einzelnen Grundstücke stattfinden, § 867 II; die einzelne Hypothek muss auch in diesem Fall über 750 Euro liegen. Hat der Gläubiger bereits ein rechtsgeschäftlich bestelltes Grundpfandrecht, so kann er wegen derselben Forderung an einem anderen Grundstück eine Zwangshypothek erwirken; eine Verteilung gemäß § 867 II ist nicht notwendig (RGZ 98, 109; StJ § 867, 54). 5

Die §§ 866 III, 867 f. betreffen nur die Vollstreckung wegen einer Geldforderung, kommen also nicht in Betracht bei Vollstreckung wegen eines Anspruchs auf Einräumung einer Hypothek, z. B. aus § 648 BGB. 6

III. Die Entscheidungen des Grundbuchamts (Eintragung oder Zurückweisung des Antrags) ergehen nach h. M. formell innerhalb des Grundbuchverfahrens und sind daher nicht mit den Rechtsbehelfen des Vollstreckungsverfahrens (§§ 766, 793; § 11 RpflG) angreifbar. Diese Begründung ist schief, weil das Grundbuchamt in der Regel sowohl als Organ der freiwilligen Gerichtsbarkeit als auch als Vollstreckungsorgan tätig wird. Entscheidend für die h. M. spricht, dass sie Zweifel über den zulässigen Rechtsbehelf und ein Nebeneinander von befristetem (§ 793) und unbefristetem Rechtsmittel (§§ 71 ff. GBO) vermeidet (vgl. *KG* NJW-RR 87, 592; abweichend *Habermeier* a. a. O. S. 101 ff.). Somit sind folgende Rechtsbehelfe möglich: Gegen die Ablehnung des Antrags hat der Gläubiger die Beschwerde nach § 71 I GBO; gegen die Eintragung steht dem Schuldner nur die Beschwerde nach § 71 II GBO zu (weder Beschwerde nach § 71 I GBO noch Erinnerung, § 11 III 1 RPflG). Für Baden-Württemberg beachte § 35 I, IV RPflG. 7

Wird das vorläufig vollstreckbare Urteil (oder seine Vollstreckbarkeit) aufgehoben oder die Zwangsvollstreckung für unzulässig erklärt oder endgültig eingestellt, so geht die Zwangshypothek kraft Gesetzes auf den Eigentümer über, § 868, und wird Eigentümergrundschuld, ebenso wenn die Forderung nicht besteht oder untergeht (§§ 1163, 1177 BGB; vgl. *G. Lüke* NJW 54, 1669 ff.; *BGH* NJW 77, 48). Gleich- und nachrangige Grundpfandgläubiger können Löschung verlangen, § 1179 a BGB. 8

IV. Will der Gläubiger mit dem Rang der Zwangshypothek in das Grundstück vollstrecken, so genügt der vollstreckbare Titel, auf dem die Eintragung vermerkt ist, § 867 III. 9

§ 24. Die Zwangsversteigerung

I. Die Zwangsversteigerung wird vom Vollstreckungsgericht (durch den Rechtspfleger, § 3 Nr. 1 Buchst. i RPflG) auf formlosen (also schriftlich oder zu Protokoll 1 der Geschäftsstelle erklärten) Antrag angeordnet (§ 15 ZVG; vgl. o. § 22 Rn. 15), sofern die Voraussetzungen für die Zwangsvollstreckung im allgemeinen und für die Zwangsversteigerung im besonderen vorliegen.

2 Zum Inhalt des Antrags vgl. § 16 ZVG.

Der Anordnungsbeschluss muss die Namen von Gläubiger und Schuldner sowie die in § 16 ZVG für den Antrag vorgeschriebenen Angaben enthalten. Er darf nur ergehen, wenn der Schuldner als Eigentümer eingetragen oder Erbe des eingetragenen Eigentümers ist, § 17 ZVG. Ist der Schuldner nicht eingetragen, so kann der dingliche und muss der persönliche Gläubiger die Berichtigung des Grundbuchs erwirken (für den dinglichen Gläubiger vgl. § 1148 BGB; RGZ 94, 57).

3 Der Anordnungsbeschluss wird *wirksam* mit Zustellung an den Schuldner (§ 8) oder mit Zugang des Ersuchens um Eintragung des Versteigerungsvermerks beim Grundbuchamt (sofern demnächst eingetragen wird), wobei der frühere von beiden Zeitpunkten entscheidet, § 22 I ZVG. Daraus ergibt sich: Der Beschluss ist dem Schuldner stets zuzustellen (§ 22 I ZVG!), dem Gläubiger nur bei Abweichung vom Antrag (sonst genügt Übersendung); außerdem ist das Grundbuchamt um Eintragung der Anordnung der Zwangsversteigerung (des *„Versteigerungsvermerks"*) zu ersuchen, § 19 I ZVG. Dieses hat dem Ersuchen stattzugeben, ohne die Vollstreckungsvoraussetzungen zu prüfen, und dem Vollstreckungsgericht eine beglaubigte Abschrift des Grundbuchblatts und bestimmte sachdienliche Auskünfte als Grundlage für das weitere Verfahren zu übersenden, § 19 II ZVG.

4 Gegen die *Ablehnung* des Antrags gibt es die sofortige Beschwerde, § 793; § 95 ZVG; § 11 I RPflG (vgl. o. § 11 Rn. 15).

5 Der wirksam gewordene Beschluss gilt zugunsten des Gläubigers als *Beschlagnahme* des Grundstücks, § 20 I ZVG (z. T. auch der Gegenstände, auf die sich die Hypothek erstreckt, §§ 20 II, 21 ZVG). Sie hat die Wirkung eines relativen Veräußerungsverbots für den Schuldner, § 23 I ZVG, §§ 135, 136 BGB, so dass seine Verfügungen (Veräußerungen oder Belastungen) dem betreibenden Gläubiger gegenüber unwirksam sind und auf dessen Verlangen im Verfahren unberücksichtigt bleiben. Der Gläubiger erhält ein Recht auf Befriedigung mit dem Rang von § 10 I Nr. 5 ZVG und ein Absonderungsrecht im Insolvenzverfahren (§ 49 InsO), aber kein Pfandrecht (vgl. o. § 16 Rn. 7).

6 Erwerb kraft „guten Glaubens" (in Bezug auf die Beschlagnahme) ist erschwert, weil die Kenntnis des Versteigerungsantrags derjenigen der Beschlagnahme gleichsteht, § 23 II ZVG. Erfolgt die Versteigerung wegen eines eingetragenen (dinglichen) Rechts, so bleibt selbst ein gutgläubiger Erwerb des Grundstücks nach der Beschlagnahme ohne Einfluss auf das Verfahren, § 26 ZVG (vgl. u. Rn. 10).

7 Nur über bewegliche Sachen, z. B. Inventar, Ernte, kann der Schuldner noch in den Grenzen einer ordnungsmäßigen Wirtschaft wirksam verfügen, § 23 I 2 ZVG. Innerhalb dieser Grenzen verbleiben ihm auch Verwaltung und Benutzung des Grundstücks, § 24 ZVG, damit keine Stockung im Betrieb einsetzt, die den Gläubiger nur gefährden könnte.

8 Ein anderer antragsberechtigter Gläubiger kann sich dem Verfahren durch weiteren Antrag auf Zwangsversteigerung anschließen. Es wird dann die Zulassung des Beitritts angeordnet (ohne Eintragung im Grundbuch), und hiermit erwirbt der Beitretende die gleichen Rechte im Verfahren, wie wenn er den ersten (erfolgreichen) Antrag gestellt hätte, § 27 ZVG.

9 **II.** Während bei der Mobiliarvollstreckung **ein die Veräußerung hinderndes Recht** eines Dritten die Vollstreckung nicht hindert, sondern nur zur Widerspruchsklage berechtigt (vgl. o. § 13), werden hier Rechte dieser Art von Amts wegen beachtet, wenn sie aus dem Grundbuch ersichtlich sind, § 28 ZVG. Hier kommt vor allem das Eigentum eines Dritten in Betracht (z. B. bei Erwerb aufgrund einer vor der Beschlagnahme eingetragenen Eigentumsvormerkung oder bei Grundbuchberichtigung nach der Beschlagnahme), ferner ein Veräußerungsverbot. Den eingetragenen Rechten gleichgestellt sind Verfügungsbeschränkungen und Vollstreckungsmängel, die dem Vollstreckungsgericht bekannt sind, § 28 II ZVG.

10 Die Veräußerung des Grundstücks nach dem Wirksamwerden der Beschlagnahme (vgl. o. Rn. 6) hat auf den Fortgang des Verfahrens keinen Einfluss, wenn die Zwangsversteigerung wegen eines eingetragenen Rechts angeordnet ist, also von einem *dinglichen Gläubiger* betrieben wird, § 26 ZVG; damit ist ein an sich noch möglicher gutgläubiger Erwerb (§§ 136, 135 II, 892 BGB) für das weitere Verfahren bedeutungslos. Ist hingegen der betreibende Gläubiger ein *persönlicher* Gläubiger so

kommt es darauf an, ob der Versteigerungsvermerk schon eingetragen ist oder der Erwerber die Beschlagnahme oder den Versteigerungsantrag kennt, § 23 II ZVG, oder die Voraussetzungen von § 878 BGB vorliegen. Trifft das nicht zu, so kann der gutgläubige Erwerber die Aufhebung des Verfahrens verlangen, § 771 (nicht gemäß § 28 ZVG: *Stöber* § 28, 3).

Ein weiterer Grund für die Aufhebung ist die Zurücknahme des Versteigerungsantrags durch den Gläubiger, § 29 ZVG, für die Einstellung des Verfahrens die Bewilligung des Gläubigers, § 30 ZVG. Aufhebung und Einstellung der Versteigerung erfolgen durch Beschluss, der dem Schuldner, dem Gläubiger und dem Antragsteller zuzustellen ist, § 32 ZVG. Nach § 30 a ZVG kann das Gericht das Verfahren bis zu 6 Monaten einstweilen einstellen, wenn Aussicht besteht, dass die Versteigerung vermieden wird, und nach den persönlichen und wirtschaftlichen Verhältnissen des Schuldners sowie nach der Art der Schuld eine Einstellung der Billigkeit entspricht. Nach BVerfGE 49, 225 ff. muss die Ablehnung des Einstellungsantrags so zeitig vor dem Zuschlag erfolgen, dass der Schuldner sein weiteres Verhalten überdenken kann. Das wird aus Art. 14 I 1 GG (wirksamer Rechtsschutz gegen Eingriffe in das Eigentum) gefolgert (vgl. o. § 22 Rn. 21). Zur Einstellung im Insolvenzverfahren s. §§ 30 d–f ZVG; vgl. u. § 45 Rn. 17. 11

III. Die **Ausführung der Versteigerung** obliegt dem Vollstreckungsgericht, § 35 ZVG. 12

Der erste Schritt ist die *Bestimmung des Versteigerungstermins,* § 36 ZVG. Sie ist öffentlich bekanntzumachen und den Beteiligten zuzustellen, §§ 39 (dazu *Oestreich* Rpfleger 88, 303 f.), 40, 41 ZVG. 13

Ihr *Inhalt* ist gesetzlich vorgeschrieben, §§ 37, 145 a Nr. 1 ZVG. Bemerkenswert ist die Aufforderung zur Anmeldung und Glaubhaftmachung noch nicht eingetragener Rechte, um ihre Berücksichtigung beim geringsten Gebot und bei Verteilung des Erlöses zu sichern (z. B. zu Unrecht gelöschte Rechte, Zinsrückstände), und die Aufforderung an den Inhaber eines der Versteigerung entgegenstehenden Rechtes, die Aufhebung des Verfahrens herbeizuführen (vgl. o. Rn. 10 ff.), widrigenfalls er sich mit dem Recht am Versteigerungserlös begnügen muss. 14

Der wichtigste Grundsatz ist folgender: Die Zwangsversteigerung darf nicht Rechte beeinträchtigen, die dem Recht des mit dem besten Rang betreibenden Gläubigers vorgehen. Das Recht des bestrangig betreibenden Gläubigers selber bleibt unberücksichtigt, ihm kommt die Zwangsversteigerung ja auch nicht ohne seinen Willen über den Kopf. Dieser **Sicherung der vorgehenden Gläubiger** dient die Einrichtung des **geringsten Gebots.** Es ist rein formaler Natur, orientiert sich nicht am Grundstückswert und bezweckt daher auch nicht die Erzielung eines wirtschaftlich angemessenen Versteigerungserlöses. Maßgebend für die Höhe des „geringsten" Gebots ist allein, dass die Rechte (und die Verfahrenskosten) gedeckt werden, die dem Recht des bestrangig betreibenden Gläubigers vorgehen, § 44 I ZVG **(Deckungsprinzip).** 15

Dieses Prinzip besagt nur, dass die vorgehenden Rechte in das geringste Gebot aufzunehmen sind. Damit ist noch nicht entschieden, ob das geringste Gebot vom Ersteher „bar" zu berichtigen ist, die vorgehenden Rechte daraus befriedigt werden und damit erlöschen *(Löschungsprinzip),* oder ob diese Rechte einfach bestehen bleiben und unverändert gegen den Ersteher fortwirken, von ihm „übernommen" werden **(Übernahmeprinzip).** Das Gesetz hat sich für das letztere entschieden, § 52 I ZVG: **Die im geringsten Gebot berücksichtigten Rechte bleiben bestehen,** sofern sie nicht „bar" zu decken sind (vgl. § 49 I, III ZVG); letztere erlöschen wie die nicht im geringsten Gebot berücksichtigten Rechte. 16

Das Übernahmeprinzip hat den Vorteil, dass der Ersteher weniger „bar" (§ 49 III ZVG) bezahlen muss. Das erhöht den Anreiz mitzubieten. 17

Anders als der Begriff „Bargebot" noch immer andeutet, darf das Gebot seit 1. 2. 2007 aus Sicherheitsgründen nicht mehr bar, sondern nurmehr durch rechtzeitige Überweisung oder Einzahlung auf ein Konto der Gerichtskasse (Nachweis im Verteilungstermin) entrichtet werden, § 49 III ZVG. **Zu zahlen sind das Mindest-** 18

bargebot, nämlich die Kosten des Verfahrens sowie die Ansprüche nach § 10 I Nr. 1–3 ZVG (praktisch wichtig Nr. 2 und 3), § 12 Nr. 1, 2, **und das Mehrgebot,** nämlich der über das geringste Gebot hinausgehende Teil des Gebots, § 49 I ZVG. Die Summe dieser Beträge bildet das *Bargebot.*

19 Das geringste Gebot setzt sich also aus bestehen bleibenden Rechten und Mindestbargebot zusammen, das Bargebot aus dem Mindestbargebot und dem Mehrgebot.

20 Nach dieser Regelung kann einem vorrangigen Gläubiger niemals eine Gefahr aus dem Vorgehen eines nachrangigen Gläubigers drohen; hier erweist sich die Rangordnung unter den dinglichen Rechten als praktisch sehr bedeutsam.

21 Betreibt der erste Hypothekengläubiger selbst die Zwangsversteigerung, so kann er allerdings sein Recht verlieren. Er ist jedoch in der Lage, durch eigenes Mitbieten andere Interessenten zu so hohen Geboten zu treiben, dass seine Hypothek durch das Mehrgebot gedeckt wird. Er kann auch versuchen, dass das Grundstück ihm zugeschlagen wird. Gelingt das, büßt er zwar seine Hypothek ein, wird dafür aber Eigentümer des hypothekenfreien (§§ 10 I, 44 I, 52 I 2! ZVG) Grundstücks.

22 Auf das Interesse des Eigentümers wird mit dem geringsten Gebot keine Rücksicht genommen. Käme es nur auf das geringste Gebot an, so könnte ein Grundstück in der Zwangsversteigerung, wenn sie vom Gläubiger der ersten Hypothek betrieben wird, zu einem lächerlich geringen Gebot zugeschlagen werden, das nur die Kosten des Verfahrens und die öffentlichen Lasten deckt. Eine Verschleuderung wirtschaftlicher Werte, besonders in Krisenzeiten, wird durch das geringste Gebot nicht vermieden, weil das, wie o. Rn. 15 ausgeführt, nicht seine Aufgabe ist.

23 Um eine Verschleuderung möglichst zu vermeiden, muss das Meistgebot mindestens den halben Grundstückswert erreichen **(Mindestgebot),** andernfalls ist der Zuschlag von Amts wegen zu versagen, doch gilt das nur für den ersten Versteigerungstermin (§ 85 a ZVG; ähnlich § 817 a für die Mobiliarvollstreckung, vgl. o. § 18 Rn. 11). Auf Antrag bestimmter Berechtigter kann der Zuschlag versagt werden, wenn das Meistgebot unter 7/10 des Grundstückswerts bleibt, § 74 a ZVG mit Modifizierung und Ergänzung in §§ 74 b, 114 a ZVG (dazu BGHZ 117, 11). Dieser Schutz vor Verschleuderung dient – anders als § 85 a ZVG – nicht dem Schuldner, sondern denjenigen Berechtigten, die bei Erteilung des Zuschlags leer ausgehen würden (daher u. U. Hinweispflicht des Rechtspflegers auf Antragsrecht aus § 74 a ZVG: *BVerfG* NJW 93, 1699). Der Schutz nach § 74 a I ZVG gilt ebenfalls nur im ersten Versteigerungstermin (§ 74 a IV ZVG). Um den gezielten Verbrauch der Versagungsgründe aus §§ 74 a, 85 a ZVG zu verhindern, ist nach *BGH* NJW 06, 1355, 1356 der Zuschlag auch dann zu versagen, wenn ein Gläubiger ohne (nachweisbares?) Interesse am Erwerb des Grundstücks ein Gebot nur abgibt, damit in einem weiteren Versteigerungstermin einem anderen Bieter der Zuschlag auf ein vom Grundstückswert unabhängiges Gebot erteilt werden kann (krit. *Storz/Kiderlen* NJW 07, 1846, 1847 m. N.).

24 Ob § 85 a ZVG (insbes. Abs. 2!) den Vorstellungen des BVerfG von Ausmaß und Durchsetzung der Eigentumsgarantie in der Zwangsversteigerung entspricht (vgl. BVerfGE 46, 333 ff.), ist eine offene Frage (so BVerfGE 51, 160 für die Teilungsversteigerung, § 180 ZVG). Sollte der Grundsatz der Verhältnismäßigkeit (auch) hier zum Maßstab werden – vgl. in diesem Sinn BVerfGE 52, 219 ff. (zu § 765 a); Sondervotum *Böhmer* in BVerfGE 49, 228 ff. –, so bestehen trübe Aussichten für die Durchsetzung von Gläubigerrechten mithilfe einer effizienten Zwangsvollstreckung. Was das materielle Recht gewährt, gerät in Gefahr, in der Zwangsvollstreckung wegen „Unverhältnismäßigkeit" des staatlichen Eingriffs auf der Strecke zu bleiben (zu diesen – verfehlten – Tendenzen vgl. o. § 1 Rn. 41 ff. sowie u. § 26 Rn. 13, § 54 Rn. 28, *Gerhardt* ZZP 95, 489 f. und allgemein schon *Henckel,* Prozessrecht und materielles Recht, 1970, S. 349 ff., insbes. S. 351 f., 358 f.; *Gaul* JZ 74, 279 ff.; *Gerhardt,* FS Weber, S. 191).

25 **IV.** Der **Versteigerungstermin** zerfällt in mehrere Abschnitte.

Im *ersten Abschnitt* werden nach Aufruf der Sache die betreibenden Gläubiger und ihre Ansprüche, ferner die Zeit der Beschlagnahme, die erfolgten Anmeldungen von Rechten, der Grundstückswert (wichtig wegen §§ 85 a, 74 a, b ZVG, vgl. o. Rn. 23 f.) sowie der Wert bestimmter Fremdwährungsgrundpfandrechte (§ 145 a Nr. 2 ZVG) bekanntgemacht, hierauf unter Anhörung der Beteiligten das geringste Gebot und die Versteigerungsbedingungen festgestellt, § 66 I ZVG.

26 Im *zweiten Abschnitt* erfolgt die eigentliche Versteigerung. Nach gerichtlicher Aufforderung sind die Gebote abzugeben, § 66 II ZVG. Das Gebot ist als öffentlich-rechtliche Erklärung zu qualifizieren (str.). Nach verbreiteter Ansicht soll es mit dem Zuschlag einen öffentlich-rechtlichen Kaufvertrag bilden (*Baur/Stürner/Bruns* Rn. 36.15). Diese Parallele zur Mobiliarvollstreckung (vgl. o.

§ 18 Rn. 15), auf die besonders *Peters* (FS Henckel, S. 662 ff.) abstellt, ist schon deshalb nicht zu ziehen, weil der Zuschlag nur in der Immobiliarvollstreckung das (Grundstücks-)Eigentum überträgt (§ 90 ZVG) und an ihn allein der Übergang von Gefahr, Nutzungen und Lasten geknüpft ist (§ 56 ZVG), während den Meistbietenden Rechte und Pflichten (nur) aus dem Meistgebot treffen (§ 81 ZVG). Daneben besteht für die Konstruktion eines öffentlich-rechtlichen Kaufvertrags, die eine „Doppelnatur" des Zuschlags voraussetzen würde (Vertragsannahme und hoheitliche Eigentumsübertragung), kein Bedürfnis (im Ergebnis ebenfalls gegen die Annahme eines Vertrags *Gaul,* GS Arens, 1993, S. 115 ff.; vgl. auch BGHZ 112, 61). Anfechtung des Gebots nach §§ 119 ff. BGB (dazu *BGH* NJW 84, 1950 f.; dagegen *Gaul* a. a. O. S. 123 ff.) und Vertretung sind auch dann zulässig. Ein unwirksames Gebot wird zurückgewiesen und erlischt dadurch, §§ 71, 72 II–IV ZVG. Zur Bieterkaution vgl. §§ 67–70 ZVG. Jedes Gebot erlischt durch Zulassung eines Übergebots, § 72 I ZVG. Zwischen Beginn und Abschluss dieses Abschnittes müssen mindestens 30 Minuten liegen, § 73 I 1 ZVG (das Wort „mindestens" ist durch Redaktionsversehen entfallen, s. BGBl. 1997 I 867). Dieser Zeitraum ist der für Bieter wichtigste Teil des ganzen Verfahrens (vgl. *Storz* ZIP 81, 17).

Als *dritter Abschnitt* folgt die Anhörung der Beteiligten über den Zuschlag, § 74 ZVG. 27

V. Nach der Versteigerung erfolgt die **Entscheidung** des Gerichts **über den** 28 **Zuschlag** *durch Beschluss,* § 87 ZVG. Wird der Zuschlag erteilt, so sind im Beschluss Grundstück, Ersteher, Gebot und Versteigerungsbedingungen zu bezeichnen, § 82 ZVG.

Der Zuschlag ist zu versagen aus den in §§ 83, 85 ZVG aufgezählten Gründen, ferner, wenn das 29 Meistgebot unwirksam (*Zeller/Stöber* § 83, 2.2) oder das Mindestgebot nicht erreicht ist (§ 85 a ZVG: Versagung von Amts wegen; § 74 a ZVG: Versagung auf Antrag, dazu auch § 74 b ZVG; vgl. o. Rn. 23).

Sonst wird der Zuschlag dem Meistbietenden erteilt (oder dem, welchem er das Recht aus dem 30 Meistgebot abgetreten hat), § 81 ZVG.

Der Beschluss ist im Versteigerungstermin oder in einem sofort zu bestimmenden Termin zu 31 verkünden, § 87 ZVG, und dem Ersteher zuzustellen, § 88 ZVG.

Der Zuschlag wird mit der Verkündung wirksam, § 89 ZVG, nicht erst mit seiner Rechtskraft, und 32 selbst wenn er angefochten wird.

Die **Wirkungen des Zuschlags** sind folgende: 33

1. Der Zuschlag macht den **Ersteher zum Eigentümer** des Grundstücks und der Gegenstände, auf die sich die Versteigerung nach § 55 ZVG erstreckt hat, z. B. des Zubehörs, § 90 ZVG. Dieser Erwerb tritt *ohne Eintragung im Grundbuch* ein. Das Grundbuchamt wird um Eintragung des Erstehers ersucht, sobald der Teilungsplan ausgeführt (vgl. u. Rn. 47) und der Zuschlagsbeschluss rechtskräftig ist, § 130 ZVG. Die Eintragung ist bloße Berichtigung des Grundbuchs. Der Ersteher erwirbt das Eigentum originär kraft gerichtlichen Gestaltungsakts, daher auch dann, wenn der Schuldner nicht Eigentümer war; guter Glaube ist nicht erforderlich (vgl. *BGH* NJW-RR 86, 1116 und u. Rn. 48).

Die rechtskräftige Aufhebung des Zuschlagsbeschlusses beseitigt ihn rückwir- 34 kend (arg. § 90 I ZVG: „sofern nicht"); daher ist es nunmehr so anzusehen, als sei der Ersteher nie Eigentümer geworden.

Über den Umfang des Grundstücks entscheiden das Grundbuch und die dort angeführten 35 amtlichen Verzeichnisse; auf sie ist bereits in der Bekanntmachung des Versteigerungstermins Bezug zu nehmen (vgl. § 37 Nr. 1 ZVG).

Der Zuschlag verpflichtet den Ersteher zur Zahlung des Bargebots an das Vollstreckungsgericht 36 (vgl. o. Rn. 18); der Zahlungsanspruch gehört zum Schuldnervermögen (BGHZ 68, 278).

2. **Die nicht** nach den Versteigerungsbedingungen **bestehen bleibenden Rechte** 37 **erlöschen,** wiederum *ohne Löschung im Grundbuch,* auch wenn sie durch das Mehrgebot gedeckt sind, § 91 I ZVG. Auch hier wird das Grundbuchamt um Löschung ersucht, § 130 ZVG; sie ist bloße Grundbuchberichtigung. Der mit einem gelöschten Grundpfandrecht verbundene gesetzliche Löschungsanspruch (§ 1179 a BGB) bleibt bis zur Befriedigung des Berechtigten bestehen (§§ 91 IV, 130 a ZVG).

38 Der Ersteher kann aber mit dem Berechtigten das *Bestehen bleiben des Rechts vereinbaren* (nicht selten bei Hypotheken). Die entsprechenden Erklärungen sind im Verteilungstermin (vgl. u. Rn. 45) abzugeben oder dem Grundbuchamt, bevor es um Berichtigung des Grundbuchs ersucht ist, durch öffentlich beglaubigte Urkunden nachzuweisen, § 91 II ZVG. Das Bargebot ermäßigt sich entsprechend, § 91 III ZVG.

39 Für die nicht bestehen bleibenden, aber durch das Meistgebot gedeckten Hypotheken und Grundschulden tritt der Versteigerungserlös als Surrogat an die Stelle des Grundstücks (*BGH* KTS 92, 158). Die erloschenen Grundpfandrechte gewähren ein Recht auf Befriedigung aus dem Erlös nach denselben Vorschriften, die für das ehemalige, erloschene Grundpfandrecht gelten, sofern sich nicht aus dem Fehlen eines Grundstücks und aus §§ 105 ff. ZVG etwas anderes ergibt; vgl. BGHZ 60, 228; 68, 279 (allgemein) und 58, 301 f. (zur Pfändung des Ersatzrechts auf Befriedigung), BGHZ 108, 239 f. (zur Bedeutung eines gemäß § 1179 a BGB gesicherten Löschungsanspruchs). Bei anderen dinglichen Rechten, die erlöschen, z. B. Nießbrauch, Dienstbarkeiten, tritt eine Umwandlung in einen Anspruch auf Wertersatz aus dem Erlös ein, § 92 ZVG. Bei mangelnder Befriedigung verbleibt in Höhe des Ausfalls dem Berechtigten der persönliche Anspruch gegen den Schuldner, so besonders für den Hypothekengläubiger die persönliche Forderung.

40 3. *Aus dem Zuschlagsbeschluss* kann **gegen den in der Vollstreckungsklausel genannten Besitzer** (insbesondere den bisherigen Eigentümer) auf *Räumung* des Grundstücks (§ 885) und *Herausgabe* der mitversteigerten beweglichen Sachen (§ 883) **vollstreckt** werden, § 93 ZVG, jedoch nicht gegen Mieter oder Pächter, denen das Grundstück schon übergeben ist, weil ihre Rechte erhalten bleiben, § 57 ZVG (der Ersteher hat in diesem Fall nur ein Kündigungsrecht, § 57 a ZVG, eingeschränkt durch den mietrechtlichen Kündigungsschutz (§§ 573 ff. BGB; dazu BGHZ 84, 90, 100 [zu §§ 556 a, 564 b BGB a. F.]). Ob die Räumung eine richterliche Durchsuchungsanordnung (Art. 13 II GG) erfordert, ist str. (bejahend *OLG Bremen* Rpfleger 94, 77, wenn der Zuschlagsbeschluss vom Rechtspfleger stammt; aber auch dann ist die „Räumung" keine „Durchsuchung" i. S. v. Art. 13 II GG und folgerichtig bedarf auch die Vollstreckung eines nichtrichterlichen Räumungstitels keiner Durchsuchungsanordnung, *Stöber* § 93, 2.4; vgl. § 758 a II und o. § 8 Rn. 18).

41 4. Mit dem Zuschlag gehen **Nutzungen und Lasten** des Grundstücks auf den Ersteher über, ebenso die Gefahr des zufälligen Untergangs des Grundstücks (teilweiser Untergang z. B. bei Brand des Mietshauses). Ein Gewährleistungsanspruch steht dem Ersteher nicht zu. Vgl. § 56 ZVG.

42 5. **Rechtsbehelfe.** Gegen die Entscheidung über den Zuschlag gibt es die sofortige Beschwerde (§§ 95 ff. ZVG), die auf die besonderen Gründe von § 100 ZVG beschränkt ist (dazu BGHZ 44, 144; BVerfGE 46, 327 f., 335 f.). Der Rechtsbehelf steht im Fall der Erteilung des Zuschlags dem Ersteher und jedem Beteiligten zu, im Fall der Versagung dem Gläubiger, in beiden Fällen jedem Bieter, dessen Gebot nicht erloschen ist, § 97 ZVG. Das Beschwerdegericht hat bei Aufhebung des Beschlusses selbst in der Sache zu entscheiden, also den Zuschlag zu versagen oder zu erteilen, § 101 I ZVG. Zur Rechtsbeschwerde § 101 II, 102 ZVG.

43 6. Der Zuschlagsbeschluss des Rechtspflegers hat die Bedeutung eines rechtsändernden Hoheitsakts und ist einem richterlichen Urteil (nur) vergleichbar (*BGH* NJW-RR 86, 1116).

44 Unrichtigkeiten des rechtskräftigen Beschlusses berühren nicht seine Wirksamkeit. Die Berufung auf den rechtskräftigen Zuschlagsbeschluss kann aber bei Vorliegen bestimmter Umstände nach § 826 BGB unbeachtlich sein, vgl. *BGH* NJW-RR 86, 1116 m. N.; *Stöber* § 81, 9.6 und u. Rn. 48.

45 **VI.** Nach Erteilung des Zuschlags wird ein Termin zur **Verteilung des Versteigerungserlöses** bestimmt, § 105 ZVG; zur Vorbereitung kann ein vorläufiger *Teilungsplan* aufgestellt werden, § 106

ZVG. In dem Termin ist die Teilungsmasse festzustellen, § 107 ZVG, die in der Hauptsache aus dem Bargebot besteht, das an das Gericht zu zahlen ist. Dann wird unter Anhörung der Beteiligten ein Teilungsplan aufgestellt, § 113 ZVG. Die Berücksichtigung der Rechte erfolgt nach dem Grundbuch, sonst nach Anmeldung, die spätestens im Termin zu erfolgen hat, § 114 ZVG. Auf die Verhandlung über den Teilungsplan finden die Vorschriften über das Verteilungsverfahren bei der Mobiliarvollstreckung (§§ 876 ff. ZPO) Anwendung, § 115 I 2 ZVG (vgl. o. § 21). Eine Aussetzung soll auf Antrag bis zur Rechtskraft des Zuschlagsbeschlusses, z. B. wegen eingelegter Beschwerde, erfolgen, § 116 ZVG. Die Ausführung des Teilungsplans erfolgt durch bargeldlose Auszahlung der Beträge, § 117 ZVG.

Soweit der Ersteher das Bargebot nicht bezahlt, wird die Forderung gegen den Ersteher auf die Berechtigten durch gerichtliche Anordnung übertragen, § 118 I ZVG; sie wirkt wie eine Befriedigung aus dem Grundstück, § 118 II ZVG (dazu *BGH* NJW 87, 1027 f.). Für die Forderungen wird eine Sicherungshypothek mit dem alten Rang des erloschenen Rechts eingetragen, § 128 ZVG. Der Anspruch aus dieser ist aufgrund des Zuschlagsbeschlusses nach Ausführung des Teilungsplans vollstreckbar, § 132 ZVG. **46**

Ist der Teilungsplan ausgeführt und der Zuschlag rechtskräftig, so ersucht das Vollstreckungsgericht von sich aus das Grundbuchamt, den Ersteher als Eigentümer sowie die Sicherungshypothek des § 128 ZVG einzutragen, ferner den Versteigerungsvermerk und die durch den Zuschlag erloschenen Rechte zu löschen, § 130 ZVG. Die Eintragung des Erstehers und die Löschung der Rechte sind eine bloße Grundbuchberichtigung; die Rechtsänderung ist schon durch den Zuschlag eingetreten (§§ 89–91 ZVG), vgl. o. Rn. 33, 37. **47**

VII. Der Zuschlag ist ein **Hoheitsakt,** der dem Ersteher das Eigentum verschafft, auch dann, wenn das Grundstück nicht dem Schuldner gehört. Weiß der Ersteher das, so kann die Berufung auf den rechtskräftigen Zuschlagsbeschluss bei Hinzutreten besonderer Umstände gemäß § 826 BGB unbeachtlich sein (vgl. o. Rn. 44). **48**

§ 25. Die Zwangsverwaltung

I. Die Zwangsverwaltung soll den Gläubiger *aus den Erträgnissen* eines Grundstücks *befriedigen.* Sie ist besonders für eine Vollstreckung wegen Zinsen und anderer laufender Ansprüche geeignet. Werden dingliche Gläubiger durch den Schuldner nicht befriedigt, so beruht dies entweder auf einer Verteilung der Erträge, die nicht der Rangordnung der Rechte entspricht, oder auf unzureichendem Ertrag des Grundstücks, was an mangelhafter Wirtschaftsführung des Schuldners liegen kann. Zumindest dem ersten Fehler, oft auch beiden Mängeln kann durch Einsetzung eines amtlichen Verwalters abgeholfen werden. Die Verteilung erfolgt in der durch § 155 II ZVG geregelten Rangordnung; dabei werden im Wesentlichen nur die Ansprüche auf laufende wiederkehrende Leistungen und von den Hauptansprüchen allein der des betreibenden Gläubigers berücksichtigt. Die Zwangsverwaltung hat selbstständig eine praktische Bedeutung nur bei landwirtschaftlichen Grundstücken und bei Mietshäusern. Häufig werden Zwangsverwaltung und Zwangsversteigerung nebeneinander beantragt (zulässig, § 866 II; zur Bedeutung vgl. o. § 22 Rn. 12). **1**

Für die Zwangsverwaltung gelten §§ 1–14 ZVG, ferner grundsätzlich die Vorschriften über die Zwangsversteigerung (z. B. über die Anordnung nur auf Antrag, vgl. o. § 24 Rn. 1), § 146 I ZVG. **2**

Die mit der Anordnung der Zwangsverwaltung eintretende **Beschlagnahme** geht in Einzelheiten weiter als bei der Zwangsversteigerung, §§ 148 I, 21 ZVG. Auch die **3**

Wirkung der Zwangsverwaltung ist insofern größer als die der Zwangsversteigerung, als dem Schuldner die Verwaltung und Benutzung des Grundstücks entzogen wird, § 148 II ZVG; dagegen werden ihm das Eigentum und in der Regel die unentbehrlichen Wohnräume unentgeltlich belassen, § 149 ZVG. Gewerberäume darf der Schuldner jedoch nicht nutzen; insoweit geht die Verwaltungsbefugnis auf den Zwangsverwalter über; er kann sie jedoch an den Schuldner vermieten.

4 **II.** Über den Erfolg der Zwangsverwaltung entscheidet der **Zwangsverwalter**. Das Vollstreckungsgericht bestellt den Zwangsverwalter (§ 150 I ZVG) regelmäßig schon im Anordnungsbeschluss. Ausgewählt werden kann nur eine natürliche geschäftskundige Person (§ 1 II ZwVwV), also keine GmbH. Der Zwangsverwalter muss von den Beteiligten unabhängig sein. Der Zwangsverwalter erhält eine Bestallungsurkunde (§ 2 ZwVwV), die aber keinen öffentlichen Glauben genießt.

5 Die Rechtsstellung des Zwangsverwalters ist in §§ 152 ff. ZVG geregelt; zu beachten ist ferner die auf der Grundlage von § 152 a ZVG ergangene Zwangsverwalterverordnung v. 19. 12. 2003 (ZwVwV), die Einzelheiten der Aufgaben, der Geschäftsführung und der Vergütung regelt.

6 Der Zwangsverwalter hat die Gläubiger aus den Erträgen des Grundstücks bestmöglich zu befriedigen; zugleich hat er das Grundstück des Schuldners (der Eigentümer bleibt!) in seinem wirtschaftlichen Bestand zu erhalten (§ 152 I ZVG). Nach § 150 II ZVG hat das Gericht dem Verwalter durch einen Gerichtsvollzieher das Grundstück zu übergeben oder ihm die Ermächtigung zu erteilen, sich selbst den Besitz zu verschaffen. Der Anordnungsbeschluss bildet zusammen mit der Ermächtigung des Gerichts einen Vollstreckungstitel (*BGH* NJW-RR 05, 1032, 1033). Insbesondere hat der Zwangsverwalter beschlagnahmte Forderungen einzuziehen; in diesem Rahmen ist er auch prozessführungsbefugt (*BGH* NJW-RR 92, 2487). Umstritten ist, ob der Zwangsverwalter zur Fortführung des Betriebs des Schuldners berechtigt und verpflichtet ist. Für *grundstücksbezogene* Betriebe wie Hotels und Tankstellen ist dies zu bejahen (*BGH* NJW-RR 05, 1175), nicht aber für sonstige Unternehmen, denn die Verwaltungsbefugnis des Zwangsverwalters erstreckt sich – anders als die des Insolvenzverwalters – nicht auf das gesamte Vermögen des Schuldners (zu den Aufgaben des Zwangsverwalters *Drasdo* NJW 09, 1648).

7 Nach § 152 II ZVG ist ein **Miet- oder Pachtvertrag** dem Zwangsverwalter gegenüber wirksam. An andere Verträge ist der Verwalter nicht gebunden; kann aber in bestehende Verträge eintreten (*Böttcher* § 152, 51). Der Zwangsverwalter hat die Mietzinsforderungen einzuziehen, die Nebenkostenabrechnungen durchzuführen und die gesetzlich zulässigen Mietzinserhöhungen vorzunehmen.

8 Der Verwalter kann die vom Mieter an den Schuldner geleistete Kaution vom Schuldner heraus verlangen *BGH* NJW-RR 05, 1029, 1032). Schwierigkeiten bereitet dies, wenn nicht Bargeld geleistet wurde, sondern etwa eine Bürgschaft gestellt oder eine Guthabenforderung des Mieters gegen ein Kreditinstitut an den Vermieter verpfändet worden ist. Da der Verwalter nach § 152 II ZVG an den Mietvertrag gebunden ist, erstreckt sich das Verwaltungsrecht auch auf eine Bürgschaftsurkunde bzw. das Pfandrecht.

Hatte der Mieter eine *Barkaution* geleistet, ist der Zwangsverwalter nach Beendigung des Mietverhältnisses zu deren Rückzahlung auch dann verpflichtet, wenn er sie vom Schuldner nicht erhalten hatte (*BGH* NJW 03, 3342). Vor Ende des Mietverhältnisses kann der Mieter vom Verwalter die Anlage des Kautionsbetrags nach den Grundsätzen von § 551 III BGB verlangen (*BGH* NJW 09, 1673). Er hat sogar ein Zurückbehaltungsrecht hinsichtlich der Mietzinszahlung, und zwar auch in der Insolvenz des Vermieters (*BGH* NJW 09, 3505). Im Ergebnis führt dies dazu, dass der Verwalter zunächst einmal die Kautionskonten der Mieter auffüllen muss, bevor er Erträge an die Gläubiger verteilen kann.

9 Der Zwangsverwalter steht unter der Aufsicht des Vollstreckungsgerichts (§ 153 ZVG), das ihm auch Weisungen erteilen kann; hier kommt es wesentlich auf die

wirtschaftliche Einsicht auch des Rechtspflegers an. Nach § 154 Satz 2 ZVG hat der Zwangsverwalter Rechnung zu legen; Einzelheiten vgl. §§ 14, 15 ZwVwV. Das Gericht hat die Rechnungslegung zu prüfen. Der Zwangsverwalter ist gemäß § 154 Satz 1 ZVG allen Beteiligten gegenüber verantwortlich: Das sind alle Personen, denen gegenüber das ZVG ihm besondere Pflichten auferlegt und nicht nur die Beteiligten im Sinne von § 9 ZVG (*BGH* WM 09, 474; zum vergleichbaren Haftungsumfang des Insolvenzverwalters vgl. u. § 43 Rn. 19 ff.). Der Zwangsverwalter haftet mit seinem Privatvermögen, ist aber zum Abschluss einer Haftpflichtversicherung verpflichtet (§ 1 IV ZwVwV). Er hat Anspruch auf eine angemessene Vergütung, § 152 a ZVG, §§ 17–22 ZwVwV.

III. Die Verteilung der Nutzungen erfolgt nach einem für die ganze Dauer des Verfahrens aufgestellten **Teilungsplan,** § 156 II ZVG. Die Ausgaben für die Verwaltung und die Kosten sind abzuziehen, der Überschuss nach der Rangordnung der Gläubiger zu verteilen, vgl. § 155 ZVG und o. Rn. 1. Die Auszahlung wird angeordnet durch das Gericht und ausgeführt durch den Verwalter, § 157 ZVG. 10

IV. Die **Aufhebung des Verfahrens** erfolgt durch Beschluss, § 161 ZVG, insbesondere nach Befriedigung des betreibenden Gläubigers oder – im Gesetz nicht erwähnt – nach Zuschlag in der Zwangsversteigerung (trotz Zuschlags hat der Verwalter bis zur Aufhebung weiter tätig zu sein: BGHZ 39, 236 ff.). Führt der Verwalter im Rahmen seiner Aufgaben (vgl. o. Rn. 6) einen Prozess, so besteht seine Prozessführungsbefugnis trotz Aufhebung der Zwangsverwaltung fort (*BGH* NJW-RR 93, 442 f., h. M.). 11

V. Ist über das Vermögen des Schuldners das Insolvenzverfahren eröffnet und erschwert die Fortsetzung der Zwangsverwaltung eine wirtschaftlich sinnvolle Nutzung der Insolvenzmasse wesentlich, kann der Insolvenzverwalter die **Einstellung der Zwangsverwaltung** beantragen, § 153 b ZVG; zur einstweiligen Einstellung gemäß § 30 b ZVG vgl. u. § 45 Rn. 18. 12

5. Kapitel. Die Zwangsvollstreckung wegen anderer Ansprüche

§ 26. Die Zwangsvollstreckung zur Erwirkung der Herausgabe

I. *Neben den Geldforderungen* kommen **drei andere Gruppen von Forderungen** in Betracht: 1. Ansprüche auf Herausgabe oder Leistung von Sachen (vgl. u. Rn. 2–23), 2. Ansprüche auf Handlungen oder Unterlassungen (vgl. u. § 27), 3. Ansprüche auf Abgabe einer Willenserklärung (vgl. u. § 28). 1

II. Bei der **Erwirkung der Herausgabe von Sachen** sind *drei Fälle* zu unterscheiden (dazu *Schilken* DGVZ 88, 49 ff.). 2

1. Der Schuldner hat eine **bestimmte bewegliche Sache** herauszugeben. 3

Die Vollstreckung erfolgt in der Weise, dass der *Gerichtsvollzieher* die Sache dem Schuldner *wegnimmt und* dem *Gläubiger übergibt* (in der Regel an Ort und Stelle, *OLG Koblenz* NJW-RR 90, 1152), § 883 I, ein Fall des direkten Zwangs. Hier gelten die Pfändungsbeschränkungen aus §§ 811 ff. nicht, denn bei der Herausgabevollstreckung wird nicht gepfändet (vgl. die Stellung der §§ 811 ff. im Abschnitt über die Zwangsvollstreckung wegen *Geldforderungen,* nicht wegen Herausgabe!).

4 In gleicher Weise ist zu vollstrecken, wenn eine Mehrheit individuell bestimmter Einzelsachen oder eine bestimmte Sachgesamtheit (z. B. eine Bibliothek) herauszugeben ist, ferner, wenn von einer individuell bestimmten Gesamtheit (nur) ein Teil weggenommen werden soll (z. B. aus einem bestimmten Getreidelager 50 Säcke Weizen).

5 Ob es sich um einen dinglichen oder obligatorischen Anspruch handelt, macht keinen Unterschied. Ist aber auch das Eigentum zu übertragen, so liegt eine doppelte Vollstreckung vor (vgl. u. Rn. 21 und § 28 Rn. 12).

6 Muss der Gerichtsvollzieher Räume durchsuchen, so bedarf es in der Regel einer richterlichen Durchsuchungsanordnung, § 758 a I (II trifft nicht zu); vgl. o. § 8 Rn. 18.

7 Die Wegnahme setzt voraus, dass die Sache vom Gerichtsvollzieher beim Schuldner vorgefunden wird. Besteht Ungewissheit über den Verbleib der Sache, so kann der Gläubiger die Abgabe einer eidesstattlichen Offenbarungsversicherung verlangen, § 883 II (vgl. u. § 29 Rn. 7); außerdem verbleibt ihm der Schadensersatzanspruch, § 893 I (vgl. u. § 27 Rn. 38).

8 In derselben Weise wird auch eine Verpflichtung zur *Vorlegung einer Sache* vollstreckt, nur erfolgt hier keine Ablieferung an den Gläubiger, sondern lediglich die Vorlegung zur Einsichtnahme (*OLG Frankfurt/M.* NJW-RR 92, 171 m. N.).

9 §§ 88–94 FamFG, nicht § 883 gelten (entsprechend), wenn das Familiengericht durch einstweilige Anordnung (§ 49 FamFG) die *Herausgabe eines Kindes* an den anderen Elternteil bestimmt hat.

10 2. Der Schuldner hat eine **bestimmte Quantität vertretbarer Sachen** oder Wertpapiere zu leisten.

Auch in diesem Fall hat der *Gerichtsvollzieher* die Sachen dem Schuldner *wegzunehmen und* dem *Gläubiger abzuliefern,* § 884 (zur Abgrenzung von § 883 *Schilken* DGVZ 88, 51 ff.). Die Durchsuchung von Räumen erfordert in der Regel eine richterliche Durchsuchungsanordnung, § 758 a I (II greift nicht ein); vgl. o. § 8 Rn. 18.

11 Mit der Wegnahme konzentriert sich die bisherige Gattungsschuld auf die weggenommenen Sachen gemäß § 243 II BGB. Eine Offenbarungsversicherung ist hier nicht vorgesehen. Findet der Gerichtsvollzieher die Sachen nicht, so bleibt nur der Schadensersatzanspruch, vgl. § 893 und u. § 27 Rn. 38.

12 3. Der Schuldner hat eine **unbewegliche Sache** herauszugeben, zu überlassen oder zu räumen.

Dann hat der Gerichtsvollzieher den *Schuldner aus dem Besitz* zu setzen und den *Gläubiger in den Besitz* einzuweisen, § 885, nötigenfalls mit Gewalt (§ 758 III). Für die Räumung bedarf es keiner richterlichen Durchsuchungsanordnung, § 758 a II; vgl. o. § 8 Rn. 18. Ist eine Räumung, etwa bei einer brachliegenden Fläche, nicht erforderlich, kann der Gerichtsvollzieher den Gläubiger durch Protokollerklärung in den Besitz einweisen (*BGH* NJW-RR 09, 445).

13 Das Maß der anzuwendenden Gewalt wird durch die Stärke des (erwarteten) Widerstands bestimmt, der zu brechen ist, um das titulierte Gläubigerrecht gegen den Schuldner durchzusetzen. Das hat mit dem Verhältnismäßigkeitsgrundsatz, der im Verhältnis des Einzelnen zum Staat gilt, nichts zu tun (instruktiv der Streit um einen Polizeieinsatz zur Durchsetzung eines Räumungstitels gegen Hausbesetzer: DRiZ 73, 209 ff.; das Problem verdunkelt *Denninger* ZRP 73, 268 ff.).

14 Von praktischer Bedeutung ist besonders die *Räumung von gemieteten Wohnungen* und (Gewerbe-)Räumen. Hier treten Schwierigkeiten auf, wenn die Räume von mehreren Personen gemeinschaftlich genutzt werden und daher zweifelhaft ist, wer als „Besitzer" und damit als Vollstreckungsschuldner in Betracht kommt. Im Ausgangspunkt ist nach § 750 I ein Titel gegen alle Besitzer erforderlich. Daher kann die Räumungsvollstreckung gegen einen Untermieter nur aufgrund eines gegen diesen gerichteten Titels erfolgen (*BGH* NJW-RR 03, 1450); der Titel gegen den Mieter genügt nicht. Im Übrigen kommt es nicht darauf an, ob ein Gewahrsamsinhaber einen Mietvertrag geschlossen und damit als Mieter ein eigenes Besitzrecht begründet hat, denn materielle Rechte prüft der Gerichtsvollzieher im forma-

lisierten Vollstreckungsverfahren nicht (*BGH* NJW-RR 03, 1450, 1451; NJW 04, 3041; dazu allgemein § 17 Rn. 17). Bewohnen *Ehegatten* Mieträume, sind sie Mitbesitzer; daher ist ein Titel gegen beide Ehegatten erforderlich (*BGH* NJW 04, 3041; StJ § 885, 15; *Becker-Eberhard* FamRZ 94, 1297 ff.). § 739 findet keine Anwendung (StJ § 885, 10). Ob der Ehemann oder die Ehefrau den Mietvertrag geschlossen haben, ist in der Vollstreckung unbeachtlich. Nach der Gegenansicht ist Schuldner nur der Mieter (so unter Hinweis auf § 885 II *Jauernig* in der 21. Aufl. dieses Lehrbuchs; *Thomas/Putzo* § 885, 4 a; *Schuschke* NZM 04, 206, 207 m. w. N.). Kein gesonderter Titel ist erforderlich gegen Besitzdiener wie Kinder, Besucher, Gäste und Hausangestellte des Schuldners, wohl aber gegen den in nichtehelicher Lebensgemeinschaft mitwohnenden Partner des Mieters.

Bei *Wohngemeinschaften* ist ein Titel gegen alle Mitbewohner erforderlich, die 15
neben dem Teilbesitz an „eigenen" Räumen Mitbesitz an gemeinschaftlich genutzten Räumen haben (*Zöller* § 885, 11); auf die materiellrechtliche Frage des Mietvertrags ist in der formalisierten Vollstreckung nicht abzustellen.

Bei einer *Hausbesetzung* kennt der Berechtigte häufig die Namen der Räumungs- 16
pflichtigen nicht. Daher soll ein Titel gegen „Unbekannt" (*Bruns/Peters* S. 287) oder gegen die „Besetzer des Hauses Berlin, ...straße 25" zulässig sein (*Baur/Stürner/Bruns* Rn. 39.10). Das ist mit §§ 182 II Nr. 1, 253 II Nr. 1, 750 I 1, 929 I, 936 unvereinbar und daher abzulehnen.

Lehnt man einen Räumungstitel gegen „Unbekannt" ab, so können unbekannte und erfahrungs- 17
gemäß häufig wechselnde *Hausbesetzer* nur durch die Polizei, nicht gemäß § 885 aus dem Besitz gesetzt werden. Ob die Polizei eingreift, liegt grundsätzlich in ihrem pflichtgemäßen Ermessen (vgl. *VG Berlin* NJW 81, 1749).

Zum Vollstreckungsschutz bei der Räumung von Wohnungen und zur polizeilichen Zwangs- 18
einweisung vgl. u. § 31 Rn. 14.

Bei einer Vollstreckung nach § 885 kann es dazu kommen, dass bewegliche Sachen, die nicht selber 19
Gegenstand der Vollstreckung sind, z. B. Möbel des Räumungsschuldners, entfernt werden müssen. In diesem Fall sind sämtliche, nicht nur einzelne Sachen wegzuschaffen (keine „symbolische" Räumung: *OLG Frankfurt/M.* MDR 69, 852 f.; vgl. auch *AG Wedding* DGVZ 86, 123 ff. und u. § 31 Rn. 14 a. E.). Einzelheiten in § 885 II–IV; der Gerichtsvollzieher schließt Lager- und Verwahrungsverträge im Rahmen von § 885 III unabhängig von der Person des Gläubigers regelmäßig nicht im eigenen Namen, sondern als Vertreter des Justizfiskus (*BGH* NJW 99, 2597, dazu Anm. *Chr. Berger* JZ 00, 361).

III. Ist die herauszugebende Sache in unmittelbarem Besitz eines nicht zur Herausgabe bereiten 20
Dritten, so muss der Gläubiger den Anspruch seines Schuldners gegen den Dritten auf Herausgabe pfänden und sich zur Einziehung überweisen lassen, § 886 (dazu BGHZ 53, 31 f.). Die Sache ist dann an den Gläubiger abzuliefern (keine Verwertung nach § 846, dort wird wegen einer Geldforderung in einen Herausgabeanspruch vollstreckt, vgl. o. § 20 Rn. 6). Weigert sich der Dritte herauszugeben, so muss der Gläubiger gegen ihn klagen.

IV. Bei der Herausgabe *beweglicher Sachen* unterscheiden die §§ 883 ff. nicht 21
danach, ob der Schuldner nur zur Herausgabe, also lediglich zur Besitzverschaffung, oder auch zur **Übereignung** verurteilt worden ist. Hat die Übereignung gemäß § 929 S. 1 BGB zu erfolgen, so ist die Sache zu übergeben, d. h. im Sinn der §§ 883 f. herauszugeben oder zu leisten; außerdem hat der Schuldner seine Einigung zu erklären. Ist also der Schuldner zur Übereignung verurteilt (vgl. § 897), so liegt bei beweglichen Sachen eine doppelte Verurteilung vor, nämlich erstens zur Herausgabe und zweitens zur Einigung; dem entspricht die zweigleisige Vollstreckung, vgl. §§ 883, 884, 897 einerseits, § 894 andererseits (dazu vgl. u. § 28 Rn. 12).

Bei *unbeweglichen Sachen* vollzieht sich der Eigentumsübergang unabhängig von 22
der Übergabe; daher ist hier eine besondere Verurteilung zur Herausgabe neben der zur Übereignung erforderlich, wenn auf Herausgabe vollstreckt werden soll.

23 **V.** Die Vollstreckung zur Erwirkung der Herausgabe hat **praktische Bedeutung** vor allem bei der Verurteilung zur Übereignung bestimmter Sachen, weniger dagegen bei Gattungsschulden; denn bei ihnen wird der Gläubiger in der Regel schon vor Beginn oder während des Prozesses von der Erfüllungsklage zur Schadensersatzklage (z. B. nach § 283 BGB) übergehen. Ist ein Schuldner zur Herausgabe verurteilt, so wird er, wenn er die Sache besitzt, aber die Vollstreckung nicht abwenden kann, meist bereit sein, sie ohne Vollstreckung herauszugeben; tut er es nicht, so lässt das darauf schließen, dass er die Sache nicht besitzt und die Vollstreckung ergebnislos bleiben wird.

VI. Ist Gegenstand der Zwangsvollstreckung ausschließlich die Herausgabe einer Sache, richtet sich die Zwangsvollstreckung nur nach §§ 883, 885 f. und nicht (ergänzend) nach § 888 (für unbewegliche Sachen *BGH* NJW-RR 07, 1091). Zwangsgeld darf daher zur Erzwingung der Räumung nicht festgesetzt werden. Zu § 893 vgl. u. § 27 Rn. 38.

§ 27. Die Zwangsvollstreckung zur Erwirkung von Handlungen und Unterlassungen

1 **I.** Die §§ 887–890 betreffen nur Handlungen, deren Erzwingung nicht anderweitig besonders geregelt ist. Sonderregeln bestehen für Zahlungen (Vollstreckung wegen Geldforderungen, §§ 803–882 a), Herausgabe oder Leistung von Sachen (§§ 883–886, vgl. o. § 26) und die Abgabe von Willenserklärungen (§ 894, vgl. u. § 28).

2 Die Vollstreckung nach §§ 887 ff. ist verschieden gestaltet je nachdem, ob die Handlung nur vom Schuldner oder an seiner Stelle auch von einem Dritten vorgenommen werden kann. Kann ein Dritter den Schuldner bei der Vornahme „vertreten“, so spricht man von *„vertretbarer“* Handlung; sonst liegen *„unvertretbare“* Handlungen vor (mit vertretbaren Sachen oder Stellvertretung – §§ 91, 164 BGB – hat diese Terminologie nichts zu tun!). Ist die Handlung unvertretbar, so ist zu unterscheiden, ob die Vornahme der Handlung ausschließlich vom Willen des Schuldners abhängt oder ob andere Umstände hinzukommen müssen, z. B. besondere künstlerische oder wissenschaftliche Fähigkeiten (vgl. u. Rn. 12 ff.).

II. Vertretbare Handlungen

3 1. Eine Handlung ist vertretbar, wenn es für den Gläubiger rechtlich und tatsächlich gleichgültig ist, ob sie der Schuldner oder ein Dritter vornimmt, weil wirtschaftlich und rechtlich der Erfolg gleich ist. Das ist vor allem der Fall, wenn der Schuldner nach dem zugrunde liegenden Rechtsverhältnis berechtigt ist, die Handlung durch andere Personen vornehmen zu lassen.

4 *Vertretbar* sind z. B. die Reparatur eines Kraftfahrzeugs, Beförderung von Sachen, der Betrieb einer Zentralheizung, und zwar auch dann, wenn die Verpflichtung auf einem Dienstvertrag beruht (§ 888 III bezieht sich nur auf unvertretbare Handlungen, vgl. § 888 I und u. Rn. 17). Die aus einem *Arbeitsvertrag* geschuldeten Handlungen können unter den genannten Voraussetzungen ebenfalls vertretbar sein (*Lüke*, FS E. Wolf, 1985, S. 462 ff. m. N.; anders die – noch? – h. M. im Arbeitsrecht, weil sie den personenrechtlichen Charakter des Arbeitsvertrags überspannt).

5 Vertretbar ist ferner die Lohn- (*LAG Hamm* DB 83, 2257) oder Provisionsabrechnung (*OLG Köln* NJW-RR 96, 100 f.), Nachbesserung von Baumängeln (*BGH* NJW 93, 1394), Entfernung eines Werbeschildes, auch die Befreiung von einer Schuld (*BGH* NJW 96, 2726), z. B. von einer Bürgschaft nach § 775 BGB, weil sie jeder Dritte vornehmen kann. Von solchen Fällen abgesehen, ist die Abgabe (oder Entgegennahme) einer Willenserklärung keine vertretbare Handlung; auch dann nicht,

wenn sie in Vollmacht des Schuldners geschehen könnte (str., vgl. StJ § 887, 13; *BGH* NJW 95, 464 für Prozessvollmacht).

2. Die vertretbare Handlung kann statt vom Schuldner auch von einem Dritten 6
vorgenommen werden. Daher ist ihre Erzwingung einfach: Der Gläubiger kann sie auf Kosten des Schuldners durch einen Dritten vornehmen lassen **(Ersatzvornahme)**, sofern der Schuldner seiner Verpflichtung nicht nachkommt. Hierzu bedarf der Gläubiger einer gerichtlichen Ermächtigung, die ihm auf Antrag (dazu *OLG Koblenz* NJW-RR 98, 1771 f.) vom Prozessgericht erster Instanz – nicht vom Vollstreckungsgericht! – erteilt wird, § 887 I; zugleich ist auf Antrag des Gläubigers der Schuldner zur **Vorauszahlung der Kosten** zu „verurteilen", § 887 II. Vor dem LG besteht Anwaltszwang (*OLG Köln* NJW-RR 95, 645 m. N.; h. M.). Das Gericht entscheidet nach Anhörung des Schuldners durch Beschluss, § 891.

Die Ermächtigung darf nicht schon im Urteil ausgesprochen werden. Das Prozessgericht wird 7
nach § 887 als Vollstreckungsorgan tätig.

Die vorzunehmende Handlung muss im Beschluss regelmäßig genau bezeichnet werden. Hat aber 8
der Schuldner unter mehreren Handlungsmöglichkeiten die Wahl (häufig bei Beseitigung von Immissionen), so ist eine genaue Bezeichnung im Ermächtigungsbeschluss – wie schon im Urteil (*BGH* NJW 93, 1395) – entbehrlich (*OLG Hamm* Büro 84, 1260 f.; str., vgl. *BGH* NJW 95, 3190). Ein bestimmter Dritter, der die Handlung vorzunehmen hat, muss nicht genannt werden. Auch der Gläubiger selbst kann die Handlung vornehmen. Ist zur Ersatzvornahme das Einverständnis eines Dritten nötig (z. B. des Grundstücksnachbarn für das Betreten seines Grundstücks), so muss es schon bei Erlass des Ermächtigungsbeschlusses vorliegen (*OLG Zweibrücken* NJW-RR 98, 1767 f.).

Herrscht Streit zwischen Gläubiger und Schuldner, ob dieser erfüllt hat, so kann der Schuldner, 9
der Erfüllung behauptet, die Vollstreckungsgegenklage erheben (§ 767) oder (str.) bei der Anhörung im Vollstreckungsverfahren (§ 891) die Einwendung geltend machen (StJ § 887, 25–27; *Schilken,* FS Gaul, 1997, S. 667 ff.; a. A. *OLG Düsseldorf* MDR 96, 309 f.; unentschieden *BGH* NJW 93, 1395 f.).

Der Schuldner hat die Vornahme der Handlung zu dulden, daher auch das Betreten seiner Räume, 10
soweit dies für die Vornahme der Ersatzhandlung erforderlich ist (Widerstand kann gebrochen werden, § 892). Dazu *OLG Hamm* NJW 85, 274 f.

Diese Art Vollstreckung ist einfacher und schneller, als wenn man den Schuldner 11
durch Strafe zwingen würde, selbst die Handlung vorzunehmen, zumal nicht sicher wäre, ob er sie auch ordnungsmäßig ausführen würde.

III. Unvertretbare Handlungen

Ihre Vornahme durch einen Dritten ist rechtlich unzulässig oder hat für den 12
Gläubiger nicht den gleichen rechtlichen oder wirtschaftlichen Erfolg, zu dessen Herbeiführung der Schuldner nach dem Titel verpflichtet ist.

1. Eine *Vollstreckung* kommt *nur* in Betracht, *wenn* die **Handlung ausschließlich 13
vom Willen des Schuldners abhängt.** Die Handlung darf also keinen besonderen Aufwand erfordern.

Beispiele: Auskunftserteilung (*OLG Köln* MDR 02, 294), Rechnungslegung (vgl. *OLG Hamburg* 14
NJW-RR 02, 1292), Aufstellung eines Inventars oder einer Bilanz, Erteilung eines Zeugnisses (vgl. § 630 BGB), Abgabe einer eidesstattlichen Offenbarungsversicherung aufgrund bürgerlich-rechtlicher Vorschriften (§ 889, dazu vgl. u. § 29 Rn. 8) oder einer Willenserklärung (soweit nicht § 894 eingreift, vgl. u. § 28 Rn. 1; BGHZ 98, 127 ff.; zur Erteilung einer Prozessvollmacht *BGH* NJW 95, 464), Widerruf (die von manchen befürwortete Vollstreckung analog § 894 beachtet nicht die Differenziertheit des Widerrufsanspruchs, der auch besagt, wann, wie, gegenüber wem zu widerrufen ist [dafür beispielhaft *OLG Frankfurt/M.* NJW 82, 113; *OLG Saarbrücken* Büro 88, 1252 f.; auch *OLG Zweibrücken* NJW 91, 304 f.]; vgl. aber auch BGHZ 68, 336: „nach bisher noch herrsch. Ansicht" greife § 888 ein).

15 *Mit besonderem Aufwand* ist die Handlung verbunden und daher die *Vollstreckung ausgeschlossen,* wenn ein Dritter mitwirken muss (z. B. ein bestimmter Architekt bei der im Prozessvergleich versprochenen Errichtung einer Garage), aber der Dritte (im Beispiel: der Architekt) mit Sicherheit nicht mitwirken wird (zum Problem *OLG Frankfurt/M.* NJW-RR 92, 172 m. N.), oder die Vornahme der Handlung eine dem Schuldner eigentümliche künstlerische oder wissenschaftliche Fähigkeit erfordert (z. B. Anfertigung eines Gutachtens, einer Komposition) oder der Schuldner Geldbeträge aufwenden müsste, über die er weder verfügt noch sich auf Kredit beschaffen kann und die der Gläubiger auch nicht vorschießt (vgl. *E. Peters,* GS Bruns, 1980, S. 294).

16 *Unzulässig* ist die Vollstreckung auch dann, wenn die Vornahme der Handlung dem Schuldner *dauernd unmöglich* (geworden) ist, weil er z. B. schuldhaft oder schuldlos sämtliche Unterlagen für die Aufstellung der im Urteil geforderten Bilanz vernichtet hat. Der Schuldner kann nicht gezwungen werden, etwas Unmögliches vorzunehmen. Der dauernden Unmöglichkeit einer Handlung sollte die bloß *vorübergehende* dann gleichgestellt werden, wenn sie vom Schuldner *nicht verschuldet* ist; unterbleibt die Zeugniserteilung z. B. wegen Krankheit des Schuldners, so ist eine Vollstreckung einstweilen unzulässig (zustimm. *Baumann/Brehm* S. 397; *Baur/Stürner/Bruns* Rn. 40.18; StJ § 888, 11; ebenso bei verschuldeter Unmöglichkeit *Rosenberg/Schilken* § 71 I 3 d bb).

17 Eine Vollstreckung ist ferner *unzulässig* aus einer Verurteilung zur Leistung von *unvertretbaren Diensten* aus einem Dienstvertrag (wenn vertretbar: § 887), § 888 III.

18 Die Vornahme der Handlung durch den Schuldner wird mit *Zwangsgeld* (ersatzweise Zwangshaft) *oder Zwangshaft* erzwungen, § 888 I 1. Zwangsgeld und Zwangshaft sind in der Terminologie des Gesetzgebers nicht als „repressive Rechtsfolge für einen vorausgegangenen Ordnungsverstoß" anzusehen, sondern als Zwangs- oder **Beugemaßnahme** (*Göhler* NJW 74, 826). Ihre Verhängung setzt daher kein Verschulden des Schuldners voraus. Der Schuldner kann dem Zwang entgehen, wenn er die Handlung vornimmt. Er ist dann sofort aus der Zwangshaft zu entlassen, die (weitere) Beitreibung eines Zwangsgeldes unterbleibt.

19 Zwangsgeld und Zwangshaft stehen – entgegen der (nicht mehr?) h. M. – nicht zur freien Wahl des Gerichts; denn die Zwangshaft ist als primäres Zwangsmittel nur zulässig, wenn die Festsetzung von Zwangsgeld nicht als ausreichende *primäre* Beugemaßnahme erscheint (Grund: Art. 2 II 2, 19 II GG; dazu *Maunz/Dürig,* GG, Art. 2 II, 53; vgl. auch BVerfGE 61, 134, 135; zustimmend *Baur/Stürner/Bruns* Rn. 40.18; *Brox/Walker* Rn. 1087; *Gerhardt* S. 188; *Rosenberg/Schilken* § 71 II 2; StJ § 888, 23). Beide Maßnahmen sind nicht nebeneinander, sondern nur nacheinander zulässig, auch wiederholt (arg. § 888 I 2). Für den Fall, dass das Zwangsgeld nicht beizutreiben ist, hat das Gericht ersatzweise Zwangshaft anzuordnen (§ 888 I 1). Das einzelne Zwangsgeld beträgt mindestens 5 Euro (Art. 6 I EGStGB) und ist auf 25 000 Euro begrenzt (§ 888 I 2), die Zwangshaft auf sechs Monate befristet (§§ 888 I 3, 913). Eine Androhung der Zwangsmaßnahme ist ausgeschlossen, § 888 II (anders § 890 II für die dort in Rede stehenden Ordnungsmaßnahmen). Eine Festsetzung von Zwangsmaßnahmen bereits im Urteil ist unwirksam (vgl. aber auch §§ 510 b, 888 a). Der Gläubiger hat die Festsetzung im Vollstreckungsverfahren zu beantragen. Über den Antrag entscheidet das *Prozessgericht erster Instanz,* § 888 I (dagegen: sofortige Beschwerde, vgl. o. § 11 Rn. 4). Vor dem LG besteht Anwaltszwang (*OLG Köln* NJW-RR 95, 645 m. N.; h. M.). § 891 gilt auch hier. Eine angeordnete Zwangsmaßnahme wird aufgrund einer vollstreckbaren Ausfertigung des Beschlusses (§ 794 I Nr. 3, §§ 795, 724) und nur auf Antrag des Gläubigers, nicht von Amts wegen (*BGH* NJW 83, 1859 f.) vollstreckt. Das Geld fällt an den Staat. Beigetriebenes Geld ist nach Verzicht auf die Rechte aus dem Zwangsgeldbeschluss oder nach Aufhebung des Titels an den Schuldner zurückzuzahlen, *BAG* NJW 90, 2580; *OLG Köln* JZ 67, 762 f. m. Anm. *Baur.*

20 Ist der *Schuldner prozessunfähig,* so ist das *Zwangsgeld* gegen ihn festzusetzen, denn sein Vermögen haftet. Die *Zwangshaft* dagegen wird gegen den gesetzlichen Vertreter verhängt, weil sie die Beugung des Willens bezweckt und der rechtlich erhebliche Wille nur beim gesetzlichen Vertreter liegt. A. A. *Brox/Walker* Rn. 1088.

21 Gegen *juristische Personen* sind Zwangsgeld und -haft möglich; die Zwangshaft wird an denjenigen verfassungsmäßig berufenen Vertretern vollstreckt, auf deren Willen es für die Vornahme der Handlung ankommt (denn ihr Wille erscheint rechtlich als Wille der juristischen Person).

22 Bei Streit zwischen Gläubiger und Schuldner, ob erfüllt ist, kann dieser nach § 767 klagen oder (str.) sich bei der Anhörung (§ 891) auf Erfüllung berufen (*OLG Frankfurt/M.* NJW-RR 92, 172; *Schilken,* FS Gaul, 1997, S. 667 ff., ferner o. Rn. 9).

2. Bei **unvertretbaren Handlungen, die nicht ausschließlich vom Willen des Schuldners abhängen,** ist eine *Vollstreckung ausgeschlossen.* 23

Beispiele: vgl. o. Rn. 15 ff. Hier ist der Gläubiger auf einen materiellrechtlichen Schadensersatzanspruch angewiesen.

IV. Unterlassung oder Duldung einer Handlung

Literatur: *Teplitzky,* Wettbewerbsrechtliche Ansprüche und Verfahren, 9. Aufl., 2006.

Nicht selten ist der Schuldner nach dem Vollstreckungstitel verpflichtet, eine 24
Handlung zu dulden oder zu unterlassen. Die Vollstreckung bestimmt sich nach § 890. Ob der Schuldner zur Unterlassung oder zur Vornahme einer Handlung verurteilt ist, ergibt sich aus der Urteilsformel; danach richtet sich die Vollstreckungsart (§ 890 *oder* §§ 887 f., 894). So *Henckel* AcP 174, 99 ff.; *Jauernig* NJW 73, 1672 f.; *Teplitzky* S. 5 f., 192 f., 410; *OLG München* OLGZ 82, 101 f.; *OLG Karlsruhe* NJW-RR 89, 190; a. A. *Brehm* ZZP 106, 270.

Die Abgrenzung von Unterlassungs- und Handlungsvollstreckung setzt im Voll- 25
streckungsrecht die Unterscheidung von Anspruch und Klage auf Unterlassung und Beseitigung fort.

Dabei ist Folgendes zu beachten. Der *Unterlassungsanspruch* zielt auf Vermeidung *künftiger* 26
Beeinträchtigungen und setzt folglich die Gefahr künftiger Beeinträchtigung voraus (BGHZ 81, 225). Er erfasst daher bereits *bestehende* Beeinträchtigungen, z. B. wettbewerbswidrige Reklame, nur, wenn deren Aufrechterhaltung zu befürchten ist (wofür eine tatsächliche Vermutung sprechen kann, vgl. BGHZ 81, 225 f.); andernfalls kann lediglich Beseitigung der Beeinträchtigung verlangt werden (*BGH* NJW 57, 1676; NJW-RR 94, 1404 f.; *Henckel* AcP 174, 100; übergangen von *Brehm* ZZP 89, 179; *Lindacher* GRUR 85, 426). Dieser Unterschied schließt nicht aus, dass Unterlassungs- und Beseitigungsanspruch nebeneinander bestehen und faktisch auf denselben Erfolg gerichtet sind (eine bestehende Beeinträchtigung begründet einen Beseitigungs- und bei Wiederholungsgefahr auch einen Unterlassungsanspruch, vgl. *Jauernig* NJW 73, 1673; Schuschke/Walker/*Sturhahn* § 890, 2; BGHZ 121, 248, auch 120, 76 ff.). Gleichwohl ist zwischen beiden Ansprüchen auch in diesem Fall zu unterscheiden (zustimm. *Teplitzy* S. 192 f.). Deshalb kann ein Kläger schon nach materiellem Recht nicht offen lassen, ob er Unterlassung oder Beseitigung fordert; aber auch das Prozessrecht verlangt hier Klarheit, denn der Klageantrag muss gemäß § 253 II Nr. 2 „bestimmt" sein (dagegen helfen keine „praktischen Erwägungen", wie *Brehm* ZZP 89, 188, 189 ohne Begründung meint; s. ferner StJ § 890, 5); folgeweise ist der Wechsel vom Beseitigungs- zum Unterlassungsbegehren oder umgekehrt eine Klageänderung (*BGH* NJW-RR 94, 1404 f.). Hat der Kläger einen Unterlassungstitel erstritten, so kann er ihn erst vollstrecken, wenn der Schuldner dem Urteil zuwidergehandelt, z. B. die wettbewerbswidrige Reklame wiederholt oder (vgl. o.) aufrechterhalten hat. Dann mag zwar oft eine „Beseitigung" nötig sein, z. B. Entfernung der Reklame, doch kann sie aufgrund des Unterlassungstitels nicht, auch nicht über §§ 887, 888 unmittelbar erzwungen werden (zustimm. *Baur/Stürner/Bruns* Rn. 40.21; *Teplitzky* S. 193). Vielmehr ist nur nach § 890 zu vollstrecken (anders bloß, wenn gleichzeitig zu Beseitigung und Unterlassung verurteilt ist, vgl. o.). Die Vollstreckung gemäß § 890 kann auch dann noch erfolgen, wenn vor Festsetzung der Ordnungsmaßnahme die Reklame beseitigt worden ist (str., vgl. *OLG Hamburg* MDR 73, 323 f.; auch *BayObLG* NJW-RR 95, 1040); das wäre bei einer Vollstreckung nach §§ 887 f. ausgeschlossen.

Wichtige Unterlassungspflichten ergeben sich aus dem Namensrecht (§ 12 BGB), Besitz und 27
Eigentum (§§ 862, 1004 BGB), hier vor allem im Nachbarrecht (§§ 906 ff. BGB), aus dem Firmenrecht (§ 37 II HGB), aufgrund eines Konkurrenzverbots (z. B. §§ 74 ff., 112 HGB), im Bereich des Urheberrechts und des gewerblichen Rechtsschutzes (Wettbewerbs-, Patentrecht usw.). Die Urteilsformel muss klar aussprechen, welche Handlung unterlassen oder geduldet werden soll. Inwieweit die verbotene Handlung zu spezifizieren ist, richtet sich nach den Besonderheiten des Einzelfalls (BGHZ 121, 251). Dabei ist darauf zu achten, dass durch eine (zu) enge Spezifizierung dem Schuldner nicht ermöglicht werden darf, eine im Ergebnis gleichwertige Handlung ungeahndet vorzunehmen und damit den Vollstreckungstitel praktisch wirkungslos zu machen. Ist das Unter-

lassungsgebot zwar weit, aber bestimmt genug gefasst (z. B. Unterlassung von vermeidbarem ruhestörendem Lärm, BGHZ 121, 250 f.), so ist im Vollstreckungsverfahren nach § 890 I 1 zu prüfen, ob die konkrete Handlung des Schuldners von dem Unterlassungsgebot erfasst wird. Nach der *„Kerntheorie"* sind auch solche Handlungen vom Unterlassungstitel umfasst, die den Kern der Verletzungsform unberührt lassen (*BVerfG* NJW-RR 07, 860, 862; BGHZ 5, 189, 193 f.; 126, 287, 296). Der Kern der Verletzungshandlung wird durch die Merkmale bestimmt, die die Verletzungshandlung prägen (StJ § 890, 34). Wird beispielsweise der Schuldner zur Unterlassung der Nutzung eines farblichen Kennzeichens verurteilt, so kann die Nutzung in einem ähnlichen Farbton gegen den Titel verstoßen (BGHZ 126, 287, 296: „Rotes Kreuz"). Ob eine Handlung noch unter den Titel fällt, ist im Beschlussverfahren (§ 891) zu bestimmen.

28 Dem Schuldner müssen **Ordnungsmaßnahmen** für den Fall **angedroht** werden, dass er dem Unterlassungsgebot zuwiderhandelt. Die Androhung wird in der Regel schon in der Klage beantragt und steht dann bereits im Urteil, sonst wird sie nachträglich auf Antrag des Gläubigers und nach Anhörung des Schuldners vom Prozessgericht erster Instanz ausgesprochen (§§ 890 II, 891); vor dem LG besteht Anwaltszwang (*OLG Köln* NJW-RR 95, 645 m. N.; h. M.). Art und Höchstmaß der Ordnungsmaßnahmen sind vom Gericht anzugeben (*OLG Hamm* NJW 80, 1289). Die Androhung von Ordnungsmaßnahmen dient primär der Durchsetzung des gerichtlichen Befehls, sie ist also vor allem ein Mittel der Zwangsvollstreckung. Daher können nur solche Zuwiderhandlungen geahndet werden, die erst nach Ausspruch der Androhung und der Vollstreckbarkeit des Urteils (*BGH* NJW 96, 398) begangen worden sind.

29 **Handelt der Schuldner** der im Titel bestimmten Verpflichtung **zuwider,** so wird er **zu** einer der zuvor **angedrohten Ordnungsmaßnahmen verurteilt.** Der Gesetzgeber hat durch die Neufassung des § 890 (in Kraft seit 1. 1. 1975) klargestellt, dass die Verurteilung nicht als Beugemaßnahme, sondern als „repressive Rechtsfolge für einen vorausgegangenen Ordnungsverstoß" (*Göhler* NJW 74, 826) anzusehen ist.

30 Unter der alten Fassung des § 890 war lebhaft umstritten, ob die Strafen des § 890 echte Kriminal- oder bloße Beugestrafen waren (vgl. § 27 IV der 12. Aufl. dieses Buches). Der terminologische Streit ist vom Gesetzgeber entschieden, die Sachprobleme sind geblieben (vgl. auch BVerfGE 58, 162 f.).

31 Die Verurteilung zu einer Ordnungsmaßnahme bezweckt – als repressive Rechtsfolge – in erster Linie, den Ungehorsam des Schuldners gegen den gerichtlichen Befehl zu ahnden. „Dass § 890 I auch nach seiner Novellierung strafrechtliche Elemente enthält" (BVerfGE 58, 163), d. h. auf *Repression* zielt, hat *praktische Konsequenzen* (*BGH* NJW 94, 46). Zum einen ist auch dann eine Ordnungsmaßnahme zu treffen, wenn keine weitere Zuwiderhandlung zu erwarten ist. Zum anderen setzt die Verurteilung eine *schuldhafte* Zuwiderhandlung des Schuldners voraus; denn die strafrechtsähnliche Ahndung einer Tat ohne Schuld wäre rechtsstaatswidrig (BVerfGE 84, 87; *BVerfG* NJW-RR 07, 860; a. A. nur *Baumbach* § 890, 21–24). § 278 BGB ist unanwendbar, aber prima-facie-Beweis zulässig (BVerfGE 84, 87). Bei juristischen Personen kommt es auf das Verschulden desjenigen verfassungsmäßig berufenen Vertreters an, in dessen Zuständigkeitsbereich die Zuwiderhandlung fällt (vgl. auch u. Rn. 34).

32 Die Verurteilung erfolgt auf Antrag des Gläubigers durch das Prozessgericht erster Instanz. Der Schuldner ist vorher zu hören (§ 891). Vor dem LG besteht Anwaltszwang (*OLG Köln* NJW-RR 95, 645 m. N.; h. M.). Gegen die Verurteilung steht dem Schuldner die sofortige Beschwerde zu, § 793, ebenso dem Gläubiger wegen zu geringfügiger Maßnahmen (schon in der Androhung: *OLG Hamm* NJW-RR 88, 960; a. A. *Zöller* § 890, 28).

33 Das Gericht hat keine freie Wahl zwischen den Ordnungsmaßnahmen. Primär ist Ordnungsgeld (ersatzweise Ordnungshaft) zu verhängen; nur wenn diese Maßnahme als unzulänglich erscheint, kann von vornherein zu Ordnungshaft verurteilt werden (*Brox/Walker* Rn. 1105; *Rosenberg/Schil-*

ken § 73 II 3; *Teplitzky* S. 599; zum Grund für die Subsidiarität der Haft vgl. o. Rn. 19). Nach (noch?) h. M. hat das Gericht die freie Wahl zwischen Ordnungsgeld und Ordnungshaft. – Die Ordnungsmaßnahme kann mehrfach verhängt werden (Höchstgrenzen in § 890 I, Mindestgrenzen in Art. 6 EGStGB). Die Vollstreckung erfolgt von Amts wegen (*BGH* NJW 83, 1860). Zur Verfolgungs- und Vollstreckungsverjährung vgl. Art. 9 EGStGB.

Str. ist, gegen wen die Ordnungsmaßnahme sich richten muss, wenn der Schuldner eine juristische Person oder prozessunfähig, z. B. minderjährig, ist. Ordnungsgeld ist stets gegen den Schuldner selbst festzusetzen. Ordnungshaft, auch die ersatzweise, ist gegen den gesetzlichen Vertreter z. Z. der Zuwiderhandlung anzuordnen (es sei denn, der Unterlassungstitel betrifft das persönliche Verhalten des Prozessunfähigen; dann wird er verhaftet, wenn er strafmündig und schuldig ist). Bei juristischen Personen wird derjenige verfassungsmäßig berufene Vertreter verhaftet, der für die Zuwiderhandlung verantwortlich ist (vgl. BVerfGE 20, 335 f., auch o. Rn. 21). Im einzelnen herrscht viel Streit; vgl. *Blomeyer* II § 92 III 2 a, § 95 I 7; *Schumann* FamRZ 76, 574 f. 34

Das Ordnungsgeld fällt an die Staatskasse (zur Frage, ob das Geld u. U., insbesondere nach Aufhebung des Titels, an den Schuldner zurückzuzahlen ist, vgl. *BGH* NJW-RR 88, 1530; *OLG Koblenz* WRP 83, 575 m. N.). Die Ordnungshaft wird nicht nach §§ 904 ff. durchgeführt (h. M.; a. A. *Brox/Walker* Rn. 1109 m. N.); Grund: Eine dem § 888 I 3 entsprechende Vorschrift fehlt in § 890. Ist dem Verbot zuwidergehandelt worden und entfällt danach der Titel mit oder ohne Rückwirkung, so kann eine Ordnungsmaßnahme nicht mehr festgesetzt oder vollstreckt werden; das folgt zwingend aus §§ 775, 776 (StJ § 890, 27 [dort 28 auch zu Abhilfen im Erkenntnisverfahren], 45; *Teplitzky* S. 602, je m. N., auch zur Gegenansicht). 35

Diese Art der Vollstreckung erreicht ihren Zweck im Grunde nur, wenn der Schuldner von sich aus jede Zuwiderhandlung unterlässt (BGHZ 120, 78). Wird das nicht erreicht, so ist der Unterlassungsanspruch praktisch nicht durchsetzbar, da das Gesetz keine vorbeugenden Maßnahmen zur Rechtsdurchsetzung kennt. Das nimmt dem Gläubiger nicht selten jeden wirksamen Rechtsschutz: Die Festsetzung von Ordnungsmaßnahmen nützt ihm nichts (das Geld fließt in die Staatskasse; die Haft des Schuldners bietet nur immaterielle Genugtuung); Ersatzansprüche gegen den Schuldner können höchstens eingetretene Schäden abdecken und selbst das nicht immer. Daran ändert auch die Sicherheitsleistung gemäß § 890 III für Zukunftsschäden nichts. 36

Besser als bei gewöhnlichen Unterlassungstiteln steht der Gläubiger bei der Durchsetzung einer Unterlassungsanordnung, die aufgrund § 1 GewSchG ergangen ist, beispielsweise das Verbot, eine Wohnung zu betreten (§ 1 I S. 3 Nr. 1 GewSchG). Nach § 96 I FamFG kann der Berechtigte den Gerichtsvollzieher zuziehen, der den Verpflichteten der Wohnung verweisen und das Verbot durch Anwendung von Gewalt (§§ 96 I 2 FamFG, 758 III) durchsetzen kann. Voraussetzung ist, dass die Zuwiderhandlung andauert. Bei drohenden Beeinträchtigungen kann der Berechtigte den Gerichtsvollzieher nicht nach § 96 I FamFG beiziehen (zu § 892 a a. F. StJ § 892 a, 4). Vorbeugend bleibt § 890 anwendbar, § 96 I 3 FamFG. Die Erforderlichkeit einer Durchsuchungsanordnung richtet sich nach § 758 a. 37

V. Auch wenn die Vollstreckung nach den §§ 883–892 möglich ist, verliert der Gläubiger dadurch nicht einen nach materiellem Recht bestehenden Schadensersatzanspruch (z. B. nach §§ 280, 281, 283 BGB), § 893 I. Er kann ihn geltend machen, ohne vorher vollstrecken zu müssen. Für die Schadensersatzklage ist ausschließlich das Prozessgericht erster Instanz zuständig wegen des engen Zusammenhangs mit dem Rechtsstreit, der mit der Verurteilung zur Primärleistung geendet hatte, §§ 893 II, 802. 38

§ 28. Die Verurteilung zur Abgabe einer Willenserklärung

I. Ist der Schuldner zur Abgabe einer Willenserklärung verurteilt worden, so wird er nicht etwa gemäß § 888 zur Abgabe gezwungen. Vielmehr greift das Gesetz zu einer *Fiktion,* die viel einfacher und sicherer zum Ziele führt: Die **Erklärung,** zu 1 welcher der Schuldner verurteilt ist, **gilt als abgegeben, sobald** das **Urteil formell rechtskräftig** geworden ist, § 894 S. 1.

2 Diese Wirkung hat aber *nur* das *Urteil,* nicht ein Prozessvergleich (BGHZ 98, 127). Hat der Schuldner die Willenserklärung schon im Vergleich abgegeben, erübrigt sich jede Zwangsvollstreckung; hat er sich im Vergleich nur zur Abgabe verpflichtet, ist nach §§ 887, 888 zu vollstrecken (vgl. o. §§ 3 Rn. 4, 27 Rn. 5, 14).

3 Praktische Bedeutung hat vor allem die Verurteilung zu Erklärungen im Grundbuchverkehr (z. B. zur Bewilligung) oder für das Handelsregister, ferner zu Angebot oder Annahme (z. B. bei der Auflassung oder der Einigung gemäß §§ 925, 929 BGB nach einem Kaufvertrag, vgl. u. Rn. 4, 10). Zum Widerrufsurteil vgl. o. § 27 Rn. 14.

4 **II.** Das rechtskräftige Urteil ersetzt auch die **Form,** in der die Abgabe der Willenserklärung nach bürgerlichem Recht erfolgen muss, z. B. Beglaubigung oder Beurkundung. Gleichgültig ist, vor wem oder wem gegenüber die fingierte Erklärung nach materiellem Recht abzugeben ist (wichtig z. B. für die Auflassungserklärung, § 925 BGB), vgl. auch u. Die Verurteilung macht eine behördliche oder gerichtliche Genehmigung (z. B. des Vormundschaftsgerichts) nicht entbehrlich (str.; vgl. StJ § 894, 24).

5 Ist für die Abgabe der Erklärung die Ausstellung einer Urkunde erforderlich, in der sich die Erklärung verkörpert, z. B. eines Wechsels, so hilft die Fiktion nichts, denn durch sie kann das Wertpapier nicht geschaffen oder ersetzt werden; es ist vielmehr nach § 888 zu verfahren (vgl. *Baur/Stürner/Bruns* Rn. 41.5), aber analog § 894 erst nach Rechtskraft des Urteils, wenn dort zugleich zur Abgabe der Erklärung verurteilt worden ist (vgl. auch RGZ 156, 170 f.).

6 *Mit Rechtskraft des Urteils* gilt die Erklärung als **abgegeben.** Streitig ist, ob das Urteil dem Erklärungsgegner mitgeteilt oder vorgelegt werden muss, um so den nach bürgerlichem Recht erforderlichen *Zugang* der Erklärung zu ersetzen. Das ist zu verneinen, wenn die Erklärung nach bürgerlichem Recht dem *Gläubiger* zugehen müsste (vgl. StJ § 894, 23); denn er hat Gelegenheit zur Kenntnisnahme bereits mit dem Erlass des Urteils erhalten, das genügt. Ist die Erklärung jedoch nach bürgerlichem Recht vor oder gegenüber einem Dritten, insbesondere einer Behörde, abzugeben, so muss der Gläubiger diesem das rechtskräftige Urteil vorlegen oder mitteilen (vgl. u. Rn. 10).

7 Die *Wirkung des Urteils* ist die gleiche wie die einer wirklich vom Schuldner abgegebenen Erklärung. Daraus folgt, dass materiellrechtliche Wirksamkeitsvoraussetzungen der Willenserklärung durch das Urteil nicht ersetzt werden (StJ § 894, 24; a. A. *Jauernig* bis zur 21. Aufl. dieses Lehrbuchs). Ist der Schuldner daher nicht voll geschäftsfähig oder fehlt ihm die Verfügungsmacht, so ist die Erklärung nicht voll wirksam, kann aber ggf. genehmigt werden.

8 Die Fiktion tritt erst mit der formellen Rechtskraft ein, so dass die vorläufige Vollstreckbarkeit in der Regel nicht in Betracht kommt (vgl. u. Rn. 11).

9 Einer vollstreckbaren Ausfertigung bedarf es nicht (str., vgl. *Wieser,* FS Söllner, S. 631, 633 ff.), außer wenn die Vollstreckung von einer Gegenleistung abhängig ist, z. B. Abgabe der Auflassungserklärung gegen Zahlung des Kaufpreises; dann wird die Ausfertigung nur gemäß § 726 II erteilt, § 894 S. 2. Hierin liegt zwar eine gewisse Vorleistungspflicht für den Gläubiger, aber keine Gefährdung, da ja die ihm gebührende Leistung – Abgabe der Erklärung – durch die Fiktion gesichert ist.

10 **III.** Bei **Verträgen** muss man beachten, dass nur die Erklärung des Schuldners durch das Urteil ersetzt wird, nicht auch die des Vertragsgegners, des Gläubigers. Diese muss daher nach den Vorschriften des bürgerlichen Rechts und in der dort vorgeschriebenen Form abgegeben werden. Ist z. B. der Schuldner als Verkäufer eines Grundstücks zur Abgabe der Auflassungserklärung verurteilt, so muss der Gläubiger das rechtskräftige Urteil der zuständigen Stelle (meist Notar) vorlegen (str.) und seine Vertragserklärung abgeben (§ 925 I BGB; Ausnahme vom Grundsatz gleichzeitiger Anwesenheit, *Jauernig* § 925, 13); erst damit ist die Auflassung vollendet und darf die Eintragung des neuen Eigentümers erfolgen.

11 **IV.** Die **vorläufige Vollstreckbarkeit** des Urteils hat nur dann Bedeutung, wenn eine Eintragung im Grundbuch erfolgen soll. Dann gilt die Eintragung einer Vormerkung oder eines Widerspruchs als bewilligt, § 895 (dazu *BayObLG* NJW-RR 97, 1446). Der vorläufigen Vollstreckbarkeit entspricht die vorläufige Eintragung. Hierzu *Furtner* JZ 64, 19 f.

12 **V.** Bei **Verurteilung zur Übereignung einer beweglichen Sache** darf die Verurteilung korrekterweise nicht auf „Herausgabe" allein lauten, sondern auf Abgabe der Einigungserklärung und Herausgabe. Doch wird auch bei ungenauer Fassung des Urteils eine solche doppelte Verurteilung

anzunehmen sein, wenn nur dem Urteil zu entnehmen ist, dass der Schuldner zur Übereignung gemäß § 929 S. 1 BGB verurteilt ist. Die Fiktion nach § 894 ersetzt nur die Erklärung, nicht die Übergabe. Diese muss nach §§ 883, 884 durchgesetzt werden; dabei gilt die Übergabe bereits mit der Wegnahme durch den Gerichtsvollzieher als erfolgt, § 897 I (überflüssige Fiktion, da die Übergabe an den Gerichtsvollzieher als Besitzmittler des Gläubigers erfolgt, das genügt für § 929 S. 1 BGB). Ebenso wird verfahren, wenn der Schuldner zur Bestellung oder Übertragung eines Grundpfandrechts verurteilt ist, § 897 II; dann ist die Übergabe des Briefes erforderlich, die nach § 883 erzwungen wird.

VI. Da eine Willenserklärung des Schuldners fingiert wird, finden auf den Erwerb auch die Vorschriften über den *Erwerb vom Nichtberechtigten* Anwendung, § 898. Maßgebend ist der Zeitpunkt der Rechtskraft des Urteils und bei beweglichen Sachen auch derjenige der Wegnahme durch den Gerichtsvollzieher. Auf die Kenntnis des Gläubigers kommt es an, nicht auf die des Gerichtsvollziehers, da er nicht Vertreter des Gläubigers ist (vgl. o. § 8 Rn. 9). **13**

VII. Die Fiktion beruht auf der Vollstreckungswirkung des zur Abgabe der Willenserklärung verpflichtenden Urteils; es wirkt nicht rechtsgestaltend, sondern ist *Leistungsurteil.* **14**

6. Kapitel. Eidesstattliche Offenbarungsversicherung und Haft

Literatur: *Gaul,* Grundüberlegungen zur Neukonzipierung und Verbesserung der Sachaufklärung in der Zwangsvollstreckung, ZZP 108, 3; *Fr. Weber,* Sachaufklärung und Offenbarungseid in der Zwangsvollstreckung, 1939; *Wieser,* Das Offenbarungsverfahren als Zwangsvollstreckung, Rpfleger 90, 97.

§ 29. Die Voraussetzungen

I. Der Gläubiger kann die Vollstreckung nach seiner Wahl auf bestimmte Vermögensstücke seines Schuldners richten. Aber je weniger er über das Vermögen des Schuldners unterrichtet ist, desto unsicherer ist sein Vorgehen, und desto eher kann die Vollstreckung fehlschlagen, auch wenn in Wahrheit pfändbare Vermögensstücke vorhanden sind. Wie soll z. B. der Gerichtsvollzieher oder der Gläubiger herausbekommen, welche Sachen des Schuldners sich im Besitz eines Dritten befinden? Lohn- oder Gehaltsforderungen des Schuldners lassen sich in der Regel leichter feststellen (vorausgesetzt, der Schuldner wechselt nicht häufig seinen Arbeitsplatz); andere Forderungen, z. B. geschäftliche Außenstände, kann der Gläubiger kaum feststellen. Es gibt auch Schuldner, die ihre wahre Lage verschleiern und Vermögensstücke verheimlichen wollen. Deshalb muss der Gläubiger in der Lage sein, das Schuldnervermögen festzustellen. Dazu dient eine Offenbarungspflicht des Schuldners: Hat die Pfändung beweglicher Sachen den Gläubiger nicht vollständig befriedigt oder macht dieser glaubhaft (§ 294), dass eine Pfändung dazu nicht führen werde, so hat der Schuldner auf Antrag des Gläubigers ein **Vermögensverzeichnis** vorzulegen. Dessen Vollständigkeit und Richtigkeit hat der Schuldner an Eides statt zu versichern, **§ 807.** Damit ist nicht das Beweismittel der Versicherung an Eides statt, § 294, gemeint. Um Verwechslungen zu vermeiden, ist die Bezeichnung: (eidesstattliche) **Offenbarungsversicherung** vorzuziehen. **1**

2 Die Erfolglosigkeit einer Pfändung wird durch eine „Fruchtlosigkeitsbescheinigung" des Gerichtsvollziehers nachgewiesen (zu dieser Bescheinigung vgl. *E. Schneider* MDR 76, 533 ff.). Die Pfändung ist auch erfolglos, wenn der Gläubiger auf Widerspruch eines Dritten die gepfändeten Sachen freigegeben hat und nach dem Pfändungsprotokoll nur diese Sachen pfändbar waren. § 807 I 1 Nr. 3 stellt die Durchsuchungsverweigerung der erfolglosen Pfändung gleich (vgl. o. § 8 Rn. 18).

3 Fruchtlosigkeit ist zu befürchten, wenn z. B. andere Gläubiger kurz zuvor erfolglos waren. Eine Vollstreckung in Forderungen bleibt stets außer Betracht, auch wenn bereits eine Pfändung erfolgt ist; denn stets ist nur eine angebliche Forderung gepfändet (*Baur/Stürner/Bruns* Rn. 48.3; a. A. die h. M., vgl. *KG* OLGZ 68, 185 ff. m. N.: Gläubiger muss die Uneinbringlichkeit der gepfändeten Forderung nachweisen).

4 Die Pflicht des Schuldners zur Offenbarungsversicherung setzt voraus, dass der Gläubiger einen Zahlungstitel in der Hand hat. Muss für die Vollstreckung ein doppelter Titel auf Verurteilung und Duldung gegeben sein (Bsp.: § 748 III), so ist die Pflicht für beide Schuldner erst dann begründet, wenn beide Titel vorliegen. Bei einer Partei kraft Amtes bezieht sich die Verpflichtung nicht auf ihr eigenes, sondern auf das von ihr verwaltete Vermögen.

5 Ist der Schuldner nicht prozessfähig, so hat der gesetzliche Vertreter die Verpflichtung zur Offenbarung; wurde ohne Einwilligungsvorbehalt nach § 1903 BGB ein Betreuer bestellt, entscheidet das Vollstreckungsgericht nach pflichtgemäßem Ermessen, ob der Betreuer oder der betreute Schuldner offenbarungspflichtig ist (*BGH* NJW-RR 09, 1). Bei juristischen Personen haben alle Vorstandsmitglieder die Verpflichtung zur Offenbarungsversicherung.

6 § 807 ist auch nach erfolgloser Sicherungsvollstreckung (§ 720 a) anwendbar (*BGH* NJW-RR 07, 416; vgl. o. § 2 Rn. 28).

7 **II.** § 836 III 2 statuiert einen weiteren Fall einer Offenbarungsversicherung. Ist eine Forderung gepfändet und dem Gläubiger überwiesen, so muss der Schuldner die **Auskünfte** geben, die der Gläubiger **für die Geltendmachung der Forderung** benötigt. Weigert sich der Schuldner (oder ist die Auskunft unzulänglich), so muss er die Auskunft auf Antrag des Gläubigers zu Protokoll geben und deren Richtigkeit und Vollständigkeit „an Eides statt versichern" (s. § 807 III 1).

8 **III.** Ein besonderer, viel seltenerer Fall der Offenbarungsversicherung ergibt sich aus **§ 883** (vgl. o. § 26 Rn. 7). Voraussetzung ist, dass der Gerichtsvollzieher die bestimmte herauszugebende **Sache nicht im Besitz des Schuldners** vorfindet. Der Schuldner hat an Eides statt zu versichern, dass er weder die Sache besitze noch Kenntnis davon habe, wo sie sich befinde.

9 **IV.** Anders ist das Verfahren geregelt, wenn die **Pflicht zur** eidesstattlichen **Offenbarungsversicherung** nicht auf dem Vollstreckungsrecht beruht, sondern **nach bürgerlichem Recht** besteht, in der Hauptsache zur Bekräftigung von Auskunft und Rechnungslegung nach §§ 259, 260, 2028, 2057 BGB. Gibt der Schuldner freiwillig die Offenbarungsversicherung ab, so handelt es sich um eine Angelegenheit der freiwilligen Gerichtsbarkeit nach §§ 361, 410 Nr. 1 FamFG, § 3 Nr. 1 Buchst. b RPflG. Ist der Schuldner zur Abgabe der Offenbarungsversicherung verurteilt, so wird sie vor dem Vollstreckungsgericht (Rechtspfleger: § 20 Nr. 17 RPflG) abgegeben, § 889 I; erzwungen wird die Abgabe durch Zwangsmaßnahmen nach §§ 889 II, 888 (Anordnung der Zwangshaft nur durch den Richter, § 4 II Nr. 2, III RPflG).

10 **V.** Nachdem in der Vergangenheit wiederholt Vorschläge zur Verbesserung der Sachaufklärung im Offenbarungsverfahren gemacht wurden (vgl. *Gaul* JZ 73, 481; *Zeiss* JZ 74, 566; gegen sie *Brehm* DGVZ 83, 101; ferner *Gaul* ZZP 108, 25; *Stamm* ZRP 03, 95), ordnet der Gesetzgeber mit dem **Gesetz zur Reform der Sachaufklärung in der Zwangsvollstreckung** vom 29. 7. 2009 (BGBl. 2009 I 2258) u. a. die bislang in §§ 807, 836 III, 883, 899–915 h geregelten Vorschriften zu eidesstattlicher Offenbarungsversicherung, Haft und Schuldnerverzeichnis **mit Wirkung zum 1. 1. 2013** neu (dazu *Hess* JZ 09, 662, 664). Ohne dass die Voraussetzungen aus § 807 I Nr. 1–4 (insbesondere frucht- oder aussichtslose Pfändung) vorliegen müssen, wird der Zahlungsschuldner schon allein bei Vorliegen einer vollstreckbaren Ausfertigung verpflichtet, auf Verlangen des Gerichtsvollziehers Auskunft über sein Vermögen zu erteilen und die Richtigkeit der Auskunft eidesstattlich zu versichern, § 802 c I, III n. F. Anders als bislang erhält der Titelgläubiger damit frühzeitig die Möglichkeit, sich mithilfe des Gerichtsvollziehers einen Überblick über die Vermögensverhältnisse des Schuldners und die Erfolgsaussichten weiterer Vollstreckungsmaßnahmen zu ver-

schaffen. Ähnlich den Voraussetzungen nach §§ 901 ff. (vgl. u. § 30 Rn. 16 ff.) bleibt auch künftig die Erzwingungshaft statthaft, §§ 802 g–j n. F.

Das Ergebnis der **Vermögensauskunft** des Schuldners, das inhaltlich dem Vermögensverzeichnis nach § 807 entspricht, wird vom Gerichtsvollzieher als elektronisches Dokument aufgenommen (§ 802 f V n. F.) und in ein **als Datenbank geführtes Verzeichnis** eines zentralen Vollstreckungsgerichts eingestellt, § 802 f V n. F. Hier können die Daten über eine Internetanfrage durch staatliche Stellen und alle Gerichtsvollzieher eingesehen, im Fall eines berechtigten Interesses aber auch Dritten, etwa anderen Titelgläubigern zugänglich gemacht werden, § 802 k II n. F. (BT-Drs. 16/10069, S. 21). Jede Vermögensauskunft wird für die Dauer von drei Jahren abrufbar sein, § 802 k I n. F.; bei unveränderten Vermögensverhältnissen muss der Schuldner erst danach auf Antrag erneut eine Vermögensauskunft abgeben. Zur geplanten zentralen Erfassung und Abrufbarkeit elektronisch erfasster *Vermögensverzeichnisse* nach §§ 882 b–h n. F. vgl. u. § 30 Rn. 28. 11

§ 30. Das Verfahren

I. Zuständig für die Abnahme der Offenbarungsversicherung nach §§ 807, 836, 883 ist der **Gerichtsvollzieher** bei dem AG (Vollstreckungsgericht), in dessen Bezirk der Schuldner z. Z. der Auftragserteilung seinen Wohnsitz (hilfsweise: Aufenthaltsort) hat, § 899 I (der „Auftrag" ist ein „Antrag", vgl. o. § 8 Rn. 6). Bei juristischen Personen entscheidet ihr Sitz, nicht der Wohnsitz des Organs, das die Offenbarungsversicherung abzugeben hat. 1

Bei Unzuständigkeit des AG kann der Gläubiger beantragen, dass das AG (durch den Gerichtsvollzieher) die Sache an das zuständige AG (Gerichtsvollzieher) abgibt (keine Bindung), § 899 II; andernfalls wird der „Auftrag" (§ 899 I) abgelehnt. 2

II. Das Verfahren beginnt mit dem „Auftrag", richtig (vgl. o. § 8 Rn. 6): **Antrag des Gläubigers** auf Bestimmung eines Termins zur Abgabe der Offenbarungsversicherung, § 900 I 1. 3

Dem Antrag sind beizufügen: Titel, Klausel, Zustellungsnachweis (also die allgemeinen Vollstreckungsvoraussetzungen), ferner das Vorliegen besonderer Voraussetzungen (z. B. Nachweis erbrachter Sicherheitsleistung) und die Urkunden, aus denen sich die Pflicht zur Abgabe der Offenbarungsversicherung ergibt (bei § 807 z. B. Fruchtlosigkeitsbescheinigung, Protokoll des Gerichtsvollziehers [§ 762] über Verweigerung der Durchsuchung). 4

Der Gerichtsvollzieher prüft von Amts wegen, ob die Vollstreckungsvoraussetzungen und die (weiteren) Voraussetzungen nach §§ 807, 836 III, 883 II vorliegen, ferner, ob der Schuldner im Fall des § 807 von der Verpflichtung befreit ist, weil er bereits in den vergangenen drei Jahren eine Offenbarungsversicherung abgegeben hat und die entsprechende Eintragung im Schuldnerverzeichnis (§ 915 I 1) noch nicht gelöscht ist, § 903 (besteht danach keine Pflicht, so hat der Gläubiger glaubhaft zu machen, dass der Schuldner später zu Vermögen gekommen ist oder ein bisher bestehendes Arbeitsverhältnis des Schuldners aufgelöst ist, um eine Offenbarungspflicht zu begründen). 5

Einwendungen gegen den Anspruch selbst sind in diesem Teil des Verfahrens nicht zu prüfen. Die Behauptung der Unfähigkeit zur Abgabe der Offenbarungsversicherung aus privaten Gründen, z. B. wegen Krankheit, kann grundsätzlich nicht berücksichtigt werden, da sie zu leicht zur Verschleppung des Verfahrens missbraucht werden könnte (vgl. § 906 und *OLG Köln* MDR 78, 59). Gegen die Ablehnung der Terminsansetzung steht dem Gläubiger die Erinnerung zu, § 766. Der Schuldner selbst ist durch den Gerichtsvollzieher zum Termin zu laden; dem Gläubiger ist der Termin mitzuteilen, erscheinen muss er nicht (§ 900 I 2–4). Unter bestimmten Voraussetzungen kann der 6

Termin zur Offenbarungsversicherung des § 807 um bis zu sechs Monate vertagt oder unverzüglich nach Ablauf von sechs Monaten angesetzt werden (Schuldnerschutz; zur Ratenzahlung *Schilken* DGVZ 98, 152 ff.), § 900 III.

7 Liegen die Voraussetzungen von § 807 I vor, so kann der Gerichtsvollzieher die Versicherung sofort abnehmen; sofern Schuldner oder Gläubiger dem widersprechen, ist Termin auf zwei bis vier Wochen später anzusetzen, § 900 II. Diese Vorschrift gilt nur für § 807 (§ 900 II 1), für §§ 836 III, 883 auch nicht entsprechend.

8 **III.** Der Schuldner hat im Falle des **§ 807** den **gesamten Aktivbestand** seines Vermögens, das für den Titel haftet, anzugeben, in der Regel also das gesamte Vermögen (dazu *BGH StSen* Rpfleger 80, 339).

9 Hierzu gehören in einzelner Aufführung bewegliche Sachen, Grundstücke, Forderungen, Anteilsrechte, Lebensversicherungen usw. Unpfändbare Gegenstände sind in der Regel ebenfalls anzugeben (Ausnahme in § 807 II 2), da der Schuldner grundsätzlich nicht selber darüber entscheiden soll, ob sie pfändbar sind. Bei Forderungen (auch zweifelhaften!) sind der Schuldner, der Grund und die Beweismittel sowie Hilfsrechte, z. B. Pfandrechte, anzugeben (vgl. *OLG Hamm* MDR 80, 149 f. für künftige Forderungen). Ebenso hat er den Verbleib von beweglichen Sachen anzugeben, die ihm gehören oder an denen ihm ein Anwartschaftsrecht auf Erwerb zusteht (BGHSt 15, 130). Der Schuldner ist zu Auskunft und Offenbarungsversicherung auch bei Gefahr strafgerichtlicher Verfolgung (z. B. wegen Vollstreckungsvereitelung, § 288 StGB) verpflichtet: BGHZ 41, 326. Zum Verfahren bei äußerlich unvollständigem Vermögensverzeichnis *LG Hannover* MDR 79, 237 m. N.

Der Schuldner hat ferner die in den letzten zwei Jahren vorgenommenen entgeltlichen Veräußerungen an nahestehende Personen (§ 138 InsO), ferner unentgeltliche Verfügungen der letzten vier Jahre anzugeben. Damit soll das Verschieben von Schuldnervermögen offengelegt und dem Gläubiger die Anfechtung (vgl. u. § 33) ermöglicht werden.

10 Macht der Gläubiger geltend, der Gerichtsvollzieher habe ein *unvollständiges, ungenaues oder widersprüchliches Vermögensverzeichnis* aufgenommen, muss er zunächst beim Gerichtsvollzieher eine Ergänzung oder Berichtigung des Verzeichnisses durch den Schuldner beantragen; lehnt der Gerichtsvollzieher den Antrag ab, ist dagegen die Erinnerung nach § 766 statthaft (*BGH* NJW 04, 2979, 2980; NJW-RR 08, 1163).

11 **IV.** Der **Termin** ist *nicht öffentlich*. Er gestaltet sich verschieden nach dem Verhalten des Schuldners.

12 1. *Der Schuldner erscheint und erhebt keine Einwendung* (Regelfall). Der Schuldner überreicht im Falle von § 807 sein Vermögensverzeichnis, das mit ihm erörtert wird, und gibt die Offenbarungsversicherung ab. Die Erörterung des Verzeichnisses, die eindringliche Befragung des Schuldners ist oft die letzte Gelegenheit, um dem Gläubiger zu seinem Recht zu verhelfen (vgl. *E. Schneider* Anm. MDR 69, 490). Entsprechendes gilt im Fall des § 883 II.

13 Das Protokoll über die Abnahme der Versicherung (bei § 807 mit dem Vermögensverzeichnis, bei § 836 III mit dem Protokoll über die Auskünfte) hat der Gerichtsvollzieher unverzüglich (§ 121 I 1 BGB) beim Vollstreckungsgericht (§ 764) zu hinterlegen; der Gläubiger erhält eine Abschrift, § 900 V.

14 2. *Der Schuldner erscheint* und bestreitet *mit Begründung* seine Verpflichtung zur Abgabe der Offenbarungsversicherung, z. B. wegen Fehlens eines Titels; nach BVerfGE 61, 135 soll auch die Behauptung feststehender Leistungsunfähigkeit genügen (dagegen zutr. *Baur/Stürner/Bruns* Rn. 48.18). Hierüber wird durch Beschluss des Gerichts (Rechtspfleger, § 20 Nr. 17 RPflG) entschieden, § 900 IV 1, gegen den die sofortige Beschwerde, § 793; § 11 I RPflG gegeben ist (*Zöller* § 900, 42). Bei Zurückweisung des Bestreitens kann der Schuldner sich sofort zur Abgabe der Offenbarungsversicherung bereit erklären, andernfalls ist ein neuer Termin zur Abgabe zu bestimmen, aber grundsätzlich erst nach Rechtskraft des Beschlusses, § 900 IV 2. Ein erneutes Bestreiten kann der Schuldner nur auf solche Einwendungen stützen, die nach dem früheren Beschluss entstanden sind.

15 3. *Der Schuldner erscheint und bestreitet* seine Verpflichtung *ohne Begründung*. Auf Antrag des Gläubigers wird vom Gericht (Richter, § 4 II Nr. 2, III RpflG) Haftbefehl erlassen, § 901.

16 4. *Der Schuldner erscheint nicht;* dann wird gleichfalls auf Antrag des Gläubigers vom Gericht (Richter, § 4 II Nr. 2, III RPflG) Haftbefehl erlassen, § 901 (nach

BVerfGE 61, 134 f. jedoch nicht, wenn das Gericht von der Leistungsunfähigkeit des Schuldners überzeugt ist – aber sie soll doch erst festgestellt werden; vgl. o. Rn. 8). Schriftliche Einwendungen sind unbeachtlich.

Die Verhaftung erfolgt durch einen Gerichtsvollzieher, § 909; einer besonderen richterlichen Durchsuchungsanordnung gemäß Art. 13 II GG bedarf es nicht, § 758 a II (vgl. o. § 8 Rn. 18). Rechtsmittel gegen Ablehnung oder Erlass des Haftbefehls ist die sofortige Beschwerde, § 793 I (*OLG Jena* DGVZ 02, 90; *Thomas/Putzo* § 901, 9; *Zöller* § 901, 13, 15). 17

Die Vollziehung des Haftbefehls ist nur innerhalb von drei Jahren nach seinem Erlass zulässig, § 909 II. 18

V. Die **Haft** beträgt im Höchstfalle sechs Monate, § 913. Die Vollstreckung der Haft ist unzulässig bei erheblicher Gesundheitsgefährdung, § 906, ferner nach § 904 (auch Nr. 1 verbietet nur die Vollstreckung ohne Genehmigung, vgl. Art. 46 III GG, nicht den Erlass eines Haftbefehls). Sie besteht nur in Freiheitsentziehung, daher gibt es keinen Arbeitszwang, das Zusammensein mit anderen Gefangenen ist nur bei Einwilligung des Häftlings zulässig (§§ 172, 175 StVollzG). Der Schuldner kann sich jederzeit zur Abgabe der Offenbarungsversicherung erbieten und durch sie die Haft beenden, § 902. Schon deshalb bestehen gegen Erlass und Vollstreckung eines Haftbefehls auch bei Minimalforderungen keine verfassungsrechtlichen Bedenken (vgl. BVerfGE 48, 400 f.; 61, 135 f.). 19

VI. Die Wirkungen der Offenbarungsversicherung

1. Das Vollstreckungsgericht führt ein **Schuldnerverzeichnis („Schwarze Liste")**, in das die Personen eingetragenen werden, die in einem bei ihm anhängigen Verfahren (s. § 899 I) die Offenbarungsversicherung nach § 807 abgegeben haben oder gegen die wegen Nichterscheinens im Abgabetermin oder wegen grundloser Verweigerung der Abgabe die Haft angeordnet ist, § 915 I. Die Vollstreckung einer Haft ist im Schuldnerverzeichnis zu vermerken, wenn sie die Höchstdauer von sechs Monaten (§ 913) gedauert hat. Unter der Voraussetzung des § 915 II wird der Schuldner auch in das Schuldnerverzeichnis eines weiteren AG eingetragen (praktisch z. B. bei Wohnungswechsel zwischen Antragstellung, § 899 I, und Abgabe der Versicherung nach § 807 vor dem Gerichtsvollzieher gemäß § 900 II 1). 20

2. Ein Schuldner, der die Versicherung nach § 807 abgegeben hat und noch im Schuldnerverzeichnis steht, braucht demselben oder auch einem anderen Gläubiger gegenüber die Versicherung innerhalb der nächsten drei Jahre nur dann nochmals abzugeben, wenn der nachträgliche Erwerb von Vermögen glaubhaft gemacht wird oder das bisherige Arbeitsverhältnis des Schuldners gelöst ist (dazu *LG Hamburg* MDR 84, 676), § 903 S. 1. Das Vorliegen einer der beiden Voraussetzungen genügt, eine neue Fruchtlosigkeitsbescheinigung (vgl. o. § 29 Rn. 1 ff.) ist nicht erforderlich, § 903 S. 2. Ob die Abgabe einer Versicherung in der „Schwarzen Liste" eingetragen ist, wird von Amts wegen festgestellt, vgl. o. Rn. 5. 21

Auf späteren Erwerb kann geschlossen werden z. B. aus größerem Aufwand in der Lebensführung oder aus Abtragung von Schulden. 22

Entsprechend § 903 ist zu verfahren, wenn sich herausstellt, dass das Vermögensverzeichnis zwar äußerlich als vollständig erscheint (so dass seine Ergänzung im alten Verfahren nicht verlangt werden kann), aber inhaltlich falsch ist (*OLG Köln* MDR 75, 498). 23

Hat der Schuldner sechs Monate Haft verbüßt, die Offenbarungsversicherung also *nicht* abgegeben (s. § 913), so darf er erneut verhaftet werden, um die Versicherung zu erzwingen, wenn späterer Vermögenserwerb oder die Auflösung seines bisherigen Arbeitsverhältnisses glaubhaft gemacht wird, § 914 I (Zeitgrenze in II). Damit ist die volle Verbüßung der Haft gleichgestellt mit der Abgabe der Versicherung (vgl. § 903). 24

3. Durch Gesetz v. 15. 7. 1994 ist der **Datenschutz** zugunsten des Schuldners durch Änderung von § 915 und die neu eingefügten §§ 915 a–h wesentlich verstärkt 25

worden. Am wichtigsten ist die Beseitigung des unbeschränkten Auskunfts- und Einsichtsrechts für jedermann (§ 915 III a. F.).

26 Personenbezogene Informationen aus dem Schuldnerverzeichnis dürfen nur für bestimmte Zwecke verwendet werden (wichtig für Gläubiger: Zwecke der Zwangsvollstreckung, Abwendung möglicher wirtschaftlicher Nachteile durch nicht zahlende Schuldner), § 915 III. Bestimmte natürliche und juristische Personen können auf Antrag Abdrucke aus dem Schuldnerverzeichnis zum laufenden Bezug erhalten (dazu Schuldnerverzeichnisverordnung §§ 2–8; Grundlage: § 915 h), §§ 915 d, e. Auf diese Weise darf nicht mittelbar eine (fast) freie Informationsmöglichkeit eröffnet werden. Das soll durch Einschränkung der Informationsweitergabe erreicht werden (§§ 915 b I 1, 915 d II, III, 915 e II–IV, 915 f).

27 4. Die Eintragung im Schuldnerverzeichnis wird **gelöscht: nach drei Jahren,** gerechnet vom Schluss des Jahres, in dem die Versicherung abgegeben, die Haft angeordnet oder die volle Haft (§ 913) verbüßt worden ist, § 915 a I (für eine Auskunft über eine bestimmte Person gilt eine kürzere – fiktive – Löschungsfrist: § 915 b II), vgl. auch § 915 g I; *vorzeitig* wird gelöscht, wenn die Befriedigung des Gläubigers nachgewiesen wird oder das Vollstreckungsgericht den Wegfall des Eintragungsgrundes erfährt, § 915 a II, vgl. auch § 915 g II.

28 5. Mit dem Gesetz zur Reform der Sachaufklärung in der Zwangsvollstreckung vom 29. 7. 2009 (BGBl. 2009 I 2258; vgl. o. § 29 Rn. 10) werden mit Wirkung zum **1. 1. 2013** die §§ 899–915 h aufgehoben und durch §§ 882 b–h n. F. ersetzt. Anstelle der bislang örtlich geführten Schuldnerverzeichnisse wird ein bei einem zentralen Vollstreckungsgericht **als Datenbank verwaltetes zentrales Schuldnerverzeichnis** eingeführt, § 882 h n. F. Über eine Internetanfrage können die Daten durch Behörden, Gerichtsvollzieher und Dritte, die ein berechtigtes Interesse dartun, abgerufen werden; §§ 882 e–g n. F. entsprechen weitgehend §§ 915 a–h. Künftig wird die Eintragung in das Zentralregister nicht mehr an formale Tatbestände wie die Abgabe der eidesstattlichen Versicherung oder die Anordnung der Erzwingungshaft anknüpfen (vgl. § 915 I und o. Rn. 20); vielmehr wird grundsätzlich jeder Schuldner eingetragen, der seinen vollstreckungsrechtlichen Auskunftspflichten nicht nachkommt oder gegen den die Vollstreckung erfolglos geblieben ist, §§ 882 b, c n. F. Über eine Eintragung entscheidet der zuständige Gerichtsvollzieher (§ 882 c n. F.), in den Fällen von § 882 b I Nr. 3 n. F. und § 26 II InsO das Insolvenzgericht.

7. Kapitel. Schuldnerschutz und Gläubigeranfechtung

§ 31. Die Grundlagen des Schuldnerschutzes

Literatur: *Henckel,* Prozessrecht und materielles Recht, 1970, S. 349 ff. (dazu *Arens* AcP 173, 250 ff., 271; *Bötticher* ZZP 85, 1 ff.); *Lippross,* Grundlagen und System des Vollstreckungsschutzes, 1983.

1 **I.** Zu den schwierigsten praktischen Problemen des Vollstreckungsrechts gehört die Ausbalancierung der widerstreitenden Interessen von Gläubiger und Schuldner. Für den Gläubiger geht es um die Durchsetzung seines Rechts. Es ist „Eigentum" im Sinne von Art. 14 I 1 GG. Im Zuge seiner zwangsweisen Verwirklichung muss in Schuldnereigentum eingegriffen werden. Auch dieses Recht steht als „Eigentum"

unter dem Schutz der Verfassung. Beim Schuldnerschutz geht es – entgegen verbreiteter Ansicht – nicht darum, Ausmaß und Grenzen des Eingriffs in das Schuldnergrundrecht „Eigentum" abzustecken, auch nicht unter dem Blickwinkel der Verhältnismäßigkeit staatlichen Handelns (a. A. BVerfGE 52, 219 ff.). Der Vollstreckungsschutz befasst sich nämlich nicht mit dem Verhältnis des Einzelnen zum Staat, sondern mit der Abgrenzung von privaten Gläubiger- und Schuldnerrechten (*Henckel* S. 357; verkannt in BVerfGE 52, 219 f.). Im Mittelpunkt steht die Frage, ob und wieweit das im Titel verbriefte materielle Recht des Gläubigers dadurch beeinträchtigt werden darf oder soll, dass der Zugriff auf Schuldnerrechte verweigert wird. Dieses Problem ist im Rahmen der Privatrechtsordnung unter Berücksichtigung der Wertentscheidungen des GG zu lösen (*Henckel* S. 358 f.; nur insoweit ist BVerfGE 52, 219 f. zuzustimmen; s. ferner StJ § 811, 1–3). Auch von diesem Standpunkt aus ist es möglich und geboten, „öffentliche" – d. h. über den einzelnen Schuldner hinausreichende – Interessen zu berücksichtigen (wie das z. B. auch im BGB geschieht, vgl. etwa §§ 138, 242, 826; 137, 1136; 817 S. 2; Verjährung).

Die Anerkennung der Menschenwürde des Schuldners hat schon lange vor Art. 1 I GG dazu geführt, dass die ursprünglichen Härten der Zwangsvollstreckung erheblich abgeschwächt wurden. Der wichtigste Schritt war der Übergang von der Vollstreckung gegen die *Person* des Schuldners zur Vollstreckung in sein *Vermögen* (vgl. o. § 1 Rn. 25). Auch diese hat dann im Laufe der Zeit weitgehende Milderungen erfahren. So wurde die *Kahlpfändung ausgeschlossen,* d. h. die Wegnahme allen Vermögens, auch soweit es für den Schuldner und seine Familie unentbehrlich ist, wie Möbel und Kleidung. Da Lohn- und Gehaltsempfänger die Mehrheit der Bevölkerung bilden, wurde dafür gesorgt, dass dem Schuldner nicht sein gesamtes Einkommen weggepfändet werden kann. Denn wer arbeitet noch, wenn ihm von seinem (künftigen) Verdienst doch nichts verbleibt? Aber nicht nur dem Schuldner, auch dem Gläubiger nützt der Vollstreckungsschutz. Denn die Schonung eines vertrauenswürdigen Schuldners liegt im wohlverstandenen Interesse des Gläubigers. Ein Schuldner, der trotz der Vollstreckung wirtschaftlich lebensfähig bleibt, wird den Gläubiger eher befriedigen können als einer, der durch hartes Zupacken ruiniert ist. 2

II. Das **Maß des Schuldnerschutzes** unterliegt in der Gesetzgebung gewissen Schwankungen entsprechend der allgemeinen wirtschaftlichen Lage. Ist die Wirtschaft gesund, dann verdienen erfüllungsunwillige oder erfüllungsunfähige Schuldner in der Regel keine Schonung, sondern Misstrauen; denn in ruhigen Zeiten kennzeichnen zumeist wirtschaftliche Unfähigkeit oder Leichtsinn den Vollstreckungsschuldner. Das Bild ändert sich in Wirtschaftskrisen, insbesondere bei hoher Arbeitslosigkeit. Erheblich mehr Schuldner geraten in Schwierigkeiten. Viele kommen unverschuldet in eine bedrängte Lage, so dass sie Schonung ihrer wirtschaftlichen Existenz verdienen, um sich (und ihre Betriebe) über die Krise hinweg in eine bessere Zukunft zu retten. Das erklärt, warum die Weltwirtschaftskrise nach 1929 (auch) in Deutschland einen verstärkten Schuldnerschutz zur Folge hatte: Im Laufe der Jahre entstand ein umfangreiches **Vollstreckungsnotrecht.** Dadurch wurde die Rechtslage außerordentlich unübersichtlich. Das änderte sich durch das Gesetz v. 20. 8. 1953: Die Änderungen und Ergänzungen des Vollstreckungsrechts wurden, soweit sie zeitbedingt waren, aufgehoben, im Übrigen in die ZPO und das ZVG eingefügt. 3

Die im Jahr 2008 ausgelöste Finanzmarktkrise wurde nicht zum Anlass genommen, den Vollstreckungsschutz zu erweitern; aktuell vorgenommene Änderungen beruhen durchweg auf vor der Krise begonnenen Vorarbeiten (vgl. aber u. § 54 Rn. 13 ff.).

4 **III.** Dem **Schuldnerschutz** sind **Grenzen** gesetzt. Er darf nicht so weit ausgedehnt werden, dass die Vollstreckung für den Regelfall aussichtslos wird. Denn fühlt sich ein Schuldner vor jeder Vollstreckung sicher, so leidet darunter seine wirtschaftliche Moral. Das liegt keineswegs im Interesse der Gesamtheit aller Schuldner. Steigt das Risiko der Gläubiger, weil sie wegen des Schuldnerschutzes in der Zwangsvollstreckung vielfach leer ausgehen, so wird der Kredit teurer, Rückwirkungen auf das gesamte Preisniveau sind unvermeidlich. Außerdem darf nicht übersehen werden, dass jeder, der im Wirtschaftsleben steht, zugleich Schuldner des einen und Gläubiger des anderen ist, so dass ein übertriebener Schuldnerschutz für ihn auch seine eigene Gläubigerstellung beeinträchtigen kann. Überzogener Schutz entfaltet für den Geschützten – hier wie auch sonst – sehr schnell einen „Bumerang-Effekt".

Man hat im Hinblick auf den weiten Bereich des Schuldnerschutzes nicht zu Unrecht von einer *Gläubigernot* gesprochen; der gegenwärtige Schuldnerschutz erreicht sicherlich die Grenze des Vertretbaren. Mit Recht hat der Gesetzgeber sich bemüht, auch den Gläubigerschutz zu verstärken und vor allem den Versuchen des Schuldners, sich durch zweifelhafte Manöver der Vollstreckung zu entziehen, vorzubeugen (vgl. u. § 32 Rn. 48 ff.).

5 Die gesamte Regelung gehört zu den schwierigsten, aber auch wichtigsten Fragen des Vollstreckungsrechts, ja der Rechtsordnung überhaupt. Eine ideale Lösung lässt sich kaum finden. Deshalb erweist sich hier eine stete Kritik aus der Praxis heraus als nützlich, eine Anpassung an wechselnde Verhältnisse als notwendig.

6 **IV.** In Anlehnung an frühere Vorschriften des Vollstreckungsnotrechts bringt **§ 765 a** eine **allgemeine Härteklausel zum Schutz des Schuldners.** Sie ist nur anzuwenden, wenn eine Vollstreckungsmaßnahme unter voller Würdigung des Schutzbedürfnisses des Gläubigers den Schuldner aus besonderen Gründen sittenwidrig hart belasten würde. Soziale Gesichtspunkte allein genügen nicht. Gegenstand einer Anordnung nach § 765 a ist nur eine einzelne Vollstreckungsmaßnahme, nicht geht es um die „Untersagung der Zwangsvollstreckung" (so aber unzutr. BVerfGE 52, 219; *BVerfG* NJW 92, 1155). Seinem Wortlaut nach gestattet § 765 a I die Untersagung einer bestimmten Vollstreckungsmaßnahme *auf Dauer.* Ist der Titel nur durch Vornahme dieser Maßnahme zu vollstrecken (Hauptfall: Wohnungsräumung zwecks Durchsetzung eines Räumungstitels), so bedeutete deren dauernde Blockierung nach § 765 a praktisch die Beseitigung des Titels. Daher ist zumindest in Fällen dieser Art die Untersagung zu *befristen* (verkannt von BVerfGE 52, 219; *BVerfG* NJW 92, 1155; vorsichtiger *BVerfG* NZM 05, 657, 658: Einstellung auf unbestimmte Zeit in „absoluten Ausnahmefällen"). Die Durchsetzung des Gläubigerrechts ist Realisierung eines Grundrechts (Art. 14 I 1 GG: Eigentum). Sie genießt in § 765 a Vorrang vor den Schuldnerinteressen.

7 Die Handhabung des § 765 a durch das BVerfG geht am klaren Wortlaut dieser Vorschrift vorbei. Nach Ansicht des BVerfG „ist die Zwangsvollstreckung (!) zumindest (!) zeitweilig einzustellen", wenn „die der Zwangsvollstreckung entgegenstehenden Interessen (!) des Schuldners wesentlich schwerer [wiegen] als die Belange (!), deren Wahrung die staatliche Vollstreckungsmaßnahme dienen soll" (*BVerfG* NJW 91, 3207; 94, 1272; kaum anders NJW 94, 1719; 98, 296). Diese „Belange" sind, wie dargelegt, ein Grundrecht, dessen Durchsetzung dem vorrangigen Schutzbedürfnis des Gläubigers dient, doch kann die Zwangsmaßnahme wegen ganz besonderer Umstände des konkreten Falles eine sittenwidrige Härte darstellen. Nur dann darf das Vollstreckungsgericht auf Antrag des Schuldners gemäß § 765 a eingreifen. Die Missdeutung des („einfachen") Gesetzes durch das BVerfG beruht offenbar darauf, dass die Problemlage des § 765 a als eine Frage der Verhältnismäßigkeit staatlicher Zwangsmaßnahmen gegenüber Schuldnerinteressen angesehen wird. Doch nicht um das Verhältnis des Einzelnen zum Staat geht es, sondern um das Spannungsverhältnis zwischen Gläubi-

ger und Schuldner, dem Hauptthema des ganzen Vollstreckungsrechts (vgl. o. Rn. 1; ferner *Gaul*, FS Baumgärtel, 1990, S. 97 f., der allerdings keine Aufweichung von § 765 a durch die Rspr. des BVerfG feststellt).

§ 765 a ist mit **größter Zurückhaltung** anzuwenden (was in der Praxis häufig nicht geschieht). Das verlangen der klare Wortlaut und die schädlichen Konsequenzen einer großzügigen Anwendung für Durchsetzung und Respektierung titulierter Rechte. 8

Das Vollstreckungsgericht wird *nur auf Antrag* des Schuldners tätig (verfassungsgemäß BVerfGE 61, 137 f.), § 765 a I 1; zum in der Regel fristgebundenen Antrag in Räumungssachen vgl. § 765 a III. Zu den zulässigen Anordnungen vgl. § 765 a I (mit § 732 II), V und dazu BGHZ 44, 142 f. Es entscheidet der Rechtspfleger, § 20 Nr. 17 RPflG. Ausnahmsweise kann der Gerichtsvollzieher von sich aus die Vollstreckung nach §§ 883 ff. aufschieben, jedoch höchstens für eine Woche, § 765 a II. Bei Änderung der Sachlage hat das Vollstreckungsgericht seinen Beschluss auf Antrag des Gläubigers oder des Schuldners aufzuheben oder abzuändern, § 765 a IV. 9

§ 765 a gilt für jede Art von Vollstreckung. Zum Anwendungsbereich vgl. auch *Baur/Stürner/Bruns* Rn. 47.3; *Gaul* Rpfleger 71, 92 f.; *Henckel* ZZP 76, 480 sowie in: Prozessrecht und materielles Recht, 1970, S. 378 ff. 10

Besondere Bedeutung erlangt § 765 a, wenn die Zwangsverwaltung (*BGH* NJW 09, 444; zweifelhaft), die Zwangsversteigerung (*BGH* NJW 06, 505) oder die Räumungsvollstreckung den Schuldner oder einen bei ihm wohnenden nahen Angehörigen (*BGH* NJW 05, 1859) in *Suizidgefahr* bringt (dazu *Schuschke* NJW 06, 874). In diesem Fall soll der Schuldner sogar nach Eröffnung des Insolvenzverfahrens über sein Vermögen berechtigt sein, Vollstreckungsschutz nach § 765 a zu beantragen, obwohl er ab diesem Zeitpunkt nicht mehr Beteiligter des Vollstreckungsverfahrens ist (*BGH* NJW 09, 78 und 1283). Der Schuldner kann sich auf Art. 2 II GG berufen, der Gläubiger auf Art. 14, 19 IV GG (verfassungsrechtlicher Anspruch auf tatsächlich wirksamen Schutz des Eigentums). Keinesfalls darf die Zwangsvollstreckung einfach eingestellt werden. Es ist vielmehr zu prüfen, ob der Suizidgefahr nicht auf andere Weise zu begegnen ist. Dem Schuldner kann zugemutet werden, ärztliche Hilfe in Anspruch zu nehmen (*BVerfG* NZM 05, 657, 659). Führt dies nicht zum Erfolg, ist die Zwangsräumung mit Auflagen zu versehen (Durchführung in Anwesenheit eines Facharztes für Neurologie und Psychiatrie, *BGH* NJW 05, 1859, 1861; 06, 508). Als letztes Mittel steht die Ingewahrsamnahme und zwangsweise Unterbringung der gefährdeten Person in einer Heilanstalt zur Verfügung (zu den einzelnen Auflagen *Becker-Eberhard* LMK 05, 50). 11

Ist von der Vollstreckungsmaßnahme ein *Tier* betroffen, hat das Vollstreckungsgericht nach § 765 a I 3 bei der Abwägung von Gläubigerrecht und Schuldnerinteresse auch die Belange des Tierschutzes zu berücksichtigen. Damit wird die Durchsetzung des Gläubigerrechts weiter unnötig erschwert: An das Tierschutzgesetz sind ohnehin alle Vollstreckungsorgane (auch ohne Antrag!) gebunden. Die besondere emotionale Beziehung des Schuldners zum Tier spielt in § 765 a I 3 keine Rolle, sondern allein nach § 811 c (StJ § 765 a, 10; weitergehend *Zöller* § 765 a, 10 a: § 765 a I 1). 12

V. Der Schuldnerschutz hat hauptsächlich Bedeutung bei der Zwangsvollstreckung wegen einer Geldforderung in das bewegliche Vermögen (vgl. u. § 32). Das leuchtet ein, weil der Schuldnerschutz nur für leistungsschwache Schuldner praktisch wird und diese, zumindest in den Städten, selten über Grundbesitz verfügen. Zum speziellen Schuldnerschutz bei der *Immobiliarvollstreckung* vgl. o. § 24 Rn. 11, 23 f. a. E. 13

Schuldnerschutz bei der zwangsweisen *Räumung einer Mietwohnung* kann nur gemäß §§ 721, 794 a (Räumungsfrist von höchstens einem Jahr), in seltenen Ausnahmefällen über § 765 a gewährt werden (vgl. o. Rn. 6 ff.). Nicht vorrangig dem Schuldnerschutz, sondern der Abwehr einer Gefahr für die öffentliche Sicherheit dient es, wenn die Polizeibehörde einen Räumungsschuldner, der kein anderweites Unterkommen findet, wegen drohender Obdachlosigkeit kurzerhand befristet in die an sich zu räumende Wohnung zwangsweise einweist (vgl. *Schlink* NJW 88, 1689 f.). Darin liegt nicht nur ein Übergriff in zivilgerichtliche Kompetenzen, sondern zugleich ein Überrollen des Vollstreckungsschutzes der ZPO. Über die Gewährung von Räumungsfristen entscheidet das Prozessgericht (§§ 721, 794 a); die Nothilfe gemäß § 765 a ist Sache des Vollstreckungsgerichts. Auch eine eng befristete Zwangseinweisung, um eine Entscheidung des Prozess- oder Vollstreckungsgerichts zu erreichen (dafür *Schlink* NJW 88, 1694), scheidet aus; hier ist einstweiliger Vollstreckungsaufschub gemäß § 794 a I 5 (mit § 732), § 765 a II möglich. – Die h. M. hält die Zwangseinweisung jedoch für unbedenklich (vgl. *VGH Mannheim* DGVZ 88, 190 f.; NJW 97, 2833). Jedenfalls verbraucht eine Zwangseinweisung nicht den Räumungstitel (BGHZ 130, 340; a. A. *Pawlowski* ZZP 102, 440 ff.), 14 ebensowenig eine – in Erwartung der Zwangseinweisung vorgenommene – „symbolische" Räumung. Nach h. M. kann der Vermieter nach Ablauf der Einweisungsfrist die Zwangsausweisung des Mieters verlangen (öffentlich-rechtlicher Folgenbeseitigungsanspruch), BGHZ 130, 334 m. N.; *VGH Mannheim* NJW 97, 2833 f.

§ 32. Der Schuldnerschutz bei der Zwangsvollstreckung in das bewegliche Vermögen

I. Zwangsvollstreckung in bewegliche Sachen

1 1. Ein selbstverständlicher Grundsatz besagt: Die Vollstreckung darf nicht weiter ausgedehnt werden, als zur Befriedigung des Gläubigers und zur Deckung der Kosten erforderlich ist, § 803 I 2, **Verbot der „Überpfändung"**. Daher dürfen nicht mehr Sachen gepfändet werden als (vermutlich) notwendig ist, um einen forderungs- und kostendeckenden Erlös zu erzielen. Zur Pfändung einer Forderung vgl. o. § 19 Rn. 16 ff.

2 Ferner ist die *zwecklose Pfändung* verboten, d. h. jede Pfändung einer beweglichen Sache (oder Forderung), wenn von der Verwertung ein Überschuss über die Kosten nicht zu erwarten ist, der Schuldner also nur Nachteile erleiden, der Gläubiger keinen Vorteil erreichen würde, § 803 II.

3 Schließlich sollen auch Gegenstände, die zum gewöhnlichen *Hausrat* gehören und im Haushalt des Schuldners gebraucht werden, nicht gepfändet werden, wenn ohne weiteres ersichtlich ist, dass nur ein Erlös erzielt würde, der in gar keinem Verhältnis zum Wert der Sache für den Schuldner steht, § 812. Hierunter fallen nicht nur Möbel und Küchengeräte, sondern auch Sachen des persönlichen Gebrauchs wie Wäsche und Kleidungsstücke (StJ § 812, 1; str.). Geringwertigkeit folgt oft aus längerem Gebrauch, da dann nur ein geringer Versteigerungserlös erzielbar ist.

4 Diese Begrenzungen, insbes. § 803 I 2, ferner § 818, sind nicht Ausdruck des „Verhältnismäßigkeitsprinzips", sondern ergeben sich aus dem Zweck der Zwangsvollstreckung; vgl. o. § 1 Rn. 44.

5 Verstöße gegen § 803 I 2, II, § 812 machen den Vollstreckungsakt nicht nichtig, aber anfechtbar mit der Erinnerung, § 766 (vgl. o. §§ 7 Rn. 11, 11 Rn. 1).

6 2. Der älteste Schuldnerschutz besteht in der **Unpfändbarkeit** einzelner Arten **von beweglichen Sachen,** § 811. Damit soll dem Schuldner die Erhaltung seiner wirtschaftlichen Existenz und einer bescheidenen Lebensführung gesichert werden.

7 a) Dieser Schutz gilt nur für die Vollstreckung wegen Geldforderungen, nicht für die Vollstreckung wegen eines Anspruchs auf Herausgabe (vgl. o. § 26 Rn. 3). Die *Pfändungsbeschränkungen* sind **von Amts wegen** *zu beachten,* da sie nicht nur im Interesse des einzelnen Schuldners gegeben sind (vgl. o. § 31 Rn. 1) und auch seine Unkenntnis der Vorschriften zu berücksichtigen ist. Ein *Verstoß* gegen die Unpfändbarkeitsvorschriften macht weder die Pfändung insgesamt noch allein das Pfändungspfandrecht unwirksam, sondern gibt nur die Erinnerung nach § 766 (vgl. o. § 16 Rn. 4, 15; StJ § 811, 22). Ist Erinnerung nicht eingelegt und die Sache verwertet worden, so steht dem Schuldner kein Bereicherungsanspruch gegen den Gläubiger zu (StJ § 811, 22; h. M.). *Erinnerungsberechtigt* sind der Schuldner sowie Dritte, zu deren unmittelbaren Gunsten die Unpfändbarkeit wirkt, z. B. Familienangehörige des Schuldners im Falle des § 811 Nr. 1–5 (*OLG Hamm* WM 84, 672).

8 Umstritten ist, ob der Schuldner **auf den Pfändungsschutz verzichten** kann. *Vor* der *Pfändung* ist ein Verzicht *nichtig,* weil sonst die Unpfändbarkeit dem starken Gläubiger gegenüber auf dem Papier stünde (die Verzichtserklärung wäre sicher in vielen AGB aufgetaucht!). Ein bloßes Dulden der Vollstreckung kann für einen Verzicht nicht genügen, da es auf Unkenntnis der gesetzlichen Bestimmungen beruhen kann. Daher muss der Schuldner *ausdrücklich und in Kenntnis der Rechtslage* verzichten, sei es *bei,* sei es *nach* der *Pfändung.* Unter dieser Voraussetzung ist ein Verzicht als

wirksam anzusehen, weil der Schuldner über die unpfändbaren Sachen frei verfügen, sie also auch verpfänden kann (ebenso *Rosenberg/Schilken* § 52 III 1 m. N.; a. A. StJ § 811, 8: Verzicht ausnahmslos nichtig. – Die Rechtsprechung schwankt: gegen Verzicht RGZ 72, 182 ff.; dafür *RG* JW 1895, 239 f.; *KG* NJW 60, 682). In dieser Begründung liegt kein Widerspruch zur o. vertretenen Ansicht, ein Verzicht vor der Pfändung sei nichtig; denn die Rechtslage vor und nach Eintritt des „Ernstfalls" kann verschieden zu beurteilen sein (das ist nichts Neues, vgl. z. B. §§ 1149, 1229 BGB).

Unerheblich für die Unpfändbarkeit ist es, ob die Sachen dem Schuldner oder einem Dritten gehören. Umstritten ist, ob § 811 auch bei Pfändung einer Sache gilt, die im Eigentum des Gläubigers steht. 9

Beispiel: G pfändet die ihm zur Sicherung seiner Klageforderung übereignete, noch bei S stehende Maschine. 10

Sicher ist: Lautete der Titel auf Herausgabe der (jetzt gepfändeten) Sache, so wäre § 811 nicht anwendbar (vgl. o. § 26 Rn. 3). Diese Vorschrift soll nach verbreiteter Auffassung aber auch dann nicht gelten, wenn der Titel über eine Geldforderung geht und der Gläubiger aufgrund seines Eigentums unbestritten oder offenkundig Herausgabe vom Schuldner verlangen könnte; denn hier wäre die Berufung des Schuldners auf § 811 treuwidrig. Diese Ansicht bedeutet praktisch, dass der Schuldner durch die Sicherungsübereignung von vornherein auf die Unpfändbarkeit verzichtet hat. Das ist aber auch hier nicht möglich (vgl. o. Rn. 8); zustimm. StJ § 811, 14; *Münzberg* DGVZ 98, 81 f. m. N. 11

Im praktisch wichtigeren Fall des vorbehaltenen Eigentums (vgl. § 449 I BGB) besteht kein Pfändungsschutz nach § 811 I. Der Vorbehaltsverkäufer kann wegen der (Rest-)Kaufpreisforderung seine Vorbehaltssache pfänden, auch wenn sie „an sich" nach der genannten Vorschrift unpfändbar wäre, § 811 II 1; der Eigentumsvorbehalt ist durch Urkunden (z. B. über den Kaufvertrag) nachzuweisen, § 811 II 2. Zu § 811 II eingehend *Münzberg* DGVZ 98, 81 ff. § 811 II legt bei wertvollen Wirtschaftsgütern die Errichtung einer vollstreckbaren Urkunde nahe (vgl. § 794 I Nr. 5 und o. § 3 Rn. 6). 12

b) Für die Unpfändbarkeit ist der **Wert der Sache** *bedeutungslos.* 13

Umgekehrt kann ein nach § 811 c I unpfändbares Tier wegen seines hohen Wertes auf Antrag des Gläubigers vom Vollstreckungsgericht für pfändbar erklärt werden.

Das einzige Bettgestell des Schuldners ist unpfändbar (§ 811 Nr. 1), auch wenn es aus purem Gold besteht, obwohl ein Holzgestell den Zweck genauso gut erfüllen könnte. Um Nachteile des Gläubigers zu vermeiden, ist hier eine **Austauschpfändung** zulässig, §§ 811 a, b. 14

Die Pfändung einer nach *§ 811 I Nr. 1, 5 oder 6* unpfändbaren Sache kann auf Antrag des Gläubigers vom Vollstreckungsgericht (Rechtspfleger, § 20 Nr. 17 RPflG) zugelassen werden, wenn der Gläubiger dem Schuldner vor der Wegnahme der Sache ein Ersatzstück, das dem geschützten Verwendungszweck genügt, oder den zur Anschaffung nötigen Geldbetrag überlässt, § 811 a I, II 1. Der Gläubiger bietet dem Schuldner z. B. für eine wertvolle Schmuckuhr eine einfache, aber gut gehende an. Eigentum an der Ersatzsache erwirbt der Schuldner nach §§ 929 ff. BGB; von dem Erwerb hängt die Zulässigkeit der Pfändung jedoch nicht ab, für diese ist der (konstitutive) Beschluss des Vollstreckungsgerichts maßgebend (*Hartmann* ZZP 67, 199 ff.). Die Austauschpfändung soll nur zugelassen werden, wenn sie angemessen ist, insbesondere wenn der Vollstreckungserlös voraussichtlich den Wert des Ersatzstücks erheblich übersteigen wird. Die Angemessenheit fehlt, wenn der Schuldner ausreichend pfändbares Vermögen besitzt. 15

Über die *vorläufige Austauschpfändung* durch den Gerichtsvollzieher vgl. § 811 b. 16

Str. ist, ob die §§ 811 a, b auf solche Sachen analog anwendbar sind, die – nur oder auch – nach anderen als den in § 811 a I genannten Vorschriften unpfändbar sind (*Bsp.:* der Rolls-Royce eines Landarztes, unpfändbar nach § 811 I Nr. 5 *und* 7, vgl. u. Rn. 20). Das ist bei kumulierter Unpfändbarkeit (wie im Bsp. des Landarztes) zu bejahen; anders die h. M. (StJ § 811 a, 2).

c) Schon jetzt kann eine Sache gepfändet werden, die erst *demnächst pfändbar* wird, § 811 d. 17

d) Der Katalog **unpfändbarer Sachen** in § 811 I bereitet dort praktische Schwierigkeiten, wo die Unpfändbarkeit von der Erfüllung unbestimmter Rechtsbegriffe abhängt. Was „angemessen", „bescheiden", „erforderlich" ist, liegt nicht für alle Zeiten unabänderlich fest. 18

19 (1) Bei *§ 811 I Nr. 1* ist unproblematisch, welche Sachen dem persönlichen Gebrauch oder dem Haushalt dienen. Ob sie unpfändbar sind, hängt nach dem Gesetz vom Einzelfall ab: Die Lebens- und Haushaltsführung des Schuldners muss im Blick auf seine Berufstätigkeit *und* seine Verschuldung sowohl „angemessen" wie „bescheiden" sein. Das ermöglicht eine individuelle Abstufung. Daher kann einerseits einem Schuldner in gehobener beruflicher Stellung mehr verbleiben als einem, der ohnehin in dürftigen Verhältnissen lebt. Andererseits können die Vermögenslage des Gläubigers und seine Beziehung zum Schuldner berücksichtigt werden; denn es kann unangemessen sein, dass der Schuldnerschutz den Gläubiger zwingt, (noch) bescheidener als sein Schuldner zu leben. Deshalb ist Zurückhaltung geboten bei der Annahme genereller Unpfändbarkeit (z. B. von Wasch- oder Spülmaschine, Tiefkühltruhe), da sonst der Vollstreckungsschutz es dem Schuldner gestatten würde, über *seine* Verhältnisse zu leben. Generell unpfändbar sind heute z. B. Kühlschrank, Radio- und Fernsehgerät (*BFH* NJW 90, 1871; str.); besonders wertvolle Geräte unterliegen der Austauschpfändung (vgl. o. Rn. 14). Länger genutzte „Luxusgüter", z. B. eine Tiefkühltruhe, können nach § 812 unpfändbar sein (vgl. o. Rn. 3), wenn nicht im Einzelfall § 811 I Nr. 1 eingreift.

20 (2) Neben Nr. 1 hat auch *§ 811 I Nr. 5* große praktische Bedeutung. Zu dem dort umschriebenen Personenkreis gehören z. B. Auszubildende und Lehrlinge, Gesellen, Arbeiter, kaufmännische Angestellte, Künstler, Schriftsteller, Privatgelehrte. Stets muss der Schuldner durch *persönliche Tätigkeit* seinen Erwerb finden (Gegensatz: „kapitalistische Arbeitsweise"). Das kann, muss aber nicht der Fall sein bei Handwerkern und kleineren Kaufleuten. Auch der Zimmervermieter gehört hierher, wenn seine persönlichen Leistungen für den Mieter die sächlichen überwiegen. Unpfändbar sind z. B. der Laptop eines Schriftstellers oder Journalisten (aber Austauschpfändung gegen einfache Schreibmaschine denkbar, vgl. o. Rn. 14), das Taxi eines Taxifahrers, das Kraftfahrzeug eines Handelsvertreters, die Staffelei eines Malers. § 811 I Nr. 5 gilt nicht für juristische Personen, nach *OLG Oldenburg* NJW 64, 505; StJ § 811, 43 aber u. U. für eine OHG (bedenklich). Für Ärzte und Rechtsanwälte gilt – auch – *Nr. 7* (erfasst z. B. Handbibliothek, u. U. auch Kraftfahrzeug, so bei einem Landarzt; vgl. o. Rn. 16).

21 (3) Der Unpfändbarkeit von Lohn- und Gehaltsforderungen (vgl. u. Rn. 25 ff.) entspricht diejenige eines gleich hohen *Geldbetrags* bis zum nächsten Zahlungstermin, *§ 811 I Nr. 8.* Sonst würde zwar ein Teil des Lohns oder Gehalts, solange er nicht ausgezahlt ist, unpfändbar sein, aber sofort mit Auszahlung pfändbar werden; das wäre widersinnig. Zum Pfändungsschutz eines auf Arbeitseinkommen beruhenden Bankguthabens vgl. u. Rn. 27; alternativ hierzu kann ab 1. 7. 2010 Pfändungsschutz unabhängig von der Art der Einkünfte für Guthaben auf einem sog. Pfändungsschutzkonto erreicht werden (§ 850 k n. F.), vgl. u. Rn. 56 ff.

22 e) Über die Eigenschaft einer Sache als unentbehrlich usw. entscheidet nach h. M. der **Zeitpunkt** der Pfändung (Ausnahme § 811 d). Ist die Unpfändbarkeit **nachträglich entfallen,** so kommt es auf den Zeitpunkt der Entscheidung gemäß §§ 766, 793 an (allg. M.). Bei **nachträglichem Eintritt** der Unpfändbarkeit gibt es keinen Pfändungsschutz nach § 811 I (h. M.); in Ausnahmefällen hilft § 765 a. StJ § 811, 17; *Brox/Walker* Rn. 295 wollen nachträgliche Veränderungen berücksichtigen, die nicht auf Rechtsmissbrauch beruhen (MünchKomm-ZPO/*Gruber* § 811, 19: die nicht vom Schuldner herbeigeführt sind), was vom Schuldner zu beweisen sei – das wird einem geschickten Schuldner unschwer gelingen.

23 3. Die Verwertung einer gepfändeten Sache trifft den Schuldner häufig härter als die Zahlung seiner Schuld, denn in der Regel ist der Vollstreckungserlös erheblich geringer als der Anschaffungswert der Pfandsache, was der Gerichtsvollzieher schon beim Ausmaß der Pfändung berücksichtigt. Umgekehrt ist dem Gläubiger oft nur daran gelegen, in absehbarer Zeit befriedigt zu werden; seine eigene Vermögenslage fordert vielfach keine alsbaldige Verwertung. In der Regel zahlt der Schuldner angesichts der Pfändung „freiwillig", so dass es nicht zur Verwertung der Pfandsache kommt (vgl. o. § 18 Rn. 2). Davon abgesehen versucht das Gesetz auch hier, einen Ausgleich zwischen Schuldner- und Gläubigerinteressen zu finden.

24 Der **Gerichtsvollzieher** kann gemäß § 813 a die Verwertung **aufschieben** und **Ratenzahlung** bewilligen (soweit der Gläubiger nicht dagegen ist), vgl. o. § 18 Rn. 2. Auch gegen den Willen des Gläubigers kann das Vollstreckungsgericht auf fristgerecht gestellten Antrag des Schuldners unter Anordnung von Zahlungsfristen die **Verwertung gepfändeter Sachen zeitweilig aussetzen,** § 813 b I, II, aber nicht in Wechselsachen und höchstens für ein Jahr ab Pfändung, § 813 b IV, VI. Voraussetzung ist, dass die Maßnahme nach der Persönlichkeit und den wirtschaftlichen Verhältnissen des Schuldners sowie nach der Art der Schuld angemessen erscheint (z. B. nicht bei schlechter Wirtschaftsführung, böswilliger Zahlungsverweigerung, Unterhaltsforderungen) und keine überwiegenden Belange des Gläubigers (z. B. seine Notlage) entgegenstehen. Gegen Verschleppungsabsicht schützt § 813 b II, auch III. Es ist dies ein richtiger Mittelweg; er ermöglicht dem Gläubiger die

Pfändung, verschafft ihm damit eine Sicherheit, auch gegenüber anderen Gläubigern, und führt zugleich dem Schuldner den Ernst der Lage vor Augen, schützt ihn jedoch vor dem endgültigen Vermögensverlust, der durch die Verwertung eintreten würde.

II. Die Unpfändbarkeit des Arbeitseinkommens

1. Der weitaus größte Teil der Bevölkerung bestreitet seinen Lebensunterhalt aus dem Arbeitseinkommen, also nicht aus einem selbsterworbenen oder ererbten Vermögen. Ist nennenswertes Vermögen nicht vorhanden, so bleibt dem Gläubiger praktisch nur der Zugriff auf das Arbeitseinkommen und damit auf die Lebensgrundlage des Schuldners. Diese Situation stellt den Gesetzgeber vor schwere Probleme. **25**

Auf der einen Seite muss es dem Gläubiger gestattet sein, auf den Arbeitsverdienst seines Schuldners zuzugreifen, weil der zahlungsunwillige Schuldner nicht besser leben darf als sein Gläubiger. Auf der anderen Seite müssen Arbeitswilligkeit und berufliche Existenz des Schuldners möglichst erhalten bleiben. Daher verbleibt dem Schuldner ein Teil seines Einkommens. Nach welchen Maßstäben sich dieser unpfändbare Betrag errechnen soll, ist das eigentliche Problem. Es handelt sich um eine rechtspolitische Frage von Rang. Ungangbar ist der Weg, einen festen Betrag für alle denkbaren Fälle festzusetzen; dann verbliebe dem, der nur für sich zu sorgen hat, so viel wie dem kinderreichen Familienvater. Unterhaltspflichten müssen jedoch berücksichtigt werden. Die Festlegung des unpfändbaren Betrags auf eine bestimmte unverrückbare Summe verbietet sich noch aus einem weiteren Grund. Angenommen, dem Schuldner verblieben von seinem Einkommen stets und nur 350 Euro, so fiele der pfändbare Betrag bei einem Nettoverdienst von 400 Euro kaum ins Gewicht, bei einem Nettoverdienst von 1250 Euro bedeutete die Pfändbarkeit von 900 Euro den völligen sozialen Abstieg. Daher ist die Fixierung der Pfändungsfreigrenze auf eine bestimmte Summe nur als Ausgangspunkt brauchbar. So verfährt die ZPO und lockert die Fixierung zugleich in mehrere Richtungen hin auf, um dem konkreten Fall gerecht werden zu können. Doch verhindert das Gesetz schon für mittlere Einkommen diese Flexibilität: Der Teil des monatlichen Nettoeinkommens, der 3020,06 Euro übersteigt, ist ohne Rücksicht auf den Einzelfall voll pfändbar, § 850c II 2. Derartige starre Pfändungsgrenzen sind gefährlich, da sie besondere Umstände unberücksichtigt lassen. Dass der Schuldner nicht schutzbedürftig ist, lässt sich nicht allein an der Höhe seines Arbeitsverdienstes ablesen. **26**

Die *Unpfändbarkeit des Arbeitseinkommens*, das *in Geld* zahlbar ist, regeln die **§§ 850–850 i**. Es handelt sich also nur um Geld*forderungen* des Schuldners. Ist das Geld bar ausgezahlt oder vom Konto abgehoben, so richtet sich die Unpfändbarkeit nach § 811 I Nr. 8 (vgl. o. § 32 Rn. 21). Solange sich das Geld noch *auf dem Konto* befindet, ist es – zunächst – pfändbar. Auf Antrag des Schuldners ist aber die Pfändung vom Vollstreckungsgericht (Rechtspfleger: § 20 Nr. 17 RPflG) in Höhe des Betrags aufzuheben, der den pfändungsfreien Einkünften für die Zeit von der Pfändung (vgl. § 829 III) bis zum nächsten Zahlungstermin (d. h. Gutschrift auf dem Konto) entspricht, § 850 k I. Der Betrag ist zu beziffern (*LG Osnabrück* Rpfleger 89, 249; auch BGHZ 104, 314). Vor der endgültigen Entscheidung ist eine im Umfang begrenzte Vorabaufhebung möglich, damit der Schuldner den eigenen notwendigen Unterhalt bestreiten und bestimmte gesetzliche Unterhaltspflichten erfüllen kann, § 850 k II. Möglich ist auch der Erlass einer einstweiligen Anordnung, § 850 k III mit § 732 II. Da regelmäßig Pfändungs- und Überweisungsbeschluss verbunden sind (vgl. o. § 19 Rn. 27), käme der Antrag des Schuldners gemäß § 850 k I zu spät, wenn der Drittschuldner (Bank, Sparkasse) sofort an den Gläubiger zahlen müsste. Daher bestimmt § 835 III 2 eine zweiwöchige Auszahlungssperre ab Überweisung der Forderung. Im Kontokorrentverhältnis des Schuldners zur Bank ist § 850 k nicht (auch nicht analog) anwendbar, da die Vorschrift nicht die Unpfändbarkeit des **27**

Kontoguthabens, sondern lediglich die Freigabemöglichkeit durch gerichtliche Entscheidung vorsieht; das kontoführende Kreditinstitut kann deshalb auch Gutschriften aus Arbeitseinkommen mit einem Debetsaldo verrechnen (BGHZ 162, 349 m. Anm. *Einsele* JZ 06, 48; *OLG Celle* ZIP 07, 1938; krit. *Löhnig* NJW 05, 2432).

Durch das **Gesetz zur Reform des Kontopfändungsschutzes** vom 7. 7. 2009 (BGBl. 2009 I 1707) hat der Gesetzgeber **mit Wirkung zum 1. 7.** 2010 die Möglichkeit geschaffen, für Kontoguthaben aus jeder Art von Einkünften Pfändungsschutz dadurch zu erreichen, dass der Schuldner das Konto als *Pfändungsschutzkonto* führt, § 850 k n. F. (vgl. u. Rn. 56 ff.). Die Vorschriften aus § 850 k werden verändert in § 850 l n. F. übernommen; nach § 850 l IV n. F. kann der Schuldner einen Antrag auf gerichtlichen Pfändungsschutz gemäß § 850 l I n. F. nur dann stellen, wenn er kein solches Pfändungsschutzkonto eingerichtet hat.

28 2. Grundsätzlich **unpfändbar** sind die in **§ 850 a** genannten Bezüge, z. B. Überstundenvergütungen, Urlaubs- und Weihnachtsgeld sowie Stipendien (für Zahlungen nach BAföG gelten §§ 18 I, 54 f. SGB I, nicht § 850 a Nr. 6), nicht aber Referendarbezüge (StJ § 850 a, 32). Einige von ihnen sind aber zugunsten bestimmter Unterhaltsberechtigter pfändbar, § 850 d I (vgl. u. Rn. 37).

29 **Bedingt pfändbar** sind die in **§ 850 b I** aufgeführten Bezüge, z. B. die auf Gesetz beruhenden Unterhaltsrenten, zu denen nach h. M. auch der Taschengeldanspruch des in ehelicher Gemeinschaft lebenden nicht erwerbstätigen Ehegatten gehört (gegen diesen, allein Gläubigerinteressen dienenden Anspruch überzeugend *Braun* AcP 195, 312 ff., insbesondere S. 317 ff. zur materiellrechtlichen, S. 335 ff. zur Pfändungsproblematik). Hier wird der *Schuldner* als Unterhaltsberechtigter geschützt (damit ist nicht zu verwechseln der Schutz des *Gläubigers* als Unterhaltsberechtigter, vgl. u. Rn. 37). Diese Bezüge sind grundsätzlich unpfändbar. Sie können aber wie Arbeitseinkommen gepfändet werden, wenn die Vollstreckung in das sonstige bewegliche Vermögen des Schuldners den Gläubiger weder voll befriedigt hat noch voraussichtlich voll befriedigen wird und die Pfändung der Billigkeit entspricht, insbesondere nach der Art des beizutreibenden Anspruchs (z. B. ein Schadensersatzanspruch wegen vorsätzlicher unerlaubter Handlung des Schuldners), § 850 b II. Hier ist also der Schuldnerschutz zugunsten des Gläubigers eingeschränkt. Die Pfändbarkeit wird erst durch eine Entscheidung des Vollstreckungsgerichts begründet (*BGH* FamRZ 70, 24).

30 3. *Arbeitseinkommen* im Sinne des § 850 II ist ein **wiederkehrend zahlbares Entgelt für persönliche Arbeits- und Dienstleistungen** (für nicht wiederkehrend zahlbare Vergütungen vgl. § 850 i und u. Rn. 40).

31 § 850 II nennt als Arbeitseinkommen beispielhaft die Dienst- und Versorgungsbezüge der Beamten, Arbeits- und Dienstlöhne, Ruhegelder, Hinterbliebenenbezüge, ferner sonstige wiederkehrend zahlbare Vergütungen für Dienstleistungen aller Art, die die Existenzgrundlage des Schuldners bilden, weil sie seine Erwerbstätigkeit ganz oder zu einem wesentlichen Teil in Anspruch nehmen (z. B. das Entgelt eines Lizenzfußballspielers), BGHZ 96, 327. Arbeits- und Dienstlohn sind das Entgelt aus einem ständigen Rechtsverhältnis mit persönlicher und wirtschaftlicher Abhängigkeit des Dienstpflichtigen. Die „sonstigen Vergütungen" müssen nicht an einen Abhängigen gezahlt werden (*BGH* NJW 78, 756 für Vorstandsmitglied einer AG). Gleichgültig ist, ob es sich um körperliche oder geistige, gewöhnliche oder höhere Arbeiten oder Dienste handelt. Unerheblich ist die Benennung des Entgelts, § 850 IV. Karenzentschädigungen und bestimmte Versicherungsrenten sind ebenfalls Arbeitseinkommen (§ 850 III); beantragtes Insolvenzgeld ist ihm gleichgestellt; Einkünfte gemäß §§ 18–29 SGB I werden grundsätzlich gleich behandelt (§ 54 IV SGB I, einschränkend III).

32 4. **Die Berechnung des pfändbaren Arbeitseinkommens** geht vom Nettoeinkommen aus, § 850 e Nr. 1, mit Recht, denn nur aus ihm kann der Schuldner seinen Unterhalt bestreiten und seine Schulden bezahlen.

33 Das Arbeitseinkommen des Ehegatten oder sonstiger Familienangehöriger wird in das Einkommen des Schuldners nicht eingerechnet; mehrere Arbeitseinkommen des Schuldners sind auf Antrag zusammenzurechnen, § 850 e Nr. 2, weil der Schuldner nicht stärker geschützt sein darf, wenn er seine Einnahmen nicht nur von einer, sondern von mehreren Stellen erhält (dazu *Grunsky* ZIP 83, 908 ff.; *Mertes* Rpfleger 84, 453 ff.). Ansprüche auf Naturalleistungen werden bei der Berechnung des pfändbaren Arbeitseinkommens mitgezählt, § 850 e Nr. 3. Mit dem Arbeitseinkommen werden auf Antrag auch pfändbare laufende Sozialleistungen in Geld zusammengerechnet, § 850 e Nr. 2 a.

34 5. Das **Arbeitseinkommen** ist nach Maßgabe des § 850 c **beschränkt pfändbar.** Dem Schuldner soll das Existenzminimum belassen werden. Mit Wirkung zum 1. 1. 2002 wurden die Pfändungsfreigrenzen deutlich erhöht und dynamisiert:

Nach § 850c II a erhöhen oder vermindern sich die Beträge jeweils zum 1. Juli eines jeden zweiten Jahres in Anpassung an die Entwicklung des steuerlichen Grundfreibetrags nach § 32a I Nr. 1 EStG. Auf diesem Wege soll sichergestellt werden, dass dem Schuldner der sozialhilferechtliche Mindestbedarf verbleibt und er nicht wegen der Pfändung aus dem allgemeinen Steueraufkommen Sozialhilfe beanspruchen kann. Die maßgebenden Beträge sind vom Bundesjustizministerium bekannt zu geben, § 850c II a 2 (zuletzt durch Pfändungsfreigrenzenbekanntmachung 2005 v. 25. 2. 2005 [BGBl. 2005 I 493], deren Beträge gemäß Bekanntmachung v. 15. 5. 2009 [BGBl. 2009 I 1141] für den Zeitraum vom 1. 7. 2009 bis zum 30. 6. 2011 unverändert bleiben). Die Pfändungsfreigrenzen sind gestaffelt nach der Höhe des Einkommens; sie sind höher, wenn der Schuldner an bestimmte Dritte Unterhalt leistet (vgl. u. Rn. 36), sie sind niedriger, wenn der Unterhaltsberechtigte selbst als Gläubiger vollstreckt (vgl. u. Rn. 37).

a) Im Normalfall beträgt die Pfändungsfreigrenze 985,15 Euro monatlich, 35
226,72 Euro wöchentlich oder 45,34 Euro täglich, § 850c I 1. Verdient der Schuldner mehr, so erhöht sich auch der Pfändungsfreibetrag, vgl. § 850c II. Arbeitseinkommen, das 3020,06 Euro monatlich übersteigt, ist insoweit voll pfändbar, § 850c II 2 (vgl. o. Rn. 26).

b) Der Pfändungsfreibetrag erhöht sich, wenn der Schuldner seinem jetzigen oder 36
früheren Ehegatten, einem Verwandten oder nach §§ 1615l, 1615n BGB einem Elternteil Unterhalt gewährt. Es gelten Höchstfreibeträge, § 850c I 2, die sich ebenfalls erhöhen, wenn der Schuldner mehr verdient, § 850c II. Hat der kraft Gesetzes Unterhaltsberechtigte eigene Einkünfte, so kann das Vollstreckungsgericht auf Antrag des Gläubigers nach billigem Ermessen bestimmen, dass diese Person bei Berechnung des Pfändungsfreibetrags (§ 850c I 2, II 1) ganz oder teilweise nicht berücksichtigt, der pfändungsfreie Zuschlag also vermindert wird, § 850c IV.

c) Die **Pfändungsbeschränkungen** des § 850c (für Arbeitseinkommen) **entfallen,** 37
wenn **wegen gesetzlicher Unterhaltsansprüche,** die dem jetzigen oder früheren Ehegatten, einem Verwandten oder nach §§ 1615l, 1615n BGB einem Elternteil zustehen, vollstreckt wird; ebenso sind gewisse in § 850a genannte Bezüge in diesem Falle pfändbar (§ 850d I 1). Eine Kahlpfändung ist auch hier ausgeschlossen, da dem Schuldner nämlich so viel zu belassen ist, als er für seinen notwendigen Unterhalt und zur vollen oder gleichmäßigen Befriedigung seiner dem Vollstreckungsgläubiger vorgehenden oder gleichstehenden gesetzlichen Unterhaltsgläubiger benötigt, § 850d I 2. Mehr als nach § 850c darf dem Schuldner nicht verbleiben, § 850d I 3.

Sonstige Einnahmen des Schuldners neben seinem regulären Arbeitseinkommen sind zu berück- 38
sichtigen (z. B. übliche Trinkgelder), so dass möglicherweise das ganze reguläre Arbeitseinkommen pfändbar wird.

Die Pfändungsbeschränkungen entfallen nur für laufende Unterhaltsforderungen, ferner für Rückstände des letzten Jahres, für eine frühere Zeit nur, wenn anzunehmen ist, dass sich der Schuldner seiner Zahlungspflicht absichtlich entzogen hat, § 850d I 4. Die genannten Unterhaltsansprüche sind auch dadurch begünstigt, dass bei ihnen eine *Vorratspfändung* möglich ist, § 850d III.

d) Wird wegen einer *Forderung aus vorsätzlicher unerlaubter Handlung* (dazu BGHZ 109, 276 ff.) 39
oder gegen einen Schuldner, der mehr als 2985 Euro netto monatlich verdient, vollstreckt, so kann das Vollstreckungsgericht die Pfändungsgrenze – abweichend von den gesetzlichen Grenzen des § 850c – in bestimmtem Rahmen selbst festsetzen, § 850f II, III. Durch § 850f II, III soll der Schuldnerschutz zugunsten des Gläubigers eingeengt werden. Für das Verfahren ist zu unterscheiden: Soweit die Vollstreckung im Rahmen des § 850c bleibt, ist der Schuldner vorher nicht zu hören (§ 834, vgl. o. § 19 Rn. 13); soweit dieser Rahmen gemäß § 850f II, III erweitert werden soll, handelt es sich um eine „Entscheidung" des Vollstreckungsgerichts, vor deren Erlass der Schuldner zu hören ist (str., vgl. o. § 11 Rn. 16).

40 6. Arbeitseinkommen im Sinne von § 850 II ist nur ein *wiederkehrend* zahlbares Entgelt für persönliche Arbeits- und Dienstleistungen (vgl. o. Rn. 30). Daher bedurfte der Schuldnerschutz einer Ergänzung zugunsten der Personen, die nicht laufende Bezüge, sondern **einmalige Vergütungen für persönlich geleistete Arbeiten oder Dienste** erhalten. Diese Ergänzung bringt § 850 i I. Dadurch sind auch die freiberuflich Tätigen geschützt, z. B. Rechtsanwälte, Ärzte, Schriftsteller, Künstler, auch Handwerker (sofern bei ihnen die persönliche Leistung überwiegt). Unter § 850 i I fallen ferner einmalige Zahlungen für Arbeits- oder Dienstleistungen aus unselbstständiger Arbeit, z. B. die Arbeitnehmerabfindung gemäß §§ 9, 10 KSchG (*BAG* NJW 97, 1869).

41 Der Schutz wird hier nur auf Antrag des Schuldners gewährt. Das Gesetz nennt keine feste Pfändungsgrenze; sie wird erst vom Gericht bestimmt. Dem Schuldner ist so viel zu belassen, dass er eine angemessene Zeit lang den notwendigen Unterhalt für sich, seinen jetzigen oder früheren Ehegatten, einen unterhaltsberechtigten Verwandten oder nach §§ 1615 l, 1615 n BGB einen Elternteil bestreiten kann. Ihm darf nur so viel belassen werden, wie ihm bei Pfändung eines seinen Einnahmen entsprechenden laufenden Einkommens verbliebe. Für Sonderfälle (z. B. Zimmervermietung mit „Bedienung") vgl. § 850 i II.

42 7. Das Vollstreckungsgericht kann dem Schuldner auf Antrag einen Teil des pfändbaren Arbeitseinkommens belassen, wenn er nachweist, dass der ihm verbleibende pfändungsfreie Betrag unter dem Sozialhilfesatz liegt (dazu vgl. o. Rn. 34), oder wenn **besondere Bedürfnisse des Schuldners** aus persönlichen oder beruflichen Gründen (z. B. schwere Krankheit) oder besonders umfangreiche gesetzliche Unterhaltspflichten (große Familie) dies erfordern und überwiegende Belange des Gläubigers (z. B. eigene Notlage) nicht entgegenstehen, § 850 f I.

43 8. *Ändern sich die Voraussetzungen* in der Bemessung des unpfändbaren Teils des Arbeitseinkommens (z. B. heiratet der Schuldner), so kann der Pfändungsbeschluss auf Antrag geändert werden. Antragsberechtigt sind der Gläubiger, der Schuldner und ein Dritter, dem der Schuldner kraft Gesetzes Unterhalt zu leisten hat (vorausgesetzt, dem Dritten kommt die Änderung zugute), § 850 g.

44 9. Die behandelten **Pfändungsbeschränkungen** sind zum Schutz des Schuldners, aber auch im allgemeinen Interesse angeordnet worden (vgl. o. Rn. 26). Sie sind daher **von Amts wegen zu beachten** (vgl. RGZ 151, 285); *Ausnahmen* in §§ 850 f, g, i, k (dort ist ein Antrag des Schuldners erforderlich!). Daraus folgt jedoch keine Pflicht zur Amtsermittlung der Pfändungsgrenze. Vielmehr lehnt das Gericht die Pfändung (nur) ab, wenn die Unpfändbarkeit sich aus den Angaben des Gläubigers ergibt. Sonst genügt es (und ist üblich), dass im Pfändungsbeschluss auf die Tabelle zu § 850 c verwiesen wird (§ 850 c III 2), sog. *Blankettbeschluss.* Dann hat der Drittschuldner die Pfändungsgrenze zu ermitteln (zur Problematik *Rixecker* Büro 82, 1761 ff.; vgl. auch o. § 19 Rn. 52 und u. Rn. 51 ff.). Ein Pfändungsbeschluss, der die Vorschriften über die Unpfändbarkeit verletzt, ist nach § 766 anfechtbar (vgl. o. § 11 Rn. 6), aber nicht unwirksam (vgl. *BGH* NJW 79, 2046). Verstrickung und Pfändungspfandrecht entstehen (vgl. o. § 16 Rn. 4, 15; str.).

45 a) Nach durchgeführter Vollstreckung steht dem Schuldner kein Bereicherungsanspruch gegen den Gläubiger zu (str.).

46 b) Der Schuldner kann, anders als bei beweglichen Sachen (vgl. o. § 32 Rn. 8), auch **nicht** bei oder nach der Pfändung **auf** die **Unpfändbarkeit** der Forderung **verzichten;** denn unpfändbare Forderungen sind nach materiellem Recht weder abtretbar noch verpfändbar (§§ 400, 1274 II BGB).

47 c) Umstritten ist, ob der Drittschuldner die Unpfändbarkeit nur durch Erinnerung (nach § 766, vgl. o. § 11 Rn. 8) geltend machen kann oder nach seiner Wahl auch einredeweise im Einziehungsprozess mit dem Vollstreckungsgläubiger.

Ist die Unpfändbarkeit *im materiellen Recht* begründet (z. B. gemäß § 851 mit § 399 BGB), so ist sie im Einziehungsprozess geltend zu machen (*BGH* LM Nr. 3 zu § 851; *BAG* NJW 77, 76; *Baur/Stürner/Bruns* Rn. 24.36 lassen wahlweise auch Geltendmachung gemäß § 766 zu). Ist hingegen die Unpfändbarkeit *im Vollstreckungsrecht* begründet, so ist die Erinnerung (§ 766) der richtige Weg; denn das Vollstreckungsgericht ist am sachverständigsten, und eine Konzentration der Entscheidungen bei ihm dient der widerspruchsfreien rechtlichen Beurteilung. Der Vorrang der Erinnerung gilt auch im Fall eines Blankettbeschlusses (vgl. o. Rn. 44), da hier der Drittschuldner über § 766 eine klarstellende Entscheidung über die Pfändungsgrenzen erreichen kann (*Blomeyer* II § 56 X 5; a. A. implicite *BAG* ZIP 83, 1248 f.).

10. Manche **Schuldner versuchen,** den **Pfändungsschutz zu erschleichen.** Sie „richten sich gesetzlich ein", indem sie entweder unentgeltlich arbeiten, obwohl ihre Tätigkeit normalerweise bezahlt wird, oder sie vereinbaren, dass ihnen lediglich der unpfändbare Teil ihres Lohnes zusteht, der „Rest" aber einem Dritten (Strohmann). Gegen solche Machenschaften muss der Gläubiger geschützt werden. 48

a) *Beispiele für verschleiertes Arbeitseinkommen:* Der eine Ehegatte führt das Geschäft des anderen angeblich ohne Entgelt, nur von diesem unterhalten und daher formell ohne pfändbares Einkommen (ob er das Geschäft dem anderen Ehegatten auch übertragen hat, ist gleichgültig); oder ein Kind arbeitet im Betrieb der Eltern nur gegen Taschengeld, also ebenfalls ohne pfändbares Einkommen. Auf diese Weise wird versucht, die wahre Vergütung zu verschleiern; weiteres Beispiel *OLG Düsseldorf* NJW-RR 89, 390. Das Gesetz hilft hier dem Gläubiger mit der *Fiktion einer Vergütung* in **§ 850 h II,** wenn der Schuldner einem Dritten ständig geldwerte Arbeit ohne oder gegen unverhältnismäßig geringe Vergütung leistet. Der Gläubiger kann den fingierten Vergütungsanspruch des Schuldners pfänden und sich überweisen lassen. Bei der Prüfung, ob und in welcher Höhe ein solcher Anspruch besteht, sind verwandtschaftliche Beziehungen des Schuldners zum Empfänger zu berücksichtigen, weil eine Mithilfe im Haushalt oder Geschäft für den Ehegatten oder jüngere unverheiratete Kinder in gewissen sozialen Verhältnissen auch ohne Geldvergütung üblich, nach Wegfall des § 1356 II a. F. BGB freilich für den Ehegatten nur noch in seltenen Ausnahmefällen gemäß § 1353 I 2 Pflicht ist (vgl. *BAG* NJW 78, 343); für Kinder vgl. § 1619 BGB. Zu beachten ist ferner die Art der Arbeits- und Dienstleistung (insbesondere ob der Schuldner dem Dritten eine vollbezahlte Arbeitskraft erspart), die wirtschaftliche Leistungsfähigkeit des Leistungsempfängers (Kleinbauer, Handwerker) und die Art der zu vollstreckenden Forderung (z. B. Unterhaltsanspruch eines Kindes). Der Streit, ob und in welcher Höhe der fingierte Anspruch besteht, muss wie stets im Prozess zwischen Gläubiger und Drittschuldner (Leistungsempfänger) ausgetragen werden. Prozessgericht ist zumeist das ArbG (vgl. § 2 I Nr. 3 Buchst. a, §§ 3, 5 ArbGG). Das ArbG setzt auch den unpfändbaren Teil des Vergütungsanspruchs fest (vgl. o. Rn. 44 ff.). Ist das verschleierte Einkommen *mehrfach gepfändet,* so gilt § 804 III; über die Bedeutung besteht Streit. BGHZ 113, 29 ff. will im Einziehungsprozess eines nachrangigen Gläubigers die vorrangigen bloß rechnerisch berücksichtigen (ebenso *BAG* NJW 95, 414); *G. Lüke* JuS 95, 872 ff. will mit besseren Gründen nur eine Klage gemäß §§ 856, 853 auf Hinterlegung (vgl. o. § 21 Rn. 6) zulassen. 49

b) Noch wichtiger ist die Bekämpfung der **Lohnschiebungsverträge,** die in Erinnerung an die frühere Pfändbarkeitsgrenze beim Jahresarbeitseinkommen „1500-Mark-Verträge" (vgl. *Brehm*, FS Henckel, S. 43, 47) genannt werden. 50

Der **Schuldner** vereinbart mit seinem Arbeitgeber, dem **Drittschuldner,** dass dieser die pfändbare Vergütung nicht an ihn, den Schuldner, sondern an einen Dritten, z. B. an den Ehegatten des Schuldners, als **Drittberechtigten** zahlt (§§ 328 ff. BGB; möglich ist auch eine gemeinsame Abrede der drei Beteiligten). Pfändet der Gläubiger den Anspruch des Schuldners gegen den Drittschuldner, so ergreift die Pfändung ohne weiteres auch den Anspruch des Drittberechtigten, **§ 850 h I 2;** doch kann sich der Gläubiger darauf beschränken, den Anspruch des Drittberechtigten zu pfänden, § 850 h I 1. In beiden Fällen ist die Pfändung – trotz § 850 h I 3 – schon mit der Zustellung des Pfändungsbeschlusses an den Drittschuldner wirksam, § 829 III. 51

Vorausgesetzt ist eine Vereinbarung zwischen dem Schuldner und dem Drittschuldner mit oder ohne Beteiligung des Drittberechtigten, wonach der Drittberechtigte die Vergütung für die Schuldnerdienste ganz oder zum Teil erhält. Der Vergütungsanspruch des Drittberechtigten muss also unter Mitwirkung des Drittschuldners (Dienstherrn) entstanden sein. Im Gegensatz dazu steht die Abtretung des Vergütungsanspruchs vom Schuldner auf einen Dritten. An ihr wirkt der Drittschuldner (Dienstherr) nicht mit. Gegen sie hilft nur das AnfG (vgl. u. § 33). 52

Nicht erforderlich ist, dass der Schuldner ständig Dienste leistet; einmalige Tätigkeit (z. B. Tapezieren einer Wohnung) genügt. 53

54 Der Streit, ob und in welcher Höhe ein Vergütungsanspruch besteht, muss auch hier im Einziehungsprozess zwischen Gläubiger und Drittschuldner (Dienstherr) ausgetragen werden. Der unpfändbare Betrag des Vergütungsanspruchs wird, zumindest in der Regel, vom Prozessgericht festgesetzt (vgl. o. Rn. 44). Prozessgericht ist zumeist das ArbG (§ 2 I Nr. 3 Buchst. a, §§ 3, 5 ArbGG).

55 11. Die **§§ 850 ff.** enthalten **keine abschließende Regelung.** Auch außerhalb der ZPO gibt es gesetzliche Pfändungsbegrenzungen (vgl. § 850 i IV), z. B. § 54 SGB I (dazu StJ § 850 i, 37 ff.).

II. Das Pfändungsschutzkonto

56 1. Die Erlangung des Pfändungsschutzes nach § 850 k, der ab 1. 7. 2010 als § 850 l neu gefasst wird, ist aufwändig und zeitraubend. Bis zur Entscheidung durch das Gericht nach § 850 k I (§ 850 l n. F.) ist das Kontoguthaben des Schuldners wegen der Pfändungswirkungen (§ 829 I) vollständig blockiert. Da die Pfändung regelmäßig das gesamte Kontoguthaben, d. h. das am Tag der Zustellung des Pfändungsbeschlusses bei dem Kreditinstitut bestehende Guthaben sowie die künftigen Tagesguthaben erfasst (vgl. ab 1. 7. 2010 § 833 a I n. F. und o. § 19 Rn. 6), kann der Schuldner mit Zustellung des Pfändungsbeschlusses dessen Auszahlung nicht mehr verlangen; darüber hinaus verliert er die im Girovertrag eingeräumte Möglichkeit, am bargeldlosen Zahlungsverkehr (Überweisungen, Lastschriften) teilzunehmen.

57 Mit Gesetz vom 7. 7. 2009 (BGBl. 2009 I 1707) begegnete der Gesetzgeber diesen Schwierigkeiten durch Einführung eines vereinfachten und teilweise erweiterten Pfändungsschutzes für Guthaben auf einem sog. Pfändungsschutzkonto (**„P-Konto"**; dazu *Graf-Schlicker/Linder* ZIP 09, 989): Ab dem 1. 7. 2010 kann jeder Schuldner durch Vereinbarung mit seinem Kreditinstitut ein Pfändungsschutzkonto einrichten oder ein bestehendes Konto umwandeln, § 850 k VII 1 n. F. Die Umstellung kann auch noch nach der Pfändung, nämlich innerhalb von vier Wochen nach Zustellung des Überweisungsbeschlusses an den Drittschuldner (§§ 829 II 1, 835 I, III 1), erfolgen, § 850 k I 3 n. F.; in dieser Frist findet eine Auszahlung an den Gläubiger nicht statt, § 835 III 2 n. F. Nach Antragstellung erfolgt die Umstellung des bereits gepfändeten Kontos binnen vier Bankgeschäftstagen, § 850 k VII 3 n. F.

58 2. Bei der Pfändung des Kontoguthabens wird dem Schuldner ein **automatischer Pfändungsschutz** in Höhe eines monatlichen Pfändungsfreibetrages nach § 850 c I 1 gewährt (derzeit 985,15 Euro, vgl. o. Rn. 34 ff.), § 850 k I 1 n. F. Insoweit erfasst die Pfändung das Guthaben nicht und fehlt es an dem nach § 829 I 2 dem Schuldner gegenüber ergangenen Verfügungsverbot (*inhibitorium*, vgl. o. § 19 Rn. 18). Der Sockelbetrag kann gemäß § 850 k II n. F. um Unterhalts- und Sozialleistungen erhöht werden. Das nicht ausgeschöpfte pfändungsfreie Guthaben eines Monats wird (einmalig) dem Freibetrag des darauf folgenden Monats hinzugerechnet, § 850 k I 2, II 2 n. F. Nach Ablauf dieses Zeitraums endet der Pfändungsschutz; hat der Schuldner nicht über das pfändungsfreie Kontoguthaben verfügt, zahlt die Bank das gepfändete und überwiesene Guthaben an den Gläubiger aus (*Graf-Schlicker/Linder* ZIP 09, 989, 991).

59 Auf welchen Gutschriften das Guthaben beruht, ist für den Pfändungsschutz nach § 850 k n. F. gleichgültig; anders als nach der bisherigen Regelung in § 850 k I wird deshalb nicht nur Arbeitseinkommen, sondern *jede Art von Einkünften* geschützt (krit. *Remmert* NZI 08, 70). Der Pfändungsschutz besteht nur für den

Anspruch auf Auszahlung des Guthabens; andere Ansprüche des Schuldners gegen die Bank, etwa aus einem Überziehungskredit, sind pfändbar (vgl. o. § 19 Rn. 6).

Anders als § 850 c ordnet § 850 k I 1 HS 2 n. F. nicht die Unpfändbarkeit an, 60 sondern bestimmt lediglich, dass das Guthaben des Pfändungsschutzkontos „nicht von der Pfändung erfasst" wird. §§ 394, 400 BGB finden deshalb grundsätzlich keine Anwendung; auch die nach § 850 k I–IV n. F. pfändungsfreie Forderung unterliegt der Aufrechnung und ist abtretbar. Eine Ausnahme gilt gemäß § 850 k VI 1, 3 n. F. bei Gutschriften aus Sozialleistungen und Kindergeld, deren voller Wert für eine Frist von 14 Tagen seit Zahlungseingang kontokorrentmäßig durch die Bank nur in Höhe der Kontoverfügungen des Berechtigten und der Kontoführungsgebühren verrechnet werden darf (BT-Drs. 16/12714, S. 20; *Graf-Schlicker/Linder* ZIP 09, 989, 991). Im Übrigen gilt der Pfändungsschutz aus § 850 k n. F. im Kontokorrentverhältnis des Schuldners zur Bank nicht, so dass die Bank mit einem **Debetsaldo** des Schuldners gegen dessen pfändungsfreies Guthaben aufrechnen kann (BGHZ 162, 349; *OLG Celle* ZIP 07, 1938 zu § 850 k a. F.; vgl. o. Rn. 27 a. E.).

3. Der Gläubiger erfährt spätestens durch die Drittschuldnererklärung der Bank (vgl. § 840 I Nr. 5 61 n. F. und o. § 19 Rn. 41), ob es sich bei dem Konto, dessen Guthaben er pfänden ließ, um ein Pfändungsschutzkonto handelt.

Jede Person darf nur ein Pfändungsschutzkonto führen, § 850 k VIII 1 n. F. Um die missbräuchliche Einrichtung mehrerer Pfändungsschutzkonten desselben Schuldners zu verhindern, wird die SCHUFA Holding AG ermächtigt, dem anfragenden Kreditinstitut Auskunft über bestehende Konten des Kunden zu erteilen, § 850 k VIII 3 n. F. Führt der Schuldner rechtswidrig mehrere (etwa gleichzeitig errichtete) Pfändungsschutzkonten, ist deren Einrichtung trotz Verstoßes gegen das gesetzliche Verbot aus § 850 k VIII 1 n. F. nicht gemäß § 134 BGB unwirksam; vielmehr beschränkt das Vollstreckungsgericht den Pfändungsschutz aus § 850 k I–VI n. F. auf das vom Gläubiger bezeichnete Konto, § 850 k IX n. F. Bei einer Mehrheit von pfändenden Gläubigern ist der zuerst gestellte Antrag maßgeblich. Das Antragsrecht des Gläubigers besteht auch in der Insolvenz des Schuldners, soweit das Pfändungspfandrecht des Gläubigers fortbesteht und nicht nach § 88 InsO unwirksam ist (sog. Rückschlagsperre; vgl. u. § 47 Rn. 9 ff.).

4. Nach Neufassung von §§ 850 k, l n. F. ist der Kontopfändungsschutz *für eine Übergangszeit* 62 *zweispurig* ausgestaltet. Es bleibt dem Schuldner überlassen, ob er den herkömmlichen gerichtlichen Pfändungsschutz nach § 850 l n. F. beantragt oder ein Pfändungsschutzkonto nach § 850 k n. F. einrichtet; geschieht letzteres, entfällt die Möglichkeit des gerichtlichen Pfändungsschutzes, § 850 l IV n. F. Nach Auffassung des Gesetzgebers wird der herkömmliche Pfändungsschutz aus § 850 k (§ 850 l n. F.) entbehrlich, sobald sich die Beteiligten des Vollstreckungsverfahrens mit dem Pfändungsschutzkonto nach § 850 k n. F. vertraut gemacht haben (BT-Drs. 16/12714, S. 22) und soll nach nochmaliger Neufassung von § 850 l n. F. zum 1. 1. 2012 entfallen (BGBl. 2009 I 1707, Art. 7, 10 II).

§ 33. Die Gläubigeranfechtung

I. Versucht der Schuldner, sein Vermögen oder Teile davon dem Zugriff des 1 Gläubigers durch **unlautere Machenschaften** zu entziehen, muss der Gesetzgeber bestrebt sein, den Gläubiger zu schützen. Das Mittel hierzu ist die **Gläubigeranfechtung** nach dem Gesetz über die Anfechtung von Rechtshandlungen eines Schuldners **außerhalb des Insolvenzverfahrens** v. 5. 10. 1994 (Anfechtungsgesetz). Es ist an die Stelle des Anfechtungsgesetzes i. d. F. der Bekanntmachung v. 20. 5. 1898 getreten und seit 1. 1. 1999 in Kraft.

II. Die Anfechtung nach dem AnfG hat nichts mit derjenigen nach dem BGB zu 2 tun. Ist einer der gesetzlichen Anfechtungstatbestände des AnfG erfüllt, so besteht damit das Anfechtungsrecht, kraft dessen ohne weiteres – d. h. ohne Anfechtungserklärung – die Vollstreckung auf Vermögensstücke ausgedehnt wird, die der Schuldner wirksam, aber „anfechtbar" aus seinem Vermögen weggegeben hat. Der Anfechtungsberechtigte kann also vom Empfänger verlangen, dass dieser die Zwangsvollstreckung in das Vermögensstück so duldet, als gehöre es noch dem Schuldner (vgl. u. Rn. 12). Das Anfechtungsrecht ist somit kein Gestaltungsrecht, sondern ein Anspruch (vgl. BGHZ 98, 9). Zum Streit über die „Rechtsnatur" der Gläubigeranfechtung vgl. u. § 51 Rn. 10 ff.

3 **III.** Eine ähnliche Anfechtung gibt es im Insolvenzverfahren (dann aber in der Regel Anfechtung durch den Insolvenzverwalter, § 129 I InsO; Ausnahmen in §§ 279 III 1, 280 und § 313 II 1 InsO). Die Gründe sind bei beiden Arten der Anfechtung zum Teil gleich. Daher beschränkt sich die folgende Darstellung in erster Linie auf die *Besonderheiten der Anfechtung außerhalb des Insolvenzverfahrens.* Im Übrigen kann auf die Darstellung der Insolvenzanfechtung verwiesen werden (vgl. vor allem u. § 51 Rn. 1 ff., 6 ff.).

4 **IV. Formell anfechtungsbefugt** ist der *Gläubiger,* wenn er einen Vollstreckungstitel über eine fällige Geldforderung besitzt (BGHZ 53, 181) und die Zwangsvollstreckung in das Schuldnervermögen dem Gläubiger keine volle Befriedigung verschafft hat oder voraussichtlich verschaffen wird, § 2 AnfG, ferner § 14 AnfG.

5 Die Richtigkeit des Titels kann vom Gegner nur bestritten werden, wenn das auch dem Schuldner möglich wäre (§ 767 II!), BGHZ 90, 210; eingehend *Gaul,* FS Schwab, 1990, S. 111 ff.; abl. *Gerhardt* ZIP 84, 398 m. N.

6 **Anfechtungsgegner** ist der Empfänger der anfechtbaren Leistung, ferner sein Erbe und ein anderer Rechtsnachfolger gemäß § 15 AnfG (vgl. § 145 InsO und u. § 51 Rn. 42 f.).

7 **V. Materiell anfechtungsberechtigt** ist der *Gläubiger,* den eine **Rechtshandlung** (gleichgestellt: Unterlassung) des Schuldners objektiv **benachteiligt** (§ 1 I, II AnfG) und dem Anfechtungsgegner etwas verschafft hat; außerdem muss ein besonderer **Anfechtungsgrund** vorliegen (§§ 3–6 AnfG).

8 *Rechtshandlung* ist jede Handlung mit rechtlicher Wirkung (gleich, ob die Wirkung gewollt ist oder nicht; daher ist der Begriff weiter als der des Rechtsgeschäfts), vgl. *BGH* MDR 76, 221 und u. § 51 Rn. 27 zu § 129 InsO. Hierzu rechnet auch eine Unterlassung mit rechtlicher Wirkung (§ 1 II AnfG; vgl. u. § 51 Rn. 28). Nur eine Rechtshandlung, die rechtliche Wirkungen hat (vgl. § 8 AnfG), kann den Gläubiger benachteiligen, d. h. seine Befriedigung verhindern oder beeinträchtigen (vgl. u. § 51 Rn. 35). Die Handlung kann zeitlich vor der Erlangung des Titels und vor Entstehung des titulierten Anspruchs (vgl. o. Rn. 4) liegen, BGHZ 90, 211.

9 Die *Anfechtungsgründe* der §§ 3, 4 AnfG entsprechen denen der §§ 133, 134 InsO (vgl. u. § 52 Rn. 2 ff., 9 ff.); es gibt also auch hier die *Vorsatz- und* die *Schenkungsanfechtung,* und zwar innerhalb bestimmter (Ausschluss-)Fristen.

10 **VI.** Das Anfechtungsrecht muss zur Fristwahrung gerichtlich geltend gemacht werden (vgl. § 7 AnfG), in der Regel durch **Klage** gegen den Anfechtungsgegner oder seinen Rechtsnachfolger (vgl. o. Rn. 6). Zum Antrag vgl. § 13 AnfG; er muss die befriedigungsbedürftige Forderung bestimmt bezeichnen (BGHZ 99, 277 ff.). Ist der anfechtbar erworbene Gegenstand noch unterscheidbar im Vermögen des Anfechtungsgegners vorhanden, so geht der Antrag auf Duldung der Zwangsvollstreckung in den bestimmt bezeichneten Gegenstand (vgl. u. Rn. 12).

11 Das Anfechtungsrecht kann auch durch *Einrede* (oder Gegeneinrede) *gegen eine Klage* geltend gemacht werden (vgl. § 9 AnfG; dazu BGHZ 98, 9 ff.; 121, 182).

Beispiel S hat eine Maschine zur Sicherheit an seine Tochter T übereignet, und G pfändet die bei S verbliebene Maschine; widerspricht die T nach § 771 aufgrund ihres Eigentums, so kann G die Einrede des anfechtbaren Eigentumserwerbs erheben und damit die Abweisung der Klage und den Fortgang der Vollstreckung erreichen. Vgl. BGHZ 98, 6 ff. und o. § 13 Rn. 26.

VII. Die erfolgreiche Anfechtung erweitert den Kreis der **Vollstreckungsobjekte.** Die aus dem Vermögen des Schuldners weggegebenen oder veräußerten Gegenstände sind vom Anfechtungsgegner dem Gläubiger „zur Verfügung zu stellen" (§§ 13, 11 AnfG). Ist der anfechtbar erworbene Gegenstand noch unterscheidbar im Vermögen des Gegners vorhanden, so ist die Zwangsvollstreckung in den Gegenstand zu dulden, sonst muss er Wertersatz leisten (BGHZ 124, 301 ff.). Entsprechend ist der Klageantrag zu fassen (§ 13 AnfG). Voraussetzung ist, dass der veräußerte Gegenstand beim Schuldner der Zwangsvollstreckung unterlag (BGHZ 123, 185). 12

Der Anfechtungsgegner kann eine **Gegenleistung,** die er für den angefochtenen Erwerb erbracht hat, nur vom Schuldner zurückverlangen, § 12 AnfG. Ihm steht also gegen den Gläubiger kein Aufrechnungs- oder Zurückbehaltungsrecht zu. 13

8. Kapitel. Arrest und einstweilige Verfügung

§ 34. Übersicht

Literatur: *Ahrens*, Der Wettbewerbsprozess, 5. Aufl., 2005; *Baur,* Studien zum einstweiligen Rechtsschutz, 1967; *Chr. Berger* (Hrsg.), Einstweiliger Rechtsschutz im Zivilrecht, 2006 (Handbuch); *Berneke,* Die einstweilige Verfügung in Wettbewerbssachen, 2. Aufl., 2003; *Dütz,* Vorläufiger Rechtsschutz im Arbeitskampf, BB 80, 533; *Faecks,* Die einstweilige Verfügung im Arbeitsrecht, NZA 85, Beil. 3, S. 6; *Gaul,* Sicherung der Gläubiger- und Insolvenzanfechtung durch Maßnahmen des einstweiligen Rechtsschutzes, KTS 07, 133; *Grunsky,* Grundlagen des einstweiligen Rechtsschutzes, JuS 76, 277; *Hadding,* Zur einstweiligen Verfügung im Recht der Wettbewerbsbeschränkungen, ZHR 130, 1; *Jauernig,* Der zulässige Inhalt einstweiliger Verfügungen, ZZP 79, 321; *Klein,* Reform des einstweiligen Rechtsschutzes, FuR 09, 241 und 321; *Leipold,* Grundlagen des einstweiligen Rechtsschutzes im zivil-, verfassungs- und verwaltungsgerichtlichen Verfahren, 1971; *Littbarski,* Einstweiliger Rechtsschutz im Gesellschaftsrecht, 1996; *Schilken,* Die Befriedigungsverfügung, 1976; *Teplitzky,* Wettbewerbsrechtliche Ansprüche, 9. Aufl., 2006; *Vogg,* Einstweiliger Rechtsschutz und vorläufige Vollstreckbarkeit, 1991; *Walker,* Der einstweilige Rechtsschutz im Zivilprozess und im arbeitsgerichtlichen Verfahren, 1993.

I. Oft dauert es geraume Zeit, bis der Gläubiger einen Titel in der Hand hat und vollstrecken kann. Bis dahin ist es dem Schuldner möglich, Vollstreckungsobjekte zu veräußern oder zu verschieben. Damit werden sie dem Gläubiger entzogen; eine Vollstreckung wird vereitelt, bevor sie beginnen konnte (der Titel fehlt!). **Dem Gläubiger** muss es daher **möglich** sein, bei Gefährdung seiner Rechte die **künftige Vollstreckung** zu **sichern.** Das kann schon vor Beginn oder während des Prozesses über die „Hauptsache" (vgl. u. § 35 Rn. 16) geschehen. 1

II. Der Gesetzgeber hat **zwei Mittel der Sicherung** ausgebildet, den **Arrest** – er sichert die Vollstreckung wegen einer Geldforderung, § 916 – und die einstweilige Verfügung des § 935, die sog. **Sicherungsverfügung** – sie sichert die künftige Verwirklichung anderer Ansprüche als Geldansprüche. 2

3 Neben der Sicherungsverfügung gibt es noch zwei weitere Arten der einstweiligen Verfügung: Die eine bezweckt die Regelung eines einstweiligen Zustands (**Regelungsverfügung,** § 940); die andere verurteilt provisorisch zur Leistung und führt folglich zur (vorläufigen) Befriedigung in der Sache selbst **(Leistungsverfügung).** Dementsprechend unterscheidet man drei Fälle einer einstweiligen Verfügung (vgl. u. § 37 Rn. 1–25). Die Unterscheidung ist – entgegen *Bruns/Peters* S. 341, 345 u. a. – möglich und auch nötig, um den zulässigen Inhalt einer einstweiligen Verfügung konkret und nicht bloß mit allgemeinen Erwägungen (*Beispiele: OLG Stuttgart* NJW 81, 1914) oder mit „Empfindungen" (vgl. *v. Gerkan* ZGR 85, 169) bestimmen zu können (zustimm. *Berneke* Rn. 25 N. 7 m. N.). Das ist besonders wichtig für die Frage, ob und wieweit einstweilige Verfügungen schon zur „Befriedigung" führen und damit „die Hauptsache vorwegnehmen" dürfen (*Beispiele: OLG Karlsruhe* MDR 75, 324; *OLG Frankfurt* FamRZ 80, 478), ebenso für die Abgrenzung von Sicherungs- und Regelungsverfügung *OLG Karlsruhe* Justiz 93, 190 f.; zum unterschiedlichen Verfügungsgrund *OLG Frankfurt* NJW-RR 91, 175.

4 **III.** Für Arrest und einstweilige Verfügung ist ein besonderes Verfahren vorgesehen, der **Arrestprozess.** Er steht *neben* dem *normalen Erkenntnisverfahren* und dient der Prüfung, ob die Voraussetzungen für Arrest oder einstweilige Verfügung gegeben sind. Er endet mit einer *Entscheidung,* die entweder den Antrag des Gläubigers abweist oder ihm durch Erlass des Arrestbefehls oder der einstweiligen Verfügung stattgibt. Diese Entscheidung wird dann *vollzogen,* und erst diese Durchführung ist eine *Art der Zwangsvollstreckung* (§§ 928, 936), von der normalen insbesondere dadurch unterschieden, dass sie bei Arrest und Sicherungsverfügung (vgl. o. Rn. 2) niemals auf Befriedigung, sondern nur auf Sicherung des Gläubigers abzielt. Die Eingliederung von Arrest und einstweiliger Verfügung in das 8. Buch der ZPO (Zwangsvollstreckung!) ist daher irreführend. Das Verfahren gehört zu den besonderen Verfahren. Es handelt sich um eine Art von **summarischem Prozess,** aus dem es sich geschichtlich entwickelt hat. Für den Arrestprozess gelten daher auch die Vorschriften über die Zulässigkeit des Rechtswegs, über Parteifähigkeit, Prozessfähigkeit und Vertretung.

5 **Die Bedeutung** von Arrest und einstweiliger Verfügung **ist groß**, auch wenn 2007 bei AG und LG von allen erledigten Verfahren (rund 1,65 Millionen) nur 4,75 % auf Arrest und einstweilige Verfügung entfielen (*Statistisches Bundesamt* Justizstatistik, Rechtspflege Zivilgerichte 2007, S. 34, 42). Das Verfahren ist für den Gläubiger (auch Antragsteller, im Urteil [§§ 922 I, 925 I, 936] zumeist Arrest- oder Verfügungskläger genannt) vorteilhaft, weil er schnell zu einer Entscheidung kommt. Doch die Schnelligkeit geht von Gesetzes wegen auf Kosten der Gründlichkeit: Der Anspruch des Gläubigers wird nur summarisch geprüft (vgl. u. § 35 Rn. 12). Darin liegt eine beträchtliche Gefahr für den Schuldner (auch Antragsgegner, im Urteil [§§ 922 I, 925 I, 936] zumeist Arrest- oder Verfügungsbeklagter genannt). Das Gesetz sucht sie zu mildern: Es gestattet die Anordnung einer Sicherheitsleistung (§ 921); vor allem haftet der Gläubiger auf Schadensersatz, wenn der Arrestbefehl oder die einstweilige Verfügung von Anfang an ungerechtfertigt war (§ 945; vgl. *R. Bruns* ZZP 65, 67 ff. und u. § 35 Rn. 18 ff.). So versucht der Gesetzgeber, einen gerechten Ausgleich zwischen Gläubiger- und Schuldnerinteressen zu finden.

6 Für die Praxis ist wichtig, dass nach § 204 I Nr. 9 BGB die Zustellung des Antrags auf Erlass eines Arrests oder einer einstweiligen Verfügung die Verjährung des zu sichernden Anspruchs hemmt. Wird nicht zugestellt, hemmt schon die Einreichung des Antrags, wenn der Arrestbefehl bzw. die einstweilige Verfügung

binnen eines Monats zugestellt wird. Diese Bestimmung wurde durch das Schuldrechtsmodernisierungsgesetz im Jahre 2001 neu eingefügt; mit ihr entfällt der „Zwang", ein Hauptsacheverfahren allein deswegen einzuleiten, um die Verjährung nach § 204 I Nr. 1 BGB zu hemmen.

§ 35. Der Arrestprozess

I. Die Voraussetzungen des Arrestes

1. Es muss ein **Arrestanspruch** vorliegen. Fehlt er, so ist das Gesuch als unbegründet abzuweisen. 1

Als sicherungsfähiger Arrestanspruch kommt jede Geldforderung in Betracht. Sie kann von einer Gegenleistung abhängig oder betagt sein, auch bedingt, sofern die Möglichkeit des Bedingungseintritts nicht so vage ist, dass der Anspruch keinen gegenwärtigen Vermögenswert hat (§ 916 II). Der Anspruch muss (schon jetzt) einklagbar sein; Grund: § 926. 2

Sicherungsfähig ist auch ein *Anspruch, der in eine Geldforderung übergehen kann,* was bei jedem vermögensrechtlichen Anspruch im Falle seiner Nicht- oder Schlechterfüllung möglich ist (vgl. *BGH* NJW 96, 324). 3

Hat sich die Umwandlung in einen Geldanspruch (z. B. in einen Schadensersatzanspruch) noch nicht vollzogen, so kommt es darauf an, ob der Gläubiger auf die Sicherung der individuellen Leistung Wert legt – dann einstweilige Verfügung, § 935 – oder auf die künftige Geldforderung als Ersatz – dann Arrest. Liegt schon eine Geldforderung vor, so kommt nur Arrest in Frage. 4

Als Arrestanspruch kommt auch der Anspruch auf *Duldung der Zwangsvollstreckung* in Betracht. Daher ist Arrest möglich z. B. gegen den Testamentsvollstrecker zur Sicherung der Vollstreckung in die seiner Verwaltung unterliegenden Nachlassgegenstände. Bei der Hypothek ist ein Arrest auch lediglich aufgrund der dinglichen Haftung denkbar, doch fehlt regelmäßig der Arrestgrund (vgl. u. Rn. 7). 5

2. Weiter muss als besondere Art des Rechtsschutzinteresses ein **Arrestgrund** gegeben sein. Fehlt er, so wird das Gesuch als unzulässig, nicht als unbegründet abgewiesen (*Teplitzky* DRiZ 82, 43 m. N.; anders die h. M., vgl. *Rosenberg/Schilken* § 75 II 2 m. N.). Er ist für die beiden Fälle des Arrestes – den dinglichen und den persönlichen – nicht ganz einheitlich geregelt. 6

a) Für den Hauptfall, den **dinglichen Arrest** (vgl. u. § 36 Rn. 7 ff.), ist Arrestgrund die **Besorgnis,** dass ohne Verhängung des Arrestes die **Vollstreckung** des Urteils **vereitelt oder wesentlich erschwert** werden würde, § 917 I. 7

In Betracht kommt vor allem ein *Verhalten des Schuldners,* z. B. Veräußerung (vor allem Verschleuderung) von Vermögensstücken oder deren Belastung, nachlässige Geschäftsführung, Verschwendung, häufiger Aufenthaltswechsel (dazu *Schwerdtner* NJW 70, 222 ff.; *BGH* NJW 96, 324). Verschulden oder böswilliges Handeln des Schuldners ist nicht notwendig, doch wird letzteres häufig einen Arrestgrund nahelegen (*LAG Frankfurt/M.* NJW 65, 989; auch *OLG Köln* MDR 86, 595). Andererseits genügt nicht allein die schlechte Vermögenslage des Schuldners, sein drohender wirtschaftlicher Zusammenbruch, auch nicht die Besorgnis, dass andere Gläubiger zuvorkommen könnten (*BGH* NJW 96, 324 m. N., auch zur Gegenansicht). Freilich bewirkt gerade der Arrest, dass sich ein Gläubiger einen Vorsprung vor anderen verschaffen kann. Die Notwendigkeit, im Ausland 8 zu vollstrecken, ist nach § 917 II zureichender Arrestgrund, wenn und weil hierdurch die Vollstreckung wesentlich erschwert wird. Daher scheidet § 917 II aus, wenn der Gläubiger bereits im Inland oder Ausland (*BGH* NJW 72, 1045) z. B. durch Sicherungsübereignung, Besitzpfandrecht (*LG Augsburg* NJW 75, 2350 f.), Hypothek, Eigentumsvorbehalt hinreichend gesichert ist; denn der Gläubiger besitzt dann bereits die Sicherung, die ihm der Arrest verschaffen kann. Der Arrestgrund der Auslandsvollstreckung setzt voraus, dass die „Gegenseitigkeit nicht verbürgt" ist, also im Ausland eine dem deutschen Recht vergleichbare, zumindest tatsächliche Vollstreckungsmöglichkeit nicht besteht (BT-Drs. 15/1062, S. 8). Diese kann sich ergeben aufgrund des innerstaatlichen Rechts des Vollstreckungsstaats, völkerrechtlicher Verträge sowie der Zugehörigkeit zu inter- oder supranationalen Organisationen. Insbesondere im Anwendungsbereich der EuGVVO scheidet daher der Arrest nach § 917 II aus. § 917 I bleibt unberührt; daher kann auch wegen tatsächlicher Vollstreckungsschwierigkeiten in Mitgliedstaaten der EU (dazu *Fohrer/Mattil* WM 02, 840) ein Arrest ergehen (*Zöller* § 917, 17).

9 Besitzt der Gläubiger bereits einen vorläufig vollstreckbaren Zahlungstitel, so besteht kein Bedürfnis für den Arrest, da er durch Sicherungsvollstreckung (§ 720 a) dasselbe wie durch Arrestvollzug erreichen kann (vgl. §§ 930, 932; *Chr. Berger/Skamel* Kap. 4, 35; auch *OLG Hamm* NJW-RR 90, 1536).

10 b) Für den **persönlichen Sicherheitsarrest** (vgl. u. § 36 Rn. 13) ist ebenfalls Voraussetzung, dass die Vollstreckung gefährdet ist, aber obendrein, dass der persönliche Arrest erforderlich ist, um dieser Gefährdung vorzubeugen, § 918. Hier kommt also nur ein Verhalten des Schuldners in Betracht, dem ein Riegel vorgeschoben werden soll, z. B. Verschiebung von Vermögensteilen, Wegbringung ins Ausland, Flucht, um sich der Offenbarungsversicherung, § 807, zu entziehen (StJ § 918, 6–7). Diese Arrestform dient nur der Ergänzung des dinglichen Arrestes, wenn dieser versagt, z. B. weil es sich um Vermögensstücke handelt, die oder deren Verbleib dem Gläubiger nicht bekannt sind (*Beispiel: OLG Karlsruhe* NJW-RR 97, 450 f.); er ist daher nur **subsidiär.** Zur Verfassungsmäßigkeit *Chr. Ritter* ZZP 88, 155 ff.

11 3. Das Vorliegen der beiden Voraussetzungen muss behauptet, aber nicht voll bewiesen werden, Glaubhaftmachung genügt (§ 294, vgl. u. Rn. 18).

12 Damit kann sich das Gesetz begnügen; denn der Arrestprozess verfolgt – im Gegensatz zum normalen Erkenntnisverfahren – nicht den Zweck, ein Recht endgültig festzustellen (hier: den zu sichernden Anspruch, vgl. *BGH* NJW 80, 191). Es wird lediglich geprüft, ob die behaupteten **Voraussetzungen des Arrestes glaubhaft** sind. Dadurch wird das Verfahren, seinem Zweck entsprechend, stark abgekürzt und so zu einer Art von summarischem Prozess (vgl. o. § 34 Rn. 4).

13 Die *Beweislast* folgt im Falle der Gewährung rechtlichen Gehörs vor der Entscheidung den allgemeinen Regeln, sonst liegt sie allein beim Gläubiger (h. M., vgl. *Thomas/Putzo* 9 vor § 916).

14 **II. Ausschließlich zuständig** für das Arrestverfahren ist sowohl das Gericht der Hauptsache (vgl. u.) als auch das AG, in dessen Bezirk der mit Arrest zu belegende Gegenstand oder die betroffene Person sich befindet, §§ 919, 802 (aber keine Beschränkung des Arrestes auf Gegenstände im Gerichtsbezirk, vgl. *Rosenberg/Schilken* § 77 I 1 b und u. Rn. 27).

15 In dringenden Fällen kann der Vorsitzende allein entscheiden, soweit eine mündliche Verhandlung nicht erforderlich ist, § 944 (denkbar nur bei Kollegialgerichten).

16 *„Hauptsache"* ist das Verfahren über den zu sichernden Anspruch selbst. Ist es bereits anhängig, so ist das Gericht, bei dem der Prozess z. Z. der Anbringung des Arrestgesuchs tatsächlich schwebt, Gericht der Hauptsache, § 943 I. Ob dieses Gericht für die Hauptsache wirklich zuständig ist, ist gleichgültig und wird im Arrestverfahren nicht geprüft. Ist das Verfahren noch nicht anhängig, so ist Gericht der Hauptsache jedes Gericht, das für das künftige Verfahren zuständig ist; hier ist also die Zuständigkeit im Rahmen des Arrestprozesses zu prüfen.

17 Die Zuständigkeit des AG (§ 919) ist unabhängig von der Höhe des Streitwerts und der Anhängigkeit der Hauptsache.

18 **III.** 1. Das **Arrestverfahren beginnt mit** der Anbringung des **Arrestgesuchs.** Es hat den Anspruch nach Gegenstand, Grund und Geldbetrag (Geldwert) zu bezeichnen sowie die Art des Arrestes und den Arrestgrund anzugeben, § 920 I. Die

Tatsachen, die den Anspruch und den Arrestgrund begründen und die das Vorliegen der Prozessvoraussetzungen ergeben sollen, sind glaubhaft zu machen (vgl. §§ 920 II, 294 I; beachte aber § 921); zur Glaubhaftmachung vgl. *Zivilprozessrecht* § 49 II 2. Das Gesuch ist schriftlich einzureichen oder zu Protokoll der Geschäftsstelle zu erklären (daher – nur – für das Gesuch kein Anwaltszwang, § 78 III), § 920 III. Damit ist Rechtshängigkeit eingetreten (vgl. *KG* Büro 88, 532).

2. Das **weitere Verfahren** hängt davon ab, ob das Gericht ohne mündliche Verhandlung entscheiden will oder nicht. Darüber kann es nach freiem Ermessen befinden, vgl. §§ 128 IV, 922 I 1. 19

Die Entscheidung ohne mündliche Verhandlung sollte die Regel sein, weil die Überraschung des Gegners oft den Erfolg des Arrestes bestimmt (dadurch und durch die Möglichkeit des Widerspruchs, vgl. u. Rn. 33, ist der Verzicht auf vorheriges Gehör des Gegners gerechtfertigt, BVerfGE 9, 98). In schwierigen Fällen und bei zweifelhafter Sachlage wird eine mündliche Verhandlung geboten sein, um Schuldner und Gläubiger (§ 945!) gleichermaßen vor Schaden zu bewahren. 20

a) Ordnet das Gericht **mündliche Verhandlung** an, so gelten für sie die allgemeinen Grundsätze. 21

Es kann auch zu einem *Versäumnisverfahren* kommen: Bei Säumnis des Gläubigers wird das Gesuch durch Versäumnisurteil abgewiesen, § 330; bei Säumnis des Schuldners wird dem Gesuch stattgegeben, wenn das Vorbringen des Gläubigers, das als zugestanden gilt, Anspruch und Arrestgrund schlüssig darlegt (sonst wird das Gesuch durch unechtes Versäumnisurteil zurückgewiesen), § 331. Eine Widerklage hinsichtlich des materiellen Anspruchs ist wegen der besonderen Prozessart unzulässig (vgl. *Zivilprozessrecht* § 46 III 1); eine Zwischenfeststellungsklage nach § 256 II ist unzulässig, weil die Hauptsache nicht rechtshängig ist. 22

Das Gericht entscheidet über das Gesuch durch **Endurteil,** § 922 I; es wird von Amts wegen zugestellt, §§ 317 I, 166 II. Das Urteil heißt **Arrestbefehl,** wenn es dem Gesuch stattgibt. 23

b) **Ohne mündliche Verhandlung** entscheidet das Gericht durch **Beschluss,** § 922 I. Auch er heißt **Arrestbefehl,** wenn er dem Gesuch stattgibt. 24

Der *stattgebende* Beschluss ist von Amts wegen dem Gläubiger zuzustellen, § 329 II 2 (mit § 929 II), III. Dieser hat ihn im Parteibetrieb dem Schuldner zuzustellen (§ 922 II; anders bei Urteilen, vgl. o. Rn. 23). Der *zurückweisende* Beschluss ist nur dem Gläubiger (formlos) mitzuteilen, § 329 II 1, aber nicht dem Schuldner, § 922 III. 25

3. Das im Arrestprozess ergehende Urteil stellt nicht das Bestehen oder Nichtbestehen des zu sichernden Rechts materiell rechtskräftig fest, sonst wäre damit bereits zur Hauptsache entschieden. Davon abgesehen kommt ihm **materielle Rechtskraft** zu (str.; a. A. *BGH* LM Nr. 1, 2 zu § 926). Praktisch bedeutsam ist das für die abweisende Entscheidung (vor allem des Berufungsgerichts). Die Wiederholung des Gesuchs ist zulässig, wenn es auf neue Tatsachen (*KG* MDR 79, 64), u. U. auch auf bessere Glaubhaftmachung der alten (vgl. *Baur,* Studien, S. 89 f.; str.) gestützt wird; die materielle Rechtskraft ist hier wie sonst auf einen bestimmten Zeitpunkt bezogen, bei Urteilen auf die letzte mündliche Tatsachenverhandlung (vgl. *Zivilprozessrecht* § 63 V). 26

4. Der **Arrestbefehl** muss den gesicherten *Anspruch nach Grund und Betrag* bezeichnen, ferner den Geldbetrag feststellen, durch dessen Hinterlegung die Vollziehung (vgl. u. § 36) gehemmt und der Schuldner zum Antrag auf Aufhebung des vollzogenen Arrestes berechtigt wird *(Lösungssumme),* § 923. Vor allem muss der Arrestbefehl den dinglichen oder persönlichen *Arrest anordnen.* Eine Beschränkung des dinglichen Arrestes auf bestimmte Gegenstände ist unzulässig und unbeachtlich, 27

weil der Arrestbefehl stets in das gesamte Schuldnervermögen vollstreckt werden kann (vgl. o. Rn. 14 und u. § 36 Rn. 7).

Der stattgebende Beschluss bedarf einer Begründung nur, wenn er im Ausland vollzogen werden soll, § 922 I 2; in diesem Fall ist er auf Antrag ggf. zu vervollständigen, § 30 IV AVAG. Das Urteil ist stets zu begründen, § 313 Nr. 6 (StJ § 922, 26).

28 **Beispiel:** „*Arrestbefehl.* In der Arrestsache des ..., Gläubigers, gegen den . . , Schuldner, hat der Gläubiger geltend gemacht, dass ihm gegen den Schuldner aus ... ein Anspruch auf Zahlung von ... Euro zustehe und dass die Vollstreckung gefährdet sei, weil ... Er hat diese Behauptungen durch ... glaubhaft gemacht. Wegen und in Höhe des bezeichneten Anspruchs sowie der auf ... Euro veranschlagten Kosten wird daher der dingliche Arrest in das Vermögen des Schuldners angeordnet. Durch Hinterlegung von ... Euro wird die Vollziehung des Arrestes gehemmt und der Schuldner zu dem Antrag auf Aufhebung des vollzogenen Arrestes berechtigt. Die Kosten des Verfahrens trägt der Schuldner."

29 Bei Zahlung der Lösungssumme wird die Vollziehung des Arrestes gehemmt; soweit er bereits vollzogen, d. h. vollstreckt, ist, wird die Vollziehung – nicht der Arrestbefehl selbst! – aufgehoben, § 934 I (vgl. u. Rn. 43 und § 36 Rn. 17).

30 **IV.** Welche **Rechtsbehelfe** gegeben sind, richtet sich nach der Art der Entscheidung.

31 1. **Gegen** ein kontradiktorisches **Endurteil** (vgl. o. Rn. 23) des AG oder LG in erster Instanz gibt es die Berufung, nicht die Revision, § 542 II 1 (auch nicht, wenn die Berufung als unzulässig verworfen wurde, *BGH* NJW 03, 69); kein Rechtsmittel findet statt, wenn über das Arrestgesuch das LG oder OLG als Berufungsgericht des Hauptsacheverfahrens (§ 943 I) entschieden hat (*Thomas/Putzo* § 922, 6). Gegen ein Versäumnisurteil ist der Einspruch statthaft.

32 2. Gegen einen **zurückweisenden Beschluss** steht dem Gläubiger die sofortige Beschwerde zu (§ 567 I Nr. 2). Die Rechtsbeschwerde ist statthaft nach § 574 I 1; gegen einen Beschluss des LG als Berufungsgericht der Hauptsache (§ 943 I) aber ausgeschlossen, §§ 574 I 2, 542 II. Für die Beschwerdeeinlegung besteht nach §§ 569 III, 920 III, 78 III kein Anwaltszwang (h. M., *Zöller* § 922, 13 m. N.).

33 Gegen den **anordnenden Beschluss** kann der Schuldner unbefristet **Widerspruch** einlegen, § 924 I. Mit ihm erzwingt er die bisher fehlende mündliche Verhandlung, § 924 II 2. Der Widerspruch ist zulässig, solange der Arrestbefehl besteht und schon vor dessen Zustellung.

34 *Zuständig* ist ausschließlich das Gericht, das den Beschluss erlassen hat. Hat aber das Beschwerdegericht ihn erlassen, so ist doch das Gericht erster Instanz zuständig, um der Partei nicht eine Tatsacheninstanz zu entziehen (Gewohnheitsrecht). Daher kann hier ein unteres Gericht die Entscheidung eines oberen Gerichts aufheben, weil es die Sach- oder Rechtslage anders beurteilt. Das Gericht erster Instanz ist also im Widerspruchsverfahren nicht an die Rechtsansicht des Beschwerdegerichts gebunden.

35 Beim AG wird der Widerspruch durch Schriftsatz oder Erklärung zu Protokoll der Geschäftsstelle erhoben, § 924 II 3, beim LG durch Schriftsatz unter Anwaltszwang (*OLG Koblenz* NJW 80, 2589).

36 Für die mündliche Verhandlung bleibt es bei den Vorschriften über den Arrestprozess, es findet also auch jetzt nur eine Glaubhaftmachung statt. Neue Tatsachen können geltend gemacht werden; §§ 296, 530, 531 gelten (vgl. *E. Schneider* MDR 88, 1024 f.; a. A. *Zöller* § 925, 3).

37 Der Widerspruch hemmt nicht die Vollziehung des Arrestes; doch sind vorläufige Anordnungen im Rahmen von § 707 I 1 zulässig, § 924 III (vgl. o. § 14 Rn. 9).

38 Entschieden wird durch Endurteil, § 925 I. Die Entscheidung kann den Arrest bestätigen, aufheben oder abändern, auch eine Sicherheitsleistung anordnen, § 925 II. Gegen das Urteil ist Berufung oder Einspruch möglich (vgl. o. Rn. 31).

39 **V.** Zwei **weitere Rechtsbehelfe** stehen dem Schuldner zur Verfügung.

1. Er kann, *wenn* die *Hauptsache noch nicht anhängig ist,* beim Arrestgericht beantragen, dass der *Gläubiger* **binnen** *bestimmter* **Frist Klage** in der Hauptsache zu **erheben** hat (zum Rechtsschutzinteresse für diesen Antrag vgl. *OLG Karlsruhe* NJW-RR 88, 251 f.; *OLG Düsseldorf* NJW-RR 88, 696 f.); die Frist wird ohne mündliche Verhandlung vom Rechtspfleger bestimmt (§ 926 I, § 20 Nr. 14 RPflG). Befolgt der Gläubiger die Anordnung nicht, so wird der Arrest auf Antrag und nach mündlicher Verhandlung durch Endurteil aufgehoben, § 926 II. Dagegen Berufung, nie Revision, § 542 II (vgl. o. Rn. 31).

2. Er kann beantragen, den *Arrest wegen* **veränderter Umstände** *aufzuheben,* 40
§ 927.

Hiermit bekämpft er nicht die ursprüngliche Rechtmäßigkeit des Arrestbefehls, 41
sondern nur dessen Fortdauer. Z. B. kann der zu sichernde Anspruch fortgefallen sein (etwa durch Erfüllung) oder der Arrestgrund, oder die Vollziehungsfrist (vgl. u. § 36 Rn. 14) ist ungenutzt verstrichen, oder der Schuldner hat sich zur Sicherheitsleistung erboten und sie erbracht (oder der Gläubiger hat sie abgelehnt, StJ § 927, 9).

Zuständigkeit wie bei § 924 (vgl. o. Rn. 34; *OLG Hamm* MDR 87, 593); ist aber die Hauptsache 42
bereits anhängig, so ist nur das Gericht der Hauptsache zuständig, § 927 II. Das *Rechtsschutzinteresse fehlt* während eines Widerspruchs- oder Berufungsverfahrens.

Das Gericht entscheidet auch hier durch Endurteil, § 927 II.

3. Der Schuldner kann die Aufhebung des vollzogenen Arrestes beantragen, 43
sobald er den im Arrestbefehl bestimmten Geldbetrag hinterlegt hat, §§ 934 I, 923. Es wird nur die Vollziehung, nicht der Arrestbefehl selbst aufgehoben. Vgl. o. Rn. 29 und u. § 36 Rn. 17.

VI. Erfüllt der Antragsgegner den geltend gemachten Arrestanspruch oder leistet er 44
freiwillig Sicherheit, entfällt der Arrestgrund; für die **Erledigung** des Arrestverfahrens gelten dann die allgemeinen Vorschriften (vgl. *Zivilprozessrecht* § 42 VI): Erklären die Beteiligten das Eilverfahren übereinstimmend für erledigt, wird der bereits erlassene Arrestbefehl wirkungslos, ohne dass es einer Aufhebung bedarf; es ist nur noch über die Kosten zu entscheiden, § 91 a. Schließt sich der Antragsgegner der Erledigungserklärung nicht an, prüft das Gericht das tatsächliche Vorliegen eines erledigenden Ereignisses. Da das Eilverfahren schon mit Anbringen des Arrestgesuchs rechtshängig wird (vgl. o. Rn. 18), kann Erledigung überdies eintreten, bevor der Antragsgegner beteiligt wurde; auch hier aber gelten die Erledigungsgrundsätze, eine Antragsrücknahme nach § 269 III 3 (analog) ist wegen des klaren Wortlauts der Vorschrift ausgeschlossen (*Vossler* MDR 09, 667, 669 m. N., str.).

§ 36. Die Vollziehung des Arrestes

I. Der Arrestbefehl wird durchgesetzt in einer *Art von Zwangsvollstreckung.* Sie 1
heißt *Vollziehung des Arrestes.* Für sie gelten grundsätzlich die Vorschriften über die Zwangsvollstreckung entsprechend, § 928 (deshalb ist zwischen „Vollzug" und „Vollstreckung" nicht zu trennen; a. A. *Baumbach* Grundzüge 19, 20 vor § 916 in Verkennung von § 928). Stets ist zu beachten, dass das Ziel des Arrestes nicht die Befriedigung, sondern *nur die Sicherung* des Gläubigers ist (BGHZ 120, 77).

Die Vollziehung weist einige **Besonderheiten** gegenüber der Zwangsvoll- 2
streckung auf.

3 1. Ergeht der Arrestbefehl durch Beschluss, ist er (auch wegen der Kosten) ohne weiteres vollstreckbar, § 794 I Nr. 3; lediglich das den Arrestantrag zurückweisende Urteil ist für vorläufig vollstreckbar zu erklären, § 708 Nr. 6. Eine *Vollstreckungsklausel* ist nur *ausnahmsweise* nötig, nämlich als titelübertragende Klausel, § 929 I (vgl. § 727 und o. § 4 Rn. 7; dazu *Loritz* ZZP 106, 1), oder wenn der Arrestbefehl im Ausland vollzogen werden soll, § 31 AVAG.

4 2. Die Vollziehung ist auch ohne vorherige oder gleichzeitige *Zustellung* des Arrestbefehls an den Schuldner zulässig (Abweichung von § 750 I), § 929 III 1, doch muss die Zustellung – stets im Parteibetrieb (str., vgl. auch u. § 37 Rn. 35) – binnen einer Woche nach Vollziehung erfolgen; dann gelten die getroffenen Vollstreckungsmaßnahmen als von Anfang an voll wirksam, sonst sind sie unwirksam, § 929 III 2 (nicht jedoch der Arrestbefehl, daher kann er innerhalb der Frist des § 929 II erneut vollzogen werden, *Zöller* § 929, 25).

5 3. Der Arrest muss innerhalb von einem Monat seit Verkündung des Arrestbefehls oder Zustellung an den Gläubiger *vollzogen* werden, § 929 II; vgl. u. Rn. 14.

6 4. Die *Vollstreckungsgegenklage,* § 767, ist *ausgeschlossen,* weil für ihren Bereich die Aufhebung des Arrestes nach § 927 möglich ist. Die sonstigen Einwendungen können auch hier erhoben werden (Erinnerung, § 766; Widerspruchsklage, §§ 771, 805).

7 **II.** Die **Vollziehung** ist verschieden nach der Art des Arrestes.

1. Der dingliche Arrest kann in das gesamte Vermögen vollzogen werden.

8 Die Vollziehung in das **bewegliche Vermögen** geschieht durch *Pfändung,* § 930 I. Hierfür gelten die §§ 803 ff., 808 ff., 828 ff., nur ist für die Forderungspfändung nicht das Vollstreckungsgericht des § 828, sondern ausschließlich das Arrestgericht zuständig (es handelt durch den Rechtspfleger, wenn nicht, wie oft, Arrestbefehl und Pfändungsbeschluss miteinander verbunden werden, § 20 Nr. 16 RPflG). Wegen des bloßen Sicherungszwecks kommen Verwertungsakte nicht in Frage, also nicht die Versteigerung der gepfändeten Sache (Ausnahme § 930 III) und nicht die Überweisung einer Forderung. Gepfändetes Geld wird hinterlegt, § 930 II.

9 Für den Umfang der Vollstreckung gelten dieselben Grenzen wie bei der normalen Vollstreckung (auch die Offenbarungsversicherung ist zulässig); daher sind die Pfändungsbeschränkungen der §§ 811, 850 ff. zu beachten.

10 Mit der Pfändung tritt auch hier die Verstrickung ein und entsteht ein Arrestpfandrecht, § 930 I 2. Es gewährt Vorrang (§ 804 III) auch gegenüber Gläubigern mit endgültigem Titel. Siegt der Gläubiger in der Hauptsache und wird damit die normale Vollstreckung für ihn möglich, so erfolgt keine erneute Pfändung, sondern das Arrestpfandrecht wird von selbst zum normalen Pfändungspfandrecht, sobald alle Voraussetzungen der Zwangsvollstreckung erfüllt sind (StJ § 930, 11). Die Befriedigungsfunktion tritt zur bloßen Sicherungsfunktion hinzu, so dass man etwas ungenau von der Umwandlung in ein Vollstreckungspfandrecht sprechen kann. Der Rang des Pfandrechts richtet sich nach dem Zeitpunkt der Arrestpfändung; darin liegt für den Gläubiger einer der wichtigsten Vorteile des Arrestes.

11 Die **Vollziehung in Grundstücke** und grundstücksgleiche Rechte ist nur beschränkt zulässig. Sie geschieht durch *Eintragung einer Sicherungshypothek,* sog. Arresthypothek, § 932 (zur Umschreibung in eine Zwangshypothek *Zöller* § 932, 4; zu beachten ist § 866 III).

12 Die Zwangsversteigerung verbietet sich als Verwertungsakt (es fehlt der vollstreckbare Titel über die Hauptforderung und folglich die Möglichkeit der Umschreibung in eine Zwangshypothek, vgl. o.), aber auch die Zwangsverwaltung ist ausgeschlossen. Die Sicherungshypothek hat den Charakter einer Höchstbetragshypothek, wobei die Lösungssumme den Höchstbetrag darstellt. Ein gesetzlicher Löschungsanspruch gemäß §§ 1179 a, b BGB steht dem Arrestgläubiger nicht zu, § 932 I 2.

13 2. Die Vollziehung des **persönlichen Arrestes** (§ 933) richtet sich nach der Art der Freiheitsbeschränkung, die im Arrestbefehl angeordnet ist. Als Arten der Freiheitsbeschränkung kommen in erster Linie in Betracht Meldepflicht, Reiseverbot, Entzug des Personalausweises. Nur wenn solche

Maßnahmen nicht genügen, darf Haft angeordnet werden (vgl. auch o. § 27 Rn. 18 f., 33). Für die Vollziehung der Haft gelten die §§ 904 ff.

III. Der Arrest muss innerhalb der gesetzlichen, unabänderlichen **Frist** *von einem Monat* seit Verkündung des Arrestbefehls (nach mündlicher Verhandlung, vgl. o. § 35 Rn. 21) oder der Zustellung an den Gläubiger **vollzogen** werden, § 929 II. Das ist praktisch sehr wichtig, denn danach ist der Vollzug unzulässig; Vollstreckungsmaßnahmen nach Fristablauf hält die h. M. für unwirksam (BGHZ 112, 360 f.; *Zöller* § 929, 20 m. N.; vgl. auch o. §§ 7 Rn. 15, 16 Rn. 15). In der Vollziehungsfrist kommt der Eilcharakter des Arrestverfahrens zum Ausdruck. 14

Streitig ist, ob in der Frist die Vollziehung beendet sein muss (z. B. durch Zustellung des Pfändungsbeschlusses an den Drittschuldner, § 829 III) oder ob es ausreicht, dass mit ihr begonnen (z. B. der Pfändungsbeschluss verfügt) worden ist oder ob sogar der Antrag des Gläubigers auf Vornahme der Vollstreckungsmaßnahme genügt. 15

Die erste Auffassung ist für den Gläubiger nachteilig, wenn er innerhalb der Frist kein pfändbares Vermögen findet oder wenn später auf Widerspruch eines Dritten die Pfändung aufgehoben wird. Das Gesetz will aber nicht den Gläubiger schädigen, der ernsthaft die Vollstreckung versucht. Vielmehr soll nur verhindert werden, dass der Gläubiger den Arrestbefehl missbräuchlich ausnützt, indem er den Schuldner ständig mit der Drohung künftiger Arrestvollziehung unter Druck setzt. Dem versucht die zweite Auffassung Rechnung zu tragen (*Baumbach* § 929, 11, 12 m. N.; früher h. M.). Sie stellt auf den Beginn der Zwangsvollstreckung und damit auf einen Zeitpunkt ab, der zuweilen schwer zu ermitteln ist. Daher ist der dritten, heute herrschenden Auffassung zu folgen: Entsprechend § 932 III muss innerhalb der Frist eine zulässige Vollstreckungsmaßnahme lediglich beantragt sein (BGHZ 112, 359; StJ § 929, 12; *Zöller* § 929, 10 m. w. N.; vgl. auch u. § 37 Rn. 35). Gegen Missbrauch kann sich der Schuldner nach § 927 zur Wehr setzen (z. B. wenn der Gläubiger die Vollziehung unterbricht und sie erst fortsetzt, nachdem der zu sichernde Anspruch erfüllt ist, vgl. o. § 35 Rn. 40). 16

IV. Wird die *Lösungssumme* (§ 923) *hinterlegt,* so ist die Vollziehung des Arrestes (nicht seine Anordnung, d. h. der Arrestbefehl) aufzuheben, § 934 I. Ausschließlich zuständig ist das Vollstreckungsgericht (§§ 764 II, 802), im Fall des § 930 I 3 das Arrestgericht (Rechtspfleger: § 20 Nr. 15 RPflG). Zur Aufhebung vgl. o. § 14 Rn. 23. 17

V. Erweist sich die *Anordnung* des Arrestes als *von Anfang an ungerechtfertigt* (bei Fehlen des Arrestanspruchs oder des Arrestgrundes [dazu StJ § 945, 20], nicht aber bei Fehlen der Glaubhaftmachung) oder wird die angeordnete Maßregel nach § 926 II aufgehoben, so hat der Schuldner ähnlich wie nach § 717 einen **Schadensersatzanspruch gegen den Gläubiger** wegen des Schadens, der ihm (nicht einem Dritten, *BGH* NJW 94, 1416) durch die *Vollziehung* des Arrestes (oder durch eine Sicherheitsleistung zu deren Abwendung oder Aufhebung), nicht durch die Anordnung des Arrestes, entstanden ist, **§ 945.** (Der schon durch die Anordnung erwachsene Schaden ist nur nach §§ 823, 826 BGB zu ersetzen, vgl. *BGH* NJW 88, 3269). Der Anspruch ist vom Verschulden des Gläubigers unabhängig. Dem Gläubiger ist die Vollziehung des Arrestes ja gestattet, aber belastet mit dem **Risiko der Schadensersatzpflicht** (BGHZ 120, 263). Um eine Gefährdungshaftung handelt es sich nicht (*Baur* Anm. JZ 70, 693, abw. BGHZ 85, 113), wohl aber um einen Anspruch aus unerlaubter Handlung im weiteren Sinne; daher gilt § 32 für die Zuständigkeit. §§ 249 ff. BGB und insbesondere § 254 BGB sind anwendbar (*BGH* NJW 06, 2557, 2559). 18

Der Schadensersatzanspruch kann nicht im Arrestverfahren eingeklagt werden, sondern nur im ordentlichen Verfahren oder durch Widerklage im Prozess über die Hauptsache (dort auch Aufrechnung zulässig). 19

Der Anspruch kann auch dann geltend gemacht werden, wenn kein Widerspruch eingelegt, also über die „Rechtmäßigkeit des Arrestes“ (§ 925 I) nicht entschieden worden ist. Das Gericht hat dann selbstständig zu prüfen, ob der Arrest von Anfang an ungerechtfertigt war (*BGH* NJW 86, 1815; StJ 20

§ 945, 24). Ist hingegen im Hauptprozess der Hauptanspruch *schon für die Zeit des Arresterlasses* rechtskräftig verneint worden, so steht damit für den Schadensersatzprozess fest, dass der Arrest von Anfang an ungerechtfertigt war (BGHZ 122, 175). Ist im Hauptprozess umgekehrt der Hauptanspruch rechtskräftig bejaht worden, so bindet das zwar im Schadensersatzprozess (*BGH* NJW 89, 106), rechtfertigt aber noch nicht die Arrestanordnung; denn der Arrestgrund kann gefehlt haben, er ist daher zu prüfen.

21 Schwieriger ist die Frage zu entscheiden, ob eine rechtskräftige Aufhebung oder Bestätigung des Arrestes oder ein rechtskräftiger Arrestbefehl in Urteilsform (§ 922 I) für den Schadensersatzprozess bindend feststellt, dass der Arrest von Anfang an ungerechtfertigt oder zu Recht ergangen war. Lange Zeit hatte die h. M. eine Bindung bejaht (*BGH* NJW 92, 2298 m. N.), wenn der Arrest wegen Fehlen des Arrestgrundes (*BGH* VersR 85, 335) oder des Arrestanspruchs als von Anfang an ungerechtfertigt aufgehoben wurde. Der BGH ließ die Frage zuletzt offen (*BGH* NJW-RR 98, 1652 m. N.). In der Literatur hat sich zu Recht die Ansicht durchgesetzt, wonach der Richter im Schadensersatzprozess nicht an Entscheidungen im Arrestverfahren gebunden ist (StJ § 945, 29 m. N.). Es handelt sich in beiden Verfahren um andere Streitgegenstände, und eine Bindung an im summarischen Prozess ergangene Entscheidungen würde die Rechtsschutzmöglichkeiten im Schadensersatzprozess unzulässig verkürzen (*Zöller* § 945, 9). Wird der Arrest bestätigt, so ist nur der Arrestgrund rechtskräftig festgestellt, nicht der Arrestanspruch (*BGH* NJW-RR 92, 736). An eine Aufhebung gemäß § 926 II ist der Schadensersatzrichter gebunden (Tatbestandswirkung, vgl. *Zivilprozessrecht* § 61 IV).

§ 37. Die einstweilige Verfügung

Literatur: Vgl. o. § 34.

1 **I.** Die **Sicherungsverfügung** als erste Art der einstweiligen Verfügung soll die künftige Verwirklichung eines nicht auf Geld gerichteten Anspruchs sichern, **§ 935** (zu den drei Arten der einstweiligen Verfügung vgl. o. § 34 Rn. 2 f.).

2 In Betracht kommen alle Ansprüche auf *individuelle Leistung* (d. h. Ansprüche, die nicht auf Zahlung gerichtet sind, sonst Arrest), z. B. der Anspruch des Eigentümers auf Herausgabe oder der des Käufers auf Lieferung einer bestimmten Sache. Zweck der einstweiligen Verfügung ist hier lediglich, die künftige Rechtsverwirklichung zu *sichern,* z. B. durch ein Veräußerungsverbot oder durch Sequestrierung der herauszugebenden Sache (vgl. u. Rn. 33). Keinesfalls kann der Gläubiger mithilfe einer Sicherungsverfügung schon die Herausgabe der Sache an sich selbst, also die Erfüllung des zu sichernden Anspruchs, erreichen.

3 Der bloße **Sicherungszweck** dieser Verfügungsart macht sie zu einem Seitenstück des Arrestes (vgl. o. § 34 Rn. 2). Weil der nach § 935 sicherbare Anspruch „in eine Geldforderung übergehen kann", hat der Gläubiger zwischen einer einstweiligen Verfügung und einem Arrest die Wahl: Ist ihm an der Lieferung der gekauften Sache gelegen, so wird er nach § 935 vorgehen; hat er es auf die Sicherung seines künftigen Schadensersatzanspruches statt der Leistung wegen Schlecht- oder Nichterfüllung (§§ 280 I, III, 281, 283 BGB) abgesehen, dann muss er zum Arrest greifen (vgl. o. § 35 Rn. 2).

4 Die Sicherungsverfügung setzt, dem Arrest entsprechend, einen **Verfügungsgrund** voraus: die Gefahr, dass durch eine Veränderung des bestehenden Zustands die *Verwirklichung des Rechts* einer Partei *vereitelt oder wesentlich erschwert* werden könnte, § 935.

5 In Betracht kommen drohende Zerstörung, Entziehung oder Veräußerung einer Sache, die der Gläubiger beansprucht, die bevorstehende Einziehung einer zur Sicherung abgetretenen Forderung (vgl. *OLG Karlsruhe* NJW 84, 1906 mit unzutr. Einordnung der beantragten Verfügung als Leistungsverfügung). Die Verschlechterung der Vermögenslage des Schuldners spielt hier keine Rolle, da es sich

nur um die Sicherung der einzelnen Leistung handelt. Die einstweilige Verfügung wird auch dadurch nicht ausgeschlossen, dass ein späterer Schadensersatzanspruch des Gläubigers gesichert erscheint. Hat der Antragsteller bereits einen vollstreckbaren Titel, so fehlt regelmäßig der Verfügungsgrund (vgl. o. § 35 Rn. 7).

Ein konkreter Verfügungsgrund ist entbehrlich, wenn die Sicherungsverfügung auf Eintragung einer Vormerkung oder eines Widerspruchs im Grundbuch abzielt (vgl. §§ 885 I, 899 II BGB); denn schon die fehlende oder fehlerhafte Eintragung im Grundbuch gefährdet den Berechtigten (Grund: drohender Rechtsverlust, insbesondere durch Erwerb eines Dritten, gemäß §§ 892 f. BGB). 6

II. Die **Regelungsverfügung** als zweite Verfügungsart dient der Regelung eines einstweiligen Zustandes in Bezug auf ein streitiges Rechtsverhältnis, **§ 940.** 7

Zu diesem Zweck kann sie insbesondere *rechtsgestaltende* Maßnahmen treffen, z. B. dem Gesellschafter einer OHG die Geschäftsführungs- und Vertretungsbefugnis entziehen (vgl. BGHZ 33, 107 f.; 86, 180; ferner *OLG Karlsruhe* NJW-RR 93, 1506 für Gesellschafter-Geschäftsführer einer Zwei-Mann-GmbH), oder die *Unterlassung* bestimmter Handlungen anordnen, z. B. die Verbreitung bewusst unwahrer Testberichte (*OLG Stuttgart* NJW 64, 48 ff.), die Durchführung eines unzulässigen, weil politischen Streiks (*LAG München* NJW 80, 957 f.; vgl. auch *LAG Hamm* DB 84, 1525 f.), das Aufstellen ehrenrühriger Behauptungen. 8

Die Regelung darf nur eine **einstweilige** sein. Wird die Regelungsverfügung mit Wirkung *ex nunc,* z. B. nach § 927, aufgehoben, so muss der frühere Rechtszustand *automatisch* wieder eintreten (zustimmend *OLG Düsseldorf* WuW/E S. 3788; *OLG Koblenz* NJW 91, 1119). 9

So liegt es z. B. bei Entziehung der Geschäftsführungs- und Vertretungsbefugnis des Gesellschafters einer OHG (vgl. o.), weil der Antragsgegner Gesellschafter geblieben ist und daher mit Aufhebung der Entziehungsverfügung die Regeln der §§ 114, 125 HGB wieder anwendbar sind (das übersehen *Baur,* Studien S. 54 N. 27; *Leipold* S. 112 N. 54). Hingegen ist der (zeitweilige) Ausschluss des Gesellschafters einer OHG unzulässig. Wird nämlich die Ausschlussverfügung mit Wirkung *ex nunc* aufgehoben, so tritt der frühere Rechtszustand nicht automatisch ein: Der Ausgeschlossene wird nicht ohne weiteres wieder Gesellschafter, sondern nach allgemeinen Regeln (vgl. § 109 HGB) nur durch Abschluss eines neuen Gesellschaftsvertrags (der alte kann geändert sein). Da der Ausschluss keine nur einstweilige Regelung enthält, ist er ausnahmslos unzulässig (*Baur/Stürner/Bruns* Rn. 53.21; *Brox/Walker* Rn. 1602 [sei eine unzulässige Leistungsverfügung]; *Littbarski* S. 141 f.; StJ § 938, 7. – A. A. *Leipold* S. 125; *v. Gerkan* ZGR 85, 181 f., 187 ff.: jede nötige Maßnahme ist zulässig, vgl. auch u. Rn. 16). Zur Unterlassungsverfügung vgl. u. Rn 12. 10

Kein Grund für die Unzulässigkeit einer Regelung ist es, dass sie das Ergebnis der Hauptsache praktisch vorwegnimmt. 11

Das zeigt sich vor allem im Wettbewerbsrecht. Hier ist die Regelungsverfügung das wichtigste Mittel, um Unterlassungshauptansprüche schnell und wirksam durchzusetzen. Mit der einstweiligen Verfügung erreicht der Gläubiger im Wesentlichen alles, was ihm zusteht. Oft wird es zum Hauptprozess gar nicht mehr kommen. – Zulässig ist ferner eine Unterlassungsverfügung, die einem Gesellschafter verbietet, sein Stimmrecht in einem bestimmten Sinne auszuüben, da bei Aufhebung der Unterlassungsverfügung mit Wirkung *ex nunc* das Verbot automatisch entfällt (eine andere Frage ist es, ob im Einzelfall ein Verfügungsanspruch und Verfügungsgrund besteht; hier herrscht verbreitet Unklarheit, vgl. *OLG Koblenz* NJW 91, 1119; *OLG Hamburg* NJW 92, 186 f.; *Littbarski* S. 154 f.; MünchKomm-ZPO/*Drescher* § 935, 66 ff.). 12

Die Regelungsverfügung führt also in diesen und ähnlichen Fällen zur *(vorläufigen)* **Befriedigung** des Gläubigers, obwohl nicht sicher ist, dass der Antragsteller wirklich „Gläubiger", der Gegner wirklich „Schuldner" ist. 13

Deshalb hat das Gericht hier die materielle Rechtslage genauer als sonst zu prüfen; vgl. *Baur,* Studien S. 28 ff.; auch *Arens,* FS v. Caemmerer, 1978, S. 75 ff.; *OLG Koblenz* NJW-RR 86, 1039; theoretisch, aber kaum praktisch anders *Leipold* S. 83 ff., 116 f.; *v. Gerkan* ZGR 85, 175 ff. 14

15 Die eingetretene (vorläufige) Befriedigung ist praktisch irreparabel, wie sich bei der auf Unterlassung gerichteten Verfügung deutlich zeigt: Die einmal unterlassene Handlung ist für die Vergangenheit nicht nachholbar. Darin liegt eine erhebliche Gefährdung des angeblichen Schuldners. Sie wird nur zum Teil dadurch ausgeglichen, dass mit Aufhebung der einstweiligen Verfügung ex nunc *automatisch* der frühere Zustand wieder eintritt (die bislang verbotene Handlung kann wieder vorgenommen werden), es also keiner Rückgewähr empfangener Leistungen durch den „Gläubiger" an den „Schuldner" bedarf.

16 Die Einstweiligkeit der Regelung soll sich nach *v. Gerkan* (ZGR 85, 190) darin zeigen, dass die verfügte Anordnung unter dem Vorbehalt einer endgültigen Entscheidung zur Hauptsache stehe. Das bedeutet: Für die einstweilige Verfügung gibt es *keine inhaltlichen* Grenzen (konsequent *v. Gerkan* ZGR 85, 181 f., 187 ff.), sondern nur eine – mangels Notwendigkeit einer Hauptsacheentscheidung bloß potenzielle – *zeitliche* Grenze. Damit unterscheidet sich die einstweilige Verfügung nicht von dem im ordentlichen Verfahren ergangenen rechtskräftigen Urteil, dem „auch nur" eine potenzielle Zeitgrenze durch eine Wiedereinsetzungs- oder Wiederaufnahmeentscheidung gesetzt ist (vgl. *v. Gerkan* ZGR 85, 182). Wird „Einstweiligkeit" der Regelung bloß als Grenze in der Zeit und nicht im Inhalt begriffen, so besteht bei der Regelungsverfügung kein Unterschied mehr zwischen vorläufigem und endgültigem Rechtsschutz. Das ist mit Wortlaut, Sinn und Zweck des § 940 nicht vereinbar. Vgl. auch *OLG München* NJW-RR 87, 762.

17 Dass der frühere Zustand automatisch wieder eintreten kann, ist nicht nur der Maßstab für die Einstweiligkeit einer Regelung (vgl. o.), sondern auch für die Abgrenzung von Regelungs- und Leistungsverfügung (vgl. u. Rn. 19; zustimmend *OLG Düsseldorf* WuW/E S. 3788 f.; andere Abgrenzung bei *Baur/Stürner/Bruns* Rn. 53.20, 53.23; gegen eine Unterscheidung *Schilken* S. 122 ff.; StJ 30 vor § 935; ganz anders *Leipold* S. 113 ff.).

18 Ein *Verfügungsgrund* für eine Regelungsverfügung liegt vor, wenn ein Rechtsverhältnis einstweilen durch Richterspruch geregelt werden muss, um z. B. wesentliche Nachteile oder drohende Gewalt abzuwenden (§ 940 HS 2). Der Verfügungsgrund gestattet nicht jede erdenkliche Regelung, sondern nur eine solche, die generell zulässig ist (vgl. § 940 HS 1 und o. § 34 Rn. 2 f.).

19 **III.** Die **Leistungsverfügung** ist die dritte Art der einstweiligen Verfügung. Sie knüpft an die Regelungsverfügung des § 940 an, die häufig eine (vorläufige) Befriedigung des Gläubigers zur Folge hat (vgl. o. Rn. 13). In Weiterführung dieses Gedankens hat die Rechtsprechung auch in anderen Fällen durch einstweilige Verfügung provisorisch zur Leistung verurteilt (daher die Bezeichnung „Leistungsverfügung"). Zur Abgrenzung von der Regelungsverfügung vgl. o. Rn. 17.

20 Durch Leistungsverfügung kann z. B. verurteilt werden zur Herausgabe einer Sache an den Gläubiger (*OLG Frankfurt* BB 81, 148; vgl. auch § 940 a; anders bei der Sicherungsverfügung, vgl. o. Rn. 1), zur Entfernung unlauterer Reklameplakate (vgl. *OLG Frankfurt* BB 66, 262 f.), zur Beseitigung unzulässiger Wahlplakate (*OLG Karlsruhe* NJW 72, 1811), zum Abdruck einer Gegendarstellung auch ohne presserechtliche Grundlage (aber nicht zum Widerruf einer Tatsachenbehauptung, *Jauernig* ZZP 79, 343), zu fortlaufenden Zahlungen (insbesondere von Unterhalt, *OLG Celle* FamRZ 79, 802; Renten nach §§ 843 I, 844 II BGB, *OLG Frankfurt/M.* NJW 07, 851; Lohn, vgl. *ArbG Kassel* BB 71, 1562), ausnahmsweise zu einmaligen Zahlungen (wie Arzt- und Krankenhauskosten, Zahlung zur Abwendung bedeutender Vermögensschäden; vgl. *OLG Köln* MDR 59, 398; *OLG Düsseldorf* MDR 60, 58 f.), ferner zur Abgabe bloß „einstweiliger" Willenserklärungen (vgl. *LG Frankfurt* NJW 83, 763 m. N.; *OLG Hamburg* NJW-RR 91, 382; nicht beachtet von *BGH* NJW-RR 87, 685; weitergehend auch für „endgültige" Willenserklärungen *OLG Köln* NJW-RR 97, 60).

21 Die Rechtsprechung konnte hinsichtlich der Ansprüche auf fortlaufende Zahlung anknüpfen an die einstweilige Regelung des Unterhalts im Eheprozess, für die bis 1938 die §§ 936–944 galten. Ein gesetzliches Vorbild enthält § 1615 o BGB (früher § 1716 a. F.), und zwar auch hinsichtlich eines Anspruchs auf einmalige Leistung (Entbindungskosten der unverheirateten Mutter); vgl. u. Rn. 36.

22 Auch bei der Leistungsverfügung ist die materielle Rechtslage strenger als sonst zu prüfen (vgl. *OLG Bamberg* OLGZ 71, 439 und o. Rn. 14).

23 Ein *Verfügungsgrund* liegt nur vor, wenn die provisorische Verurteilung notwendig ist, um den (angeblichen) Gläubiger vor schweren Nachteilen („akute Notlage")

zu schützen (*OLG Düsseldorf* NJW-RR 96, 124). Der schwerste Nachteil ist der (drohende) endgültige Rechtsverlust (*LAG München* NJW 80, 958; auch *LAG Rheinland-Pfalz* NZA 86, 264 f.). Eine sorgfältige Prüfung ist nötig, weil sich im Hauptsacheprozess herausstellen kann, dass der Antragsteller nicht „Gläubiger" und der Gegner nicht „Schuldner" ist. Hat der „Schuldner" aufgrund der Leistungsverfügung geleistet, z. B. Geld gezahlt, so wird sein Rückzahlungsanspruch in der Regel nicht realisierbar sein (vgl. u. Rn. 25). Dieses missliche Ergebnis muss aber im Hinblick auf die Notlage des Antragstellers in Kauf genommen werden, zumal die materielle Rechtslage mit derjenigen Sorgfalt zu prüfen ist, die in einem summarischen Verfahren möglich erscheint.

Aus dem Verfügungsgrund – Vermeidung schwerer Nachteile: Beseitigung einer akuten Notlage – 24 ergeben sich für die *Leistungsverfügung auf Unterhalt* (Lohn) weitere Beschränkungen: Sie erfasst nur zukünftigen Unterhalt (Lohn) ab Antragstellung und keine Rückstände aus der Zeit davor (*OLG Celle* NJW 90, 3281 m. N.; nach a. A. gibt es Unterhalt erst ab Verfügungserlass, vgl. *OLG Hamm* FamRZ 88, 528), berücksichtigt nur den notwendigen Lebensbedarf und ist zeitlich zu befristen, in der Regel auf 6 Monate (umfassende Nachweise in *OLG Köln* FamRZ 83, 412 ff.; *OLG Düsseldorf* NJW-RR 91, 1029). Vgl. aber u. Rn. 36 zu §§ 49 ff., 246 ff. FamFG. Zur umstrittenen Frage, ob der laufende Bezug von Sozialhilfe einer Unterhaltsverfügung entgegensteht, vgl. *OLG Bamberg* NJW-RR 95, 579 f. m. N.

Auch die Leistungsverfügung greift der Entscheidung über den Anspruch im 25 Hauptprozess nicht vor. Ergibt sich, dass der Anspruch nicht besteht, so hat der Schuldner einen Schadensersatzanspruch, zumindest einen Bereicherungsanspruch gegen den Gläubiger. Der Anspruch wird bei Leistungsverfügungen, die auf Zahlung gehen, selten durchzusetzen sein; denn ein zahlungskräftiger Gläubiger erlangt die Verfügung nicht, weil er keinen Verfügungsgrund (akute Notlage!) vorweisen kann.

IV. Das **Verfahren** entspricht grundsätzlich dem Arrestprozess, § 936. 26

Abweichend geregelt ist die **Zuständigkeit.** In der Regel ist das Gericht der Hauptsache (§ 943) 27 zuständig, § 937 I, nur in dringenden Fällen (wenn die Anrufung des Gerichts der Hauptsache zu einer gefährlichen Verzögerung führen würde) sowie bei Vormerkung und Widerspruch auch ohne Dringlichkeit – § 942 II – das AG, in dessen Bezirk sich der Streitgegenstand oder das Grundstück befindet, § 942 (ist das AG selbst Gericht der Hauptsache, so scheidet § 942 aus). Das AG entscheidet im Rahmen von § 942 stets durch Beschluss, § 942 IV (§ 922 I gilt hier nicht). Das AG hat nach § 942 I von Amts wegen, nach § 942 II auf Antrag eine Frist zu bestimmen, innerhalb welcher der Gläubiger die Ladung des Gegners zur mündlichen Verhandlung über die Rechtmäßigkeit der einstweiligen Verfügung vor das Gericht der Hauptsache zu beantragen hat. Nach fruchtlosem Ablauf der Frist wird die einstweilige Verfügung auf Antrag aufgehoben, § 942 III, und der Schuldner hat einen Schadensersatzanspruch gegen den Gläubiger nach § 945 (zur Problematik *Teplitzky* NJW 84, 852).

Das Gericht der Hauptsache entscheidet in der Regel nach mündlicher Verhandlung (durch 28 Endurteil), ohne sie nur in dringenden Fällen oder wenn der Antrag zurückzuweisen ist (durch Beschluss), § 937 II. Nur in dringenden Fällen kann der Vorsitzende allein entscheiden, § 944.

Insbesondere in Wettbewerbssachen spielt in der Praxis die **Schutzschrift** eine wichtige Rolle. Sie 29 ist ein vorsorgliches Verteidigungsmittel gegen einen noch nicht anhängigen, aber erwarteten Antrag auf einstweilige Verfügung. Mit ihr will der (mögliche) Antragsgegner erreichen, dass das Gericht einen „dringenden Fall" nicht bejaht und nicht nach § 937 II ohne mündliche Verhandlung entscheidet; darüber hinaus zielt die Schutzschrift regelmäßig darauf ab, dass überhaupt keine einstweilige Verfügung ergeht. Inhalt der Schutzschrift können daher Ausführungen zum Verfügungsanspruch, zum Verfügungsgrund und zur Glaubhaftmachung sein. Die Schutzschrift ist gesetzlich nicht geregelt. Aus Art. 103 I GG folgt aber, dass sie vom Gericht bei der Entscheidung über die Verfahrensart und den Erlass der einstweiligen Verfügung berücksichtigt werden muss. Die Kosten der Schutzschrift sind nach § 91 erstattungsfähig, wenn später tatsächlich ein Verfügungsantrag bei dem Gericht gestellt und zurückgenommen oder zurückgewiesen wird (*BGH* NJW 03, 1257).

Das BVerfG hält sich im Verfahren der Verfassungsbeschwerde für befugt, selbst eine einstweilige 30 Verfügung zu erlassen, wenn sie von den Zivilgerichten abgelehnt und dadurch ein Grundrecht des

Antragstellers verletzt worden ist (BVerfGE 35, 245; auch 79, 79). Das ist mit § 95 II BVerfGG unvereinbar, wonach das Gericht die angefochtene Entscheidung – nur! – aufzuheben hat.
Eine Lösungssumme wie beim Arrest gibt es nicht.

31 Gegen einstweilige Verfügungen, die ohne mündliche Verhandlung ergangen sind, findet der **Widerspruch** statt (er kann auf die Kostenentscheidung beschränkt werden, sog. *Kostenwiderspruch, Zöller* § 924, 5 m. N.); auch gibt es die Aufhebung wegen Versäumung der Klage in der Hauptsache (§ 926) und die Aufhebung wegen veränderter Umstände (§ 927), doch ist für alle diese Entscheidungen nur das Gericht der Hauptsache zuständig.

Hierzu *Mädrich,* Das Verhältnis der Rechtsbehelfe des Antragsgegners im einstweiligen Verfügungsverfahren, 1980.

32 **V. Welche Maßnahmen** *zulässig* sind, richtet sich zunächst nach dem allgemein möglichen Inhalt einer Entscheidung: Sie kann auf Leistung und Gestaltung gerichtet sein, mangels Vollstreckbarkeit und Gestaltungswirkung aber nicht auf Feststellung (*Chr. Berger* ZZP 110, 287; a. A. StJ 60 vor § 935 m. N.; *Jauernig* ZZP 79, 325 [zulässig, wenn Person des Schuldners, z. B. eine öffentlich-rechtliche Körperschaft, Befolgung der Feststellung erwarten lasse]). In diesem Rahmen sind generell nur solche Maßnahmen zulässig, die in den gesetzlich vorgesehenen Formen **vollziehbar** sind (vgl. §§ 936, 928). Welche dieser Maßnahmen das Gericht anordnet, richtet sich einmal nach dem gestellten Antrag (§ 308 I gilt im Grundsatz auch hier; vgl. *OLG Stuttgart* NJW 69, 1721), zum anderen danach, welche es nach seinem Ermessen für erforderlich (§ 938 I) oder nötig (§ 940) hält, um den Verfügungszweck zu erreichen (zur Problematik *Baur,* Studien, S. 71 f.).

33 1. Die **Sicherungsverfügung** (§ 935) kann Gebote oder Verbote an den Gegner aufstellen, auch die Verwahrung oder die Sequestration (d. h. Verwahrung *und* Verwaltung, *KG* NJW-RR 87, 574) einer Sache anordnen (§ 938 II). Die angeordnete Maßnahme darf aber *niemals* so beschaffen sein, dass ihre Vollziehung den *Antragsteller befriedigt* (vgl. o. Rn. 2 und § 34 Rn. 2 f.). Die Vollziehungsfrist des § 929 II gilt auch hier (StJ § 938, 30).

34 2. Die **Regelungsverfügung** soll möglichst nur sichernde Maßnahmen treffen. Das ist jedoch nicht immer möglich (vgl. o. Rn. 12). Bei der **Leistungsverfügung** (vgl. o. Rn. 19) sind bloß sichernde Maßnahmen gänzlich ausgeschlossen. Bei der Regelungsverfügung kann, bei der Leistungsverfügung muss die Vollziehung zur Befriedigung des Antragstellers führen. Ist z. B. provisorisch zur Unterhaltsleistung verurteilt worden (vgl. o. Rn. 20), so wird nach allgemeinen Vorschriften vollstreckt; es wird also nicht nur gepfändet (wie beim Arrest, § 930 I), sondern auch verwertet und der Erlös an den Gläubiger abgeführt.

35 **VI.** Auch bei der einstweiligen Verfügung ist die **Vollziehungsfrist** zu beachten, §§ 936, 929 II. Die fristwahrende Vollziehung der einstweiligen Verfügung hat durch Zustellung im Parteibetrieb zu erfolgen, weil nur dann der Gläubiger seinen Vollziehungswillen kund tut (BGHZ 120, 82; StJ § 938, 30; grundsätzlich auch *Zöller* § 929, 12). Sie ist an den Prozessbevollmächtigten zu richten (vgl. § 172), auch wenn er nur eine Schutzschrift eingereicht hatte (*Zöller* § 929, 12). Unterlassungsverfügungen müssen bereits die Androhung nach § 890 II enthalten (*BGH* NJW 96, 199). Erfordert die angeordnete Maßnahme **wiederholte Vollstreckungen** wie bei der Verurteilung zur Unterhaltszahlung im Wege der Leistungsverfügung, ist die Vollziehungsfrist für alle auch später fälligen Teilbeträge gewahrt, wenn die erste Vollziehung innerhalb der Frist des § 929 II erfolgt. Die Verfügung ist dann ein für allemal vollzogen (*Zöller* § 929, 19 m. N.). Nach der Gegenansicht muss der Gläubiger wegen jeder Teilleistung innerhalb der Vollziehungsfrist vollziehen, andernfalls ist die Vollziehung wegen aller später fälligen Teilleistungen ausgeschlossen (*OLG Hamburg* FamRZ 88, 523).

VII. Besonders geregelt sind die einstweiligen Anordnungen in *Familiensachen und Angelegenheiten der freiwilligen Gerichtsbarkeit*. Die allgemeine Regelung der einstweiligen Anordnungen in §§ 49–57 FamFG wird dabei ergänzt durch besondere Bestimmungen für einstweilige Anordnungen in Gewaltschutzsachen nach §§ 1, 2 GewSchG (§ 214 FamFG), in Versorgungsausgleichsachen (§ 226 FamFG), auf Unterhaltsleistung vor Geburt des Kindes und bei anhängigem Verfahren auf Feststellung der Vaterschaft nach § 1600 d BGB (§§ 246–248 FamFG), in Betreuungssachen (§§ 300–302 FamFG), Unterbringungssachen (§§ 331–333 FamFG; einschließlich der Unterbringung nach § 1846 BGB, § 334 FamFG) und bei Freiheitsentziehung (§ 427 FamFG). In Familienstreitsachen nach § 112 FamFG kann das FamG den Arrest entsprechend §§ 916–934, 943–945 anordnen, § 119 II FamFG. Im Übrigen gelten die §§ 49 ff., 246 ff. FamFG in ihrem Bereich abschließend vorrangig (*Baumbach* 2 vor § 49 FamFG); neben ihnen ist für einstweilige Verfügungen kein Raum (*BGH* NJW 79, 1508, auch 84, 2097, je für §§ 620 ff. a. F., außer nach § 1615 o BGB; dazu *Klein* FuR 09, 241 und 321. 36

VIII. Bei einstweiligen Verfügungen gibt es ebenfalls den Schadensersatzanspruch des § 945, der durch Klage im ordentlichen Verfahren zu verfolgen ist; auch Widerklage und Aufrechnung im Hauptprozess sind möglich. 37

Bei der Leistungsverfügung ist auch der Schaden zu ersetzen, der durch eine Leistung zur Abwendung des Verfügungsvollzugs entstanden ist (*BGH* NJW 96, 199); bei der Unterlassungsverfügung ferner der Schaden, der durch Befolgung des Unterlassungsgebots erwachsen ist, vorausgesetzt, die Unterlassungsverfügung enthält die Androhung nach § 890 II (*BGH* NJW 96, 199 mit Anm. *Gleußner* MDR 96, 453 f.; vgl. o. Rn. 35 zur notwendigen Zustellung). 38

2. Teil. Insolvenzrecht

§ 38. Einleitung

Literaturhinweise vgl. o. S. XIX. Ferner *Balz/Landfermann*, Die neuen Insolvenzgesetze, 1995; *Kübler* (Hrsg.), Neuordnung des Insolvenzrechts, 1989 (Grundlage ist der im Gesetzgebungsverfahren geänderte „Diskussionsentwurf"); *Leipold* (Hrsg.), Insolvenzrecht im Umbruch, 1991 (Grundlage ist der ebenfalls im Gesetzgebungsverfahren geänderte „Referentenentwurf"); *R. Schmidt-Räntsch*, Insolvenzordnung, 1995; *Uhlenbruck*, Das neue Insolvenzrecht (mit Praxishinweisen), 1994.

Geschichte: *Hofmann*, Zur Geschichte der Reform des Insolvenzrechts, DRiZ 94, 411; *Paulus*, Entwicklungslinien des Insolvenzrechts, KTS 00, 239; *Uhlenbruck*, Zur Geschichte des Konkurses, DZWiR 07, 1. Fallbearbeitung: *Huber*, Neues Insolvenzrecht – Eine Einführung mit Fallbeispielen, JuS 98, 437, 543, 644, 744, 830, 924, 1036, 1140.

Beachtenswert nach wie vor *Thieme*, Zur Entstehung der Konkursordnung, KO-FS, 1977, S. 35; *Uhlenbruck*, Einhundert Jahre Konkursordnung, KO-FS, 1977, S. 3.

I. Ausgangspunkt des Insolvenzrechts ist der (drohende) wirtschaftliche Zusammenbruch des Schuldners, im folgenden „Insolvenzschuldner" genannt (vgl. u. § 40 vor Rn. 1). Das **Ziel** des Insolvenzrechts ist die *bestmögliche Befriedigung aller vermögensrechtlichen Gläubiger des Schuldners.* Um dieses Ziel zu erreichen, folgt das Gesetz – die InsO – bestimmten Grundsätzen. 1

1. Das zentrale insolvenzrechtliche Prinzip ist der Grundsatz der **Gläubigergleichbehandlung** *(„par conditio creditorum").* Er tritt an die Stelle des einzelzwangsvollstreckungsrechtlichen Prioritätsprinzips. Da das Vermögen nicht für alle Gläubiger ausreicht, sollen sie – nur – gleichmäßig (und das heißt in der Regel: gleich mäßig) befriedigt werden. In diesem Sinne bilden die Gläubiger eine Art Verlustgemeinschaft (vgl. u. Rn. 5). 2

Beispiel: Beträgt das Schuldnervermögen 5000 Euro, die Gesamtsumme der Forderungen aber 100 000 Euro, so erhält jeder Gläubiger im Insolvenzverfahren einen Betrag von 5 % des Nennwerts seiner Forderung. Gläubiger G1 mit einer Forderung von 10 000 Euro kann 500 Euro erwarten, G2 mit einer Forderung von 30 000 Euro erhält 1500 Euro und G3 mit einer Forderung von 60 000 Euro erhält 3000 Euro. – Hätte G1 das Schuldnervermögen im Wege der Einzelzwangsvollstreckung vor G2 und G3 gepfändet, stünde ihm der gesamte Vollstreckungserlös zu (§ 804 III ZPO; dazu § 16 Rn. 32).

Der Gleichbehandlungsgrundsatz richtet sich gegen sog. Konkursvorrechte, die insbesondere im 19. Jahrhundert weit verbreitet waren. Für die Verteilung des Schuldnervermögens in der Insolvenz kommt es rein formal allein auf den Nennbetrag der Forderung an, nicht auf den Zeitpunkt der Entstehung oder der Geltendmachung der Forderung. Auch die wirtschaftliche oder soziale Bedeutung der Forderung für den Gläubiger ist irrelevant. Die Bekämpfung von Privilegien einzelner Forderungsgläubiger bei der Verteilung des Schuldnervermögens ist ein wichtiges Anliegen der InsO, das allerdings an zahlreichen Stellen durchbrochen wird (dazu *Stürner* NZI 05, 597). Ebenso wie der Prioritätsgrundsatz ist der Gleichbehandlungsgrundsatz eher ein formales Verteilungs-, weniger ein materielles Haftungsprinzip (dazu *Brehm* FS Jelinek, S. 15, 23 ff.; *Chr. Berger* ZZP 121, 407; grundlegend a. A. mit beachtlichen Gründen *Häsemeyer* KTS 82, 507).

2. Das Insolvenzverfahren ist kein Erkenntnisverfahren – es kennt keine Entscheidung eines Streits über eine Insolvenzforderung, verweist sie vielmehr in den ordentlichen Prozess (vgl. §§ 179 f. und u. § 56 Rn. 17 ff.) –, sondern seinem Wesen 3

nach **Vollstreckung.** Während aber die Zwangsvollstreckung nach der ZPO stets nur einzelne Vermögensstücke erfasst und das Verfahren sich je nach Art des Vollstreckungsobjekts verschieden gestaltet, erfasst das Insolvenzverfahren grundsätzlich das gesamte Vermögen des Schuldners. Dieses Verfahren bezeichnet man daher als **Gesamt-** *oder Total***vollstreckung** im Gegensatz zur Einzel- oder Singularvollstreckung nach der ZPO. Die Unpfändbarkeit von Sachen und Forderungen in der Einzelvollstreckung gilt auch in der Gesamtvollstreckung (vgl. § 36 I). Diese Vermögensstücke sind also „insolvenzfrei".

4 3. Mit Verfahrenseröffnung **verliert** der Insolvenzschuldner die **Verwaltungs- und Verfügungsbefugnis** über sein gegenwärtiges (und das während des Verfahrens erworbene) Vermögen, die so genannte **Insolvenzmasse** (§ 35 I). Die Befugnis geht auf den **Insolvenzverwalter** über (§ 80 I). Der Insolvenzschuldner wird also von der Gesamtvollstreckung (vgl. o. Rn. 3) viel stärker betroffen als von der Einzelvollstreckung.

5 4. Die Gesamtvollstreckung verbindet die **Gläubiger** zwangsläufig zu einer Art **Gemeinschaft** (vgl. u. § 42 Rn. 2), ohne dass deshalb ihre Interessen notwendig die gleichen wären. Die Gläubigergemeinschaft hat bestimmte **Organe** – Gläubigerversammlung und Gläubigerausschuss –, durch die sie auf das Verfahren erheblichen Einfluss ausüben kann.

6 **II.** Ein Verfahren, durch das der Schuldner fast sein gesamtes Vermögen und oft genug seine wirtschaftliche, vielfach (als Unternehmensträger) auch seine rechtliche Existenz verliert, darf nur unter besonderen **Voraussetzungen** in Gang kommen. Notwendig sind der **Antrag** eines Antragsberechtigten (vgl. u. § 54 Rn. 1) – also kein Verfahren von Amts wegen – **und** ein **Eröffnungsgrund.** „Der" Eröffnungsgrund schlechthin ist die Zahlungsunfähigkeit – die „Insolvenz"! – des Schuldners, nicht seine Überschuldung, § 17 I (zum Unterschied vgl. u. § 54 Rn. 18 f.).

7 **III.** Schon der Eröffnungsgrund (vgl. o. Rn. 6) zeigt, dass die Ingangsetzung des Insolvenzverfahrens **wirtschaftliche Fragen** aufwirft. Das gilt in noch größerem Maße für die Durchführung des Verfahrens. Um sein Ziel – die bestmögliche Befriedigung aller Gläubiger – optimal zu erreichen, kann die Gläubigerschaft den Ablauf und das Ergebnis des Verfahrens in erheblichem Umfang beeinflussen. Von überragender Bedeutung für Erfolg oder Misserfolg des Verfahrens ist die Person des Insolvenzverwalters; denn der Verwalter ist für die wirtschaftlich vernünftigste Abwicklung des Verfahrens (vor allem bei Verwertung des Vermögens) in erster Linie verantwortlich. Gegenüber der Selbstverwaltung durch die Gläubigerschaft (vgl. u. § 42 Rn. 2) und wegen des weiten Aufgabenbereichs des Verwalters kommt dem Insolvenzgericht eine vergleichsweise bescheidene Rolle zu. Sie beschränkt sich im wesentlichen auf die Überwachung des Verwalters und der Gläubiger.

8 **IV.** Durch die Beschlagnahme des gesamten einer Vollstreckung unterliegenden Vermögens des Insolvenzschuldners und der Unterstellung unter die Verwaltung des Insolvenzverwalters entsteht rechtlich ein *Sondervermögen,* die **Insolvenzmasse**, das anderen Bestimmungen unterliegt als das unpfändbare („insolvenzfreie") Vermögen des Insolvenzschuldners.

9 Zur Insolvenzmasse gehört auch der sog. **Neuerwerb.** Das ist das (pfändbare) Vermögen, welches der Insolvenzschuldner während des Verfahrens erwirbt (§ 35 I). Die Insolvenzmasse wird also nicht (wie nach der KO) auf den Zeitpunkt der Verfahrenseröffnung fixiert. Wohl aber ist dieser Zeitpunkt maßgebend dafür, wer Insolvenzgläubiger ist (§ 38).

V. Die **Gläubiger benötigen** im Insolvenzverfahren – anders als bei der Einzelvollstreckung – **keinen Vollstreckungstitel.** Die Gesamtvollstreckung beruht allein auf der gerichtlichen Beschlagnahme des Schuldnervermögens durch den Eröffnungsbeschluss. Daher ist es grundsätzlich auch gleichgültig, ob ein Insolvenzgläubiger für seine Forderung bereits vor dem Insolvenzverfahren einen Titel erwirkt hat oder nicht (nur bei der „Feststellung" der Forderung im Laufe des Insolvenzverfahrens besteht insoweit ein Unterschied, vgl. u. § 56 Rn. 19, 23). 10

Auf einem anderen Blatt steht, dass der Insolvenzgläubiger für seine im Insolvenzverfahren „festgestellte" Forderung nachträglich einen Vollstreckungstitel erhält, der aber erst für die Zeit *nach Beendigung* des Insolvenzverfahrens Bedeutung hat (vgl. § 201 und u. § 58 Rn. 3).

VI. Rechtsgrundlage des Insolvenzrechts ist seit dem 1. 1. 1999 die **Insolvenzordnung** v. 5. 10. 1994 (einführend mit Blick auf die Reform *Windel* Jura 99, 1). 11

1. Sie trat an die Stelle der Konkursordnung v. 10. 2. 1877 und der Vergleichsordnung v. 26. 2. 1935 (beide Gesetze waren auf den Geltungsbereich des Grundgesetzes vor dem 3. 10. 1990 beschränkt) sowie der Gesamtvollstreckungsordnung, die nur im Gebiet der ehemaligen DDR galt (EinV Art. 9 II mit Anlage II Kapitel III Sachgebiet A Abschnitt II Nr. 1 Buchst. a). S. Art. 2 Nr. 1, 4, 7 EGInsO.

2. Die Aufhebung der Konkurs- und der Vergleichsordnung hat zugleich das **Nebeneinander zweier Verfahren beseitigt,** die zwar gleiche Eröffnungsvoraussetzungen aufwiesen (§ 2 I 3 VerglO), aber unterschiedliche Ziele verfolgten: Das Konkursverfahren zielte regelmäßig auf die Liquidation des Schuldnervermögens (und damit die völlige Liquidierung des Unternehmens, dessen Träger in Konkurs fiel), das Vergleichsverfahren hingegen bezweckte die Abwendung des Konkurses (§ 1 VerglO), sein Ziel war Sanierung statt Liquidation. Die InsO kennt im Prinzip nur noch *ein* Insolvenzverfahren, aber mit beträchtlicher Variationsbreite. Neben dem Regelverfahren (mit einem Insolvenzverwalter) gibt es die Eigenverwaltung (mit einem Sachwalter, §§ 270 ff.) und das sog. Verbraucherinsolvenzverfahren (§§ 304 ff.). Regelverfahren und Eigenverwaltung können durch einen Insolvenzplan (§§ 217 ff.) erheblich modifiziert werden (im Verbraucherinsolvenzverfahren ist ein Insolvenzplan nicht zugelassen). 12

3. **Grund für die Reform** des Insolvenzrechts, die im Erlass der InsO ihren (vorläufigen?) Abschluss fand, war nicht die Herstellung der Rechtseinheit nach der Wiedervereinigung (die Reformarbeiten begannen schon 1978 mit der Einsetzung einer Kommission durch den Bundesminister für Justiz); ebensowenig gab die praktische Bedeutungslosigkeit der VerglO allein den Anstoß zur Reform. Hauptgrund war vielmehr der zunehmende Funktionsverlust des Konkursverfahrens als Mittel zur partiellen Befriedigung von Gläubigern, deren Schuldner in Vermögensverfall geraten war. Das zeigte sich am deutlichsten daran, dass in den weitaus meisten Insolvenzfällen sämtliche „Konkurs"-Gläubiger leer ausgingen, da „mangels Masse" schon die Eröffnung des Konkursverfahrens abgelehnt wurde. Das war 1996 im früheren Bundesgebiet bei 23 078 Insolvenzen in ca. 73 % aller Eröffnungsanträge der Fall. Da von den eröffneten Konkursen erfahrungsgemäß 20 % eingestellt werden mussten, weil die Massearmut erst während des Verfahrens zum Vorschein kam, konnte insgesamt nur bei rund 22 % aller Konkursanträge das Verfahren ordnungsgemäß zu Ende geführt werden. Allein dieser Befund rechtfertigte das Schlagwort vom **„Konkurs des Konkurses"** (*Kilger* KTS 75, 142). Reform tat also not. Ihr Ziel konnte selbstverständlich nicht sein, den Gläubigern in einem reformierten Insolvenzverfahren volle Befriedigung zu verschaffen; das 13

wäre geradezu ein Widerspruch in sich selbst, denn „Insolvenz" bedeutet Zahlungsunfähigkeit. Vielmehr musste es das Hauptanliegen einer Reform sein, ein Insolvenzverfahren zu schaffen, das jedenfalls in der Regel eröffnet und durchgeführt werden kann, weil dafür genügend Masse vorhanden ist.

14 4. Das Ergebnis der über eineinhalb Jahrzehnte dauernden Reformbemühungen (zu diesen vgl. §§ 38 X und 67 I der 20. Aufl. dieses Buches) ist die Insolvenzordnung samt Einführungsgesetz v. 5. 10. 1994.

a) Sie hat zwei verschiedene Möglichkeiten geschaffen, um das unveränderte Ziel eines Insolvenzverfahrens – die bestmögliche Befriedigung der Gläubiger (vgl. o. Rn. 7) – zu erreichen: durch **Liquidation** (Verwertung des Schuldnervermögens und Verteilung des Erlöses [§ 1 S. 1 Alt. 1]) oder durch eine davon abweichende Regelung in einem **Insolvenzplan,** der in § 1 S. 1 Alt. 2 namentlich **als Sanierungsmittel** für bankrotte Unternehmen (richtig: Unternehmensträger) genannt wird. Wegen der Einheitlichkeit des Verfahrens muss sich der Schuldner nicht – wie unter Geltung der KO – schon vor Verfahrensbeginn entscheiden, ob er Liquidation (dann Konkurs) oder Sanierung (dann Vergleichsverfahren) wählt. Hervorzuheben ist, dass der Insolvenzplan nicht das einzige Sanierungsmittel ist und dass er auch für eine vom Regelverfahren abweichende Liquidation des Schuldnervermögens eingesetzt werden kann. Entscheidend ist, dass der **Insolvenzplan** eine weitgehend **freie Verfahrensgestaltung** durch die Gläubiger ermöglicht; daher wird er als ein, wenn nicht als *das* **Kernstück der Reform** angesehen.

15 b) Außerhalb des eigentlichen Insolvenzverfahrens steht ein weiteres **neues Rechtsinstitut:** die **Restschuldbefreiung für den redlichen Schuldner** (§ 1 S. 2). Voraussetzung ist die Eröffnung und Aufhebung eines Insolvenzverfahrens oder dessen Einstellung wegen Masseunzulänglichkeit sowie eine anschließende mehrjährige Wohlverhaltensperiode, deren Dauer im Jahr 2001 von ursprünglich sieben auf sechs Jahre herabgesetzt wurde.

16 c) Sachlich, wenn auch nicht im betroffenen Personenkreis und in der gesetzlichen Regelung, hängt die Restschuldbefreiung mit der zugunsten zahlungsunfähiger Privatpersonen durchgeführten **Schuldenbereinigung** zusammen, die in irgendeiner Weise zu einer „Restschuldbefreiung" führen muss, soll sie Erfolg haben. Die Schuldenbereinigung wird in der InsO als zweiaktiges Vorspiel eines **Vereinfachten Insolvenzverfahrens** behandelt: einer – gescheiterten – außergerichtlichen Schuldenbereinigung folgt ein gerichtliches Schuldenbereinigungsverfahren, bei dessen Erfolglosigkeit ein in der Abwicklung Vereinfachtes Insolvenzverfahren folgt, an das sich die bereits erwähnte Restschuldbefreiung anschließen kann.

17 d) Zu weiteren bedeutsamen Abweichungen der InsO von den Regeln der KO vgl. § 67 III 4 der 20. Aufl. dieses Buches.

18 **VII.** Die Reform hat in der Praxis die in sie gesetzten Erwartungen bislang nicht erfüllt. Das Hauptziel, die Masse anzureichern, um massearme Insolvenzen zu vermeiden, ist nur in bescheidenem Umfang erreicht worden. Der Grund liegt auf der Hand: Die vielfach beklagte Massearmut beruht weitgehend darauf, dass die Masse durch Sicherungsrechte (Grundpfandrechte, Eigentumsvorbehalt, Sicherungsübereignung und -abtretung, Pfandrechte der Kreditinstitute) in erheblichem Umfang ausgezehrt ist (vgl. RegE, BT-Drs. 12/2443, S. 73). Daran hat die InsO kaum etwas geändert. Die Sicherungsrechte sind weiterhin „insolvenzfest". Die neu eingeführte Kostenbeteiligung der gesicherten Gläubiger an Feststellung und Verwertung von

Sicherungsgut (§§ 170, 171) bringt wenig ein. Die Verschärfung der Insolvenzanfechtung wirkt in der Praxis nur im Einzelfall spürbar masseanreichernd.

Die Vorverlegung der Verfahrenseröffnung durch Einführung der *drohenden Zahlungsunfähigkeit als Eröffnungsgrund* kann am Kardinalproblem – Auszehrung der Masse durch Sicherungsrechte – nichts ändern. Dasselbe gilt für die „*Rückschlagsperre*" (§ 88), die nur Sicherungen durch Zwangsvollstreckung unwirksam werden lässt, die im letzten Monat vor dem Eröffnungsantrag oder nach dem Antrag erlangt wurden. Anders steht es mit der seit langem geforderten und endlich verwirklichten *Abschaffung der Konkursvorrechte.* Bevorrechtigte Konkursgläubiger (insbesondere Arbeitnehmer und der Steuerfiskus) waren vor den einfachen Gläubigern zu befriedigen, so dass für diese nur wenig, wenn überhaupt etwas, von der Masse übrigblieb. Daher wirkt die Beseitigung der Vorrechte als Massevermehrung zugunsten der bisherigen „einfachen" Konkursgläubiger, die in der Regel das Hauptkontingent aller Gläubiger ausmachen. 19

Die *Restschuldbefreiung* in der Form, in der sie am 1. 1. 1999 in Kraft getreten war, blieb anfangs ohne nennenswerte Bedeutung. Denn sie schied aus, wenn das Insolvenzverfahren mangels Masse nicht eröffnet wurde (vgl. § 26 I 1), so dass den meist „unpfändbar eingerichteten" Schuldnern dieser Weg der Schuldenentlastung versperrt war. Gerade völlig vermögenslose Schuldner konnten danach keine Restschuldbefreiung erhalten. Diese Inkonsequenz der InsO beseitigte der Gesetzgeber durch das InsÄndG 2001 mit der Einführung des Stundungsmodells in §§ 4 a–d. Damit wird auch völlig mittellosen Schuldnern der Zugang zum Insolvenzverfahren und zur Restschuldbefreiung eröffnet. 20

Ob der *Insolvenzplan* die in ihn gesetzten Erwartungen erfüllt, dürfte im Einzelfall vom glücklichen Zusammentreffen mehrerer Faktoren abhängen: einer plangünstigen Insolvenzsituation, dem Geschick, insbesondere der Überzeugungskunst des Verwalters, der Einsichtsfähigkeit der Gläubiger und einem plangeneigten Gericht. 21

Auf einem anderen Blatt steht, dass die InsO – trotz ihrer für heutige Verhältnisse langen Vorbereitungszeit – eine ganze Reihe von „handwerklichen" Mängeln aufweist; zu den zahlreichen Einzelheiten vgl. § 38 VII der 21. Aufl. dieses Buches.

1. Kapitel. Die Subjekte des Insolvenzverfahrens (Gericht und Beteiligte)

§ 39. Das Insolvenzgericht

I. Sachlich zuständig für das Insolvenzverfahren ist das **Amtsgericht,** § 2 I. Die Zuständigkeit ist eine ausschließliche, kann also durch Vereinbarung nicht abgeändert werden, § 4 mit § 40 II ZPO analog. 1

II. Die **örtliche Zuständigkeit** bestimmt sich nach dem Mittelpunkt einer selbstständigen wirtschaftlichen Tätigkeit des Insolvenzschuldners; fehlt es daran, so ist der allgemeine Gerichtsstand des Insolvenzschuldners (§§ 12–17 ZPO) maßgebend, § 3 I 2 in umgekehrter Reihenfolge (aber: entweder ist der Ort des Mittelpunkts mit dem allgemeinen Gerichtsstand identisch oder er ist ein anderer Ort und geht daher vor). Für die Bestimmung des örtlich zuständigen AG „als Insolvenzgericht" ist zu beachten, dass dessen Gerichtsbezirk erweitert ist; er deckt sich mit dem Bezirk des übergeordneten Landgerichts, § 2 I (die Erweiterung des Gerichtsbezirks ist eine Frage der örtlichen, nicht der sachlichen Zuständigkeit, StJ 5 vor § 12; a. A. BGHZ 14, 75 zu § 51 II a. F. PatG = § 143 II n. F., vgl. auch die amtlichen Überschriften zu §§ 2, 3). Durch Landesrecht können die Bezirke der AG als Insolvenzgerichte anders festgelegt und andere oder weitere AG zu Insolvenzgerichten bestimmt werden, § 2 II. Auch das berührt die örtliche Zuständigkeit (StJ 6 vor § 12; str.). Die örtliche Zuständigkeit ist ebenfalls eine ausschließliche. Bei Mehrfachzuständigkeit (der Insolvenzschuldner hat mehrere Wohnsitze, § 13 ZPO, was möglich ist, § 7 II BGB) schließt das Gericht, bei dem zuerst die Verfahrenseröffnung beantragt ist, die anderen aus (§ 3 II).

3 **III. Funktionell zuständig** ist innerhalb des Insolvenzgerichts weitgehend der *Rechtspfleger* (§ 3 Nr. 2 Buchst. e RPflG). *Dem Richter* sind *vorbehalten* die Eröffnung des Insolvenzverfahrens einschließlich des Verfahrens über einen Schuldenbereinigungsplan und der Ernennung des Insolvenzverwalters, ferner bestimmte Entscheidungen im Rahmen der Restschuldbefreiung, § 18 I RPflG. Doch kann der Richter das Verfahren stets an sich ziehen, § 18 II RPflG; zwangsweise Vorführung und Haft des Schuldners (§ 98 II; s. auch § 101 I 1, 2) kann nur der Richter anordnen, § 4 II Nr. 2, III RPflG.

IV. Die **Aufgaben des Insolvenzgerichts** sind insbesondere:

4 1. Die **Eröffnung, Aufhebung und Einstellung** des Insolvenzverfahrens durch Beschluss (§§ 27; 200, 258; 207, 211–213), damit Anfang und Ende des Verfahrens mit ihren einschneidenden Rechtswirkungen unzweideutig feststehen (vgl. u. § 54 Rn. 40, § 58 Rn. 1, 6 ff., § 62 Rn. 4);

2. die **Bestellung eines vorläufigen Insolvenzverwalters** sowie die *vorläufige* **Bestellung eines Insolvenzverwalters** und die Aufsicht über sie (§ 21 II 1 Nr. 1; §§ 27 I, 58, 59);

3. die Einrichtung und Überwachung der **Organisation der Gläubiger,** namentlich durch Einberufung und Leitung der Gläubigerversammlung (§§ 74, 76 I, 29 I) sowie durch die vorläufige Einsetzung eines Gläubigerausschusses (§§ 67, 68);

4. die **Feststellung der Schuldenmasse,** also der Forderungen der Insolvenzgläubiger, durch entsprechenden Eintrag in die Insolvenztabelle (§ 178), aber nicht als gerichtliche Entscheidung, sondern als eine Art Beurkundung;

5. Zurückweisung des **Insolvenzplans** (§ 231), seine Bestätigung oder deren Versagung (§§ 248–251);

6. Anordnung und Aufhebung der **Eigenverwaltung** (§§ 270, 272);

7. Entscheidungen im Verfahren der **Restschuldbefreiung** (§§ 289–291, 296–298, 300, 303).

V. Form der Entscheidungen und Rechtsbehelfe

5 1. Das Insolvenzgericht **entscheidet** aufgrund freigestellter mündlicher Verhandlung, § 5 III 1, also stets **durch Beschluss** oder verfahrensleitende Verfügung (§ 329

ZPO). Sind die Vermögensverhältnisse des Insolvenzschuldners überschaubar und die Zahl der Gläubiger oder die Höhe der Verbindlichkeiten gering, kann das Insolvenzgericht ein *schriftliches Verfahren* anordnen, § 5 II.

Die *öffentliche Bekanntmachung* einer Entscheidung erfolgt seit 1. 7. 2007 in der Regel ausschließlich *im Internet* über die bundeseinheitliche Plattform *www. insolvenzbekanntmachungen.de*, §§ 9 I 1, II 2, 3; die nach § 9 II weiterhin ergänzend mögliche Veröffentlichung (etwa in Amtsblättern, Tageszeitungen oder, bei Insolvenzverfahren mit bundesweiten Auswirkungen, im Bundesanzeiger) dürfte dadurch überflüssig werden. Nach §§ 8, 9 III zugestellt werden Entscheidungen nur ausnahmsweise, etwa die Anordnung oder Aufhebung von Verfügungsbeschränkungen (§§ 23 I 2, 25 I) oder der Eröffnungsbeschluss (§ 30 II).

2. Entscheidungen des Insolvenzgerichts sind nur in den Fällen mit einem Rechts- 6
mittel **anfechtbar,** in denen die InsO die **sofortige Beschwerde** vorsieht, § 6 I.

Insoweit kommt es – wegen Änderung von § 11 RPflG – nicht mehr darauf an, 7
ob der Richter oder der Rechtspfleger entschieden hat, § 11 I RPflG. Die Beschwerdefrist beträgt zwei Wochen (§ 4 mit § 569 I ZPO) und beginnt mit Verkündung oder Zustellung der Entscheidung, § 6 II 1. Ist die Beschwerde begründet, hat das Insolvenzgericht ihr abzuhelfen, § 4 mit § 572 I 1 HS 1 ZPO (gerichtsintern ist der Richter oder der Rechtspfleger abhilfebefugt, je nachdem, wer den abhilfefähigen Beschluss erlassen hat). Ob die Abhilfeentscheidung beschwerdefähig ist, richtet sich nach § 6 I. Wird nicht abgeholfen, so ist die Beschwerde dem LG als Beschwerdegericht vorzulegen, § 4 mit § 572 I 1 HS 2 ZPO. Dessen Entscheidung wird erst mit ihrer Rechtskraft, d. h. mit Unanfechtbarkeit, wirksam, doch kann das LG die sofortige Wirksamkeit anordnen, § 6 III.

Hat das Insolvenzgericht durch den **Rechtspfleger entschieden** und ist gegen die 8
Entscheidung im Gesetz die sofortige Beschwerde *nicht* vorgesehen (vgl. § 6 I), so ist die **befristete Erinnerung** gegeben, § 11 II 1 RPflG (ausgenommen die Entscheidungen über die Gewährung eines Stimmrechts [§§ 77, 237, 238], § 11 III 2 RPflG). Ihr kann der Rechtspfleger abhelfen (§ 11 II 2 RPflG). Hilft der Rechtspfleger nicht ab, so legt er die Erinnerung dem Richter zur Entscheidung vor, § 11 II 3 RPflG. Dieser entscheidet abschließend und unanfechtbar (arg. § 11 II 1 RPflG am Anfang).

Wer beschwerde- oder erinnerungsbefugt ist, sagt das Gesetz (z. B. in §§ 59 II, 64 III 1, 78 II). Zulässig ist der Rechtsbehelf nur, wenn der Beschwerde- oder Erinnerungsführer durch die Entscheidung beschwert ist (vgl. *Zivilprozessrecht* § 72 V). Daran kann es fehlen (vgl. z. B. u. § 43 Rn. 6).

Gegen die Entscheidung des Beschwerdegerichts ist gemäß § 7 die Rechts- 9
beschwerde statthaft; auf das Verfahren sind über § 4 die §§ 574 ff. ZPO anwendbar.

VI. Keine Aufgaben des Insolvenzgerichts sind die Entgegennahme der **Forde-** 10
rungsanmeldungen, die **Verwaltung und Verwertung** der Masse, die **Verteilung des Erlöses,** die Aufstellung und Überwachung der Erfüllung eines **Insolvenzplans.** Dafür ist der **Insolvenzverwalter** zuständig. Er wird vom Insolvenzgericht lediglich beaufsichtigt. Zur Aufsicht gehört nicht die Erteilung von Weisungen, die sich auf wirtschaftliche Maßnahmen beziehen.

Die genannten Aufgaben des Verwalters sind vorwiegend wirtschaftlicher Natur. 11
Daher ist eine „geschäftskundige" (natürliche) Person zum Verwalter zu bestellen, § 56 I. Vergleichbare Anforderungen stellt das Gesetz weder an den Richter noch an den Rechtspfleger (was durchaus möglich wäre, verlangt doch z. B. § 110 GVG von Richtern eine außerrechtliche Sachkunde). Der Grund dafür ist, dass dem Insolvenzgericht vorwiegend juristische Entscheidungen übertragen sind, die von recht-

lichen Voraussetzungen und nicht von wirtschaftlichen Überlegungen abhängen. Doch hat das Gericht in gewissem Umfang auch Entscheidungen zu treffen, die auf der Abwägung wirtschaftlich relevanter Umstände beruhen. Dazu gehören die Zustimmung zu einer Stillegung des schuldnerischen Unternehmens (§ 22 I 2 Nr. 2) oder deren vorläufige Untersagung (§ 158 II 2), ferner die vorläufige Untersagung von wirtschaftlich besonders bedeutsamen Rechtshandlungen des Verwalters (§ 161 S. 2) sowie die Anbindung einer Betriebsveräußerung unter Wert an die Zustimmung der Gläubigerversammlung (§ 163 I).

§ 40. Der Insolvenzschuldner

Terminologische Vorbemerkung. Das Gesetz nennt denjenigen, der von einem Insolvenzverfahren betroffen wird, „Schuldner", meidet also den in der KO verwandten Begriff des „Gemeinschuldners" (d.h. Schuldner der Gemeinschaft aller vermögensrechtlichen Gläubiger). Die bloße Bezeichnung „Schuldner" kann zu Verwirrungen oder Sprachverrenkungen führen, da es auch „Schuldner des Schuldners" (§ 30 II!) gibt. Nur sie sind z.B. in der Überschrift von § 28 gemeint. Sprachverrenkungen begegnen in § 96 Nr. 1 und 4; dort ist ein Insolvenzgläubiger oder Gläubiger „Schuldner des Schuldners". Um Unklarheiten gar nicht erst aufkommen zu lassen, wird in diesem Buch der „Schuldner des Insolvenzverfahrens" stets **Insolvenzschuldner** genannt.

1 **I.** Das Insolvenzverfahren ist **nicht auf Kaufleute beschränkt**. In den §§ 304 ff. ist aber eine *besondere Regelung* für das Insolvenzverfahren über das Vermögen eines Insolvenzschuldners getroffen, der keine selbstständige wirtschaftliche Tätigkeit ausübt (§ 304 I 1), also privater „Verbraucher" ist (daher: „Verbraucherinsolvenzverfahren"). Die Bestimmungen finden nach § 304 I 2 auch bei Kleinunternehmern Anwendung, die ihr Unternehmen nicht mehr betreiben, wenn die Vermögensverhältnisse überschaubar sind (vgl. § 304 II: maximal 19 Gläubiger bei Verfahrenseröffnung) und keine Forderungen aus Arbeitsverhältnissen bestehen. Einzelheiten unter § 65 Rn. 5 ff.

II. Insolvenzfähigkeit

2 Die InsO regelt in § 11 die „Zulässigkeit des Insolvenzverfahrens". Unter dieser irreführenden Überschrift (es gibt weitere Zulässigkeitsvoraussetzungen) wird Unterschiedliches geregelt: Zum einen wird bestimmt, welche Rechtsträger eines Vermögens insolvenzfähig sind (§ 11 I, II Nr. 1, III, ergänzt durch § 12); zum anderen werden Sondervermögen, aber nicht ihre Rechtsträger, genannt, über die ein Insolvenzverfahren eröffnet werden kann (§ 11 II Nr. 2, vgl. u. Rn. 7). Insolvenzschuldner sind nur die Rechtsträger, nicht die Sondervermögen. Insolvenzfähigkeit ist daher die **Fähigkeit, Schuldner eines Insolvenzverfahrens** (in diesem Buch „Insolvenzschuldner" genannt) **sein zu können.** Dazu im Einzelnen:

3 1. **Insolvenzfähig** ist **jeder Mensch** (auch ein Geschäftsunfähiger, z.B. ein sechsjähriges Kind) und jede **juristische Person des Privatrechts** (§ 11 I 1): GmbH (§ 13 GmbHG), AG (§ 1 AktG), eingetragene Genossenschaft (§§ 2, 17 GenG), rechtsfähiger Verein (§§ 22 f. BGB), Stiftung (§ 80 BGB; dazu *Roth/Knof* KTS 09, 163); dieser steht der *nichtrechtsfähige Verein* gleich (§ 11 I 2).

2. Insolvenzfähig sind ferner **Gesellschaften ohne Rechtspersönlichkeit** (§ 11 II Nr. 1): OHG, KG, Partnerschaftsgesellschaft, (Außen-)Gesellschaft bürgerlichen Rechts, Partenreederei (§§ 489, 491 I 3 HGB), EWIV (sie ist in Deutschland eine besondere Form der OHG). 4

Zum zumindest terminologischen Wirrwarr in der neueren Gesetzgebung vgl. § 11 II Nr. 1 – z. B. OHG als „Gesellschaft *ohne* Rechtspersönlichkeit" – einerseits, § 1059 a II BGB – z. B. OHG als „rechtsfähige Personengesellschaft" – andererseits; dazu *Jauernig* Rn. 1, 4 vor § 21.

Nicht insolvenzfähig ist die Wohnungseigentümergemeinschaft. Sie ist zwar rechtsfähig (*BGH* NJW 05, 2061), doch steht die Unauflöslichkeit der Gemeinschaft (§ 11 I WEG) einem Insolvenzverfahren entgegen. Nach § 11 II 1 WEG ist deshalb die Aufhebung (vgl. § 84 II InsO) und nach § 11 III WEG auch die Durchführung eines Insolvenzverfahrens über das Verwaltungsvermögen der Wohnungseigentümergemeinschaft ausgeschlossen. 5

3. **Juristische Personen des öffentlichen Rechts** sind weitgehend insolvenzunfähig. Das gilt uneingeschränkt für den Bund und die Länder (§ 12 I Nr. 1), was einen „Staatsbankrott", wie erlebt, nicht ausschließt (dessen Folgen sind aber andere als die einer Insolvenz im Sinne der InsO; lesenswert BVerfGE 15, 135 f. und 140 f.; 45, 100 f.; 53, 176 f.; *BGH* NJW 99, 491). Insolvenzunfähig sind ferner juristische Personen des öffentlichen Rechts (Körperschaften, rechtsfähige Anstalten und Stiftungen), die der Aufsicht eines Landes unterstehen, wenn die Insolvenzunfähigkeit landesrechtlich angeordnet ist (§ 12 I Nr. 2). Das ist z. B. in Baden-Württemberg (§ 45 AGGVG), Bayern (Art. 25 AGGVG) und Sachsen (§ 12 JustAG) geschehen, doch wurden etwa die Landesbanken, Sparkassen und Landesbausparkassen regelmäßig davon ausgenommen. Über § 12 I hinaus besteht Insolvenzunfähigkeit für kirchliche Körperschaften des öffentlichen Rechts (folgt aus Art. 140 GG mit Art. 137 III 1 WRV: BVerfGE 66, 19 ff.) sowie für öffentlich-rechtliche Rundfunkanstalten (jedenfalls unter den gegenwärtigen Bedingungen der dualen Rundfunkordnung und des – mit dem früheren Konkursrecht vergleichbaren – Insolvenzrechts, vgl. BVerfGE 89, 151 ff.; Grund: Rundfunkfreiheit, Art. 5 I 2 GG). 6

Die Frage der Insolvenz(un)fähigkeit ist bedeutsam, weil sie bei Aufbringung der Mittel für die Insolvenzsicherung der betrieblichen Altersversorgung und für das Insolvenzgeld eine Rolle spielt. Hat ein Land die Insolvenzunfähigkeit einer juristischen Person bestimmt, so können deren Arbeitnehmer zwar nichts nach § 17 II BetrAVG oder § 359 II 2 SGB III verlangen, doch muss das Land entsprechende Leistungen erbringen (§ 12 II mit I Nr. 2).

4. **Gegenstand** eines Insolvenzverfahrens, **nicht dessen Insolvenzschuldner** (vgl. o. Rn. 2), können bestimmte **Sondervermögen** sein (§ 11 II Nr. 2): ein *Nachlass*, das von den Ehegatten gemeinschaftlich verwaltete *Gesamtgut* einer Gütergemeinschaft und das Gesamtgut einer fortgesetzten Gütergemeinschaft. Die Eröffnungsgründe beziehen sich auf die Sondervermögen (z. B. Überschuldung oder Zahlungsunfähigkeit des Nachlasses bzw. des Gesamtguts, vgl. §§ 320, 333 II 2 HS 1), nicht auf die Rechtsträger (z. B. Erben oder Ehegatten). 7

III. Pflichten und persönliche Beschränkungen des Insolvenzschuldners

Die Eröffnung des Insolvenzverfahrens hat tiefgreifenden Einfluss auf die persönliche Stellung des Insolvenzschuldners. 8

1. Den Insolvenzschuldner trifft die **allgemeine Pflicht, den Verwalter** bei der Erfüllung seiner Aufgaben **zu unterstützen,** §§ 97 II, 20 I 1. Der Insolvenzschuldner muss beispielsweise Schlüssel herausgeben, Zugang zu Räumen ermöglichen und Unterlagen zusammenstellen (*BGH* ZinsO 06, 9

264). Zur Mitarbeit ist er aber nicht verpflichtet, denn die Arbeitskraft des Insolvenzschuldners unterliegt nicht dem Insolvenzbeschlag. Zur Erzwingung vgl. u. Rn. 12.

10 2. Der Insolvenzschuldner ist zur **Auskunft** verpflichtet gegenüber dem Insolvenzgericht, dem Verwalter, dem Gläubigerausschuss und der Gläubigerversammlung, §§ 97, 20. Hervorzuheben ist, dass der Insolvenzschuldner auch strafbare Handlungen zu offenbaren hat („Selbstbezichtigung"), diese Auskünfte aber nur mit seiner Zustimmung in einem Strafverfahren gegen ihn oder einen nahen Angehörigen verwandt werden dürfen (das entspricht den Vorgaben in BVerfGE 56, 41 ff.). Erscheint es zur Herbeiführung einer richtigen und vollständigen Auskunft erforderlich, so kann das Insolvenzgericht vom Insolvenzschuldner eine Offenbarungsversicherung verlangen, § 98 I. Zur Erzwingung der Insolvenzschuldnerpflichten vgl. u. Rn. 12.

Nach Aufstellung einer Vermögensübersicht, in der alle Massegegenstände und die Verbindlichkeiten des Insolvenzschuldners aufgeführt sind, kann der Verwalter oder ein Gläubiger beim Insolvenzgericht beantragen, dass der Insolvenzschuldner die Vollständigkeit der Übersicht **eidesstattlich zu versichern** hat; dem Antrag ist stattzugeben, wenn die Versicherung erforderlich erscheint, um eine wahrheitsgemäße Aussage zu erreichen, § 153 (mit § 98 I 1).

11 3. Die **Bewegungsfreiheit** des Insolvenzschuldners kann vom Gericht **eingeschränkt** werden, um die Erfüllung seiner Auskunfts- und Mitwirkungspflichten sicherzustellen, § 97 III 1, § 20. Dass der Insolvenzschuldner alle pflichtwidrigen Handlungen zu unterlassen hat (§ 97 III 2, § 20), ist selbstverständlich. Die Einschränkung der Bewegungsfreiheit ist verfassungsrechtlich (vgl. Art. 2 II 2, 11 GG) unbedenklich.

12 4. Kommt der Insolvenzschuldner seinen Auskunfts- und Mitwirkungspflichten nicht nach oder erscheint es zur Sicherung der Masse geboten, so kann das Gericht (der Richter: § 4 II Nr. 2, III RPflG) den Insolvenzschuldner **zwangsweise vorführen und** nach Anhörung **verhaften** lassen, §§ 98 II, 20. Voraussetzung ist ein Haftbefehl, in dem die durchzusetzenden Mitwirkungshandlungen des Insolvenzschuldners bestimmt zu bezeichnen sind (*BGH* NJW 05, 1505). Nach § 98 III 1 (§ 20 I 2) gelten für die „Anordnung der Haft", d. h. den Erlass des Haftbefehls die §§ 904–910, 913 ZPO entsprechend. Gegen den Haftbefehl gibt es die sofortige Beschwerde, § 98 III 3, § 20 I 2. Der Haftbefehl ist bei Wegfall seiner Voraussetzungen von Amts wegen aufzuheben; ein dahinzielender „Antrag" ist zwar in Wahrheit eine bloße Anregung, seine Ablehnung ist aber mit der sofortigen Beschwerde anfechtbar, § 98 III 2, 3, § 20 I 2.

13 5. Das Insolvenzgericht kann gegen den Insolvenzschuldner von Amts wegen oder auf Antrag des Verwalters eine **Postsperre** verhängen, § 99. Dann sind bestimmte oder alle an den Insolvenzschuldner gerichteten Postsendungen dem Verwalter zuzuleiten. Die Anordnung kann der Insolvenzschuldner anfechten (§ 99 III 1); weder ihre Ablehnung noch die Ablehnung eines Aufhebungs„antrags" sind anfechtbar (arg. § 6 I); letzteres kontrastiert zu § 98 III 2, 3 (vgl. o. Rn. 12), die amtswegige Aufhebung gemäß § 99 III 2 ist ein unzulänglicher Ersatz. Im Eröffnungsverfahren kann das Gericht eine *vorläufige Postsperre* anordnen, § 21 II 1 Nr. 4 mit §§ 99, 101 I 1 (entsprechend).

14 6. **Auskunfts- und Mitwirkungspflichten** können nur Menschen treffen. Ist der Insolvenzschuldner keine natürliche Person, so treffen diese Pflichten die Mitglieder seines **Vertretungs- oder Aufsichtsorgans** oder seine vertretungsberechtigten persönlich haftenden Gesellschafter (also z. B. nicht einen Kommanditisten), ohne Vertretungsperson die Beteiligten des Insolvenzschuldners, § 101 I 2, 3; die Pflichterfüllung ist erzwingbar, § 101 I 1 mit § 98. Angestellte des Insolvenzschuldners trifft nur eine Auskunftspflicht, § 101 II. Die Verletzung der Auskunfts- und Mitwirkungspflichten ist durch die (vom Grundsatz des § 23 GKG abweichende) Kostenfolge nach § 101 III sanktioniert. Damit soll erreicht werden, dass die Insolvenzursachen aufgeklärt werden (wichtig z. B. für die Wahl der Verwertungsart: Liquidation, Sanierung des Insolvenzschuldners oder übertragende Sanierung) und dass etwaige Anfechtungstatbestände ans Licht kommen.

15 7. **Berufliche Einschränkungen** treffen denjenigen, der wegen einer Insolvenzstraftat (§§ 283–283 d StGB) rechtskräftig verurteilt ist: Er darf fünf Jahre lang weder Geschäftsführer einer GmbH noch Vorstandsmitglied einer AG sein (§ 6 II 3 GmbHG; § 76 III 3 AktG). Wer in Vermögensverfall geraten ist (was bei Eröffnung eines Insolvenzverfahrens vermutet wird), kann Rechtsanwalt weder werden noch in der Regel bleiben (§§ 7 Nr. 9, 14 Nr. 7 BRAO). Entsprechendes gilt für Notare (§ 50 I Nr. 6 BNotO). Die Eröffnung eines Insolvenzverfahrens wirkt nicht mehr automatisch berufsbeschränkend.

16 8. Wer in Vermögensverfall geraten ist, soll **nicht** zum **ehrenamtlichen Richter** oder Schöffen berufen werden, § 33 Nr. 5, § 109 III 2 GVG (zur Amtsenthebung § 113 II GVG); § 21 II 2, §§ 37 II,

43 III ArbGG; § 18 II FGO (zur Amtsenthebung § 21 I Nr. 1 FGO); § 17 I 2, §§ 35 I, 47 SGG; §§ 21 II, 34 VwGO. Die Eröffnung eines Insolvenzverfahrens hindert nicht automatisch, wohl aber in der Regel die Berufung.

9. Die Eröffnung des Insolvenzverfahrens zieht nicht automatisch **familienrechtliche Beschränkungen** nach sich, doch kann die Vermögenslage im Einzelfall berücksichtigt werden (vgl. §§ 1778 I Nr. 4, 1779 II 1; § 1897 I; § 1915 I BGB). 17

IV. Die vermögensrechtliche Stellung des Insolvenzschuldners

1. Trotz Eröffnung des Insolvenzverfahrens bleibt der Insolvenzschuldner rechts- und geschäfts-, partei- und prozessfähig. Er ist weiterhin Inhaber seines Vermögens (z. B. als Eigentümer, als Forderungsinhaber) und Schuldner seiner Verbindlichkeiten. Er **verliert** aber **das Recht,** *sein zur Insolvenzmasse gehörendes* **Vermögen zu verwalten** sowie darüber **zu verfügen** (§ 80 I) und **zu prozessieren** (Verlust der Prozessführungsbefugnis; arg. §§ 85 ff.; § 240 ZPO). Derselbe Verlust trifft den gesetzlichen und gewillkürten Vertreter des Insolvenzschuldners oder – falls der Insolvenzschuldner keine natürliche Person ist (vgl. § 11 I, II Nr. 1) – die Vertretungsorgane oder vertretungsberechtigten Gesellschafter des Insolvenzschuldners. Diese Wirkungen treten mit Eröffnung des Verfahrens ein (§§ 80 I, 27 III). 18

Die genannten **Wirkungen** werden **vorverlegt,** wenn im Eröffnungsverfahren ein vorläufiger Insolvenzverwalter bestellt und dem Schuldner ein allgemeines Verfügungsverbot auferlegt wird (§ 21 II 1 Nr. 1, 2, § 22 I 1, § 24 II; § 240 S. 2 ZPO). Der Beschluss ist öffentlich bekanntzumachen (§ 23 I 1 mit § 9 I 3, III).

Der Insolvenzschuldner verliert die Verwaltungs- und Verfügungsbefugnis nicht, wenn das Gericht im Eröffnungsbeschluss die **Eigenverwaltung** anordnet, § 270 I 1.

2. Da der Insolvenzschuldner mit Verfahrenseröffnung die Verfügungsbefugnis über die Insolvenzmasse verloren hat, sind **Verfügungen,** die er *nach diesem Zeitpunkt* **über einen Massegegenstand** vornimmt, grundsätzlich **unwirksam,** § 81 I 1, III mit § 27 III (Entsprechendes gilt bei Verstoß gegen eine im Eröffnungsverfahren angeordnete Verfügungsbeschränkung, § 24 I). Unwirksam sind auch die Verfügungen eines Vertreters des Insolvenzschuldners (vgl. o. Rn. 18). 19

§ 81 weicht insoweit zumindest vom Wortlaut des § 7 KO ab, als dort „Rechtshandlungen" des Gemeinschuldners, die dieser nach Verfahrenseröffnung vorgenommen hat, „den Konkursgläubigern gegenüber" unwirksam waren. Unter „Rechtshandlungen" wurden nicht nur „Verfügungen" verstanden (vgl. § 40 III 2 der 20. Aufl. dieses Buches). Daher kann die Verengung des Anwendungsbereichs von § 81 gegenüber § 7 KO in bestimmten Fällen zu einer – vom Gesetzgeber der InsO sicher nicht gewollten – Vermehrung der Schuldenmasse führen, nimmt man § 81 beim Wort. Dazu und zur Vermeidung unerwünschter Ergebnisse *v. Olshausen* ZIP 98, 1093 ff. 20

Die Unwirksamkeit wirkt absolut; so ist z. B. die Abtretung einer zur Masse gehörenden Forderung nicht nur zugunsten der Insolvenzgläubiger (d. h. „relativ") unwirksam, sondern auch gegenüber dem Forderungsschuldner. Da keine gewöhnliche Nichtigkeit vorliegt, kann der Verwalter die Verfügung genehmigen (§ 80 I; §§ 185 II, 184 I BGB analog); mit Ende des Insolvenzverfahrens entfällt die Unwirksamkeit für die Zukunft (§ 185 II BGB analog). 21

„Verfügung" ist ein **Rechtsgeschäft,** durch das der Verfügende auf ein Recht unmittelbar einwirkt, indem er es auf einen Dritten überträgt oder das Recht 22 aufhebt oder es mit einem Recht belastet oder es in seinem Inhalt verändert (BGHZ 101, 26; Merkwort: „VÜBA" = Verändern, Übertragen, Belasten, Aufheben). Zu den Verfügungen gehört auch die Annahme von Zahlungen und anderen Leistungen durch den Insolvenzschuldner (vgl. § 82). Als Verfügungen im Sinne von § 81 I sind weiter **rechtsgeschäftsähnliche Handlungen** mit verfügendem, d. h. unmittelbar rechtsgestaltendem Charakter anzusehen (z. B. eine Mahnung), ferner **Prozesshandlungen** „verfügenden" Charakters wie Geständnis, Anerkenntnis, Klagerücknahme. *Realakte* (z. B. Vermischung, Verarbeitung) gehören *nicht* hierher.

Alle Verfügungen müssen einen Gegenstand der Insolvenzmasse betreffen (§ 80 I 1). Daher gehören Verfügungen über insolvenzfreies Vermögen nicht hierher, z. B. die Veräußerung einer unpfändbaren Sache (§ 36 I 1 mit § 811 I ZPO, außer Nr. 4, 9 [vgl. § 36 II Nr. 2]).

23 3. Die Regelung des § 81 I 1 bezweckt den **Schutz der Insolvenzgläubiger** (auch der künftigen: § 24 I) gegen eine Masseminderung durch Verfügungen des Insolvenzschuldners, z. B. durch Verschleudern oder Verschieben von Massegut.

Ein *anderes Ziel* verfolgt § 81 II 1. Die dort angeordnete Unwirksamkeit von Verfügungen betrifft Dienst- und ähnliche Bezüge für die Zeit *nach Beendigung* des Insolvenzverfahrens. Die Ansprüche hierauf gehören also nicht zur Insolvenzmasse. Daher geht es nicht um Erhaltung eines Massebestandes. Vielmehr sollen diese künftigen Ansprüche im Rahmen einer etwaigen Restschuldbefreiung (§ 287 II 1) oder eines Insolvenzplans (§§ 217 ff.) zur Verfügung stehen. Deshalb sind ferner Zwangsvollstreckungen in die Ansprüche während des Insolvenzverfahrens auch für Dritte, d. h. Nicht-Insolvenzgläubiger, unzulässig (§ 89 II 1, Ausnahme in S. 2), außerdem sind vor Verfahrenseröffnung erfolgte Verfügungen über diese Ansprüche oder Zwangsvollstreckungen in sie nur zeitlich begrenzt wirksam, ebenso eine Aufrechnung gegen sie, § 114.

24 4. § 81 betrifft Verfügungen nach Verfahrenseröffnung. Gemäß § 24 I können auch *Verfügungen während des Eröffnungsverfahrens* unwirksam sein (vgl. auch o. Rn. 18). Die Unwirksamkeit ist ebenfalls eine absolute.

25 **V. Verfügungen** des Insolvenzschuldners sind **ausnahmsweise gültig**, sei es mit Rücksicht auf die Redlichkeit des Gegners, sei es zur Vermeidung einer ungerechtfertigten Bereicherung der Masse.

1. Die Redlichkeit des Gegners wird durch die entsprechend anwendbaren **§§ 892, 893 BGB** geschützt, § 81 I 2. Danach sind die Veräußerung oder Belastung eines Grundstücks oder von Rechten am Grundstück durch den Insolvenzschuldner sowie eine Leistung an ihn wirksam, es sei denn, die Eröffnung des Insolvenzverfahrens ist dem anderen Teil (Erwerber oder Leistenden) bekannt oder im Grundbuch eingetragen. Um einen redlichen Erwerb und eine redliche Leistung zu Lasten der Masse zu verhindern, wird die Verfahrenseröffnung in das Grundbuch eingetragen, § 32 I, II (zur Eintragung einer Verfügungsbeschränkung im Eröffnungsverfahren vgl. § 23 III mit § 21 II 1 Nr. 2), sei es auf Ersuchen des Insolvenzgerichts, sei es auf Antrag des (vorläufigen) Verwalters, § 32 II; § 23 I, III mit § 21 II 1 Nr. 1. Die Eintragung des Eröffnungsvermerks setzt naturgemäß die Kenntnis voraus, dass und wo dem Schuldner ein Grundstück gehört (§ 32 II 1; entgegen § 5 I 1 keine Pflicht des Gerichts zur Amtsermittlung). Ist das der Fall und wird, wie geboten, die Eintragung unverzüglich vorgenommen (genauer: beantragt oder um sie ersucht; damit ist der Vorrang gegenüber späteren Anträgen gewahrt, § 17 GBO), so bleibt für einen redlichen Erwerb kaum mehr Zeit.

26 Zu beachten ist, dass erst die Eintragung des Eröffnungsvermerks, nicht schon die Kenntnis des Grundbuchamts von der Verfahrenseröffnung als Grundbuchsperre wirkt (heute h. M.). Ist also nach Verfahrenseröffnung ein Eintragungsantrag gestellt, und zwar mit Vorrang (§ 17 GBO) vor einem späteren Ersuchen/Antrag auf

Eintragung des Eröffnungsvermerks, so muss das Grundbuchamt eintragen, auch wenn es irgendwie amtlich Kenntnis von der Verfahrenseröffnung erlangt hat.

Neben dem redlichen Erwerb gemäß § 81 I 2 mit §§ 892 f. BGB besteht in gewissem Umfang die Möglichkeit, ein *Grundstücksrecht nach Verfahrenseröffnung* vom Insolvenzschuldner zu erwerben, wenn der Erwerbstatbestand schon vor der Verfahrenseröffnung z. T. vorliegt und erst danach – ohne eine Verfügung des Insolvenzschuldners (Unterschied zu § 81 I 1!) – vollendet wird. Hier geht es um das Zusammenspiel von § 91 mit §§ 892 f. BGB; vgl. u. Rn. 38, 40. 27

Der **gutgläubige Erwerb beweglicher Sachen** vom Insolvenzschuldner ist **ausgeschlossen:** Die §§ 932 ff. BGB sind nicht unmittelbar anwendbar (der Insolvenzschuldner ist trotz Verfahrenseröffnung Eigentümer geblieben), aber auch nicht analog, da § 81 I 1, 2 eine abschließende Regelung enthält und folglich keine durch Analogie ausfüllbare Gesetzeslücke vorliegt. Ein gutgläubiger Forderungserwerb (soweit es ihn überhaupt gibt) scheidet aus den gleichen Gründen aus. 28

2. Hat der Insolvenzschuldner auf einen **gegenseitigen Vertrag,** der vor Verfahrenseröffnung geschlossen worden ist, nach diesem Zeitpunkt geleistet, so ist diese Verfügung unwirksam, § 81 I 1. Daher muss der geleistete Gegenstand vom Vertragsgegner an die Masse zurückgewährt werden. Hat auch der Gegner geleistet, so kann die an den Insolvenzschuldner erbrachte Leistung in die Masse gelangt sein. Verbliebe sie dort, dann hätte der Gegner durch seine Leistung die Masse vermehrt, ohne dafür das vertragsgemäße Äquivalent aus der Masse zu erhalten. 29

Beispiel: S hat vor Verfahrenseröffnung ein wertvolles Buch an G verkauft und nach Eröffnung übereignet. G seinerseits hat den Kaufpreis bereits an S gezahlt; von S ist er an den Insolvenzverwalter abgeliefert worden oder auf anderem Wege in die Masse gekommen. Die Übereignung des Buches ist unwirksam, § 81 I 1. S ist somit Eigentümer und das Buch Massegegenstand geblieben. Daher muss G es dem Verwalter herausgeben. Bliebe der von G gezahlte Kaufpreis in der Masse, so müsste G nicht nur das Buch herausgeben, sondern wäre obendrein noch sein Geld los, die Insolvenzmasse aber wäre nicht geschmälert (das Buch kehrt zurück), vielmehr im Gegenteil bereichert (der Kaufpreis verbliebe ihr). Das darf nicht sein.

Daher bestimmt § 81 I 3, dass die Gegenleistung aus der Masse zurückzugewähren ist, soweit diese bereichert, die Gegenleistung also in die Masse gelangt ist. Mithilfe von § 81 I 1 und 3 wird somit das Geschäft nach beiden Seiten hin liquidiert und der Zustand vor Vertragsschluss hergestellt. Der Anspruch des Gegners aus § 81 I 3 ist keine bloße Insolvenzforderung, sondern Masseverbindlichkeit, § 55 I Nr. 3 (vgl. u. § 46 Rn. 7). Der Anspruch entfällt bei Wegfall der Bereicherung (§ 818 III BGB). Ist die Gegenleistung nicht in die Masse gelangt, so hat der Gegner Ansprüche gegen den Insolvenzschuldner (z. B. aus §§ 280, 281 BGB), also keine Insolvenzforderung. 30

3. Wird *nach Verfahrenseröffnung an den Insolvenzschuldner geleistet,* obwohl die Forderung zur Insolvenzmasse gehört (also an die Masse zu leisten war), so ist der **Leistende** nach § 82 **befreit, wenn** er **in Unkenntnis der Verfahrenseröffnung** geleistet hat (fahrlässige Unkenntnis schadet nicht). Hierher gehören z. B. Zahlungen an den Insolvenzschuldner, die Leistung einer an ihn verkauften Sache, Herausgabe einer dem Insolvenzschuldner gehörenden Sache an ihn. Erfährt der Leistende nach Vornahme der Leistungshandlung zu einem Zeitpunkt von der Verfahrenseröffnung, als er den Leistungs*erfolg* noch verhindern konnte, ist er in seinem Vertrauen auf die Empfangszuständigkeit des Insolvenzschuldners nicht länger schutzwürdig und nicht nach § 82 befreit (*BGH* ZIP 09, 1726, 1727). 31

Die **Beweislast** ist unterschiedlich geregelt. Ist *vor der öffentlichen Bekanntmachung* der Verfahrenseröffnung (§ 30 I) geleistet worden, dann muss dem Leistenden seine **Kenntnis** von der

Eröffnung nachgewiesen werden, § 82 S. 2. Gelingt das nicht („non liquet"), so ist er befreit. Ist *danach* geleistet worden, dann muss der Leistende seine **Unkenntnis** nachweisen (es sei denn, dass § 893 BGB eingreift: § 81 I 2, vgl. o. Rn. 25). Gelingt das nicht, so muss er nochmals leisten (ggf. Schadensersatz). Daher ist es für den Leistenden primär entscheidend nachzuweisen, dass er vor der Bekanntmachung geleistet hat (§ 82 S. 2!).

32 Ist der Leistende nicht nach § 82 befreit worden, so hat er einen Bereicherungsanspruch gegen den Insolvenzschuldner, den er außerhalb des Insolvenzverfahrens verfolgen muss (daher wegen §§ 87, 89 praktisch bedeutungslos).

33 Aus § 82 ergibt sich im *Umkehrschluss,* dass der Leistende **stets befreit** wird, wenn er die Verbindlichkeit **zur Insolvenzmasse erfüllt** hat. Auf die Kenntnis oder Unkenntnis von der Verfahrenseröffnung kann es dann nicht ankommen. Das Gleiche muss gelten, wenn zwar an den Insolvenzschuldner geleistet worden, die Leistung aber in die Masse gelangt ist. Damit ist der Leistungserfolg ebenfalls eingetreten. Das genügt nach allgemeinen Grundsätzen sowohl für die Befreiung des Leistenden wie für die Erhaltung eines etwaigen Gegenanspruchs (als Insolvenzforderung).

34 4. Gemäß § 91 I können Rechte an Massegegenständen nicht wirksam erworben werden, auch wenn weder eine Verfügung des Schuldners noch eine Zwangsvollstreckung vorliegen. § 91 I ist eine Auffangnorm. Sie ergänzt § 81 I (kein Erwerb bei Verfügung des Schuldners) und § 89 I (kein Erwerb durch Zwangsvollstreckung). Der Anwendungsbereich des § 91 ist eng und im Einzelnen umstritten.

35 a) § 91 I ist unanwendbar, wenn der Erwerbstatbestand schon vor Verfahrenseröffnung vollendet ist.

Beispiele: Der Schuldner hat vor Verfahrenseröffnung eine bewegliche Sache zur Sicherung einer *künftigen* Forderung, die erst nach Verfahrenseröffnung entsteht, verpfändet; hier ist das Pfandrecht auch ohne Forderung bereits entstanden (arg. §§ 1204 II, 1209 BGB; vgl. BGHZ 86, 345 f.). – Ist vor Verfahrenseröffnung zu Lasten eines Massegrundstücks eine Vormerkung (§ 883 BGB) zur Sicherung eines künftigen Anspruchs eingetragen worden, so kann der Gläubiger nach § 106 I vom Insolvenzverwalter auch dann Erfüllung verlangen, wenn der Anspruch erst nach Verfahrenseröffnung entsteht. § 91 steht nicht entgegen (arg. § 883 I 2 BGB; vgl. *BGH* NJW 02, 213, 215 zur GesO).

36 § 91 I ist wegen § 161 I 2 BGB unanwendbar bei bedingten Verfügungen.

Beispiele: Hat der Schuldner vor Verfahrenseröffnung Ware unter Eigentumsvorbehalt (§ 449 BGB) veräußert, kann der Käufer trotz § 91 I Eigentum erwerben, wenn er den Kaufpreis erst nach Verfahrenseröffnung zahlt. Nach § 161 I 2 BGB kann der Insolvenzverwalter über die Ware nicht mehr verfügen. Ein Erwerb des Käufers aus der Masse ist wirksam, wie § 107 I klarstellt. – Tritt der Schuldner eine Forderung aufschiebend bedingt ab (§ 398 BGB), so ist die Abtretung wirksam, auch wenn die Bedingung nach Verfahrenseröffnung eintritt (arg. § 161 I 2 BGB, vgl. *BGH* NJW 55, 544 zu § 15 KO).

37 Von § 91 I nicht erfasst wird der gesetzliche Erwerb durch Verbindung, Vermischung und Verarbeitung (§§ 946, 947 II, 950 BGB). Der Erwerber ist zur Aussonderung (vgl. § 44 Rn. 3) berechtigt, muss aber Wertersatz nach § 951 BGB an die Masse leisten. Fruchterwerb aufgrund eines dinglichen Fruchterwerbsrechts (§ 954 BGB) ist wirksam, aufgrund einer schuldrechtlichen Gestattung (§ 956 BGB), wenn der Erwerber Besitzer und die Gestattung infolge fortbestehender Verpflichtung der Masse (z. B. nach § 108 I) unwiderruflich ist (arg. § 956 I 2 BGB; *Uhlenbruck* § 91 Rn. 16).

Wirksam ist schließlich auch der redliche Erwerb aufgrund der Verfügung eines nicht mit dem Schuldner identischen Nichtberechtigten.

Beispiele: N übereignet eine dem Schuldner gehörende bewegliche Sache nach §§ 929, 932 BGB an den redlichen X; § 91 hindert den Eigentumserwerb des X nicht. Der Masse steht nach § 816 I BGB ein Anspruch gegen N zu. War X nicht gutgläubig (§ 932 II BGB), ist eine Genehmigung des

Schuldners nach Verfahrenseröffnung analog § 81 I unwirksam. – Verfügungen des *Schuldners* über fremde Gegenstände sind hingegen nach §§ 929, 932 BGB auch nach Verfahrenseröffnung wirksam, weil sie die Masse nicht betreffen; der Anspruch nach § 816 I BGB richtet sich gegen den Schuldner persönlich.

b) § 91 I kommt zum Zuge bei sog. „gestreckten Erwerbstatbeständen". 38

Beispiele: Entsteht die hypothekarisch gesicherte Forderung erst, nachdem über das Vermögen des Grundstückseigentümers das Insolvenzverfahren eröffnet wurde, so geht die Eigentümergrundschuld (§§ 1163 I 1, 1177 I BGB) nicht als Fremdhypothek auf den Gläubiger über; der Erwerb ist nach § 91 I unwirksam. Nach § 1113 II BGB kann zwar eine Hypothek auch für eine künftige Forderung bestellt werden. Anders als beim Faustpfandrecht besteht vor Valutierung jedoch ein Eigentümer- und kein Gläubigerpfandrecht. – Eine Sicherungsgrundschuld setzt als nicht akzessorisches Recht (vgl. § 1192 I BGB) eine Forderung nicht voraus. Der Erwerb der Grundschuld ist daher formaljuristisch vollendet und wirksam unabhängig vom Entstehen der Forderung. Gleichwohl ist § 91 I anzuwenden, wenn die Sicherungsgrundschuld nach Verfahrenseröffnung valutiert wird. Der Eigentümer hat vor der Valutierung eine Einrede gegen die Grundschuld (*Brehm/Berger* § 18.29), der Gläubiger daher kein Absonderungsrecht (dazu § 45 Rn. 3) aus der Grundschuld. Nach Verfahrenseröffnung kann der Gläubiger gemäß § 91 I durch Valutierung ein Absonderungsrecht nicht erwerben (es sei denn, der Masse ist der Geldbetrag zugeflossen, MünchKomm-InsO/*Breuer*, § 91, 33).

c) *Nach Verfahrenseröffnung* ist selbstverständlich ein Erwerb vom Verwalter 39
möglich, § 80 I (§ 91 I steht nur scheinbar entgegen). Zum Erwerb in der Zwangsvollstreckung unter Verstoß gegen §§ 89 I, 90 I vgl. u. §§ 46 Rn. 11 f., 47 Rn. 3 ff.

d) **Eine Ausnahme** vom Erwerbsverbot besteht *für den rechtsgeschäftlichen* 40
Erwerb im Bereich des **Grundstücksrechts,** § 91 II. Voraussetzung ist, dass (1.) der Insolvenzschuldner nicht nach Verfahrenseröffnung verfügt hat und (2.) sich der Rechtserwerb dennoch erst nach diesem Zeitpunkt vollendet. Liegen diese Voraussetzungen vor, so ist „an sich" der Erwerb nach § 91 I unwirksam. Davon macht § 91 II eine Ausnahme mithilfe der §§ 878, 892, 893 BGB.

Beispiel: Ist *vor* Verfahrenseröffnung die wirksame Erklärung, z. B. die Auflassung, bindend geworden (vgl. §§ 873 II, 875 II, 877, 925 BGB) und die Eintragung beim Grundbuchamt beantragt, so führt die Eintragung nach Verfahrensbeginn zum Erwerb, § 91 II mit § 878 BGB. Hat der Schuldner die Eintragung vor Verfahrenseröffnung beantragt, so ist der Verwalter gehindert, den Antrag zurückzunehmen, sonst würde der Sinn und Zweck von § 91 II; § 878 BGB verfehlt (*Jauernig* § 878, 4; JHG/*Windel* § 91, 118 m. N.; sehr str.; vgl. auch u. § 51 Rn. 33).

Liegen *vor* Verfahrenseröffnung nur der Antrag und die noch nicht bindende 41
Erklärung vor, z. B. die formlose Einigung über eine Nießbrauchsbestellung, und tritt die Bindung erst *nach* Verfahrenseröffnung ein, so hängt der Erwerb davon ab, dass der Eröffnungsvermerk noch nicht im Grundbuch steht und der Erwerber nichts von der Eröffnung weiß, § 91 II mit § 892 BGB. Dasselbe gilt, wenn zwar die Erklärung vor Verfahrenseröffnung bindend geworden ist, der *Begünstigte* den Antrag aber erst *nach* Verfahrenseröffnung gestellt hat. Der Rechtserwerb kann anfechtbar sein, § 147 I (vgl. u. § 51 Rn. 33).

5. Annahme oder Ausschlagung einer *vor oder nach Verfahrenseröffnung* angefallenen **Erbschaft** 42
(oder eines Vermächtnisses) stehen allein dem Schuldner zu, § 83 I. Schlägt er aus, so mag das für die Insolvenzgläubiger hart sein, sie konnten aber nicht mit der Erbschaft (dem Vermächtnis) rechnen. Nimmt der Insolvenzschuldner an oder versäumt er die Ausschlagungsfrist, so fällt die Erbschaft (das Vermächtnis) in die Masse. Das ist für die nach Verfahrenseröffnung angefallene und angenommene Erbschaft (das Vermächtnis) die Konsequenz aus § 35, wonach auch das, was der Insolvenzschuldner während des Verfahrens erwirbt (sog. Neuerwerb), in die Masse fällt.

VI. Verpflichtungsgeschäfte, die der Insolvenzschuldner nach Eröffnung des 43
Insolvenzverfahrens vornimmt, verpflichten ihn genauso wie Geschäfte vor Ver-

fahrenseröffnung (die Geschäftsfähigkeit wird durch das Insolvenzverfahren nicht berührt, vgl. o. Rn. 18). Insolvenzforderungen werden aber nicht begründet (§ 38), so dass die Forderungsinhaber nicht auf die Masse zugreifen können. Auch der Zugriff auf Erwerb des Insolvenzschuldners während des Verfahrens (sog. Neuerwerb) ist ihnen versagt, der Erwerb fällt in die Masse (§ 35). Das insolvenzfreie Vermögen besteht daher nur aus Gegenständen, die nicht der Zwangsvollstreckung unterliegen (§ 36 I, III, Ausnahmen in II). Deshalb können die Forderungsinhaber nur auf Vermögenserwerb des Schuldners nach Verfahrensbeendigung hoffen (wichtige Einschränkungen für den Zugriff enthalten die §§ 89 II, 287 II; vgl. o. Rn. 23). Dann aber konkurrieren sie mit den ehemaligen Insolvenzgläubigern, soweit diese nicht aus der Masse befriedigt worden sind (§§ 201, 215 II).

§ 41. Die Insolvenzgläubiger

I. Begriff

1 Insolvenzgläubiger ist, wer als persönlicher (nicht: dinglicher) Gläubiger einen **zur Zeit der Eröffnung des Insolvenzverfahrens** begründeten **Vermögensanspruch gegen den Insolvenzschuldner** hat § 38. Die Frage, wer Insolvenzgläubiger ist, ist von zentraler Bedeutung für das Insolvenzverfahren. (Nur) Insolvenzgläubiger werden zu einer Verlustgemeinschaft (JHG/*Henckel* § 38, 4) zusammengeschlossen und von der individuellen Rechtsverfolgung ausgeschlossen. Sie sind dem Grundsatz gleichmäßiger Befriedigung und damit der quotalen Kürzung ihrer Forderungen unterworfen. Das Gesetz *unterscheidet* zwischen *vollrangigen* und *nachrangigen* Insolvenzgläubigern. Letztere sind Inhaber bestimmter Vermögensansprüche, die den übrigen Insolvenzforderungen, d. h. denen der nichtnachrangigen Insolvenzgläubiger, im Rang nachgehen, § 39. Der Begriff „Insolvenzgläubiger“ umfasst beide Arten von Insolvenzgläubigern (wichtig z. B. für §§ 88, 89).

2 Die **Terminologie** der InsO ist **wenig stringent** (übergangen von *Landfermann,* FS Henckel, S. 530 ff.). Der 2. Teil 2. Abschnitt enthält zwar eine „Einteilung der Gläubiger“ in Insolvenzgläubiger (mit der oben angeführten Untergliederung), Aussonderungsberechtigte als „Nicht-Insolvenzgläubiger“ (§ 47 S. 1), Absonderungsberechtigte (§§ 49–52), die zugleich auch Insolvenzgläubiger sein können (§ 52 S. 1), und Massegläubiger (§ 53). Von einem einheitlichen und klaren Gebrauch dieser Begriffe kann keine Rede sein. Das erschwert das Verständnis. So sind mit dem Globalbegriff „Gläubiger“ in zahlreichen Vorschriften, ohne dass das ohne weiteres erkennbar wäre, nur die Insolvenzgläubiger und die absonderungsberechtigten Gläubiger gemeint (so z. B. in § 1 S. 1, §§ 152 I, 153 II 1, § 230 II, auch § 213; Überschrift von § 28). „Insolvenzgläubiger“ gemäß § 174 I 1 sowie im Sinne der Überschrift von § 224 sind nur die nichtnachrangigen, während in der Überschrift von § 225 (wie bei § 39) die nachrangigen Insolvenzgläubiger genannt werden. Nachrangige Insolvenzgläubiger (§ 39) sind z. B. in § 187 II 2, § 222 I 2 Nr. 3 korrekt genannt, während sie in §§ 77 I 2, 174 III, 177 II, 266 II nur als „nachrangige Gläubiger“ bezeichnet werden. Mit der „Einteilung der Gläubiger“ in den §§ 38 ff. ist es nicht getan. Das Gesetz kennt ferner „Kleingläubiger“, die in § 67 II 1 Insolvenzgläubiger (beider Arten) sind, in § 222 III 2 auch absonderungsberechtigte Gläubiger mit geringen Forderungen sein können. Einen ganz eigenständigen Begriff des „Gläubigers“ verwendet § 265, der in der Überschrift, aber nicht im Normtext als „Neugläubiger“ erscheint.

3 **II. Vermögensansprüche** im Sinne von § 38 sind obligatorische Ansprüche (Forderungen). Es genügt ein bedingter Anspruch (zu seiner Behandlung vgl. u.

Rn. 7 f.). Entsteht der Anspruch erst nach Verfahrenseröffnung (z. B. ein Vergütungsanspruch für erst jetzt geleistete Dienste), so handelt es sich nicht um eine Insolvenzforderung, doch kann eine Masseverbindlichkeit vorliegen.

Dass *nur vermögensrechtliche Ansprüche* in Frage kommen, folgt aus dem Zweck des Insolvenzverfahrens, die Insolvenzgläubiger aus dem Erlös der Masse zu befriedigen. Das aber ist nur bei Ansprüchen auf Geld oder geldwerte Leistung möglich.

Familienrechtliche Unterhaltsansprüche im Sinne von § 40 S. 1 entstehen ständig neu; daher sind nur die bis zur Verfahrenseröffnung entstandenen Forderungen Insolvenzforderungen, die später entstandenen dann, wenn der Insolvenzschuldner als Erbe des Verpflichteten haftet, § 40 S. 1. Wegen der nach Verfahrenseröffnung unmittelbar gegen den Insolvenzschuldner entstandenen Unterhaltsansprüche kann in den nicht zur Insolvenzmasse gehörenden Teil des Arbeitseinkommens (§ 36 I; § 850 c ZPO einerseits, § 850 d ZPO andererseits) vollstreckt werden, vgl. § 89 II 2.

III. Forderungen, die nicht selbst auf Geld, sondern **auf eine geldwerte Leistung** 4
gerichtet sind (z. B. die Lieferung von Waren), sind **in Geld umzurechnen,** § 45. Den Wert zu schätzen, ist Sache des Insolvenzgläubigers. § 45 besagt nicht, dass die Forderung sich mit Verfahrenseröffnung in eine Geldforderung verwandelt. Sie bleibt vielmehr zunächst in der alten Gestalt bestehen. Erst wenn die Forderung in der Insolvenztabelle als „festgestellt" eingetragen ist, wird sie endgültig zur Geldforderung (BGHZ 113, 213 zu § 69 KO), da die Feststellung einem rechtskräftigen Urteil gleichsteht (§ 178 III). Das ist bedeutsam, wenn das Insolvenzverfahren vor dem Prüfungstermin (§ 176) mangels Masse eingestellt wird (§ 207): ohne Feststellung im Prüfungstermin keine Umwandlung, die Forderung bleibt in alter Gestalt bestehen.

Sog. *Naturalobligationen* berechtigen nicht zur Teilnahme am Verfahren. Entweder ist bei ihnen 5
überhaupt „eine Verbindlichkeit nicht begründet" worden (§§ 656, 762 ff. BGB) oder der Anspruch ist verjährt und damit praktisch nicht durchsetzbar, weil der Verwalter oder ein Insolvenzgläubiger Widerspruch nach § 178 I 1 erheben kann (geschieht das nicht, so hat der Gläubiger Glück gehabt), vgl. JHG/*Henckel* § 3, 10.

Ansprüche auf eine durch den Insolvenzschuldner vorzunehmende *persönliche Handlung* sind keine 6
Insolvenzforderungen, da sie nicht in das Vermögen vollstreckbar sind (vgl. o. § 27 Rn. 12). Nicht angemeldet werden kann auch ein dinglicher Unterlassungsanspruch (JHG/*Henckel* § 45, 7; a. A. für vertraglichen Unterlassungsanspruch *BGH* NJW 03, 3060, 3062). Hingegen können Beseitigungsansprüche, die bereits vor Insolvenzeröffnung entstanden sind, mit ihrem Geldwert (§ 45) angemeldet werden (*BGH* NJW-RR 02, 1198, 1199 [dinglicher Beseitigungsanspruch nach § 1004 I 1 BGB]).

IV. Bei Verfahrenseröffnung bestehende, aber **noch nicht fällige Forderungen** 7
(„betagte Verbindlichkeiten": § 813 BGB) gelten als fällig, § 41 I.

Auflösend bedingte Forderungen werden vor Eintritt der Bedingung wie unbedingte berücksichtigt, § 42. Tritt die Bedingung während des Verfahrens ein, so kann der Verwalter widersprechen (§ 176) und bereits geleistete Zahlungen zurückfordern (bei Rückfluss nach dem Schlusstermin: § 203 I Nr. 2 [Nachtragsverteilung]).

Aufschiebend bedingte Forderungen werden bei einer Abschlagsverteilung voll 8
berücksichtigt, doch wird der Betrag nicht ausgezahlt, sondern zurückbehalten, § 191 I. Ist bei der Schlussverteilung (§ 196) der Bedingungseintritt praktisch nicht mehr zu erwarten, so wird der zurückbehaltene Betrag für die Schlussverteilung zugunsten der anderen Insolvenzgläubiger frei, § 191 II.

Bei **Gesamtschulden** (§ 421 BGB) und anderen Fällen, in denen mehrere Personen 9
für dieselbe Leistung nebeneinander auf das Ganze haften (z. B. selbstschuldnerischer Bürge und Hauptschuldner, §§ 771, 773 I Nr. 1 BGB, § 349 HGB), kann der Insolvenzgläubiger den Anspruch im Insolvenzverfahren eines oder jeden Schuldners zum vollen Betrag anmelden, der z. Z. der Verfahrenseröffnung noch besteht (eine zuvor erlangte Teilbefriedigung ist also abzuziehen, BGHZ 92, 379 f.), § 43. Eine Beschränkung auf eine Ausfallforderung findet nicht statt (anders § 331 mit § 52 analog). Gesellschaftersicherheiten für Drittdarlehen werden jedoch nur nach Maßgabe von § 44 a (entspricht § 32 a II GmbHG a. F.) berücksichtigt (vgl. u. § 52 Rn. 35).

Rückgriffsansprüche eines (Mit-)Gesamtschuldners oder Bürgen gegen den Insolvenzschuldner stehen unter der aufschiebenden Bedingung der Befriedigung des Gläubigers und können im Insolvenzverfahren des Hauptschuldners deshalb schon vor Zahlung an den Gläubiger geltend gemacht werden. Da Hauptverbindlichkeit und Rückgriffsanspruch wirtschaftlich identisch sind (sie gehen nach Zahlung an den Gläubiger durch Legalzession auf den leistenden Gesamtschuldner oder Bürgen über, §§ 426 II 1, 774 I 1 BGB), gilt dies jedoch nur dann, wenn der Gläubiger die Forderung nicht selbst angemeldet hat, § 44.

10 **V.** Die **Insolvenzgläubiger** *gliedern sich* in die *vollrangigen und* die **nachrangigen,** §§ 38, 39. Letztere werden, wie der Name sagt, erst nach den anderen Insolvenzgläubigern befriedigt, und zwar in bestimmter Rangfolge, bei gleichem Rang nach dem Verhältnis der Forderungsbeträge. Es handelt sich gemäß § 39 I um Ansprüche

1. auf *Zinsen* seit Eröffnung des Verfahrens (es werden also nicht wie nach § 367 BGB, § 12 ZVG die Zinsen vor der Kapitalforderung befriedigt),

2. wegen der *Kosten,* die den einzelnen Insolvenzgläubigern *durch die Teilnahme am Verfahren* entstanden sind (z. B. Reisen zu Gläubigerversammlungen, Zeitverlust), vorbehaltlich § 39 III,

3. auf *Geldstrafen,* Geldbußen, Ordnungsgelder und Zwangsgelder,

4. aus Freigebigkeit des Schuldners unter Lebenden (*Schenkung*); denn wer seine Schulden nicht bezahlen kann, soll nichts wegschenken; Freigebigkeiten von Todes wegen (Vermächtnisse) kommen nur in Nachlassinsolvenzverfahren in Betracht und haben dort einen noch schlechteren Rang (§ 327 I Nr. 2, aber auch II 1);

5. auf *Rückgewähr des Darlehens eines Gesellschafters* oder gleichgestellte Ansprüche nach Maßgabe von § 39 IV, V.

6. Ein *Nachrang* kann *vereinbart* werden. Ist der vereinbarte Rang unklar, rangieren sie ganz am Ende (§ 39 II: Auslegungsregel).

11 **VI.** Die Bedeutung des § 39 ist gering. In der Praxis werden schon die nicht nachrangigen Insolvenzgläubiger bei weitem nicht voll befriedigt; die nachrangigen Insolvenzgläubiger gehen dann leer aus. Immerhin nehmen die nachrangigen Insolvenzgläubiger am Verfahren teil; was generell für Insolvenzgläubiger angeordnet ist, gilt auch für sie (z. B. § 89: Vollstreckungsverbot; § 129 I: Gläubigerbenachteiligung). Allerdings sind sie gegenüber den anderen Insolvenzgläubigern stark zurückgesetzt (§ 39 I: Rang; § 77 I 2, § 78: Stimmrecht; §§ 174 III, 177 II: Anmeldung nur nach gerichtlicher Aufforderung; § 187 II 2: keine Berücksichtigung bei Abschlagsverteilungen; §§ 222, 225, 237 I 1, § 246: Rechtsminderungen beim Insolvenzplan).

§ 42. Die Organisation der Insolvenz- und absonderungsberechtigten Gläubiger

1 **I.** Die Abwicklung eines Insolvenzverfahrens hat für sämtliche Insolvenzgläubiger eine so große rechtliche und wirtschaftliche Bedeutung, dass ihre Beteiligung daran nach heutiger Vorstellung nicht nur erwünscht, sondern geboten ist. Das gilt insbesondere für die schwierige Aufgabe, ein Unternehmen zu verwalten und zu verwerten, sei es durch Liquidation oder Sanierung des Unternehmensträgers, sei es durch übertragende Sanierung an einen Dritten. Die InsO weist den Gläubigern ferner im Rahmen der Aufstellung, der Annahme und der Abwicklung eines Insolvenzplans wichtige Aufgaben zu. Sie sind umso bedeutsamer, je weiter sich der Insolvenzplan von den Vorschriften der InsO entfernt (vgl. § 217).

Sachgerecht und notwendig ist das Zusammenwirken der Gläubiger mit dem Insolvenzverwalter und dem Insolvenzgericht. In diesem Sinne besteht auch heute noch in gewissem Umfang eine Selbstverwaltung der Gläubiger (insbesondere im Zusammenhang mit dem Insolvenzplan, §§ 217 ff.). Von einer Interessengemeinschaft der organisierten Gläubigerschaft kann – anders als unter der KO – nicht mehr gesprochen werden. Das liegt daran, dass in den Organen der Gläubigerschaft neben den Insolvenzgläubigern auch die Absonderungsberechtigten, also die gesicherten Gläubiger, vertreten sind. Während die Insolvenzgläubiger durch das gemeinsame Interesse an bestmöglicher Verwertung des gesamten Schuldnervermögens und an einer gleichmäßigen Verteilung des Erlöses verbunden sind, fehlt den Absonderungsberechtigten eine gemeinsame Zielrichtung (das Vorhandensein oder Fehlen eines gemeinsamen Interesses erkennt § 78 I 1 an – wenngleich widersprüchlich, weil auch Absonderungsberechtigte ein Antragsrecht haben, vgl. u. Rn. 7). Ihre Sicherungsrechte sollen ihnen vielmehr eine isolierte, von anderen Gläubigern nicht erfassbare Rechtsposition verschaffen; erklärte Absicht ist es, die Gemeinschaft mit anderen Gläubigern am selben Haftungsobjekt auszuschließen (*Jauernig* ZIP 80, 323). Je besser der einzelne Absonderungsberechtigte abschneidet, desto weniger bleibt vom „Massekuchen“ für die (ungesicherten!) Insolvenzgläubiger übrig. 2

Die Gläubigerschaft hat **zwei Organe:** die **Gläubigerversammlung** (vgl. u. Rn. 4) und den **Gläubigerausschuss** (vgl. u. Rn. 15), jenes notwendig, dieses fakultativ, aber von größerer praktischer Bedeutung. (Hübsche Stilblüte in der Überschrift zum 3. Abschnitt des 2. Teils der InsO: „Organe der Gläubiger“!) 3

II. Die Gläubigerversammlung umfasst alle absonderungsberechtigten Gläubiger und alle Insolvenzgläubiger (sowohl die nichtnachrangigen wie die nachrangigen, letztere aber ohne Stimmrecht, § 77 I 2), § 74 I. 4

1. Die *Beschlussfähigkeit* ist nicht daran gebunden, dass ein bestimmter Teil der Gläubiger erscheint oder ein bestimmter Teil der geltend gemachten Forderungen vertreten ist. Beschlussunfähig ist die Gläubigerversammlung nur, wenn lediglich nachrangige Insolvenzgläubiger erschienen sind, da diese kein Stimmrecht haben (§ 77 I 2) und daher nichts beschließen können. 5

2. *Stimmrecht* haben uneingeschränkt die nichtnachrangigen Insolvenzgläubiger, deren (nicht aufschiebend bedingte) Forderungen angemeldet und weder vom Verwalter noch einem stimmberechtigten Gläubiger bestritten worden sind, § 77 I 1, III Nr. 1. Gläubiger bestrittener oder aufschiebend bedingter Forderungen sowie absonderungsberechtigte Gläubiger sind stimmberechtigt, wenn sich der Verwalter und die stimmberechtigten Gläubiger geeinigt haben; anderenfalls entscheidet das Gericht, § 77 II, III. Die InsO nennt keine Kriterien für die Entscheidung nach § 77 II 2. Im Rahmen seines Ermessens hat sich das Insolvenzgericht an der Darlegungslast zu orientieren; der Gläubiger ist zuzulassen, wenn er seine Forderung substantiiert darlegt und Tatsachen jedenfalls glaubhaft macht. Aber auch wenn eine Glaubhaftmachung nicht gelungen ist, insbesondere weil Beweismittel nicht präsent sind, scheidet das Stimmrecht nicht zwingend aus. Ist die Forderung bereits tituliert, hat der Bestreitende ihr Nichtbestehen glaubhaft zu machen. Gegen die Entscheidung des Insolvenzgerichts ist nach § 77 II 3 eine Art Gegenvorstellung statthaft, hingegen weder die sofortige Beschwerde (§ 6 I) noch die befristete Erinnerung (§ 11 III 2 RPflG). Hat der Rechtspfleger entschieden und diese Entscheidung das Ergebnis einer Abstimmung beeinflusst, so kann der Richter auf Antrag das Stimmrecht neu festsetzen und die Wiederholung der Abstimmung anordnen, § 18 III 2 RPflG. Nachrangige Insolvenzgläubiger haben kein Stimmrecht, § 77 I 2. 6

3. *Beschlüsse* der Gläubigerversammlung *kommen zustande,* wenn die zustimmenden Gläubiger mehr als die Hälfte der Forderungssumme aller abstimmenden Gläubiger auf sich vereinigen („Summenmehrheit“); bei absonderungsberechtigten Gläubigern, die keine Forderung gegen den Insolvenzschuldner haben (z. B. der Hypothekar, dessen Hypothek am Grundstück des Insolvenzschuldners eine Forderung gegen dessen Ehegatten sichert), tritt der Wert des Absonderungsrechts an die Stelle des Forderungsbetrags, § 76 II. Gläubiger, die sich der Stimme enthalten, stimmen nicht ab. Bei Summengleichheit ist ein Beschluss nicht gefasst. Ein Beschluss, der dem „gemeinsamen Interesse der Insolvenzgläubiger“ widerspricht, ist auf Antrag aufzuheben, § 78 I. 7

8 4. *Einberufung und Leitung* der Versammlung obliegen dem Gericht, § 74 I 1, § 76 I. Die Einberufung muss erfolgen auf Antrag des Verwalters, des Gläubigerausschusses oder einer bestimmten Minderheit von Absonderungsberechtigten oder nichtnachrangigen Insolvenzgläubigern, § 75 I.

5. Die Aufgaben der Gläubigerversammlung sind:

9 a) die *Wahl eines Insolvenzverwalters,* wenn statt des vom Gericht bereits bestellten ein anderer bestellt werden soll, § 57 S. 1. Versagung der Bestellung ist nur bei Ungeeignetheit des Gewählten möglich (§ 57 S. 3), was merkwürdig ist, weil der Bestellte schon aus wichtigem Grund von Amts wegen wieder entlassen werden kann, § 59 I 1, 2;

10 b) die Entscheidung, ob ein *Gläubigerausschuss* eingesetzt oder ein bereits vom Gericht eingesetzter (§ 67 I) beibehalten werden soll sowie die Ab- und Neuwahl von Mitgliedern, § 68;

11 c) *die Entscheidung über den Fortgang des Verfahrens* aufgrund eines Berichts des Verwalters in einer Gläubigerversammlung (Berichtstermin, § 29 I Nr. 1, § 156), insbesondere über Stillegung oder vorläufige Fortführung eines Unternehmens des Insolvenzschuldners, über Aufstellung und Ziel eines Insolvenzplans, über Hinausschieben einer Verwertung der Masse, §§ 157–159;

12 d) die *Kontrolle des Verwalters* durch Anfordern von Auskünften sowie von Berichten über Sachstand und Geschäftsführung (§ 79), ferner von Zwischenrechnungen (§ 66 III) und durch Entgegennahme und Erörterung der Schlussrechnung (§§ 66 I, 197 I Nr. 1);

13 e) die (vorherige) *Zustimmung zu besonders bedeutsamen Rechtshandlungen* des Verwalters, sofern ein Gläubigerausschuss nicht bestellt ist, § 160 I (nur Beispiele in II, keine abschließende Regelung). Auch wenn ein Ausschuss bestellt ist (und zugestimmt hat), kann die Gläubigerversammlung die Zustimmungskompetenz an sich ziehen; eine ähnliche Kompetenzverlagerung kann vom Gericht auf Antrag angeordnet werden, § 161 S. 2. Von Gesetzes wegen sind Unternehmens- und Betriebsveräußerungen an besonders Interessierte („Insider", § 138) oder Großgläubiger von der Zustimmung der Gläubigerversammlung abhängig (§ 162); gleiches gilt für eine Unternehmens- oder Betriebsveräußerung unter Wert, wenn das Gericht auf Antrag die Zustimmungsbedürftigkeit anordnet, § 163. Ein Verstoß gegen die §§ 160–163 macht die Handlung des Verwalters nicht unwirksam, § 164;

14 f) das Stellen eines Antrags auf *Aufhebung der Eigenverwaltung,* § 272 I Nr. 1;

g) in der *Restschuldbefreiung* den Treuhänder zu beauftragen, die Erfüllung der Obliegenheiten des Schuldners zu überwachen, § 292 II 1;

h) im *Vereinfachten Insolvenzverfahren* einen Gläubiger mit der Insolvenzanfechtung zu beauftragen, § 313 II 3;

i) die *Gewährung von Unterhalt* aus der Masse für den Schuldner und seine Familie, § 100 I; entsprechendes gilt für bestimmte Gesellschafter des Schuldners, § 101 I 3.

III. Der Gläubigerausschuss

15 1. Das Gericht kann (nicht soll oder muss!) *vor der ersten Gläubigerversammlung* einen Ausschuss einsetzen, § 67 I. Über Einsetzung, Beibehaltung und Besetzung entscheidet endgültig erst die Gläubigerversammlung, § 68. Gegen die Wahl eines Ausschussmitglieds hat das Gericht kein Vetorecht, es kann aber das Mitglied aus wichtigem Grund von Amts wegen entlassen, § 70 S. 1, 2. Die *Entlassung* ist auch auf Antrag der Gläubigerversammlung und des Mitglieds selbst möglich, § 70 S. 2, sofern ein wichtiger Grund vorliegt.

Die *Besetzung des gerichtlich eingesetzten Ausschusses* ist vorgeschrieben. Vertreten sollen sein: die absonderungsberechtigten Gläubiger, die Größt- und Kleininsolvenzgläubiger sowie ein Vertreter der Arbeitnehmer, wenn diese insgesamt nicht unerhebliche Insolvenzforderungen haben, § 67 II. Mitglied kann auch eine juristische Person sein, vertreten durch ihr Organ, oder die Organperson selbst. In keinem Fall muss das Ausschussmitglied Gläubiger sein, § 67 III.

Die *Gläubigerversammlung* ist in der *Besetzung* freier; § 67 II gilt für sie nicht, arg. § 68 II, doch muss der Ausschuss aus mindestens 2 Mitgliedern bestehen (BGHZ 124, 91 zu § 87 KO). Mitglied können niemals sein der Insolvenzverwalter (er soll vom Ausschuss überwacht werden: § 69 S. 1) und der Insolvenzschuldner.

Die *Mitglieder haften* für schuldhafte Pflichtverletzungen nur den Absonderungs- 16
berechtigten und den Insolvenzgläubigern, § 71, also weder dem Insolvenzschuldner noch den Massegläubigern oder Neugläubigern. Haften mehrere Ausschussmitglieder nebeneinander, sind sie Gesamtschuldner, § 421 BGB. Verschulden von *Hilfspersonen* ist über § 278 BGB zurechenbar, so dass ein Verweis auf § 60 II entbehrlich war; wegen der Verjährung der Ersatzansprüche gilt § 62 entsprechend, § 71 S. 2.

Zur *Entlassung* vgl. o. Rn. 15.

2. **Beschlussfähig** ist der Ausschuss bei Anwesenheit der Mehrheit seiner Mitglieder. Ein *Beschluss* 17
kommt zustande, wenn die Mehrheit der Abstimmenden dafür stimmt (wer sich enthält, stimmt nicht ab), § 72 (ohne klare Trennung zwischen Beschlussfähigkeit und Abstimmungsmehrheit).

3. **Aufgabe seiner Mitglieder** (nicht des Ausschusses als Institution) ist es, den 18
Verwalter bei seiner Geschäftsführung zu unterstützen und zu überwachen. Deshalb sind die einzelnen Mitglieder berechtigt und verpflichtet, sich über die Geschäftsführung zu unterrichten, § 69.

4. **Die Aufgaben des Ausschusses** 19

a) *Besonders bedeutsame Rechtshandlungen* des Verwalters bedürfen der *Zustimmung* des Ausschusses, die vor der Vornahme einzuholen ist („*wenn er* Rechtshandlungen vornehmen *will*"), § 160 I 1 (nur Beispiele in II, keine abschließende Aufzählung). Ist die einberufene Gläubigerversammlung beschlussunfähig, gilt die Zustimmung als erteilt; auf diese Fiktion sind die Gläubiger bei der Ladung zur Gläubigerversammlung hinzuweisen, § 160 I 3. Ein Verstoß gegen § 160 macht die Handlung des Verwalters nicht unwirksam, § 164.

Beispiel: Der Insolvenzverwalter veräußert ein Massegrundstück; da das Geschäft rasch abgeschlossen werden sollte, wurde die Zustimmung des Gläubigerausschusses nach § 160 II Nr. 1 nicht eingeholt. Die Rechtsgeschäfte sind gleichwohl wirksam, § 164; der Verwalter macht sich allerdings ggf. schadensersatzpflichtig (§ 60). In der Praxis schließt der Verwalter unter § 160 fallende Verträge unter Vorbehalt der Zustimmung des Gläubigerausschusses; darin liegt eine aufschiebende Bedingung, die eine Auflassung ausschließt, § 925 II BGB.

b) *Auskunftsverlangen* gegenüber dem Insolvenzschuldner, § 97 I (vgl. o. § 40 Rn. 10).

c) Zustimmung zur *Stillegung oder Veräußerung* des insolvenzschuldnerischen Unternehmens vor dem Berichtstermin (§ 156), § 158.

d) Zustimmung zu *Verteilungen,* § 187 III 2, und Bestimmung des Bruchteils bei Abschlagsverteilungen, § 195 I 1.

e) *Antrag* auf Entlassung des Verwalters, § 59 I 2, II 2, und auf Einberufung der Gläubigerversammlung, § 75 I Nr. 2.

f) Stellungnahme zur *Schlussrechnung* des Verwalters, § 66 II 2.

g) Mitwirkung bei Aufstellung und Durchführung eines *Insolvenzplans,* §§ 218 III, 231 II, 232 I Nr. 1, 233 S. 2, 261 II, 262.

5. Die Ausschussmitglieder haben Anspruch auf **Vergütung** und Auslagenersatz, § 73.

6. Der *Gläubigerausschuss* ist im *Vergleich zur Gläubigerversammlung,* weil 20
kleiner, das schneller entschluss- und handlungsfähige Organ. Gleichwohl ist die Versammlung dem Ausschuss übergeordnet: Dessen Existenz und Zusammenset-

zung hängt von der Gläubigerversammlung ab, § 68; auch wenn ein Ausschuss besteht, kann die Versammlung verlangen, dass der Verwalter in den Fällen des § 160 nur mit ihrer Zustimmung handelt (vgl. auch § 161 S. 2 und dazu o. Rn. 13); die grundlegende Entscheidungskompetenz über den Fortgang des Verfahrens liegt bei der Gläubigerversammlung, §§ 157, 159.

§ 43. Der Insolvenzverwalter

Literatur: *Mönning,* Die Auswahl des Verwalters als Problem der Qualitätssicherung in: KölSch S. 375; *Paulus,* Insolvenzverwalter und Gläubigerorgane, NZI 08, 705; *Stapper,* Neue Anforderungen an den Insolvenzverwalter, NJW 99, 3441; *Sterzinger,* Angestellte Insolvenzverwalter als Unternehmer, NZI 09, 208; *Uhlenbruck,* Das Bild des Insolvenzverwalters, KTS 98, 1.

I. Auswahl und Bestellung

1 1. Die wesentlichen Aufgaben im Insolvenzverfahren sind dem Insolvenzverwalter anvertraut. Seine Amtsführung entscheidet über den Erfolg des Verfahrens. Der Verwalter ist daher die **zentrale Figur** des Insolvenzverfahrens. Seine Auswahl steht im Ermessen des Insolvenzgerichts. § 56 I enthält Auswahlkriterien. Zum Verwalter ist eine für das einzelne Insolvenzverfahren geeignete, geschäftskundige, unabhängige natürliche Person zu bestellen.

2 Juristische Personen oder Gesellschaften ohne Rechtspersönlichkeit scheiden aus. Eine GmbH kann nicht als Verwalter bestellt werden. Ein Wechsel in den Vertretungsorganen der Gesellschaft würde faktisch eine andere handelnde und verantwortliche Person zur Folge haben. Das ist mit der Auswahlbefugnis des Insolvenzgerichts nicht vereinbar. Der Verwalter hat das Amt **höchstpersönlich** zu führen. Das schließt es nicht aus, die Wahrnehmung bestimmter Aufgaben zu delegieren, beispielsweise die Verwertung der Masse, die Steuerberatung und die Prozessvertretung. Aufgaben von besonderer Bedeutung muss der Verwalter selbst wahrnehmen. Stets trifft ihn die Pflicht zur Überwachung von Hilfspersonen (arg. § 60 II).

3 Der Verwalter muss **geschäftskundig** sein. Er sollte nicht nur über juristische Kenntnisse verfügen, sondern auch Kenntnisse und Erfahrungen in dem wirtschaftlichen Betätigungsfeld des Insolvenzschuldners mitbringen. Unter diesem Blickwinkel kommen insbesondere Rechtsanwälte, Wirtschaftsprüfer und Betriebswirte in Betracht. Der Verwalter muss ferner für das einzelne Insolvenzverfahren geeignet sein. Die Auswahl darf daher nicht schematisch erfolgen. Für Großinsolvenzen ist ein erfahrener Verwalter mit einer intakten Büroorganisation zu bestellen.

4 Ein wesentliches Kriterium für die Verwalterauswahl ist schließlich die **Unabhängigkeit** des Verwalters. Gläubiger und Schuldner sowie deren Organmitglieder und Arbeitnehmer scheiden aus. In Anlehnung an § 41 ZPO können die dort genannten Personen nicht zum Verwalter bestellt werden. Ein Rechtsanwalt, der den Schuldner beraten hatte, kommt als Verwalter nicht in Betracht. Das gilt insbesondere für den Sanierer eines (gescheiterten) außergerichtlichen Sanierungsversuchs.

Die Auswahlkriterien des § 56 I 1 gelten auch für den vorläufigen Insolvenzverwalter, § 21 II Nr. 1. Regelmäßig wird der vorläufige Insolvenzverwalter zum endgültigen Verwalter bestellt. Ein Rechtsmittel (isoliert) gegen die Bestellungsentscheidung als solche können weder der Schuldner noch Gläubiger einlegen (§ 6); § 34 II betrifft nur die sofortige Beschwerde des Insolvenzschuldners gegen die Eröffnung des Insolvenzverfahrens insgesamt. 5

In der Praxis erfolgt die Auswahl des Insolvenzverwalters zweistufig: Die Insolvenzgerichte nehmen zunächst eine Vorauswahl vor über den Kreis derjenigen Personen, die Interesse an der Übernahme des Verwalteramts haben und überhaupt als Verwalter in Betracht kommen. Erfüllt ein Bewerber die persönlichen und fachlichen Anforderungen für das Amt des Insolvenzverwalters im Allgemeinen (vgl. o. Rn. 1–4), wird er in eine Vorauswahlliste aufgenommen (*BGH* NJW-RR 08, 717). Im Zusammenhang mit dem Eröffnungsbeschluss trifft der Richter dann auf der Basis dieser Vorauswahlliste die eigentliche Auswahlentscheidung anhand der Kriterien des § 56 I 1 und bestimmt den für das konkrete Verfahren am besten geeigneten Verwalter. Die Betätigung als Insolvenzverwalter hat sich zum „Beruf" im Sinne des Art. 12 GG entwickelt. Die Vorauswahl gebietet daher eine Art. 12 GG und Art. 3 GG entsprechende Verfahrensgestaltung; die Vorauswahlentscheidung ist gerichtlich überprüfbar (Art. 19 IV GG, vgl. *BVerfG* NJW 04, 2725). Ein Anspruch auf Verwalterbestellung besteht indes nicht, wegen der einzelfallbezogenen Auswahl auch nicht auf proportionale Beteiligung an den Bestellungen. Ein Bewerber darf jedoch nicht willkürlich ausgeschlossen werden. Eine konkrete Bestellentscheidung unterliegt nicht der Überprüfung im Verfahren nach §§ 23 ff. EGGVG (*OLG Hamm* NZI 05, 111; mit dem Gebot effektiven Rechtsschutzes, *BVerfG* NZI 06, 453; a. A. *OLG Koblenz* NZI 05, 453: Antrag auf Feststellung nach § 28 I 4 EGGVG zulässig; dazu *Vallender* NZI 05, 473).

2. Die Bestellung des Verwalters erfolgt durch das Insolvenzgericht (den Richter, § 18 I Nr. 1 RPflG) gleich bei der Eröffnung des Verfahrens, § 27 I 1. In der ersten Gläubigerversammlung kann ein anderer Verwalter gewählt werden. Erforderlich ist neben der gemäß § 76 II berechneten Stimmenmehrheit auch die Mehrheit der abstimmenden Gläubiger („Kopfmehrheit"), § 57 S. 2. Das Erfordernis doppelter Mehrheit verhindert, dass ein oder mehrere „Großgläubiger" einen ihnen genehmen Verwalter installieren. Das Amt des Verwalters erlangt der Gewählte nicht schon mit der Wahl, sondern erst mit der Bestellung durch das Insolvenzgericht. Das Insolvenzgericht kann die Bestellung versagen, wenn der Gewählte nach den Maßstäben des § 56 I 1 nicht geeignet ist. 6

Gegen die Versagung steht (nur: § 6 I) jedem Insolvenzgläubiger die sofortige Beschwerde zu (§ 57 S. 3). Beschwerdeberechtigt ist ferner der absonderungsberechtigte Gläubiger, dem der Insolvenzschuldner auch persönlich haftet; denn insoweit ist er Insolvenzgläubiger (§ 52 S. 1), und Stimmrecht in der Gläubigerversammlung hat er ohnehin (§§ 76 II, 77).

Die Bestellung *mehrerer gleichrangiger Verwalter* ist nicht vorgesehen, doch ist die Bestellung eines **Sonderinsolvenzverwalters** möglich, soweit der Insolvenzverwalter aus rechtlichen oder tatsächlichen Gründen an der Erfüllung seiner Aufgaben gehindert ist.

II. Verwalter und Gericht

Der **Verwalter untersteht** in seiner Amtsführung der **Aufsicht des Gerichts,** § 58 I 1 (Richter oder Rechtspfleger: §§ 3 Nr. 2 Buchst. e, 18 I Nr. 1 RPflG). Er hat Auskunft zu geben, § 58 I 2. Bei mangelhafter Pflichterfüllung kann das Gericht Zwangsgeld als Beugemaßnahme festsetzen, § 58 II. Es kann den Verwalter nach Anhörung auch entlassen: von Amts wegen oder auf Antrag des Verwalters, des Gläubigerausschusses oder der Gläubigerversammlung; vorausgesetzt wird stets ein wichtiger Grund, § 59 I. Ein wichtiger Grund liegt vor beispielsweise bei Wegfall der Bestellungsvoraussetzungen, wiederholter oder einmaliger schwerwiegender 7

Pflichtverletzung (insbesondere Straftat), Amtsunfähigkeit (dauerhaft schwere Erkrankung, Trunksucht), Interessenkollisionen (wirtschaftliche Verflechtung mit Schuldner oder einzelnen Gläubigern); ein Verschulden ist nicht erforderlich. Kein Entlassungsgrund sind nur persönliche Spannungen zwischen dem Verwalter und anderen Beteiligten, erforderlich sind sachliche Gründe. Das Insolvenzgericht hat von Amts wegen zu ermitteln (§ 5 I) und den Verwalter zu hören (§ 59 I 3); gegen die Entlassung findet die sofortige Beschwerde statt, § 59 II.

III. Aufgaben des Verwalters

8 1. Das **Verwaltungs- und Verfügungsrecht über die Masse** geht mit Verfahrenseröffnung vom Insolvenzschuldner auf den Verwalter über, § 80 I. Daher hat er das Recht und die Pflicht, die Masse sofort in *Besitz und Verwaltung* zu nehmen, § 148 I.

Unmittelbaren Besitz erwirbt er gemäß § 854 I BGB. Gibt der Insolvenzschuldner die Sachen nicht freiwillig heraus, so muss der Verwalter sie durch einen Gerichtsvollzieher nach §§ 883, 885 ZPO wegnehmen lassen. Vollstreckungstitel ist die vollstreckbare Ausfertigung des Eröffnungsbeschlusses, § 148 II 1. In dem Vollstreckungstitel sind die wegzunehmenden Gegenstände (anders als bei der gewöhnlichen Herausgabevollstreckung nach §§ 883, 885 ZPO) nicht einzelnen bezeichnet. Der Gerichtsvollzieher hat gleichwohl nicht materiellrechtlich zu prüfen, ob die Gegenstände zur Insolvenzmasse gehören. Abzustellen ist allein auf den Gewahrsam (vgl. § 148 II 1) des Schuldners (wie bei § 808 ZPO). Unpfändbare Gegenstände, die nicht zur Insolvenzmasse gehören (§ 36; § 811 ZPO), sind nicht der Herausgabevollstreckung nach § 148 II unterworfen. Die Unpfändbarkeit hat der Gerichtsvollzieher zu prüfen. – Aus der vollstreckbaren Ausfertigung des Eröffnungsbeschlusses darf nur gegen den Schuldner, nicht gegen Dritte vollstreckt werden; nach § 739 ZPO gilt der Ehegatte des Insolvenzschuldners nicht als „Dritter“. Gegen nicht herausgabebereite Dritte muss der Verwalter auf Herausgabe klagen. – Ob vor einer Wohnungsdurchsuchung eine richterliche Anordnung nötig ist (Art. 13 II GG mit § 758 a ZPO), ist str., aber aus den o. § 8 Rn. 18 dargestellten Gründen zu bejahen. Dasselbe muss für eine Räumung gelten, da der Eröffnungsbeschluss – anders als ein Urteil (vgl. o. § 8 Rn. 18) – nicht auf Räumung lautet, sondern ein „Generaltitel“ ist (*Baur/Stürner* II Rn. 6.15). Allein der Eröffnungsbeschluss berechtigt den Verwalter und den von ihm beauftragten Gerichtsvollzieher nicht, zum Zweck der Inbesitznahme die Schuldnerwohnung zu betreten (sehr str.; a. A. FK-InsO/*Wegener* § 148, 13 m. N.; vgl. demgegenüber § 758 a II ZPO). Die Vollstreckungserinnerung (§ 766 ZPO) geht an das Insolvenzgericht (Richter: § 20 Nr. 17 RPflG), § 148 II 2. Seine Entscheidung ist unanfechtbar, § 6 I. *Mittelbaren* Besitz erlangt der Verwalter nach § 80 I.

9 Die Verfügungsmacht des Verwalters nach § 80 I dient dazu, das Ziel des Insolvenzverfahrens – gemeinschaftliche Befriedigung der Gläubiger (§ 1 S. 1) – zu erreichen. Sie ist daher objektiv durch den Verfahrenszweck begrenzt. Evident zweckwidrige Rechtshandlungen des Verwalters sind unwirksam (*BGH* NJW 94, 326; *Jauernig*, FS Weber, S. 307 ff.). Zum Schutze des Rechtsverkehrs setzt die Unwirksamkeit des Rechtsgeschäfts des Verwalters neben der Evidenz der Insolvenzzweckwidrigkeit – in Anlehnung an die Grundsätze vom Missbrauch der Vertretungsmacht – weiter voraus, dass sich dem Geschäftspartner begründete Zweifel an der Vereinbarkeit des Verwalterhandelns mit dem Insolvenzzweck aufdrängen mussten (*BGH* NJW 02, 2785). Selbstkontrahieren (§ 181 BGB) ist dem Verwalter nicht gestattet, das Rechtsgeschäft daher unwirksam (vgl. BGHZ 113, 270).

10 2. Die **Verwaltung** umfasst die Sicherung und Feststellung der Massegegenstände sowie die Wahrnehmung der Masserechte. Zur Sicherung der Masse kann der Verwalter Siegel anbringen lassen (§ 150). Häufig hat der Schuldner die (spätere)

Masse vernachlässigt. Sofort nach der Übernahme des Amtes hat der Verwalter die Sachversicherung der Massegegenstände (Gebäude-, Wasser-, Sturm-, Brandversicherung usw.) zu prüfen, Prämienrückstände zu beseitigen und Verträge ggf. neu abzuschließen. Verderbliche Warenvorräte sind zu verkaufen, Verkehrssicherungspflichten (Räum- und Streupflicht) zu erfüllen. Im Rahmen einer Unternehmensfortführung treffen den Verwalter die Pflichten als Arbeitgeber; hinsichtlich der Buchführung und Rechnungslegung für die Insolvenzmasse vgl. § 155 I 2. Zur Sicherung des Massebestandes hat der Verwalter ein **Verzeichnis aller Massegegenstände** mit Wertangabe aufzustellen, § 151, ferner ein **Verzeichnis aller** ihm bekannten **Gläubiger** (Absonderungsberechtigte sowie vollrangige und nachrangige Insolvenzgläubiger, gleichgültig, ob sie ihre Forderungen angemeldet haben oder nicht [anders bei der Tabelle, § 175]), § 152. Auf der Grundlage beider Verzeichnisse hat der Verwalter eine **Vermögensübersicht** aufzustellen, § 153 I. Sie stellt die Aktiva und Passiva mit Wertangaben einander gegenüber; das Gericht kann auf Antrag des Verwalters oder eines Gläubigers (im Sinne von § 152) den Insolvenzschuldner auffordern, die Vollständigkeit der Übersicht eidesstattlich zu versichern, § 153 II, wenn das erforderlich erscheint (§ 98 I 1). Damit ist den Beteiligten ein erster (grober) Überblick über die Masse und die Aussichten der Gläubiger möglich (zum Einsichtsrecht s. § 154).

3. In der ersten Gläubigerversammlung, dem **Berichtstermin** (§ 29 I Nr. 1), hat 11 der Verwalter über die wirtschaftliche Lage des Insolvenzschuldners und ihre Ursachen zu berichten. Aufgrund dieses analysierenden Berichts hat der Verwalter bei einer Unternehmens(träger)insolvenz die wichtige Frage zu beantworten, ob Aussichten bestehen, das Unternehmen im ganzen oder in Teilen zu erhalten, sei es durch eine Sanierung des Insolvenzschuldners, d. h. des Unternehmensträgers, sei es durch eine übertragende Sanierung, d. h. durch Übertragung des Unternehmens (eines Betriebs oder Betriebsteils) vom Insolvenzschuldner auf einen anderen Rechtsträger. Weiter hat sich der Verwalter darüber zu äußern, welche Möglichkeiten für einen Insolvenzplan bestehen, der eine Gläubigerbefriedigung auf Wegen ermöglicht, die von den gesetzlich vorgeschriebenen Pfaden abweichen können (§ 217). Der für die betroffenen Gläubiger wichtigste Punkt ist der letzte, über den sich der Verwalter auslassen muss. Er hat die Auswirkungen darzulegen, die eine Liquidation des Insolvenzschuldners, eine (übertragende) Sanierung oder ein Insolvenzplan für die Befriedigung der Gläubiger haben würde. Der Bericht des Verwalters über Vergangenheit (Insolvenzursachen), Gegenwart (wirtschaftliche Lage) und Zukunft (Verwertung, Sanierung, Insolvenzplan), § 156 I, sowie die dazu abgegebenen Stellungnahmen und Äußerungen, § 156 II, bilden die Grundlage für die im Berichtstermin von der Gläubigerversammlung zu beschließende Stillegung oder vorläufige Fortführung des schuldnerischen Unternehmens, ferner für die Entscheidung, ob und mit welchem Ziel der Verwalter einen Insolvenzplan ausarbeiten soll (alles später abänderbar), § 157. Wenn die Gläubigerversammlung nichts anderes beschlossen hat, hat der Verwalter unverzüglich nach dem Berichtstermin mit der Verwertung zu beginnen, § 159.

4. Bei **Feststellung der Schuldenmasse** hat der Verwalter maßgebend mitzuwir- 12 ken. Die Insolvenzforderungen sind bei ihm – nicht beim Insolvenzgericht – anzumelden, § 174 I 1, und von ihm in eine Tabelle einzutragen, § 175. Um angemeldete, aber unberechtigte Forderungen abzuwehren, kann er Widerspruch erheben und dadurch einen Prozess über die Feststellung der bestrittenen Forderung erzwingen, §§ 178 I, 179 (vgl. u. § 56 Rn. 17 ff.).

13 5. **Die Verwertung** der Massegegenstände unterliegt, wenn sie nicht durch einen Insolvenzplan modifiziert wird (§ 1 S. 1, § 217), **folgenden Regeln.**

Der Verwalter kann die Gegenstände *freihändig veräußern:* bewegliche Sachen und Grundstücke (vgl. § 160 II Nr. 1) durch Übereignung, Forderungen und andere Rechte durch Übertragung oder Einziehung. Möglich ist auch die Veräußerung eines Grundstücks durch *Zwangsversteigerung* (dazu bedarf der Verwalter keines besonderen Vollstreckungstitels, er ist durch die Eröffnung des Insolvenzverfahrens und seine Bestellung legitimiert), vgl. § 165. Er kann – vorbehaltlich abweichender Beschlüsse der Gläubigerversammlung, § 157 S. 1, § 159 – das *Unternehmen* oder einen Betrieb des Insolvenzschuldners *schließen oder fortführen* sowie im Ganzen oder nach und nach *veräußern* (vgl. § 160 II Nr. 1, §§ 162 f.). Die vorläufige Unternehmensfortführung, über die die Gläubigerversammlung im Berichtstermin zu beschließen hat (§ 157 S. 1), kann erforderlich sein, um das Unternehmen durch günstige Veräußerung zu verwerten (übertragende Sanierung) oder den Unternehmensträger selbst zu sanieren, statt das Unternehmen durch masseschädliche Liquidation umgehend zu zerschlagen. Eine Fortführung scheidet praktisch aus, wenn der Verwalter mit Zustimmung des Gläubigerausschusses schon vor der Befassung der Gläubigerversammlung im Berichtstermin (§ 157) das Unternehmen stillgelegt oder veräußert hat, § 158. Betriebsveräußerungen im Insolvenzverfahren werden durch § 613 a BGB erschwert. Danach tritt der Betriebserwerber in die beim Übergang bestehenden Arbeitsverhältnisse ein (§ 613 a I BGB), die weder vom Verwalter noch vom Erwerber aufgrund des Betriebsübergangs gekündigt werden können (§ 613 a IV BGB). Zulässig ist allerdings eine Kündigung noch durch den Verwalter, wenn ihr tragender Grund ein verbindliches Sanierungskonzept des Erwerbers ist (*BAG* NJW 03, 3506, 3507). Betriebsänderungen nach Veräußerung des Betriebs werden durch § 128, §§ 125–127 erleichtert (vgl. § 49 Rn. 31).

14 Der Verwalter kann Gegenstände aus der Masse freigeben, wenn ihre Verwertung keinen Ertrag für die Masse verspricht und vielleicht nur Kosten verursacht. Das ist häufig bei Grundstücken geboten, die über ihren Verkehrswert hinaus mit Grundpfandrechten oder die mit umweltgefährdenden „Altlasten" belastet sind. Die Freigabe ist zulässig (arg. § 32 III, 35 II 1), und zwar auch bei juristischen Personen (*Foerste* Rn. 172 ff.). Als Folge der Freigabe erhält der Schuldner die Verwaltungs- und Verfügungsmacht zurück.

Von der echten Freigabe zugunsten des Schuldners zu unterscheiden ist die unechte Freigabe eines massefremden Gegenstands zugunsten eines Aussonderungsberechtigten; zur modifizierten Freigabe vgl. u. Rn. 27.

Eine von der Freigabe strikt zu unterscheidende *„haftungsrechtliche Gesamterklärung"* sieht § 35 II vor. Anders als die Freigabe dient sie allein der haftungsmäßigen Zuordnung von Neuerwerb und Neuverbindlichkeiten aus einer unternehmerischen Tätigkeit des Insolvenzschuldners (dazu *Chr. Berger* ZInsO 08, 1101): Bleibt oder wird der Insolvenzschuldner nach Verfahrenseröffnung selbstständig tätig, schafft die Möglichkeit aus § 35 II 1 zugleich die Pflicht des Verwalters, sich zur selbstständigen Tätigkeit des Insolvenzschuldners zu erklären. Erklärt er sich nicht oder verspätet, obwohl er die Schuldnertätigkeit erkennen konnte, fällt der erwirtschaftete Neuerwerb in die Masse (§ 35 I); durch den Schuldner begründete Verbindlichkeiten sind Masseverbindlichkeit nach § 55 I Nr. 1. Gleiches gilt, wenn sich der Verwalter ausdrücklich für die Einbeziehung des Neuerwerbs erklärt („Positiverklärung"). Lehnt es der Verwalter ab, den Neuerwerb für die Masse in Anspruch zu nehmen („Negativerklärung"), haftet diese auch nicht für vom Schuldner nach Verfahrenseröffnung eingegangene Verbindlichkeiten. Die Erklärungspflicht aus § 35 II 1 setzt den Verwalter einem erheblichen Risiko der Haftung aus § 60 aus; er muss abwägen, ob der Behalt des Neuerwerbs um den Preis der Belastung mit Masseverbindlichkeiten für die Masse insgesamt vorteilhaft ist. Bei einer Positiverklärung scheidet eine Haftung aus § 61 aus. Um Selbstständige gegenüber abhängig Beschäftigten nicht besser zu stellen, ist die Negativerklärung mit einer Abführungspflicht entsprechend § 295 II verbunden, § 35 II 2.

15 Zu *Rechtshandlungen von besonderer Bedeutung* für das Insolvenzverfahren hat der Verwalter die (vorherige) *Zustimmung des Gläubigerausschusses oder der Gläubigerversammlung* einzuholen, § 160 I, auch § 161. Dazu gehören beispielsweise (§ 160 II) die beabsichtigte freihändige Veräußerung eines Grundstücks oder des Unternehmens des Insolvenzschuldners, die Aufnahme eines die Masse erheblich belastenden Darlehens, (Nicht-)Aufnahme oder vergleichsweise Erledigung eines Rechtsstreits mit erheblichem Streitwert. Vor einer Betriebsveräußerung an „In-

sider“ oder Großgläubiger muss die Gläubigerversammlung zustimmen, § 162. Deren Zustimmung ist ferner kraft (beantragter und erfolgter) gerichtlicher Anordnung nötig, wenn der Betrieb veräußert werden soll und der Antragsteller glaubhaft macht, die Veräußerung an einen anderen Erwerber brächte mehr, § 163 I. Auch wenn die Zustimmung fehlt, ist die Handlung des Verwalters wirksam, § 164. Er macht sich aber bei Handeln ohne Zustimmung schadenersatzpflichtig, § 60 I 1; bei schwerwiegenden Verstößen kann er entlassen werden, § 59 I.

6. Der Verwalter hat die **Barmittel** der Insolvenzmasse zu **verteilen,** §§ 187 ff. (vgl. u. § 57).

7. Den Verwalter trifft eine **Auskunfts- und Berichtspflicht** dem Gericht (§ 58) 16
und der Gläubigerversammlung (§§ 79, 156 f.) gegenüber. Er hat der Gläubigerversammlung **Schlussrechnung** und vorher nach Aufforderung Zwischenrechnungen zu legen, § 66 I, III.

8. Der Verwalter übt das **Anfechtungsrecht,** §§ 130 ff., aus, § 129 I (Ausnahmen 17
in §§ 280, 313 II), vgl. u. §§ 51 Rn. 17, 64 Rn. 16, § 65 Rn. 35 (dazu § 51 Rn. 16).

9. Er hat, wenn das im **Insolvenzplan** vorgesehen ist, dessen **Erfüllung** zu 18
überwachen und darüber zu berichten, §§ 260, auch 261, 263 (vgl. u. § 63 Rn. 3).

IV. Die Haftung des Verwalters

Literatur: *Bank/Weinbeer,* Insolvenzverwalterhaftung unter besonderer Berücksichtigung der aktuellen BGH-Rechtsprechung, NZI 05, 478; *Chr. Berger,* Die persönliche Haftung des Insolvenzverwalters gegenüber dem Prozessgegner bei erfolgloser Prozessführung für die Masse, KTS 04, 185; *W. Lüke,* Die persönliche Haftung des Insolvenzverwalters, 1986 (dazu *Gerhardt* ZIP 87, 760 ff.); *W. Lüke,* Persönliche Haftung des Verwalters in der Insolvenz, 2. Aufl., 1996.

1. Der Verwalter haftet allen Beteiligten gegenüber auf Schadenersatz, wenn er 19
schuldhaft die ihm von der InsO auferlegten Pflichten verletzt; von ihm wird die **Sorgfalt eines ordentlichen und gewissenhaften Insolvenzverwalters** gefordert, § 60 I. Dieser Maßstab erlaubt es, die besonderen Schwierigkeiten zu berücksichtigen, denen sich der Verwalter namentlich bei Insolvenz eines Unternehmens(-trägers) gegenübersieht: Die Fortführung des Unternehmens bedarf einer Einarbeitungszeit, der Erfolg einer Fortführung ist schwer zu prognostizieren, der Rückgriff auf zuverlässige, tüchtige Mitarbeiter des Insolvenzschuldners wird häufig nicht mehr möglich sein.

2. Die Haftung beruht auf einem **gesetzlichen Schuldverhältnis,** so dass der 20
Verwalter für das Verschulden seiner Hilfspersonen nach § 278 BGB einstehen muss. Davon macht § 60 II eine Ausnahme im Hinblick auf Angestellte des Insolvenzschuldners, deren sich der Verwalter notgedrungen in ihrem bisherigen Tätigkeitsbereich bedienen muss und die dafür nicht offensichtlich ungeeignet sind (wie z. B. ein an Finanzmanipulationen eindeutig beteiligter Buchhalter); hier ist der Verwalter nur für die Überwachung und für besonders bedeutsame Entscheidungen verantwortlich. Fehlt der Zwang (das „Muss“) zur Weiterbeschäftigung dieser Angestellten, so haftet der Verwalter nach § 278 BGB, ebenso bei deren offensichtlicher Ungeeignetheit (denn keine Hilfe ist besser als schlechte). Der Ersatzanspruch **verjährt** gemäß § 62. Als **Beteiligte** sind alle Personen anzusehen, denen gegenüber der Verwalter

nach der InsO Pflichten hat (arg. § 60 I 1). Dazu gehören die Insolvenzgläubiger, der Insolvenzschuldner, die Massegläubiger (mit ergänzender Spezialregelung in § 61), die Aus- und Absonderungsberechtigten und die Neugläubiger (§§ 264 ff.). Die Haftung aus § 60 ist auf den Ersatz des negativen Interesses gerichtet; der Geschädigte ist so zu stellen, wie wenn der Insolvenzverwalter die Pflichtverletzung nicht begangen hätte, § 249 I BGB (*BGH* NJW 07, 1596).

Beispiele: Nimmt der Verwalter eine festgestellte Forderung nicht in das Verzeichnis der bei einer Verteilung zu berücksichtigenden Forderungen auf (§ 188) und fällt der Gläubiger deshalb bei der Schlussverteilung aus, haftet der Verwalter persönlich; hat der Gläubiger gegen das Verzeichnis keine Einwendungen erhoben, kann die Ersatzpflicht nach § 254 BGB gemindert sein (*BGH* NJW 94, 2286, 2287 [zur KO]). – Behandelt der Verwalter oder eine Hilfsperson (§ 278 BGB) massefremde Gegenstände nicht sorgfältig, so haftet der Verwalter dem Aussonderungberechtigten nach § 60; ebenso, wenn er den Gegenstand nicht heraus gibt. – Klagt der Verwalter eine Masseforderung erst nach Ablauf der Verjährungsfrist ein und beruft sich der Drittschuldner auf Verjährung, haftet der Verwalter den Insolvenzgläubigern auf Schadensersatz, wenn er die Hemmung der Verjährung etwa durch rechtzeitige Klageerhebung (§ 204 I Nr. 1 BGB) versäumt hat. Der Schaden besteht in der geringeren Quote, die auf jeden einzelnen Insolvenzgläubiger entfällt. Geltend gemacht werden kann der Schaden freilich nicht von dem einzelnen Insolvenzgläubiger; vielmehr liegt ein *Gesamtschaden* vor, der nach § 92 S. 1 in die Masse zu berichtigen ist. Damit erhöht sich die Quote jeden einzelnen Gläubigers. Geltend gemacht wird der Gesamtschadensanspruch von einem neu bestellten Verwalter (§ 92 S. 2; als Sonderverwalter oder als Nachfolger des entlassenen schadenersatzpflichtigen Verwalters).

21 Nach § 61 S. 1 haftet der Verwalter einem Massegläubiger (dazu Rn. 20), wenn eine Masseforderung aus der Insolvenzmasse nicht voll befriedigt werden kann, die der Verwalter durch eine Rechtshandlung begründet hat. Diese Regelung soll die Bereitschaft erhöhen, der Masse noch „Kredit" zu geben, indem das Ausfallrisiko durch eine persönliche Verwalterhaftung übernommen wird.

Beispiel: Kauft der Verwalter zur Fortführung des Schuldnerunternehmens Rohstoffe ein, hat er persönlich einzustehen, wenn die Bezahlung aus der Masse nicht möglich ist. Seine Haftung umfasst das negative Interesse (*BGH* NJW 04, 3334, 3337 f.). Sie entfällt nach § 61 S. 2, wenn der Verwalter beweist, dass entweder objektiv von einer zur Erfüllung der Verbindlichkeit ausreichenden Masse auszugehen war oder er die Unzulänglichkeit nicht erkennen konnte; der Verwalter muss dazu einen Liquiditätsplan erstellen und diesen bis zum Zeitpunkt der Begründung der Verbindlichkeit ständig überprüfen (*BGH* NJW 04, 3334, 3337). Anders als bei § 60 wird nach § 61 kein Gesamtschaden reguliert; es handelt sich um einen Individualanspruch, den nur der Neugläubiger, nicht aber der Verwalter gegen seinen Amtsvorgänger geltend machen kann (*BGH* NZI 06, 580).

22 Führt der Verwalter einen Prozess für die Masse und unterliegt, haftet er für den nicht aus der Masse beitreibbaren Prozesskostenerstattungsanspruch des Gegners (vgl. § 91 ZPO) weder nach § 60 (keine insolvenzspezifischen Pflichten gegenüber dem Prozessgegner, *BGH* NJW 01, 3187) noch nach § 61 S. 1 (*BGH* NJW 05, 901, 902).

23 Nichtbeteiligten Dritten haftet der Verwalter nach allgemeinen deliktsrechtlichen Grundsätzen, insbesondere gemäß §§ 823 ff. BGB. Bedeutung gewinnt diese Haftung bei der Verletzung von Verkehrssicherungspflichten hinsichtlich von Massegegenständen, etwa beim Betrieb gefährlicher Anlagen oder der Verletzung der Räum- und Streupflicht. Führt der Verwalter ein Unternehmen fort und verletzt dabei schuldhaft ein fremdes Patent, eine Marke oder ein Urheberrecht, so hat er persönlich Schadensersatz zu leisten (§ 139 PatG; § 14 VI MarkenG; § 97 UrhG). Die Eigenhaftung des Verwalters für Pflichtverletzungen beim Vertragsschluss nach § 311 III BGB setzt allerdings besondere Umstände voraus, denn der Dritte muss regelmäßig damit rechnen, dass der Verwalter seine besondere Sachkunde nur für die im Sinne des § 60 Beteiligten einsetzt; allein das Auftreten als Verwalter genügt deshalb nicht (*BGH* NJW-RR 90, 94, 96; 05, 1137, 1138 zu § 82 KO).

Von der persönlichen Haftung des Verwalters zu unterscheiden ist die Haftung der Masse für deliktisches Handeln des Verwalters analog § 31 BGB (*Häsemeyer* Rn. 14.10). Entsprechende Schadensersatzansprüche sind Masseschulden (§ 55 I Nr. 1). Der Verwalter wiederum kann der Masse nach § 60 I regresspflichtig sein (*Häsemeyer* Rn. 6.34). 24

In der Praxis schließen Verwalter Berufshaftpflichtversicherungen ab (dazu *van Bühen* NZI 03, 465).

V. Der Verwalter übt nach § 80 I das **Prozessführungsrecht** aus.

1. **Neue Prozesse,** die die Masse betreffen und erst nach Eröffnung des Insolvenzverfahrens beginnen, sind vom Verwalter als Kläger oder Beklagter zu führen. Beispielsweise ist der Verwalter befugt, Forderungen der Masse gerichtlich einzuklagen und ggf. zu vollstrecken. Klagen von Massegläubigern sind gegen den Verwalter zu richten. Im Prozess ist der Verwalter gesetzlicher Prozessstandschafter. Klagen von *Insolvenz*gläubigern gegen den Verwalter sind unzulässig; das folgt aus § 87. Will der Verwalter einen Prozess mit erheblichem Streitwert beginnen, so bedarf er der vorherigen Zustimmung des Gläubigerausschusses oder der Gläubigerversammlung, § 160 I, II Nr. 3 (keine Wirksamkeitsvoraussetzung im Außenverhältnis, § 164). 25

Hat der Verwalter einen **Massegegenstand** zugunsten des Insolvenzschuldners **freigegeben** (dazu o. Rn. 14), so kann dieser über den Gegenstand prozessieren; denn die Freigabe ist eine Willenserklärung des Verwalters gegenüber dem Insolvenzschuldner, die klar erkennen lässt, dass die Massezugehörigkeit auf Dauer enden soll (BGHZ 127, 163). Der Gegenstand wird in das insolvenzfreie Vermögen des Insolvenzschuldners übergeleitet. 26

Unter der Herrschaft der KO hat der BGH eine *modifizierte Freigabe* zugelassen (BGHZ 100, 218 m. N.; dagegen *Häsemeyer* Rn. 13.16). Bei ihr ermächtigt der Verwalter den Insolvenzschuldner, ein zur Masse gehörendes Recht im eigenen Namen gerichtet auf Leistung an die Masse einzuklagen. Das ist eine Art gewillkürter Prozessstandschaft (der – nur – Verfügungsberechtigte überträgt die Prozessführungsbefugnis auf den Rechtsinhaber zurück, sog. Rückermächtigung). Das notwendige Rechtsschutzbedürfnis soll einer juristischen Person sowie einer überschuldeten und vermögenslosen Personengesellschaft ermangeln, weil sie wegen fehlender Aussicht auf Fortführung des Geschäftsbetriebs nichts vom Prozessgewinn hätten (BGHZ 100, 220). Bei natürlichen Personen liege es in der Regel anders, da sie der freien Nachforderung nach Insolvenzende ausgesetzt (§ 201 I) und daher an der Vermehrung der Masse durch den Prozess selbst interessiert seien. Die Beitreibung von Masseforderungen ist aber Sache des Verwalters (§ 80 I). Hat die Masse jedoch kein Geld zum Prozessieren (wie im Fall BGHZ 100, 217, 221), so kann eine Rückermächtigung ausnahmsweise zulässig sein, z. B. zwecks Hemmung drohender Verjährung, sofern Leistung zur Masse verlangt wird. 27

2. **Anhängige Prozesse,** die die Masse betreffen, werden unterbrochen, wenn im Eröffnungsverfahren einem vorläufigen Insolvenzverwalter die Verwaltungs- und Verfügungsbefugnis übertragen wird (§ 240 S. 2 ZPO mit § 22 I 1), anderenfalls mit Eröffnung des Insolvenzverfahrens, § 240 S. 1 ZPO. Die Unterbrechung endet mit der Beendigung des Insolvenzverfahrens, sofern der Prozess nicht vorher nach den Vorschriften der InsO aufgenommen wird, § 240 ZPO. Diese unterscheiden zwischen Aktiv- und Passivprozessen (dazu *P. Meyer,* Die Auswirkungen der Insolvenz …, 2005, S. 51 ff.). 28

a) Bei **Aktivprozessen** wird ein Recht (ein „Aktivum“) für die Masse in Anspruch genommen; deshalb ist meist der Insolvenzschuldner Kläger, er kann aber auch Beklagter sein (Beispiel: BGHZ 36, 260, 264 für Inzidentantrag gemäß § 717 III ZPO). Aktivprozesse können *nur vom Verwalter aufgenommen* werden, § 85 I 1 (Schutz gegen verzögerte Aufnahme über § 239 II–IV ZPO: § 85 I 2). Bei dieser Entscheidung hat sich der Verwalter davon leiten zu lassen, ob die Fortsetzung des Prozesses etwas für die Masse bringt. Hat z. B. der Insolvenzschuldner eine Kaufpreisklage oder eine Klage auf Herausgabe einer ihm gehörenden Sache erhoben, und hält der Verwalter den Prozess oder eine Vollstreckung für aussichts- 29 los, so wird er die Aufnahme ablehnen. Darin liegt in der Regel die Freigabe des Massegegenstandes, also seine Überführung in das insolvenzfreie Vermögen (dazu o. Rn. 14). Aufgrund der Ablehnung kann der Insolvenzschuldner oder der Gegner den Rechtsstreit aufnehmen, § 85 II. Erst mit der Aufnahme endet die Unterbrechung, § 240 ZPO. Führung und Ergebnis des aufgenommenen Prozesses berühren dank der Freigabe die Masse nicht mehr.

30 b) Bei **Passivprozessen** ist Streitgegenstand ein Anspruch gegen den Insolvenzschuldner. Daher ist dieser zumeist Beklagter (*Beispiele:* Klage gegen den Insolvenzschuldner auf Kaufpreiszahlung oder auf Ersatz des Verzugsschadens). Diese Prozesse können zu einer Minderung der Masse führen. Daher ist im Hinblick auf den Prozessgegenstand zu unterscheiden.

31 (1) Betrifft der Passivprozess eine *Insolvenzforderung,* so ist seine Aufnahme ausgeschlossen. Der Insolvenzgläubiger kann seine Forderung nur durch Anmeldung und Prüfung im Insolvenzverfahren verfolgen, § 87; dabei kann es zu einer besonderen Art der Aufnahme des unterbrochenen Prozesses kommen, § 180 II (vgl. u. § 56 Rn. 23).

32 (2) Handelt es sich um *Aussonderungs- oder Absonderungsrechte oder* um *Masseverbindlichkeiten,* so können der Insolvenzverwalter oder der Gegner den Prozess aufnehmen, § 86 I. Die Prozesskosten sind bei Unterliegen des Verwalters eine Masseverbindlichkeit, § 55 I Nr. 1 (Ausnahme: § 86 II).

Beispiele: Der Insolvenzschuldner ist verklagt auf Herausgabe einer Sache nach § 985 BGB (Aussonderungsrecht); auf Duldung der Zwangsvollstreckung in sein Grundstück wegen einer hypothekarisch gesicherten Forderung, § 1147 BGB (Absonderungsrecht); auf Leistung aus einem gegenseitigen Vertrag, dessen Erfüllung der Insolvenzverwalter nach § 103 verlangt (Masseverbindlichkeit).

Auch hier ist Freigabe durch den Verwalter möglich (*BGH* NJW 73, 2065 für Absonderungsrecht). Dann entscheidet neben dem Gegner der Insolvenzschuldner statt des Insolvenzverwalters über die Aufnahme.

33 c) **Prozesse,** die die **Masse nicht berühren,** laufen ohne Unterbrechung weiter, z. B. das Ehescheidungsverfahren des Insolvenzschuldners oder ein Prozess über insolvenzfreies Vermögen.

Ein laufendes Einzelzwangsvollstreckungsverfahren wird nicht nach § 240 ZPO unterbrochen; vielmehr werden getroffene Pfändungsmaßnahmen nach den spezielleren Vorschriften der §§ 88 ff. unzulässig (BGHZ 172, 16, 18; vgl. dazu u. § 47).

34 **VI.** Die **Vergütung** des Insolvenzverwalters richtet sich nach §§ 63 ff. i. V. m. der Insolvenzrechtlichen Vergütungsverordnung (InsVV) v. 19. 8. 1998. Die Höhe der Vergütung bemisst sich nach dem Wert der Aktivmasse am Verfahrensende; dem Verwalter kommen daher beispielsweise erfolgreich geführte Anfechtungsprozesse (§§ 129 ff.) auch persönlich zugute. Die Vergütung wird vom Gericht festgesetzt.

Berechnungsbeispiel: Die Insolvenzaktivmasse beträgt am Ende des Verfahrens 250 000 Euro; das Verfahren wies keine besonderen Schwierigkeiten auf (§ 63 I 3); allerdings hat der Verwalter – ein Rechtsanwalt – einen Anfechtungsprozess geführt. Die Vergütung beträgt hier nach § 2 I InsVV: 40 % aus 25 000 Euro *plus* 25 % aus 25 000 Euro (nur Mehrbetrag!) *plus* 7 % aus 200 000 Euro (nur Mehrbetrag!); ergibt zusammen 30 250 Euro. Zudem kann der Verwalter Gebühren und Auslagen nach dem RVG wegen des Prozesses verlangen (§ 5 InsVV).

35 **VII. Insolvenzverfahren ohne Verwalter** sind das Verfahren mit Eigenverwaltung und das Vereinfachte Insolvenzverfahren. In jenem wird anstelle des Insolvenzverwalters ein Sachwalter bestellt, § 270 III 1. In diesem werden die Aufgaben des Insolvenzverwalters von einem Treuhänder wahrgenommen, § 313 I 1 (ausgenommen die Insolvenzanfechtung und die Verwertung von Gegenständen, an denen ein Absonderungsrecht besteht, § 313 II, III).

VIII. Die Einordnung der Rechtsstellung des Insolvenzverwalters

1. Seit In-Kraft-Treten der KO im Jahre 1879 streitet man über die rechtliche Einordnung der Stellung des Verwalters. Die InsO hat die Frage nicht geklärt. Ziel der Bemühungen ist es, den Konkurs- bzw. Insolvenzverwalter rechtssystematisch zu erfassen und seine materiellrechtlichen und prozessualen Handlungsbefugnisse in das System zivilrechtlicher Zurechnungsmodelle einzuordnen. 36

Eingehende Darstellung der Theorien bei *Häsemeyer* Rn. 15.01–15.09; JHG/*Windel* § 80, 11 ff.; MünchKomm-InsO/*Ott/Vuia* § 80 Rn. 20–42; krit. zum Theorienstreit *Kluth* NZI 00, 351.

Nach der **Vertretertheorie** ist der Verwalter gesetzlicher Vertreter des Insolvenzschuldners in Bezug auf die Masse. Danach übt der Verwalter seine Handlungsbefugnisse in fremdem Namen (dem des Schuldners) aus; im Prozess ist der Schuldner Partei. 37

So *Jaeger/Lent* vor §§ 6 bis 9 (m. N. unter IV 3).

Nach der von der Rechtsprechung und der herrschenden Literaturmeinung vertretenen **Amtstheorie** übt der Insolvenzverwalter ein ihm übertragenes Amt im eigenen Namen aus. 38

St. Rspr., grundlegend RGZ 29, 29; *BGH* NJW 95, 1484; *Häsemeyer* Rn. 15.06; *Henckel*, Parteilehre und Streitgegenstand, 1961, S. 118 ff.; *Uhlenbruck* § 56, 66 ff.; StJ/*Bork* 33 ff. vor § 50; JHG/*Windel* § 80, 275.

Zwischen der Vertreter- und der Amtstheorie vermittelt die **Organtheorie.** Sie sieht die Insolvenzmasse als eine Art juristische Person und den Verwalter als deren „Organ" mit der „Stellung eines gesetzlichen Vertreters" (vgl. § 26 II BGB). Danach übt der Verwalter seine Handlungsbefugnisse im Namen der Insolvenzmasse aus; im Prozess ist die Masse Partei. Die Organtheorie setzt die Rechtsfähigkeit der Insolvenzmasse voraus. 39

So *Bötticher* ZZP 71, 318; 77, 55; zur Rechtsfähigkeit der Masse eingehend *Hanisch*, Rechtszuständigkeit der Konkursmasse, 1973.

Vermittelnde Tendenzen verfolgt auch die **Theorie vom neutralen Handeln.** Danach handelt der Verwalter weder im eigenen noch im fremden Namen, sondern objektbezogen auf das Massevermögen. Diese Theorie verzichtet auf ein Rechtssubjekt, für das der Verwalter handelt. 40

So *Dölle*, FS Fr. Schulz, 1951, Bd. 2, S. 268.

Die neue **Organ- und Vertretertheorie** unterscheidet: Bei juristischen Personen und insolvenzfähigen Personenvereinigungen ist der Verwalter als Fremdliquidator deren Vertretungsorgan, bei natürlichen Personen gesetzlicher Vertreter, beschränkt auf die Masse. 41

So *K. Schmidt* NJW 87, 1906; *ders.* NJW 95, 911; zustimmend *Rosenberg/Schwab/Gottwald* Rn. 40.16.

2. Der Theorienstreit ist weithin bedeutungslos. Vom Gesetz nicht gelöste Fragen dürfen nicht aus einer Theorie in begrifflicher Ableitung beantwortet werden; die meisten Fragen beantwortet das Gesetz ohnehin. 42

Im Prozess ist der Verwalter Partei, wie sich § 116 S. 1 Nr. 1 ZPO entnehmen lässt. Danach sind die Vertretertheorien mit dem Gesetz kaum vereinbar. Dem trägt die Praxis Rechnung. Es klagt der „Rechtsanwalt R als Insolvenzverwalter über das Vermögen des Kaufmanns K" und nicht „Kaufmann K vertreten durch den 43

Rechtsanwalt R als Insolvenzverwalter". § 19a ZPO liegt ebenfalls der Gedanke der Parteistellung des Verwalters im gegen die Masse gerichteten Passivprozess zugrunde, wenngleich nicht der Wohnsitz des Verwalters, sondern der Sitz des Insolvenzgerichts (§§ 2f.; vgl. o. § 39 Rn. 1f.) den allgemeinen Gerichtsstand bestimmt. Das ist folgerichtig, denn im Prozess handelt der Verwalter im eigenen Namen, aber nicht für sein Privatvermögen, sondern für die Masse.

44 Bei materiellrechtlichen Fragen orientiert sich die Praxis häufig an den für die Stellvertretung entwickelten Lösungen. Beispielsweise bestimmt *BGH* NJW 02, 2783, 2785 die Voraussetzungen der Unwirksamkeit eindeutig insolvenzzweckwidriger Rechtshandlungen des Verwalters nach den Grundsätzen über den Missbrauch der Vertretungsmacht (vgl. o. Rn. 9); der BGH erklärt allerdings ausdrücklich, dass er sich damit nicht auf eine Theorie zur Stellung des Verwalters festlegt.

45 **IX.** Ein **vorläufiger Insolvenzverwalter** kann *im Eröffnungsverfahren* bestellt werden. Dazu vgl. u. § 54 Rn. 40ff.

§ 44. Die Aussonderungsberechtigten

Literatur: *Chr. Berger,* Zur Aussonderung aufgrund obligatorischer Herausgabeansprüche, FS Kreft, 2004, S. 191; *Fridgen,* Zum Aussonderungsrecht bei der fremdnützigen Verwaltungstreuhand, ZInsO 04, 530; *Ganter,* Zweifelsfragen bei der Ersatzaussonderung und Ersatzabsonderung, NZI 05, 1; *Marotzke,* Die dinglichen Sicherheiten im neuen Insolvenzrecht, ZZP 109 (1996), 429.

I. Grundsatz

1 **Zur Aussonderung berechtigt** ist, wer aufgrund eines dinglichen oder persönlichen Rechts geltend machen kann, ein vom Verwalter für die Insolvenzmasse in Anspruch genommener Gegenstand gehöre nicht in die Masse. Der Aussonderungsberechtigte verlangt also keine Befriedigung aus der Masse und ist deshalb kein Insolvenzgläubiger, § 47 S. 1 einerseits, § 38 andererseits.

2 **Grundlage des Aussonderungsrechts** ist die **Nichtzugehörigkeit des Gegenstands zur Masse,** d. h. zum insolvenzbefangenen Vermögen des Insolvenzschuldners (§§ 35, 36). Hier zeigt sich, dass jede Vollstreckung – sowohl das Insolvenzverfahren als Gesamtvollstreckung wie die Einzelzwangsvollstreckung – nur das schuldnereigene Vermögen erfassen darf. Daher entspricht das Aussonderungsrecht im Grundsatz dem Widerspruchsrecht nach § 771 ZPO in der Einzelzwangsvollstreckung (vgl. o. § 13 Rn. 1–6).

II. Die Aussonderungsberechtigten im einzelnen

3 1. An erster Stelle der Aussonderungsberechtigten steht der **Eigentümer** einer Sache, die vom Verwalter für die Masse beansprucht wird; denn deutlicher als durch Dritteigentum kann nicht dargetan werden, dass die Sache nicht zum Vermögen des Schuldners gehört.

Bei der Aussonderung von Sachen aufgrund des Eigentums berechtigt nur der dingliche Herausgabeanspruch nach § 985 BGB zur Aussonderung. Die Folgeansprüche nach §§ 987 ff. BGB auf Nutzungsherausgabe und Schadensersatz sind hingegen reine Insolvenzforderungen (§ 38), es sei denn, der Verwalter hat die Sache genutzt oder beschädigt; dann liegen Masseforderungen (§ 55 I Nr. 1) vor. Zur Aussonderung berechtigen auch die Ansprüche nach § 894 BGB und § 1004 BGB. 4

Beispiel: E hat an B ein Gewerbegrundstück veräußert; sowohl der Schuldvertrag als auch die Übereignung sind nichtig. In der Insolvenz des B kann E vom Verwalter V Herausgabe des Grundstücks nach § 985 BGB und Berichtigung des Grundbuchs nach § 894 BGB verlangen, ferner wegen der vom bösgläubigen B gezogenen Nutzungen (§§ 990, 987 BGB) eine Insolvenzforderung anmelden. Hatte V das Grundstück für die Masse genutzt, ist der Anspruch auf Nutzungsherausgabe als Masseschuld zu berichtigen. Wurde auf dem Grundstück von B Müll abgelagert, schuldet V nicht die Entfernung; V kann das Grundstück dem E mitsamt dem Unrat überlassen. Der Beseitigungsanspruch nach § 1004 I 2 BGB hat nur dann Aussonderungskraft, wenn die Störung vom Verwalter ausging (im einzelnen str., vgl. JHG/*Henckel* § 47, 100).

Zwei Besonderheiten sind hervorzuheben. 5

a) **Sicherungseigentum** gewährt dem Sicherungseigentümer (Sicherungsnehmer) *im Insolvenzverfahren des Sicherungsgebers* kein Aussonderungsrecht, sondern **nur** ein **Absonderungsrecht.** Das ist – anders als in der KO – in der InsO ausdrücklich angeordnet (§ 51 Nr. 1), ohne dass sich damit die (bisherige) Rechtslage geändert hätte.

Beispiel: S hat N eine Maschine zur Sicherheit nach §§ 929, 930 BGB übereignet. In der Insolvenz des S kann N vom Verwalter nicht Herausgabe der Maschine gemäß § 47 S. 2; § 985 BGB verlangen, sondern nach §§ 51 Nr. 1, 50 wie bei einem besitzlosen Pfandrecht nur abgesonderte Befriedigung; das Verwertungsrecht liegt beim Verwalter (vgl. §§ 165 ff. und u. § 45 Rn. 5 f.). – Hatte S die dem N sicherungsübereignete Maschine an D verliehen, kann N als Eigentümer in der Insolvenz des D aussondern und Herausgabe verlangen (§ 47 S. 2; § 985 BGB), ggf. nach § 986 I 2 BGB an den S. Es ist also nicht richtig zu sagen, der Sicherungseigentümer habe stets nur ein Absonderungsrecht; in der Insolvenz über das Vermögen eines Dritten ist er zur Aussonderung berechtigt.

Wird über das Vermögen des *Sicherungseigentümers* das Insolvenzverfahren eröffnet, so steht dem **Sicherungsgeber** ein *Aussonderungsrecht* zu, sobald er die gesicherte Forderung erfüllt hat. Das ist unproblematisch, wenn die Sicherungsübereignung durch Erlöschen der gesicherten Forderung auflösend bedingt (§ 158 II BGB) war; dann ist der Sicherungsgeber wieder Eigentümer. Bei unbedingter Sicherungsübereignung hat der Sicherungsgeber aus der Sicherungsabrede zwar nur einen obligatorischen Rückübertragungsanspruch, der aber gewohnheitsrechtlich ein Aussonderungsrecht gewährt (*Jauernig* § 930, 52), wie § 47 S. 1 jetzt klarstellt („persönlichen Rechts“). 6

b) Ein Verkäufer, der unter **Eigentumsvorbehalt** veräußert hat (vgl. § 449 BGB), kann im Insolvenzverfahren über das Vermögen des Käufers die Kaufsache aussondern, sofern der Verwalter nicht mehr zum Besitz der Sache berechtigt ist (§ 47; § 986 BGB). 7

Das Besitzrecht entfällt insbesondere durch Rücktritt des Verkäufers gemäß §§ 323, 449 II BGB, sofern die Voraussetzungen schon bei Verfahrenseröffnung vorlagen, oder dadurch, dass der Verwalter des Vorbehaltskäufers die Erfüllung des Vertrags nach §§ 107 II, 103 II ablehnt (dazu vgl. u. § 49 Rn. 14).

Der verlängerte Eigentumsvorbehalt mit Vorausabtretungs- oder Verarbeitungsklausel sowie der erweiterte Eigentumsvorbehalt gewähren nur Absonderungsrechte. Vgl. u. § 45 Rn. 7 f.

2. Aussonderungsberechtigt ist auch der Inhaber eines **beschränkten dinglichen Rechts,** wenn es vom Verwalter für die Masse in Anspruch genommen wird (z. B. eine angeblich nicht valutierte Fremdhypothek als „verdeckte“ Eigentümergrund- 8

schuld des Insolvenzschuldners) oder wenn das Bestehen des Rechts geleugnet wird (z. B. das Bestehen einer beim Grundstück des Insolvenzschuldners eingetragenen Grunddienstbarkeit).

Beispiel: E bestellt G eine Grundschuld, die dieser an Z abtritt. In der Insolvenz des E kann Z aus der Grundschuld abgesonderte Befriedigung verlangen (§ 49). – Wird über das Vermögen des G das Insolvenzverfahren eröffnet und ist der Verwalter V der Meinung, die Abtretung der Grundschuld von G an Z sei unwirksam, so ist der Z aussonderungsberechtigt (§ 47). Z macht V gegenüber nicht geltend, er habe ein Befriedigungsrecht an Massegegenständen, sondern beide streiten über die Inhaberschaft an einem von V für die Masse in Anspruch genommenen Recht.

9 3. Aussonderungsberechtigt ist der **Inhaber einer Forderung,** die vom Insolvenzverwalter als Forderung des Insolvenzschuldners behandelt wird (*BGH* NJW-RR 89, 252 zu § 43 KO).

Ist die Forderung dem Gläubiger vom (späteren) Insolvenzschuldner **sicherungshalber** abgetreten worden, so kann der Gläubiger nicht aussondern. Ihm steht **nur** ein **Absonderungsrecht** zu, § 51 Nr. 1; vgl. u. § 45 Rn. 5.

10 Hier ist § 354 a I HGB zu beachten. Hat der (spätere) Insolvenzschuldner G eine Geldforderung, die aus einem beiderseitigen Handelsgeschäft mit S stammt, an den D abgetreten, so ist die Abtretung auch dann wirksam, wenn G und S ein Abtretungsverbot (§ 399 BGB) vereinbart hatten, es sei denn, der Gläubiger ist ein Kreditinstitut, § 354 a II HGB.

11 4. Aussonderungsberechtigt ist ferner, wer einen obligatorischen **Anspruch** (§ 47: ein „persönliches Recht") **auf Herausgabe** hat, sofern damit geltend gemacht wird, dass der vom Verwalter besessene (§ 148 I) oder in Anspruch genommene Gegenstand *nicht zur Insolvenzmasse gehört.* Hauptbeispiele sind die vertraglichen Herausgabeansprüche des Vermieters (§ 546 BGB), Verpächters (§§ 581 II, 546 BGB), Verleihers (§ 604 BGB), Hinterlegers (§ 695 BGB) und Auftraggebers (§ 667 BGB, s. *BGH* NJW 02, 3253). Eine besondere Rolle spielen diese Ansprüche, wenn die Herausgabeberechtigten nicht zugleich Eigentümer der auszusondernden Sache sind.

Beispiel: M hat ein Grundstück von E gemietet und an U untervermietet. Wird nach der Kündigung des Untermietvertrags das Insolvenzverfahren über das Vermögen des U eröffnet, kann E aufgrund seines Eigentums aussondern. Aber auch M kann aussondern; daran hat er ein besonderes Interesse, denn nach Ablauf des Hauptmietvertrags muss er seinerseits das Grundstück an E herausgeben. Der Anspruch nach § 546 I BGB begründet allerdings nur in dem Umfang ein Aussonderungsrecht, wie auch ein Eigentümer nach § 985 BGB aussondern könnte; weitergehende mietvertragliche Ansprüche auf Räumung (beispielsweise die Beseitigung einer auf dem Grundstück erfolgten Verfüllung durch Bauschutt) sind nur als Insolvenzforderung zu erfüllen (BGHZ 148, 252; dazu *Chr. Berger*, FS Kreft, 2004, S. 191). Der Verwalter kann daher das Grundstück an den M so herausgeben, wie er es bei der Übernahme seines Amts in der Masse vorfindet. Die Forderung auf Ersatz der Räumungskosten muss der Vermieter als Insolvenzforderung zur Tabelle anmelden. – Ist das Mietverhältnis bei Insolvenzeröffnung noch nicht gekündigt worden, besteht es nach § 108 mit Wirkung für die Insolvenzmasse fort, dazu u. § 49 Rn. 20.

12 Im Gegensatz zu obligatorischen Herausgabeansprüchen berechtigen sog. „Verschaffungsansprüche" nicht zur Aussonderung, beispielsweise der Anspruch des Käufers auf Lieferung der Kaufsache (§ 433 I BGB). Hier verlangt der Gläubiger eine Leistung aus der Masse und bringt damit – anders als beispielsweise der Herausgabe verlangende Vermieter – gerade die Zugehörigkeit des geschuldeten Gegenstands zur Masse zum Ausdruck. Mit dem Abschluss des Kaufvertrags erlangt der Käufer keinerlei dingliche Rechtsposition an der Kaufsache (Trennungsprinzip!); auch die haftungsrechtliche Zuordnung der Kaufsache wird durch den Kaufvertrag nicht geändert. Terminologisch ist allerdings zu beachten, dass der Anspruch auf Lieferung aus § 433 I BGB im Wege der Herausgabevollstreckung nach §§ 883 ff., 897 ZPO durchgesetzt wird; das gilt aber nur für die „Übergabe",

nicht für die zur Übereignung (§ 929 BGB) erforderliche Abgabe der rechtsgeschäftlichen Einigungserklärung (dazu § 894 ZPO).

13 Unabhängig davon, ob man den Anfechtungsanspruch nach § 143 I als dinglichen oder obligatorischen Anspruch qualifiziert, begründet er ein Aussonderungsrecht in der Insolvenz des Anfechtungsgegners (*BGH* NJW 04, 214, 216).

14 5. Ein Aussonderungsrecht besteht auch zugunsten des **Treugebers** in der Insolvenz des Treuhänders im Falle der („uneigennützigen Verwaltungs"-)Treuhand. Ein Beispiel ist die Inkassozession, aufgrund der der Treuhänder (Zessionar) im Interesse des Treugebers (Zedent) die Forderung beim Drittschuldner beitreiben soll. Der Treuhänder ist zwar rechtlich Inhaber der Forderung geworden, wirtschaftlich steht die Forderung aber weiterhin dem Treugeber zu. In der Insolvenz des Inkassozessionars kann der Treugeber die Forderung daher aussondern (vgl. *BGH* NJW-RR 93, 301 zu § 43 KO).

15 Voraussetzung der Aussonderung aufgrund eines Treuhandvertrags ist, dass das Treugut *unmittelbar* vom Treugeber auf den Treunehmer übertragen worden ist oder dass die Treuhand jedenfalls *offenkundig* ist, beispielsweise durch Einzahlung auf ein als solches bezeichnetes Treuhandkonto (*BGH* NJW 96, 1543; 03, 3414, 3415 lässt offen, ob daran noch festgehalten wird). Kein Treuhandverhältnis begründet daher die schlichte schuldrechtliche Abrede, einen Gegenstand in Zukunft für einen anderen treuhänderisch zu verwalten (*BGH* NJW 03, 3414, 3415). Bei Grundstücken besteht nur dann ein Aussonderungsrecht, wenn der Herausgabeanspruch des Treugebers durch eine Vormerkung (§ 883 BGB) gesichert ist (*BGH* NJW 03, 3414, 3416 f.); diese ist aus dem Grundbuch ersichtlich und stellt die erforderliche Offenkundigkeit her.

16 **III.** Der **Aussonderungsanspruch** „bestimmt sich nach den Gesetzen, die **außerhalb des Insolvenzverfahrens** gelten", § 47. Das bedeutet zweierlei: *Was* der Aussonderungsberechtigte *verlangen* kann, bestimmt das bürgerliche Recht, nicht das Insolvenzrecht; *wie* er sein Verlangen *durchsetzen* kann, richtet sich nach allgemeinem Prozessrecht, nicht nach Insolvenzrecht. Einen besonderen insolvenzrechtlichen Aussonderungsanspruch gibt es nicht; § 47 S. 2 ist insoweit missverständlich. Grundlage der Aussonderung ist der jeweilige materiellrechtliche Anspruch bzw. die Rechtszuständigkeit.

17 1. Kommt der Verwalter dem Aussonderungsverlangen nicht nach, so muss ihn der Berechtigte **verklagen.** Schwebt bei Verfahrenseröffnung schon ein Prozess, der der Sache nach auf Aussonderung (z. B. auf Herausgabe nach § 985 BGB) gerichtet ist, so wird er gemäß § 86 I Nr. 1 aufgenommen und lediglich das Passivrubrum geändert (vgl. o. § 43 Rn. 32, 43).

18 2. Der **Inhalt des Aussonderungsrechts** hängt von der jeweiligen Fallkonstellation ab.

Es geht auf *Herausgabe,* wenn Sachen auszusondern sind, die der Verwalter unberechtigt in Besitz genommen hat (§ 148 I). Bei berechtigtem Besitz des Verwalters, z. B. aufgrund eines Mietvertrags (§ 986 I 1 BGB), kommt lediglich eine Klage auf *Feststellung* des Eigentums in Betracht.

19 3. Hat der Verwalter Aussonderungsgut veräußert, kann der aussonderungsberechtigte Eigentümer vom Erwerber nach § 985 BGB Herausgabe verlangen. Ist die Verfügung (beispielsweise nach § 932 BGB; zu § 185 BGB JHG/*Henckel* § 48, 42) wirksam, kommt eine **Ersatzaussonderung** in Betracht (§ 48): Der Verwalter hat den Anspruch auf Gegenleistung an den Aussonderungsberechtigten abzutreten. Hat der Erwerber die Gegenleistung (den Kaufpreis) bereits an den

Verwalter geleistet, kann der Aussonderungsberechtigte Herausgabe verlangen, wenn diese noch unterscheidbar in der Masse vorhanden ist. Die Unterscheidbarkeit fehlt, wenn die Barzahlung mit anderen Kassenbeständen vermengt wurde. Bei unbarer Zahlung durch Überweisung auf ein Massekonto soll Unterscheidbarkeit gegeben sein, solange das Konto ein Guthaben mindestens in Höhe der Zahlung aufweist (BGHZ 141, 116, 119; krit. *Gerhardt* KTS 90, 1, 6 ff.). Bei fehlender Unterscheidbarkeit kommt eine Masseforderung nach § 55 I Nr. 3 in Betracht, wenn die Gegenleistung die Masse bereichert. Handelt der Verwalter bei der Veräußerung schuldhaft, haftet er persönlich nach § 60, die Masse nach § 55 I Nr. 1 (i. V. m. §§ 280 I, III, 283; 823; 989, 990 BGB usw.).

20 Nach § 48 besteht ein Ersatzaussonderungsrecht auch dann, wenn der *Schuldner* vor Verfahrenseröffnung den Gegenstand unberechtigt wirksam veräußert. Damit wird ein als obligatorisch angesehener Bereicherungsanspruch (§ 816 I BGB) nachträglich mit Aussonderungskraft versehen (krit. *Dieckmann*, FS Henckel, S. 95). Verfügungen des Schuldners über Aussonderungsgut *nach* Verfahrenseröffnung sind nicht nach §§ 81, 91 unwirksam, denn sie betreffen keine Massegegenstände. Der Anspruch des Insolvenzschuldners auf und die erbrachte Gegenleistung fallen als Neuerwerb (§ 35 I) in die Masse, können aber vom Berechtigten analog § 48 ausgesondert werden; entscheidend ist nicht, ob der Schuldner oder der Verwalter (wirksam!) verfügt hat, sondern ob der Masse durch Veräußerung des aussonderungsfähigen Gegenstandes ein ungerechtfertigter Vorteil zugeflossen ist (JHG/*Henckel* § 48, 39).

§ 45. Die absonderungsberechtigten Gläubiger

I. Begriff und Bedeutung

1 Absonderungsberechtigten Gläubigern steht an bestimmten **Gegenständen, die zur Insolvenzmasse gehören,** ein **Recht auf abgesonderte Befriedigung** zu, das „insolvenzfest" ist (Anfechtung, §§ 129 ff., vorbehalten). Hauptbeispiele sind das Pfandrecht, das Sicherungseigentum und die zur Sicherung abgetretene Forderung.

2 Während die wesentliche Grundlage des *Aus*sonderungsrechts die Nichtzugehörigkeit des Gegenstands zur Masse ist, richtet sich das *Ab*sonderungrecht auf **bevorzugte Befriedigung aus einem Massegegenstand.** Soweit dieser Gegenstand zur Befriedigung des Absonderungsberechtigten dient, geht er der Masse verloren, d. h. die (ungesicherten) Insolvenzgläubiger können auf ihn nicht mehr zugreifen. Je zahlreicher und wertvoller die Absonderungsrechte, desto schmaler die Masse und desto geringer die Befriedigungschancen ungesicherter Insolvenzgläubiger. Dieses Wechselspiel erklärt, warum es für das Erreichen des Verfahrenszwecks – die gemeinschaftliche Befriedigung der Gläubiger, § 1 S. 1 – von ausschlaggebender Bedeutung ist, wieweit der Kreis der Absonderungsrechte gezogen wird. Darüber wurde in der Reformdiskussion lebhaft gestritten. Die InsO hat insoweit den bisherigen Rechtszustand im Wesentlichen beibehalten (sehr krit. *Häsemeyer* Rn. 18.01 ff.).

II. Die Absonderungsberechtigten im Einzelnen

1. Absonderungsberechtigt ist, wer sich aus **Gegenständen des unbeweglichen Vermögens,** die zur Insolvenzmasse gehören, befriedigen kann, § 49. Zu ihnen rechnen insbesondere Grundstücke und grundstücksgleiche Rechte wie das Erbbaurecht (vgl. § 864 ZPO). Die abgesonderte Befriedigung folgt den Regeln des ZVG (§ 49). Dort ist bestimmt, wem ein Befriedigungsrecht zusteht, § 10 ZVG. Die wichtigste Personengruppe ist die der Grundpfandgläubiger, § 10 I Nr. 4 ZVG. 3

2. Absonderungsberechtigt ist ferner, wem an einem **Gegenstand des beweglichen Vermögens,** der zur Insolvenzmasse gehört, ein **Pfandrecht** zusteht, § 50. Pfandgegenstand kann sein eine bewegliche Sache, eine Forderung oder ein anderes Vermögensrecht (vgl. §§ 803–863 ZPO). Das Pfandrecht kann rechtsgeschäftlich, durch Pfändung oder gesetzlich begründet sein, § 50 I. Praktisch wichtig sind die Pfandrechte des Vermieters und Verpächters (§§ 562, 581 II BGB), die aber zeitlich begrenzt sind, § 50 II. 4

3. **Sonstige Absonderungsberechtigte.** a) Zu ihnen gehören der **Sicherungseigentümer** einer beweglichen Sache und der **Sicherungszessionar,** § 51 Nr. 1. Gegenstand einer Sicherungsübertragung können nicht nur Forderungen sein, sondern alle übertragbaren Rechte, beispielsweise Grundschulden, Patente, Markenrechte und Lizenzen (dazu *Chr. Berger*, FS Kirchhof, 2003, S. 1). 5

§ 51 Nr. 1 beschränkt die Rechtsstellung der Sicherungsnehmer in der Insolvenz des Sicherungsgebers. Die volle dingliche Rechtsinhaberschaft ist haftungsrechtlich zu einem bloßen Recht auf vorzugsweise Befriedigung reduziert. Die schuldrechtliche Sicherungsabrede, wonach die Sicherungsübertragung dem Zweck der Forderungssicherung dient, hat insolvenzrechtlich Drittwirkung (vgl. JHG/*Henckel* § 51, 6). Obgleich die Sicherungsnehmer aufgrund abstrakter dinglicher Verfügungen (§§ 929 ff., 398 BGB) Vollrechtsinhaber werden, können sie das Sicherungsgut nicht vom Verwalter heraus verlangen (vgl. §§ 165 ff.). Das Sicherungseigentum begründet in der Insolvenz des Sicherungsgebers nur ein besitzloses Pfandrecht; anders in der Einzelzwangsvollstreckung, vgl. o. § 13 Rn. 12 ff. 6

Besondere Aufmerksamkeit verdient der **verlängerte Eigentumsvorbehalt**. Der einfache Eigentumsvorbehalt gibt dem Vorbehaltseigentümer ein Aussonderungsrecht (wenn die Masse nicht zum Besitz berechtigt ist, dazu o. § 44 Rn. 7). Beim verlängerten Eigentumsvorbehalt **mit Verarbeitungsklausel** ist der (spätere) Insolvenzschuldner berechtigt, die noch dem Verkäufer gehörende Sache zu verarbeiten (Leder zu Schuhen, Stoffe zu Mänteln). Dem Verkäufer steht an der neu hergestellten Sache ein Absonderungsrecht zu. Nach h. M. ist aufgrund der Verarbeitungsklausel der *Verkäufer* „Hersteller" im Sinne von § 950 BGB und erwirbt unmittelbar Eigentum an der neuen Sache (BGHZ 20, 159, 163 f.), das ihn allerdings nur zur abgesonderten Befriedigung berechtigt. Das ist nicht konsequent, denn der Erwerb nach § 950 BGB ist ein originärer Eigentumserwerb kraft Gesetzes, der nicht durch Sicherungszweck beschränkt ist und daher zur Aussonderung berechtigen müsste. Geht man indes davon aus, dass der *Käufer* trotz der Verarbeitungsklausel Hersteller nach § 950 BGB ist (*Jauernig* § 950, 8 m. N.), verliert der Verkäufer mit der Herstellung sein Eigentum. Absonderungsberechtigt ist der Verkäufer allerdings aufgrund einer antizipierten Sicherungsübereignung nach §§ 929, 930 BGB (*Häsemeyer* Rn. 18.32; JHG/*Henckel* § 51, 41 m. N.). Dann liegt allerdings nur ein „Durchgangserwerb" vor. 7

Beim verlängerten Eigentumsvorbehalt **mit Vorausabtretungsklausel** ist der Käufer aufgrund einer Ermächtigung nach § 185 I BGB berechtigt, über die dem Verkäufer gehörende Ware im Rahmen des ordnungsgemäßen Geschäftsgangs zu 8 verfügen. Die Verfügung ist deshalb wirksam, der Verkäufer verliert sein Eigentum. Aufgrund einer Vorausabtretungsklausel erlangt er allerdings die Forderung gegen den Abnehmer, die die ursprüngliche Kaufpreisforderung des Lieferanten sichert und diesen zur abgesonderten Befriedigung berechtigt (BGHZ 72, 308, 312 zur KO). Das Absonderungsrecht ist aber nur gegeben, wenn die vorausabgetretene Forderung bei Insolvenzeröffnung (oder vor Erlass eines allgemeinen Verfügungsverbots im Eröffnungsverfahren, §§ 21 II Nr. 2, 22 I) entstanden war; entsteht die Forderung erst später, kann der Lieferant sie nicht mehr erwerben (dazu o. § 40 Rn. 38).

9 § 51 Nr. 1 erfasst auch den sog. **Kontokorrentvorbehalt,** wonach das vorbehaltene Eigentum nicht nur die entsprechende Kaufpreisforderung sichert, sondern alle weiteren Forderungen aus der Geschäftsverbindung zwischen dem Vorbehaltsverkäufer und dem Käufer (JHG/*Henckel* § 51, 30). Das ist zutreffend, wenn die unter Eigentumsvorbehalt gelieferte Ware bezahlt ist. Ein Konzernvorbehalt ist nach § 449 III BGB unwirksam.

10 Nicht selten schließen sich aus- und absonderungsberechtigte Gläubiger zwecks gemeinsamer Verwaltung und Durchsetzung ihrer Rechte zu einem **Sicherheitenpool** zusammen (dazu *Uhlenbruck* § 51, 47 ff.). Dieser kann eine Gesellschaft bürgerlichen Rechts (mehrere Vorbehaltslieferanten bringen ihre vorausabgetretenen Forderungen ein) oder eine schlichte Rechtsgemeinschaft (Miteigentümergemeinschaft mehrerer Vorbehaltseigentümer) sein; mitunter erteilt man dem „Poolverwalter" auch nur eine Vollmacht. Der Sicherheitenpool dient der Verwaltungsvereinfachung, kann aber keine (weiteren) Absonderungsrechte schaffen (*Häsemeyer* Rn. 18.66; *Stürner* ZZP 94, 263, 274 ff.). Eine unter den Mitgliedern eines Sicherheitenpools getroffene Vereinbarung, wonach die einbezogenen Sicherheiten treuhänderisch auch für die jeweils anderen am Pool beteiligten Gläubiger zu halten sind, begründet daher für diese kein Absonderungsrecht. Das gilt auch dann, wenn der spätere Insolvenzschuldner dem Poolvertrag (pauschal) zugestimmt hatte (*BGH* NZI 05, 622, 623). Vorteile hat der Sicherheitenpool insofern, als die Höhe der Anteile der einzelnen gesicherten Gläubiger nicht festgestellt werden müssen, wenn Rechte gegenüber der Masse geltend gemacht werden (JHG/*Henckel* § 48, 19; insoweit a. A. *Häsemeyer* Rn. 18.66); die Verteilung des aus den Absonderungsrechten gewonnen Erlöses ist eine Frage des Innenverhältnisses der Poolbeteiligten. Liefern beispielsweise mehrere Lieferanten unter verlängertem Eigentumsvorbehalt gleichartige Waren, kann der einzelne Lieferant oft nur schwer nachweisen, dass gerade seine Ware an einen bestimmten Abnehmer weiter veräußert wurde und er daher an der entsprechenden Forderung ein Absonderungsrecht hat; andererseits steht fest, dass die Forderungen aus der Weiterveräußerung nicht zur Masse gehören, wenn alle Waren unter verlängertem Eigentumsvorbehalt geliefert worden sind. Schließen sich alle Lieferanten zu einem Pool zusammen, kann der Pool das Absonderungsrecht ausüben (*Uhlenbruck* § 51, 62).

11 b) Absonderungsberechtigt sind Gläubiger, denen ein **Zurückbehaltungsrecht** wegen wertsteigernder Verwendungen (§ 51 Nr. 2, z. B. nach §§ 994 ff. BGB) oder ein kaufmännisches Zurückbehaltungsrecht (§ 51 Nr. 3; §§ 369, 371 f. HGB) zusteht; vgl. ferner § 51 Nr. 4.

12 c) Ein **Mitgemeinschafter** des Insolvenzschuldners, insbesondere Miteigentümer oder Mitgesellschafter einer Gesellschaft ohne Rechtspersönlichkeit (§ 11 II Nr. 1), ist zur abgesonderten Befriedigung berechtigt, wenn ihm als Mitgemeinschafter eine Forderung gegen den Insolvenzschuldner zusteht; Gegenstand der abgesonderten Befriedigung ist der nach bürgerlichem Recht ermittelte und in die Masse gefallene Gemeinschaftsanteil des Insolvenzschuldners, § 84 I.

13 Für das Insolvenzverfahren bei **Gütergemeinschaft** in Alleinverwaltung und gemeinschaftlicher Verwaltung sowie für die fortgesetzte Gütergemeinschaft gelten abweichende Bestimmungen, §§ 37, 332–334.

14 **III. Die Absonderungsberechtigten sind zugleich Insolvenzgläubiger,** wenn ihnen der Insolvenzschuldner auch persönlich haftet, § 52 S. 1. Das ist **in der Regel** der Fall, weil das Absonderungsrecht durch ein Recht begründet wird, z. B. ein Pfandrecht, das eine gegen den Insolvenzschuldner gerichtete Forderung sichert. So muss es aber nicht liegen. Grundlage des Absonderungsrechts kann ein Recht sein, das keine Forderung voraussetzt. Hierher gehört die Grundschuld (zum Pfändungs-

pfandrecht vgl. o. § 16 Rn. 27). Möglich ist aber auch, dass sich die gesicherte Forderung, z. B. beim Pfandrecht, nicht gegen den Insolvenzschuldner als Eigentümer der Pfandsache, sondern gegen einen Dritten richtet. Dann ist der Absonderungsberechtigte (z. B. der Pfandgläubiger) nicht zugleich Insolvenzgläubiger; denn der Verpflichtete seiner Forderung ist ja nicht der Insolvenzschuldner. Ist umgekehrt der Insolvenzgläubiger durch einen Gegenstand gesichert, der nicht dem Insolvenzschuldner gehört, so ist er in dessen Insolvenzverfahren nur Insolvenzgläubiger, nicht auch Absonderungsberechtigter.

Der absonderungsberechtigte Insolvenzgläubiger braucht seine *Forderung nicht anzumelden* (vgl. § 174); unterlässt er die Anmeldung, dann ist er auf die abgesonderte Befriedigung aus dem haftenden Gegenstand beschränkt; wird die gesicherte Forderung nicht voll befriedigt, so trägt den Ausfall der Absonderungsberechtigte. Umgekehrt kann der absonderungsberechtigte Insolvenzgläubiger auf die abgesonderte Befriedigung verzichten; dann nimmt er – nur – als Insolvenzgläubiger am Verfahren teil und ist auf die anteilmäßige Befriedigung aus der Masse beschränkt, § 52 S. 2 Fall 1. Beide Möglichkeiten sind Ausnahmen. In der Regel nimmt der Gläubiger entsprechend seiner materiellrechtlichen Doppelstellung als persönlicher Gläubiger und dinglich Berechtigter auch im Insolvenzverfahren eine Doppelstellung ein: als absonderungsberechtigter Gläubiger und als Insolvenzgläubiger. In dieser Eigenschaft kann er die Forderung in voller Höhe anmelden, sie wird geprüft, ggf. erörtert und festgestellt (§§ 174, 176, 178). Sie nimmt aber nicht in voller Höhe an der anteilmäßigen Befriedigung teil; das wäre eine Bevorzugung, die durch das Absonderungsrecht nicht begründet wäre. Vielmehr kann der Gläubiger nur insoweit anteilmäßige Befriedigung verlangen, als er mit seiner Forderung nicht abgesondert befriedigt, sondern ausgefallen ist, § 52 S. 2 Fall 2. Erreicht z. B. ein Hypothekengläubiger, der eine Forderung und Hypothek von 100 000 Euro hat, bei der Zwangsversteigerung des Grundstücks nur eine abgesonderte Befriedigung in Höhe von 60 000 Euro, so kann er als Insolvenzgläubiger nur wegen des Ausfalls von 40 000 Euro anteilmäßige Befriedigung verlangen. Werden auf die Insolvenzforderungen 5 % verteilt, so erhält er diesen Prozentsatz nur auf seinen Ausfall von 40 000 Euro, nicht auf die ganze Forderung von 100 000 Euro. 15

IV. Die abgesonderte Befriedigung

1. Die abgesonderte Befriedigung erfolgt durch **Verwertung** des Gegenstandes, auf den sich das Absonderungsrecht bezieht, **und Befriedigung** des Absonderungsberechtigten **aus dem Erlös.** Das geschah nach § 4 II KO „unabhängig vom Konkursverfahren", also nicht nach den Regeln des Konkursrechts. Demgegenüber bezieht die InsO die Absonderungsberechtigten in das Insolvenzverfahren ein, wenn auch mit unterschiedlicher Intensität für die verschiedenen Arten von Absonderungsrechten. Das zeigt sich bei der Zuweisung und Ausgestaltung des Verwertungsrechts, dem Schutz des Absonderungsberechtigten gegen verzögerte Verwertung, den Ansprüchen bei gesetzlich gestattetem Hinausschieben der Verwertung und bei Nutzung des Gegenstandes im Interesse der Masse. 16

2. Die **Verwertung.** Eine wesentliche Frage der Verwertung ist, wem das *Initiativrecht* zur verwertenden Veräußerung zusteht. Steht es dem Gläubiger zu, kann er den für den Verwertungsertrag günstigsten Moment abwarten; steht es dem Verwalter zu, kann dieser den mit dem Absonderungsrecht belasteten Gegenstand vorübergehend oder dauerhaft noch für die Masse nutzen. Die InsO differenziert in erster Linie nach dem belasteten Gegenstand: 17

a) Steht dem Gläubiger ein Absonderungsrecht aus **unbeweglichen Gegenständen** zu, so ist er gemäß § 49 nach Maßgabe des ZVG zur abgesonderten Befriedigung berechtigt. Das Verwertungsrecht wird in Form einer *Vollstreckungsverwer-* 18 *tung* realisiert durch Zwangsversteigerung oder Zwangsverwaltung (§§ 15 ff., 146 ff. ZVG) der in §§ 864 f. ZPO genannten Gegenstände. Eingeleitet wird das Verfahren durch einen Antrag des absonderungsberechtigten Gläubigers (§ 49; §§ 15, 146 I ZVG). Der Insolvenzverwalter kann jedoch die einstweilige Einstellung der Vollstreckungsverwertung erreichen (§§ 30 d, 153 b ZVG), was vor allem zweckmäßig ist, wenn das Grundstück des Insolvenzschuldners für eine Fortführung des Unternehmens oder eine übertragende Sanierung benötigt wird (vgl. § 30 d I 1 Nr. 2 ZVG). Der Verwertungsstop kann für die Masse teuer werden: Spätestens nach drei Monaten müssen geschuldete Zinsen gezahlt werden (§ 30 e I 1 ZVG mit § 29 I Nr. 1), ferner eine Nutzungsentschädigung (§ 30 e II ZVG) oder ein Nachteilsausgleich (§ 153 b II ZVG). Zur Aufhebung der einstweiligen Einstellung §§ 30 f, 153 c ZVG.

19 Auch der *Insolvenzverwalter* ist zur Verwertung berechtigt, § 165. Diese *Insolvenzverwertung* (§§ 172 ff. ZVG) ist von der Vollstreckungsverwertung des Absonderungsberechtigten (§ 49) zu unterscheiden (in § 172 ZVG ist der durch Art. 20 Nr. 14 EGInsO eingefügte § 174 a ZVG versehentlich nicht genannt). Der Verwalter kann auch *freihändig* verwerten (vgl. § 160 II Nr. 1 und o. § 43 Rn. 13).

20 b) Die **Verwertung beweglicher Sachen,** die der *Verwalter in unmittelbarem Besitz* hat, ist allein seine Sache, § 166 I. Dazu gehören z. B. Sachen, die der Insolvenzschuldner nach § 930 BGB dem Gläubiger zur Sicherung übereignet hat, nicht aber verpfändete Sachen, weil der unmittelbare Alleinbesitz des Verwalters fehlt (vgl. §§ 1205 f. BGB). Die Sachen hat der Verwalter freihändig zu verwerten, § 166 I. Das trifft auch für gepfändete Sachen zu, die im Gewahrsam des (späteren) Insolvenzschuldners belassen worden sind (§ 808 II ZPO) und nunmehr im Gewahrsam des Verwalters stehen.

Mittelbarer Besitz begründet ein Verwertungsrecht nach § 166 I dann, wenn sich die Sache zum Zeitpunkt der Verfahrenseröffnung im Besitz eines Dritten befindet, der sein Besitzrecht auf Grund eines Besitzmittlungskonstituts (Miete, Leasing, Verwahrung) vom Schuldner ableitet (*Uhlenbruck* § 166, 5 m. N.). Der BGH hat ein Verwertungsrecht auch hinsichtlich solcher sicherungsübereigneter Gegenstände angenommen, die der Schuldner einem Dritten zu Weitervermietung oder Leasing überlassen hat (BGHZ 166, 215, 223; *BGH* NJW-RR 07, 490, 491).

21 Nach der Begründung RegE § 191, *Marotzke* ZZP 109, 444, wohl auch *Gottwald,* Umbruch, S. 199, hat der Gerichtsvollzieher vor der Verwertung die öffentlich-rechtliche Verstrickung zu beseitigen; damit würde aber das Pfändungspfandrecht erlöschen (vgl. o. § 16 Rn. 7, 31) und damit das Absonderungsrecht. Man wird in § 166 I vielmehr eine dem Verwalter unmittelbar vom Gesetz (§ 166 I mit § 50 I) gestattete andere Verwertungsart (vgl. § 825 ZPO) sehen müssen, bei der die Verstrickung und das Pfändungspfandrecht erst durch die Freihandveräußerung erlöschen, der Erlös an die Stelle der gepfändeten Sache tritt und damit vom Insolvenzverfahren erfasst (§ 35 I) wird. Für den freihändigen Verkauf durch den Verwalter bedarf es wegen der unmittelbaren gesetzlichen Gestattung keiner Einzelanordnung des Gerichtsvollziehers entsprechend § 825 I 1 ZPO (a. A. *Bork,* FS Gaul, 1997, S. 80 zu § 825 ZPO a. F.). Es genügt die Unterrichtung des Pfändungspfandgläubigers (entsprechend § 825 I 2 ZPO). Freihandverkauf und Übereignung richten sich nach bürgerlichem Recht (wie bei § 825 I ZPO, vgl. o. § 18 Rn. 18).

22 c) **Forderungen,** die der Insolvenzschuldner zur Sicherung eines Anspruchs abgetreten hat, kann *allein der Verwalter* einziehen oder anderweit verwerten (z. B. durch Verkauf und Abtretung), § 166 II (dazu *Chr. Berger*, FS Fischer, 2008, S. 1).

23 Das Einziehungsrecht steht dem Verwalter nicht nur bei den häufigen „stillen" Sicherungszessionen zu, sondern auch dann, wenn die Sicherungsabtretung dem Drittschuldner angezeigt worden ist (*BGH* NJW 02, 3475). Das ist wichtig für den Kostenbeitrag des Absonderungsberechtigten nach §§ 170, 171 (dazu u. Rn. 29).

Umstritten ist, ob der Verwalter auch bei sonstigen zur Sicherung übertragenen Rechten analog § 166 verwertungsbefugt ist (ablehnend *Bork* Rn. 258; a. A. *Marotzke* ZZP 109, 429, 449 f.). Der Streit betrifft insbesondere Immaterialgüter wie Patente, Marken und Lizenzen. Richtig dürfte eine vermittelnde Lösung sein; nach § 166 I ist der Verwalter zur Verwertung berechtigt, wenn die Sache in seinem Besitz ist. Übertragen auf immaterielle Güter bedeutet das, dass der Verwalter zur Verwertung berechtigt ist, wenn er das Immaterialgut für die Masse (insbesondere zur Fortführung des Schuldnerunternehmens) durch Ausübung in Anspruch genommen hatte (vgl. *Chr. Berger*, FS Kirchhof, 2003, S. 1, 11 f.). 24

d) **Vor einer Verwertung beweglicher Gegenstände** (§ 166) hat der *Verwalter* den *Gläubiger auf Verlangen* zu *unterrichten*, wie es um diese Gegenstände bestellt ist, § 167. Verwertungsverzögernd dürfte sich das Recht des Gläubigers auswirken, auf eine günstigere Möglichkeit der Verwertung hinzuweisen, § 168 I 2. Einen rechtzeitigen Hinweis hat der Verwalter zu befolgen oder den Gläubiger so zu stellen, als hätte er ihn befolgt, § 168 II (Beweislast für das Bestehen einer besseren Verwertungsmöglichkeit beim Gläubiger). Über den Wortlaut von § 168 I 2 hinaus ist ein substantiierter Hinweis, also fast ein Nachweis, zu fordern (arg. § 168 III: die hier genannte „andere Verwertungsmöglichkeit" ist nur die wirkliche Übernahme des Gegenstands durch den Absonderungsberechtigten, nicht deren bloße Möglichkeit; „günstiger" ist eine Verwertungsmöglichkeit, wenn Kosten wirklich, nicht nur möglicherweise, „eingespart werden"). 25

e) **Verzögert der Verwalter die Verwertung** beweglicher Gegenstände (bei unbeweglichen taucht das Problem nicht auf: § 49), so wird der Gläubiger durch einen Anspruch auf *Zahlung geschuldeter Zinsen* entschädigt (eine gewisse Zeit bleibt zinsfrei zur Schonung der Masse), § 169. Wird durch die **Benutzung** einer beweglichen Sache deren Wert sicherungsschädlich gemindert, so hat der Gläubiger ferner Anspruch auf laufende *Ausgleichszahlung* ab Eröffnung des Insolvenzverfahrens, § 172 I (verfehlt: eine Ausgleichszahlung für Sicherungsbeeinträchtigung durch Wertverlust infolge Nutzung kann zwangsläufig frühestens erst ab Nutzungsbeginn und mit Eintritt der Beeinträchtigung verlangt werden; insoweit ist § 172 I berichtigend auszulegen). Zins- und Ausgleichszahlung können die Masse zu Lasten der ungesicherten Gläubiger erheblich schmälern (§ 55 I Nr. 1: Masseverbindlichkeiten) und dem Verwalter zusätzlich erhebliche Arbeit bescheren. Deshalb ist die Versuchung groß, schnell zu verwerten, statt das Sicherungsgut, was sinnvoll sein kann, über längere Zeit zusammenzuhalten. 26

f) Ist der **Verwalter nicht zur Verwertung** beweglicher Gegenstände (§ 166) **berechtigt**, so steht das Recht dem Absonderungsberechtigten zu, § 173 I. *Beispiele:* Verwertung einer im Gläubigerbesitz stehenden Pfandsache (vgl. o. Rn. 20) oder einer verpfändeten Forderung (arg. § 166 II). Das Selbstverwertungsrecht des Gläubigers an Sachen, die nicht im Verwalterbesitz sind, ist unschädlich, weil die Sache ohnehin nicht der Masse zur Verfügung steht und ihr somit auch nicht zur Unzeit entzogen werden kann. 27

Verwertet der Gläubiger nicht in einer vom Gericht gesetzten Frist, so geht das Verwertungsrecht auf den Verwalter über, § 173 II; daraus folgt, dass der Verwalter Herausgabe der beweglichen Sache zum Zweck der Verwertung verlangen kann (Umkehrung von § 166 I; dort: unmittelbarer Besitz gibt Verwertungsrecht; hier: nachträgliche Zuweisung des Verwertungsrechts gibt Recht auf unmittelbaren Besitz). Damit ist einer Verzögerung vorgebeugt. 28

3. **Die Verteilung des Erlöses.** a) **Vom Erlös** der Verwertung einer beweglichen Sache oder einer Forderung sind – **vor der Befriedigung** des Absonderungsberechtigten – bestimmte Beträge **an die Masse** abzuführen: 4 % vom Verwertungserlös für die *Kosten der Feststellung* des Absonderungsgegenstands (an welchen Gegenständen bestehen welche Rechte?) und 5 % des Erlöses für die *Verwertungskosten*, §§ 170 I 1, 171 I, II 1; zusätzlich ist der Masse die ihr auferlegte Umsatzsteuer zu ersetzen, § 171 II 3. Sind die tatsächlich aufgewandten und erforderlichen Kosten 29

erheblich niedriger oder höher, so sind sie anzusetzen, § 171 II 2; Streit über die Erforderlichkeit höherer Kosten ist damit vorprogrammiert. Verwertungskosten sind nicht abzuführen, wenn der Gläubiger verwertet hat, § 170 II.

30 Die KO sah keine Kostentragungspflicht der Absonderungsberechtigten hinsichtlich der Feststellungs- und Verwertungskosten vor. Die Neuregelung ist vom Gesetzgeber gut gemeint gewesen, aber nicht gekonnt umgesetzt worden. Die Gläubiger können in der Sicherungsabrede nämlich vereinbaren, dass das Sicherungsgut auch für die künftigen Insolvenzkosten haftet. Die gesicherten Gläubiger bezahlen zwar, holen sich das Geld aber im Wege der abgesonderten Befriedigung aus der Masse zurück.

31 b) Zur Kostentragung bei *Zwangsversteigerung und Zwangsverwaltung* vgl. §§ 10 I Nr. 1 a, 174 a ZVG; dazu *Marotzke* ZZP 109, 458 ff. Sie entfällt mangels Insolvenzverwalters in der Eigenverwaltung, §§ 270 III, 282, und im Vereinfachten Insolvenzverfahren, § 313 III.

V. Ersatzabsonderung

32 Das Absonderungsrecht bezieht sich – wie das Aussonderungsrecht – auf bestimmte Vermögensgegenstände (vgl. o. § 44 Rn. 19). Deren unberechtigte Veräußerung durch den Verwalter vernichtet das Recht. Analog § 48 steht dem Berechtigten dann ein Ersatzabsonderungsrecht zu; an dem noch unterscheidbar in der Masse vorhandenen Veräußerungserlös kann er abgesonderte Befriedigung verlangen. Ein Ersatzabsonderungsrecht besteht – anders als analog § 46 KO – auch bei Veräußerung durch den Schuldner (JHG/*Henckel* § 48, 61 ff.; krit. *Marotzke* ZZP 109, 429, 434).

Beispiel: L liefert dem Schuhhersteller S Leder unter verlängertem Eigentumsvorbehalt mit „Herstellerklausel" (dazu o. Rn. 7). Veräußert S das Leder, verliert L daran nach §§ 929, 932 BGB sein Eigentum, kann aber in der Insolvenz des S nach § 48 aussondern. Veräußert S aus dem Leder des L neu hergestellte Schuhe, hat L in der Insolvenz des S analog § 48 ein Ersatzabsonderungsrecht an dem Veräußerungserlös.

§ 46. Die Massegläubiger

I. Begriff

1 Massegläubiger sind **keine Insolvenzgläubiger, sondern** Gläubiger, deren vermögensrechtliche Ansprüche (sog. **Masseansprüche,** kein Ausdruck des Gesetzes) erst nach Verfahrenseröffnung entstanden und vorweg aus der Insolvenzmasse zu befriedigen sind, § 53. Massegläubiger gehen den Insolvenzgläubigern vor.

Massegläubiger sind die Gläubiger der Massekosten (vgl. u. Rn. 2) und der sonstigen Masseverbindlichkeiten (vgl. u. Rn. 3 ff.).

II. Die Kosten des Insolvenzverfahrens, § 54

2 Hierzu gehören die Gerichtskosten für das Insolvenzverfahren sowie die Vergütungen und Auslagen des Insolvenzverwalters (§ 63; auch des vorläufigen, §§ 21 II Nr. 1, 63) und der Mitglieder des Gläubigerausschusses (§ 73 I).

III. Sonstige Masseverbindlichkeiten, § 55

1. Zu ihnen rechnen alle Verbindlichkeiten, die *durch Handlungen des Insolvenzverwalters begründet* worden sind, § 55 I Nr. 1. Dazu gehören z. B. Ansprüche aus Verkäufen oder Käufen des Verwalters zwecks Verwertung oder Ergänzung der Masse, Ansprüche aus vom Verwalter abgeschlossenen Dienst- und Werkverträgen, aber auch aus deliktischem Tun oder Unterlassen des Verwalters im Rahmen seines Amtes, z. B. die Verletzung einer Verkehrssicherungspflicht. 3

Diese Ansprüche sind zwar später als die Insolvenzforderungen begründet (vgl. § 38), dennoch ist es berechtigt, sie bevorzugt zu befriedigen. Das ist vor allem einsichtig für Ansprüche aus Verträgen, die der Verwalter abgeschlossen hat. Wären diese Ansprüche nur Insolvenzforderungen, also mehr oder weniger wertlos, so würde kaum jemand mit dem Insolvenzverwalter Verträge schließen wollen. Das aber wäre ein großes Hindernis für die sachgerechte Verwertung, insbesondere wenn das Unternehmen des Insolvenzschuldners fortgeführt werden soll. 4

Zu § 55 I Nr. 1 gehören ferner Verbindlichkeiten, die *in anderer Weise als durch Handlungen des Verwalters* im Rahmen der Verwaltung, Verwertung und Verteilung der Masse begründet sind (außer Verfahrenskosten, dafür § 54), z. B. Prämien für notwendige Versicherungen, Vergütung eines Rechtsanwalts für die Führung eines Masseprozesses. 5

2. Zu den Masseverbindlichkeiten gehören weiter die *Ansprüche aus gegenseitigen Verträgen,* die der Insolvenzschuldner vor Eröffnung des Insolvenzverfahrens geschlossen hat und deren Erfüllung zur Masse vom Verwalter verlangt wird (vgl. u. § 49 Rn. 2, 4) oder die für die Zeit nach Eröffnung des Verfahrens erfolgen muss (z. B. weiterlaufende Arbeitsverträge), § 55 I Nr. 2. 6

3. Schließlich sind Masseverbindlichkeiten *Ansprüche aus ungerechtfertigter Bereicherung* der Masse, die nach Verfahrenseröffnung eingetreten ist, § 55 I Nr. 3. Hierher zählen z. B. die der Masse zugeflossene Gegenleistung im Fall von § 81 I 3 (vgl. o. § 40 Rn. 30), die für die Veräußerung einer Aussonderungssache erbrachte Gegenleistung, soweit sie in der Masse nicht mehr unterscheidbar vorhanden ist (sonst Ersatzaussonderung, § 48 S. 2; vgl. o. § 44 Rn. 19 f.), versehentliche Zahlung einer Nichtschuld an den Verwalter. Vor Verfahrenseröffnung entstandene Bereicherungsansprüche sind auch dann lediglich Insolvenzforderungen, wenn der Rechtsgrund erst mit oder nach Verfahrenseröffnung weggefallen ist (*BGH* NZI 09, 475). 7

4. **Bestimmte Verbindlichkeiten,** die gemäß § 38 Insolvenzforderungen wären, **gelten** nach Verfahrenseröffnung **als Masseverbindlichkeiten,** § 55 II. Damit wird praktisch die Wirkung der Eröffnung partiell vorverlegt, nämlich für die Begründung von Verbindlichkeiten und die Inanspruchnahme von Gegenleistungen aus Dauerschuldverhältnissen durch den verwaltungs- und verfügungsbefugten vorläufigen Insolvenzverwalter (§ 55 II mit § 22 I 1), dazu eingehend u. § 54 Rn. 36. 8

5. **Verbindlichkeiten aus** einem **Sozialplan** (§ 112 BetrVG), der **nach Verfahrenseröffnung** aufgestellt wird, sind *Masseverbindlichkeiten,* § 123 I, II 1, obwohl es sich eigentlich um Insolvenzforderungen handelt, denn ihre Grundlage ist das vor Verfahrenseröffnung begründete Arbeitsverhältnis. Diese Qualifizierung erspart die Anmeldung und Feststellung der Sozialplanforderungen. Die Ansprüche selbst werden summenmäßig doppelt begrenzt: durch eine Limitierung der Gesamtansprüche aus dem Sozialplan (§ 123 I) und dadurch, dass – wenn kein Insolvenzplan zustande 9

kommt – maximal ein Drittel der Masse, die ohne Sozialplan an die Insolvenzgläubiger verteilt werden könnte, zur Befriedigung von Sozialplanforderungen verwendet werden darf (§ 123 II). Diese relative Begrenzung führt dazu, dass die Forderungen erst erfüllt werden können, wenn alle anderen Masseverbindlichkeiten voll befriedigt sind. Eine Zwangsvollstreckung in die Masse wegen einer Sozialplanforderung ist unzulässig, § 123 III 2 (vgl. § 89 I für Insolvenzforderungen).

10 Verbindlichkeiten aus einem **vor der Verfahrenseröffnung** aufgestellten Sozialplan sind *Insolvenzforderungen.* Geschah die Aufstellung in den drei Monaten vor dem Eröffnungsantrag, so kann der Plan vom Verwalter wie vom Betriebsrat widerrufen werden mit der Folge, dass Arbeitnehmer, denen aus dem alten Plan Forderungen zustanden, im neuen (für den § 123 gilt!) berücksichtigt werden können (nicht: müssen), § 124 I, II; zur Behandlung schon erbrachter Leistungen § 124 III.

11 **IV.** Die **Massegläubiger unterliegen nicht** den **Beschränkungen** der Insolvenzgläubiger nach §§ 87, 89 (Klage- und Vollstreckungsverbot; Ausnahme: § 123 III 2, vgl. o. Rn. 9), 96 (Aufrechnungsausschluss, vgl. u. § 50 Rn. 10). Sie können während des Insolvenzverfahrens ihre Ansprüche gegen den Verwalter einklagen, die Vollstreckung ist **aber für** sog. **oktroyierte Masseverbindlichkeiten** in den ersten 6 Monaten ab Verfahrenseröffnung verboten, § 90 I.

12 Die Sperrfrist von 6 Monaten soll verhindern, dass der Insolvenzmasse in der Anfangsphase der Verwaltung Massegegenstände entzogen werden, insbesondere um eine Unternehmensfortführung zu ermöglichen. Voraussetzung ist aber, dass die Masseverbindlichkeit nicht auf Veranlassung des Verwalters entstanden ist. Ist die Masseforderung vom Verwalter begründet worden, bedarf er keines Vollstreckungsschutzes; auch liegt es im Interesse der Masse, mögliche Vertragspartner als Neumassegläubiger nicht durch ein Vollstreckungsverbot abzuschrecken. Keinem Vollstreckungsverbot unterliegen auch Masseverbindlichkeiten nach § 90 II, wenn der Verwalter bei einem gegenseitigen Vertrag Erfüllung gewählt hat (§ 103), bei einem Dauerschuldverhältnis nicht zum ersten möglichen Termin gekündigt hat oder die Gegenleistung für die Insolvenzmasse in Anspruch nimmt. Auch wegen anderer nicht-oktroyierter Masseansprüche können Gläubiger ohne die Sperrfrist vollstrecken, beispielsweise aus Titeln wegen unerlaubter Handlung des Verwalters.

Eine andersartige **Beschränkung** der Anspruchsdurchsetzung ergibt sich aus § 206 für die **Teilnahme an Verteilungen:** Wer nicht kommt zur rechten Zeit, der bekommt, was übrigbleibt.

13 **V. Masseunzulänglichkeit** liegt vor, wenn die Masse zwar für die Kosten (§ 54) ausreicht, aber nicht für die Erfüllung der sonstigen Masseverbindlichkeiten zum Fälligkeitsdatum (§ 55). Man spricht bei Masseunzulänglichkeit anschaulich auch von der „Insolvenz in der Insolvenz". Die Masseunzulänglichkeit ist vom Verwalter dem Gericht anzuzeigen, § 208 I, aber ohne Einfluss auf seine Pflichten, § 208 III. Die Anzeige ist für das Gericht bindend, eine gerichtliche Kontrolle findet nicht statt.

14 Für die Befriedigung stellt § 209 eine **Rangordnung** auf. An erster Stelle stehen die *Kosten* des Insolvenzverfahrens. Im zweiten Rang sind die *Neumasseverbindlichkeiten* (außer Verfahrenskosten) zu erfüllen; sie sind erst nach der Unzulänglichkeitsanzeige begründet worden. Ihnen stellt § 209 II bestimmte Verbindlichkeiten gleich, die den gewillkürten Masseverbindlichkeiten des § 90 II entsprechen mit dem Unterschied, dass dort der maßgebende Zeitpunkt die Verfahrenseröffnung, hier die Unzulänglichkeitsanzeige ist. An letzter Rangstelle stehen die *Altmasseverbindlichkeiten,* z. B. die Ansprüche aus § 55 I Nr. 2, wenn der Verwalter vor der Unzulänglichkeitsanzeige Erfüllung des gegenseitigen Vertrags gewählt hat; in dieser Rangstelle bilden Unterhaltsgewährungen das Schlusslicht. Erst danach rangieren die Forderungen aus einem nach Verfahrenseröffnung aufgestellten Sozialplan; das ist die Konsequenz aus § 123 II (vgl. o. Rn. 9). Gleichrangige Massegläubiger sind nach § 209 I quotal nach dem Nennbetrag ihrer Forderungen zu befriedigen. Der insolvenzrechtliche Gleichbehandlungsgrundsatz gilt daher bei Masseunzulänglichkeit auch für Massegläubiger.

15 Die Rangordnung ist jedenfalls insofern bedenklich, als den Gerichtskosten (§ 54 I Nr. 1) die erste Stelle zugewiesen wird. Im Übrigen ist eine gerechte Reihung schwierig (zur Problematik *Häsemeyer,* Umbruch, S. 104 f.). Schwer zu begründen ist es sicher, Altmasseverbindlichkeiten wegen ungerechtfertigter Bereicherung der Masse (§ 55 I Nr. 3, vgl. o. Rn. 7) mit anderen Altmasseverbindlichkeiten auf eine Stufe zu stellen und sie obendrein und vor allem den Verfahrenskosten und den Neumasseverbindlichkeiten nachzuordnen (*Häsemeyer* Rn. 14.24 sieht in der Nachordnung

einen Verstoß gegen Art. 14 I, III GG). Bemerkenswert ist, dass der Verwalter den Rang und damit die Befriedigungschancen ändern kann, indem er aus Altmasseverbindlichkeiten durch seine Entscheidung Neumasseverbindlichkeiten machen kann (z. B. wählt er bei einem von ihm geschlossenen gegenseitigen Vertrag [§ 55 I Nr. 1, § 209 I Nr. 3] nach der Unzulänglichkeitsanzeige Erfüllung: § 209 II Nr. 1). Auf einem anderen Blatt steht, dass der Verwalter ohne Eingehung von Neumasseverbindlichkeiten seiner Pflicht zur Verwaltung und Verwertung (§ 208 III) schwerlich nachkommen kann und daher der Vorrang vor den Altmasseverbindlichkeiten im Grundsatz berechtigt ist (weiterer Schutz durch das Vollstreckungsverbot in § 210).

VI. Der Verwalter ist gemäß § 61 S. 1 **zum Schadenersatz verpflichtet,** wenn er 16 durch eine Rechtshandlung eine Masseverbindlichkeit begründet hat (z. B. durch Begründung einer neuen Verbindlichkeit oder Wahl der Erfüllung eines gegenseitigen Vertrages, § 55 I Nr. 1, 2), die aus der Masse nicht voll erfüllt werden kann. Der Verwalter kann sich exkulpieren, wenn er bei Begründung der Verbindlichkeit den voraussichtlichen Ausfall nicht erkennen konnte, § 61 S. 2; dazu o. § 43 Rn. 21.

§ 47. Das Verhältnis des Insolvenzverfahrens zu Einzelverfahren

I. Das Insolvenzverfahren als einheitliche Gesamtvollstreckung verträgt sich 1 nicht mit einer Klage oder Einzelvollstreckung durch einzelne Insolvenzgläubiger. Ein individuelles Vorgehen einzelner Insolvenzgläubiger hätte nur Sinn, wenn sie auf diese Weise Vorteile gegenüber den anderen erlangen könnten. Das aber ist ausgeschlossen, denn es widerspräche eklatant dem **Grundsatz der gleichmäßigen Befriedigung aller Insolvenzgläubiger** („par conditio creditorum"). Daher können diese Gläubiger ihre Forderungen nur **nach den Vorschriften über das Insolvenzverfahren** verfolgen, § 87.

2 Damit ist die (früher nach § 12 KO zulässige) Möglichkeit ausgeschlossen, auf die Teilnahme am Insolvenzverfahren ausdrücklich und unwiderruflich zu verzichten, um dann gegen den Schuldner klagen zu können.

II. Eine Zwangsvollstreckung für einzelne Insolvenzgläubiger ist während des 3 **Insolvenzverfahrens** sowohl in die Insolvenzmasse wie in das insolvenzfreie Vermögen des Insolvenzschuldners **unzulässig,** § 89. Entsprechendes gilt für den Vollzug von Arrest und einstweiliger Verfügung (§§ 928, 936 ZPO).

4 Diese Gleichstellung von Zwangsvollstreckung, Arrest- und Verfügungsvollzug sah RegE § 12 ausdrücklich vor. Das hielt der Rechtsausschuss des Deutschen Bundestags (BT-Drs. 12/7302 S. 156) für entbehrlich, da der Begriff der Zwangsvollstreckung als „Oberbegriff der ZPO" verstanden werden müsse; denn im 8. Buch seien unter der Bezeichnung (!) „Zwangsvollstreckung" sowohl die Einzelzwangsvollstreckung als auch der Arrest und die einstweilige Verfügung abgehandelt – ein kapitales Missverständnis (vgl. o. § 34 Rn. 4). Die ZPO unterscheidet sehr wohl zwischen „Zwangsvollstreckung" und Vollzug (nur darum geht es hier!) von Arrest und einstweiliger Verfügung (§§ 928, 938; vgl. o. §§ 34 Rn. 4, 36 Rn. 1 ff.), das BGB zwischen Zwangsvollstreckung und Vollziehung des Arrestes (§§ 135 I 2, 458 S. 2, 1990 II, 2016 II). Der Fehler des Gesetzgebers ist durch ergänzende Auslegung der §§ 21 II 1 Nr. 3, 88, 89, 321 zu beseitigen.

5 1. Ein Vollstreckungsverbot ordnet § 89 I nur für Insolvenzgläubiger an, es muss aber auch für Gläubiger gelten, die erst *nach* Verfahrenseröffnung einen Vermögensanspruch gegen den Insolvenzschuldner erlangt haben (z. B. aus Vertrag, vgl. o. § 40 Rn. 43, oder Delikt) und daher keine Insolvenzgläubiger sind (s. § 38). Man kann sie **Nachinsolvenzgläubiger** nennen (der unter der KO gebräuchliche Ausdruck „Neugläubiger" ist verbraucht, vgl. Überschrift von § 265). Eine Voll-

streckung in die Masse ist den Nachinsolvenzgläubigern verwehrt, da die Masse für die Befriedigung der Insolvenzgläubiger (und der Massegläubiger) reserviert ist, § 38. Eine Vollstreckung in den Neuerwerb des Schuldners scheidet aus, da er in die Masse fällt, § 35 I. Diese Diskrepanz beruht darauf, dass für die Zugehörigkeit von Haftungsobjekten zur Insolvenzmasse ein Zeitraum (§ 35 I), für die Eigenschaft als Insolvenzgläubiger ein Zeitpunkt (§ 38) maßgebend ist.

6 2. **Ausdrücklich erstreckt** § 89 II 1 das **Vollstreckungsverbot** für die Dauer des Insolvenzverfahrens **auf Nichtinsolvenzgläubiger** im Hinblick auf künftige Dienstbezüge. Während des Insolvenzverfahrens erzieltes und die Pfändungsfreibeträge überschreitendes Arbeitseinkommen fällt als Neuerwerb ohnehin in die Insolvenzmasse. Das nach Verfahrensende erzielte Einkommen soll für eine Restschuldbefreiung, § 287 II 1, oder einen Insolvenzplan, §§ 217 ff., zur Verfügung stehen. Vom Verbot ausgenommen sind privilegierte Vollstreckungsgläubiger (§ 89 II 2 mit §§ 850 d, 850 f II ZPO; der dort genannte Teil der Einkünfte gehört nicht zur Insolvenzmasse, § 36 I), jedoch nur soweit sie Neugläubiger sind (*BGH* NJW-RR 08, 294).

7 3. Beantragt ein Insolvenz- oder Nichtinsolvenzgläubiger die Vollstreckung und ist dem Vollstreckungsorgan die Eröffnung des Insolvenzverfahrens bekannt, so hat es den Antrag zurückzuweisen. **Verbotswidrige Vollstreckungsmaßnahmen** sind wirksam (Verstrickung und – str. – Pfändungspfandrecht entstehen), aber anfechtbar mit der Erinnerung nach § 766 ZPO. Es entscheidet nicht das Vollstreckungsgericht, sondern wegen größerer Sachnähe das Insolvenzgericht, § 89 III 1 (Richter: § 20 Nr. 17 RPflG, nicht § 18 RPflG, da es sich um ein Vollstreckungsverfahren nach der ZPO, nicht um ein Insolvenzverfahren handelt).

8 4. Die **freiwillige Befriedigung** durch den Insolvenzschuldner aus insolvenzfreiem Vermögen ist zulässig, z. B. durch Übereignung einer unpfändbaren Sache (s. § 36 I, III).

9 **III.** Das Vollstreckungsverbot des § 89 wird ergänzt durch die sog. **Rückschlagsperre** des § 88. Danach wird eine Sicherung, die ein Insolvenzgläubiger im letzten Monat vor Eröffnung des Insolvenzverfahrens oder nach diesem Antrag im Wege der Zwangsvollstreckung an dem zur Insolvenzmasse gehörenden Vermögen des Schuldners erlangt, mit Verfahrenseröffnung ipso iure unwirksam. Das gilt insbesondere für in der Monatsfrist erlangte Pfändungspfandrechte; diese erlöschen und berechtigen nicht zur Absonderung (vgl. § 50 I, dazu o. § 45 Rn. 4). § 88 soll ebenso wie §§ 87, 89 der Durchsetzung des Grundsatzes der gleichmäßigen Gläubigerbefriedigung dienen, ist dafür jedoch nur in Grenzen geeignet. So fällt weder eine im Wege der Zwangsvollstreckung erfolgte Befriedigung des Gläubigers (Herausgabe des Versteigerungserlöses durch den Gerichtsvollzieher an den Gläubiger, dazu o. § 18 Rn. 24) noch eine vertraglich erlangte Sicherung (Verpfändung eines Gegenstands durch den Schuldner, vgl. §§ 1204 ff. BGB) unter § 88. Insoweit bleibt nur die Möglichkeit der Insolvenzanfechtung nach den §§ 129 ff. (zum Verhältnis u. § 51 Rn. 32). Die unterschiedliche Behandlung von Sicherung und Befriedigung sowie vollstreckungsrechtlicher und rechtsgeschäftlicher Sicherung ist sachlich nicht begründet. Derjenige Gläubiger, der den Schuldner hart bedrängt und eine vertragliche Sicherung erreicht bzw. rasch die Zwangsvollstreckung zu Ende führt, erlangt einen Vorteil.

10 Die Rückschlagsperre des § 88 wirkt nicht nur „relativ" gegenüber den Insolvenzgläubigern; die durch die Zwangsvollstreckung erlangte Sicherung ist vielmehr gegenüber jedermann und damit „absolut" unwirksam. Gibt der Verwalter den

Gegenstand frei (dazu o. § 43 Rn. 14), wird die Sicherung wieder wirksam (*BGH* NZI 06, 224; a. A. MünchKomm-InsO/*Breuer* § 88, 23).

Beispiel: Zugunsten des G wird eine Zwangshypothek (dazu § 23) am Grundstück des S eingetragen. Drei Wochen später stellt ein anderer Gläubiger einen Insolvenzantrag gegen S. Nach Verfahrenseröffnung gibt der Verwalter das Grundstück frei, weil ein Verwertungsertrag angesichts zahlreicher weiterer Grundpfandrechte nicht zu erwarten ist. – Durch die Verfahrenseröffnung wurde die Zwangshypothek unwirksam (§ 88), das Grundbuch insoweit unrichtig. Infolge der Freigabe erlangte S die Verfügungsmacht zurück und G (analog § 185 II 1 Fall 2 BGB) die Zwangshypothek wieder. Das Vollstreckungsverbot des § 89 steht dem (Wieder-)Erwerb der Hypothek nicht entgegen, denn es richtet sich nur gegen Vollstreckungs*handlungen*. Eine Eigentümergrundschuld analog § 868 ZPO entsteht nicht (*BGH* NZI 06, 224, 225). Wurde die Zwangshypothek zwischenzeitlich gelöscht, muss sie im Wege der Grundbuchberichtigung (§ 894 BGB) wieder eingetragen werden. 11

2. Kapitel. Die Insolvenzmasse

§ 48. Allgemeines

I. Gegenstand des Insolvenzverfahrens als Gesamtvollstreckung ist grundsätzlich das **gesamte Vermögen** des Insolvenzschuldners. In die Insolvenzmasse fällt das bei Verfahrenseröffnung vorhandene Vermögen (§ 35 I Fall 1) und das Vermögen, das der Schuldner während des Verfahrens erwirbt („Neuerwerb“, § 35 Fall 2). Die Einbeziehung des Neuerwerbs in die Insolvenzmasse ist bedenklich. Die KO sah sie nicht vor. Mit der Einbeziehung des Neuerwerbs sollte ausreichend Vermögen für eine Restschuldbefreiung gesichert werden. 1

Durch Neuerwerb kann sich während des Verfahrens der Umfang der Masse erweitern, ohne dass sich der Kreis der Insolvenzgläubiger ändert. Bei vom Schuldner abgeschlossenen gegenseitigen Verträgen führt dies zu problematischen Ergebnissen. 2

Beispiel: Insolvenzschuldner S kauft bei V nach Verfahrenseröffnung einen Gegenstand. Der Anspruch auf Lieferung nach § 433 I BGB fällt als Neuerwerb in die Insolvenzmasse (ist also an den Verwalter zu erfüllen), der Gegenanspruch des V auf Kaufpreiszahlung ist jedoch keine Masseschuld, sondern eine Neuverbindlichkeit des S, die nach § 89 I Fall 2 dem allgemeinen insolvenzrechtlichen Vollstreckungsverbot unterliegt. *Häsemeyer* Rn. 9.02 spricht von einer „Entrechtung“ der Neugläubiger.

Nicht zur Masse gehören gemäß § 36 I unpfändbare Gegenstände (dazu § 811 I ZPO: bewegliche Sachen; §§ 850 ff. ZPO: Arbeitseinkommen; §§ 851 I, 857 ZPO: Forderungen und andere Vermögensrechte) mit Ausnahme der Geschäftsbücher des Insolvenzschuldners (abweichend von § 811 I Nr. 11 ZPO) sowie der in § 811 I Nr. 4 ZPO (Landwirtschaft) und 9 (Apotheken) genannten Sachen, § 36 II, ferner in aller Regel der gewöhnliche Hausrat (§ 36 III, vgl. auch § 812 ZPO; wegen § 36 I mit § 811 I Nr. 1 ZPO kaum bedeutsam). Eine Austausch„pfändung“, §§ 811 a, b ZPO, zugunsten der Masse ist zulässig. Vollstreckungsschutz nach § 765 a ZPO kann auch im Eröffnungs- und im Insolvenzverfahren gewährt werden (vgl. o. § 31 Rn. 24); einem missbräuchlich gestellten Antrag auf Verfahrenseröffnung fehlt das Rechtsschutzinteresse (vgl. u. § 54 Rn. 42). 3

4 **II. Rechte, die keine Vermögensrechte** sind, fallen **nicht in die Masse,** z. B. Familienrechte (wie das Recht auf Scheidung), das Namensrecht, das Urheberrecht (es gehört nur mit Einwilligung des Urhebers zur Masse und nur insoweit, als er Nutzungsrechte einräumen kann, § 113 UrhG, auch §§ 115, 117, 118 UrhG), eine patentfähige Erfindung, solange der Erfinder noch keine Anstalten zu ihrer Verwertung trifft (daher anders für das Patentrecht ab Anmeldung), die Arbeitskraft des Insolvenzschuldners (daher muss er nicht für die Masse erwerbstätig sein). Im Insolvenzverfahren ist die Firma jedes Unternehmens (§ 18 HGB) verwertbar, gleich, ob der Unternehmensträger Einzelkaufmann, Personenhandelsgesellschaft oder Kapitalgesellschaft ist; auch eine Personalfirma fällt ohne Zustimmung des Namensgebers in die Masse (dazu *Barnert* KTS 03, 523).

5 **III.** Die **Vermögen des Ehegatten und der Kinder** des Insolvenzschuldners werden vom Insolvenzverfahren **nicht berührt.** Zum Sonderfall der Gütergemeinschaft und der fortgesetzten Gütergemeinschaft vgl. §§ 37, 332–334.

6 **IV.** Als **Sollmasse** werden die Gegenstände bezeichnet, die *rechtlich* zur Masse gehören und daher z. B. vom Verwalter in Besitz genommen werden „sollen" (§ 148). Die Masse in ihrem *tatsächlichen* Bestand heißt **Istmasse.** Der Umfang beider Massen ist verschieden, wenn Gegenstände, die rechtlich zur Masse (Sollmasse) gehören, (noch) nicht erfasst sind, z. B. weil der Insolvenzschuldner sie versteckt hat, oder wenn umgekehrt der Verwalter schuldnerfremde Gegenstände zur Masse (Istmasse) zieht.

Die *Unverwertbarkeit* eines Gegenstandes *ändert nichts an seiner Massezugehörigkeit.* Doch kann es sinnvoll sein, dass der Verwalter einen solchen Gegenstand formlos an den Insolvenzschuldner freigibt, z. B. ein überbelastetes Grundstück, bei dessen Verwertung nichts für die Masse herausspringen würde (zur Freigabe vgl. o. § 43 Rn. 26 f.).

7 **V.** Die **Masse ändert ihren Umfang** im Laufe des Verfahrens (außer durch Verwertung) insbesondere durch

1. *Abwicklung noch nicht erfüllter gegenseitiger Verträge* des Insolvenzschuldners, §§ 103 ff. (vgl. u. § 49 Rn. 2–32);

2. *Aufrechnung* von oder gegenüber Gläubigern des Insolvenzschuldners, §§ 94 ff. (vgl. u. § 50);

3. *Anfechtung* von Rechtshandlungen, insbesondere des Insolvenzschuldners, §§ 129 ff. (vgl. u. §§ 51, 52);

4. *Erfüllung* von *Aus- und Absonderungsrechten* sowie von *Masseverbindlichkeiten* (vgl. o. §§ 44–46).

§ 49. Die Abwicklung der schwebenden Rechtsgeschäfte

1 **I. Grundsatz.** Ein **Insolvenzgläubiger** hat **keinen Anspruch auf volle Erfüllung;** vielmehr muss er sich mit der Verteilungsquote („Insolvenzdividende") begnügen, die für alle vollrangigen Insolvenzgläubiger gleichmäßig (und in der Regel: gleich mäßig!) bestimmt wird. Das gilt insbesondere auch dann, wenn er mit dem (späteren) Insolvenzschuldner einen gegenseitigen Vertrag geschlossen und seine Leistung, z. B. als Verkäufer, vor Eröffnung des Insolvenzverfahrens bereits voll erbracht, der Insolvenzschuldner z. Z. der Verfahrenseröffnung aber den Kaufpreis noch nicht bezahlt hat: Die Kaufpreisforderung ist Insolvenzforderung (§ 38), die gelieferte Kaufsache kann nicht zurückgefordert werden (arg. § 105 für Teil-

leistungen). Vorleistungen bei gegenseitigen Verträgen – zu denen der Schuldner grundsätzlich nicht verpflichtet ist, § 320 I 1 BGB – sind daher überaus gefährlich.

II. Eine wichtige **Ausnahme** besteht **für gegenseitige Verträge,** die **vor Verfahrenseröffnung geschlossen,** aber z. Z. der Eröffnung noch **von keinem Vertragsteil vollständig erfüllt** worden sind. Der Insolvenzverwalter kann ihre Durchführung verlangen. Geschieht das, so hat der andere Vertragsteil in die Masse, der Verwalter aus der Masse zu leisten, § 103 I. Der Erfüllungsanspruch des anderen Teils ist Masseverbindlichkeit, § 55 I Nr. 2, nicht nur Insolvenzforderung. Damit wird vermieden, dass der andere Teil voll leisten muss, ohne die ungeschmälerte Gegenleistung zu erhalten. Auf diese Weise trägt das Gesetz dem funktionellen Synallagma, dem Kennzeichen des gegenseitigen Vertrags, Rechnung. Ob das eine Auswirkung von § 320 BGB (bei Vorleistungspflicht des anderen Teils: § 321 BGB) ist oder ob § 103 eine Sonderregelung enthält, ist belanglos. 2

Gegenseitige Verträge sind z. B. Kauf, Miete, Darlehen. Nicht hierher gehören einseitig verpflichtende Verträge (z. B. das Schenkungsversprechen) und unvollkommen zweiseitig verpflichtende (z. B. der Auftrag). Besondere von § 103 abweichende Regelungen gelten für Miet- und Pachtverhältnisse über unbewegliche Gegenstände und Räume, vgl. u. Rn. 20 ff. (für Verträge über bewegliche Gegenstände bleibt es grundsätzlich bei § 103, vgl. u. Rn. 18), ferner für Dienstverhältnisse, vgl. u. Rn. 28 ff. 3

Die **Wahl der Erfüllung** geschieht durch *einseitige empfangsbedürftige Willenserklärung* des Verwalters gegenüber dem Vertragsgegner. Ist die Wahl der Erfüllung (oder deren Ablehnung) von besonderer Bedeutung für das Verfahren (z. B. wegen des Umfangs der Lieferpflichten, der Höhe des Kaufpreises), so hat der Verwalter die Zustimmung des Gläubigerausschusses oder der Gläubigerversammlung einzuholen, § 160 I (im Außenverhältnis keine Wirksamkeitsvoraussetzung: § 164). 4

Lehnt der Verwalter die Erfüllung ab, so kann der Vertragsgegner „eine Forderung wegen Nichterfüllung" nur als Insolvenzgläubiger geltend machen, § 103 II 1. Der einseitige Schadenersatzanspruch erfasst die Differenz zwischen Leistung und Gegenleistung. Eine an den Insolvenzschuldner erbrachte Teilleistung kann nicht zurückgefordert werden, sie verbleibt in der Masse, § 105 S. 2. 5

Der Verwalter muss sich nicht in bestimmter Frist entscheiden, ob er die Erfüllung wählt oder sie ablehnt, doch hat er sein Wahlrecht (Erfüllung oder Nichterfüllung) auf Verlangen des Gegners „unverzüglich" (§ 121 I 1 BGB) auszuüben, also nicht „sofort", sondern erst nach einer sachgerecht zügigen Prüfung der Vor- und Nachteile von Erfüllung und Nichterfüllung, § 103 II 2 (Sonderregelung in § 107 II für Kauf unter Eigentumsvorbehalt). Unterbleibt die Wahl innerhalb dieser Prüfungszeit, so kann der Verwalter nicht mehr Erfüllung verlangen, § 103 II 3. Damit ist derselbe Zustand eingetreten wie bei Ablehnung der Erfüllung. 6

Wofür sich der Verwalter **entscheidet,** hängt davon ab, **was für die Masse günstiger** ist. 7

Hat der Insolvenzschuldner z. B. eine Sache für 5000 Euro verkauft, der jetzige Marktpreis ist auf 4000 Euro gefallen, so wird der Verwalter Erfüllung wählen; die Masse verliert einen Wert von 4000 Euro und gewinnt dafür 5000 Euro, macht also ein Plus von 1000 Euro. Im umgekehrten Fall (Kaufpreis 4000 Euro, jetziger Marktpreis 5000 Euro) wird der Verwalter Nichterfüllung wählen, denn die Nichtlieferung der Ware im Wert von 5000 Euro ist eine Verbesserung für die Masse trotz des Schadenersatzanspruchs des Vertragsgegners. Ist der Insolvenzschuldner Käufer, so wird der Verwalter in den Beispielen sich umgekehrt entscheiden. Das zeigt: § 103 dient einseitig dem Interesse der Masse und damit der Gesamtheit der Gläubiger.

Die **Wirkungen** der Verfahrenseröffnung und der **Erfüllungswahl** nach § 103 auf die aus dem gegenseitigen Vertrag erwachsenden Ansprüche sind umstritten. Der BGH (BGHZ 106, 236; zuletzt NJW 97, 3436) ging unter der entsprechenden 8

Bestimmung des § 17 KO lange Zeit davon aus, dass der gegenseitige Vertrag schon mit *Verfahrenseröffnung* in ein Abwicklungsverhältnis umgestaltet werde: Die Erfüllungsansprüche entfielen und der Vertragspartner des Schuldners kann seinen Schadensersatzanspruch wegen Nichterfüllung als Insolvenzforderung geltend machen. Wähle der Verwalter Erfüllung, entstünden die zunächst untergegangenen Erfüllungsansprüche von nun an *(ex nunc)* neu; der Verwalter kann Leistung an die Masse, der Vertragspartner Erfüllung seines Anspruchs als Masseschuld verlangen. Der neueren Rechtsprechung des BGH liegt hingegen die Vorstellung zugrunde, dass mit der Verfahrenseröffnung die Ansprüche nur ihre Durchsetzbarkeit verlieren. Durch die Erfüllungswahl wird diesen Ansprüchen die „Rechtsqualität von originären Masseverbindlichkeiten und -forderungen beigelegt" (*BGH* NJW 02, 2783).

Beispiel: (nach BGHZ 106, 236): Der spätere Insolvenzschuldner S hatte vor Verfahrenseröffnung mit K einen Kaufvertrag geschlossen und den Kaufpreisanspruch an D zur Sicherung abgetreten. Verwalter V wählt Erfüllung und liefert die Kaufsache an K. D macht ein Absonderungsrecht an der Kaufpreisforderung geltend. Nach der früheren Rechtsprechung des BGH ist die an D abgetretene Kaufpreisforderung mit der Eröffnung des Insolvenzverfahrens erloschen; infolge der Erfüllungswahl lebt sie wieder auf, allerdings als Forderung der Masse. D hat folglich daran kein Absonderungsrecht (so BGHZ 106, 236, 241 ff.). Die neuere Rechtsprechung des BGH konstruiert anders: Mit der Verfahrenseröffnung bleiben die Ansprüche zunächst bestehen, sie verlieren aber ihre Durchsetzbarkeit. Infolge Erfüllungswahl wird die Kaufpreisforderung originäre Masseforderung. D kann daran aufgrund der vor Verfahrenseröffnung erfolgten Sicherungsabtretung kein Absonderungsrecht erwerben (*BGH* NJW 02, 2783, 2785). Die Rechtsprechung erscheint jedenfalls im Ergebnis plausibel (krit. *Jauernig* in der 21. Aufl. dieses Buches § 49 II). §§ 81, 91 lassen erkennen, dass nach Verfahrenseröffnung zu Lasten der Masse keine Verfügungswirkungen mehr eintreten. Formal gesehen erwirbt D die Forderung und damit die Grundlage seines Absonderungsrechts zwar vor Verfahrenseröffnung; die wirtschaftliche Werthaltigkeit der Kaufpreisforderung und damit des Absonderungsrechts entsteht allerdings erst mit der Erbringung der Gegenleistung aus der Masse. Ohne die Leistung aus der Masse ist das Absonderungsrecht des D wertlos, denn der Zahlungsforderung steht die Einrede nach § 320 BGB entgegen. Diese entfällt erst mit der Leistung aus der Masse. Würde man ein Absonderungsrecht des D anerkennen, könnte sich dieser zu Lasten der übrigen Gläubiger befriedigen, und zwar aufgrund einer nach Verfahrenseröffnung mit Mitteln der Masse erbrachten Leistung. D wird damit nicht schlechter gestellt. Hätte die Erfüllungswahl ein Absonderungsrecht des D zur Folge, dürfte der Verwalter niemals Erfüllung wählen, da die dann erforderliche Vertragsdurchführung offensichtlich masseschädlich ist. Eine gleichwohl erklärte Erfüllungswahl wäre evident insolvenzzweckwidrig und daher unwirksam (vgl. *Häsemeyer* Rn. 20.20; *H. Roth*, FS Rolland, 1998, S. 310 ff.). D hätte dann ebenfalls kein Absonderungsrecht.

9 Die Beschränkungen der Absonderungsrechte treten nach der Rechtsprechung des BGH nur insoweit ein, als sie durch Leistungen aus der Masse nach Verfahrenseröffnung erst werthaltig geworden sind. Hatte der spätere Insolvenzschuldner *vor* Verfahrenseröffnung bereits teilweise geleistet (wenn er voll geleistet hat, ist § 103 nicht anwendbar), so bleiben die bereits entstandenen und vor Verfahrenseröffnung aufgrund des teilweisen Wegfalls der Einrede des nichterfüllten Vertrags schon werthaltig gewordenen Gläubigerrechte von der Verfahrenseröffnung und der Erfüllungswahl unberührt.

Beispiel: Der später insolvente Bauunternehmer S hat vor Verfahrenseröffnung eine Forderung aus einem Bauvertrag mit X in Höhe von 100 000 Euro an D zur Sicherung abgetreten. Bei Verfahrenseröffnung hat S bereits 1/4 der Bauleistungen erbracht. Verwalter V wählt Erfüllung und stellt den Bau fertig. D steht an der Forderung gegen X ein Absonderungsrecht in Höhe von 25 000 Euro (abzüglich der Kostenbeiträge nach §§ 171, 170 II) zu; insoweit waren die Bauleistungen vor Verfahrenseröffnung und damit nicht aus der (späteren) Masse erbracht worden. Die weiteren 75 000 Euro kann V für die Masse beanspruchen. Damit werden einheitliche Verträge durch die Verfahrenseröffnung aufgespalten. Vorbild dafür ist § 105 S. 1. Die Vorschrift setzt eine teilbare Leistung voraus, beispielsweise den Kauf mehrerer Waren. Der BGH hat die Beschränkung auf echte Teilleistungen aufgegeben und nimmt eine Teilbarkeit beispielsweise auch bei Bauleistungen an

(*BGH* NJW 02, 2783, 2785). Soweit ein Gegenanspruch für erbrachte Teilleistungen besteht, ist er auch nach Erfüllungswahl bloße Insolvenzforderung; nur mit der aufgrund der Erfüllungswahl erbrachten Teilleistungen in die Masse ist der Lieferant Massegläubiger.

Hatte der spätere Insolvenzschuldner vor Verfahrenseröffnung teilweise geleistet, kommt es ebenfalls zu einer Spaltung des Vertrags. Die auf die erbrachte Leistung des späteren Insolvenzschuldners entfallene Gegenleistung wird durch die Verfahrenseröffnung nicht berührt; der Verwalter kann insoweit Zahlung in die Masse verlangen, ohne Erfüllung des gesamten Vertrags wählen zu müssen (BGHZ 129, 336, 340); allerdings soll der Vertragspartner nach §§ 94 ff. mit Insolvenzforderungen aufrechnen können, insbesondere auch mit einem Schadensersatzanspruch nach § 103 II (MünchKomm-InsO/*Kreft* § 103, 35).

Auch die mangelhafte Vertragserfüllung ist eine Teilerfüllung und nach denselben Grundsätzen zu behandeln. Hat der spätere Insolvenzschuldner S ein Bauwerk mangelhaft errichtet und der Besteller gleichwohl voll bezahlt, so sind Mängelbeseitigungsansprüche (§§ 634 Nr. 1, 635 BGB) nur Insolvenzforderungen. Das gilt auch für kaufrechtliche Nacherfüllungsansprüche (§§ 437 Nr. 1, 439 BGB).

Bedeutung hat die BGH-Rechtsprechung auch für die **Aufrechnung.** Ein Anspruch, der vor Verfahrenseröffnung gegen den späteren Insolvenzschuldner entstanden ist, kann nach Verfahrenseröffnung und Erfüllungswahl nicht gegen den Anspruch aus dem gegenseitigen Vertrag aufgerechnet werden, da die Aufrechnungslage erst während des Verfahrens entstanden ist, § 96 Nr. 1 (BGHZ 116, 158 f. zu § 55 S. 1 Nr. 1 KO; abl. *Henckel* FS G. Lüke, 1997, S. 250). 10

Beispiel: Das Land L hat Steuerforderungen gegen den Bauunternehmer S. S und L schließen einen Bauvertrag. Nach Insolvenzeröffnung entscheidet sich der Verwalter V für die Vertragsdurchführung und erbringt Bauleistungen. Gegenüber dem Werklohnanspruch rechnet L auf. Die Aufrechnung scheidet aus. Mit Verfahrenseröffnung ist die Steuerforderung des L nicht mehr durchsetzbar gewesen; L kann nicht gegen den nach Verfahrenseröffnung durchsetzbar gewordenen Werklohnanspruch aufrechnen. Hatte allerdings S vor Verfahrenseröffnung teilweise die Bauleistungen erbracht, so wird der dieser Teilleistung entsprechende Gegenanspruch auf Zahlung des Werklohns durch die Erfüllungswahl nicht berührt (BGHZ 129, 336), denn er war vor Verfahrenseröffnung wirtschaftlich werthaltig geworden; L kann mit der vor Verfahrenseröffnung entstandenen Steuerforderung aufrechnen.

III. Für den **Kauf unter Eigentumsvorbehalt** enthält § 107 eine von § 103 abweichende Sonderregelung (dazu *Huber* NZI 04, 57). Vorausgesetzt wird, dass Kauf, dingliche Einigung und Besitzerlangung des Käufers vor der Verfahrenseröffnung liegen. 11

Entgegen dem Wortlaut des Gesetzes muss der Besitz vom Verkäufer weder „übertragen" (§ 107 I) noch „erlangt" (§ 107 II 1) worden sein; damit ist entsprechend § 433 I 1 BGB nur die Regel angeführt, die Vereinbarung einer Übereignung z. B. gemäß § 929 S. 2 BGB ist nicht ausgeschlossen (Bsp.: Der Mieter kauft die ihm auf Weisung des Vermieters vom Hersteller übersandte Mietsache vom Vermieter unter Eigentumsvorbehalt; zum Eigentumserwerb des Vermieters *Jauernig* § 929, 12).

1. In der **Verkäuferinsolvenz** ist das Wahlrecht des Verwalters ausgeschlossen, denn der Käufer kann Erfüllung verlangen, § 107 I 1. 12

Mit der (nur) aufschiebend bedingten Übereignung hat der Verkäufer zwar die Erfüllungshandlung vorgenommen, mangels Eigentumsübertragung aber noch nicht erfüllt. Der Käufer hat nur das Anwartschaftsrecht erlangt. Könnte der Verwalter Erfüllung verweigern, entfiele das Anwartschaftsrecht (*Jauernig* § 929, 62), denn mangels Zahlungsanspruchs könnte die Bedingung vollständiger Kaufpreiszahlung (§ 449 I BGB) nicht mehr eintreten. Nach § 107 I ist das Anwartschaftsrecht insolvenzfest (*Foerste* Rn. 241). Dies entspricht § 161 I 2 BGB. Danach ist die („Zweit"-)Verfügung des Verwalters über einen Gegenstand, über den der spätere Insolvenzschuldner bereits aufschiebend bedingt verfügt hatte, bei Bedingungseintritt unwirksam. 13

2. In der **Käuferinsolvenz** steht dem **Verkäufer** ein **Aussonderungsrecht** zu, sofern der Verwalter nicht (mehr) zum Besitz berechtigt ist (§ 47; § 986 BGB). Das 14

ist der Fall, wenn der Verwalter die Erfüllung ablehnt (vgl. o. § 44 Rn. 7); eines Rücktritts nach § 449 II BGB bedarf es nicht. Mit der Ausübung seines Wahlrechts kann sich der Verwalter Zeit lassen. Selbst bei einer Aufforderung durch den Verkäufer muss er erst unverzüglich nach dem Berichtstermin (§ 29 I Nr. 2, §§ 156 f.) seine Wahl treffen (§ 107 II 1; Ausnahme in S. 2 z. B. für leicht verderbliche Ware, Saisonartikel). Verschweigt er sich, so ist das der Sache nach Ablehnung der Erfüllung, § 107 II 1 mit § 103 II 2, 3. Das Hinausschieben der Wahl soll erreichen, dass nicht alsbald nach Verfahrenseröffnung Vorbehaltssachen aus dem Unternehmen des Insolvenzschuldners herausgenommen und so Fortführungs- und Sanierungschancen verspielt werden können, bevor die Gläubigerversammlung Gelegenheit hatte, sich im Berichtstermin über solche Chancen klar zu werden (vgl. §§ 156 f.). Ob § 107 II 1 im Einzelfall die Frist des § 103 II 2 verlängert, ist fraglich; auch nach § 103 II 2 muss sich der Verwalter nicht sofort, sondern „nur" unverzüglich (§ 121 I 1 BGB) entscheiden (vgl. o. Rn. 6), was Zeit bis zum Berichtstermin und darüber hinaus kosten kann.

Im Vereinfachten Insolvenzverfahren gilt § 107 II nicht (arg. § 312 I).

15 **IV.** Ist bei **Verträgen über teilbare Leistungen,** z. B. Energieversorgungsverträgen, ein Teil der Leistung vor Verfahrenseröffnung erbracht, aber insoweit noch nicht voll vergütet, so ist der Lieferant hinsichtlich des ausstehenden Betrags nur Insolvenzgläubiger; das gilt auch dann, wenn der Verwalter wegen der noch ausstehenden Leistungen Erfüllung verlangt, § 105 S. 1. Das Erfüllungsverlangen bezieht sich auf den vom Insolvenzschuldner abgeschlossenen Vertrag, so dass dort vorgesehene Sonderkonditionen, wie sie Großabnehmern von Energie häufig eingeräumt werden, fortgelten. Wird Erfüllung verlangt, so ist die Gegenleistung eine Masseverbindlichkeit, § 55 I Nr. 2.

16 Der Fortbestand von Sonderkonditionen ist insofern problematisch, als deren Gewährung auf einer Kalkulation für die gesamte Laufzeit des Vertrags beruht. Um dem potenziellen Nachteil aus § 105 S. 1 vorzubeugen, könnten Lieferanten dazu übergehen, bei Zahlungsverzug schnellstens zu kündigen. Ein neuer Vertrag müsste keine Sonderkonditionen mehr vorsehen, auch dann nicht, wenn den Lieferanten (z. B. ein Energieversorgungsunternehmen) ein Kontrahierungszwang trifft. Vgl. hierzu *Marotzke,* Umbruch, S. 190 f.

17 **V.** Bei einem vom späteren Insolvenzschuldner als Darlehensgeber geschlossenen **Darlehensvertrag** (§ 488 BGB) hat der Verwalter **kein Wahlrecht nach § 103,** wenn das Darlehen vor Verfahrenseröffnung bereits valutiert und damit die Hauptleistungspflicht des Darlehensgebers vollständig erfüllt wurde. Dies wird in § 108 II klargestellt. Bei der Insolvenz eines Kreditinstituts kann der Verwalter den Darlehensvertrag nicht beenden; der Darlehensnehmer muss deshalb nicht fürchten, etwa durch eine bei Vertragsbeendigung erforderliche Umschuldung selbst in Zahlungsschwierigkeiten zu geraten (RegE, BT-Drs. 16/3227, S. 19). Zu § 108 I, III u. Rn. 20 ff.

Auch für **Fixgeschäfte** (§ 323 II Nr. 2 BGB, § 376 HGB) **und Finanztermingeschäfte** statuiert § 104 eine Ausnahme von § 103. Bei diesen Geschäften ist sofortige Gewissheit über das Schicksal des Vertrags notwendig. Damit wäre ein Wahlrecht des Verwalters unvereinbar. Deshalb entscheidet sich das Gesetz für **Nichterfüllung,** so dass nur noch eine Forderung wegen Nichterfüllung geltend gemacht werden kann (zur Höhe § 104 III 1). Steht die Forderung dem Gegner des Insolvenzschuldners zu, so ist sie Insolvenzforderung, § 104 III 3. Für Finanzleistungen gibt § 104 II 2 nur Beispiele. Fasst ein Rahmenvertrag mehrere Geschäfte über Finanzleistungen so zusammen, dass er bei Vertragsverletzungen nur einheitlich beendet werden kann, dann gilt nach § 104 II 3 die Gesamtheit der Geschäfte als *ein* gegenseitiger Vertrag im Sinne der §§ 103, 104.

VI. Miet- und Pachtverhältnisse über bewegliche Sachen unterfallen § 103 (Umkehrschluss aus § 108 I). Das Kündigungsrecht des Vermieters (Verpächters) gegenüber dem Insolvenzschuldner ist eingeschränkt, § 112 (vgl. u. Rn. 22). Das gilt auch für Leasingverträge, die nach Mietrecht behandelt werden. **Ausgenommen** sind Leasingverträge über Gegenstände, deren Anschaffung oder Herstellung ein Dritter – in der Regel eine Bank – finanziert hat und dem diese Gegenstände zur Sicherheit übertragen wurden (§ 108 I 2). Die Bedeutung dieser auf Drängen der Leasing-Wirtschaft und der refinanzierenden Banken nachträglich durch Gesetz v. 19. 7. 1996 eingefügten Vorschrift wird erst sichtbar, wenn man Folgendes bedenkt. Der Dritte (die refinanzierende Bank) ist nicht nur durch das Sicherungseigentum am Leasinggut gegen eine Insolvenz des Leasinggebers (Vermieters) – nur um sie geht es – gesichert, sondern obendrein durch die an ihn abgetretenen künftigen Leasing-Raten. Um deren Verbleib in der Hand des Dritten (der Bank) als Zessionar geht es. Vor Einfügung des § 108 I 2 war der Miet-(Leasing-)Vertrag über eine bewegliche Sache nicht insolvenzfest, sondern unterfiel dem Wahlrecht des Verwalters, § 103. Wählte der Verwalter Erfüllung, so fielen die Erfüllungsansprüche in die Masse; ein Erwerb der Forderung durch den Dritten war ausgeschlossen (§§ 81 I 1, 91 I; vgl. o. Rn. 8 und *Obermüller* in: KölSch S. 985, 996 ff.). Dieses Ergebnis wird durch § 108 I 2 verhindert, der Leasingverträge in der Insolvenz des Leasinggebers (Vermieters) „insolvenzfest“ macht, indem er sie dem Wahlrecht des Verwalters entzieht. Berechtigte rechtspolitische Kritik bei *Marotzke* ZZP 109, 449 N. 94; *Häsemeyer* Rn. 20.56. 18

Lizenzverträge werden wie Miet- und Pachtverträge über bewegliche Sachen behandelt (*Häsemeyer* Rn. 20.46). Sie unterliegen daher dem Wahlrecht des Verwalters nach § 103 I (*Uhlenbruck* § 103, 26). Mit der Erfüllungsablehnung entfallen die Verpflichtungen aus dem Lizenzvertrag und auch die Lizenz als solche. In der Insolvenz des Lizenzgebers kann der Verwalter daher die Lizenz durch Erfüllungsablehnung „zurückholen“ und gegen ein höheres Entgelt neu vergeben. Selbst wenn der Lizenznehmer die Lizenzgebühr als Einmalzahlung voll erbracht hat, besteht das Wahlrecht (*LG Mannheim* CR 04, 811 [zur Softwarelizenz]). Diese Lösung ist in der Begründung und im Ergebnis bedenklich. Der Lizenznehmer sollte sich mit einem Lizenzsicherungsnießbrauch gegen Rechtsverluste in der Insolvenz sichern (dazu *Chr. Berger* GRUR 04, 20). Eine weitere Möglichkeit, insolvenzfeste Lizenzen zu schaffen, weist *BGH* NJW 06, 915: Zugunsten des Lizenznehmers kann eine für den Fall der außerordentlichen Kündigung des Lizenzvertrags aufschiebend bedingte Lizenz bestellt werden; die Kündigung ist nach Auffassung des BGH möglich, wenn in der Insolvenz des Lizenzgebers der Verwalter die Erfüllung des Lizenzvertrags ablehnt. § 91 steht dem Erwerb nicht entgegen (dazu *Chr. Berger* NZI 06, 380). 19

VII. Miet- oder Pachtverhältnisse über unbewegliche Gegenstände (Begriff: § 49) **und Räume**

1. Bei ihnen ist das **Wahlrecht des Verwalters** (§ 103) **ausgeschlossen,** denn sie bestehen für die Insolvenzmasse fort, § 108 I 1 (zu S. 2 vgl. o. Rn. 18); in der **Insolvenz des Vermieters (Verpächters)** gilt dies entgegen dem Wortlaut von § 108 I nur dann, wenn die Immobilie dem Mieter (Pächter) vor Verfahrenseröffnung bereits überlassen wurde (*BGH* NJW 07, 3715, 3716; vor Überlassung bleibt es bei § 103). Ansprüche des anderen Teils aus der Zeit vor Verfahrenseröffnung sind Insolvenzforderungen, § 108 III. Für die Zeit danach entstehen Masseverbindlichkeiten, § 55 I Nr. 2. 20

2. Ist der **Insolvenzschuldner Mieter (Pächter),** so ist wegen der Auflösung des nach § 108 I 1 fortbestehenden Immobilienverhältnisses zu unterscheiden, ob ihm das Miet- oder Pachtobjekt bei Verfahrenseröffnung schon überlassen war oder nicht, § 109. 21

22 a) **Bei Überlassung** steht dem Verwalter ein *außerordentliches Kündigungsrecht* mit einer Kündigungsfrist von längstens drei Monaten zu, § 109 I 1, 3. Eine Kündigung ist sinnvoll, wenn die Geschäftsräume zu groß oder überflüssig sind. Dem Vermieter (Verpächter) steht ein entsprechendes Recht nicht zu, vielmehr sind seine gesetzlichen (§ 543 II S. 1 Nr. 3 BGB) und vertraglichen Kündigungsrechte eingeschränkt, § 112: Ist der Eröffnungsantrag gestellt, so kann wegen eines Zahlungsverzugs, der vor dem Antrag eingetreten ist, nicht gekündigt werden (wohl aber wegen Verzugs zwischen Antrag und Eröffnung), ebensowenig wegen einer Verschlechterung der Vermögensverhältnisse des späteren Insolvenzschuldners.

23 Handelt es sich bei den Mieträumen um die **Wohnung** des Schuldners, entfällt das Kündigungsrecht des Verwalters (§ 109 I 2), um den Schuldner vor Obdachlosigkeit zu schützen. Der Mietvertrag bleibt wirksam, der Verwalter kann beispielsweise eine geleistete Kaution nicht zur Masse ziehen, wenn nicht der Schuldner seinerseits kündigt. Allerdings kann der Verwalter erklären, dass Mietzinsansprüche für die Zeit nach Ablauf der gesetzlichen Kündigungsfrist im Insolvenzverfahren nicht geltend gemacht werden können. Für diese Forderungen haftet nur der Schuldner mit seinem im wesentlichen unpfändbaren (vgl. § 36) freien Vermögen; Schadensersatzansprüche sind nur Insolvenzforderungen (§ 109 I 3). Die zwischen Verfahrenseröffnung und Ablauf der Kündigungsfrist fällig gewordenen Mietzinsforderungen sind Masseverbindlichkeiten, Mietzins aus der Zeit vor Verfahrenseröffnung ist als Insolvenzforderung anzumelden.

24 b) **Vor Überlassung** kann sowohl der Verwalter als auch der Vermieter (Verpächter) *zurücktreten*, § 109 II 1. Jeder Teil kann vom anderen verlangen zu sagen, ob er zurücktreten will; schweigt dieser zwei Wochen, so verliert er das Rücktrittsrecht (Ausschlussfrist), § 109 II 3.

In der Regel wird der Vermieter (Verpächter) zurücktreten, denn an einem insolventen Mieter (Pächter) kann ihm nichts liegen. Der Verwalter wird den Rücktritt zumeist begrüßen, da es sinnlos ist, den Insolvenzschuldner eine neue Wohnung oder neue Geschäftsräume beziehen zu lassen, nachdem sich die wirtschaftlichen Verhältnisse völlig geändert haben.

25 c) Kündigt der Verwalter nach § 109 I 1 oder tritt er gemäß § 109 II 1 zurück, so kann der Vermieter (Verpächter) wegen der vorzeitigen Beendigung des Vertragsverhältnisses als Insolvenzgläubiger Schadenersatz verlangen, § 109 I 3, II 2.

26 3. Hat der **Insolvenzschuldner** als Vermieter (Verpächter) vor Verfahrenseröffnung **über Miet- oder Pachtzinsforderungen** aus der Zeit danach **verfügt,** so sind diese Verfügungen nur in engen zeitlichen Grenzen wirksam (rechtsgeschäftlichen Verfügungen stehen vollstreckungsrechtliche gleich, z. B. Pfändungen), § 110 I, II. Gegen Forderungen aus diesem Zeitraum kann der Mieter (Pächter) mit einer Forderung gegen den Insolvenzschuldner *aufrechnen;* die Voraussetzungen und der Ausschluss der Aufrechnung nach §§ 95, 96 Nr. 2–4 gelten auch hier, § 110 III.

27 4. **Veräußert der Verwalter** das vom Insolvenzschuldner vor Verfahrenseröffnung vermietete (verpachtete) Objekt und tritt der Erwerber in das Miet- oder Pachtverhältnis ein, weil das Objekt dem Mieter (Pächter) bereits überlassen war (§§ 566, 578 I, 578 a, 581 II BGB), so hat der *Erwerber* ein einmaliges *Kündigungsrecht*, § 111.

Gleichgültig ist für §§ 110, 111, ob das Miet- oder Pachtobjekt dem Mieter (Pächter) bei Verfahrenseröffnung schon überlassen war.

VIII. Dienstverhältnisse des Insolvenzschuldners

28 Dienstverhältnisse des Schuldners **bestehen** mit Wirkung für die Insolvenzmasse **fort, § 108 I.** Somit ist für sie ein Wahlrecht des Verwalters (§ 103) ausgeschlossen.

1. **Der Insolvenzschuldner als Dienstberechtigter.** Das (fortbestehende, § 108 I) Dienstverhältnis, mag es angetreten sein oder nicht, kann vom Verwalter und dem Dienstpflichtigen mit einer Frist von 3 Monaten zum Monatsende oder, falls kürzer, in gesetzlicher, tarif- oder einzelvertraglicher Frist gekündigt werden, § 113 S. 1 und 2 (dazu *BAG* BB 99, 745 f.). Damit werden sowohl die Beendigungs- wie die Änderungskündigung erfasst. Eine vereinbarte Schriftform ist zu wahren. Der

Schadenersatzanspruch des Dienstpflichtigen bei Kündigung durch den Verwalter setzt eine Beendigungskündigung voraus, § 113 S. 3; eine wirksame oder unwirksame Änderungskündigung genügt nicht (es fehlt am Schaden wegen vorzeitiger Beendigung des Dienstverhältnisses).

Die Eröffnung des Insolvenzverfahrens gibt keinen Grund zur fristlosen Kündigung (Umkehrschluss aus § 113 S. 1 und 2).

Unter § 113 I fallen Arbeiter, Angestellte und Personen, die Dienste nicht in einem Arbeitsverhältnis leisten. Das besondere Kündigungsrecht ist sachgerecht für beide Teile: Der Verwalter muss im Interesse der Gläubigergesamtheit nicht mehr benötigtes Personal entlassen oder Personal anders als bislang beschäftigen können, auch wenn die ordentliche Kündigung vertraglich ausgeschlossen ist; der Dienstpflichtige wird bestrebt sein, bei einem solventen Unternehmen(sträger) Arbeit zu finden. 29

Die **Kündigungsschutzbestimmungen des Arbeitsrechts binden** den Verwalter. 30

Hält ein Arbeitnehmer die Beendigungs- oder Änderungskündigung des Verwalters, gleich aus welchen Gründen, für unwirksam, so muss er binnen drei Wochen nach Zugang der Kündigung eine besondere Kündigungsschutzklage beim Arbeitsgericht erheben (dazu und zum Klageantrag § 4 S. 1, 2 KSchG; s. auch § 127 I 1). Wenn die Klage nicht (rechtzeitig, s. aber §§ 4, 5 KSchG) erhoben wird, ist die Wirksamkeit der Beendigungs- oder Änderungskündigung schnell außer Streit; anderenfalls wird nur die schleunige Einleitung eines Gerichtsverfahrens erreicht, das sich in die Länge ziehen kann.

Für **Betriebsänderungen** – in Betracht kommen vor allem Einschränkungen und Stillegungen eines Betriebs – gelten §§ 111 ff. BetrVG mit gewissen Modifizierungen, die der Verfahrensbeschleunigung dienen, sowohl bei Erstellung eines Interessenausgleichs und eines Sozialplans (§ 121) als auch bei Durchführung der Betriebsänderungen (§ 122). Der Verwalter hat daneben (§ 122 I 3) die Möglichkeit, mithilfe eines besonderen Interessenausgleichs (§ 125) oder einer von ihm beantragten gerichtlichen Feststellung (§§ 126, 127) den Kündigungsschutz namentlich bezeichneter Arbeitnehmer einzuschränken. Dadurch soll ein unvermeidlicher Personalabbau erleichtert werden. Die nachteiligen Wirkungen von § 613 a BGB im Insolvenzverfahren – Behinderung einer übertragenden Sanierung wegen der damit verbundenen Übernahme nicht benötigten oder ungeeigneten Personals – sollen in der Weise vermieden werden, dass der Verwalter auch dann nach §§ 125 f. vorgehen kann, wenn die geplante Betriebsänderung erst nach einer Betriebsveräußerung erfolgen soll, § 128. 31

Zum **Sozialplan** vor und in einem Insolvenzverfahren vgl. o. § 46 Rn. 9 f.

2. Hat der **Insolvenzschuldner als Dienstpflichtiger** vor Verfahrenseröffnung seine **künftigen Dienstbezüge** abgetreten (**Sicherungsabtretung**) *oder verpfändet*, so sind diese Verfügungen nur für rund zwei Jahre nach Verfahrenseröffnung wirksam, § 114 I. Das begrenzt die Absonderungsrechte des Sicherungszessionars und des Pfandgläubigers (§§ 50 I, 51 Nr. 1), damit diese Forderungen nicht völlig für eine Restschuldbefreiung ausfallen (vgl. §§ 286, 287 II, 301 II). Eine Aufrechnung des Dienstberechtigten gegen die Forderung auf Bezüge ist nur für den gleichen Zeitraum möglich, innerhalb dessen der Dienstpflichtige über seine Forderung verfügen kann, also rund zwei Jahre (Einschränkungen nach §§ 95, 96 Nr. 2–4), § 114 II. Eine vor der Verfahrenseröffnung ausgebrachte **Pfändung künftiger Bezüge** ist total unwirksam, wenn sie nach oder im letzten Monat vor dem Eröffnungsantrag erfolgt ist, § 88; eine frühere Pfändung erfasst, wenn ein Insolvenzverfahren eröffnet wird, künftige Bezüge nur für einen halben bis höchstens anderthalb Monate nach Verfahrenseröffnung; in beiden Fällen tritt die Unwirksamkeit der Vollstreckungsmaßnahmen nachträglich, aber mit Rückwirkung ein, § 114 III. 32

33 **IX.** Ein vom (späteren) Insolvenzschuldner erteilter **Auftrag** sowie eine von ihm erteilte **Vollmacht,** die sich auf die Insolvenzmasse beziehen, erlöschen mit Verfahrenseröffnung; das gilt ebenso für Geschäftsbesorgungsverträge nach § 675 BGB, wenn der Insolvenzschuldner Geschäftsherr ist, §§ 115 I, 116, 117 I. Das Erlöschen soll verhindern, dass Dritte noch Geschäfte für den Schuldner tätigen und damit die Amtsführung des Verwalters unterlaufen. Ist ein Aufschub der Erledigung mit Gefahr verbunden, so gelten Auftrag, Vollmacht und Geschäftsbesorgungsvertrag als fortbestehend, §§ 115 II, 116, 117 II. Gleiches gilt, wenn der Beauftragte oder der Geschäftsbesorger schuldlos nichts von der Verfahrenseröffnung weiß (§§ 115 III 1, 116 S. 1), der ehemals Bevollmächtigte haftet dann nicht nach § 179 BGB (§ 117 III). Zu den Ersatzansprüchen des Beauftragten und des Geschäftsbesorgers vgl. §§ 115 II 3, III 2, 116.

34 Differenziert ist die Rechtslage bei **Bankverträgen.** Der Girovertrag (§ 676 f BGB) ist ein Geschäftsbesorgungsvertrag und erlischt gemäß §§ 116 S. 1, 115. Nach § 116 S. 3 bleibt ein *vor* Insolvenzeröffnung zustande gekommener Überweisungsvertrag (§§ 676 a ff. BGB) hingegen wirksam. Der Verwalter hat kein Wahlrecht nach § 103, kann aber kündigen gemäß § 676 a IV BGB. Wird nicht (rechtzeitig) gekündigt und führt die Bank die Überweisung aus, ist ihr Aufwendungsersatzanspruch (§§ 670, 675 I BGB) Masseschuld (§ 116 S. 3), mit der sie gegen eine Guthabenforderung des Schuldners aufrechnen kann (Uhlenbruck/*Berscheid* §§ 115–116, 35). Davon zu unterscheiden ist die Frage, ob der Verwalter die an den Empfänger erbrachte Zahlung zurückverlangen oder anfechten kann. *Nach* Insolvenzeröffnung kann ein Überweisungsvertrag nicht mehr mit dem Schuldner geschlossen werden; § 116 S. 3 gilt nicht, die Bank kann aber nach § 82 geschützt sein (*Foerste* Rn. 271).

35 **X.** Einem **geschäftsführenden Gesellschafter** einer Gesellschaft ohne Rechtspersönlichkeit (§ 11 II Nr. 1) sowie einer KGaA, die durch Eröffnung des Insolvenzverfahrens über das Vermögen eines Gesellschafters aufgelöst worden sind, können Ersatzansprüche aus einstweiliger Fortführung der Geschäfte zustehen, § 118.

36 **XI.** Ein im Grundbuch **durch Vormerkung gesicherter Anspruch** ist voll aus der Insolvenzmasse zu erfüllen, § 106 S. 1.

Beispiel: S hat sich in einem Sicherungsvertrag verpflichtet, G eine Grundschuld zu bestellen; zur Sicherung des Anspruchs wird vor Verfahrenseröffnung eine Vormerkung eingetragen. In der Insolvenz des S kann G vom Verwalter V (§ 80) die Erklärung der Einigung nach § 873 BGB und die Bewilligung gemäß § 19 GBO verlangen. Ist die Grundschuld von V bestellt und im Grundbuch eingetragen worden, hat G im Sicherungsfall ein Absonderungsrecht am Massegrundstück (§ 49). Allerdings kann die Bestellung der Vormerkung nach den §§ 129 ff. angefochten werden.

37 § 106 I hat eine Doppelfunktion: Der vormerkungsgesicherte Anspruch ist nicht als Insolvenzforderung (vgl. § 38) zu berichtigen. Vielmehr kann der vormerkungsgesicherte Gläubiger volle Befriedigung aus der Masse verlangen. Er steht insoweit ähnlich wie ein Aussonderungsberechtigter. Nach § 883 II 2 BGB kann der Verwalter ohnehin nicht mehr über den Gegenstand verfügen. Zweitens schließt § 106 das Wahlrecht des Verwalters nach § 103 aus. Damit wird verhindert, dass durch Erfüllungsablehnung der vormerkungsgesicherte Anspruch und die akzessorische Vormerkung erlöschen.

38 Das Wahlrecht besteht ebensowenig, wenn die vorgemerkte Übereignung erfolgt ist, aber die Übergabe (§ 433 I 1 BGB) noch aussteht, der Kaufvertrag also noch nicht erfüllt ist (§ 362 I BGB); das lässt sich unterschiedlich begründen: entweder mit dem Wortlaut des § 106 I 2 (vgl. *BGH* NJW 78, 1438) oder mit der Erwägung,

dass das Grundstück bereits aus der Masse ausgeschieden sei und daher nicht mehr dem Zugriff des Verwalters durch Ablehnung der Erfüllung unterliege, so dass § 106 nicht einschlägig sei (JHG/*Henckel* § 17, 64 a. E.).

Die Vormerkung muss vor Verfahrenseröffnung eingetragen sein; nach Verfahrenseröffnung kommt ein Erwerb nur dann in Betracht, wenn eine bindende Bewilligung vorliegt und die Eintragung der Vormerkung vor dem Eröffnungszeitpunkt beantragt war, § 91 II; § 878 BGB (*BGH* NZI 05, 331, 332); ist ein allgemeines Verfügungsverbot erlassen worden, ist dieser Zeitpunkt maßgebend (*BGH* NJW-RR 06, 990, 992). Ist ein vorläufiger Insolvenzverwalter ohne Verfügungsbefugnis im Sinne von § 22 II („schwacher vorläufiger Insolvenzverwalter") eingesetzt, so ist ein Erwerb vom Insolvenzschuldner gemäß § 892 BGB möglich (§§ 24 I, 81 I 2). Wurde ein vorläufiger Insolvenzverwalter mit Verfügungsbefugnis im Sinne von § 22 I („starker vorläufiger Insolvenzverwalter") bestellt und im Grundbuch ein Insolvenzvermerk eingetragen (§§ 23 III, 32), ist der vorläufige in gleichem Umfang wie der endgültige Verwalter zur Erfüllung des vormerkungsgesicherten Anspruchs verpflichtet (*Kesseler* NZI 09, 218, 220). Die Grundlage der Eintragung – Bewilligung, einstweilige Verfügung (§ 885 I 1 BGB), Verurteilung (§ 894 ZPO, auch § 895 ZPO) – ist gleichgültig. 39

Problematisch ist, ob und wieweit das Wahlrecht gemäß § 103 bei Verträgen ausgeschlossen ist, die auf Kauf eines Grundstücks und Herstellung eines Hauses oder einer Eigentumswohnung gerichtet sind (**Bauträgerverträge**). Man wird unterscheiden müssen. Sind *Kauf und Herstellung unabhängig* voneinander vereinbart, so ist das Wahlrecht bezüglich des Kaufvertrags (auch) dann ausgeschlossen, wenn der Herstellungsvertrag von einer Seite noch nicht voll erfüllt ist; nur für diesen Vertrag ist § 103 anwendbar. Sind Kauf und Herstellung in einem *Einheitsvertrag* zusammengefasst (vgl. BGHZ 96, 277 f.), so verlangt § 106 I 2 die Erfüllung des vorgemerkten Anspruchs auf Übereignung ohne Rücksicht auf die Erfüllung der werkvertraglichen Herstellungspflichten. Da § 106 insgesamt bezweckt, den vorgemerkten Anspruch insolvenzfest zu machen, erscheint es sachgerecht, das Wahlrecht des § 103 auch hinsichtlich des werkvertraglichen Teils insoweit auszuschließen, als es die Anspruchsdurchsetzung völlig verhindern könnte oder dazu führen würde, dem Berechtigten nur ein (u. U. unzureichendes) Surrogat zuzusprechen, etwa die Löschung der Vormerkung – nur – gegen volle Rückgewähr der Leistung des Käufers (für dieses Surrogat *Häsemeyer* NJW 77, 739 zu § 24 KO a. F.; *Dieckmann,* FS v. Caemmerer, 1978, S. 120 f. zu § 24 KO n. F.; dagegen wie hier JHG/*Henckel* § 24, 40–44). Doch gibt es Fälle, in denen eine Anspruchsdurchsetzung sinnlos oder faktisch unmöglich und das Surrogat für den Vormerkungsberechtigten vorteilhaft ist (*Beispiel:* Die Eigentumswohnung im 10. Stock wird nicht gebaut, weil nach Aushebung der Baugrube über das Vermögen des Verkäufers das Insolvenzverfahren eröffnet worden ist; a. A. JHG/*Henckel* § 24, 45; differenzierend *Windel* Jura 02, 230, 235). 40

XII. Die Anwendung der **§§ 103–118** kann **nicht im Voraus ausgeschlossen** werden, § 119. Die haftungsrechtliche Abwicklung schwebender Verträge nach §§ 103 ff. steht nicht zur Disposition der Parteien. Nach Verfahrenseröffnung sind abweichende Vereinbarungen mit dem Verwalter möglich. 41

Umstritten ist die Wirksamkeit sog. **Lösungsklauseln.** Darunter versteht man die Vereinbarung eines Kündigungs- oder Rücktrittsrechts des Vertragspartners des späteren Insolvenzschuldners oder eine auflösende Vertragsbedingung (§ 158 II BGB) für den Fall der Insolvenz (für Zulässigkeit MünchKomm-InsO/*Huber* § 119, 28 ff.; abl. KP/*Tintelnot* § 103, 15 ff.; Uhlenbruck/*Berscheid* § 119, 15 ff.). Solche Vereinbarungen bewirken den Untergang der Erfüllungsansprüche und lassen das Wahlrecht nach § 103 leer laufen. Die in §§ 103 ff. geregelte haftungsrechtliche Abwicklung schwebender Verträge wird unterlaufen. Das spricht für die Unwirksamkeit entsprechender Klauseln. Allerdings wird die Vertragspraxis dann auf Lösungsklauseln ausweichen, die bereits im Vorfeld der Insolvenz wirksam werden, indem sie an Zahlungsrückstände, Verzug, Eintritt eines Insolvenzgrundes oder den Insolvenzantrag anknüpfen. Das könnte die Krise des Schuldners verschärfen (vgl. MünchKomm-InsO/*Huber* § 119, 43). 42

§ 50. Aufrechnung im Insolvenzverfahren

1 **I. Problematisch** ist, **ob** ein **Insolvenzgläubiger** noch **nach Verfahrenseröffnung aufrechnen** kann. Dabei ist zu unterscheiden: Der Insolvenzgläubiger konnte bereits bei Verfahrenseröffnung aufrechnen, § 94 (vgl. u. Rn. 2); die Aufrechnungslage trat erst während des Verfahrens ein, § 95 (vgl. u. Rn. 7); die (nach §§ 94, 95 an sich) mögliche Aufrechnung ist aus besonderen Gründen ausgeschlossen, § 96 (vgl. u. Rn. 10). Folgende Grundsätze sind der gesetzlichen Regelung zu entnehmen: Eine bei Verfahrenseröffnung bestehende Aufrechnungslage kann der Insolvenzgläubiger ausnutzen, eine erst während des Verfahrens eingetretene Aufrechnungslage berechtigt hingegen nur nach Maßgabe der §§ 95, 96 zur Aufrechnung.

2 **II.** Bestand die **Aufrechnungslage bei Verfahrenseröffnung,** so bleibt es dabei. Der Insolvenzgläubiger kann mit seiner (Insolvenz-!)Forderung gegen eine Forderung, die zur Masse gehört, aufrechnen, § 94 (Ausnahme: § 96 Nr. 3, vgl. u. Rn. 14).

3 Die Aufrechnungsmöglichkeit ist für den Insolvenzgläubiger ein Glücksfall. Für seine Insolvenzforderung, die Gegenforderung, wird er in Höhe der Hauptforderung voll befriedigt, erhält also nicht nur die – meist magere – anteilige Befriedigung (Insolvenzquote) oder – wie oft – gar nichts. Das zeigt: Der Insolvenzgläubiger erreicht mit der Aufrechnung **eine Art abgesonderter Befriedigung** aus der Hauptforderung oder – umgekehrt gesagt – er erlangt Befriedigung durch das Erlöschen eigener Schuld (*Bötticher,* FS Schima, 1969, S. 93 ff. m. N.; *BGH* NJW 95, 1966, 1967; a. A. *Häsemeyer* Rn. 19.02). Ist die Gegenforderung höher als die Hauptforderung, so kann der Insolvenzgläubiger – nach Anmeldung und Feststellung, §§ 174, 178 – nur für den Differenzbetrag anteilige Befriedigung verlangen.

Beispiel: G hat gegen S eine Forderung in Höhe von 5000 Euro, schuldet dem S seinerseits aber 3000 Euro. In der Insolvenz des S würde G bei einer Insolvenzquote von 5 % nur 250 Euro bekommen, müsste andererseits aber 3000 Euro in die Masse leisten. Rechnet G nach Insolvenzeröffnung gegenüber dem Verwalter auf, bekäme er auf seine Restforderung von 2000 Euro in der Verteilung 100 Euro, müsste aber zur Masse keine Zahlungen erbringen.

4 Die Qualifizierung des Aufrechnungsrechts als eine Art von Absonderungsrecht ist keineswegs selbstverständlich. Sieht man in ihm (auch) ein Recht zur privaten Zwangsvollstreckung, wofür § 394 BGB spricht (*BGH* DtZ 95, 326 f.; s. auch *Bötticher,* FS Schima, 1969, S. 93 ff.), so müsste seine Ausübung entsprechend dem allgemeinen Vollstreckungsverbot (§ 89) während des Insolvenzverfahrens blockiert sein und eine erst im letzten Monat vor dem Antrag auf Verfahrenseröffnung eingetretene Aufrechnungslage hinfällig werden (§ 88). Das Gesetz hat sich jedoch dafür entschieden, eine bestehende oder während des Verfahrens auf normalem Weg eintretende Aufrechnungslage unangetastet zu lassen, um das „Vertrauen" des Insolvenzgläubigers auf seine vorteilhafte Lage zu schützen. Die Schutzwürdigkeit erscheint zweifelhaft, weil die Herbeiführung der Aufrechnungslage häufig auf Zufall beruht, jedenfalls kein Verdienst des Insolvenzgläubigers ist, daher kein „Vertrauen" rechtfertigt und den Grundsatz gleichmäßiger Befriedigung der Insolvenzgläubiger gravierend einschränkt.

5 Die in § 94 geschützte **Aufrechnungslage** beruht auf Gesetz, wenn die Voraussetzungen nach § 387 BGB vorliegen, also die Gegenseitigkeit und Gleichartigkeit der beiden Forderungen sowie die Fälligkeit der Insolvenzforderung (der Insolvenzgläubiger muss Leistung verlangen dürfen) und die Erfüllbarkeit der Hauptforderung (der Insolvenzgläubiger muss seinerseits leisten dürfen). Nach § 94 berechtigen aber auch vertragliche Aufrechnungsvereinbarungen zur Aufrechnung nach Insolvenzeröffnung, durch die dem Gläubiger eine gegenüber §§ 387 ff. BGB erweiterte Aufrechnungsbefugnis eingeräumt wurde. Beispielsweise können die Parteien das Erfordernis der Gleichartigkeit abbedingen. Nicht unter § 94 fallen

nach der Rechtsprechung allerdings sog. Konzernverrechnungsklauseln, mit denen dem Insolvenzgläubiger (häufig in seinen AGB) die Befugnis eingeräumt wird, gegen die Hauptforderung des Schuldners mit Gegenforderungen aufzurechnen, die nicht ihm, sondern anderen konzernverbundenen Gesellschaften zustehen; eine gleichwohl erklärte Aufrechnung ist analog § 96 I Nr. 2 unzulässig (*BGH* NJW 04, 3185, 3186; 06, 3631, 3632).

Fraglich ist, ob die Aufrechnungslage auch besteht, wenn die beiderseitigen **Geldforderungen auf** 6 **unterschiedliche Währungen** lauten. Ob deshalb die Gleichartigkeit (§ 387 BGB) fehlt, ist str. (vgl. *KG* NJW 81, 2181). Für den Fall des *nachträglichen* Eintritts der Aufrechnungslage hat § 95 I 2 mit § 45 S. 2 entschieden, dass die Gleichartigkeit nicht durch Umrechnung in inländische Währung hergestellt werden kann (so aber die Regelung in § 69 KO). § 95 II knüpft daran an und bestimmt die Gleichartigkeit von Forderungen, die auf bestimmte unterschiedliche Währungen lauten (es ist nicht notwendig, dass eine der Forderungen auf Euro gerichtet ist). Da es sich hierbei um eine Frage des allgemeinen Aufrechnungsrechts ohne insolvenzrechtliche Besonderheit handelt, ist *§ 95 II direkt,* nicht nur analog, *auf § 94 anzuwenden.* Zu beachten ist, dass der aufrechnungsberechtigte Gläubiger einer Euro-Forderung seine in ausländischer Währung ausgedrückte Geldschuld gemäß § 244 I BGB in Euro erfüllen und daher auch mit seiner Euro-Forderung aufrechnen kann (Gleichartigkeit durch Ersetzungsbefugnis).

III. Bestand die **Aufrechnungslage bei Verfahrenseröffnung** (noch) **nicht,** so ist 7 die Aufrechnung (noch) nicht möglich. Das ist nach § 95 I der Fall, wenn die Forderungen auf ungleichartige Leistungen gerichtet sind (Ausnahme: § 95 II, vgl. o. Rn. 6) oder beide oder eine der Forderungen aufschiebend bedingt oder nicht fällig ist. Das stimmt im Wesentlichen mit § 387 BGB überein und ist daher überflüssig. Verfehlt ist der generelle Ausschluss der Aufrechnung auch für den Fall, dass die Hauptforderung noch nicht fällig, aber – wie in der Regel – erfüllbar ist (§ 387 BGB a. E. mit § 271 II BGB; BGHZ 17, 29 f.).

Diese Einschränkung hat keinen insolvenzrechtlichen Bezug, sondern läuft auf eine materiell- 8 rechtliche Veränderung der Aufrechnungsvoraussetzungen im Insolvenzfall hinaus. Dass sie nicht beabsichtigt war, zeigt sich, wenn man § 95 I mit seinem Vorgänger in der KO (§ 54) vergleicht. Dort war die Aufrechnung im Konkurs auch dann möglich, wenn beide oder eine der Forderungen „betagt", d. h. noch nicht fällig, war (§§ 54 I, II KO mit § 65 KO). Diese Bevorzugung des aufrechnungsberechtigten Gläubigers sollte in der InsO entfallen. Daher wurde § 54 I, II KO in sein Gegenteil verkehrt (§ 95 I 1), die Fälligstellung nicht fälliger Forderungen ausgeschlossen (§ 95 I 2 mit § 41) und dabei offensichtlich die durch §§ 387 a. E., 271 II BGB eröffnete Aufrechnungsmöglichkeit übersehen. Daher ist § 95 I 1 berichtigend auszulegen: Soweit § 387 BGB mit § 271 II BGB die Aufrechnung gestattet, gilt das auch für § 95 I 1. Bestand danach die Aufrechnungslage bereits bei Verfahrenseröffnung, so greift § 94 ein.

War die Hauptforderung bereits unbedingt und fällig (und damit vom Insolvenz- 9 gläubiger als Schuldner dieser Forderung zur Masse zu erfüllen), bevor die Aufrechnungslage während des Verfahrens eintrat, so ist die Aufrechnung ausgeschlossen, § 95 I 3 (Ausnahme von § 95 I 1). Damit soll verhindert werden, dass der Insolvenzgläubiger so lange mit der Erfüllung seiner Schuld wartet, bis er mit seiner Gegenforderung aufrechnen kann (z. B. weil sie während des Verfahrens fällig geworden ist). Der Sache nach gehört § 95 I 3 zu den Ausschlussgründen des § 96.

IV. Aus insolvenzrechtlichen Gründen sieht **§ 96** den **Ausschluss der Aufrech-** 10 **nung** vor.

1. Folgende Fälle des § 96 sind zu unterscheiden:

a) Ein Insolvenzgläubiger ist erst nach Verfahrenseröffnung etwas zur Masse schuldig geworden, Nr. 1;

b) ein Insolvenzgläubiger hat seine (Gegen-)Forderung erst nach Verfahrenseröffnung von einem anderen Gläubiger erworben, Nr. 2;

c) ein Insolvenzgläubiger hat die Möglichkeit der Aufrechnung durch eine anfechtbare Rechtshandlung erlangt, Nr. 3;

d) wenn die Forderung eines Gläubigers nicht aus der Masse, sondern aus dem freien Vermögen des Insolvenzschuldners zu erfüllen ist, der Gläubiger selbst aber etwas zur Insolvenzmasse schuldet, Nr. 4.

11 2. Dem Ausschluss liegt **kein einheitlicher Gedanke** zugrunde.

a) Sieht man im Aufrechnungsrecht eine Art von Absonderungsrecht, so wird durch die Nr. 1 und 2 ein „sonstiger Rechtserwerb" nach Verfahrenseröffnung, dem keine Verfügung des Insolvenzschuldners zugrunde liegt, ausgeschlossen. Das entspricht § 91 I und dient dazu, den Grundsatz der gleichmäßigen Befriedigung aller Insolvenzgläubiger durchzusetzen.

12 **Beispiel (zu Nr. 1):** S schuldet G 1000 Euro. Nach Verfahrenseröffnung beschädigt G fahrlässig einen Massegegenstand. Bei Insolvenzeröffnung musste G damit rechnen, für seine Forderung nur die Quote zu bekommen. G kann daher nach Nr. 1 gegen den (auf Geld gerichteten) Schadensersatzanspruch der Masse nicht aufrechnen, sondern muss Schadensersatz an die Masse leisten. Andernfalls könnte er sich aus einer nach Verfahrenseröffnung entstandenen Forderung der Masse zu Lasten der anderen Gläubiger befriedigen.

13 **Beispiel (zu Nr. 2):** G schuldet S 1000 Euro. Nach Eröffnung des Insolvenzverfahrens über das Vermögen des S erwirbt G eine Forderung des X gegen S über 1000 Euro. Dafür zahlt er dem X 500 Euro. Mit der von X erworbenen Forderung rechnet G gegen die Hauptforderung auf, die zur Masse zu erfüllen ist. Wäre das zulässig, dann hätte G seine Schuld über 1000 Euro durch Aufrechnung mit einer Forderung zum Erlöschen gebracht, für deren Erwerb er nur 500 Euro aufwenden musste. Das wäre ein gutes Geschäft für G. Aber auch X könnte sich die Hände reiben. Für seine „an sich" Insolvenzforderung von 1000 Euro hat er 500 Euro, also 50 %, erhalten – von einer Insolvenzdividende in dieser Höhe können Insolvenzgläubiger zumeist nur träumen. Die Masse aber wäre geschädigt: Ihr entginge die Differenz zwischen der von G zur Masse zu zahlenden Forderung und der an X aus der Masse zu zahlenden Insolvenzdividende.

14 b) In Nr. 3 bestand die Aufrechnungslage bereits bei Verfahrenseröffnung. Daher wäre eine Aufrechnung nach § 94 statthaft, doch ist diese Möglichkeit durch eine anfechtbare Rechtshandlung herbeigeführt worden. Nr. 3 erfasst auch die vom späteren Insolvenzgläubiger vor Verfahrenseröffnung erklärte Aufrechnung; sie wird mit Eröffnung unwirksam (*BGH* NJW 07, 78, 79). Die Anknüpfung des Ausschlusstatbestandes der Nr. 3 an das Anfechtungsrecht ist problematisch (dazu *Dieckmann,* Umbruch, S. 218 ff.). Sicher ist, dass nicht angefochten werden muss. Der Verwalter kann die Forderung, gegen die anfechtbar aufgerechnet wurde, unmittelbar für die Masse einklagen und den Aufrechnungseinwand mit der Gegeneinrede der Anfechtbarkeit abwehren (*BGH* NJW 07, 78, 79); als „anfechtbare Rechtshandlung" ist die Herbeiführung der Aufrechnungslage anzusehen (*BGH* NJW 04, 3118, 3119).

15 **Beispiel (zu Nr. 3):** G hat 2 Monate vor dem Eröffnungsantrag und in Kenntnis der Zahlungsunfähigkeit des S von X dessen Forderung gegen S erworben (Aufrechnungslage in anfechtbarer Weise herbeigeführt: § 131 I Nr. 2). G rechnet sofort auf. Mit Verfahrenseröffnung wird die Aufrechnungserklärung rückwirkend automatisch unwirksam. Eine neue Aufrechnung nach Verfahrenseröffnung ist von vornherein ausgeschlossen; denn die Aufrechnungslage ist vor Verfahrenseröffnung nicht unanfechtbar, also einwandfrei, erlangt worden, so dass der Rechtsgedanke der Nr. 1 und 2 (mit § 91 I) einer wirksamen Aufrechnung entgegensteht.

16 c) Die Nr. 4 ist überflüssig. Das Vermögen des Insolvenzschuldners ist geteilt in die Insolvenzmasse, die seiner Herrschaft entzogen ist (§§ 80, 148), und sein freies Vermögen. Die Spaltung des Vermögens wirkt sich auf die Gegenseitigkeit der Forderungen aus. Sie besteht nur, wenn der verlierende und der gewinnende Vermögensteil identisch sind. Die Hauptforderung muss also zur Masse und die Gegenforderung aus der Masse erfüllt werden (das sagt Nr. 1 deutlich). Daran fehlt es bei Nr. 4, so dass schon nach allgemeinen Grundsätzen der Vermögensspaltung (und nicht nur im Insolvenzverfahren) die Gegenseitigkeit fehlt.

§ 51. Die Insolvenzanfechtung

Literatur: *Bork* (Hrsg.), Handbuch des Insolvenzanfechtungsrechts, 2006.

I. Grundgedanken

1 1. Die Erfahrung lehrt, dass Schuldner in der wirtschaftlichen Krise häufig versuchen, einzelne Gläubiger zu befriedigen, um sie wenigstens zum zeitweisen Stillhalten zu bewegen. Dieser Versuchung erliegen auch redliche Schuldner. Unredliche Schuldner wollen ihr Schäfchen noch schnell ins Trockene bringen und verschieben Vermögen an Verwandte, Freunde oder andere nahestehende Personen, um es auf diese Weise für sich zu retten. Gläubiger, die den Schuldner besonders stark bedrängen oder die ihm nahestehen, werden noch im letzten Augenblick befriedigt oder auch nur gesichert, andere setzen ihr Recht zwangsweise im Wege der Vollstreckung durch, während die große Masse der (späteren Insolvenz-)Gläubiger leer ausgeht oder eine geringere Insolvenzquote erhält, als sie ohne die Rechtshandlungen Einzelner erhalten würde. Dieser Verminderung des Schuldnervermögens (der künftigen Insolvenzmasse!) und der daraus folgenden Benachteiligung der (künftigen Insolvenz-)Gläubiger kann die Rechtsordnung nicht tatenlos zusehen. Sie stellt als Abwehrmittel die Insolvenzanfechtung zur Verfügung, die in der InsO gegenüber der Konkursanfechtung deutlich schlagkräftiger ausgestaltet wurde.

2 Insolvenzanfechtung dient der Sicherung des Schuldnervermögens und der Wahrung des Gleichbehandlungsgrundsatzes. Das Anfechtungsrecht wird als die „Krone" des Insolvenzrechts bezeichnet. Richtig ist, dass es eine große praktische Bedeutung hat; Anfechtungsansprüche ermöglichen häufig erst die Durchführung des Insolvenzverfahrens, das andernfalls mangels Masse nicht eröffnet werden würde (§ 26).

3 Insolvenzanfechtung hat nichts zu tun mit Anfechtung nach § 142 BGB wegen Willensmängeln, ferner nichts mit Anfechtung von gerichtlichen Entscheidungen durch Rechtsmittel.

4 Einige der Anfechtungsgründe der InsO finden sich bereits im AnfG (vgl. o. § 33). Dazu zählt die Vorsatzanfechtung (§ 133; vgl. § 3 AnfG) und die Anfechtung unentgeltlicher Leistungen („Schenkungsanfechtung", § 134; vgl. § 4 AnfG); hier steht ebenso wie beim Anfechtungsgrund nach § 132 II der Schutz gegen vermögensverkürzende Rechtshandlungen im Vordergrund. Der Sicherung des Gleichbehandlungsgrundsatzes dienen die Tatbestände der „besonderen Insolvenzanfechtung": Hierbei unterscheidet man die insbesondere Verfügungen („Sicherung, Befriedigung") erfassende Deckungsanfechtung (§§ 130, 131) von der in erster Linie auf unmittelbar gläubigerschädigende Verpflichtungsgeschäfte ausgerichteten „Unmittelbarkeitsanfechtung" (§ 132 I).

5 Der Gläubigerschutz ist keine Erfindung unserer Zeit. Schon das *Corpus Juris Civilis* hatte einen solchen Schutz vorgesehen unter Benutzung älterer Rechtseinrichtungen, die sog. *actio pauliana*.

6 2. **Ziel der Insolvenzanfechtung** ist es, solche Rechtshandlungen – genau gesagt: deren Wirkungen – rückgängig zu machen, die (in aller Regel) vor Verfahrenser-

öffnung liegen und daher wirksam sind, die aber den Bestand der (künftigen) Insolvenzmasse verringert haben und deshalb die *Gesamtheit* der Insolvenzgläubiger benachteiligen. Um diese Benachteiligung aufzuheben, entsteht ein Anspruch auf Rückgewähr dessen, was aus dem Vermögen des Insolvenzschuldners veräußert, weggegeben oder aufgegeben ist, § 143. Die Rückgewähr reichert die Masse an und verbessert daher die Befriedigungsaussichten der Insolvenzgläubiger. Das zeigt, dass die Anfechtung im Interesse der Gesamtheit der Insolvenzgläubiger liegt; daher ist sie folgerichtig in die Hand des Insolvenzverwalters gelegt, § 129 I.

7 In der Eigenverwaltung (§§ 270 ff.) ficht der Sachwalter an (§ 280), der anstelle eines Insolvenzverwalters bestellt wird, § 270 III 1. Im Vereinfachten Insolvenzverfahren (§§ 311 ff.) ist zwecks Kostenersparnis jeder Insolvenzgläubiger zur Anfechtung berechtigt, § 313 II 1 (zur Problematik vgl. u. Rn. 40).

8 Die Insolvenzanfechtung wendet sich, wie gesagt, in der Regel gegen Rechtshandlungen (deren Wirkungen), die *vor* der Verfahrenseröffnung liegen (Ausnahmen in § 147). Damit erweitert sie den Schutz der Insolvenzgläubiger, der in §§ 81, 87, 89, 91 gegen Rechtshandlungen *nach* Verfahrenseröffnung vorgesehen ist.

II. Dogmatische Grundlagen der Insolvenzanfechtung

9 Wesen der Insolvenzanfechtung und Rechtsnatur des Anfechtungsanspruchs sind umstritten (eingehend *Baur/Stürner* II Rn. 18.20). In der Diskussion wird beides nicht immer auseinander gehalten.

10 1. Nach einer früher zur KO vertretenen Auffassung war das Anfechtungsrecht ein Gestaltungsrecht wie das Anfechtungsrecht nach BGB. Seine Ausübung wirkte „dinglich“, so dass die angefochtene Handlung den Konkursgläubigern gegenüber unwirksam wurde und daher z. B. das vom Schuldner weggegebene Eigentum automatisch, d. h. ohne Rückübertragung, in die Masse zurückfiel. Für diese **Dinglichkeitslehre** sprachen § 29 KO („als den Konkursgläubigern gegenüber unwirksam“) und § 41 KO (die Ausübung musste innerhalb einer Ausschluss-, nicht einer Verjährungsfrist erfolgen; vgl. dazu die Regelung in §§ 121 II, 124 III BGB). Die InsO enthält in § 129 nicht die Wendung von § 29 KO; die Anfechtungsfrist ist in eine Verjährungsfrist umgewandelt worden, § 146. Daraus ist die gesetzliche Ablehnung der Dinglichkeitslehre zu entnehmen (s. *Baur/Stürner* II Rn. 18.56). Unmittelbar dinglich wirkt nur die Rückschlagsperre nach § 88 (*Häsemeyer* Rn. 21.15).

11 2. Der Anspruch auf Rückgewähr ist auch **nicht deliktischer Natur**. Die Rechtshandlung (und der Eintritt ihrer Wirkungen) ist nicht stets vom Willen des Anfechtungsgegners abhängig, so dass Verschulden nicht zum Tatbestand des Anfechtungsgrundes gehört. Deshalb sind die §§ 823 ff. BGB ebenso unanwendbar wie § 254 BGB (Mitverschulden) und § 32 ZPO (Gerichtsstand der unerlaubten Handlung). Das ist heute durchweg anerkannt (*Baur/Stürner* II Rn. 18.16). Auf einem anderen Blatt steht, dass derselbe Sachverhalt neben einem Anfechtungsanspruch auch einen deliktischen Schadensersatzanspruch begründen kann (*BGH* NJW 90, 991). Die **bereicherungsrechtliche Theorie** (dazu insbes. *Gerhardt* Die systematische Einordnung der Gläubigeranfechtung, 1969, S. 162 ff.) qualifiziert den Rückgewähranspruch als Bereicherungsanspruch aufgrund Eingriffskondiktion, was hinsichtlich der Voraussetzungen zwar nicht zutrifft, wohl aber nach der InsO (§ 143 I 2), anders als nach der KO, z. T. für die Wirkungen; aus der Rechtsfolgenverweisung darf indes nicht auf die Rechtsnatur der Insolvenzanfechtung geschlossen werden.

12 3. In neuerer Zeit werden mehrere Spielarten einer **haftungsrechtlichen Theorie** vertreten, die in Begründung und Folgen weit auseinander gehen (vgl. *Paulus* AcP 155, 319 ff. und FS Nipperdey, 1965, Bd. I, S. 909 ff.; *Häsemeyer* Rn. 21.14–16; *Henckel* JuS 85, 841 f.; JHG/*Henckel* § 37, 20 ff.). Sie ist abzulehnen, sofern sie behauptet, die Anfechtung erweitere den Vollstreckungszugriff auf Gegenstände, die nicht zur Masse gehören (das trifft – nur – zu für die Anfechtung außerhalb des Insolvenzverfahrens, § 11 AnfG, vgl. o. § 33 Rn. 12). Die InsO gewährt, wie schon die KO, nur einen Rückgewähranspruch (§ 143). Zu seiner zwangsweisen Durchsetzung benötigt der Verwalter einen besonderen Vollstreckungstitel, z. B. ein Urteil, gegen den Anfechtungsgegner. Die allgemeine Vollstreckungsbefugnis in das Vermögen des Insolvenzschuldners, die dem Verwalter aufgrund der Verfahrenseröffnung zusteht (vgl. o. § 43 Rn. 8), genügt nicht.

4. Zutreffend sieht die haftungsrechtliche Lehre, dass das Anfechtungsrecht der Verwirklichung der Haftungsordnung dient. Das Anfechtungsrecht zählt daher nicht zu einem aus dem BGB bekannten gesetzlichen Schuldverhältnis (Bereicherung, Delikt usw.). Dies zwingt aber nicht dazu, mit Teilen der haftungsrechtlichen Theorie die haftungsrechtliche Zuordnung von einer dinglichen Zuordnung zu unterscheiden. Von der Qualifikation des Anfechtungsrechts zu trennen ist die Rechtsnatur des Anfechtungsanspruchs. Nach heute **h. M.** entsteht mit der Eröffnung des Insolvenzverfahrens ein **obligatorischer Rückgewähranspruch** auf der Grundlage eines gesetzlichen Schuldverhältnisses (vgl. *BGH* NJW 86, 2253; unklar *BGH* NJW 04, 214, 216). 13

5. Die Unsicherheit hinsichtlich der Einordnung der Insolvenzanfechtung strahlt auch aus auf die Frage des **Rechtswegs**. Haftungsrecht ist genuin bürgerliches Recht. Insolvenzanfechtungsklagen dienen der Haftungsordnung und gehören vor die ordentlichen Gerichte, weil es sich dabei um einen bürgerlichen Rechtsstreit (§ 13 GVG) handelt (JHG/*Henckel* § 143, 168). Die Rechtsnatur des Rechtsverhältnisses, dem die angefochtene Rechtshandlung unterliegt (beispielsweise Zahlung auf öffentlich-rechtliche Steuer- oder Abgabenforderung), ist unerheblich. Das gilt auch dann, wenn die Anfechtungsklage gegen einen Arbeitnehmer des Schuldners gerichtet ist und eine vom Schuldner an den Arbeitnehmer geleitete Vergütung betrifft, für die ebenfalls der Zivilrechtsweg gegeben ist (*BGH* ZInsO 09, 820 [Vorlagebeschluss an den Gemeinsamen Senat der Obersten Gerichtshöfe des Bundes]; a. A. *BAG* ZInsO 08, 391). 14

III. Die allgemeinen Voraussetzungen der Insolvenzanfechtung

1. a) Die Anfechtung richtet sich gegen eine **Rechtshandlung,** § 129. Wie § 140 erkennen lässt, geht es um **deren Wirkungen**; sie sollen rückgängig gemacht werden, vgl. § 143. „Rechtshandlung" ist jede Willensbetätigung, die eine rechtliche Wirkung auslöst, ohne dass der Wille auf die Rechtsfolge gerichtet sein muss. Der Begriff umfasst daher sowohl Rechtsgeschäfte wie Verpflichtungs- und Verfügungsverträge als auch die Ausübung von Gestaltungsrechten (Aufrechnungserklärungen des Gläubigers sind allerdings schon nach § 96 Nr. 3 unwirksam). 15

Auch bei der Anfechtung sind Grund- und Erfüllungsgeschäft zu trennen, z. B. Verkauf und Übereignung. In der Regel werden beide anfechtbar sein, was für jedes Geschäft getrennt zu prüfen ist (str.). Zu dem Fall, dass nur das Erfüllungsgeschäft anfechtbar ist, vgl. § 144 I und dazu u. Rn. 49. 16

Nichtige Rechtsgeschäfte entfalten keine bestimmungsgemäßen Wirkungen und sind insoweit nicht gläubigerbenachteiligend. Gleichwohl ist eine Anfechtung zulässig (Günstigkeitsprinzip, *Häsemeyer* Rn. 21.33 ff.); Bedeutung hat die Anfechtung nichtiger Rechtsgeschäfte, wenn die Voraussetzungen der §§ 129 ff. einfacher darzulegen und zu beweisen sind als die Voraussetzungen der Nichtigkeit. 17

Anfechtbar sind ferner rechtsgeschäftsähnliche Handlungen (Mahnung, Abtretungsanzeige), Prozesshandlungen (wie Verzicht und Anerkenntnis nach §§ 306 f. ZPO, vgl. *Zivilprozessrecht* § 47 VI) und Maßnahmen der Zwangsvollstreckung. Auch ein Realakt kann anfechtbar sein, wenn das Gesetz daran Rechtswirkungen knüpft (*BGH* ZInsO 07, 91, 92 [Einbringen einer Sache bei § 562 BGB]; *BGH* ZIP 09, 1674, 1675 [Anfechtung des Bierbrauens, da dadurch zu Lasten der Masse die Sachhaftung für die Biersteuer begründet wird]). 18

Anfechtbare Rechtshandlungen sind auch Erfüllungshandlungen wie die Herstellung eines Werkes, die Übergabe der Kaufsache oder die Erbringung von Dienstleistungen, da sie die Fälligkeit der Vergütung herbeiführen oder die Einrede nach § 320 BGB beseitigen und damit den wirtschaftlichen Wert der (häufig sicherungshalber abgetretenen) Gegenforderung steigern („werthaltig machen", BGHZ 174, 297, 309; *BGH* NZI 08, 551). Bedeutung gewinnt die Anfechtbarkeit der Erfüllungshandlung, wenn die Forderungsabtretung schon außerhalb der „kritischen Zeit" wirksam, die spätere Gegenleistung aber erst im Anfechtungszeitraum erbracht wurde. 19

20 Anfechtbar sind ferner **Unterlassungen** (§ 129 II), die zu einer Minderung des Schuldnervermögens führen, z. B. das Unterlassen einer Rechtsmitteleinlegung oder einer verjährungshemmenden Handlung; nicht anfechtbar sind hingegen unterlassene Vermögensmehrungen wie die Nichtannahme eines günstigen Vertragsangebots.

21 b) Wer die Rechtshandlung vornimmt, ist grundsätzlich unerheblich. Die Rechtshandlung muss nicht vom späteren Insolvenzschuldner ausgehen, sie kann *auch gegen ihn* gerichtet sein, z. B. eine Vollstreckungshandlung durch einen Gläubiger. §§ 132–134 fordern hingegen eine Handlung des späteren Insolvenzschuldners.

22 Nicht anfechtbar sind Handlungen des vorläufigen Insolvenzverwalters mit Verfügungsbefugnis (§ 22 I, „starker vorläufiger Insolvenzverwalter“); seine Rechtsgeschäfte begründen (endgültig) Masseverbindlichkeiten (§ 55 II, vgl. JHG/*Gerhardt* § 22, 226). Ist ein vorläufiger Insolvenzverwalter ohne Verfügungsbefugnis (§ 22 II, „schwacher vorläufiger Insolvenzverwalter“) eingesetzt worden, sind Rechtshandlungen (des Schuldners) hingegen anfechtbar (*BGH* NJW 03, 1865). Die Anfechtbarkeit entfällt jedoch, wenn der Vertragspartner schutzwürdig ist, beispielsweise weil der vorläufige Verwalter dem Vertrag des Schuldners zugestimmt hatte (*BGH* NJW 05, 1118). Mit dieser Einschränkung soll die weitere Teilnahme des Schuldners am Rechtsverkehr gefördert werden. Soweit der vorläufige schwache Verwalter aufgrund einer Einzelermächtigung (dazu vgl. u. § 54 Rn. 38) Masseschulden begründet, ist die Anfechtung ebenfalls ausgeschlossen.

23 c) Die Rechtshandlung muss **vor Eröffnung des Insolvenzverfahrens** vorgenommen worden sein, § 129 I. Eine erst *nach* Verfahrenseröffnung vorgenommene Rechtshandlung bedarf nicht der Anfechtung, da sie ohnehin grundsätzlich unwirksam ist, §§ 81, 89, 91; ist sie ausnahmsweise wirksam (§ 81 III 2, §§ 892, 893 BGB), kann sie ebenfalls angefochten werden, § 147.

24 Vor Verfahrenseröffnung *durch Zwangsvollstreckung* in die (spätere) Insolvenzmasse *erlangte Sicherungen* werden mit Verfahrenseröffnung unwirksam, wenn sie im letzten Monat vor dem Eröffnungsantrag oder nach dem Antrag erworben sind (sog. *Rückschlagsperre*), § 88; insoweit bedarf es keiner Anfechtung (vgl. o. § 47 Rn. 9).

25 Wann genau eine Rechtshandlung „vorgenommen“ ist, sagt § 140 I: Maßgeblich ist, wann die **rechtlichen Wirkungen** eingetreten sind. Das ist folgerichtig, denn erst der Wirkungseintritt verkürzt das Schuldnervermögen. Zu beachten ist, dass § 140 auch den Zeitpunkt bestimmt, zu dem die Merkmale der Anfechtungstatbestände vorliegen müssen (z. B. § 130 I Nr. 1: Zahlungsunfähigkeit „zur Zeit der Handlung“). Bei mehraktigen Rechtsgeschäften (z. B. § 929 BGB: Einigung und Übergabe) ist auf den zuletzt vorgenommenen Teilakt abzustellen. Die Abtretung künftiger Forderungen wird wirksam nicht schon mit der Einigung nach § 398 BGB, sondern erst mit dem Entstehen der Forderung. Die Bestellung eines Pfandrechts für eine künftige Forderung (§ 1204 II BGB) wird folgerichtig ebenfalls erst mit dem Entstehen der Forderung wirksam (JHG/*Henckel* § 140, 17; *Chr. Berger* NZI 07, 566; offen gelassen von *BGH* ZIP 07, 193 Rn. 15).

26 Ist das Rechtsgeschäft bedingt oder befristet, kommt es nur auf die Erfüllung des rechtsgeschäftlichen Erwerbstatbestands an, § 140 III; der spätere Bedingungs- bzw. Befristungseintritt ist unerheblich. Bedarf der Rechtserwerb einer Eintragung im Grundbuch oder in einem Register, ist das Rechtsgeschäft schon vorgenommen, wenn alle übrigen Voraussetzungen gegeben sind und der Erwerber den Eintragungsantrag gestellt hat, § 140 II. Diese dem Anfechtungsgegner günstige Bestimmung entspricht § 878 BGB, wonach es für den Rechtserwerb nicht auf den von den Parteien nicht steuerbaren Zeitpunkt der Eintragung ankommen soll.

27 *Beispiele* zum Anwendungsbereich von §§ 140 II, 147 I (vgl. o. § 40 Rn. 41): Vor Verfahrenseröffnung haben sich der spätere Insolvenzschuldner S und der G („Erwerber“) in einer notariellen Urkunde über die Bestellung eines Nießbrauchs für G am Grundstück des S geeinigt. Erst nach Verfahrenseröffnung und ohne Kenntnis von ihr beantragt G seine Eintragung im Grundbuch und wird eingetragen. Dem Erwerb steht § 81 nicht entgegen (keine Verfügung des S nach Verfahrenseröffnung). Ein Erwerb nach § 91 II; § 878 BGB scheidet aus, da der Eintragungsantrag erst nach der Verfahrenseröffnung gestellt wurde. G kann aber nach § 91 II; § 892 BGB erwerben, wenn und weil er redlich und der Eröffnungsvermerk (noch) nicht im Grundbuch eingetragen ist. Obwohl der Rechtserwerb erst *nach* der Verfahrenseröffnung stattfand, ist er anfechtbar, § 147 I (abweichend von § 129 I).

– Hatte G hingegen den Eintragungsantrag bereits *vor* Verfahrenseröffnung gestellt, so vollzieht sich der Rechtserwerb nach § 91 II; § 878 BGB (vgl. o. § 40 Rn. 40, erstes Beispiel). Der Erwerb tritt an sich erst nach Verfahrenseröffnung ein, doch gilt der Rechtserwerb nach § 140 II in dem Moment als eingetreten, in dem die Willenserklärung des S bindend geworden ist (hier durch die notarielle Beurkundung, § 873 II BGB), der G den Antrag auf Eintragung der Rechtsänderung gestellt hat (§ 13 I 1 GBO) und die übrigen Voraussetzungen für den Rechtserwerb (z. B. eine hier nicht geforderte behördliche Genehmigung) vorliegen. Wegen der Vorverlegung des maßgebenden Zeitpunkts ist der Erwerb nach §§ 129 ff. unmittelbar anfechtbar, § 147 I ist unanwendbar. – Unklar ist die Lage, wenn der (künftige) Insolvenzschuldner S den Eintragungsantrag gestellt hat. Bei wortlautgetreuer Gesetzesanwendung ergibt sich: § 140 II erwähnt den Fall nicht, daher tritt der Rechtserwerb des G erst *nach* Verfahrenseröffnung ein, § 91 II mit § 878 BGB; deshalb scheidet eine Anfechtung nach § 129 aus, aber auch eine Anfechtung gemäß § 147 I, da dort § 878 BGB als Wirksamkeitsgrund nicht genannt ist. Das Ergebnis verblüfft: Hat der spätere Insolvenzschuldner S den Antrag (§ 13 I 1 GBO) gestellt, so ist Anfechtung ausgeschlossen; hat ihn der Erwerber G gestellt, so ist Anfechtung wegen der Vorverlegung des Erwerbs durch § 140 II möglich. Diese unterschiedliche Behandlung je nach Antragsteller erscheint mit § 878 BGB unvereinbar, der nur auf die Stellung des Antrags, aber nicht auf die Person des Antragstellers abhebt. Jedenfalls ist der Ausschluss jeder Anfechtung, wenn der Insolvenzschuldner S die Eintragung beantragt hat, inakzeptabel. Dies kann durch eine „berichtigende" Auslegung vermieden werden, entweder von § 140 II (entscheidend soll wie bei § 878 BGB nur sein, dass der Antrag gestellt ist, gleich, von wem) oder von § 147 I (§ 878 BGB wird „hineingelesen"). Die „Berichtigung" von § 140 II ist vorzuziehen, weil die Vorverlegung des maßgebenden Zeitpunkts im Einklang mit § 878 BGB als Verbesserung der Rechtsstellung des Erwerbers gedacht ist; denn die Zeit zwischen Antragstellung und Eintragung (d. h. Vollendung des Rechtserwerbs) kann lang sein, und hieraus sollen dem Erwerber keine Nachteile erwachsen (*BGH* NJW 96, 463 zu § 10 III GesO). Diese Nachteile würden durch eine „Berichtigung" von § 147 I nicht vermieden, weil es dann auf die (späte) Eintragung und nicht auf die (frühe) Antragstellung ankäme.

2. Eine Rechtshandlung ist nur anfechtbar, wenn ihre Wirkungen die **Insolvenzgläubiger benachteiligen,** § 129 I mit § 140 I (vgl. o. Rn. 15): Die Befriedigungsmöglichkeit der Insolvenzgläubiger muss durch die eingetretenen Rechtswirkungen objektiv beeinträchtigt worden sein, insbesondere durch Minderung der Insolvenzmasse; es genügt aber auch eine bloße Erschwerung oder Verzögerung des Gläubigerzugriffs. Maßgeblich ist die **Gesamtheit** der Insolvenzgläubiger; dass eine Rechtshandlung einem einzelnen Gläubiger zugute kommt, beispielsweise die Erfüllung einer Forderung, schließt eine Gläubigerbenachteiligung daher nicht aus. 28

Ob eine **Benachteiligung** vorliegt, ist unter **wirtschaftlichen Gesichtspunkten** zu prüfen. 29

Danach scheidet eine Benachteiligung aus, wenn der spätere Insolvenzschuldner ein wertausschöpfend belastetes Grundstück veräußert hat, weil bei dessen Rückgewähr und Verwertung für die Insolvenzgläubiger keine verteilungsfähige Masse gewonnen würde; wenn über fremdes Vermögen verfügt worden ist, da der Gegenstand ohnehin hätte ausgesondert (§ 47) werden können; schließlich, wenn über eine unpfändbare Sache verfügt worden ist, die gemäß § 36 nicht zur Insolvenzmasse gehört und daher auch nicht zu ihr zurückgefordert werden könnte. 30

Verrechnet eine Bank einen Zahlungseingang des späteren Insolvenzschuldners mit dessen debitorischem Saldo, benachteiligt diese Verrechnung die Gläubiger nicht, wenn (wie regelmäßig) die Forderung gegen den Drittschuldner der Bank zur Sicherheit abgetreten war. Die Bank erhält in diesem Fall nur das, was ihr aufgrund der Sicherungszession ohnehin zustand: Zwar erlischt mit der Zahlung die zur Sicherung abgetretene Forderung, doch erwirbt die Bank ein Pfandrecht am Anspruch des Insolvenzschuldners auf Auszahlung des Guthabens, Nr. 14 I 2 AGB-Banken. Dieser **„Sicherheitentausch"** benachteiligt die Gläubiger nicht, wenn die Bank durch die Globalzession ein anfechtungsfestes Absonderungsrecht erworben hatte (*BGH* NZI 08, 551). Dagegen kommt eine Gläubigerbenachteiligung in Betracht, wenn der Schuldner einen Gläubiger mit Mitteln befriedigt, die er aus einer lediglich geduldeten Kontoüberziehung erlangt und diese Mittel dem Gläubiger direkt zufließen (*BGH* NJW 09, 3362: Einlösung eines Schecks bei debitorisch geführtem Konto). 31

Man unterscheidet mittelbare und unmittelbare Gläubigerbenachteiligung. **Unmittelbare Benachteiligung** fordern nur die §§ 132 I, 133 II. Sie liegt vor, wenn der benachteiligende Effekt schon und allein durch die Vornahme der Rechtshandlung eintritt, spätere Entwicklungen also belanglos sind. In allen anderen Anfechtungs- 32 tatbeständen, also **in der Regel, genügt** eine **mittelbare Benachteiligung.** Hier reicht es, dass die Benachteiligung durch spätere Ereignisse eintritt.

33 **Beispiele:** Eine unmittelbare Gläubigerbenachteiligung tritt ein bei einseitiger Weggabe von Vermögen, beispielsweise bei der nachträglichen Besicherung von Forderungen. Hat der spätere Insolvenzschuldner für die Veräußerung einer Sache ein gleichwertiges Entgelt erhalten, so hat die Veräußerung allein, also „unmittelbar", die Insolvenzgläubiger nicht benachteiligt. Hat der spätere Insolvenzschuldner dieses Entgelt für seinen Lebensunterhalt verbraucht, so ist dadurch eine mittelbare Benachteiligung eingetreten. Ebenso liegt es, wenn der Preis für die veräußerte Sache nachträglich steigt und damit das zunächst gleichwertige Entgelt ungleichwertig wird. Die Gleichwertigkeit ist nach wirtschaftlichen Gesichtspunkten festzustellen; auf die Bewertung durch die Parteien kommt es nicht an.

34 **„Bargeschäfte"**, bei denen für eine Leistung des späteren Insolvenzschuldners *unmittelbar* eine *gleichwertige Gegenleistung* in sein Vermögen gelangt ist, benachteiligen die Gläubiger allenfalls mittelbar. Bargeschäfte sind nur nach § 133 I anfechtbar, § 142. Leistung und Gegenleistung müssen gleichwertig, ferner durch Parteivereinbarung verknüpft und in einem engen zeitlichen Zusammenhang erbracht sein (das besagt die Wendung: „Eine Leistung ..., *für die unmittelbar* eine ... Gegenleistung"). Der für ein Bargeschäft unschädliche Zeitraum hängt wesentlich von der Art der ausgetauschten Leistungen und den Geschäftsgewohnheiten ab; bei anwaltlicher Tätigkeit dürfen zwischen deren Abschluss und der (Vorschuss-)Zahlung nicht mehr als 30 Tage liegen (*BGH* NJW 06, 2701, 2704: § 286 III BGB als Anhaltspunkt). Durch den Ausschluss der Anfechtbarkeit solcher Geschäfte wird erreicht, dass der spätere Insolvenzschuldner nicht schon in der kritischen Zeit vor seinem finanziellen Ruin praktisch vom Wirtschaftsleben ausgeschlossen ist: Geschäfte, bei denen der vereinbarte Austausch gleichwertiger Leistungen zügig abgewickelt wird, sind anfechtbar nur unter den hohen Voraussetzungen der Vorsatzanfechtung (dazu vgl. u. § 52 Rn. 2 ff.). Das Merkmal „unmittelbar" in § 142 ist eng auszulegen.

35 3. Die Gläubigerbenachteiligung ist Grundvoraussetzung jeder Anfechtung (vgl. § 129 I), genügt aber allein nicht als **Anfechtungsgrund.** Vielmehr muss einer der **in §§ 130–136** normierten Anfechtungstatbestände vorliegen. Dazu vgl. u. § 52.

36 4. Die Anfechtung nach §§ 130–136 richtet sich gegen die Wirkung von Rechtshandlungen, die innerhalb bestimmter **Anfechtungsfristen** eingetreten sind. Die Anfechtungsfrist beträgt je nach dem maßgeblichen Anfechtungstatbestand zwischen einem Monat (§ 131 I Nr. 1) und zehn Jahren (§ 133). Die **Berechnung** der Fristen knüpft einheitlich an den Tag des Eingangs des Eröffnungsantrags beim Insolvenzgericht an, § 139 I; bei mehreren zulässigen und begründeten Anträgen ist der erste maßgebend, § 139 II 1 (auch dann, wenn er mangels Masse rechtskräftig abgewiesen worden ist, § 139 II 2).

37 Die Berechnung der Anfechtungsfristen erfolgt also von dem nach § 139 maßgeblichen Eröffnungsantrag zurück. Die Frage, ob eine Rechtshandlung innerhalb der Anfechtungsfrist vorgenommen wurde, lässt sich danach erst beantworten, wenn der Insolvenzantrag gestellt worden ist. Für den Rechtsverkehr ergeben sich daraus erhebliche Unsicherheiten, die durch subjektive Anfechtungsvoraussetzungen in der Person des Anfechtungsgegners (z. B. § 132 I Nr. 1: Kenntnis der Zahlungsunfähigkeit des Schuldners durch den Anfechtungsgegner) nur teilweise kompensiert werden.

VI. Rechtsfolgen der Insolvenzanfechtung

38 1. Als Rechtsfolge der Anfechtung sieht § 143 I einen Rückgewähranspruch „zur Insolvenzmasse" vor. Dabei handelt es sich um einen schuldrechtlichen Rück-

gewähranspruch (vgl. o. Rn. 13). Der Anspruch entsteht mit der Insolvenzeröffnung, (grundsätzlich) nicht schon mit der gläubigerbenachteiligenden Rechtshandlung (str.); andererseits ist seine Geltendmachung (durch Anfechtungsklage oder -einrede) nicht Entstehungsvoraussetzung.

2. Die **Anfechtung** ist Aufgabe **des Insolvenzverwalters,** § 129 I, oder des Sachwalters in der Eigenverwaltung, § 280. Keine praktischen, wohl aber konstruktive Schwierigkeiten bereitet die **Rechtsträgerschaft** hinsichtlich des Anfechtungsanspruchs. Die Gläubigergemeinschaft scheidet hierfür aus, da sie keine Rechtsgemeinschaft ist (vgl. o. § 42 Rn. 1–3). Nach BGHZ 118, 381 entsteht das Recht nur für den (Konkurs-)Verwalter und ist untrennbar mit seinem Amt verbunden. Diese Ansicht ist abzulehnen. Zum Privatvermögen des Verwalters kann der Anfechtungsanspruch nicht gehören. Andererseits ist es verfehlt, ein neben der Insolvenzmasse bestehendes weiteres Sondervermögen (bestehend aus den Anfechtungsansprüchen) zu konstruieren. Nahe liegend ist es, den Anfechtungsanspruch ebenso wie das andere der Verwaltung unterliegende Vermögen dem Insolvenzschuldner zuzuweisen und damit der Insolvenzmasse zuzuordnen; daraus ergibt sich zweifelsfrei die Prozessführungsbefugnis des Verwalters über den Anfechtungsanspruch. Zugleich sichert diese Lösung eine einheitliche Insolvenzmasse, die eben auch Anfechtungsansprüche umfasst. 39

Im **Vereinfachten Insolvenzverfahren** werden die Aufgaben des Insolvenzverwalters von einem Treuhänder wahrgenommen, § 313 I 1. Zur Anfechtung ist jedoch nicht er, sondern (vorbehaltlich der Beschlüsse der Gläubigerversammlung, § 313 II 3) jeder Insolvenzgläubiger berechtigt, § 313 II 1. Folgeprobleme der gesetzlichen Regelung sind nicht bedacht worden (dazu *Henckel,* FS Gaul, 1997, S. 209 ff.). Der einzelne Insolvenzgläubiger klagt als gesetzlicher Prozessstandschafter für die Masse; der Klageantrag ist zu richten auf Leistung an den Treuhänder. Klagen mehrere Insolvenzgläubiger gleichzeitig, sind sie notwendige Streitgenossen (§ 62 ZPO). Die Klageerhebung hemmt die Verjährung auch für die anderen Insolvenzgläubiger. Die Rechtskraft des Urteils über den Rückgewähranspruch wirkt für und gegen (a. A. *Nerlich/Römermann* § 313, 10) alle Insolvenzgläubiger (ob und wieweit die Rechtskraft eines klagabweisenden Urteils eingeschränkt werden kann, vgl. § 856 V ZPO, ist zweifelhaft; dazu *Henckel,* FS Gaul, 1997, S. 209 ff.). 40

3. Der Anfechtungsanspruch geht auf **Rückgewähr** zur Insolvenzmasse (§ 143 I 1). Die Art und Weise, wie das zu geschehen hat, richtet sich nach den in anfechtbarer Weise eingetretenen Wirkungen der Rechtshandlung. 41

Hat der Insolvenzschuldner eine **Sache übereignet**, so ist sie vom Anfechtungsgegner an den Insolvenzschuldner „zur Masse" zurückzuübereignen. Ein Grundstück ist an ihn rückaufzulassen und er wieder als Eigentümer im Grundbuch einzutragen; eine Grundbuchberichtigung scheidet aus, weil der Rechtserwerb durch den Anfechtungsgegner dinglich vollauf wirksam ist. Möglich ist aber die Sicherung des obligatorischen Rückgewähranspruchs aus § 143 I 1 durch eine Vormerkung (§ 883 I 1 BGB). Eine **abgetretene Forderung** ist an den Insolvenzschuldner „zur Masse" zurückzuübertragen. **Zu geringe Darlehenszinsen** sind zu erhöhen. Auf ein **Pfandrecht** ist zu verzichten und die Pfandsache herauszugeben; auf die Rechte aus einem **Pfändungsbeschluss** ist zu verzichten. Eine **erlassene Forderung** ist so zu erfüllen, als hätte der Erlass nie stattgefunden (also keine Neubegründung nötig). Eine **anfechtbar begründete Forderung** ist aufzuheben (str.), zumindest ist ihre Anmeldung (§ 174) zu unterlassen, andernfalls kann ihr der Verwalter widersprechen, § 178 I 1. 42

Der Gegenstand, der aus dem Vermögen des (späteren) Insolvenzschuldners veräußert oder weggegeben ist, ist grundsätzlich **in natura** zurückzugewähren. Ist er nicht mehr vorhanden, so ist sein **Wert in Geld** entsprechend den Regeln der verschärften Bereicherungshaftung zu ersetzen, **§ 143 I 2** mit §§ 819, 818 IV, 292 I, 989, 990 BGB. Das heißt im Einzelnen: Der Entreicherungseinwand (§ 818 III 43

BGB) ist ausgeschlossen, §§ 819 I, 818 IV BGB, außer für den gutgläubigen Empfänger einer unentgeltlichen Leistung, § 143 II; der Empfänger haftet nicht für zufälligen Untergang, §§ 990 I, 989 BGB; die Herausgabe von Nutzungen und der Verwendungsersatz sind sachgerecht geregelt, §§ 990 I, 987, 994 II BGB.

44 Der Anfechtungsgegner wird wie ein bösgläubiger Bereicherungsschuldner behandelt und ist daher auch zur Zahlung von Zinsen (Nutzungen!) auf den Anfechtungsanspruch verpflichtet. Zinsen sind zu entrichten ab Insolvenzeröffnung (Anspruchsentstehung), nicht schon ab Vornahme der Rechtshandlung, aber auch nicht erst ab Klageerhebung. Der Zinsanspruch besteht auch, wenn der Anfechtungsgegner tatsächlich nicht bösgläubig ist (*BGH* ZIP 07, 488, 489 Rn. 16).

45 Obgleich der anfechtungsrechtliche Rückgewähranspruch ein obligatorischer Anspruch ist, berechtigt er in der Insolvenz des Anfechtungsgegners zur Aussonderung (*BGH* NJW 04, 214, 216 m. w. N.; a. A. *Jauernig* in der 21. Aufl. dieses Buches). Darin liegt kein Widerspruch. Obligatorische Herausgabeansprüche können durchaus Aussonderungskraft haben, wie das Beispiel des Aussonderungsrechts des Treugebers in der Insolvenz des Treuhänders lehrt (dazu vgl. o. § 44 Rn. 14). Mit dem anfechtungsrechtlichen Rückgewähranspruch macht der Verwalter geltend, dass der Gegenstand haftungsrechtlich nicht in das Vermögen des Anfechtungsgegners gehört.

46 Der Anfechtungsanspruch kann nach § 362 BGB erfüllt und nach § 398 BGB abgetreten werden (str.), er unterliegt der Aufrechnung, und der Anfechtungsgegner kann als Schuldner in Verzug geraten. Der Anfechtungsanspruch unterliegt ferner der Verjährung. Die Verjährungsfrist und die Fristberechnung richten sich nach dem BGB, § 146 I. Die Frist beträgt gemäß § 195 BGB drei Jahre. Der Lauf der Frist beginnt nach § 199 I BGB mit dem Schluss des Jahres, in dem der Anfechtungsanspruch entstanden ist (also mit Insolvenzeröffnung) und der Verwalter von den den Anfechtungsanspruch begründenden Tatsachen und der Person des Anfechtungsgegners Kenntnis erlangt (oder grob fahrlässig nicht erlangt) hat.

47 In der Praxis wird der Verwalter zunächst versuchen, den Anfechtungsgegner zur freiwilligen Rückgewähr zu bewegen. Gelingt das nicht, so ist Klage geboten (auch zur Hemmung der Verjährung, § 204 I Nr. 1 BGB). Möglich ist die einredeweise Geltendmachung des Rückgewähranspruchs (z. B. in einem Prozess, in dem der Anfechtungsgegner auf Aussonderung einer ihm anfechtbar übereigneten Sache klagt; dazu bedarf es der Zustellung eines Schriftsatzes des verklagten Verwalters an den klagenden Anfechtungsgegner). Die Einrede bleibt dem Verwalter auch nach Verjährung des Rückgewähranspruchs erhalten, § 146 II. Damit verweigert der Verwalter „die Erfüllung einer Leistungspflicht" nicht im Sinne einer Schuldnerpflicht nach BGB. Vielmehr hat die Einrede den Zweck zu verhindern, dass anfechtbar erworbene Gegenstände, die noch in der Masse sind, ihr deshalb entzogen werden, weil der Rückgewähranspruch verjährt ist (BGHZ 106, 130 zu § 41 II KO).

48 Der Anfechtungsanspruch besteht nur im Interesse der Gesamtheit aller Insolvenzgläubiger (vgl. o. Rn. 6). Daher erlischt er mit dem Ende des Insolvenzverfahrens, und deshalb kann der ehemalige Insolvenzschuldner den Anfechtungsprozess nicht als Partei fortsetzen (BGHZ 83, 105 f. zu §§ 29 ff. KO). Ist dies in einem Insolvenzplan so vorgesehen, erlischt der Anfechtungsanspruch nicht, wenn der Verwalter ihn vor Aufhebung des Insolvenzverfahrens anhängig gemacht hatte, § 289 III.

49 2. Gewährt der Anfechtungsgegner das anfechtbar Erlangte an den Verwalter zurück, lebt seine Forderung wieder auf, § 144 I; der Anfechtungsgegner kann sie als Insolvenzforderung zur Tabelle anmelden. Voraussetzung ist, dass nicht zugleich das schuldrechtliche Grundgeschäft anfechtbar ist. § 144 I gilt auch für akzessorische Sicherungsrechte (Bürgschaft, Pfandrecht, Hypothek); diese leben wieder auf (*Bork*, FS Kreft, S. 229, 233 f., konstruktiv unter Rückgriff auf das Akzessorietätsprinzip, das aber den Entstehungstatbestand eines Sicherungsrechts nicht ersetzen kann); der Verwalter hat ggf. die Pfandsache an den Gläubiger herauszugeben und die Berichtigung des Grundbuchs zu bewilligen (JHG/*Henckel*

§ 144, 16). Bei nicht akzessorischen Sicherungsrechten (Sicherungsübereignung, Grundschuld) entfällt mit der Rückgewähr des Erlangten die dem Sicherungsgeber aus der Sicherungsabrede zustehende Einrede gegen die Geltendmachung der Sicherheit. War die Sicherheit dem Sicherungsgeber vom Anfechtungsgegner zurückübertragen worden, hat der Sicherungsnehmer gegen die Masse nur einen Anspruch aus der Sicherungsabrede auf Wiederbegründung der Sicherheit (*Bork*, FS Kreft, S. 229, 239 ff: analog § 144 II Masseverbindlichkeit; a. A. JHG/*Henckel* § 144, 18: auch nicht akzessorische Sicherheit lebt wieder auf).

3. Hat der Anfechtungsgegner – wie in der Regel – für das anfechtbar Erlangte eine **Gegenleistung** erbracht, so ist diese zurückzugewähren: in natura, wenn noch unterscheidbar in der Masse vorhanden; ist das nicht der Fall, aber ist die Masse um ihren Wert bereichert, so hat der Gegner eine Masseforderung (§ 55 I Nr. 3), mangels Bereicherung hat er nur eine Insolvenzforderung, § 144 II. 50

Diese Regelung ist für den Gegner nachteilig, wenn der (spätere) Insolvenzschuldner in der kritischen Zeit vor dem Zusammenbruch die Gegenleistung verbraucht oder verschoben hat, so dass die Masse nicht bereichert ist. Dann ist der Gegner auf die meist magere Insolvenzdividende verwiesen. 51

V. Anfechtung gegenüber Rechtsnachfolgern

1. War die **Anfechtbarkeit** gegen den Erblasser oder einen anderen Gesamtrechtsvorgänger begründet, so ist sie auch **gegenüber dem Erben oder sonstigen Gesamtrechtsnachfolger** begründet, § 145 I. Die Vorschrift ist überflüssig, für den Erben wegen § 1967 BGB, für sonstige Gesamtrechtsnachfolger wegen eines allgemein geltenden Rechtsgrundsatzes. 52

2. Gegenüber einem **Einzelrechtsnachfolger** ist gemäß § 145 II Anfechtbarkeit nur gegeben, 53

a) wenn ihm beim Erwerb die Umstände bekannt waren, auf denen die Anfechtbarkeit des Erwerbs seines Vorgängers beruhte (Beweislast dieser Umstände beim Verwalter), Nr. 1; 54

b) wenn der Rechtsnachfolger z. Z. seines Erwerbs eine dem Insolvenzschuldner nahestehende Person (§ 138) war (hier muss der Rechtsnachfolger seine Unkenntnis von den anfechtungsbegründenden Umständen beweisen: Umkehr der Beweislast gegenüber Nr. 1, da anzunehmen ist, dass der Rechtsnachfolger wegen seiner engen Beziehungen zum Insolvenzschuldner über diese Umstände Bescheid wusste), Nr. 2; 55

c) wenn dem Rechtsnachfolger das Erlangte unentgeltlich zugewendet worden ist, Nr. 3; § 143 II modifiziert insoweit die Rückgewährpflicht, sie setzt Bereicherung oder Bösgläubigkeit hinsichtlich der Gläubigerbenachteiligung voraus (Beweislast beim Verwalter). 56

§ 52. Die einzelnen Tatbestände der Anfechtbarkeit

I. Die Tatbestände der Anfechtung knüpfen an besonders markante Geschehnisse an: vorsätzliche Benachteiligung **(Vorsatzanfechtung),** § 133; Unentgeltlichkeit **(Schenkungsanfechtung),** § 134; Vornahme in der Krisenzeit vor Stellung des Insolvenzantrags (**besondere Insolvenzanfechtung,** der wichtigste Fall), §§ 130–132; Gesellschafterdarlehen in der Krise der Gesellschaft **(Anfechtung gegenüber Gesellschaftern),** §§ 135, 136. 1

II. Vorsatzanfechtung, § 133

2 1. Anfechtbar ist eine Rechtshandlung des späteren Insolvenzschuldners, die in den letzten zehn Jahren (also sehr weit zurückreichend) vor dem Insolvenzantrag (und danach) mit dem Vorsatz vorgenommen worden ist, die späteren Insolvenzgläubiger zu benachteiligen, vorausgesetzt, der Anfechtungsgegner kannte den Vorsatz, § 133 I 1. Kannte der Anfechtungsgegner den Benachteiligungsvorsatz nicht, tritt der Schutz der gesetzlichen Haftungsordnung hinter den Verkehrsschutz zurück. Erforderlich ist eine Rechtshandlung des Schuldners; Rechtshandlungen Dritter (z. B. Zwangsvollstreckungsmaßnahmen) genügen hier nicht.

3 2. Die Auslegung des generalklauselartig gefassten § 133 bereitet erhebliche Schwierigkeiten. Lässt man bedingten Vorsatz der Gläubigerbenachteiligung genügen, sind für einen langen Zeitraum (zehn Jahre!) insbesondere Kreditsicherheiten anfechtbar, deren Zweck gerade darin liegt, den Sicherungsnehmer (zu Lasten anderer Gläubiger) zu privilegieren. Allein die Entziehung von Haftungsmasse begründet daher nicht den Gläubigerbenachteiligungsvorsatz (*BGH* ZInsO 09, 873 Rn. 13). Andererseits würde § 133 nur noch Ausnahmefälle erfassen und nahe an §§ 138, 826 BGB heranrücken, würde man „Unlauterkeit" des Handelns (*Jauernig* in der 21. Auflage dieses Buchs) verlangen (*Häsemeyer* Rn. 21.07). Es zeichnet sich die Linie ab, wonach der Schuldner mit Benachteiligungsvorsatz handelt, wenn er die Gläubigerbenachteiligung „als Erfolg seiner Rechtshandlung will oder als mögliche Folge erkennt und billigt (*BGH* ZInsO 09, 873 Rn. 10). Eher wertende Betrachtungen liegen zugrunde, wenn man eine „Vermögensverlagerung unter sozial inadäquaten Umständen" (*Bork/Bork*, Insolvenzanfechtungsrecht, Kap. 5, 43) voraussetzt. Dieser Linie neigt auch die Rechtsprechung zu, beispielsweise wenn sie die Anfechtbarkeit von Vorausübertragung aller künftigen Vermögenswerte im Rahmen der Unternehmensgründungsfinanzierung mit dem Hinweis verneint, andernfalls werde die „Finanzierung von Unternehmensgründungen zu einem unkalkulierbaren Risiko" (*BGH* ZInsO 09, 873 Rn. 13).

4 3. Für den **Gläubigerbenachteiligungsvorsatz** genügt bedingter Vorsatz, der vom Verwalter zu beweisen ist. Der Beweis innerer Tatsachen ist schwierig. Die Rechtsprechung hilft mit **Beweisanzeichen**. Danach liegt in der inkongruenten Deckung (vgl. u. Rn. 26) ein Indiz für den Benachteiligungsvorsatz des Schuldners; denn wer dem Gläubiger mehr gibt, als ihm schuldrechtlich zusteht, legt den Verdacht nahe, der Empfänger solle gegenüber anderen Gläubigern bevorzugt werden (BGHZ 137, 283). Allerdings kann das Indiz entkräftet werden, beispielsweise wenn die Gewährung einer inkongruenten Deckung (Nachbesicherung von Krediten!) im Rahmen eines ernsthaften Sanierungsversuchs erfolgt (*BGH* ZIP 07, 1469 Rn. 18). Bei einer kongruenten Deckung (vgl. u. Rn. 20) sind hingegen höhere Anforderungen an den Nachweis des Gläubigerbenachteiligungsvorsatzes zu stellen, denn der Empfänger erhält hier eine Leistung, auf die er einen Anspruch hatte.

5 Auch für die Kenntnis des Anfechtungsgegners vom Benachteiligungsvorsatz des Schuldners trägt der Verwalter die Beweislast. Ihm hilft § 133 I 2, wonach die Kenntnis vermutet wird, wenn der Anfechtungsgegner wusste, dass die Zahlungsunfähigkeit des Schuldners drohte und die Handlung die Gläubiger benachteiligt. Der Nachweis, dass der Gegner von diesen beiden Umständen wusste, ist für den Verwalter kaum leichter zu führen als der Nachweis, dass der Gegner den Benach-

teiligungsvorsatz kannte. Die Vermutung des § 133 I 2 ist daher keine wirkliche Verbesserung der Beweislage zugunsten des Verwalters. Daher stellt die Rechtsprechung auch hier Beweisanzeichen auf: Kenntnis kann anzunehmen sein, wenn die Verbindlichkeiten des Schuldners beim Anfechtungsgegner über einen längeren Zeitraum nicht gedeckt werden und dieser weiß, dass es noch weitere Gläubiger mit offenen Forderungen gibt (*BGH* ZInsO 09, 1909 Rn. 10).

4. Besonders verdächtig sind gläubigerbenachteiligende Geschäfte mit nahestehenden Personen (§ 138). Darauf aufbauend enthält **§ 133 II** eine **Beweislastumkehr**: Benachteiligt ein entgeltlicher Vertrag, den der Schuldner mit einer nahestehenden Person geschlossen hat, die Gläubiger unmittelbar (vom Verwalter zu beweisen), obliegt dem Anfechtungsgegner der Beweis, dass er den Gläubigerbenachteiligungsvorsatz des Schuldners nicht kannte (oder dass der Vertrag früher als drei Jahre vor dem Eröffnungsantrag geschlossen worden war). Gelingt dem Anfechtungsgegner der Entlastungsbeweis des § 133 II 2, ist die Anfechtung (nur) nach den erleichterten Voraussetzungen des § 133 II 1 ausgeschlossen; der Verwalter kann die Anfechtungsklage aber auf § 133 I stützen. Entgeltliche Verträge sind Verträge, die nicht unter § 134 fallen, insbesondere zweiseitige Verpflichtungs- und Verfügungsgeschäfte. 6

Dem Insolvenzschuldner als *natürlicher Person* stehen nach näherer Maßgabe des § 138 I nahe Ehegatten, Lebenspartner, Verwandte, ferner Personen, die mit dem Schuldner in häuslicher Gemeinschaft leben (auch gleichgeschlechtliche) und Gesellschaften, an denen der Schuldner beteiligt oder Organmitglied ist. Zu den „nahestehenden Personen" einer *juristischen Person* oder einer Gesellschaft ohne Rechtspersönlichkeit (§ 11 II Nr. 1) als Insolvenzschuldner zählen nach § 138 II Mitglieder des Vertretungs- und Aufsichtsorgans sowie Gesellschafter, ferner Personen, die sich aufgrund gesellschaftsrechtlicher oder dienstvertraglicher Verbindung über die wirtschaftlichen Verhältnisse des Schuldners informieren können, schließlich diesen (nicht verschwiegenheitspflichtigen) Personen wiederum nach § 138 I nahestehende Personen. Die Beteiligungsgrenze in § 138 I Nr. 4, II Nr. 1 orientiert sich an der in §§ 179, 182, 222 AktG, § 53 GmbHG vorgesehenen Sperrminorität und bietet dem Anteilseigner besondere Informationsmöglichkeiten (RegE, BT-Drs. 12/2443, S. 162). 7

III. Anfechtung unentgeltlicher Leistungen, § 134

1. **Anfechtbar** ist eine unentgeltliche Leistung des Schuldners, es sei denn, der Anfechtungsgegner beweist, dass sie früher als vier Jahre vor dem Eröffnungsantrag erbracht worden ist, § 134 (häufig „Schenkungsanfechtung" genannt). Die Beweislastverteilung schützt insbesondere gegen eine Rückdatierung der Leistung. Ist der Entlastungsbeweis geglückt, kann die Anfechtung immer noch auf § 133 I (nicht § 133 II, der Entgeltlichkeit voraussetzt) bzw. auf §§ 130, 131 gestützt werden (str.). Die Zurückstellung der Erwerberinteressen in § 134 entspricht einer auch sonst anzutreffenden gesetzgeberischen Wertung, wenn unentgeltliche Leistungen zu Lasten Dritter erbracht werden (vgl. §§ 816 I, 822 BGB; auch § 519 BGB). Auf die Kenntnis der Gläubigerbenachteiligung kommt es bei § 134 nicht an; der Erwerber wird nur nach § 143 II geschützt. 8

Erforderlich ist eine **Leistung des Schuldners**; die Leistung Dritter genügt nicht. Daher kann eine Zwangsvollstreckung nicht nach § 134 angefochten werden, auch nicht aufgrund eines titulierten Anspruchs aus einem unentgeltlichen Vertrag. Es genügen aber mittelbare Leistungen des (späteren) Insolvenzschuldners, beispielsweise wenn er einen Drittschuldner anweist, direkt an den Gläubiger zu leisten; die Leistung kann direkt gegenüber dem Gläubiger angefochten werden. 9

10 **Anfechtungsgegner** ist der Zuwendungsempfänger, also derjenige, in dessen Vermögen die unentgeltliche Leistung gelangt ist. In Mehr-Personen-Verhältnissen kann auch ein mittelbarer Zuwendungsempfänger Anfechtungsgegner sein. Zahlt der spätere Insolvenzschuldner nach § 267 BGB an den Gläubiger eines Dritten, so ist der Dritte Anfechtungsgegner, da er von seiner Verbindlichkeit ohne eigene Gegenleistung frei wird. Auch der Dritte kommt als Anfechtungsgegner in Betracht, wenn er für die Leistung des Schuldners kein Entgelt erbracht hat. Entgeltlichkeit liegt auch vor, wenn die Gegenleistung nicht an den Schuldner erbracht wird. Gegenleistung ist daher auch das Erlöschen der Forderung, auf die gezahlt wird (*BGH* ZIP 08, 126 Rn. 11).

11 2. **Unentgeltlich** ist die Leistung, wenn sie **unabhängig von einer Gegenleistung** erbracht worden ist. Das ist nicht nur beim Schenkungsversprechen und Schenkungsvollzug der Fall; denn der Leistungsempfänger muss nicht bereichert sein und eine Einigung über die Unentgeltlichkeit wird nicht gefordert. „Leistung" ist auch nicht im schuldrechtlichen Sinne zu verstehen. So kann der Verzicht auf ein dingliches Recht an fremder Sache eine unentgeltliche Leistung an den Sacheigentümer sein.

12 Für die Unentgeltlichkeit kommt es nicht darauf an, ob eine Gegenleistung in das Vermögen des späteren Insolvenzschuldners geflossen ist, sondern ob das Vermögen des Leistungsempfängers vermindert wurde; nur wenn das nicht der Fall ist, der Empfänger also kein eigenes Vermögensopfer erbracht hat, ist er der strengen Anfechtung nach § 134 unterworfen. Entgeltlich ist eine Leistung auch dann, wenn die Gegenleistung an einen Dritten erfolgt (*BGH* ZIP 05, 767, 768), nicht aber schon, wenn der Leistende damit nur ein eigenes wirtschaftliches Interesse verfolgt (*BGH* ZIP 06, 1362 Rn. 14).

13 Auch Unterlassungen kommen in Betracht (§ 129 II), z. B. das Unterlassen einer Rechtsmitteleinlegung oder einer verjährungshemmenden Handlung (vgl. o. § 51 Rn. 20).

14 Unter § 134 fallen **Schenkungsversprechen und Schenkungsvollzug,** die nicht nur materiellrechtlich zu trennen sind (*Jauernig* JuS 82, 576 f.), sondern auch anfechtungsrechtlich (MünchKomm-InsO/*Kirchhof* § 134, 7). Das ist wichtig für die Frage, ob die Leistung innerhalb der Vierjahresfrist des § 134 I vorgenommen worden ist. Liegt das Schenkungsversprechen vor dieser Frist, fällt aber der letzte Akt des Schenkungsvollzugs (z. B. die Übergabe, § 929 S. 1 BGB) in die Frist, so ist nur der Vollzug anfechtbar (vgl. dazu § 140 I; ist der letzte Akt eine Grundbucheintragung, so wird der Zeitpunkt der Leistungsvornahme vorverlegt: § 140 II; vgl. o. § 51 Rn. 26); die Forderung aus dem Schenkungsversprechen lebt wieder auf (§ 144 I), ist aber nur nachrangig zu berichtigen (§ 39 I Nr. 4).

15 Auch ein Vergleich kann ausnahmsweise unentgeltlich sein: Grundsätzlich wird ein Vergleich geschlossen, um durch gegenseitiges Nachgeben eine Unsicherheit der Sach- oder Rechtslage zu beseitigen (vgl. § 779 I BGB). Findet sich ein Gläubiger aber ohne solche Ungewissheit und nur aus Zahlungsschwierigkeiten oder anderen Problemen bereit, eine bestehende Forderung (teilweise) aufzugeben, ist der Vergleich nach § 134 anfechtbar, wenn die Vorteile des Gläubigers sein Nachgeben nicht aufwiegen (*BGH* MDR 07, 546).

16 Keine unentgeltliche Verfügung ist die **Bestellung einer Sicherheit** für eine *eigene* entgeltlich begründete Verbindlichkeit und zwar auch dann, wenn es sich um eine nachträgliche Besicherung handelt (*BGH* ZIP 04, 1819, 1820) In Betracht kommt allerdings eine Anfechtung insbesondere als inkongruente Deckung nach § 131 (vgl. u. Rn. 6), die engere zeitliche Grenzen hat als § 134. Auch bei der nachträglichen Besicherung von *Drittverbindlichkeiten* kommt es darauf an, ob der Sicherungsnehmer eine Gegenleistung erbringt; dies ist nicht der Fall, wenn er die fällige oder jedenfalls kündbare Forderung gegen den Dritten zwar nicht geltend macht („stehen lässt"), diese aber ohnehin nicht durchsetzbar und daher wirtschaftlich wertlos ist (*BGH* ZIP 06, 1362 Rn. 11 ff.; näher *Kayser* WM 07, 1). Hingegen erbringt der Sicherungsnehmer ein eigenes Vermögensopfer, wenn er eine werthaltige Forderung stehen lässt (str.; a. A. wohl *BGH* ZIP 09, 1122 Rn. 12, weil bei Stehenlassen kein neuer Vermögenswert zugeführt werde).

17 *Gebräuchliche* **Gelegenheitsgeschenke** *von geringem Wert* sind nicht anfechtbar, § 134 II. „Geringer Wert" ist eine absolute Größe und nicht etwa relativ zu messen an der Üblichkeit solcher

Geschenke durch Personen in gleicher Lage wie der Insolvenzschuldner z. Z. der Zuwendung (a. A. *Henckel* in: KölSch S. 831, 841 Rn. 57). Das soll eine großzügige Handhabung des Begriffs „gebräuchliche" Gelegenheitsgeschenke verhindern, wie sie die Rechtsprechung zu § 32 KO gekennzeichnet hat.

IV. Besondere Insolvenzanfechtung, §§ 130–132

Die besondere Insolvenzanfechtung der §§ 130–132 wird so genannt, weil ihre Tatbestände allein im Insolvenzverfahren vorgesehen sind und im AnfG (vgl. o. § 33) kein Gegenstück haben. Sie dient der Gläubigergleichbehandlung, die rechtfertigende Grundlage, nicht nur Wirkung ist. Bereits mit Eintritt des Insolvenzgrundes („materielle Insolvenz") ist eine vollständige Befriedigung aller Gläubiger nicht mehr gewährleistet. Das einzelzwangsvollstreckungsrechtliche Prioritätsprinzip (§ 804 III ZPO) verliert an Legitimation. Die Sicherung der Insolvenzmasse durch Entzug der Verwaltungs- und Verfügungsmacht des Schuldners (§ 80 I) und Vollstreckungssperre (§ 89) setzt aus Gründen der Rechtssicherheit jedoch erst mit der (öffentlich bekannt zu machenden, § 30 I) Insolvenzeröffnung („formelle Insolvenz") ein. Bereits an den Eintritt der materiellen Insolvenz lassen sich der Entzug der Privatautonomie des Schuldners und ein Vollstreckungsverbot nicht knüpfen, auch nicht im Wege der Rückwirkung des Entzugs der Verwaltungs- und Verfügungsmacht aufgrund Insolvenzeröffnung; damit wären nicht akzeptable Risiken für den Rechtsverkehr verbunden. Die besonderen Insolvenzanfechtungstatbestände gleichen daher den Gedanken der Gläubigergleichbehandlung mit dem Verkehrsschutz aus, und zwar insbesondere durch abgestufte Anfechtungsfristen und einzelfallorientierten Redlichkeitsschutz. In der Sache sind die Anfechtungstatbestände Beschränkungen der Privatautonomie des Schuldners. 18

Drei Grundtatbestände sind zu unterscheiden. Ihnen ist gemeinsam, dass sie Rechtshandlungen erfassen, die einem späteren Insolvenzgläubiger in der „kritischen Zeit" vor Verfahrenseröffnung eine Sicherung oder Befriedigung gewährt oder ermöglicht haben. In zwei Tatbeständen ist maßgeblich, ob auf die Sicherung oder Befriedigung ein Anspruch bestand oder nicht. Bestand er, so kommt eine **Kongruenzanfechtung,** § 130, anderenfalls eine **Inkongruenzanfechtung,** § 131, in Betracht. Im dritten Grundtatbestand muss durchweg eine unmittelbare Benachteiligung (vgl. o. § 51 Rn. 32) der späteren Insolvenzgläubiger vorliegen, **Unmittelbarkeitsanfechtung,** § 132. 19

1. Kongruenzanfechtung, § 130

a) Rechtshandlungen, die einem Insolvenzgläubiger (§§ 38, 39; vgl. o. § 41 Rn. 11) eine Sicherung oder Befriedigung gewährt oder ermöglicht haben, sind auch dann, wenn der begünstigte Gläubiger hierauf einen Anspruch hatte (deshalb „**kongruente Deckung**"), anfechtbar, sofern die Deckung in den letzten drei Monaten *vor* dem Eröffnungsantrag eintrat, der Insolvenzschuldner zu diesem Zeitpunkt zahlungsunfähig war und der Gläubiger das wusste, § 130 I 1 Nr. 1. Trat die Deckung erst *nach* dem Eröffnungsantrag ein (vgl. zum Zeitpunkt des Eintritts § 140), so muss der Anfechtungsgegner die Zahlungsunfähigkeit oder den Antrag kennen, § 130 I 1 Nr. 2. Genügend ist schon die Kenntnis von Umständen, die zwingend auf die Zahlungsunfähigkeit oder den Eröffnungsantrag schließen lassen, § 130 II. Das ist z. B. bei Kenntnis der Zahlungseinstellung (vgl. u. § 54 Rn. 9) anzunehmen. 20

Es genügt, dass objektiv der Schluss auf die Zahlungsunfähigkeit oder den Antrag möglich war, unerheblich ist, ob er gezogen wurde oder, z. B. mangels Rechtskenntnis, unterblieb (*BGH* NJW 02, 515, 517). Grob fahrlässige Unkenntnis der Umstände genügt nicht.

21 Von der Anfechtung ausgeschlossen ist nach § 130 I 2 die Nachbesicherung mit einer Finanzsicherheit im Sinne von § 1 XVII KWG.

22 Den Eintritt der Deckung (vgl. § 140) innerhalb der **Krise** (das ist die *Zeit nach Antragstellung oder drei Monate davor*) sowie die Kenntnis im Sinne von § 130 I oder II hat der Verwalter zu beweisen. Ist eine dem Insolvenzschuldner nahestehende Person (§ 138) begünstigt, so wird die Beweislast umgekehrt: Ihre Kenntnis der Zahlungsunfähigkeit oder des Antrags wird vermutet, § 130 III, da anzunehmen ist, dass sie dank ihrer engen Beziehungen zum Insolvenzschuldner über dessen Vermögenslage informiert ist (Beweis des Gegenteils durch Nachweis der Unkenntnis möglich, § 292 ZPO).

23 b) **Befriedigung** ist jede Zahlung oder sonstige Leistung des (künftigen) Insolvenzschuldners an den Gegner. **Sicherung** eines Anspruchs kann z. B. geschehen durch Einräumung eines Pfandrechts oder einer Hypothek. Sicherung und Befriedigung sind in den zeitlichen Grenzen des § 130 anfechtbar, selbst wenn dem Anfechtungsgegner ein Anspruch auf die Leistung zustand. Das ist schuldrechtlich gesehen schwer verständlich; der Gläubiger erhält nur, was ihm gebührt. Die empfangene Leistung deckt sich mit seinem Anspruch (daher: „kongruente Deckung"). Erklärt werden kann § 130 haftungsrechtlich mit dem Prinzip der Gläubigergleichbehandlung, dessen Wirkungen bis zu drei Monate vor Stellung des Insolvenzantrags vorverlagert werden. Ein einzelner Gläubiger soll nicht noch rasch gesichert oder befriedigt werden, während sich die Mehrzahl mit der geringen Insolvenzquote zufrieden geben muss. Rechtfertigen lässt sich der Vorrang haftungsrechtlicher Verteilungsprinzipien damit, dass der Gläubiger zum Zeitpunkt der Vornahme der Handlung die Zahlungsunfähigkeit (oder den Eröffnungsantrag, § 130 I 1 Nr. 2) kannte. § 130 erfasst aber auch (und „erst recht") die inkongruente Deckung. Von der Anfechtung nach § 130 ausgeschlossen sind die sog. **Bargeschäfte** (zum Grund vgl. o. § 51 Rn. 34); sie sind nur im Wege der Vorsatzanfechtung (§ 133 I) anfechtbar, § 142.

24 Anfechtbar sind auch Rechtshandlungen, die ohne oder gegen den Willen des späteren Insolvenzschuldners vorgenommen worden sind, insbesondere eine auf Antrag eines (späteren Insolvenz-)Gläubigers bewirkte Vollstreckungshandlung, z. B. Pfändung (ist sie im letzten Monat vor dem Eröffnungsantrag erfolgt, so wird sie mit Verfahrenseröffnung rückwirkend unwirksam, § 88; einer Anfechtung bedarf es nicht, vgl. o. § 47 Rn. 9, § 51 Rn. 24).

25 Der vom Verwalter zu führende Beweis der Kenntnis von Zahlungsunfähigkeit oder Insolvenzantrag wird in § 130 II erleichtert; es genügt der Beweis von Umständen, die „zwingend" auf Zahlungsunfähigkeit bzw. Eröffnungsantrag schließen lassen. § 130 III kehrt die Beweislast bei nahestehenden Personen (§ 138, dazu vgl. o. Rn. 6) um.

2. Inkongruenzanfechtung, § 131

26 Die Inkongruenzanfechtung nach § 131 setzt generell voraus, dass einem künftigen Insolvenzgläubiger (§§ 38, 39; vgl. o. § 41 Rn. 11) in der kritischen Zeit eine Sicherung oder Befriedigung („Deckung") gewährt oder ermöglicht worden ist, die ihm nicht oder nicht so (nach Art und Zeit) zustand. Der Gläubiger erhält in diesem Fall eine Deckung, auf die er keinen Anspruch hatte (daher **„inkongruente Deckung"**). Die Vermögensverschiebung zu Lasten der (späteren) Masse ist daher noch bedenklicher als bei der kongruenten Deckung. Dementsprechend erleichtert § 131 die Anfechtung gegenüber § 130 insbesondere durch Verzicht auf das Merkmal „Kenntnis der Zahlungsunfähigkeit" beim Anfechtungsgegner. Diese Zurückstellung der Verkehrsschutzbelange bei inkongruenter Deckung ist insofern gerechtfertigt, als der Anfechtungsgegner etwas erhalten hat, worauf er keinen Anspruch hatte. Schuld- und Haftungsrecht kollidieren daher nicht. Die Voraussetzungen des Anfechtungsanspruchs im Einzelnen differieren. **Drei Fälle** sind zu unterscheiden.

a) Eine *Rechtshandlung,* deren Wirkung *nach dem Eröffnungsantrag* eintritt (§ 140) und dem Insolvenzgläubiger eine ihm nicht zustehende Deckung verschafft, ist stets anfechtbar; dasselbe gilt für Rechtshandlungen, die *im letzten Monat vor dem Antrag* wirksam geworden sind: § 131 I Nr. 1 (Anfechtung unnötig hinsichtlich der in dieser Zeit durch Zwangsvollstreckung erlangten Sicherheiten, § 88; vgl. o. Rn. 24). Wann Zahlungsunfähigkeit eingetreten ist, ist unerheblich. Subjektive Voraussetzungen bestehen nicht. 27

b) Ist die *Rechtshandlung im zweiten oder dritten Monat vor dem Eröffnungsantrag* vorgenommen worden (dazu § 140) und war der Insolvenzschuldner zu dieser Zeit *zahlungsunfähig,* so ist ebenfalls Anfechtbarkeit gegeben, § 131 I Nr. 2. Subjektive Voraussetzungen sind hier ebensowenig aufgestellt wie in § 131 I Nr. 1. 28

c) § 131 I Nr. 3 erfasst ebenso wie die Nr. 2 (vgl. o. Rn. 28) Handlungen, die *innerhalb des zweiten oder dritten Monats vor dem Eröffnungsantrag* vorgenommen worden sind. Die weitere objektive Voraussetzung der Nr. 2 – Zahlungsunfähigkeit – ist durch eine subjektive Voraussetzung ersetzt: dem späteren Insolvenzgläubiger muss z. Z. der Handlung (dazu § 140) *bekannt* gewesen sein, dass sie die künftigen *Insolvenzgläubiger benachteiligt.* Dieser Kenntnis steht die Kenntnis von Umständen gleich, die zwingend auf die Benachteiligung schließen lassen, § 131 II 1 (*Beispiel:* Der Gläubiger weiß, dass das ihm eingeräumte Grundpfandrecht praktisch das gesamte Vermögen des Insolvenzschuldners erfasst – ein Fall des mit Inkrafttreten der InsO aufgehobenen § 419 BGB, vgl. Art. 33 Nr. 16 EGInsO). § 131 I Nr. 3 setzt nicht voraus, dass der Insolvenzschuldner die Gläubiger benachteiligen wollte und der Anfechtungsgegner das wusste. Ist eine dem Insolvenzschuldner nahestehende Person (§ 138) begünstigt, so wird ihre Kenntnis der Gläubigerbenachteiligung vermutet (Umkehr der Beweislast), § 131 II 2; Beweis des Gegenteils durch Nachweis der Unkenntnis möglich, § 292 ZPO. 29

d) *Beispiele* für Rechtshandlungen, die eine Sicherung oder Befriedigung gewähren oder ermöglichen, die der begünstigte spätere Insolvenzgläubiger nicht oder nicht so beanspruchen konnte: 30

Zahlungen oder sonstige Leistungen vor Fälligkeit (*BGH* NZI 05, 497). Ein Anspruch auf Sicherung genügt nur, wenn er hinreichend bestimmt ist, insbesondere auf einen von vornherein individualisierbaren Gegenstand gerichtet ist. Absprachen, die es dem Ermessen der beteiligten oder dem Zufall überlassen, welche Sicherheit konkret erfasst wird, genügen nicht (BGHZ 150, 122, 126: „Anspruch auf Bestellung bankmäßiger Sicherheiten“ in AGB-Banken, genügt nicht). Globalsicherungsverträge indes begründen eine kongruente Deckung (Anfechtung nur nach § 130), obgleich auch hier das künftige Sicherungsgut nicht konkret bestimmt ist (BGHZ 174, 297 Rn. 28 ff.) 31

Nach Ansicht des BGH sind inkongruent auch Sicherungen oder Befriedigungen, die in der kritischen Zeit im Wege der **Zwangsvollstreckung** erlangt wurden. Die Inkongruenz wird dabei darauf gestützt, dass der Gläubiger seinen Anspruch unter Zuhilfenahme staatlicher Machtmittel durchsetzt (*BGH* NJW 97, 3445 [zu § 30 Nr. 2 KO]). Inkongruenz soll sogar vorliegen, wenn der Schuldner zur Abwendung der Zwangsvollstreckung (*BGH* NJW 02, 2568) oder eines Insolvenzantrags (*BGH* NJW 04, 1385) zahlt. Diese Rechtsprechung ist bedenklich und reformbedürftig (berechtigte Kritik bei *Foerste,* FS Musielak, 2004, S. 141, 152); sie versagt dem Gläubiger eine dauerhafte Sicherung bzw. Befriedigung, weil er exakt das tut, was die Rechtsordnung von ihm verlangt: Er bedient sich staatlicher Zwangsvollstreckung. Da der Vollstreckungsgläubiger einen Anspruch auf die Deckung hat, sollte sich die Anfechtbarkeit nach § 130 richten. Immerhin ist eine außerhalb des Zeitraums der §§ 130–132 im Wege der Zwangsvollstreckung erlangte Sicherung oder Befriedigung nicht nach § 133 anfechtbar und damit rechtsbeständig, da eine Rechtshandlung des Schuldners nicht vorliegt (*BGH* NJW 05, 1121). 32

Eine inkongruente Deckung liegt ferner vor, wenn ein Kreditinstitut Zahlungseingänge zugunsten des Schuldners auf einem **debitorischen Konto** gutschreibt und verrechnet. Dadurch wird der Schuldsaldo zurückgeführt, worauf die Bank keinen Anspruch hat. Nicht anfechtbar ist die Verrechnung von Zahlungseingängen mit dem Schuldsaldo jedoch, wenn die Bank dem Schuldner die Kreditlinie belässt und ihn durch Barauszahlungen und Ausführung von Überweisungsverträgen darüber verfügen lässt; Gutschrift und erneute Kreditgewährung auf der Grundlage der Kontokorrentabrede werden als Bargeschäft nach § 142 behandelt (*BGH* NJW 02, 1722, 1724 f.). Andernfalls würde das Kreditinstitut die Kreditlinie sofort kündigen und damit die Krise des Schuldners noch verschärfen. 33

3. Unmittelbarkeitsanfechtung, § 132

a) Anfechtbar ist ein Rechtsgeschäft des späteren Insolvenzschuldners, das die künftigen Insolvenzgläubiger (§§ 38, 39; vgl. o. § 41 Rn. 11) **unmittelbar benachteiligt** (zum Begriff vgl. o. § 51 Rn. 32), wenn es in den letzten drei Monaten vor 34 dem Eröffnungsantrag vorgenommen worden ist (dazu § 140), der Insolvenzschuldner in diesem Zeitpunkt zahlungsunfähig war und der Anfechtungsgegner das bei Vornahme des Rechtsgeschäfts wusste, § 132 I Nr. 1. Ist das Rechtsgeschäft erst nach dem Eröffnungsantrag vorgenommen worden, so genügt auch die Kenntnis des Antrags, § 132 I Nr. 2.

35 Die Kenntnis hat der Verwalter zu beweisen; die Beweiserleichterung nach § 130 II gilt auch hier, ebenso die Beweislastumkehr nach § 130 III zu Lasten nahestehender Personen (§ 138), § 132 III (dazu vgl. o. Rn. 25).

36 b) § 132 I erfasst alle Rechtsgeschäfte, einseitige (z. B. Kündigung) und mehrseitige. Allerdings gehen §§ 130, 131 (Anfechtung von Sicherung und Befriedigung gegenüber Insolvenzgläubigern), die eine mittelbare Gläubigerbenachteiligung genügen lassen, als speziellere Regelungen vor. Nach § 132 I anfechtbar sind insbesondere Verpflichtungsgeschäfte des Schuldners (MünchKomm-InsO/*Kirchhof* § 132, 1) z. B. durch „Verschleuderung" von Waren weit unter ihrem Wert oder ihren Ankauf weit über Marktwert in der kritischen Zeit. § 132 I erfordert eine unmittelbare Gläubigerbenachteiligung. Sind Leistung und Gegenleistung, zu denen sich die Parteien verpflichtet haben, gleichwertig, scheidet eine Anfechtung des Schuldvertrags daher aus; auch der dingliche Leistungsaustausch ist als Bargeschäft (§ 142) nicht anfechtbar, wenn der Schuldner für seine Leistung vereinbarungsgemäß und in engem zeitlichen Zusammenhang eine gleichwertige Leistung erhält.

37 c) § 132 II stellt bestimmte *Rechtshandlungen* des Schuldners den unmittelbar benachteiligenden Rechtsgeschäften gleich. Die Gleichstellung bedeutet, dass die Rechtshandlungen nicht unmittelbar benachteiligen, die übrigen Anfechtungsvoraussetzungen nach § 132 I aber vorliegen müssen. § 132 II enthält einen Auffangtatbestand für Fälle, die weder durch § 132 I noch durch §§ 130, 131 erfasst werden, aber anfechtungsbedürftig sind. Die Vorschrift ist primär auf Unterlassungen (auch von Prozesshandlungen) des Insolvenzschuldners zugeschnitten (vgl. § 129 II), wie sich aus den in § 132 II geforderten Folgen der Rechtshandlungen ergibt: Der Insolvenzschuldner muss ein Recht verloren haben (z. B. das Eigentum durch Nichtbehinderung der Ersitzung, vgl. § 941 BGB) oder nicht mehr geltend machen können (z. B. infolge Nichterhebung einer Klage [§ 204 I Nr. 1 BGB] oder infolge Nichteinlegung eines Rechtsbehelfs), oder ein vermögensrechtlicher Anspruch gegen ihn bleibt erhalten (z. B. durch Unterbleiben rechtzeitiger Anfechtung nach §§ 119 ff. BGB) oder wird durchsetzbar (zu ergänzen: oder bleibt durchsetzbar, z. B. durch Nichterheben einer begründeten Verjährungseinrede).

V. Anfechtung gegenüber Gesellschaftern, §§ 135, 136

38 1. § 135 I ermöglicht in der Insolvenz einer Gesellschaft die Anfechtung von Sicherungen und Leistungen auf Darlehensforderungen ihrer Gesellschafter; § 135 II erlaubt die Anfechtung von Leistungen auf Darlehensforderungen Dritter, wenn das Darlehen von einem Gesellschafter besichert worden war. § 135 III errichtet eine Aussonderungssperre gegenüber von Gesellschaftern der insolventen Gesellschaft zur Nutzung überlassenen Gegenstände, wenn diese für die Unternehmensfortführung in der Insolvenz von erheblicher Bedeutung sind.

39 Der durch das Gesetz zur Modernisierung des GmbH-Rechts und zur Bekämpfung von Missbräuchen (MoMiG) völlig neu gefasste § 135 ist nur zu verstehen vor dem Hintergrund des bis dahin geltenden Eigenkapitalersatzrechts. Hatte danach ein Gesellschafter der Gesellschaft in der Krise, wenn sie zu marktüblichen Konditionen keinen Kredit mehr erhalten hatte, (statt Eigenkapital) ein Darlehen gegeben, so konnte er den Rückzahlungsanspruch nur als nachrangiger Insolvenzgläubiger geltend machen; § 32 a I GmbHG a. F. Hatte ein Dritter das Darlehen gewährt, weil ein Gesellschafter eine Sicherheit gegeben hatte (z. B. eine Bürgschaft), kann der Gesellschafter in der Insolvenz der

Gesellschaft den Rückgriffsanspruch (z. B. § 774 I 1 BGB) ebenfalls nur nachrangig geltend machen, § 32 a III GmbHG a. F. Überdies konnte der Drittdarlehensgeber seinen Rückforderungsanspruch in der Insolvenz des Darlehensnehmers nur insoweit geltend machen, als er bei der Inanspruchnahme der Sicherheit ausgefallen ist (§ 32 a II GmbHG). Auf das Darlehen erbrachte Rückzahlungen der Gesellschaft waren nach § 32 b GmbHG anfechtbar. Zudem konnte der Gesellschafter *analog* §§ 30 I, 31 I GmbHG in Anspruch genommen werden (sog. „Rechtsprechungsregeln"). Diese gesellschaftsrechtlichen Kapitalerhaltungsbestimmungen wurden ergänzt durch § 135 a. F., wonach eine Anfechtung möglich war, wenn der Rückgewähranspruch aus eigenkapitalersetzenden Darlehen (oder gleichgestellten Forderungen, § 32 a III GmbHG a. F.) gesichert oder erfüllt worden war.

Mit dem MoMiG wurde das bislang an §§ 30, 32 a, b GmbHG a. F. anknüpfende Recht der eigenkapitalersetzenden Gesellschafterleistungen deshalb mit Wirkung für alle am oder nach dem 1. 11. 2008 eröffneten Insolvenzverfahren (Art. 103 d EGInsO) aus dem Grundsatz der Kapitalerhaltung herausgenommen und in §§ 39, 135 neu geregelt. § 135 II übernimmt die Regelung aus § 32 b GmbHG a. F. (Rechtsfolge: § 143 III), Absatz 3 die bislang unter § 32 a III 1 GmbHG a. F. eingeordnete Fallgruppe der „eigenkapitalersetzenden Nutzungsüberlassung". § 135 ist rechtsformneutral; die betroffenen Gesellschaften ergeben sich aus § 39 I Nr. 5, IV. Allerdings hat der Gesetzgeber den Anwendungsbereich der neuen Vorschriften zu Gesellschafterdarlehen und gleichgestellten Forderungen vom Merkmal der in der Krise der Gesellschaft vorgenommen (eigen-)kapitalersetzenden Rechtshandlung völlig abgelöst. Daher werden jetzt Darlehen in der Insolvenz der Gesellschaft allein deshalb zurückgesetzt, weil ein Gesellschafter als Darlehensgeber aufgetreten ist. 40

2. Hat ein Gesellschafter durch Darlehen oder wirtschaftlich gleichstehende Rechtshandlung Kapital zur Verfügung gestellt, kann er den Rückzahlungsanspruch gemäß § 39 I Nr. 5 nur als nachrangiger Insolvenzgläubiger geltend machen; dies gilt nicht, wenn er Gesellschaftsanteile erst in der Krise der Gesellschaft erworben hat, § 39 IV 2 („Sanierungsprivileg") oder als nicht geschäftsführender Gesellschafter mit höchstens 10 % am Stammkapital der Gesellschaft beteiligt ist, § 39 V („Kleinbeteiligtenprivileg"). Wird der Rückzahlungsanspruch aus einem Darlehen oder einer wirtschaftlich gleichstehenden Rechtshandlung durch die Gesellschaft besichert oder erfüllt, kann die Sicherung oder Befriedigung gewährende Handlung angefochten werden, § 135 I Nr. 1, 2. Anfechtbar sind Befriedigungen im letzten Jahr vor Antragstellung, Sicherungen sogar bis zu zehn Jahre vor Antragstellung (und danach). 41

Hatte ein Dritter das Darlehen gewährt und ein Gesellschafter für den Rückforderungsanspruch Sicherheit geleistet, kann der Darlehensgeber diesen Anspruch in der Insolvenz der Gesellschaft nur insoweit geltend machen, als er mit der Sicherheit ausgefallen ist, § 44 a. Auf das gesellschafterbesicherte Darlehen eines Dritten erbrachte Rückzahlungen der Gesellschaft sind nach § 135 II anfechtbar. 42

3. Die zur Inanspruchnahme der Gesellschafter wegen der Rückgewähr eines Gesellschafterdarlehens und gleichstehender Forderungen nach §§ 30, 31 GmbHG a. F. analog entwickelten Rechtsprechungsregeln (vgl. 22. Aufl. dieses Buches, § 52 Rn. 34 f.) sollen nach dem ausdrücklichen Willen des Gesetzgebers aufgegeben werden, § 30 I 3 GmbHG n. F. (RegE, BT-Drs. 16/6140, S. 42). Nur die Fallgruppe der eigenkapitalersetzenden Nutzungsüberlassung wurde in § 135 III überführt: Hatte der Gesellschafter der Gesellschaft statt eines Darlehens Gegenstände (bewegliche oder unbewegliche Sachen oder Rechte) zum Gebrauch oder zur Ausübung überlassen, besteht die Gefahr, dass diese auch dann mit Verfahrenseröffnung zurückgefordert werden, wenn sie zur Betriebsfortführung notwendig sind. Eine solche Entziehung bislang gebrauchter Betriebsmittel würde der gesellschaftrechtlichen Treuepflicht des Gesellschafters und den Interessen der Gesellschaft widersprechen (Rechtsausschuss, BT-Drs. 16/9737, S. 59). Der Gesellschafter kann deshalb seinen Aussonderungsanspruch während der Dauer des Verfahrens, höchstens aber für einen Zeitraum von einem Jahr ab dessen Eröffnung nicht geltend machen, § 135 III 1. Ein vereinbartes Nutzungsentgelt bleibt auch nach Verfahrenseröffnung geschuldet (§ 135 43

III 2) und ist Masseverbindlichkeit, § 55 I Nr. 2. Mit Insolvenzanfechtung hat § 135 III nichts zu tun; systematisch gehört die Vorschrift zu §§ 47, 103, 109.

44 4. Die volle oder teilweise **Rückgewähr der Einlage eines stillen Gesellschafters** an ihn ist ebenso anfechtbar wie der volle oder teilweise **Erlass seines Verlustanteils,** wenn die Verpflichtung zu Rückgewähr oder Erlass nach dem Eröffnungsantrag oder im Jahr davor getroffen worden ist, § 136 I 1. Die Anfechtung ist ausgeschlossen (daher Beweislast beim Anfechtungsgegner), wenn ein Eröffnungsgrund (§§ 17–19) erst nach der Vereinbarung eingetreten ist, § 136 II.

3. Kapitel. Das Insolvenzverfahren

§ 53. Das Verfahren im Allgemeinen

1 **I.** Das Insolvenzverfahren ist **streitige,** nicht freiwillige **Gerichtsbarkeit** (str.). Es folgt den besonderen Verfahrensvorschriften der **InsO. Ergänzend** gilt die **ZPO,** deren Bestimmungen entsprechend anzuwenden sind, § 4.

2 *Entsprechend anzuwenden* sind z. B. §§ 41 ff. ZPO (Ausschluss und Ablehnung des Insolvenzrichters und Insolvenzrechtspflegers), §§ 50 ff., 78 ff. ZPO (Partei- und Prozessfähigkeit sowie gesetzliche und gewillkürte Vertretung), §§ 114 ff. ZPO (Prozesskostenhilfe für den antragenden Insolvenzgläubiger; zum Insolvenzschuldner vgl. § 66 Rn. 5 ff.), §§ 139, 294 ZPO (Glaubhaftmachung; vorgeschrieben z. B. in §§ 14 I, 15 II 1, 212 S. 2), § 299 (Akteneinsicht; auch nach Abweisung des Eröffnungsantrags mangels Masse, *BGH* NZI 06, 472), §§ 355 ff. ZPO (Beweisaufnahme, vgl. § 5 I 2; zu ihr kommt es im Insolvenzverfahren nicht sehr häufig, da die Feststellung bestrittener Forderungen und die Klärung der Massezugehörigkeit bestimmter Gegenstände im Prozess, also außerhalb des Insolvenzverfahrens, erfolgen muss, vgl. §§ 179, 180 II; 36, 47 S. 2). Zu §§ 765 a und 811 a, b ZPO vgl. o. § 48 Rn. 3.

Nicht anzuwenden sind die Vorschriften über die Notwendigkeit einer mündlichen Verhandlung (vgl. § 5 III) und die Öffentlichkeit. Nur eine nach § 5 III angeordnete – fakultative – mündliche Verhandlung ist öffentlich, eine Gläubigerversammlung nicht. Sind die Vermögensverhältnisse des Insolvenzschuldners überschaubar und die Zahl der Gläubiger oder die Höhe der Verbindlichkeiten gering, kann das Insolvenzgericht ein schriftliches Verfahren anordnen, § 5 II.

3 **II. Das Insolvenzverfahren** ist ein Verfahren der **gerichtlichen Gesamtvollstreckung.** Seine Durchführung liegt aber nicht allein in der Hand des Insolvenzgerichts. Die **zentrale Figur** des Verfahrens ist der **Insolvenzverwalter** (Ausnahmen: Eigenverwaltung des Insolvenzschuldners, § 270, und Vereinfachtes Insolvenzverfahren, § 313). Daneben spielen die Insolvenzgläubiger (unter Zurücksetzung der nachrangigen, § 39, vgl. o. § 41 Rn. 11) und die absonderungsberechtigten Gläubiger eine herausragende Rolle. Sie bilden die Gläubigerversammlung (§ 74 I 2), die endgültig über die Einrichtung eines Gläubigerausschusses entscheidet (§ 68 I). Versammlung und Ausschuss können den Ablauf des Insolvenzverfahrens erheblich beeinflussen. Das wird besonders deutlich, wenn der Insolvenzschuldner Träger eines Unternehmens ist und über dessen Stillegung, Fortführung oder Veräußerung entschieden werden soll. Bedeutsam ist ferner die Beteiligung am Zustandekommen eines Insolvenzplans, der in wesentlichen Punkten vom Gesetz abweichende Regelungen enthalten kann, z. B. hinsichtlich der Befriedigung von absonderungsberechtigten Gläubigern und von Insolvenzgläubigern.

III. Das **Insolvenzverfahren** ist *zweigeteilt:* Das Insolvenzeröffnungsverfahren und das eigentliche Insolvenzverfahren. Der Eröffnungsantrag setzt das **Eröffnungsverfahren** in Gang. Das Insolvenzgericht prüft, ob die Zulässigkeitsvoraussetzungen des Insolvenzverfahrens vorliegen und ob ein Insolvenzgrund gegeben ist, ferner, ob genügend Masse vorhanden ist, um die Verfahrenskosten zu decken, § 26. Das Gericht kann zur Sicherung des Schuldnervermögens im Gläubigerinteresse **Sicherungsmaßnahmen** anordnen (was in der Praxis regelmäßig erfolgt), etwa einen vorläufigen Insolvenzverwalter bestellen oder ein Veräußerungsverbot erlassen, §§ 21 ff. Der vorläufige Insolvenzverwalter wird regelmäßig auch als Sachverständiger mit der Aufgabe betraut, die Vermögenslage des Schuldners zu ermitteln. Liegen die Voraussetzungen vor, wird mit dem Eröffnungsbeschluss das eigentliche **Insolvenzverfahren** über das Vermögen des Schuldners eröffnet und zugleich ein Insolvenzverwalter eingesetzt. Die Verwaltungs- und Verfügungsmacht über das Vermögen des Schuldners geht auf den Insolvenzverwalter über, § 80 I. Der Insolvenzverwalter sichtet die Insolvenzmasse, nimmt sie in Besitz (§ 148) und beginnt mit seiner Verwaltungstätigkeit. Ein Unternehmen ist zunächst fortzuführen. Bereits im Eröffnungsbeschluss muss ein Termin für die Gläubigerversammlung festgelegt werden, § 29 I Nr. 1. Die Gläubiger beschließen über den Fortgang des Verfahrens, § 158. Der Verwalter hat das Schuldnervermögen zu verwerten, Forderungen einzuziehen und Verträge abzuwickeln. Die Gläubiger müssen ihre Forderungen beim Insolvenzverwalter zur Eintragung in die Tabelle anmelden, § 174. Der Prüfungstermin dient dazu, festzustellen, welche der angemeldeten Forderungen strittig sind, vgl. § 176. Eine Forderung gilt als festgestellt, wenn weder ein Insolvenzgläubiger noch der Insolvenzverwalter widersprechen, § 178. Eine materiellrechtliche Prüfung erfolgt im Insolvenzverfahren nicht. Wird der Anmeldung nicht widersprochen, ist die Forderung tituliert. Wird widersprochen, muss gemäß §§ 179 ff. ein Feststellungsverfahren im Zivilprozess vor dem Prozessgericht (nicht dem Insolvenzgericht) geführt werden. Nach der anteilmäßigen Verteilung des Erlöses unter den Gläubigern (§§ 187 ff.) wird das Verfahren aufgehoben, § 200. 4

Ein Unternehmen des Insolvenzschuldners kann durch Liquidation (Stillegung) oder Übertragung auf einen anderen Rechtsträger (übertragende Sanierung) verwertet werden. Diese Verwertung kann auch auf der Grundlage eines **Insolvenzplans** erfolgen („Liquidationsplan"). Der Insolvenzplan soll aber in erster Linie ermöglichen, den Insolvenzschuldner (also den Unternehmensträger) selbst zu sanieren, damit das Unternehmen in seiner Hand erhalten bleibt (vgl. § 1 S. 1) und die Befriedigung der Insolvenzgläubiger und absonderungsberechtigten Gläubiger nach Maßgabe des Plans erreicht wird (§ 217); hier ist der Insolvenzplan also ein „Sanierungsplan". 5

Ist der Insolvenzschuldner eine natürliche Person, so kann sich an das Insolvenzverfahren auf Antrag des Insolvenzschuldners ein Verfahren zur **Restschuldbefreiung** anschließen (§§ 286 f.). Es zielt auf die Befreiung des (ehemaligen) Insolvenzschuldners von denjenigen Schulden, die im Insolvenzverfahren nicht erfüllt (§ 286) und nach Ablauf einer Wohlverhaltensphase noch übrig geblieben sind (§§ 291, 295, 300–302). 6

Das **normale Insolvenzverfahren** wird – abgesehen vom Insolvenzplan (vgl. o. Rn. 5) – **in zwei Fällen modifiziert:** bei Anordnung der vom Insolvenzschuldner beantragten Eigenverwaltung und im Vereinfachten Insolvenzverfahren. In der **Eigenverwaltung** verwaltet der Insolvenzschuldner selbst die Masse und verfügt über sie, beides unter Aufsicht eines Sachwalters (§ 270). Das **Vereinfachte Insolvenzverfahren** findet über das Vermögen einer natürlichen Person statt, die keine selbstständige wirtschaftliche Tätigkeit ausübt oder bei der die Vermögensverhältnisse überschaubar sind (§ 304); dem Verfahren müssen gescheiterte Versuche einer außergerichtlichen und einer gerichtlichen Schuldenbereinigung vorausgegangen sein (§ 311 mit §§ 305 ff.). 7

§ 54. Das Eröffnungsverfahren

1 **I. Eröffnet** wird das Insolvenzverfahren nur auf **schriftlichen Antrag,** nie von Amts wegen, § 13 I 1. Von der Möglichkeit, nach § 13 III Antragsformular und Formularzwang einzuführen, wurde bislang kein Gebrauch gemacht. **Antragsberechtigt** sind der (künftige) Insolvenzschuldner und jeder „Gläubiger", § 13 I 2 (dazu Rn. 26).

2 Das **Antragsrecht** ist **erweitert,** wenn (künftiger) Insolvenzschuldner eine juristische Person oder eine Gesellschaft ohne Rechtspersönlichkeit (§ 11 II Nr. 1) ist, § 15 I 1. Bei dieser ist jeder persönlich haftende Gesellschafter antragsberechtigt, ebenso bei einer KGaA; im Übrigen ist es jedes Mitglied des Vertretungsorgans sowie jeder Abwickler. Bei Führungslosigkeit der Gesellschaft gilt § 15 I 2; zur GmbH & Co. KG vgl. § 15 III.

3 Zuweilen besteht eine **Antragspflicht.** Die zuvor in HGB, GmbHG und AktG verstreut geregelten Antragspflichten bei juristischen Personen und Gesellschaften ohne Rechtspersönlichkeit (§ 11 II Nr. 1) wurden mit Wirkung zum 1. 7. 2007 rechtsformneutral in § 15 a I–III zusammengefasst und in § 15 IV, V strafbewehrt. Spezialgesetzliche Regelungen zur Antragspflicht finden sich weiterhin für juristische Personen in §§ 42 II, 48 II, 86, 89 II BGB; für die fortgesetzte Gütergemeinschaft in §§ 1489 II, 1980 BGB; für Erben und Nachlassverwalter in §§ 1980, 1985 II BGB; für die EWIV in §§ 1, 11 S. 2 EWIV-AG. Durch die Antragspflicht soll erreicht werden, dass das Insolvenzverfahren möglichst frühzeitig eröffnet wird und die Gläubiger beschränkt haftender Schuldner daher eine möglichst große Insolvenzmasse vorfinden; ferner soll der Schuldner nicht länger werbend am Rechtsverkehr teilnehmen und Neugläubiger gefährden. Keine Antragspflicht besteht bei natürlichen Personen, bei denen die Haftung nicht beschränkt ist. Der Gesetzgeber vertraut hier auf die persönliche Tüchtigkeit und Fähigkeit, die Vermögensverhältnisse selbst zu ordnen. Allerdings eröffnet die unter der InsO gegebene Möglichkeit der Restschuldbefreiung (§§ 286 ff.) erhöhte Risiken für Gläubiger. Dies könnte für eine Antragspflicht auch natürlicher Personen sprechen. Allenfalls die Strafdrohung der Insolvenzdelikte (§§ 283 ff. StGB) übt hier mittelbar einen Zwang zur Antragstellung aus (*Häsemeyer* Rn. 7.04).

Zu den Besonderheiten bei Kreditinstituten vgl. §§ 46 a–c KWG.

4 Der Antrag kann **zurückgenommen** werden, bis über ihn durch Insolvenzeröffnung oder rechtskräftige Zurückweisung entschieden ist, § 13 II. Der Antragsteller trägt die Kosten (§ 4 mit § 269 III 2 ZPO). Ein Gläubiger kann seinen Insolvenzantrag bis zur Entscheidung darüber auch für **erledigt erklären,** wenn die Forderung nach Antragstellung beglichen wird. Dieser Weg kann kostengünstiger sein: Die Kostentragung richtet sich danach, ob sich der Schuldner der Erledigung anschließt (§ 4 mit § 91 a ZPO) oder nicht (§ 4 mit § 91 ZPO). Vergleichbar der einseitigen Erledigungserklärung im Zivilprozess ist der Antrag im letzteren Falle nur noch auf den Ausspruch gerichtet, dass sich das frühere Eröffnungsbegehren durch ein nachträgliches Ereignis erledigt habe (*BGH* NJW 02, 515, 516). Vorzugswürdig ist es, die Kostenentscheidung entsprechend (§ 4 mit) § 269 III 3 ZPO zu treffen.

Der Antrag gilt als zurückgenommen, wenn ein Schuldenbereinigungsplan angenommen wurde, § 308 I, II.

5 **II.** Die Eröffnung setzt einen **Eröffnungsgrund** voraus, § 16. Das Gesetz kennt drei Gründe: Zahlungsunfähigkeit, § 17 (vgl. u. Rn. 6), drohende Zahlungsunfähigkeit, § 18 (vgl. u. Rn. 10) und Überschuldung, § 19 (vgl. u. Rn. 12).

6 1. **Zahlungsunfähigkeit** des (künftigen) Insolvenzschuldners ist *allgemeiner Eröffnungsgrund,* denn er gilt allgemein für insolvenzfähige Rechtsträger (vgl. § 11), § 17 I.

Der (künftige) **Insolvenzschuldner** ist zahlungsunfähig, wenn er **außerstande** ist, seine **fälligen Zahlungspflichten zu erfüllen,** § 17 II 1.

7 Die Zahlungseinstellung ist abzugrenzen von der bloßen Zahlungsstockung, die keinen Insolvenzgrund darstellt. Unter der KO wurde die Zahlungsstockung großzügig bejaht (dazu 21. Aufl. dieses Buches, § 54 II 1). Zahlungsunfähigkeit wurde erst angenommen, wenn der Schuldner dauerhaft unvermögend war, seine wesentlichen Zahlungsverpflichtungen zu erfüllen. § 17 II 1 hat die Voraussetzungen abgesenkt. Maßgeblich sind zwei Kriterien: Die Zeitdauer der Illiquidität und die relative Höhe der Liquiditätslücke. Eine bloße Zahlungsstockung ist anzunehmen, wenn der Mangel an Zahlungsmitteln den Zeitraum nicht überschreitet, in dem ein kreditwürdiger Schuldner die nötigen Zahlungsmittel durch Darlehensaufnahme beschaffen kann (*BGH* NJW 05, 3062, 3064). Eine Zahlungsstockung darf danach nicht länger als drei Wochen andauern (*BGH* a. a. O.). Geringfügige Liquiditätslücken von unter 10 % der fälligen Gesamtverbindlichkeiten führen grundsätzlich ebenfalls noch nicht zur Zahlungsunfähigkeit; konjunktur- und saisonal bedingte Liquiditätsengpässe sollen noch kein Insolvenzverfahren zur Folge haben. Die Grundlage der Bestimmung der Zahlungsunfähigkeit bildet eine sog. Liquiditätsbilanz.

8 Der Begriff *Zahlungs*unfähigkeit ist wörtlich zu nehmen. Das Unvermögen, seinen Lieferungspflichten nachzukommen, ist kein Eröffnungsgrund. Doch kann es dazu werden, wenn die Gläubiger wegen der Nichtlieferung Schadensersatz in Geld verlangen, das der Schuldner nicht aufbringen kann.

9 **Nach außen erkennbar** wird die Zahlungsunfähigkeit in der Regel, **wenn** der (künftige) Insolvenzschuldner seine **Zahlungen eingestellt** hat, § 17 II 2.

Die Zahlungseinstellung liegt entweder in der ausdrücklichen Erklärung, nicht mehr zahlen zu können, oder in einem nach außen erkennbaren schlüssigen Verhalten, z. B. Schließung des Geschäfts, Flucht. Aus einem solchen Verhalten ist in der Regel auf die Zahlungsunfähigkeit zu schließen, § 17 II 2.

10 2. Neu gegenüber der KO ist der Eröffnungsgrund der **drohenden Zahlungsunfähigkeit,** § 18. Er liegt vor, wenn der (künftige) Insolvenzschuldner voraussichtlich nicht in der Lage sein wird, seine bestehenden Geldschulden bei Fälligkeit zu erfüllen, § 18 II. Notwendig ist also in wirtschaftlich schwieriger Lage eine ständige Prognose: Die vorhandenen Barmittel und die künftigen, bis zur jeweiligen Forderungsfälligkeit erwarteten Geldeinnahmen müssen den fälligen und den bis zum erwarteten Geldeingang fällig werdenden Zahlungspflichten gegenübergestellt werden. Überwiegen bei dieser Prognose die Schulden, ohne dass eine bloße Zahlungsstockung anzunehmen ist (vgl. o. Rn. 7), dann droht die Zahlungsunfähigkeit.

11 **Diesen Eröffnungsgrund** kann **nur** der (künftige) **Insolvenzschuldner** selbst geltend machen, § 18 I (Besonderheiten für Schuldner, die keine natürlichen Personen sind, in § 18 III). Erforderlich ist daher ein Eigenantrag.

Der Schuldner soll die Möglichkeit haben, durch eine frühzeitige Verfahrenseröffnung Sanierungschancen beispielsweise im Rahmen eines Insolvenzplans (vgl. § 218) wahrzunehmen. Auch die Anordnung von Vollstreckungsverboten im Rahmen von Sicherungsmaßnahmen (§ 21 II, III) und die Herausgabesperre (§§ 165, 166) können schuldnerschützend wirken. Eine Antragspflicht bei drohender Zahlungsunfähigkeit besteht nicht. Könnten auch (künftige) Insolvenzgläubiger ihren Antrag auf diesen Eröffnungsgrund stützen, so wäre zu befürchten, dass mit einem so begründeten Antrag gedroht wird, um vom (künftigen) Insolvenzschuldner (vorzeitige) Leistung oder unberechtigte Sicherungen zu erlangen.

12 3. Die **Überschuldung** ist neben der bestehenden und der drohenden Zahlungsunfähigkeit ein Eröffnungsgrund bei **juristischen Personen** (§ 19 I) und nichtrechtsfähigen Vereinen (§ 11 I 2), ferner bei Gesellschaften ohne Rechtspersönlichkeit (§ 11 II Nr. 2), bei denen keiner der persönlich haftenden Gesellschafter eine natürliche Person ist, auch nicht mittelbar (Hauptfall: **GmbH & Co. KG**), § 19 III; vgl. auch u. Rn. 17.

13 **Überschuldung liegt vor,** wenn das Vermögen des (künftigen) Insolvenzschuldners die bestehenden Verbindlichkeiten nicht mehr deckt (§ 19 II 1), also die **Passiva die Aktiva übersteigen.** Diese rechnerische Überschuldung wird anhand einer *Überschuldungsbilanz* ermittelt. Diese Bilanz wird unterschiedlich ausfallen, je nachdem ob man bei der Bewertung den **Liquidationswert** oder den **Fortführungswert** des Unternehmens zugrunde legt.

14 *Beide Werte* sind *Prognosewerte.* Der angesetzte Liquidationswert ist nur zu erzielen, wenn sich im Liquidationsfall ein Käufer findet, der den Liquidationswert als Kaufpreis akzeptiert. Der Fortführungswert hat die erfolgreiche Fortführung des Unternehmens zur Grundlage, die aber keineswegs sicher ist. Der Fortführungswert mag in der Regel über dem Liquidationswert liegen, doch muss das nicht sein. Z. B. können Maschinen, die in Bälde technisch überholt sind, jetzt noch gut verkäuflich sein; ihr Fortführungswert kann hingegen deutlich niedriger liegen, weil eine rentable Fortführung des Unternehmens nur mit modernen Maschinen möglich ist, also nicht bezahlbare Investitionen nötig sind, die einer Unternehmensfortführung im Wege stehen.

15 Unter Geltung der KO entwickelte die Rechtsprechung einen **zweistufigen Überschuldungsbegriff** (vgl. BGHZ 119, 213 f. m. N.). Nach ihm musste zur „rechnerischen" Überschuldung (mehr Passiva als Aktiva) eine ungünstige Zukunftsprognose, nämlich die Wahrscheinlichkeit künftiger Liquidation oder Zahlungsunfähigkeit, treten, um eine „rechtliche" Überschuldung zu bejahen. Damit sollte erreicht werden, dass wirtschaftlich gesunde Unternehmen, die mit einer hohen Fremdkapitalquote arbeiten (müssen), nicht in die Insolvenz getrieben werden. Diese fortführungsfreundliche Bewertung hatte der Rechtsausschuss des Deutschen Bundestags mit der ursprünglichen Neufassung von § 19 II 1 ausdrücklich abgelehnt und dies damit begründet, dass die – trotz rechnerischer Überschuldung – aufgestellte positive Zukunftsprognose falsch sein und dies u. U. erhebliche Nachteile für die Gläubiger mit sich bringen könne (BT-Drs. 12/7302, S. 157).

Nach der seit Inkrafttreten der InsO vom 1. 1. 2000 bis 17. 10. 2008 geltenden Fassung von § 19 II 1 war bei der Überschuldungsbilanz deshalb grundsätzlich der Liquidationswert anzusetzen; vom Fortführungswert war nur dann auszugehen, wenn die Fortführung des Unternehmens überwiegend wahrscheinlich, d. h. deutlich wahrscheinlicher als seine Liquidation war. Die Fortführungsprognose spielte hier nur noch eine Rolle als Bewertungsgrundlage für die Aktiva. Die Konsequenz war, dass auch ein ertrags- und lebensfähiges Unternehmen insolvenzreif wurde, wenn die Passiva z. B. deshalb über den Aktiva lagen, weil sich der Unternehmensträger in wirtschaftlich vernünftiger Weise fremdfinanzierte (etwa als Tochter einer kapitalstarken Muttergesellschaft).

Nachdem das Maß dieser Fremdfinanzierung in der Vergangenheit stetig zugenommen hatte, fürchtete der Gesetzgeber, dass der infolge der weltweiten Finanzmarktkrise im Jahre 2008 eintretende rechnerische Verlust der in Aktien und Immobilien geführten Unternehmenswerte zur bilanziellen Überschuldung auch solcher Unternehmen führen werde, denen eine positive Fortführungsprognose gestellt werden könne. Um diese Unternehmen trotz ihrer rechnerischen Überschuldung nicht zu einem ökonomisch vermeintlich unbefriedigenden Insolvenzantrag zu zwingen, kehrte der Gesetzgeber mit einer Änderung von § 19 II 1 durch das in beispielloser Eile erlassene Gesetz zur Umsetzung eines Maßnahmenpakets zur Stabilisierung des Finanzmarktes vom 23. 10. 2008 (Finanzmarktstabilisierungsgesetz, BGBl. 2008 I 2026) für eine (zwischenzeitlich verlängerte, BGBl. 2009 I 3151) Übergangszeit zu dem früheren zweistufigen Überschuldungsbegriff zurück (RegE, BT-Drs. 16/10600, S. 12 f.):

16 Für den Zeitraum **vom 18. 10. 2008 bis 31. 12. 2013** schließt eine positive Fortführungsprognose eine Überschuldung aus, ohne dass es auf eine Bewertung von Passiva und Fortführungswert ankäme. Ohne überzeugende Begründung wird damit das gesetzgeberische Ziel einer rechtzeitigen Verfahrenseröffnung aufgegeben (zurecht krit. *Eckert/Happe* ZInsO 08, 1098, 1100 f.).

Am 1. 1. 2014 tritt wieder die bis 17. 10. 2008 geltende Fassung von § 19 II 1 in Kraft. Übersteigen die Passiva den Fortführungswert, ist auch dann (wieder) Überschuldung gegeben, wenn für die Fortführung des Unternehmens eine günstige Zukunftsprognose besteht.

4. Zahlungsunfähigkeit und Überschuldung sind Eröffnungsgründe für das Insolvenzverfahren über einen **Nachlass** und das Gesamtgut einer fortgesetzten Gütergemeinschaft, §§ 320 S. 1, 332 I. Die drohende Zahlungsunfähigkeit ist Eröffnungsgrund nur, wenn bestimmte Personen (niemals ein Gläubiger) den Antrag stellen, §§ 320 S. 2, 332 I. 17

5. **Zahlungsunfähigkeit und Überschuldung** sind nicht identisch, wie schon die Definitionen beider Eröffnungsgründe (§§ 17 II 1, 19 II) erkennen lassen. Die Gründe können im Einzelfall zusammentreffen, doch notwendig ist das nicht. 18

Ein zahlungsunfähiger Schuldner muss nicht überschuldet sein. So liegt es, wenn sein Sachvermögen (Aktiva) seine Geldschulden (Passiva) übersteigt, er aber keine flüssigen („liquiden") Mittel hat, weil er sein Sachvermögen nicht zu Geld machen und damit seine Schulden bezahlen kann. Solche Illiquidität kommt selten vor; denn wer über genügend Sachwerte verfügt, erhält zumeist kurzfristig Kredit und ist wieder liquide. Dann handelt es sich um bloße Zahlungsstockung, nicht um Zahlungsunfähigkeit (vgl. o. Rn. 7). 19

Umgekehrt ist ein überschuldeter Schuldner zahlungsfähig, solange er Kredit erhält und zahlen kann. Daher sind Schuldner, bei denen die Zahlungsunfähigkeit, aber nicht die Überschuldung ein Eröffnungsgrund ist (vgl. o. Rn. 12), allein wegen Überschuldung (noch) nicht insolvenzreif. Aber auch für sie spielt die Überschuldung eine erhebliche Rolle. Diese Schuldner werden nämlich (weitere) Kredite nur erhalten, wenn ihre Persönlichkeit Gewähr dafür bietet, dass die Krise in absehbarer Zeit überwunden werden kann. Sind mögliche Geldgeber, insbesondere Banken, davon nicht überzeugt, so bleiben Kredite aus, und über kurz oder lang droht die Zahlungsunfähigkeit und schließlich tritt sie ein. Damit ist der eigentliche Grund für die Insolvenz gegeben. Das zeigt: Überschuldung bei (noch) bestehender Zahlungsfähigkeit ist im Verein mit einer ungünstigen Zukunftsprognose weiter nichts als die prognostizierte Zahlungsunfähigkeit und verlegt – wie die drohende Zahlungsunfähigkeit (vgl. o. Rn. 10) – die Insolvenzreife zeitlich nach vorn. Das ist – im Verbund mit einer Antragspflicht des Schuldners und seiner Vertretungsorgane – sinnvoll für Schuldner als Unternehmer. Nach der InsO kommt es für den Eröffnungsgrund der Überschuldung aber nicht auf die Tätigkeit des (künftigen) Insolvenzschuldners an (kein „Unternehmenskonkurs"), sondern auf dessen Rechtsform („Unternehmensträgerkonkurs").

6. In der Beratung eines in die Krise geratenen Schuldners spielen Maßnahmen zur Beseitigung der Insolvenzgründe eine wichtige Rolle. Eine besondere Bedeutung gewinnt dabei der **Rangrücktritt.** Er zielt auf die Vermeidung bzw. Beseitigung der Überschuldung, indem Gläubiger mit dem in die Krise geratenen Schuldner vereinbaren, dass sie mit ihren Forderungen hinter die Forderungen anderer Gläubiger zurücktreten. Infolge des Rangrücktritts ist die Forderung in der Überschuldungsbilanz nicht mehr als Passiva zu erfassen. Der Rangrücktritt ist, wenn er nach der Begründung der Forderung vereinbart wird, eine inhaltsändernde Verfügung (§ 311 I BGB) über die Forderung; zwar wird nicht die Leistungspflicht, wohl aber die haftungsrechtliche Einordnung der Forderung modifiziert. Ein Erlass liegt nicht vor (akzessorische Sicherheiten bleiben bestehen), auch keine Stundung, die die Überschuldung nicht beseitigen würde, weil auch nicht fällige Verbindlichkeiten als Passiva zu berücksichtigen sind. 20

Ein rechtsgeschäftlicher Rangrücktritt ist auch bei Forderungen erforderlich, die schon gesetzlich nachrangig sind wie Gesellschafterdarlehen nach § 39 I Nr. 5 (*BGH* NZI 01, 196, 198 ff.). Sie bleiben in der Überschuldungsbilanz nach § 19 I 1 nur dann unberücksichtigt, wenn ihr Rangrücktritt hinter die Forderungen aus § 39 I Nr. 1–5 ausdrücklich gemäß § 39 II vereinbart wurde, § 19 II 2 (ab 1. 1. 2011: § 19 II 3, BGBl. 2009 I 732); der Rangrücktritt muss nur für das Insolvenzverfahren erklärt, nicht aber zeitlich auf die Krise vor dessen Eröffnung erstreckt werden (Rechtsausschuss, BT-Drs. 16/9737, S. 58). Damit erhält der Geschäftsführer einer GmbH eine rechtssichere Grundlage für die Feststellung der Überschuldung und die daran geknüpfte Insolvenzantragspflicht. Er kann die Gesellschafter zur Abgabe der Rangrücktrittserklärung auffordern und bei Ausbleiben der Erklärung die Forderung passivieren (*BGH* NZI 01, 196, 199). Nach Beendigung der Krise kann der Rangrücktritt vertraglich aufgehoben werden (*K. Schmidt* ZIP 99, 1241, 1246 f.). Belange der übrigen Gläubiger stehen dem nicht entgegen. Kein Gläubiger ist dagegen geschützt, dass sein Schuldner weitere Verbindlichkeiten begründet (vgl. *Wittig* NZI 01, 169, 175). Allerdings ist der Aufhebungsvertrag ggf. nach §§ 129 ff. anfechtbar. 21

III. Die Zulässigkeit des Verfahrens

22 1. Der (notwendige, vgl. o. Rn. 1) **Antrag** und damit das Verfahren **muss zulässig** sein.

Das setzt bei jedem Antrag voraus, dass die *allgemeinen Verfahrensvoraussetzungen* vorliegen, also insbesondere die Zuständigkeit des Gerichts (vgl. o. § 39 Rn. 1, 2), die Partei- und Prozessfähigkeit des Antragstellers (vgl. o. § 53 Rn. 2), die Insolvenzfähigkeit des Rechtsträgers (vgl. o. § 40 Rn. 2 ff.). Im Übrigen kommt es für die Zulässigkeit des Antrags darauf an, wer ihn gestellt hat: der „Schuldner" oder ein „Gläubiger".

23 2. Der **Antrag des** (künftigen) **Insolvenzschuldners** ist *grundsätzlich* ohne weiteres *zulässig*.

Der Antrag muss keinen Eröffnungsgrund nennen (Umkehrschluss aus § 14 I). Es genügt, wenn der Schuldner Tatsachen mitteilt, die die wesentlichen Merkmale eines Eröffnungsgrundes erkennen lassen (*BGH* NJW 03, 1187 f.). Wird eingetretene Zahlungsunfähigkeit vorgetragen, so kann auch wegen drohender Zahlungsunfähigkeit eröffnet werden (vgl. § 18 I, aber auch III). Unterlagen, aus denen sich namentlich der Eröffnungsgrund ergibt, müssen bei Antragstellung nicht eingereicht werden, auch wenn das in der Regel geschieht. Das Gericht kann vom Antragsteller die Auskünfte verlangen, die zur Entscheidung über den zulässigen Antrag erforderlich sind, § 20 I (dazu vgl. o. § 40 Rn. 10). Um die Lage prüfen zu können, benötigt das Gericht ein Verzeichnis der Gläubiger und Schuldner des Antragstellers sowie ein Vermögensverzeichnis. Die Glaubhaftmachung von Tatsachen wird zwar vom Gesetz nicht gefordert, doch kann das Gericht eine Versicherung an Eides statt verlangen (§§ 20, 98 I). Das sollte es jedenfalls dann tun, wenn Verdacht besteht, dass der Antrag aus Panik oder missbräuchlich gestellt ist. Ein missbräuchlich gestellter Antrag ist unzulässig.

24 Besonderes gilt, wenn Antragsteller eine natürliche Person ist, die höchstens eine geringfügige selbstständige wirtschaftliche Tätigkeit ausübt (§ 304 I); vgl. u. Rn. 31 und § 65 Rn. 13, 30 f.

25 3. **Der Antrag eines** (künftigen) **Insolvenzgläubigers** ist *nur zulässig*, wenn der Antragsteller ein *rechtliches Interesse* an der Verfahrenseröffnung hat *und* er seine *Forderung sowie* den *Eröffnungsgrund glaubhaft* gemacht hat, § 14 I.

26 a) **Antragsberechtigt** sollen nach § 13 I 2 „die" Gläubiger des (künftigen) Insolvenzschuldners sein. Darunter fasst RegE, BT-Drs. 12/2443, S. 113 Gläubiger jeder Art, z. B. auch einen Eigentümer, der als Aussonderungsberechtigter seinen Herausgabeanspruch aus § 985 BGB außerhalb des Insolvenzverfahrens durchsetzen kann und muss (§ 47). Der Antrag solcher „Gläubiger" soll erst nach § 14 I mangels rechtlichen Interesses unzulässig sein. Das ist verfehlt. Ob dem Antrag das Rechtsschutzinteresse fehlt, ist eine Frage des konkreten Einzelfalls. Hier aber geht es um die Frage der Antragsberechtigung von Gläubigerkategorien. Die Frage muss folglich kategorial beantwortet werden (dazu *Jauernig*, FS Uhlenbruck, 2000, S. 3, 9 ff.). Nach dem Zweck des Insolvenzverfahrens, wie er in § 1 S. 1 und § 38 zum Ausdruck kommt, sind antragsberechtigt allein solche Gläubiger, die ihre Forderungen nur im Insolvenzverfahren durchsetzen können, also die Insolvenzgläubiger (§ 87) und die absonderungsberechtigten Gläubiger wegen ihrer Ausfallforderung (§ 52; dazu vgl. o. § 45 Rn. 14). Diese Gläubiger sind allerdings nicht berechtigt, die Eröffnung wegen drohender Zahlungsunfähigkeit zu beantragen (vgl. § 18 I). Ein solcher Antrag wäre unzulässig (Umdeutung in endgültige Zahlungsunfähigkeit bei entsprechender Glaubhaftmachung möglich).

27 b) Einem **antragsberechtigten Gläubiger** (vgl. o. Rn. 26) **kann** im Einzelfall **das rechtliche Interesse** an der Verfahrenseröffnung **fehlen,** § 14 I.

28 Das ist der Fall, wenn mit dem Antrag *verfahrensfremde Ziele* verfolgt werden, z. B. ein solventer, aber zahlungsunwilliger Schuldner unter Druck gesetzt werden soll. Dass der Antragsteller einen

solchen Zweck verfolgt, liegt nahe, wenn die Forderung (§ 14 I) auffällig niedrig ist: Einerseits hindert die Geringfügigkeit nicht, Zahlungsunfähigkeit zu bejahen, andererseits entspricht es aber dem – gegenläufigen – Zeitgeist, hartes Zupacken eines Gläubigers mit der Behauptung zu verhindern, dem Gläubiger fehle das Rechtsschutzinteresse. Aber auch hier gilt – wie für die Einzelvollstreckung wegen einer Minimalforderung (vgl. o. § 1 Rn. 42) –, dass Geringfügigkeit allein noch nicht das Rechtsschutzinteresse beseitigt, auch nicht unter dem Gesichtspunkt der Verhältnismäßigkeit staatlichen Handelns (zum Parallelproblem der Vollstreckung wegen Minimalforderungen vgl. o. § 1 Rn. 42). Schon die Motive zur KO haben zutreffend bemerkt, dass die Nichtzahlung (auch) von Kleinforderungen am schlagendsten die Zahlungsunfähigkeit beweise. Das Rechtsschutzinteresse darf deshalb grundsätzlich nur dann verneint werden, wenn der Antragsteller verfahrensfremde Zwecke verfolgt (vgl. o.) oder wenn das Gläubigerrecht auf andere Weise als durch ein Insolvenzverfahren verwirklicht werden kann, z. B. dann, wenn der Gläubiger vollständig gesichert ist (*BGH* NJW 08, 1380) und auf einfachere und zweckmäßigere Weise als durch ein Insolvenzverfahren, d. h. durch Gesamtvollstreckung, Befriedigung erreichen kann (das Selbstverwertungsrecht wird dem absonderungsberechtigten Gläubiger erst im Insolvenzverfahren weitgehend genommen, vgl. § 173).

c) **Forderung und Eröffnungsgrund** müssen **glaubhaft** gemacht sein, *sonst* ist der *Antrag unzulässig,* § 14 I. Zur Glaubhaftmachung vgl. § 4 mit § 294 ZPO. Sie erfordert die überwiegende Wahrscheinlichkeit, die „gute Möglichkeit", dass die Tatsachen vorliegen, aus denen sich das Bestehen von Forderung und Eröffnungsgrund ergibt. 29

d) Ist der *Antrag zulässig,* so hat das Gericht den (künftigen) *Insolvenzschuldner* zu *hören,* § 14 II (Einschränkung in § 10). Es kann von ihm Auskünfte verlangen, die zur Entscheidung über den Antrag erforderlich sind, § 20 (vgl. o. Rn. 23). Auch hat es, wenn nötig, wie beim Antrag des Insolvenzschuldners von Amts wegen alle Umstände zu ermitteln, um sich vom Vorliegen eines Eröffnungsgrundes zu überzeugen (Glaubhaftmachung wie in der Zulässigkeitsprüfung, vgl. o. Rn. 29, genügt nicht), § 5 I. Das Bestehen der glaubhaft gemachten Forderung wird vom Insolvenzgericht nicht geprüft (vgl. u. § 56 Rn. 13). 30

e) Besonderes gilt, wenn der (künftige) Insolvenzschuldner eine natürliche Person ist, die keine selbstständige wirtschaftliche Tätigkeit ausübt oder ausgeübt hat (§ 304 I 1). In diesem Fall kann nur ein Verfahren nach §§ 304 ff. eröffnet werden („Verbraucherinsolvenz"). Gleiches gilt, wenn der Schuldner als natürliche Person eine wirtschaftliche Tätigkeit ausgeübt hat, seine Vermögensverhältnisse jedoch überschaubar sind und gegen ihn keine Forderungen aus Arbeitsverhältnissen bestehen (§ 304 I 2, II, „Kleinunternehmerinsolvenz"). Hier kommt es darauf an, ob der Gläubiger ein Regelinsolvenzverfahren beantragt hat (weil er den Insolvenzschuldner nicht zu den in § 304 genannten Personen zählt) oder ein Vereinfachtes Insolvenzverfahren (vgl. § 311). Der Unterschied ist beachtlich (vgl. u. § 65 Rn. 1, 10 f.). Daher muss die Voraussetzung eines Vereinfachten Insolvenzverfahrens – die Anwendbarkeit von § 304 – im Rechtsmittelweg überprüfbar sein; vgl. u. ferner § 65 Rn. 26 f., 30. 31

IV. Sichernde Maßnahmen während des Eröffnungsverfahrens

1. Zwischen der Stellung des Insolvenzantrags und der Entscheidung über die Insolvenzeröffnung vergeht Zeit, häufig mehrere Wochen oder gar Monate. Es besteht die Gefahr, dass das Vermögen des Schuldners (die künftige Insolvenzmasse!) zwischenzeitlich Einbußen erleidet, weil er entweder weiterhin schlecht wirtschaftet oder Gläubiger Sicherung oder Befriedigung suchen. Schon vor der Eröffnung des Insolvenzverfahrens hat das Gericht daher alle Maßnahmen zu treffen, die erforderlich erscheinen, um eine nachteilige Veränderung der Vermögenslage des (künftigen) Insolvenzschuldners zu verhindern, § 21 I. Dabei wird vom Gesetz stillschweigend die Zulässigkeit des Eröffnungsantrags vorausgesetzt, was nament- 32

lich für die in § 14 I genannten Zulässigkeitsvoraussetzungen und die allgemeinen Verfahrensvoraussetzungen (vgl. o. Rn. 22) auf der Hand liegt.

33 Als solche Maßnahmen nennt § 21 II 1 beispielhaft („insbesondere"): die Bestellung eines vorläufigen Insolvenzverwalters, die Anordnung eines allgemeinen Verfügungsverbots, die Bindung von Verfügungen des (künftigen) Insolvenzschuldners an die Zustimmung des vorläufigen Verwalters, die Untersagung oder einstweilige Einstellung von Vollstreckungsmaßnahmen unter Einschluss des Vollzugs von Arrest und einstweiliger Verfügung (dazu vgl. o. § 47 Rn. 4), aber nicht bei unbeweglichen Gegenständen (vgl. aber § 30 d IV ZVG), die Anordnung einer vorläufigen Postsperre. Im Interesse der Unternehmensfortführung während des Eröffnungsverfahrens kann das Gericht Verwertungs- und Einzugssperren hinsichtlich solcher Sachen und Forderungen anordnen, an denen ein Absonderungsrecht (mit Verwertungsrecht des Verwalters nach § 166) oder sogar ein Aussonderungsrecht (insoweit zurecht krit. und eine restriktive Auslegung anmahnend *Kirchhof* ZInsO 07, 227; ferner *Foerste* in: Heinrich (Hrsg.), Wirkungsvolle Gestaltung von Arbeitsbedingungen ..., 2007, S. 81 ff.) besteht. Der Schuldner kann sogar zwangsweise vorgeführt und nach Anhörung verhaftet werden, § 21 III (eine Anordnung der Haft, § 21 III 3, gibt es nach Aufhebung von § 908 ZPO nicht mehr, vgl. o. § 40 Rn. 12). Nach Maßgabe des § 21 II 2 bleiben Verfügungen über Finanzsicherheiten und bestimmte „Verrechnungen" von den Sicherungsmaßnahmen unberührt.

Mit Eröffnung des Insolvenzverfahrens werden nach § 21 I angeordnete Sicherungsmaßnahmen ohne weiteres hinfällig; an ihre Stelle treten die Verfügungsbeschränkungen nach § 80 (vgl. o. § 40 Rn. 18).

34 2. Bei Unternehmensinsolvenzen bestellt das Gericht häufig einen **vorläufigen Insolvenzverwalter** nach § 21 II 1 Nr. 1.

35 a) Seine Rechtsstellung gleicht der des Verwalters im eröffneten Verfahren, insbesondere hinsichtlich Bestellung, Entlassung, Haftung, Vergütung, Rechnungslegung und gerichtlicher Aufsicht, § 21 II Nr. 1 mit §§ 8 III, 56, 58–66. Der vorläufige Insolvenzverwalter ist berechtigt, die Geschäftsräume des (künftigen) Insolvenzschuldners zu betreten und dort Nachforschungen anzustellen. Verweigert dieser den Zutritt und die Durchsuchung, so bedarf es einer richterlichen Durchsuchungsanordnung, Art. 13 II GG (zur Begründung vgl. o. § 43 Rn. 8 und § 8 Rn. 15 ff.). Sie kann vorsorglich in der Bestellungsurkunde (§ 21 II Nr. 1, § 56) aufgenommen werden, die vom Insolvenzrichter erteilt wird (§ 18 I Nr. 1 RPflG). Die gerichtlichen Zwangsmöglichkeiten sind nach dem Wortlaut von § 22 III 3 nur gegeben, um vom Insolvenzschuldner die erforderlichen Auskünfte zu erhalten; das ist zu eng.

36 b) Im Übrigen ist die Rechtsstellung des vorläufigen Verwalters in § 22 näher beschrieben. Ordnet das Gericht ein allgemeines Verfügungsverbot an, verliert der Schuldner das Verwaltungs- und Verfügungsrecht über sein Vermögen. Es geht auf den vorläufigen Verwalter über, § 22 I 1. Dieser „*Verwalter mit Verfügungsmacht*" wird auch als „*starker vorläufiger Verwalter*" bezeichnet. Seine Rechtsstellung ist auch hinsichtlich der Verfügungsmacht weithin der des endgültigen Verwalters angenähert. Verstößt der Schuldner gegen das Verfügungsverbot, ist die Verfügung absolut unwirksam; es gelten die §§ 81, 82 (nicht § 91) entsprechend, § 24 I. Der „starke" vorläufige Verwalter kann ferner Passivprozesse und modifiziert auch Aktivprozesse aufnehmen, § 24 II. Darüber hinaus hat der „starke" vorläufige Verwalter das Schuldnervermögen zu sichern und zu erhalten, § 22 I 2 Nr. 1. Der „starke" vorläufige Verwalter hat überdies das Unternehmen des Schuldners vor-

läufig fortzuführen, § 22 I 2 Nr. 2; stilllegen darf er es nur mit Zustimmung des Insolvenzgerichts und allein mit dem Ziel, eine weitere erhebliche Minderung des Schuldnervermögens abzuwenden. Zur Verwertung der Masse ist der „starke" vorläufige Verwalter hingegen nicht berechtigt. Seine Befugnisse dienen nur der Sicherung des Vermögens; das Insolvenzverfahren darf nicht vorweggenommen werden. Der „starke" vorläufige Verwalter darf allerdings betriebsnotwendige Anlagen warten und reparieren lassen, Gebäude im erforderlichen Umfang versichern (häufig ist der Schuldner in Verzug mit der Zahlung der Versicherungsprämien, so dass der Versicherungsschutz gefährdet ist), Rohstoffe verarbeiten, auch soweit sie unter Eigentumsvorbehalt geliefert worden sind, Forderungen einziehen und Herausgabeverlangen von Sicherungsberechtigten abwehren (*BGH* NJW 01, 1496, 1497 f.). Die endgültige Klärung fremder Sicherungsrechte bleibt jedoch dem Insolvenzverfahren vorbehalten. Ferner hat der „starke" vorläufige Verwalter zu prüfen, ob genügend Masse zur Deckung der Verfahrenskosten vorhanden ist, § 22 I 2 Nr. 3 (vgl. § 26 I). Das Insolvenzgericht kann ihn schließlich als Sachverständigen einsetzen mit dem Auftrag gutachtlich festzustellen, ob ein Eröffnungsgrund vorliegt und welche Aussichten zur Fortführung des Unternehmens bestehen. Verbindlichkeiten, die der „starke" vorläufige Verwalter eingeht, gelten nach Verfahrenseröffnung als Masseverbindlichkeiten, § 55 II.

c) Verhängt das Insolvenzgericht kein allgemeines Verfügungsverbot, so spricht man von einem „schwachen" vorläufigen Verwalter. Nicht das Gesetz, sondern das Gericht bestimmt dessen Befugnisse und Pflichten, § 22 II 1. Es darf dabei den Rahmen der Pflichten des „starken" vorläufigen Verwalters nicht überschreiten, § 22 II 2. Häufig werden die Rechtshandlungen des Schuldners an die Zustimmung des „schwachen" vorläufigen Verwalters gebunden, § 21 II 1 Nr. 2 Fall 2. 37

Die Praxis der Insolvenzgerichte war dazu übergegangen, regelmäßig nur „schwache" vorläufige Verwalter zu bestellen. Dies ist zu verstehen vor dem Hintergrund des Verhältnismäßigkeitsprinzips (*BGH* NJW 02, 3326, 3328 f.); insbesondere bei einem kooperativen Schuldner ist ein umfassendes Verfügungsverbot im Eröffnungsverfahren nicht erforderlich. Überdies hat die Bestellung des „schwachen" vorläufigen Verwalters die Folge, dass Masseverbindlichkeiten nicht entstehen; § 55 II ist beim „schwachen" vorläufigen Verwalter nicht anwendbar. Damit scheidet auch die persönliche Haftung des vorläufigen Verwalters nach § 61 (in Verbindung mit § 21 II Nr. 1) aus. Häufig wurde der „schwache" vorläufige Verwalter jedoch ganz allgemein ermächtigt, mit „rechtlicher Wirkung für den Schuldner zu handeln". Damit sollte im Ergebnis seine umfassende Handlungsmacht begründet werden, ohne dass Masseverbindlichkeiten und persönliche Haftungsrisiken entstehen. Eine solche allumfassende Ermächtigung ist im Rahmen des § 22 II indes nicht zulässig. Vielmehr muss das Insolvenzgericht im Einzelnen spezifizieren, welche Befugnisse der „schwache" vorläufige Verwalter haben soll, um seine Pflichten erfüllen zu können (*BGH* NJW 02, 3326, 3329). Dabei soll das Insolvenzgericht den „schwachen" vorläufigen Verwalter ermächtigen können, einzelne Verpflichtungen zu Lasten der späteren Insolvenzmasse einzugehen (*BGH* a. a. O.). 38

Auch der „schwache" vorläufige Verwalter mit Zustimmungsvorbehalt (§ 21 II 1 Nr. 2 Fall 2) hat das haftende Schuldnervermögen zu sichern. So soll er etwa durch den (künftigen) Insolvenzschuldner noch nicht genehmigte Belastungsbuchungen im Einziehungsermächtigungsverfahren verweigern dürfen, und zwar unabhängig davon, ob dem Schuldner gegen die Forderung eine Einwendung zusteht oder dieser die Genehmigung verweigern will; ohne das Risiko einer Schadensersatzhaftung nach § 826 BGB einzugehen, soll ein Lastschriftwiderruf durch den vorläufigen Verwalter daher auch dann möglich sein, wenn der (künftige) Insolvenzschuldner die Belastungsbuchung hinzunehmen hätte (BGHZ 161, 49). Der Widerspruch kann auch nach Gutschrift auf dem Gläubigerkonto erfolgen; grundsätzlich gilt dabei eine Frist von sechs Wochen, nach deren Ablauf die Genehmigung gemäß Nr. 7 III AGB-Banken als erteilt gilt. Der Rechtsprechung des *IX. Zivilsenats* des BGH, wonach die Genehmigungsfiktion aus Nr. 7 III AGB-Banken für den „schwachen" vorläufigen Verwalter nicht gelten und dieser auch noch nach Ablauf von sechs Wochen der Lastschrift widersprechen können soll (BGHZ 174, 84, 93 f.), ist der *XI. Zivilsenat* mit dem berechtigten Einwand entgegengetreten, dass dem vorläufigen Verwalter innerhalb von Vertragsverhältnissen nicht mehr und keine anderen Rechte als dem (künftigen) Insolvenzschuldner selbst zustehen und ein Lastschriftwiderruf deshalb nur in der Frist der Nr. 7 III AGB-Banken erfolgen kann (BGHZ 177, 69; dazu *Chr. Berger* NJW 09, 473). Eine Vorlage der Rechtsfrage an den *Großen Senat für Zivilsachen* gemäß § 132 II GVG (dazu *Zivilprozessrecht* § 74 III) war nach Auffassung des abweichenden *XI. Zivilsenats* nicht geboten (BGHZ 177, 69, 85). Verweigert der vorläufige Verwalter die Genehmigung, indem er der Belastungsbuchung (fristgemäß) widerspricht, fehlt eine ihm zurechenbare Anweisung und damit eine Leistung des (künftigen) Insolvenzschuldners, so dass die Gutschrift auf dem Gläubigerkonto durch die Schuldnerbank kondiziert werden kann, § 812 I 1 Fall 2 BGB; ein Ersatzanspruch der Bank gegen den Verwalter besteht in diesem Fall nicht.

39 d) Für die Fortführung des Schuldnerunternehmens im Eröffnungsverfahren spielt das **Insolvenzgeld** (§§ 183 ff. SGB III) eine wichtige Rolle. Häufig reichen die liquiden Mittel nicht einmal dazu, die Arbeitnehmer zu bezahlen. Daher droht die Fortführung schon an der nicht erbrachten Arbeitsleistung der Arbeitnehmer zu scheitern. Und selbst wenn das Arbeitsentgelt bezahlt werden könnte, fehlen die Mittel für Sanierungszwecke. Allerdings haben Arbeitnehmer gegen die Bundesagentur für Arbeit einen Anspruch auf Insolvenzgeld in Höhe des Nettoarbeitsentgelts für Lohnrückstände aus den letzten drei Monaten vor Verfahrenseröffnung (§§ 183, 185 SGB III). Dieser Anspruch entsteht zwar erst mit der Insolvenzeröffnung. Der vorläufige Insolvenzverwalter kann aber eine Vorfinanzierung des Insolvenzgelds erreichen: Die Lohnforderungen, für die ein Anspruch auf Insolvenzgeld besteht, werden an eine Bank abgetreten, die ihrerseits schon im Eröffnungsverfahren das Arbeitsentgelt an die Arbeitnehmer bezahlt. Die Bank erhält nach Verfahrenseröffnung das Insolvenzgeld von der Bundesagentur für Arbeit. Die auf die Bundesanstalt für Arbeit übergegangenen Arbeitsentgeltansprüche (§ 187 SGB III) sind – ggf. abweichend von § 55 II – nach § 55 III bloße Insolvenzforderungen; insoweit bleibt der Insolvenzmasse ein erheblicher Liquiditätsvorteil.

V. Die Entscheidung über den Eröffnungsantrag

40 1. Über den Antrag **entscheidet** der Richter durch **Beschluss** (§ 5 II; § 18 I Nr. 1 RPflG).

41 Der Beschluss weist den Antrag als unzulässig oder unbegründet zurück oder eröffnet das Insolvenzverfahren.

42 2. Der **Antrag** wird als **unzulässig** abgewiesen, wenn eine allgemeine Verfahrensvoraussetzung (vgl. o. Rn. 22) oder die Antragsberechtigung des Antragenden fehlt, der antragstellende Gläubiger seine Forderung oder den Eröffnungsgrund nicht glaubhaft gemacht hat, der Antragsteller die Eröffnung des Regelinsolvenzverfahrens beantragt, obwohl die Voraussetzungen des § 304 vorliegen (oder umgekehrt), das beantragte Verfahren also in der gewählten Verfahrensart unzulässig ist (vgl. u. § 65 Rn. 26), oder wenn das rechtliche Interesse an der Eröffnung des Insolvenzverfahrens fehlt, z. B. weil der Antrag missbräuchlich gestellt ist (§ 14 I).

43 3. Der **Antrag** wird als **unbegründet** abgewiesen, wenn das Gericht vom Vorliegen eines Eröffnungsgrundes nicht überzeugt ist (erfolgreiche Glaubhaftmachung genügt hier nicht; anders für die Zulässigkeitsprüfung, vgl. o. Rn. 42). Abzustellen ist dabei auf den Zeitpunkt der Eröffnungsentscheidung (BGHZ 169, 17, 20). Abweisung mangels Masse erfolgt, wenn die Verfahrenskosten (§ 54) voraussichtlich nicht gedeckt sind und kein Kostenvorschuss geleistet wird (§ 26 I); das schließt nicht aus, dass durchaus beachtliche Vermögenswerte vorhanden sind, doch sie reichen nicht zur Deckung der zu erwartenden Kosten. Wird mangels Masse abgewiesen, so hat das Gericht den Beschluss öffentlich bekanntzumachen, § 26 I 3, und den Schuldner in ein Schuldnerverzeichnis einzutragen („Schwarze Liste"), § 26 II (vgl. o. § 30 Rn. 20); die Löschungsfrist beträgt abweichend von § 915 a I ZPO fünf Jahre. Zu einem weiteren Grund vgl. u. Rn. 44.

44 4. **Gegen die Abweisung** steht dem Antragsteller die **sofortige Beschwerde** zu (Frist: zwei Wochen, § 4 mit § 569 I 1 ZPO; Fristbeginn: § 6 II), § 34 I (dazu § 18 I Nr. 1 RPflG: Richter-

entscheidung). Gegen die Abweisung mangels Masse (§ 26) steht dem Insolvenzschuldner das Rechtsmittel auch dann zu, wenn nicht er den Antrag gestellt hat, § 34 I (Grund: die gravierenden Folgen der Abweisung: § 26 II, vgl. o. Rn. 43).

5. Ist der **Antrag zulässig und begründet,** so hat das Insolvenzgericht durch den Richter (§ 18 I Nr. 1 RPflG) das **Insolvenzverfahren** durch Beschluss zu **eröffnen,** § 27 I 1. Der **Beschluss enthält:** 45

a) die genaue Bezeichnung und die Anschrift des Insolvenzschuldners, § 27 II Nr. 1;

b) Bestellung (§ 27 I 1), Name und Anschrift des Insolvenzverwalters, § 27 II Nr. 2 (außer bei Anordnung der Eigenverwaltung, § 270, und des Vereinfachten Insolvenzverfahrens, § 313 I: § 27 I 2);

c) die Stunde der Eröffnung, § 27 II Nr. 3 (vgl. u. Rn. 46 ff.);

d) einen Hinweis, ob der Schuldner innerhalb der Frist des § 287 I einen zulässigen Antrag auf Restschuldbefreiung, der mit dem Eröffnungsantrag verbunden werden soll, gestellt hat, § 27 II Nr. 4;

e) die Aufforderung an die Gläubiger, ihre Forderungen innerhalb einer bestimmten Frist beim Insolvenzverwalter anzumelden, § 28 I mit § 174;

f) die Aufforderung an die gesicherten Gläubiger, dem Verwalter unverzüglich ihre in Anspruch genommenen Sicherungsrechte an beweglichen Sachen und Rechten nach Gegenstand, Art und Entstehungsgrund sowie die gesicherte Forderung mitzuteilen, § 28 II (mit den Sicherungsrechten sind Absonderungsrechte gemeint, vgl. o. § 45);

g) die Aufforderung an die *Schuldner des Insolvenzschuldners,* nicht mehr an diesen, sondern *an den Verwalter zu leisten,* § 28 III (entfällt bei Anordnung der Eigenverwaltung, § 270, vgl. auch § 27 I 2);

h) die Bestimmung des *Berichtstermins* (§ 29 I Nr. 1 mit § 156; entfällt im Vereinfachten Insolvenzverfahren, § 312 I) und des *Prüfungstermins* (§ 29 I Nr. 2 mit §§ 176 f.); beide Termine können verbunden werden, § 29 II.

6. Das **Insolvenzverfahren ist eröffnet, sobald** der Richter (§ 18 I Nr. 1 RPflG) den **Eröffnungsbeschluss unterschrieben** hat – die Unterschrift ist unentbehrlich (*BGH* NJW 98, 610 zur KO) – doch ist für die Eröffnungswirkungen aus praktischen Gründen die im Beschluss angegebene „Stunde" der Eröffnung maßgebend. Sie ist möglichst genau anzugeben (Tag, Stunde, Minute). Fehlt die Angabe, so gilt die Mittagsstunde (also 12 Uhr) als Eröffnungszeitpunkt, § 27 III. Diese Genauigkeit ist wegen der einschneidenden Wirkungen der Verfahrenseröffnung nötig, vgl. z. B. §§ 35, 38, 40, 80–83, 85 f., 89, 91, 95, § 240 ZPO. 46

Das *Unterschreiben* des Beschlusses ist noch ein *gerichtsinterner Vorgang.* Der Beschluss wird *erst wirksam,* d. h. als Staatsakt existent, wenn er *nach außen kundgemacht* worden ist. Dafür genügt z. B., dass er von der Geschäftsstelle im ordnungsmäßigen Geschäftsgang zur Bekanntgabe an einen Beteiligten hinausgegeben ist; einer Zustellung bedarf es nicht (*BGH* NJW 82, 2075 m. N.). Sobald der Eröffnungsbeschluss keine gerichtsinterne Angelegenheit mehr ist, treten die insolvenzrechtlichen Folgen der Verfahrenseröffnung bereits mit dem im Beschluss genannten Zeitpunkt seiner Unterzeichnung ein, also mit *Rückwirkung.* 47

Der Eröffnungsbeschluss ist sofort *öffentlich bekanntzumachen,* § 30 I mit § 9 (wichtig z. B. für § 82, vgl. o. § 40 Rn. 31). Zur Übermittlung an die Registergerichte vgl. § 31; zur Eintragung des Eröffnungsvermerks im Grundbuch vgl. § 32 (die Eintragung verhindert einen redlichen Erwerb nach § 81 I 2, vgl. o. § 40 Rn. 25). 48

49 Ist der Insolvenzschuldner eine natürliche Person, so soll er auf die *Möglichkeit der Restschuldbefreiung* (§§ 286–303) hingewiesen werden, § 20 II. Diese Belehrung entfällt im Vereinfachten Insolvenzverfahren (§§ 311 ff.), da der Insolvenzschuldner, wenn nötig, schon vor Einleitung des gesetzlichen Schuldenbereinigungsverfahrens entsprechend unterrichtet worden ist (vgl. § 305 I Nr. 2 mit III 1).

50 7. **Gegen den Eröffnungsbeschluss** steht dem Insolvenzschuldner die **sofortige Beschwerde** zu (wichtig z. B. für § 82, vgl. o. § 40 Rn. 31), § 34 II.

51 Hat der Schuldner selbst die Eröffnung beantragt, steht ihm mangels *formeller Beschwer* kein Beschwerderecht zu (*BGH* ZIP 07, 499).

Im Fall eines Insolvenzverfahrens über das Vermögen einer vermögenstragenden (Außen-)Gesellschaft bürgerlichen Rechts, ist diese selbst parteifähige (vgl. *BGH* NJW 01, 1056 und o. § 5 Rn. 3) Schuldnerin im Sinne des § 34 II; gegen die Verfahrenseröffnung kann jeder Gesellschafter analog § 15 II Beschwerde einlegen, jedoch nicht im eigenen Namen, sondern nur im Namen der Gesellschaft (*BGH* NZI 08, 121).

Auf die Beschwerde ist der Eröffnungsbeschluss aufzuheben und der Eröffnungsantrag abzuweisen, wenn im Zeitpunkt der Eröffnungsentscheidung ein Eröffnungsgrund nicht vorlag (vgl. o. Rn. 43); das Gebot effektiven Rechtsschutzes des Schuldners gebietet Aufhebung und Abweisung ohne Rücksicht darauf, ob die Eröffnungsvoraussetzungen zwischenzeitlich, d. h. bis zum Zeitpunkt der Beschwerdeentscheidung eingetreten sind (BGHZ 169, 17, 25 ff.). Ist das Insolvenzverfahren rechtmäßig eröffnet worden, kann der nachträgliche Wegfall des Insolvenzgrundes nicht im Wege der Beschwerde, sondern nur im Einstellungsverfahren nach §§ 212, 214 (vgl. u. § 58 Rn. 11) geltend gemacht werden (BGHZ 169, 17, 25; krit. *Häsemeyer* Rn. 7.55).

52 Die Beschwerde hat keine aufschiebende Wirkung (§ 4; § 570 I ZPO), doch kann das Insolvenzgericht die Vollziehung aussetzen (§ 4; § 570 II ZPO) und der Beschwerde abhelfen (§ 4; § 572 I ZPO). Wird nicht abgeholfen, so wird die Beschwerde dem LG vorgelegt (§ 4; § 572 I ZPO), das seinerseits die Vollziehung aussetzen kann (§ 4; § 570 III ZPO). Die Entscheidung des LG über die Beschwerde wird erst mit (formeller) Rechtskraft wirksam; das LG kann aber die sofortige Wirksamkeit anordnen, § 6 III.

53 Wird der Eröffnungsbeschluss aufgehoben (durch Abhilfe, § 4; § 572 I ZPO, oder in der höheren Instanz), so fallen mit der Rechtskraft dieser Entscheidung oder mit Anordnung ihrer sofortigen Wirksamkeit (§ 6 III) alle rechtlichen Folgen der Verfahrenseröffnung rückwirkend fort. Die Verwaltungs- und Verfügungsbefugnis des Insolvenzschuldners gilt als nie entfallen, doch bleiben die Wirkungen von Rechtshandlungen, die von oder gegenüber dem Verwalter vorgenommen worden sind, bestehen, § 34 III 3.

Sobald die aufhebende Entscheidung rechtskräftig ist, wird die Aufhebung öffentlich bekanntgemacht, § 34 III 1. Der Eröffnungsvermerk im Grundbuch wird gelöscht, § 34 III 2 mit § 200 II 2, § 32 (in doppelter Analogie!); zu den Registern vgl. §§ 31, 33.

§ 55. Erfassung und Verwertung der Insolvenzmasse

1 **I. Die Erfassung der Masse** (Aktivmasse) ist **Sache des Insolvenzverwalters** (vgl. o. § 43 Rn. 8, 10).

2 Er hat sie sofort in *Besitz und Verwaltung* zu nehmen (§ 148 I). Ferner hat er *mehrere Verzeichnisse* anzufertigen: ein Verzeichnis der einzelnen Massegegenstände mit dem wahren Wert (bei einem Unternehmen mit dem Liquidations- und einem davon abweichenden Fortführungswert), § 151 I, II, mit Ausnahme in III; ein Verzeichnis der ihm bekannten absonderungsberechtigten und Insolvenzgläubiger, § 152; eine Vermögensübersicht (§ 153 I), in der die Massegegenstände (mit Wertangabe) den Verbindlichkeiten gegenübergestellt werden und so ein erster Überblick über das Verhältnis der Aktiva zu den Passiva ermöglicht wird. Die Verzeichnisse können maschinell geführt werden, § 5 IV.

3 **II.** In der ersten Gläubigerversammlung, dem **Berichtstermin** (§ 29 I Nr. 1), hat der Verwalter über die wirtschaftliche Lage des Insolvenzschuldners und die Insolvenzursachen zu berichten; ist ein Unternehmen des Insolvenzschuldners

betroffen, so hat der Verwalter darzulegen, ob und in welchem Umfang es erhalten werden kann, ob ein Insolvenzplan möglich erscheint und wie sich das eine und das andere auf die Befriedigung der Gläubiger auswirken würde (§ 156 I; hierzu können bestimmte Personen, nicht nur Mitglieder der Gläubigerversammlung, Stellung nehmen, § 156 II). Auf dieser Grundlage beschließt die Gläubigerversammlung über das weitere Schicksal des Unternehmens (Stillegung oder vorläufige Fortführung) und ob der Verwalter einen Insolvenzplan ausarbeiten soll und mit welchem Planziel (alles frei abänderbar), § 157 (vgl. o. § 43 Rn. 11).

Unverzüglich **nach dem Berichtstermin** hat der Verwalter mit der **Verwertung** 4 der Massegegenstände zu beginnen, soweit Beschlüsse der Gläubigerversammlung nicht entgegenstehen, § 159. Der Beschluss, das Unternehmen im Ganzen vorläufig fortzuführen, kann bezwecken, es später zu günstigeren Bedingungen zu liquidieren oder durch eine übertragende Sanierung zu verwerten. Entsprechendes gilt für eine Teilfortführung; der davon nicht erfasste Teil ist zu verwerten. Wie verfahren wird, hängt wesentlich vom Geschick des Verwalters ab, der allerdings in allen wichtigen Angelegenheiten nicht allein agieren kann, sondern auf das Einverständnis der Gläubigerversammlung oder des Gläubigerausschusses angewiesen ist (vgl. §§ 160–164, 195 und o. § 42 Rn. 11, 13, 19, § 43 Rn. 13).

Die **Verwertung** erfolgt in der Regel nicht im Wege der Zwangsvollstreckung, 5 sondern **durch freihändige Veräußerung** (vgl. o. § 43 Rn. 13). Nur die *Verwertung von Grundstücken* kann – nicht muss – der Verwalter im Wege der Insolvenzverwertung durch Zwangsversteigerung oder Zwangsverwaltung betreiben, § 165; §§ 172 ff. ZVG (vgl. o. § 43 Rn. 13). Das gilt auch dann, wenn an dem Grundstück ein *Absonderungsrecht* besteht, z. B. eine Grundschuld (vgl. o. § 45 Rn. 18). Die Verwertung beweglicher Gegenstände, an denen ein Absonderungsrecht besteht, obliegt in der Regel dem Verwalter (vgl. o. § 45 Rn. 20–28).

§ 56. Feststellung der Schuldenmasse

I. Die Schuldenmasse besteht aus den Forderungen der Insolvenzgläubiger (was 1 nicht heißt, dass nur diese aus der Masse zu befriedigen wären, vgl. nur § 53 und dazu o. § 46 Rn. 1). Die Insolvenzforderungen werden in einem besonderen **Feststellungsverfahren angemeldet, geprüft** und, wenn bestritten, einzeln **erörtert,** schließlich – im Feststellungsverfahren selbst oder erst in einem Feststellungsprozess – **festgestellt.**

II. Die Anmeldung

1. **Anzumelden sind** die Forderungen der *Insolvenzgläubiger* (§ 38); nachrangige 2 Insolvenzgläubiger (§ 39) können ihre Forderungen nur nach gerichtlicher Aufforderung anmelden (da sie bei den Verteilungen in der Regel leer ausgehen, sollen sie nur in Ausnahmefällen am Feststellungsverfahren teilnehmen), § 174 I 1, III. *Absonderungsberechtigte Gläubiger,* deren Absonderungsrecht eine Forderung gegen den Insolvenzschuldner sichert und die daher (auch) Insolvenzgläubiger sind, *können* ihre gesamte Forderung anmelden (vgl. o. § 45 Rn. 14).

3 **Nicht anzumelden sind** die Forderungen *aufrechnungsberechtigter Insolvenzgläubiger,* weil und *soweit* sie sich durch Aufrechnung befriedigen können (vgl. § 94 und o. § 50 Rn. 3).

4 Das **Feststellungsverfahren scheidet aus** für *Aussonderungsberechtigte, Massegläubiger* sowie *absonderungsberechtigte Gläubiger ohne persönliche Forderung gegen den Insolvenzschuldner,* da sie alle keine Insolvenzgläubiger und daher nicht an der anteilmäßigen Befriedigung aus dem Verwertungserlös der Masse beteiligt sind (vgl. §§ 47, 53, 52 S. 1).

5 2. Die **Anmeldung** ist **Sache der Insolvenzgläubiger,** weder des Insolvenzgerichts noch des Verwalters. Das vom Verwalter aufgestellte Gläubigerverzeichnis (§ 152) ersetzt die Anmeldung nicht.

6 3. Die **Anmeldung** ist die **Grundlage für die Feststellung der Forderung** und damit für die Befriedigung im Insolvenzverfahren. Anzumelden ist in bestimmter Frist, die im Eröffnungsbeschluss festgesetzt ist, § 28 I. Ihre Dauer (zwei Wochen bis drei Monate, § 28 I 2) richtet sich nach dem Umfang des Insolvenzverfahrens. Sie ist keine Ausschlussfrist; nachträgliche Anmeldungen sind möglich, aber für den Anmeldenden u. U. mit Kosten verbunden (§ 177 I 2, 3), auch kann er bei den Verteilungen zu kurz kommen (§ 189). Wegen der Möglichkeit späterer Anmeldungen geben die fristgerecht erfolgten nur einen gewissen Anhaltspunkt für den Umfang der Schuldenmasse.

7 4. Die **Anmeldung** erfolgt schriftlich **beim Insolvenzverwalter.** Anzugeben sind Grund und Betrag der Forderung, sonst ist die Anmeldung unwirksam. Urkunden über die Forderung sollen in Kopie beigefügt werden. Vgl. § 174 I, II.

8 5. Die wirksame (vgl. o. Rn. 7) **Anmeldung** begründet zwar keine Rechtshängigkeit der angemeldeten Forderung, **hemmt** aber ihre **Verjährung** (§ 204 I Nr. 10 BGB). Sie ist ferner eine Voraussetzung für das Stimmrecht in der Gläubigerversammlung (vgl. § 77 und o. § 42 Rn. 6).

9 **III. Die Eintragung** der angemeldeten Forderung **in eine Tabelle** (Insolvenztabelle) erfolgt, ohne dass ihr Bestehen materiellrechtlich geprüft würde. Der Verwalter prüft lediglich, ob die in § 174 II, III geforderten Angaben gemacht sind (da sonst eine wirksame Anmeldung nicht vorläge), vgl. § 175 S. 1.

10 Tabelle, Anmeldungen und beigefügte Urkunden können von den Beteiligten eingesehen werden (§ 175 S. 2), um entscheiden zu können, wie sie sich im Prüfungstermin den einzelnen Forderungen gegenüber verhalten sollen (vgl. u. Rn. 11).

11 **IV. Der Prüfungstermin** ist eine Gläubigerversammlung, in der die angemeldeten (und eingetragenen) Forderungen geprüft werden; die Prüfung betrifft den Betrag und bei nachrangigen Insolvenzgläubigern (auch) den Rang, § 176 S. 1 mit §§ 39, 174 III 2. Eine Forderung ist nur dann einzeln zu erörtern, wenn sie bestritten wird, § 176 S. 2.

12 Zur Terminsbestimmung vgl. § 29 I Nr. 2. Im Termin muss der Verwalter **anwesend** sein. Der Insolvenzschuldner ist es in der Regel (vgl. § 186); seine Anwesenheit kann erzwungen werden (§§ 97, 98; zum Fall, dass der Insolvenzschuldner keine natürliche Person ist, sondern z. B. eine AG oder GmbH, vgl. 101 I). Ein Insolvenzgläubiger kann fernbleiben, was bei Bestreiten seiner Forderung nachteilig sein kann, sie wird dann ohne ihn erörtert (vgl. § 176 S. 2).

13 Im Prüfungstermin findet eine *sachliche Prüfung* der angemeldeten Forderung nach Betrag und Rang *nicht* statt. „Geprüft" wird nur, ob und von wem die Forderung nach Betrag oder Rang bestritten und ob dieser Widerspruch ausgeräumt wird oder bestehen bleibt. Dieses „Prüfungsergebnis" trägt das Insolvenzgericht in die Tabelle ein, § 178 II 1, 2. Das **Gericht** wird also **nur beurkundend** tätig, es entscheidet als solches niemals über das Gläubigerrecht.

Das Prüfungsergebnis hängt – zunächst – davon ab, ob ein Insolvenzgläubiger oder der Verwalter widerspricht.

1. **Widersprechen weder** ein **Insolvenzgläubiger noch** der **Verwalter** oder wird ein erhobener Widerspruch durch Rücknahme beseitigt, so gilt die Forderung als **festgestellt,** § 178 I 1. Damit wird eine nur auf geldwerte Leistung gerichtete Forderung endgültig zur Geldforderung (vgl. o. § 41 Rn. 4). **14**

Die Eintragung in die Tabelle („festgestellt"; „Betrag und Rang nach festgestellt") wirkt für die festgestellten Forderungen nach Betrag und Rang wie ein **rechtskräftiges Urteil** gegenüber dem Verwalter und allen Insolvenzgläubigern, § 178 III. Daher sind gegen die Eintragung nur die Rechtsbehelfe zulässig, die gegen ein rechtskräftiges Urteil zulässig sind, z. B. bei nachträglicher Erfüllung die Vollstreckungsgegenklage, § 767 ZPO (sie wendet sich gegen die Vollstreckbarkeit, vgl. § 201 II, nicht gegen die Rechtskraft, vgl. o. § 12 Rn. 2), ferner die Wiederaufnahme des Verfahrens, §§ 578 ff. ZPO. Befugt, einen Rechtsbehelf einzulegen, sind der Verwalter und alle Insolvenzgläubiger (außer demjenigen, dessen Forderung festgestellt ist), ferner der Insolvenzschuldner, sofern er der Forderung *nicht* widersprochen hat, da nur dann die Rechtskraft sich auf ihn erstreckt und gegen ihn nach Aufhebung des Insolvenzverfahrens vollstreckt werden kann (§ 201 II). Diese ungünstigen Folgen kann der Insolvenzschuldner durch einen Widerspruch im Prüfungstermin (§ 176, ferner § 177) verhindern (§ 201 II 1), doch kann der Widerspruch schon während des Insolvenzverfahrens beseitigt werden (§ 184 I, vgl. auch § 201 II 2). War die vom Schuldner bestrittene Forderung bereits tituliert, obliegt es dem Schuldner, seinen Widerspruch binnen Monatsfrist zu verfolgen, § 184 II. Von den genannten Folgen abgesehen, hat der Widerspruch des Insolvenzschuldners keine Auswirkungen, insbesondere blockiert er nicht die Feststellung der Forderung (§ 178 I 2). **15**

2. **Widerspricht** der **Verwalter oder** ein **Insolvenzgläubiger,** so muss der Widerspruch gegen die Forderung (oder den Rang) in einem **Feststellungsprozess** beseitigt werden, also im ordentlichen Verfahren, nicht im Insolvenzverfahren, §§ 179 I, 180, 185 (vgl. u. Rn. 17). Im Prüfungstermin kann ohne Begründung widersprochen werden; denn das Insolvenzgericht entscheidet nicht über Grund, Betrag und Rang der angemeldeten (und bestrittenen) Forderung, vgl. o. Rn. 13. **16**

V. Der Feststellungsprozess

1. Zu ihm kommt es, wenn der Verwalter oder ein Insolvenzgläubiger eine angemeldete *Forderung nach Grund, Betrag oder Rang bestritten* hat. Die Klage zielt auf die gerichtliche Feststellung der Insolvenzforderung oder ihres Ranges. Sie ist ein praktisch wichtiges Beispiel einer Feststellungsklage nach § 256 I ZPO. Mit der rechtskräftigen Feststellung ist der Widerspruch ausgeräumt. **17**

Wer die **Initiative zur Klageerhebung** zu ergreifen hat – der Bestreitende (Verwalter, Insolvenzgläubiger) oder der Inhaber der bestrittenen Forderung – hängt davon ab, **ob** diese **Forderung „tituliert"** ist. Das ist sie, wenn für sie bereits bei Eröffnung des Insolvenzverfahrens ein rechtskräftiges oder für vorläufig vollstreckbar erklärtes Endurteil oder ein vollstreckbarer Schuldtitel vorlag, z. B. ein Prozessvergleich oder eine vollstreckbare Urkunde (beide mit Vollstreckungsklausel versehen, § 794 I Nr. 1, 5 mit §§ 795, 724 I ZPO) oder ein Vollstreckungsbescheid **18**

(§ 794 I Nr. 4 mit §§ 795, 796 I ZPO). Liegt ein solcher Titel vor, dann muss der Bestreitende aktiv werden (vgl. u. Rn. 19). Ist die Forderung nicht tituliert, so muss ihr Gläubiger die Initiative ergreifen (vgl. u. Rn. 23).

19 2. Ist die bestrittene **Forderung tituliert** (vgl. o. Rn. 18), dann kann der Bestreitende seinen Widerspruch nur mit den prozessualen Mitteln verfolgen, die gegen einen Titel dieser Art sowohl überhaupt als auch nach Lage des konkreten Falles gegeben sind (vgl. § 179 II). In Betracht kommen die Vollstreckungsgegenklage (§§ 767, 797 IV ZPO; vgl. auch o. Rn. 15), bei einem rechtskräftigen Urteil die Wiederaufnahme (§§ 578 ff. ZPO), bei einem nach Urteilserlass unterbrochenen Rechtsstreit dessen Aufnahme (§ 180 II; §§ 240, 250 ZPO).

Ein Rechtsstreit wird bei dem Prozessgericht aufgenommen. Im Übrigen richtet sich die *Zuständigkeit* nach § 180 I (nicht nach der ZPO), § 185.

20 Der Bestreitende muss beantragen, seinen Widerspruch für begründet zu erklären. *Obsiegt* er, so ist der Gegner vom weiteren Insolvenzverfahren soweit ausgeschlossen, als der Widerspruch reicht (Umkehr von § 181). *Unterliegt* der Bestreitende und sind weitere Widersprüche ebenfalls rechtskräftig verworfen (vgl. § 178 I 1 a. E.), so ist damit die bislang bestrittene Forderung festgestellt; ihr Inhaber nimmt am weiteren Insolvenzverfahren teil und kann Befriedigung verlangen (vgl. § 189 II). Auf Antrag der obsiegenden Partei wird die Tabelle berichtigt, § 183 II. Das rechtskräftige Urteil wirkt gegenüber dem Verwalter und allen Insolvenzgläubigern, § 183 I.

21 Die *Verfolgung des Widerspruchs* vor Gericht ist *nur eine Last,* keine Pflicht des Bestreitenden, § 179 II. Bleibt er untätig, so kann der Inhaber der bestrittenen Forderung ohne weiteres Befriedigung verlangen (vgl. § 189).

22 Ist **nur** der **Rang** (§ 39 I) einer titulierten Forderung bestritten worden, so muss der nachrangige Insolvenzgläubiger gegen den Bestreitenden klagen; denn der Titel „verbrieft" den Rang nicht, so dass die Forderung insoweit als nicht tituliert zu behandeln ist (vgl. u. Rn. 23).

23 3. Ist die **Forderung nicht tituliert,** so bleibt es ihrem Inhaber überlassen, die Feststellung gegen den Bestreitenden zu betreiben (keine Pflicht, sondern Last; geschieht nichts, so ist der Gläubiger vom weiteren Verfahren ausgeschlossen, § 189 III). In der Regel muss er auf Feststellung klagen (§§ 180 I, 185); ein bei Eröffnung des Insolvenzverfahrens anhängiger Rechtsstreit ist aufzunehmen (§ 180 II, vgl. u.).

24 Die Klage kann nur auf den Grund und Rang und höchstens auf den Betrag gerichtet sein, der in der Anmeldung oder im Prüfungstermin bezeichnet worden ist, § 181; denn die Feststellungsklage dient der Beseitigung eines Widerspruchs (vgl. § 178 I 1), der gegen eine in bestimmter Weise begründete und bezifferte Forderung gerichtet ist. Anmeldung und Prüfung der Forderung sind Prozessvoraussetzungen. Das nach § 256 I ZPO nötige Feststellungsinteresse ergibt sich aus dem Bestreiten der angemeldeten und geprüften Forderung. Will der Gläubiger einen anderen Grund oder einen höheren Betrag geltend machen, so muss er Anmeldung und Prüfung nachholen, sonst wird die Klage als unzulässig abgewiesen (bei Erhöhung des Betrags nur hinsichtlich des Mehrbetrags).

25 In welchem **Rechtsweg** die Klage zu erheben ist, bestimmt sich nach den allgemeinen Vorschriften (§ 13 GVG; §§ 2, 3, § 48 ArbGG; § 40 VwGO usw.), vgl. § 185 S. 1.

Ist der *ordentliche Rechtsweg gegeben, so ist sachlich das AG oder das LG zuständig;* das richtet sich nach §§ 23, 71 GVG, der Streitwert bestimmt sich nach § 182. *Örtlich zuständig* ist das AG (Prozessabteilung!), bei dem das Insolvenzverfahren anhängig ist oder war; gehört der Streitgegenstand nicht zur amtsgerichtlichen Zuständigkeit, so ist das LG örtlich zuständig. Örtliche und sachliche Zuständigkeit sind *ausschließlich.* Vgl. § 180 I mit § 4; § 40 II ZPO.

Diese Zuständigkeitsregelung gilt nicht, wenn bei Eröffnung des Insolvenzverfahrens bereits ein Rechtsstreit über die bestrittene Forderung anhängig war, ein Endurteil aber noch nicht ergangen ist (sonst läge eine titulierte Forderung vor, dazu vgl. o. Rn. 19). Der **unterbrochene Rechtsstreit** (§ 240 ZPO) ist bei dem mit der Sache befassten Gericht **aufzunehmen,** § 180; § 250 ZPO (sofern nicht nur über den Rang der Forderung gestritten wird, vgl. o. Rn. 22). Der Bestreitende tritt anstelle des Insolvenzschuldners in den Prozess ein. Der Antrag ist auf Feststellung zur Tabelle umzustellen. 26

Haben **mehrere** die Forderung **bestritten,** z. B. der Verwalter und ein Insolvenzgläubiger, so muss der Forderungsinhaber *gegen alle prozessieren* (durch Klageerhebung oder Aufnahme eines unterbrochenen Rechtsstreits) *und gewinnen.* Verliert er auch nur einen Prozess, so ist die Feststellung vereitelt (§ 178 I 1); denn durch die rechtskräftige Abweisung wird der Widerspruch für begründet erklärt, und das wirkt gegenüber dem Verwalter und allen Insolvenzgläubigern, § 183 I. Die mehreren Bestreitenden müssen nicht gemeinsam verklagt werden (keine materiellrechtlich notwendige Streitgenossenschaft); geschieht das aber, so muss die Entscheidung einheitlich sein (arg. § 183 I). Daher liegt eine prozessrechtlich notwendige Streitgenossenschaft vor, § 62 ZPO (vgl. *Zivilprozessrecht* § 82). 27

Obsiegt der Inhaber der bestrittenen Forderung, so kann er anteilmäßige Befriedigung aus der Masse verlangen. Verliert er, so scheidet er aus dem weiteren Insolvenzverfahren soweit aus, als der Widerspruch reicht (Umkehr von § 181). Auf Antrag der obsiegenden Partei wird die Tabelle berichtigt (§ 183 II). Das rechtskräftige Urteil, das bei Gewinn die Forderung feststellt, bei Verlust den Widerspruch für begründet erklärt, wirkt gegenüber dem Verwalter und allen Insolvenzgläubigern, § 183 I. 28

Ist ein **anderer als der ordentliche Rechtsweg** gegeben, so gelten die jeweiligen Verfahrensvorschriften; jedoch sind für den Umfang der Feststellung, den Streitwert und die Wirkung der Entscheidung die §§ 180 II, 181–184 entsprechend anzuwenden, § 185. 29

Für *nicht titulierte* **Steuerforderungen** ist die Feststellung zunächst von der zuständigen Steuerbehörde vorzunehmen, § 185 S. 1. 30

§ 57. Die Verteilung

I. Die Verteilung des Verwertungserlöses erfolgt in der Regel nicht erst, wenn die Verwertung der Masse abgeschlossen ist und alle Insolvenzforderungen festgestellt sind, sondern schon dann, wenn so viel an Barmitteln vorhanden ist, dass sich eine Verteilung lohnt (§ 187 II 1, auch § 203 III 1). Dementsprechend kennt das Gesetz **Abschlags-, Schluss- und Nachtragsverteilungen** (§§ 187, 190 II, 191 I, 192, 194 I, 195; §§ 191 II, 196–200; § 203). Eine Verteilung ist in jedem Falle erst nach dem „allgemeinen“ Prüfungstermin (in Abgrenzung zum „besonderen“, § 177) zulässig, § 187 I. 1

II. Der Verwalter verteilt mit vorheriger Zustimmung des Gläubigerausschusses (sofern vorhanden), § 187 III. Als Grundlage dient ein **Verteilungverzeichnis,** das der Verwalter aufzustellen hat und in das sämtliche Forderungen aufgenommen werden, die bei der Verteilung zu berücksichtigen sind, § 188 S. 1. 2

Das Verzeichnis hat der Verwalter auf der Geschäftsstelle des Insolvenzgerichts zur Einsicht der Beteiligten niederzulegen, § 188 S. 1. Die Summe der Forderungen und den verteilbaren Geldbetrag teilt er dem Insolvenzgericht mit, das für die öffentliche Bekanntmachung im Internet (§ 9 I; vgl. o. § 39 Rn. 2) sorgt, § 188 S. 3. Zu Einwendungen gegen das Verzeichnis vgl. §§ 194, 197 I 2 Nr. 2, III.

3 1. **Zu berücksichtigen sind**

a) alle festgestellten Forderungen; sie sind ohne Widerspruch geblieben oder ein erhobener Widerspruch ist beseitigt (vgl. § 178 I 1, § 183 I);

b) die bestrittenen, aber titulierten Forderungen (vgl. § 179 II);

c) die bestrittenen nicht titulierten Forderungen nur, wenn innerhalb einer Ausschlussfrist von zwei Wochen nach der öffentlichen Bekanntmachung (§ 188 S. 3 HS 2) dem Verwalter nachgewiesen wird, dass und für welchen Betrag Feststellungsklage erhoben oder ein anhängiger Rechtsstreit aufgenommen ist (§ 189);

d) bei einer Abschlagsverteilung die Ausfallforderung eines zur Verwertung befugten Absonderungsberechtigten (§§ 52, 173), wenn innerhalb der Ausschlussfrist des § 189 I dem Verwalter das Betreiben der Verwertung des Absonderungsgegenstands nachgewiesen und der Betrag des mutmaßlichen Ausfalls glaubhaft gemacht wird (§ 190 II 1, III 1); bei der Schlussverteilung wird die Ausfallforderung nur berücksichtigt, wenn der verwertungsbefugte Absonderungsberechtigte in der Ausschlussfrist des § 189 I seinen Verzicht auf abgesonderte Befriedigung oder den Betrag des eingetretenen Ausfalls nachweist (§ 190 I 1, III). Ist nur der Verwalter verwertungsbefugt, so kann der Absonderungsberechtigte nicht durch Setzen einer Ausschlussfrist gezwungen werden, den mutmaßlichen oder wirklichen Ausfall darzutun. Daher gilt § 190 I, II nicht; bei einer Abschlagsverteilung vor der Verwertung hat der Verwalter den Ausfall zu schätzen (§ 190 III).

4 2. Eine **Berücksichtigung** der Forderung bedeutet **noch nicht** ihre (anteilmäßige) **Befriedigung.**

Ausgezahlt werden *nur* die Beträge für die *festgestellten Forderungen* (auflösend bedingte Forderungen werden wie unbedingte behandelt, § 42). Dagegen werden die Beträge für die streitbefangenen (§ 189 II) und die aufschiebend bedingten Forderungen (§ 191 I 2, Ausnahme in II) sowie für die noch nicht feststehenden Ausfallforderungen (§ 190 II 2, III 2) für eine spätere Verteilung zurückbehalten. Diese Forderungen werden aber bei Berechnung der Verteilungsquoten mitgezählt und in diesem Sinne „berücksichtigt".

5 **III. Abschlagsverteilungen** können (also nicht: sollen oder müssen!) erfolgen, sooft hinreichend Barmittel in der Masse vorhanden sind, § 187 II 1. Das bedeutet (vgl. o. Rn. 1), dass mit der Verteilung nicht bis zum Abschluss der Verwertung gewartet werden muss. Den zu zahlenden Bruchteil bestimmt der Gläubigerausschuss, sofern vorhanden, auf Vorschlag des Verwalters, sonst der Verwalter allein, § 195 I.

6 Eine Verteilung setzt „hinreichende" Barmittel voraus. Winzige Beträge an viele Gläubiger zu verteilen, lohnt den Aufwand nicht. Aber auch wenn in diesem Sinne „hinreichend" Geld vorhanden ist, kann die Verteilung vorerst unterbleiben, wenn das Geld z. B. für eine zeitweilige Fortführung des bankrotten Unternehmens benötigt wird, um es in absehbarer Zeit günstig(er) zu veräußern (Fall der übertragenden Sanierung). Auch kann es sinnvoll sein, absonderungsberechtigte Gläubiger schnell aus den vorhandenen Barmitteln zu befriedigen, um kostspielige Zins- und Ausgleichszahlungen (§§ 169, 172) und damit eine Schmälerung der Masse zu Lasten der ungesicherten Gläubiger zu vermeiden (zur Problematik vgl. o. § 45 Rn. 26).

7 Insolvenzgläubiger, die bei einer Abschlagszahlung nicht berücksichtigt worden sind, aber nunmehr die Voraussetzungen hierfür erfüllen (vgl. §§ 189, 190), erhalten bei der nächsten Verteilung vorab einen Betrag, der sie mit den übrigen Insolvenzgläubigern gleichstellt, § 192.

8 Nachrangige Insolvenzgläubiger erhalten erst dann etwas, wenn alle nichtnachrangigen voll befriedigt sind (§ 39). Daher sollen sie nicht schon bei Abschlagsverteilungen berücksichtigt werden, § 187 II 2.

9 **IV.** Die **Schlussverteilung** erfolgt, sobald die Masse – mit Ausnahme fortlaufender Einkünfte – verwertet ist, § 196 I. Es wird also nicht gewartet, bis alle Feststellungsprozesse beendet sind. Für berücksichtigte, aber (noch) nicht auszahlungs-

berechtigte Forderungen werden wiederum entsprechende Beträge zurückbehalten (§§ 189 II, 190 I, 191 II, 198). Zum praktisch ausgeschlossenen Fall, dass die Forderungen aller, also auch der nachrangigen Insolvenzgläubiger voll berücksichtigt werden und noch ein Überschuss verbleibt, vgl. § 199.

Das Insolvenzgericht muss der Schlussverteilung vorab zugestimmt haben, § 196 II. Bei der 10
Zustimmung setzt es den **Schlusstermin** fest, § 197 I 1. Er dient insbesondere zur Erörterung der Schlussrechnung (vgl. § 66) und zur Erhebung von Einwendungen gegen das Schlussverzeichnis (vgl. § 188), § 197 I 2 Nr. 1, 2; hat der Insolvenzschuldner die Restschuldbefreiung beantragt, so sind Verwalter und Insolvenzgläubiger im Schlusstermin zu hören, § 289 I 1.

Das **Schlussverzeichnis** stellt abschließend fest, welche Forderungen aus der noch verfügbaren 11
Masse zu berücksichtigen sind. Ist ein Gläubiger mit seiner ordnungsgemäß angemeldeten Forderung übergangen worden, so muss er im Schlusstermin Einwendungen erheben, sonst ist er mit der Berücksichtigung in diesem Insolvenzverfahren ausgeschlossen (auch bei einer Nachtragsverteilung, § 203; das Nachforderungsrecht, § 201 I, bleibt bestehen). Schon mit der Schlussverteilung ausgeschlossen sind alle nicht ordnungsgemäß geltend gemachten Forderungen gegen die Masse. Ausgeschlossen ist ferner, wer die Ausschlussfrist des § 189 I nicht eingehalten hat (§§ 189 III, 190 II 2).

Die Zustimmung zur Schlussverteilung und ihre Verweigerung durch das Gericht sind unanfecht- 12
bar, wenn der Richter entschieden hat (§ 6 I); zur Anfechtbarkeit einer Rechtspflegerentscheidung vgl. o. § 39 Rn. 8. Die Entscheidung des Gerichts über erhobene Einwendungen gegen das Schlussverzeichnis ist anfechtbar, § 197 III mit § 194 II, III (dazu vgl. o. § 39 Rn. 6).

V. Nachtragsverteilungen werden auf Antrag oder von Amts wegen angeordnet, wenn nach dem 13
Schlusstermin (vgl. o. Rn. 10) Geld oder andere Massegegenstände verfügbar werden. Das ist der Fall (§ 203 I), wenn zurückbehaltene Beträge frei werden (z. B. durch Ausfall der aufschiebenden Bedingung [vgl. auch § 191 II] oder Unterliegen eines Gläubigers im Feststellungsprozess [vgl. § 189 II]); ferner dann, wenn Beträge, die aus der Masse gezahlt sind, zurückfließen (z. B. nach Eintritt der auflösenden Bedingung [§ 42] oder wenn nach Auszahlung der Widerspruch gegen eine bestrittene titulierte Forderung erfolgreich war [vgl. o. § 56 Rn. 19]); schließlich kommt es zur Nachtragsverteilung, wenn nachträglich Massegegenstände ermittelt werden (z. B. ein Gegenstand, der zwar zur Masse gezogen worden war, dessen Verwertung aber irrtümlich unterblieben ist; die Verwertung ist nachzuholen).

Die Verteilung des Geldes (§ 203 I Nr. 1, 2) und des Verwertungserlöses (vgl. § 203 I Nr. 3) nimmt der Verwalter aufgrund des Schlussverzeichnisses vor, § 205. Andere als im Schlussverzeichnis aufgeführte Insolvenzgläubiger werden nicht berücksichtigt. Eine Nachtragsverteilung kann auch nach Aufhebung des Insolvenzverfahrens (vgl. u. § 58 Rn. 1) angeordnet werden, § 203 II. Stets kann die Anordnung unterbleiben, wenn eine Nachtragsverteilung sich nicht lohnt, § 203 III.

Gegen die Ablehnung seines Antrags auf Nachtragsverteilung steht dem Antragsteller die sofortige 14
Beschwerde zu, § 204 I. Gegen den anordnenden Beschluss (gleich, ob er von Amts wegen oder auf Antrag ergeht, § 203 I) kann der Insolvenzschuldner sofortige Beschwerde einlegen, § 204 II.

§ 58. Die Beendigung des Insolvenzverfahrens

I. Aufhebung des Verfahrens

1. Sie **beschließt das Gericht,** sobald die Schlussverteilung vollzogen ist (§ 200 I), 1
also nicht schon nach dem Schlusstermin. Hat der Richter den Beschluss erlassen, so ist er unanfechtbar, § 6 I; stammt er vom Rechtspfleger, so gibt es gegen ihn die befristete Erinnerung, § 11 II RPflG (im einzelnen vgl. o. § 39 Rn. 8). Beschluss und Aufhebungsgrund (Vollzug der Schlussverteilung) werden öffentlich bekanntgemacht, § 200 II 1. Der Eintragungsvermerk im Grundbuch wird gelöscht, § 200 II 2 mit § 32 analog; zu den Registern vgl. § 200 II 2 mit §§ 31, 33. Die Bekanntmachung setzt nach Maßgabe des § 9 I 3 die Erinnerungsfrist in Lauf (§ 6 II 1, § 9 III); der richterliche Beschluss wird zu diesem Zeitpunkt unanfechtbar existent.

Trotz dieses Unterschieds ist das Insolvenzverfahren zwei Tage nach der Bekanntmachung aufgehoben (§ 9 I 3; vgl. auch § 215 I 2 für den Einstellungsbeschluss); diese Wirkung knüpft an die Existenz, nicht an die Rechtskraft des Beschlusses an, wie sich daran zeigt, dass die Erinnerung keine aufschiebende Wirkung hat (§ 11 II 4 RPflG mit § 570 ZPO).

2 Mit Wirksamwerden des Aufhebungsbeschlusses (§ 9 I 3) hören die Wirkungen der Verfahrenseröffnung auf, nicht etwa werden sie – wie bei der Aufhebung des Eröffnungsbeschlusses (vgl. o. § 54 Rn. 53) – rückwirkend beseitigt. Der ehemalige Insolvenzschuldner erhält das Verwaltungs- und Verfügungsrecht über die Masse zurück, was in der Regel mangels Masse keine Bedeutung hat (vgl. auch § 197 I 2 Nr. 3, § 203 III 1). Gläubigerversammlung, Gläubigerausschuss und Insolvenzverwalter verlieren ihre Befugnisse; der Verwalter behält sie aber für eine Nachtragsverteilung (vgl. §§ 203 II, 205).

3 2. **Die unbefriedigten Insolvenzforderungen** bleiben nach Aufhebung des Verfahrens bestehen. Sie können nunmehr von den (ehemaligen) Insolvenzgläubigern gegen den (ehemaligen) Insolvenzschuldner, der eine natürliche Person ist, unbeschränkt geltend gemacht werden (außer im Fall der Restschuldbefreiung, §§ 201 III, 286), § 201 I: **Recht der freien Nachforderung.** Die Forderungen sind Geldforderungen, sei es „von Hause aus", sei es durch Feststellung im Insolvenzverfahren (vgl. o. § 41 Rn. 4). Insolvenzgläubiger, deren Forderungen festgestellt und nicht vom Insolvenzschuldner bestritten worden sind oder dessen Widerspruch beseitigt ist, können aus dem Tabelleneintrag die Zwangsvollstreckung gegen den (ehemaligen) Insolvenzschuldner betreiben; der Eintrag – genauer: der **Auszug aus der Tabelle** – ist **Vollstreckungstitel** wie ein vollstreckbares Urteil (§§ 201 II, 184). Der Antrag auf Erteilung einer vollstreckbaren Ausfertigung des Titels (vgl. § 4 mit § 724 I ZPO) kann erst nach Aufhebung des Verfahrens gestellt werden, § 201 II 3. Ein früherer Vollstreckungstitel wird zur Vermeidung einer Doppeltitulierung durch den vollstreckbaren Tabellenauszug verdrängt und ist nicht mehr vollstreckbar (*Gaul,* FS Fr. Weber, S. 155 ff.). Zur Zuständigkeit bei der Vollstreckung, insbesondere für Rechtsbehelfe, vgl. § 202.

4 Für den Gläubiger ist das Nachforderungsrecht jedenfalls zunächst bedeutungslos, da der Schuldner nichts hat (ein Neuerwerb während des Insolvenzverfahrens fiel in die Masse, § 35). Immerhin kann der Schuldner durch einen Glücksfall zu Geld kommen (Lottogewinn, Erbschaft). Vielleicht gelingt es ihm, sich allmählich emporzuarbeiten, doch wirkt das Fortbestehen der übriggebliebenen Insolvenzforderungen wie ein Klotz am Bein, der jeden Versuch, durch eigene Kraft aus der wirtschaftlichen Misere herauszukommen, so gut wie aussichtslos macht. Hier soll die Restschuldbefreiung (§§ 286 ff., vgl. u. § 66) dem Schuldner einen (steinigen) Ausweg schaffen.

5 3. Eine **Aufhebung** des Verfahrens findet **ferner** statt *nach rechtskräftiger Bestätigung eines Insolvenzplans* (§ 258 I) und nach Rechtskraft des Beschlusses, der dem Insolvenzschuldner die **Möglichkeit der Restschuldbefreiung** einräumt (§ 289 II 2, § 291 I).

II. Einstellung des Verfahrens

6 Sie beendet das Verfahren in anderer Weise als die Aufhebung (vgl. o. Rn. 1). Das Gesetz kennt mehrere Fälle.

7 1. **Einstellung mangels Masse** erfolgt von Amts wegen durch Beschluss des Insolvenzgerichts, wenn sich nach Verfahrenseröffnung herausstellt, dass die Masse nicht die Verfahrenskosten deckt, § 207 I 1.

Vor einer Einstellung sind die Gläubigerversammlung, der Verwalter und die Massegläubiger zu hören, § 207 II; damit haben sie Gelegenheit, durch Leistung eines ausreichenden Kostenvorschusses die Einstellung abzuwenden, § 207 I 2. Ist der Schuldner eine natürliche Person, unterbleibt die Einstellung, wenn die Kosten nach § 4 a gestundet werden. Vorhandene Barmittel hat der Verwalter vor der Einstellung zur anteiligen Berichtigung der Verfahrenskosten (§ 54), vorab der Auslagen, zu verwenden. Dass die Verwaltervergütung keinen Vorrang vor den Gerichtskosten genießt, ist zumindest unangemessen (vgl. auch *BVerfG* NJW 93, 3129 f.). 8

2. **Masseunzulänglichkeit** liegt vor, wenn zwar die Verfahrenskosten, § 54, gedeckt sind (Unterschied zu o. Rn. 7), aber die Masse nicht ausreicht, um die sonstigen Masseverbindlichkeiten zu erfüllen (sicher nicht die bereits fälligen, voraussichtlich nicht die erst fällig werdenden), vgl. § 208 I. 9

Die (eingetretene oder drohende) Masseunzulänglichkeit hat der Verwalter dem Insolvenzgericht anzuzeigen (§ 208 I), die Masse weiterhin zu verwalten und zu verwerten (§ 208 III) und die Masseverbindlichkeiten in bestimmter Reihenfolge zu befriedigen (§ 209; vgl. o. § 46 Rn. 14 f.). Sobald der Insolvenzverwalter die Masseunzulänglichkeit angezeigt hat (gleich, ob sie wirklich vorliegt; zustimm. *H. Roth,* FS Gaul, 1997, S. 576, 582 f.), besteht ein Vollstreckungsverbot für Masseverbindlichkeiten des § 209 I Nr. 3 (§ 210). Wenn die Masse verteilt ist, stellt das Gericht das Verfahren ein, § 211 I (vgl. auch § 289 III zum Verfahren bei Restschuldbefreiung). Eine Nachtragsverteilung ist möglich, § 211 III. 10

3. Ist der **Insolvenzgrund weggefallen,** so ist das Verfahren auf Antrag des Insolvenzschuldners nach Maßgabe der §§ 212, 214 einzustellen. 11

4. **Mit Zustimmung aller Insolvenzgläubiger,** die Forderungen angemeldet haben, wird das Verfahren auf Antrag des Insolvenzschuldners eingestellt; im Einzelnen vgl. §§ 213 f. 12

5. Die Ablehnung des Einstellungsantrags (§§ 212, 213) und die Einstellung (§§ 207, 212, 213) sind **anfechtbar,** § 216. 13

4. Kapitel. Der Insolvenzplan

§ 59. Überblick

Literatur: *Braun,* Erste praktische Erfahrungen mit dem Insolvenzplanverfahren, in: *Chr. Berger* u. a. (Hrsg.), Zweiter Leipziger Insolvenzrechtstag, 2001, S. 51; *Frank,* Der verfahrensleitende Insolvenzplan, in: FS Braun, 2007, S. 219; *Gaul,* Zur Struktur und Wirkungsweise des Insolvenzplans als „privatautonomes" Instrument der Haftungsverwirklichung, in: FS U. Huber, 2006, S. 1187; *Happe,* Die Rechtsnatur des Insolvenzplans, 2004; *Leipold,* Zur Rechtsnatur des Insolvenzplans, KTS 06, 109 ff.; *Maus,* Der Insolvenzplan, in: KölSch S. 931; *Warrikoff,* Gestaltungsmöglichkeiten im Insolvenzplan, KTS 97, 527.

I. Zweck des Insolvenzverfahrens ist die gemeinschaftliche Befriedigung der Gläubiger des Insolvenzschuldners. Hierfür stellt § 1 S. 1 **zwei gleichrangige Möglichkeiten** zur Verfügung. Das durchnormierte Regelinsolvenzverfahren dient der **Liquidation** des insolvenzschuldnerischen Vermögens mit anschließender Verteilung des Verwertungserlöses. Daneben steht der von gesetzlichen Regelungen weitgehend freigestellte **Insolvenzplan** (§§ 217 ff.); er beruht auf der autonomen Gestaltung durch die absonderungsberechtigten Gläubiger und die Insolvenzgläubiger. Die Gläubiger können mit dem Insolvenzplan von dem starren Regelin- 1 solvenzverfahren abweichen. Dabei können einzelne Gläubiger überstimmt werden; ein Konsens aller Beteiligten ist also nicht zwingend erforderlich.

2 Nach der Vorstellung des Gesetzgebers soll der Insolvenzplan **insbesondere** dazu dienen, ein **Unternehmen** des Insolvenzschuldners zu erhalten (vgl. § 1 S. 1 a. E.) und damit Arbeitsplätze zu sichern. Die *Erhaltung eines Unternehmens* ist *auf verschiedenen Wegen* möglich. Ist der Träger des Unternehmens, also der *Insolvenzschuldner* (zumeist eine Gesellschaft), *sanierungsfähig*, so kann durch seine im Insolvenzplan abgesteckte Sanierung das Unternehmen erhalten werden. Der **Insolvenzplan** ist dann ein **Sanierungsplan.** Scheidet eine Sanierung des Unternehmensträgers selbst aus (die Gründe spielen letztlich keine Rolle), so kann es sich anbieten, das Unternehmen auf einen anderen Rechtsträger zu übertragen, um so Unternehmen und Arbeitsplätze zu erhalten. Der Rechtsträger kann bereits bestehen (dann wird es sich häufig um einen – bisherigen – Konkurrenten handeln) oder eigens zur Fortführung des Unternehmens gegründet sein (sog. Übernahmegesellschaft, vgl. § 260 III). Hier spricht man von einer *übertragenden Sanierung.* Ihre Grundlage kann ein Insolvenzplan sein, der insbesondere die Modalitäten der Übernahme regelt. Der Insolvenzplan ist dann ein **Übertragungsplan.** Der schwierigste Punkt ist die Ermittlung des „richtigen" Übernahmepreises (und das Finden eines Übernehmers, der ihn zahlt!). Seine Zahlung kann auf verschiedene Weise geregelt werden. Möglich ist die Vereinbarung eines Kaufpreises mit geräumiger Stundung und Ankoppelung an die künftige wirtschaftliche Entwicklung. Für diese Lösung bedarf es keines Insolvenzplans, da dieselbe Möglichkeit auch im normierten Regelinsolvenzverfahren besteht. Charakteristisch für einen Insolvenzplan ist vielmehr folgende Lösung: Der Übernehmer verpflichtet sich, die (im Plan gekürzten) Forderungen der Insolvenzgläubiger aus den künftigen Erträgnissen des übernommenen Unternehmens zu erfüllen (vgl. § 229); ist das Unternehmen angeschlagen und daher sanierungsbedürftig, dann ist der Übertragungsplan zugleich ein Sanierungsplan. Isoliert betrachtet ist der Übertragungsplan ein **Liquidationsplan,** denn er bezweckt die Verwertung des Unternehmens (nur nicht „in Stücken", sondern „als Ganzes"). Dass diese Qualifizierung des Plans zutrifft, zeigt sich im Vergleich mit der Veräußerung des Unternehmens durch den Insolvenzverwalter. Sie ist Verwertung (vgl. § 159), die der Zustimmung des Gläubigerausschusses oder der Gläubigerversammlung bedarf (§ 160 II Nr. 1, §§ 162, 163). Ein Liquidationsplan liegt auch dann vor, wenn er lediglich die Verwertung der Insolvenzmasse und die Verteilung des Verwertungserlöses abweichend vom Gesetz regelt.

II. Die wesentlichen Stationen des Planverfahrens

3 Das Verfahren **beginnt mit** der **Vorlage eines Insolvenzplans** durch den Verwalter oder den Insolvenzschuldner an das Insolvenzgericht (§ 218 I 1). Der **Plan gliedert sich** in einen **darstellenden und** einen **gestaltenden Teil** (§ 219). Der *darstellende Teil* enthält alle Informationen zu Grundlagen und Auswirkungen des Plans (z. B. über Möglichkeit und Folgen einer angestrebten Unternehmenssanierung), die für Gläubiger und Gericht notwendig sind, um sich für oder gegen den Plan zu entscheiden (§ 220). Im *gestaltenden Teil* wird festgelegt, wie die Rechtsstellung der Beteiligten geändert werden soll (§ 221). Beteiligt sind die Absonderungsberechtigten und die Insolvenzgläubiger (§§ 217, 221 mit § 222 I 1, § 226), ferner der Insolvenzschuldner. Die **Gläubiger** werden entsprechend ihrer unterschiedlichen Rechtsstellung **in verschiedene Gruppen** eingeteilt (§ 222). *Innerhalb einer Gruppe* gilt der *Gleichbehandlungsgrundsatz* (§ 226 I, II). Leidet der vorgelegte Plan an unbehebbaren **Verfahrensmängeln oder** ist der vom Insolvenzschuldner vorgelegte Plan offensichtlich **chancenlos,** so wird er **vom Gericht zurückgewiesen** (§ 231). Ist das nicht der Fall, so bestimmt das Gericht nach (oder mit) dem Prüfungstermin einen Erörterungs- und Abstimmungstermin (§§ 235, 236, 176, 29 I Nr. 2). Zur **Annahme** des Plans ist eine **Kopf- und Summenmehrheit** in jeder Gruppe nötig (§ 244). Ablehnung ohne vernünftigen Grund ist verboten **(„Obstruktionsverbot"),** sie wird durch fingierte Zustimmung ausgeschaltet (§ 245). Haben alle Abstimmungsgruppen der Gläubiger sowie der Insolvenzschuldner (wirklich oder kraft Fiktion) zugestimmt, so prüft das Gericht (§§ 249–251) und versagt oder erteilt die **Bestätigung** (§ 248). Wird sie **rechtskräftig erteilt, so treten** die Wirkungen des Plans, d. h. die im gestaltenden Teil festgelegten **Rechtsänderungen,** für und gegen alle Beteiligten **ein** (§ 254). Das **Insolvenzverfahren** wird durch Gerichtsbeschluss **aufgehoben** (§ 258). Danach kann die **Erfüllung** des Plans, wenn er das vorsieht, durch den insoweit weiter amtierenden Insolvenzverwalter **überwacht** werden (§§ 260, 261 mit 259 I 1, II). Die **Überwachung** wird nach erfolgter oder gesicherter Erfüllung **aufgehoben,** ferner, wenn seit Aufhebung des Insolvenzverfahrens drei Jahre verstrichen sind und kein Antrag auf Eröffnung eines neuen Insolvenzverfahrens vorliegt (§ 268).

III. Das Rechtsinstitut des Insolvenzplans war ein **Kernstück der Insolvenzrechtsreform** (so Rechtsausschuss des Deutschen Bundestages, BT-Drs. 12/7302 S. 181). Der Insolvenzplan tritt an die Stelle des Zwangsvergleichs nach der KO und des Vergleichs nach der VerglO. Das erklärt die wörtliche oder sinngemäße Übernahme zahlreicher Vorschriften beider Gesetze in die InsO. Der reformerische Ansatz des Insolvenzplans zeigt sich darin, dass er eine andere Zielsetzung als Zwangsvergleich und Vergleich verfolgt. Auf der Grundlage des einheitlichen Insolvenzverfahrens wird der Insolvenzplan in erster Linie als ein gläubigergesteuertes Sanierungsinstrument eingesetzt. Ob die Einzelregelungen geglückt sind, muss die Praxis zeigen. 4

§ 60. Inhalt und Aufstellung des Plans

I. Der **Inhalt des Insolvenzplans** zeichnet sich dadurch aus, dass bestimmte Bereiche **abweichend von** den Vorschriften der **InsO** geregelt werden können (§ 217), nämlich: die Befriedigung der absonderungsberechtigten Gläubiger und der Insolvenzgläubiger, die Verwertung der Insolvenzmasse und deren Verteilung an die Beteiligten sowie die Haftung des Insolvenzschuldners nach Beendigung des Insolvenzverfahrens. Damit wird von der Idee her eine den Besonderheiten des Einzelfalls angepasste, flexible Abwicklung der Insolvenz ermöglicht, um so das gesetzgeberische Ziel – bestmögliche Befriedigung der Insolvenzgläubiger – zu erreichen. Muster eines Insolvenzplans bei *Frege/Keller/Riedel* Rn. 2015. 1

II. Der **Plan gliedert sich** in einen *darstellenden und* einen *gestaltenden Teil* (§ 219). 2

1. **Der darstellende Teil** beschreibt zunächst, was nach der Verfahrenseröffnung geschehen oder geplant ist, um die Grundlagen für die im gestaltenden Teil (§ 221) festgelegten Rechtsgestaltungen zu schaffen (§ 220 I). 3

Dieser Abschnitt entfällt zwangsläufig, wenn der Insolvenzschuldner den Plan zusammen mit dem Antrag auf Eröffnung des Insolvenzverfahrens bei Gericht einreicht (§ 218 I 2).

Wesentlich wichtiger ist der zweite Abschnitt dieses Teils. Hier sind die beteiligten Gläubiger (vgl. § 217 und o. § 59 Rn. 3) und das Gericht umfassend über die **Grundlagen und Auswirkungen des Plans** zu unterrichten, soweit diese Informationen für die Entscheidung – Zustimmung der Gläubiger, gerichtliche Bestätigung – relevant sind (§ 220 II). 4

Die hier geforderten Angaben decken sich zu einem erheblichen Teil mit den Darlegungen des Verwalters im Berichtstermin (vgl. § 156 I), angereichert um eine Vermögensübersicht (die in § 153 genannte kann bereits vorliegen, sollte aber planbezogen entsprechend § 229 S. 1 modifiziert werden).

2. **Der gestaltende Teil** legt fest, wie die Rechtsstellung der Beteiligten (vgl. o. § 59 Rn. 3) unter Einschluss des Insolvenzschuldners durch den Plan geändert werden soll (§ 221). Das ist missverständlich formuliert; denn die Rechtsänderung tritt erst ein, wenn der Plan vom Gericht rechtskräftig bestätigt worden ist (§ 254 I 1). 5

a) Der – mögliche – **Inhalt eines Plans** wird, über die allgemeinen Angaben in § 217 hinaus, in zahlreichen Vorschriften erkennbar. 6

§ 228 (Abgabe der zur Änderung sachenrechtlicher Rechtsverhältnisse notwendigen Willenserklärungen, z. B. die Auflassung eines genau bezeichneten Grundstücks, sowie die entsprechenden Verpflichtungserklärungen), § 238 I 2 (Regelung der Rechtsstellung absonderungsberechtigter Gläubiger; vgl. auch § 222 I 2 Nr. 1), § 225 I (Forderungserlass), § 249 (Leistungserbringung vor der Planbestätigung), § 254 I 2 (formgerechte verfügende und verpflichtende Willenserklärungen), § 255 (Stundung oder Teilerlass von Forderungen; Abweichen von der Wiederauflebensklausel), § 259 (Fortführung eines Anfechtungsprozesses durch den Verwalter trotz Aufhebung des Insolvenzverfahrens), § 260 (Überwachung der Planerfüllung), § 263 (Zustimmung zu Rechtsgeschäften während der Überwachung), § 264 (Festlegung eines Kreditrahmens für die Überwachungszeit; Rangrücktritt der Insolvenzgläubiger). Zuweilen verlangt die InsO einen konkret(er)en Inhalt des Plans. So müssen bestimmte Rechtsänderungen ausdrücklich getroffen werden (§ 223: Beeinträchtigung von Absonderungsrechten; § 225 I: Fortbestehen nachrangiger Insolvenzforderungen; § 227: Ausschluss der Restschuldbefreiung). Bestimmte Rechtsänderungen müssen präzis beschrieben werden (§ 223 II: Umfang des Eingriffs in Absonderungsrechte und – §§ 224, 225 II – in Insolvenzforderungen). Gewisse Rechtsänderungen sind ausgeschlossen (§ 225 III: Freistellung oder Erleichterung der Haftung für Geldstrafen und gleichgestellte Geldschulden; das entspricht § 302 Nr. 2).

Enthält der Plan bestimmte im Gesetz genannte Regelungen, so sind ihm Anlagen beizufügen, die über die Realisierbarkeit der vorgesehenen Maßnahmen Auskunft geben (so bei Befriedigung aus künftigen Unternehmenserträgnissen, § 229) oder zur Realisierung notwendige Erklärungen enthalten (Einverständnis zur Unternehmensfortführung oder zur Übernahme von Beteiligungen, § 230; Einverständnis mit unterschiedlich nachteiliger Behandlung, § 226 II).

Zur vorgeschriebenen Bildung von Abstimmungsgruppen der Gläubiger vgl. u. Rn. 7.

7 b) **Gläubiger mit unterschiedlichen Rechtsstellungen** werden im gestaltenden Teil so **in Gruppen gegliedert,** dass Gläubiger mit gleicher Rechtsstellung eine Gruppe bilden (§ 222 I 1, II 1 a. A.). Dabei ist zu **unterscheiden** zwischen **folgenden Gläubigergruppen** (§ 222 I 2): den absonderungsberechtigten Gläubigern, wenn der Plan in ihre Rechte eingreift; den nichtnachrangigen Insolvenzgläubigern; den einzelnen Rangklassen der nachrangigen Insolvenzgläubiger (vgl. § 39), soweit deren Forderungen nicht nach § 225 als erlassen gelten sollen.

8 Ferner „sollen" die **Arbeitnehmer** eine eigene Gruppe bilden, wenn sie nicht unerhebliche Insolvenzforderungen haben, § 222 III 1 („sollen" heißt, dass die Gruppe bei Vorliegen der Voraussetzungen in der Regel zu bilden ist; ein Unterbleiben hat jedoch keine Rechtsfolgen).

9 Möglich ist die Bildung weiterer Gruppen (nicht: Untergruppen!) aus Gläubigern gleicher Rechtsstellung (vgl. § 222 II). Ein gesetzliches Beispiel bietet § 222 III 2: Aus jeder Gruppe des § 222 I 2 können die Kleingläubiger zu je einer eigenen Gruppe zusammengefasst werden; das ist zweckmäßig, wenn kleine Insolvenzgläubiger (maximale Forderungshöhe ist im Plan anzugeben) voll, Großgläubiger nur zum Teil befriedigt werden sollen.

10 Die **Gruppenbildung** ist **von erheblicher Bedeutung.** Durch Gruppenbildung kann von dem Gleichbehandlungsgrundsatz und damit von dem beherrschenden Prinzip des Insolvenzrechts abgewichen werden. Die Gläubigergruppen müssen nicht gleich behandelt werden. Nur innerhalb einer Gruppe sind allen Beteiligten gleiche Rechte anzubieten (§ 226 I; vgl. auch u. Rn. 11); die Abstimmung über die Annahme des Plans erfolgt gesondert in jeder Gruppe (§ 243). Sind die Kleingläubiger, die voll befriedigt werden sollen, in einer Gruppe zusammengefasst (vgl. o. Rn. 9), so kommt ihnen – mangels Beeinträchtigung durch den Plan – kein Stimmrecht zu (§ 237 II). Das erleichtert die Abstimmung.

11 Die Gleichbehandlung der Gläubiger innerhalb einer Gruppe (§ 226 I) wird dadurch gesichert, dass die Bevorzugung einzelner nur offen im Plan und aufgrund der Zustimmung der Benachteiligten zulässig ist (§ 226 II) und sog. Sonderabkommen über Vorteilsgewährungen außerhalb des Plans nichtig sind (§ 226 III).

12 **III.** Durch die Vorlage eines Insolvenzplans wird die eingeleitete **Verwertung und Verteilung der Masse** nicht automatisch gestoppt. Das Gericht kann ihre **Aussetzung** auf Antrag des Insolvenzschuldners oder des Verwalters anordnen, § 233 S. 1 (zur Ablehnung und Aufhebung einer Aussetzung § 233 S. 2). Zur einstweiligen Einstellung einer Grundstückszwangsversteigerung vgl. § 30 d I Nr. 3, II ZVG.

IV. Das Insolvenzgericht als Adressat des Plans (§ 218 I 1) **prüft** den Plan 13
unmittelbar nach seinem Eingang bei Gericht auf seine **formale Richtigkeit** (Vorlage durch Verwalter oder Insolvenzschuldner, § 218 I 1; Beachtung der Vorschriften über den Planinhalt, z. B. über die Gruppenbildung, § 222; ferner – wenn auch im Gesetz nicht gesagt – die Vollständigkeit notwendiger Anlagen, vgl. o. Rn. 6).

Ist ein Mangel unbehebbar, z. B. Planvorlage durch einen Insolvenzgläubiger, oder innerhalb einer 14
angemessen gerichtlichen Frist nicht behoben, z. B. die notwendige Anlage nicht beigebracht, so wird der Plan zurückgewiesen, § 231 I Nr. 1.

Ein **vom Insolvenzschuldner vorgelegter Plan** ist zurückzuweisen, wenn er 15
offensichtlich keine Aussicht hat, angenommen oder bestätigt zu werden (§ 231 I Nr. 2), wenn die im Plan ausgewiesenen Ansprüche **offensichtlich nicht erfüllt** werden können, der Insolvenzschuldner also den Mund zu voll genommen hat (§ 231 I Nr. 3), und schließlich auf Antrag des Verwalters mit Zustimmung des Gläubigerausschusses (sofern vorhanden), wenn es sich um den **zweiten Plan** im selben Verfahren handelt, nachdem der erste gar nicht zur Ausführung gelangt ist (§ 231 II).

Gegen den zurückweisenden Beschluss steht dem Vorlegenden die **sofortige Beschwerde** zu, 16
§ 231 III (zur Bedeutung vgl. o. § 39 Rn. 6).
Kommt es nicht zur Zurückweisung, so *muss* das Gericht von bestimmten Personen und Institutionen und *kann* von weiteren Institutionen Stellungnahmen einholen, § 232. Diese sind mit Plan und Anlagen in der Geschäftsstelle zur Einsicht der Beteiligten – dazu gehören hier, schon wegen der eingegangenen Stellungnahmen nach § 232 II, auch der Insolvenzschuldner und der Verwalter – niederzulegen, § 234. Das dient zur Vorbereitung der Entscheidung über den Plan; daher steht den Abstimmungsberechtigten (vgl. §§ 237, 238, 241 II und u. § 61 Rn. 3 f.) ein Recht auf Einsicht zu.

§ 61. Annahme und Bestätigung des Plans

I. Über die **Annahme des Plans** wird in einem vom Gericht bestimmten Termin 1
abgestimmt, in dem zuvor der Plan und das Stimmrecht der Gläubiger erörtert worden sind **(Erörterungs- und Abstimmungstermin),** § 235 I 1. Der Termin darf nicht vor, kann aber gleichzeitig mit dem Prüfungstermin (§§ 176, 29 I Nr. 2) stattfinden, § 236. Ausnahmsweise kann ein gesonderter Abstimmungstermin anberaumt werden, § 241; schriftliche Abstimmung ist möglich, § 242.

Zur Terminsbekanntmachung und Ladung vgl. §§ 235 II, III, 241 II.

II. 1. **Aufgrund der Erörterungen** im Termin kann der Vorlegende den **Plan inhaltlich punk-** 2
tuell ändern; darüber kann noch im selben Termin abgestimmt werden (§ 240). Ob nur „einzelne" Regelungen geändert worden sind, kann zweifelhaft sein, ebenso, ob es zulässig ist, „einzelne", aber planentscheidende Regelungen zu so später Stunde noch zu ändern (in diesem Fall ist jedenfalls ein gesonderter Abstimmungstermin ohne schriftliche Stimmabgabe angezeigt, vgl. § 241 II 2).

2. **Nicht stimmberechtigt** sind diejenigen Insolvenzgläubiger, deren Forderun- 3
gen durch den Plan nicht beeinträchtigt werden (§ 237 II), z. B. die nach dem Plan voll zu befriedigenden Kleingläubiger (vgl. o. § 60 Rn. 9).

Dasselbe schreibt § 238 II kraft Verweisung auf § 237 II für absonderungsberechtigte Gläubiger 4
vor. Das beruht auf einem Versehen im Gesetzgebungsverfahren. Durch eine Änderung des § 222 I 2 Nr. 1 bilden die Absonderungsberechtigten nur dann eine Gruppe, wenn der Plan in ihre Rechte eingreift. Damit wurde (der jetzige) § 238 II überflüssig, aber versehentlich nicht gestrichen.

5 3. **Stimmberechtigt** sind die **Insolvenzgläubiger,** deren Forderungen angemeldet und weder vom Verwalter noch von einem stimmberechtigten Insolvenzgläubiger bestritten worden sind (§ 237 I 1 mit § 77 I 1) und die durch den Plan beeinträchtigt werden (§ 237 II, vgl. o. Rn. 3 f.).

6 Die Inhaber bestrittener oder aufschiebend bedingter Forderungen sind stimmberechtigt, wenn sich der Verwalter und die anwesenden stimmberechtigten Insolvenzgläubiger entsprechend geeinigt haben oder, mangels Einigung, das Gericht entschieden hat; die Entscheidung ist abänderbar (§ 237 I 1 mit § 77 II, III Nr. 1). Eine Entscheidung des Rechtspflegers über das Stimmrecht hat nicht die in § 256 bestimmten Rechtsfolgen, § 18 III 1 RPflG. Hat sie sich auf das Ergebnis einer Abstimmung ausgewirkt, so kann nach Maßgabe von § 18 III 2 RPflG neu abgestimmt werden. Das Stimmrecht ist auch hier nach § 237 II ausgeschlossen.

7 4. **Absonderungsberechtigte Gläubiger** können nur abstimmen, wenn der Plan in ihre Rechte eingreift, weil sie allein dann eine Abstimmungsgruppe bilden (§ 222 I 2 Nr. 1); vgl. o. Rn. 3 f. Im Übrigen ist zu unterscheiden.

8 a) **Als Insolvenzgläubiger** sind sie nur insoweit abstimmungsberechtigt, als ihnen der *Insolvenzschuldner* auch *persönlich haftet* (er ist z. B. Eigentümer der Pfandsache, Verpfänder und persönlicher Schuldner) *und* das *Absonderungsrecht nicht zur Befriedigung geführt* hat, sei es wegen *Verzichts* auf das Recht, sei es wegen *Ausfalls* bei der Verwertung, § 237 I 2. Das entspricht der Regelung in § 52 (vgl. o. § 45 Rn. 14). Bei Verzicht sind die (ehemals!) Absonderungsberechtigten mit ihrer vollen Forderung, sonst nur mit der Ausfallforderung stimmberechtigt.

9 b) **Absonderungsberechtigte Gläubiger** sind **als solche** nur mit dem gesicherten Teil ihrer Forderung stimmberechtigt (bei teilweisem Ausfall stimmen sie in Höhe des Ausfalls als Insolvenzgläubiger, vgl. o. Rn. 8, und in Höhe der Befriedigung als Absonderungsberechtigte ab), vorausgesetzt, ihr Absonderungsrecht wird weder vom Verwalter noch von einem Absonderungsberechtigten noch von einem Insolvenzgläubiger bestritten, § 238 I 2.

Für bestrittene oder aufschiebend bedingte Absonderungsrechte gelten die gleichen Regeln wie für entsprechende Insolvenzforderungen (vgl. o. Rn. 6), nicht fällige Rechte gelten als fällig (§ 238 I 3 mit §§ 41, 77 II, III Nr. 1; § 18 III RPflG ist auch hier zu beachten).

10 5. Die aufgrund der Erörterung festgestellten Stimmrechte werden in einer **Stimmliste** vermerkt, § 239.

11 **Jede Abstimmungsgruppe,** die im gestaltenden Teil des Plans aufgeführt ist (§ 222; vgl. o. § 60 Rn. 7), **stimmt gesondert** ab, § 243. Der **Plan** ist **angenommen,** wenn er in *jeder* Gruppe (nicht nur von der Mehrheit der Gruppen!) eine doppelte Mehrheit gefunden hat: die **Kopfmehrheit** (Mehrheit der abstimmenden Gläubiger) **und** die **Summenmehrheit** (mehr als die Hälfte der Summe der Ansprüche der abstimmenden Gläubiger), § 244 I. Stimmenthaltungen werden nicht mitgezählt.

12 Sind die erforderlichen Mehrheiten in einer Abstimmungsgruppe nicht erreicht, so gilt die Zustimmung gleichwohl als erteilt, wenn ein vernünftiger Ablehnungsgrund nicht besteht, sog. **Obstruktionsverbot** (§ 245). Die Handhabung dieser Vorschrift dürfte in der Praxis ganz erhebliche Schwierigkeiten bereiten. Ob die Gläubiger im Plan „schlechter" gestellt sind als ohne Plan, ob sie also ohne Plan das Gleiche oder sogar mehr, als im Plan vorgesehen, erhalten würden, ist eine nicht mit Sicherheit, sondern nur mithilfe von Schätzungen und damit unsicher zu beantwortende Frage. Der Liquidationswert, der ohne Plan maßgebend ist, kann bloß ungefähr ermittelt werden. Hier werden sich Sachverständige tummeln (vgl. § 151 II), deren Gutachten erfahrungsgemäß oft auseinander gehen. Noch schwieriger dürfte es sein, die angemessene Beteiligung der Gläubigergruppe am wirtschaftlichen Wert (§ 245 I Nr. 2) herauszufinden; § 245 II gibt Steine statt Brot. Gemeint ist: Der Plan darf andere Gläubiger nicht besser stellen, als sie ohne Plan stehen würden. Das festzustellen, stößt auf die bereits genannten Schwierigkeiten. Besser als das monströse Obstruktionsverbot wäre ein handhabbares Missbrauchsverbot, das an das Fehlen eines sachlichen Ablehnungsgrundes anknüpfen könnte.

13 6. Die notwendige **Zustimmung des Insolvenzschuldners** zum Plan kann von ihm *erklärt* werden, oder sie wird *fingiert,* wenn er dem Plan nicht spätestens im Abstimmungstermin formgerecht widersprochen hat (§ 247 I). Auch für den Insol-

venzschuldner gilt eine Art Obstruktionsverbot (§ 247 II), das ähnlich schwer zu handhaben ist wie das des § 245 (vgl. o. Rn. 12). Maßgebend ist letztlich auch hier, ob für den Widerspruch ein vernünftiger Grund vorliegt. Ein solcher Grund ist gegeben, wenn der Plan den Insolvenzschuldner voraussichtlich schlechter stellt als er ohne Plan stünde (§ 247 II Nr. 1). Das kann der Fall sein, wenn dem Insolvenzschuldner im Plan eine Restschuldbefreiung versagt wird (vgl. § 227 und o. § 60 Rn. 6), die er ohne Plan gemäß §§ 286 ff. erhalten könnte (auch wenn sie nach diesen Vorschriften nur auf dornenreichem Weg zu erlangen ist; daher gegen die Berücksichtigung möglicher Restschuldbefreiung *Häsemeyer* Rn. 28.72).

III. Der Insolvenzplan kann vorsehen, dass **vor** der gerichtlichen **Bestätigung** bestimmte **Maßnahmen verwirklicht** werden sollen, z. B. eine Kapitalerhöhung. Erst wenn das geschehen ist, ggf. innerhalb einer vom Gericht gesetzten angemessenen Frist, darf der Plan bestätigt werden. Verstreicht die Frist ungenutzt, so ist die Bestätigung von Amts wegen, also ohne Antrag, zu versagen. Vgl. § 249. 14

Ein in diesem Sinne „bedingter" Plan wirkt als Druckmittel, die vorgesehenen Maßnahmen vorzunehmen, allerdings nur, wenn der Verpflichtete den Plan auch jetzt noch will. Ist das nicht der Fall, so bietet sich durch Unterlassen der Maßnahmen (fast) die letzte Möglichkeit, den Plan zu Fall zu bringen. Ob wegen des Unterlassens ein Schadensersatzanspruch gegeben ist (für wen, gegen wen, auf welcher Grundlage?), ist nicht generell zu beantworten.

IV. Das **Bestätigungsverfahren** kommt in Gang, wenn die absonderungsberechtigten Gläubiger, die Insolvenzgläubiger und der Insolvenzschuldner dem Plan zugestimmt haben, § 248 I. 15

1. Handelt es sich um einen **bedingten Plan** und sind die dort vorgesehenen Maßnahmen noch nicht verwirklicht, so kommt das o. Rn. 14 beschriebene Zwischenverfahren in Gang. 16

2. **Vor** der Entscheidung über die **Bestätigung** soll das Gericht den Verwalter, den Insolvenzschuldner und, wenn vorhanden, den Gläubigerausschuss **hören,** § 248 II. 17

3. Liegt ein **wesentlicher Verfahrensmangel** vor, der nicht behoben werden kann (z. B. ist die Niederlegung des Plans, § 234, unterblieben) **oder** ist die **Annahme** des Plans **unlauter herbeigeführt** worden, so ist die **Bestätigung zu versagen,** § 250. 18

Auf Antrag eines durch den Plan voraussichtlich benachteiligten Gläubigers, der dem Plan frist- und formgerecht widersprochen hat, ist die Bestätigung ebenfalls zu versagen, § 251 (**Minderheitenschutz**). Damit kann ein einziger Gläubiger einen mühsam ausgehandelten Plan zu Fall bringen.

4. Der **Beschluss** des Gerichts, der die Bestätigung ausspricht oder versagt, ist zu **verkünden,** § 252 I 1 (Ausnahme in S. 2). Gegen ihn steht den (abstimmungsberechtigten) Absonderungsberechtigten, den Insolvenzgläubigern oder dem Insolvenzschuldner die sofortige Beschwerde zu, § 253; zur Bedeutung vgl. o. § 39 Rn. 6. Dem Insolvenzschuldner fehlt die Beschwer, wenn ein von ihm vorgelegter Plan bestätigt worden ist. Die Gläubiger sind auch dann beschwert, wenn der Beschluss ihrem Abstimmungsverhalten entspricht; denn das Beschwerderecht ist nach § 253 nicht an das Stimmrecht geknüpft (wichtig, wenn Insolvenzforderungen oder Absonderungsrechte bestritten worden sind, § 237 I 1, § 238 I 3, jeweils mit § 77 II). 19

§ 62. Die Wirkungen des bestätigten Plans

I. Wird die **Bestätigung rechtskräftig,** so treten die im gestaltenden Teil des Plans (§ 221) festgelegten **Wirkungen für und gegen alle Beteiligten** ein, § 254 I 1. „Beteiligt" ist, wessen Rechtsstellung durch den Plan verändert werden kann (vgl. o. § 59 Rn. 3), also die absonderungsberechtigten Gläubiger, die Insolvenzgläubiger und der Insolvenzschuldner. Gleichgültig ist, ob sie dem Plan widersprochen oder als Insolvenzgläubiger ihre Forderungen nicht angemeldet haben, § 254 I 3. 1

2 Eine im Plan vorgesehene **Verfügung** über ein Recht wird nur dann mit der rechtskräftigen Bestätigung wirksam, wenn die Rechtsänderung allein durch die im Plan aufgenommenen Willenserklärungen herbeigeführt wird, z. B. der Teilerlass einer Forderung (vgl. § 228). Ist der Eintritt der Verfügungswirkungen an das Vorliegen weiterer Tatbestandsmerkmale geknüpft (z. B. Besitzverschaffung bei der Pfandbestellung, § 1205 BGB; Eintragung im Grundbuch, § 873 I BGB), so müssen sie außerhalb des Plans verwirklicht werden, der Plan ersetzt sie nicht.

Eine für die Willenserklärung vorgeschriebene Form wird durch die Aufnahme in den Plan gewahrt, § 254 I 2.

Sind im Plan Insolvenzforderungen teilweise erlassen worden, so sind sie nach § 397 BGB insoweit erloschen. Hat der Insolvenzgläubiger mehr als den nicht erlassenen Betrag erhalten, so müsste er ihn „an sich" zurückzahlen. Aber er hat Glück, denn § 254 III schließt eine Rückgewährpflicht aus. Der „Erlass" beseitigt nur das „Recht zum Forderndürfen", lässt aber das „Recht zum Behaltendürfen" unberührt (vgl. auch § 301 III für die Restschuldbefreiung).

3 **II.** Die **Haftung von Mitschuldnern und Bürgen** des Insolvenzschuldners **bleibt** in vollem Umfang **bestehen,** § 254 II 1. Ist z. B. die Hauptschuld des Insolvenzschuldners z. T. erlassen worden, so wirkt sich das auf die Bürgenschuld – abweichend von § 767 I 1 BGB – nicht aus (Einschränkung der Akzessorietät). **Rückgriffsansprüche** des Bürgen und anderer Rückgriffsberechtigten entfallen in gleichem Umfang wie die Hauptschuld (§ 254 II 2); sonst wäre der Teilerlass praktisch wirkungslos. Ungeschmälert bleiben auch die Rechte der Insolvenzgläubiger an Gegenständen, die nicht zur Insolvenzmasse gehören, insbesondere an Grundstücken eines Dritten (z. B. eine Grundschuld); das gilt auch für eine auf solche Gegenstände bezogene Vormerkung (§ 254 II 1).

4 **III. Das Insolvenzverfahren wird aufgehoben,** sobald die Planbestätigung rechtskräftig geworden ist und der Verwalter die Masseansprüche erfüllt oder sichergestellt hat, § 258 I, II. Aufhebungsbeschluss und Aufhebungsgrund sind öffentlich bekanntzumachen. Gegen den Beschluss gibt es kein Rechtsmittel (vgl. § 6 I); zur befristeten Erinnerung gegen einen Beschluss des Rechtspflegers vgl. o. § 39 Rn. 8.

5 Mit der Aufhebung enden die Ämter des Verwalters und der Mitglieder des Gläubigerausschusses, § 259 I 1 (anders bei Überwachung der Planerfüllung, §§ 259 II, 261 I 2; vgl. u. § 63 Rn. 3). Der (ehemalige) Insolvenzschuldner darf wieder über die (ehemalige) Insolvenzmasse frei verfügen, § 259 I 2. Die Registergerichte sind von der Aufhebung zu unterrichten, der Insolvenzvermerk im Grundbuch ist zu löschen (§ 258 III 3, § 200 II 2, §§ 31–33).

6 Der ehemalige Verwalter kann einen anhängigen Anfechtungsprozess fortführen, wenn der Plan das vorsieht, § 259 III. Der Verwalter führt den Prozess in gesetzlich zugelassener gewillkürter Prozessstandschaft (ermächtigt durch den Plan), also im eigenen Namen, auf Rechnung des (ehemaligen) Insolvenzschuldners (abweichende Kostenregelung möglich). Der Verwalter prozessiert nicht mehr als Inhaber eines Amtes, sondern als Privatperson, auch wenn er als Überwacher der Planerfüllung tätig und „insoweit" noch Verwalter ist (§ 261 I 2). Zur Problematik vgl. auch o. § 51 Rn. 15.

7 **IV.** Es muss Vorsorge für den Fall getroffen werden, dass **Forderungen der Insolvenzgläubiger,** die im Plan *nur teilweise erlassen oder* die *gestundet* worden sind, **nicht plangemäß erfüllt** werden.

8 Die Rechtsfolgen können im Plan selbst geregelt werden (§ 255 III mit Einschränkung zugunsten des Insolvenzschuldners; so kann z. B. nicht zu seinen Lasten die in § 255 I 2 vorgesehene Nachfristsetzung entfallen). Schweigt der Plan, so gilt Folgendes: Gerät der Insolvenzschuldner mit der Erfüllung erheblich in Rückstand, so entfallen Teilerlass oder Stundung (nur) gegenüber dem betroffenen Insolvenzgläubiger, § 255 I 1. Der Rückstand ist erst erheblich, wenn der Insolvenzschuldner trotz schriftlicher Mahnung mit mindestens zweiwöchiger Nachfristsetzung nicht zahlt, § 255 I 2. Wird vor vollständiger Planerfüllung ein neues Insolvenzverfahren eröffnet, so entfallen Teilerlass und Stundung gegenüber allen Insolvenzgläubigern, § 255 II.

§ 255 betrifft nicht den Fall, dass die Insolvenzgläubiger plangemäß nicht vom Insolvenzschuldner, sondern von einem Dritten befriedigt werden sollen, z. B. von einer Übernahmegesellschaft (vgl. § 260 III). In diesem Fall gelten die allgemeinen Vorschriften für Zahlungsverzug oder Insolvenz.

Besonders geregelt ist die Erfüllung von bestrittenen Forderungen und von Ausfallforderungen; denn vor ihrer endgültigen Feststellung steht ihre Höhe nicht fest. Hier sieht § 256 I vor, dass der Insolvenzschuldner einen vorläufig vom Gericht festgesetzten Betrag zu zahlen hat (zur Verbindlichkeit der gerichtlichen Entscheidung über das Stimmrecht nach §§ 237, 238 gemäß § 256 I 1 ist § 18 III RPflG zu beachten, vgl. o. § 61 Rn. 6). Zahlt er ihn, so kommt er nicht in Rückstand, anderenfalls gilt § 255 I. Ergibt die endgültige Feststellung der Forderung, dass der Insolvenzschuldner zu wenig gezahlt hat, so muss er nachzahlen, § 256 II 1; ein erheblicher Rückstand liegt wie bei § 255 I 2 erst nach erfolgloser Mahnung mit mindestens zweiwöchiger Nachfristsetzung vor, § 256 II 2. Hat er zu viel gezahlt, so hat er nur einen eingeschränkten Rückforderungsanspruch, § 256 III.

V. Der rechtskräftig bestätigte Insolvenzplan in Verbindung mit dem Tabellen- 9
eintrag ist **Vollstreckungstitel** für solche Insolvenzgläubiger, deren Forderungen festgestellt und vom Insolvenzschuldner nicht bestritten worden sind, oder wenn ein erhobener Widerspruch beseitigt worden ist, § 257 I 1, 2, dazu §§ 178 I, 184. Vollstreckungsschuldner ist der Insolvenzschuldner, ferner Dritte (z. B. Bürgen, Garanten), die durch eine bei Gericht eingereichte schriftliche Erklärung für die Planerfüllung neben dem Insolvenzschuldner ohne die Einrede der Vorausklage (vgl. § 771 BGB) Verpflichtungen übernommen haben, § 257 II. Zur Zuständigkeit bei der Vollstreckung, insbesondere für Rechtsbehelfe, § 257 I 3 mit § 202.

§ 63. Die Überwachung der Planerfüllung

I. Der Plan kann eine **Überwachung der Planerfüllung** vorsehen, § 260 I. Sie 1
findet nach Aufhebung des Insolvenzverfahrens statt und dient der Kontrolle, ob die den Insolvenzgläubigern plangemäß zustehenden Ansprüche vom Insolvenzschuldner und – wenn der Plan auch das vorsieht – von der Übernahmegesellschaft erfüllt werden, § 260 II, III.

Die Überwachung ist zusammen mit dem Aufhebungsbeschluss öffentlich bekanntzumachen und 2
den Registergerichten mitzuteilen, Verfügungsbeschränkungen über Grundstücke sind im Grundbuch einzutragen (§ 267 I, III mit §§ 31–33). Bekanntzumachen sind auch bestimmte Erweiterungen der Überwachung, § 267 II.

II. Die Überwachung ist **Aufgabe des Insolvenzverwalters.** Insoweit amtiert er 3
trotz Aufhebung des Insolvenzverfahrens weiter, ebenso der Gläubigerausschuss und als Aufsichtsorgan das Insolvenzgericht, § 261 I 1 (dazu § 259 I 1, II). Der Verwalter hat jährlich Bericht zu erstatten, jederzeit können Auskünfte und Zwischenberichte verlangt werden, § 261 II.

III. Außer der Überwachung der Planerfüllung können dem Verwalter **weitere** 4
Aufgaben obliegen.

1. Der Plan kann vorsehen, dass **bestimmte Rechtsgeschäfte** des Insolvenzschuldners oder der 5
Übernahmegesellschaft (§ 260 III) nur mit **Zustimmung des Verwalters** wirksam sind, § 263 S. 1; zur Bekanntmachung § 267 II Nr. 2. § 81 I gilt entsprechend (daher ist die Eintragung des Zustimmungserfordernisses im Grundbuch wichtig), ebenso § 82 (§ 263 S. 2; vgl. o. § 40 Rn. 19, 25–33).

2. Eine mehr marginale Rolle fällt dem Verwalter bei Ausschöpfung eines im Plan 6
genannten **Kreditrahmens** (§ 264) zu.

Der Plan kann vorsehen, dass die Forderungen von Kreditgebern aus der Zeit der Überwachung vorrangig sind gegenüber den Forderungen der nichtnachrangigen Insolvenzgläubiger und den Forderungen von „Neugläubigern“ vertraglicher Ansprüche aus der Überwachungszeit (§ 264 I 1, § 265). Die Kredite müssen sich innerhalb eines im Plan festgelegten Rahmens halten, der sich am Wert der Vermögensgegenstände des Insolvenzschuldners (s. § 229 S. 1) zu orientieren hat (§ 264 I 2, 3). Nur diejenigen Insolvenzgläubiger treten im Rang zurück, die mit den Kreditgebern eine auf Einhaltung des Kreditrahmens bezogene Vereinbarung getroffen haben und denen gegenüber der Verwalter diese Vereinbarung bestätigt hat, § 264 II. Die Vorrangeinräumung hat bei der Planabwicklung keine Bedeutung. Sie kommt erst zum Tragen in einem Insolvenzverfahren, das vor Aufhebung der Überwachung eröffnet wird, § 266 I. In diesem Verfahren nehmen die „alten" Insolvenzgläubiger und die Neugläubiger die „Rangstelle 0" vor den übrigen nachrangigen Gläubigern (§ 39) ein, § 266 II.

Dass diese – weitere – Verschlechterung von den ohnehin gebeutelten Insolvenzgläubigern nennenswert oft akzeptiert werden wird, muss bezweifelt werden. Umgekehrt ist ebenfalls zweifelhaft, ob die bloße Vorrangeinräumung in einem künftigen Insolvenzverfahren genügt, um jetzt Kreditgeber zu finden; dafür bedürfte es für das künftige Insolvenzverfahren einer Masseanreicherung, die aber nicht zu sehen ist.

7 3. Die **Nichterfüllung von Ansprüchen,** deren Erfüllung überwacht wird, hat der Insolvenzverwalter unverzüglich dem Gericht und dem Gläubigerausschuss (wenn vorhanden, sonst allen nach dem Plan anspruchsberechtigten Gläubigern) mitzuteilen, § 262.

8 **IV.** Die **Überwachung** ist durch Gerichtsbeschluss **aufzuheben,** wenn die Ansprüche, deren Erfüllung überwacht wird, erfüllt sind; Gewährleistung der Erfüllung, z. B. durch Bankbürgschaft, genügt (§ 268 I Nr. 1). Die Überwachung ist ebenfalls zu beenden, wenn nach Aufhebung des Insolvenzverfahrens drei Jahre verstrichen sind und kein Antrag auf Eröffnung eines neuen Verfahrens vorliegt (§ 268 I Nr. 2).

9 Die Überwachung dauert also im Regelfall maximal drei Jahre, kürzer dann, wenn Erfüllung vorliegt oder gewährleistet ist. Ist ein neuer Insolvenzantrag gestellt (§ 268 I Nr. 2), so bleibt die Überwachung bis zur Verfahrenseröffnung bestehen (was aber mit Rücksicht auf sichernde Maßnahmen im Eröffnungsverfahren keine Bedeutung hat) und endet dann automatisch. Wird der Insolvenzantrag rechtskräftig abgewiesen, so ist die Überwachung bei Vorliegen der Voraussetzungen von § 268 I aufzuheben.

10 Zur Anfechtbarkeit des Beschlusses (keine sofortige Beschwerde) vgl. § 6 I und o. § 39 Rn. 6. Zur doppelt entsprechenden Anwendbarkeit von §§ 31, 32 vgl. § 268 II mit § 267 und o. Rn. 2.

5. Kapitel. Besondere Verfahrensgestaltungen

§ 64. Eigenverwaltung

1 **I. Im Regelinsolvenzverfahren** geht mit der Verfahrenseröffnung das Recht des Insolvenzschuldners, sein zur Insolvenzmasse gehörendes Vermögen zu verwalten und darüber zu verfügen, auf den Insolvenzverwalter über (§ 80 I; vgl. o. § 40 Rn. 18, § 43 Rn. 8). Diese Folgen treten nicht ein, wenn das Insolvenzgericht die **Eigenverwaltung** anordnet. Wie der Name dieses besonderen Insolvenzverfahrens andeutet, behält der Insolvenzschuldner das Recht zur Verwaltung und Verfügung (§ 270 I 1,

auch § 271 S. 1), folgerichtig wird auch kein Insolvenzverwalter bestellt, sondern ein Sachwalter, dem die Aufsicht über den eigenverwaltenden Insolvenzschuldner obliegt (§ 270 I 1), und dem außerdem einige Aufgaben zugewiesen sind, die im Regelverfahren der Insolvenzverwalter zu erfüllen hat. In der Eigenverwaltung werden also die Funktionen des Insolvenzverwalters auf den Sachwalter und den Insolvenzschuldner verteilt. Darin liegt ein beachtlicher Vertrauensbeweis oder besser: Vertrauensvorschuss für den Insolvenzschuldner. Das weckt Zweifel an der Berechtigung eines solchen Verfahrens (abl. *Leipold,* Umbruch S. 166 ff.); denn schließlich ist der Insolvenzschuldner in die wirtschaftliche Misere hineingeraten, was ihn nicht dazu prädestiniert, selbst den Weg aus der Misere zu finden und auf die bestmögliche Befriedigung seiner Gläubiger bedacht zu sein. Daher kommt die Eigenverwaltung nur in besonders gelagerten Fällen in Betracht, z. B. dann, wenn die speziellen Kenntnisse des Insolvenzschuldners für die Verfahrensabwicklung unentbehrlich sind (und seine Auskunfts- und Mitwirkungspflichten, § 97, dafür nicht genügen).

Keinesfalls kann in der Regel davon ausgegangen werden, dass ein Insolvenzschuldner, der selbst das Insolvenzverfahren beantragt hat, für die Eigenverwaltung jedenfalls zunächst geeignet sei (so aber RegE, BT-Drs. 12/2443, S. 223). Auf dieser Basis würde die Anordnung der Eigenverwaltung, wenn sie beantragt wird, zum Regelverfahren. Diese Möglichkeit ist jedoch durch den – in Abänderung des RegE eingefügten – § 270 II Nr. 3 verbaut, wonach die Anordnung unterbleibt, wenn sie wirtschaftliche Nachteile für die Gläubiger erwarten lässt. Das heißt: Im Zweifel keine Eigenverwaltung (der umgekehrte Satz gilt für die Aufhebung, wenn sie von einem Absonderungsberechtigten oder einem Insolvenzgläubiger beantragt wird, § 272 I Nr. 2, II 1). 2

II. Anordnung und Aufhebung der Eigenverwaltung haben besondere Voraussetzungen und sind von der Eröffnung und Beendigung des Insolvenzverfahrens genau zu unterscheiden. 3

1. Die **Anordnung** setzt voraus (§ 270 II): einen *Antrag* des Insolvenzschuldners (Nr. 1); die *Zustimmung* hierzu seitens des Gläubigers, der den Eröffnungsantrag gestellt hat (Nr. 2); dass nach den Umständen *weder* eine *Verfahrensverzögerung noch* ein *sonstiger Gläubigernachteil* durch die Anordnung zu erwarten ist (Nr. 3, vgl. o. Rn. 2). 4

Der Antrag kann nicht von einer natürlichen Person als Insolvenzschuldner gestellt werden, die keine oder nur eine geringfügige selbstständige wirtschaftliche Tätigkeit ausübt oder ausgeübt hat. Für sie ist das Vereinfachte Insolvenzverfahren vorgesehen, in dem es keine Eigenverwaltung gibt (§§ 304 I, 312 II). Letzteres ist sinnvoll, weil ein Insolvenzschuldner ohne größere unternehmerische Erfahrung (vgl. § 304 II) für eine Eigenverwaltung generell ungeeignet ist. 5

Der Antrag des Insolvenzschuldners muss vor der Entscheidung über den Eröffnungsantrag gestellt sein (arg. § 270 I 1, II Nr. 2). Wird er abgelehnt, so gibt es dagegen keine sofortige Beschwerde (*BGH* NJW-RR 07, 561; zur Bedeutung vgl. o. § 39 Rn. 6). Doch kann der Antrag im eröffneten Insolvenzverfahren von der ersten Gläubigerversammlung gestellt werden, dem ohne Prüfung (insbesondere nicht entsprechend § 270 II Nr. 3) stattzugeben ist (§ 271 S. 1). Zweckmäßigerweise wird der bisherige Insolvenzverwalter zum Sachwalter bestellt (vgl. § 271 S. 2).

2. Die Anordnung wird **aufgehoben** (§ 272 I) auf Antrag der Gläubigerversammlung (Nr. 1) oder des Insolvenzschuldners (Nr. 3), jeweils ohne Prüfung. Stellt ein Absonderungsberechtigter oder ein Insolvenzgläubiger den Antrag, dann muss nach den Umständen zu erwarten sein, dass die Fortdauer der Eigenverwaltung zu Gläubigernachteilen führt (§ 272 I Nr. 3), was glaubhaft zu machen ist (§ 272 II 1; zum rechtlichen Gehör des Insolvenzschuldners § 272 II 2). Die Aufhebung der Anordnung der Eigenverwaltung führt (selbstverständlich) nicht zur Beendigung des Insolvenzverfahrens. In der Regel dürfte der bisherige Sachwalter als Insolvenzverwalter bestellt werden (§ 270 III), denn er kennt das Schuldnerunternehmen aus seiner bisherigen Tätigkeit. 6

7 Die nach einem Gläubigerantrag (§ 272 I Nr. 2) ergangene Entscheidung ist mit der **sofortigen Beschwerde** anfechtbar (§ 272 II 3; dazu vgl. o. § 39 Rn. 6). Wird die Anordnung aufgehoben, so ist der Gläubiger nicht beschwert; wird der Antrag abgelehnt, so fehlt dem Insolvenzschuldner die Beschwer, da er selbst einen Antrag stellen kann, dem ungeprüft stattzugeben ist (§ 272 I Nr. 3).

8 3. Anordnung und Aufhebung der Eigenverwaltung sind öffentlich bekanntzumachen (§ 270 I 1, § 30 I 1; § 273).

9 **III.** Für das **Verfahren** gelten grundsätzlich die „allgemeinen Vorschriften" (§ 270 I 2), eine verfehlte Bezeichnung, da nicht nur die Vorschriften des 1. Teils der InsO („Allgemeine Vorschriften", §§ 1–10) gemeint sind, sondern die Vorschriften über das Regelinsolvenzverfahren. Diese Bestimmungen werden in den §§ 270 I 1, III, 274–285 erheblich modifiziert, da in der Eigenverwaltung, die Aufgaben des Insolvenzverwalters auf Sachwalter und Insolvenzschuldner verteilt sind.

10 1. Der **Insolvenzschuldner** verwaltet und verfügt über die Insolvenzmasse **unter** steter **Aufsicht des Sachwalters** (§ 270 I 1). Die **Aufsichtsmittel** sind mannigfaltig.

11 Sie reichen von der *Beratung* (bei Aufstellung eines Insolvenzplans, § 284 I 2) über die *Prüfung* (der wirtschaftlichen Lage, § 274 II 1), die *Prüfung und Stellungnahme* (so für die Verzeichnisse, den Bericht und die Schlussrechnung des Insolvenzschuldners, §§ 281, 283 II 2), den *Widerspruch* (gegen die Eingehung gewöhnlicher Geschäftsschulden, § 275 I 2), das *Einvernehmen* (bei Ausübung bestimmter Rechte, § 279 S. 2; bei Ausübung des Rechts zur Verwertung von Sicherungsgut, § 282 II), die *Auferlegung einer Pflicht* (den Zahlungsverkehr dem Sachwalter zu überlassen, § 275 II), die *Soll-Zustimmung* (zur Eingehung von Verbindlichkeiten außerhalb des gewöhnlichen Geschäftsbetriebs, § 275 I 1) bis zur *Zustimmung als Wirksamkeitsvoraussetzung* (bei Ausübung der Rechte aus §§ 120, 122, 126: § 279 S. 3; bei Anordnung der Zustimmungsbedürftigkeit für bestimmte Rechtsgeschäfte, § 277 I).

12 Will der Insolvenzschuldner Rechtshandlungen vornehmen, die von besonderer Bedeutung für das Insolvenzverfahren sind, so ist er wie der Insolvenzverwalter an die **Zustimmung des Gläubigerausschusses** gebunden: § 276 mit §§ 160 I 2, II, 161 S. 2, § 164 (vgl. o. § 42 Rn. 13, 19).

13 Eine starke Einschränkung der Befugnisse des Insolvenzschuldners bringt die gerichtliche Anordnung, dass er bestimmte Rechtsgeschäfte **nur mit Zustimmung des Sachwalters wirksam** vornehmen kann.

14 Sie ergeht auf Antrag der Gläubigerversammlung (§ 277 I 1), in Eilfällen auch auf Antrag eines Absonderungsberechtigten oder eines Insolvenzgläubigers, wenn die Eilbedürftigkeit glaubhaft gemacht ist (§ 277 II). Wird das Recht zur Verfügung über ein Grundstück eingeschränkt, so wird diese Anordnung im Grundbuch eingetragen (§ 277 III 3 mit § 32 entsprechend), nicht etwa die Eröffnung des Insolvenzverfahrens (der Ausschluss von § 32 in § 270 III 3 bleibt, da die Beschränkung der Verfügungsbefugnis im Fall des § 277 nicht durch die Eröffnung des Insolvenzverfahrens eintritt).

15 Dass dem Insolvenzschuldner grundsätzlich die Verwaltungs- und Verfügungsbefugnis bleibt, hat eine wichtige Konsequenz. **Widerspricht er** einer **Insolvenzforderung** bei ihrer Prüfung, so gilt sie als nicht festgestellt (§ 283 I 2, anders § 178 I 2). Sein Widerspruch wirkt also wie einer des Sachwalters oder eines Insolvenzgläubigers (§ 283 I 2).

16 2. Die **Rechtsstellung des Sachwalters** entspricht in *wesentlichen Punkten* der eines *Insolvenzverwalters.*

17 Seine Bestellung, Haftung, Vergütung und die gerichtliche Aufsicht richten sich nach den Vorschriften über den Insolvenzverwalter (§ 274 I). Die Forderungen sind bei ihm anzumelden (§ 270 III 2; vgl. § 174 I 1). Einen Gesamtschaden der Insolvenzgläubiger kann nur der Sachwalter geltend machen (§ 280; vgl. § 92), ebenso das Anfechtungsrecht (§§ 129–147: § 280). Die Erfüllung eines Insolvenzplans hat der Sachwalter zu überwachen (§ 284 II; vgl. § 261 I 1). Masseunzulänglichkeit hat er anzuzeigen (§ 285; vgl. § 208 I 1).

Was dem **Sachwalter fehlt,** ist die Verwaltungs- und Verfügungsbefugnis über die Insolvenzmasse (§ 270 I 1, anders § 80 I), dementsprechend das Recht zur Verwertung von Sicherungsgut (§ 282, anders §§ 165, 166) und das Recht zur Verteilung (§ 283 II 1, anders § 187 III 1).

Die **Hauptaufgabe** des Sachwalters ist die **Aufsicht über den Insolvenzschuldner** (vgl. o. Rn. 10). Daher hat er dem Insolvenzgericht und, wenn vorhanden, dem Gläubigerausschuss (sonst den Absonderungsberechtigten und den Anmeldern) unverzüglich anzuzeigen, dass die Fortsetzung der Eigenverwaltung aufgrund bestimmter Umstände Nachteile für die Gläubiger erwarten lässt (§ 274 III). Daraufhin wird die Eigenverwaltung aber nicht von Amts wegen, sondern nur auf Antrag eines nach § 272 I dazu Berechtigten aufgehoben (vgl. o. Rn. 6).

§ 65. Verbraucherinsolvenzverfahren und sonstige Kleinverfahren

I. Grundgedanke des 9. Teils der InsO (§§ 304–314) ist, dass für Personen, die nicht oder nur geringfügig selbstständig wirtschaftlich tätig sind – „Verbraucher“ und Kleinunternehmer –, das Regelinsolvenzverfahren ungeeignet erscheint, weil der geforderte Aufwand in keinem Verhältnis zum Ergebnis des Verfahrens steht. So richtig die Idee, so wenig geglückt ist ihre Umsetzung im Gesetz. 1

Das zeigt schon die Überschrift. Nur dort ist vom „Verbraucher“ die Rede, das Gesetz definiert ihn aber nicht (anders z. B. § 13 BGB, Art. 29 I EGBGB). § 304 nennt lediglich die Merkmale des Insolvenzschuldners, für den das Verfahren der §§ 305 ff. zwingend vorgeschrieben ist. Irreführend ist die Überschrift auch deshalb, weil sie suggeriert, es handele sich bei den Verfahren des 9. Teils stets um Kleinverfahren. Auch Insolvenzverfahren von „Verbrauchern“, wie immer man sie definiert, sind nicht zwangsläufig im Umfang „kleine“ Verfahren. Auch das Gesetz selbst hält die „Kleinverfahren“ keineswegs stets für klein (vgl. § 5 II). Diese mangelnde begriffliche Präzision ist freilich weniger bedenklich als die z. T. komplizierte und sachlich missglückte Regelung selbst. Der Gesetzgeber hat im Jahre 2001 erste Änderungen des Verbraucherinsolvenzverfahrens vorgenommen (dazu *Vallender* NZI 01, 561). 2

Dem Gesetz liegt ein **Dreiphasenmodell** zugrunde. Dem – gescheiterten – Versuch einer *außergerichtlichen Schuldenbereinigung* (vgl. § 305 I Nr. 1) folgt der Versuch einer *gerichtlichen Schuldenbereinigung* (§ 305 I Nr. 4, §§ 307–310). Schlägt er ebenfalls fehl, so schließt sich ein Vereinfachtes Insolvenzverfahren an (§§ 311–314). 3

Die beiden Bereinigungsverfahren stellen so hohe Anforderungen an Verhandlungsgeschick und Rechtskenntnisse, dass ihnen nur die wenigsten Insolvenzschuldner gewachsen sein dürften und auch das bloß in einfach gelagerten Fällen. Unabdingbar ist daher sachkundige Beratung, die von „Schuldnerberatungsstellen“ geleistet werden soll (vgl. § 305 I Nr. 1). 4

II. Wer Schuldner im Verbraucherinsolvenzverfahren sein kann, bestimmt § 304: In Betracht kommen **natürliche Personen,** die **keine selbstständige wirtschaftliche Tätigkeit** ausüben oder ausgeübt haben. 5

Persönlich unbeschränkt haftenden Gesellschaftern einer Personenhandelsgesellschaft (vgl. § 128 HGB) ist die Tätigkeit der Gesellschaft zuzurechnen, da sie auf Grund der persönlichen Haftung die typische Verschuldensstruktur eines Unternehmers aufweisen. Ebensowenig unterliegen geschäftsführende Alleingesellschafter einer GmbH dem Verbraucherinsolvenzverfahren, da Sie als selbstständig wirtschaftlich tätig i. S. v. § 304 anzusehen sind (*BGH* NZI 05, 676). 6

Ausnahmsweise finden die Vorschriften über das Verbraucherinsolvenzverfahren nach § 304 I 2 auch Anwendung, wenn der Schuldner eine selbstständige wirtschaftliche Tätigkeit ausgeübt hat, falls seine *Vermögensverhältnisse überschaubar* sind und gegen ihn keine Forderungen aus Arbeitsverhältnissen bestehen. Die 7 selbstständige wirtschaftliche Tätigkeit muss im Zeitpunkt der Antragstellung vollständig beendet sein (*BGH* NJW 03, 591).

8 Gemäß § 304 II sind die Vermögensverhältnisse überschaubar, wenn der Schuldner zum Zeitpunkt der Antragstellung weniger als 20 Gläubiger hat. Daraus lässt sich jedoch keine zwingende Schranke ableiten. Bei komplexer Verschuldensstruktur kann der Schuldner trotz geringer Gläubigerzahl auf das Regelinsolvenzverfahren verwiesen werden. Überdies dürfen gegen den ehemals selbstständigen Schuldner keine Forderungen aus Arbeitsverhältnissen (mehr) bestehen. Darunter sind auch Forderungen der Sozialversicherungsträger und der Finanzverwaltungen zu verstehen, soweit diese aus einem Arbeitsverhältnis erwachsen sind (*BGH* NZI 05, 676).

9 Nach § 304 I gelten für das Verbraucherinsolvenzverfahren grundsätzlich die „allgemeinen Vorschriften". Diese Bezeichnung ist verfehlt. Gemeint sind nicht nur die Vorschriften des 1. Teils der InsO („Allgemeine Vorschriften", §§ 1–10), sondern die Bestimmungen über das Regelinsolvenzverfahren. Diese werden durch die §§ 305–314 zum Teil erheblich modifiziert.

10 **III.** Der **Ablauf des Verfahrens** hängt davon ab, **wer** die **Eröffnung des Insolvenzverfahrens beantragt** hat: der Insolvenzschuldner oder ein Insolvenzgläubiger (§ 13 I 2; zum dort gebrauchten Begriff des Gläubigers vgl. o. § 54 Rn. 26).

11 Stellt der **Insolvenzschuldner** – nach gescheiterter außergerichtlicher Schuldenbereinigung (vgl. § 305 I Nr. 1) – den Antrag, so kommt zunächst ein *gerichtliches Schuldenbereinigungsverfahren* in Gang. Bis zur Entscheidung über den Schuldenbereinigungsplan ruht das Eröffnungsverfahren (§ 306 I 1; vgl. u. Rn. 17).

12 Stellt ein **Insolvenzgläubiger** den Antrag, so hängt das weitere Verfahren vom Verhalten des Insolvenzschuldners ab. Beantragt auch er die Eröffnung des Insolvenzverfahrens, so kommt ein gerichtliches Schuldenbereinigungsverfahren in Gang (§ 305); bis zur Entscheidung über den Schuldenbereinigungsplan ruht das Verfahren auch über den Eröffnungsantrag des Insolvenzgläubigers (§ 306 III, I). Stellt der Insolvenzschuldner keinen Eröffnungsantrag, so wird das Schuldenbereinigungsverfahren übersprungen, und es kommt, wenn die Eröffnungsvoraussetzungen vorliegen, zu einem Vereinfachten Insolvenzverfahren (§§ 311–314).

Dazu *Henning* NJW 09, 2942. Im Einzelnen:

13 1. Der **Insolvenzschuldner stellt** schriftlich den **Antrag** auf Eröffnung des Insolvenzverfahrens (Vertretung durch geeignete Person möglich, § 305 IV mit I Nr. 1).

14 a) Das Gericht prüft dann von Amts wegen (§ 5), ob der Antragsteller die Merkmale des § 304 erfüllt. Trifft das zu, so hat der Insolvenzschuldner **folgende Papiere vorzulegen** (§ 305 I; dafür sind die Vordrucke der VerbraucherinsolvenzvordruckVO zu verwenden, § 305 V):

(1) die **Bescheinigung** einer geeigneten Person oder Stelle, dass er in den letzten sechs Monaten vor Antragstellung eine **außergerichtliche Schuldenbereinigung erfolglos** versucht hat (Nr. 1); sie gilt schon als gescheitert, wenn ein Gläubiger nach Aufnahme der Verhandlungen die Zwangsvollstreckung betreibt (§ 305 a); geeignete Personen sind z. B. Rechtsanwälte, Notare, Steuerberater, auch Schiedsleute, als Institutionen kommen in Betracht Schuldnerberatungsstellen, Verbraucherverbände;

(2) die Erklärung, dass er **Restschuldbefreiung** beantragt oder nicht beantragt (Nr. 2);

(3) **Verzeichnisse** der gegen ihn gerichteten **Forderungen** (dazu § 305 II), seines **Vermögens** und seiner **Gläubiger** (samt Adressen, arg. § 307 I 1) mit der Erklärung, dass die Angaben richtig und vollständig sind, Nr. 3;

(4) einen **Schuldenbereinigungsplan** (Nr. 4), der alle für eine angemessene Schuldenbereinigung geeigneten Regelungen enthalten kann (und zwar unter Berücksichtigung der Gläubigerinteressen sowie der finanziellen und der Familienverhältnisse des Insolvenzschuldners), z. B. Teilerlasse, Stundung mit und ohne Ratenzahlung, Wiederaufleben der erlassenen Teilforderung bei Zahlungsverzug, besondere Regelung für den Fall künftiger Arbeitslosigkeit; sollen gesicherte Forderungen gestundet oder (teilweise) erlassen werden, so wirkt das (anders als beim Insolvenzplan, § 254 II 1, und bei der Restschuldbefreiung, § 301 II 1) nach materiellem Recht auch für die Sicherungsrechte (kraft Akzessorietät, so bei Bürgschaft und Pfandrecht, §§ 767 I, 1210 BGB, oder kraft Abrede, so bei der Sicherungsübertragung), und deshalb muss im Plan gesagt werden, ob und wieweit es (nicht) dabei bleiben soll.

Sind die *Erklärungen und Unterlagen nicht vollständig*, so müssen sie auf gerichtliche Aufforderung hin vervollständigt werden. Das soll „unverzüglich" geschehen, doch hat der Insolvenzschuldner einen Monat Zeit, da – erst – dann seine (verschuldete oder unverschuldete!) Säumigkeit Folgen hat: Sein Antrag auf Eröffnung des Insolvenzverfahrens gilt als zurückgenommen (§ 305 III). Hiergegen und gegen die Mitteilung der Rücknahmefiktion ist eine sofortige Beschwerde nicht statthaft (*BGH* NJW 04, 67, 68). Analog § 34 I sollte die sofortige Beschwerde statthaft sein, wenn die gerichtliche Aufforderung nicht mit § 305 I in Einklang stehende Anforderungen enthält (offen gelassen von *BGH* NJW-RR 05, 990). 15

Nach herrschender Meinung genügt ein Schuldenbereinigungsplan, der den Gläubigern keinen Cent anbietet, weil der Schuldner nichts hat **(„Null-Plan")**, den Anforderungen von § 305 I Nr. 4 (*OLG Stuttgart* NZI 02, 563; vgl. auch *BGH* NJW 02, 960, 961 m. w. N.). Der Gesetzestext spricht dagegen: Einen Null-Plan als „angemessene" Schuldenbereinigung „unter Berücksichtigung der Gläubigerinteressen" zu bezeichnen, grenzt an Zynismus zu Lasten der Gläubiger, die schon bisher von ihrem Schuldner kein Geld gesehen haben (er ist zahlungsunfähig). Genau besehen ist der Null-Plan nur die erste Stufe für eine Restschuldbefreiung zum Nulltarif: Scheitert der Null-Plan, so ist über den Eröffnungsantrag zu entscheiden (§ 311). Die Verfahrenskosten sind dem Schuldner zu stunden, § 4 a. Er kann Restschuldbefreiung erhalten (§ 305 I Nr. 2). Schuldenbereinigungsplan (als Null-Plan) und Restschuldbefreiung (mit staatlicher Kostenstundung) sind nicht mehr Vorspiel und (möglicher) Endpunkt eines Insolvenzverfahrens, sondern werden zur sozialpolitisch motivierten Vertragshilfe auf Kosten der Gläubiger und der Allgemeinheit. 16

b) **Das Eröffnungsverfahren ruht** bis zur Entscheidung über den Schuldenbereinigungsplan; dieser Zeitraum soll drei Monate nicht überschreiten (§ 306 I). Das ist knapp bemessen. 17

Für die Beibringung oder Ergänzung der notwendigen Papiere kann schon ein Monat verstreichen (§ 305 III 2). Einen weiteren Monat haben die vom Insolvenzschuldner genannten absonderungsberechtigten Gläubiger und Insolvenzgläubiger Zeit, sich zu den ihnen zugestellten Verzeichnissen und dem Schuldenbereinigungsplan zu äußern. Die Frist ist eine Notfrist (§ 307 I 1), so dass Wiedereinsetzung möglich ist (§ 4 mit § 233 ZPO), was wiederum Zeit kostet (vgl. § 234 ZPO). Der Insolvenzschuldner kann nach Ablauf der Notfrist den Plan ändern, wenn das wegen der Stellungnahme eines Gläubigers erforderlich oder zwecks Förderung einer einverständlichen Schuldenbereinigung sinnvoll erscheint; das hat innerhalb einer vom Gericht bestimmten Frist zu geschehen (§ 307 III 1). Zum geänderten oder ergänzten Plan sollen die betroffenen Gläubiger Stellung nehmen, wiederum in einer Notfrist von einem Monat mit Wiedereinsetzungsmöglichkeit (§ 307 III 3 mit I 1). Stößt die Annahme des Plans auf den Widerspruch eines im Gläubiger- und Forderungsverzeichnis benannten Gläubigers, so hat das Gericht (der Richter) zu entscheiden; dagegen gibt es die sofortige Beschwerde (§ 309 II, § 18 I Nr. 1 RPflG), möglicherweise noch die Rechtsbeschwerde (§ 7). 18

Da die Entscheidung über den Plan auf sich warten lassen kann, ist es wichtig, dass trotz Ruhens des Eröffnungsverfahrens **Sicherungsmaßnahmen möglich** sind (§ 306 II mit § 21; so kann z. B. ein vorläufiger Treuhänder analog dem vorläufigen Insolvenzverwalter, § 22, bestellt werden). Auch für solche Maßnahmen ist nur das in § 3 bezeichnete Insolvenzgericht örtlich ausschließlich zuständig (vgl. o. § 54 Rn. 32 am Anfang; keine abweichende Bestimmung im 9. Teil der InsO, § 304 I, insbesondere nicht in §§ 305, 306). Mangelt die von Amts wegen zu prüfende Zuständigkeit, so ist das „ruhende" Verfahren auf Antrag zu verweisen (§ 4 mit § 281 ZPO) oder mangels Verweisungsantrag der Insolvenzantrag als unzulässig abzuweisen; im Ergebnis ebenso *Henckel*, FS Gaul, 1997, S. 203. 19

20 c) Die im Gläubigerverzeichnis genannten Gläubiger (vgl. § 307 I 1) müssen sich zu dem Plan erklären. Das **Einverständnis** mit dem Plan wird **unterstellt,** wenn die im ursprünglichen Gläubigerverzeichnis genannten sich in der Äußerungsfrist des § 307 I 1 nicht äußern (§ 307 II). Dasselbe gilt für die später benannten (§ 307 III 3 mit II). Wer die Angaben über seine bereits entstandene Forderung im Forderungsverzeichnis nicht ergänzt (z. B. den im Verzeichnis angegebenen Betrag von 5000 Euro nicht auf 8000 Euro erhöht), verliert seine Forderung insoweit (im Beispiel erlischt sie in Höhe des Differenzbetrags von 3000 Euro), vorausgesetzt, er ist auf die Rechtsfolge seines Schweigens zuvor vom Gericht ausdrücklich hingewiesen worden (§ 307 I 2, § 308 III 2).

21 d) Der **Plan** ist **angenommen,** wenn **alle** benannten Gläubiger (vgl. o. Rn. 20) ihm **zustimmen,** sei es durch erklärtes Einverständnis, sei es durch Schweigen (§§ 308 I 1; 307 II, III 3).

22 Haben die benannten Gläubiger **nur mehrheitlich nach Köpfen und Summen** zugestimmt, so hat das Insolvenzgericht auf Antrag eines benannten Gläubigers oder des Insolvenzschuldners die Zustimmung des ablehnenden Gläubigers durch Beschluss zu ersetzen (sachlich missglückt § 309 I 1; ersetzt werden nicht die Einwendungen, sondern die Zustimmungserklärung [eine Willenserklärung] durch einen Hoheitsakt [den Beschluss], so richtig die Überschrift zu § 309).

23 Die Ersetzung ist ausgeschlossen, wenn der ablehnende Gläubiger im Verhältnis zu den anderen nicht angemessen beteiligt wird (§ 309 I 2 Nr. 1) oder wenn ihn der Plan voraussichtlich wirtschaftlich schlechter stellt, als er bei Durchführung des Insolvenzverfahrens mit Restschuldbefreiung stünde (§ 309 I 2 Nr. 2 in missglückter Formulierung), das gilt z. B. für einen absonderungsberechtigten Gläubiger, in dessen Sicherungsrecht der Plan ohne seine Zustimmung eingreift. Die genannten Ablehnungsgründe hat der betroffene Gläubiger vorzutragen (zur Anhörung § 309 II 1) und glaubhaft zu machen (§ 309 II 2). Der Beschluss (des Richters: § 18 I Nr. 1 RPflG) unterliegt der sofortigen Beschwerde (§ 309 II 3). Der Antragsteller (§ 309 I 1) ist durch Zurückweisung seines Antrags, der widersprechende Gläubiger durch Ersetzung seiner Zustimmung beschwert. Sind alle Zustimmungen der widersprechenden Gläubiger rechtskräftig ersetzt, so ist der Plan wie bei einstimmiger Zustimmung angenommen (§ 308 I 1 HS 1). Das ist vom Gericht (Richter: § 18 I Nr. 1 RPflG) durch einen feststellenden Beschluss auszusprechen (§ 308 I 1 HS 2). Er ist unanfechtbar (vgl. § 6 I).

24 e) Die **Wirkung des angenommenen Plans** entspricht einem Prozessvergleich (§ 794 I Nr. 1 ZPO), § 308 I 2. Er ist **Vollstreckungstitel.** Die Forderungen nicht benannter Gläubiger (vgl. o. Rn. 20) bleiben unberührt (§ 308 III 1; zu § 308 III 2 vgl. o. Rn. 20). Die Anträge auf Verfahrenseröffnung und – wenn gestellt (§ 305 I Nr. 2) – auf Restschuldbefreiung gelten als zurückgenommen (§ 308 II). Ansprüche der beteiligten Gläubiger gegen den Insolvenzschuldner auf Kostenerstattung bestehen nicht (§ 310).

25 f) **Der Plan scheitert,** wenn entweder die Mehrheit nach Köpfen und Summen (§ 309 I 1) nicht erreicht ist oder wegen der in § 309 I 2, III genannten Gründe die Ersetzung der Zustimmung auch nur eines Gläubigers rechtskräftig versagt wird. Dann ist das Eröffnungsverfahren von Amts wegen, also ohne Antrag, wieder aufzunehmen (§ 311).

26 2. **Beantragt ein Insolvenzgläubiger** (§ 13 I 2) die Eröffnung des Insolvenzverfahrens, so hat das Gericht (der Richter, § 18 I Nr. 1 RPflG) von Amts wegen (§ 5) zu prüfen, ob der Insolvenzschuldner die Merkmale des § 304 erfüllt. Ist das der Fall, so ist dem **Insolvenzschuldner** Gelegenheit zu geben, **ebenfalls** einen Eröffnungsantrag zu stellen (§ 306 III 1). Das muss innerhalb einer begrenzten Zeit geschehen, um alsbald Klarheit über den Verfahrensfortgang zu gewinnen. Dafür bietet sich eine Analogie zu § 305 III an:

Der Schuldner hat bislang keinen Antrag als „Erklärung“ gestellt; die gerichtlich eingeräumte „Gelegenheit“ zur Antragstellung (§ 306 III 1) ist die milde Form einer „Aufforderung“ (§ 305 III 1), ist aber im Sinne einer Verfahrensbeschleunigung nicht weniger dringlich; daher ist dem Schuldner mitzuteilen, dass er den Antrag „unverzüglich“, spätestens binnen eines Monats (a. A. Uhlenbruck/*Vallender* § 306, 67: drei Wochen), zu stellen habe, danach gelte der Antrag als nicht gestellt. 27

Stellt der Schuldner keinen Antrag in der Monatsfrist, so kommt es nicht zum Ruhen des Verfahrens (Umkehrschluss aus § 306 III 2 mit I). Da der Insolvenzgläubiger zumeist ein Regelinsolvenzverfahren beantragt hat, dieser Antrag aber keinen Erfolg haben kann (das Gericht hält – nur – ein Verfahren nach § 304 für zulässig, arg. § 306 III mit I), sollte wie folgt prozediert werden (entsprechend § 4 mit § 139 I, II ZPO):

Das Gericht unterrichtet den Gläubiger vom Ausbleiben eines Schuldnerantrags und fordert ihn auf zu erklären, ob er weiterhin ein Regelinsolvenzverfahren beantragt oder diesen Antrag zurücknimmt (§ 13 II) und auf Eröffnung eines Vereinfachten Insolvenzverfahrens anträgt. Bleibt der Gläubiger bei seinem Antrag, weil er z. B. § 304 nicht für einschlägig hält, so ist der Antrag als unzulässig abzuweisen; dagegen hat der Gläubiger die sofortige Beschwerde (§ 304 I mit § 34 I); vgl. o. § 54 Rn. 42, 44. Nimmt der Gläubiger den Antrag zurück und beantragt die allein zulässige Eröffnung eines Vereinfachten Insolvenzverfahrens, so ist dieses Verfahren – wenn der Antrag im Übrigen zulässig und begründet ist – zu eröffnen (arg. § 311, der diesen Fall nicht direkt trifft); ein Verfahren nach §§ 305–310 kann und muss nicht stattfinden (ebenso im Ergebnis *Henckel,* FS Gaul, 1997, S. 208). Das gilt erst recht, wenn allein der Gläubiger sogleich einen Antrag auf Eröffnung eines Vereinfachten Insolvenzverfahrens stellt.

Stellt der Insolvenzschuldner den Antrag, dann läuft das Verfahren – zunächst – ebenso ab, wie wenn allein der Insolvenzschuldner die Verfahrenseröffnung beantragt hätte (vgl. o. Rn. 13); denn auch der Gläubigerantrag wird nicht beschieden, solange das vom Insolvenzschuldner beantragte Eröffnungsverfahren ruht (§ 306 III 2). Zum Rechtsbehelf des Antragstellers vgl. o. § 54 Rn. 31, 42, 44. 28

Regelmäßig wird der Schuldner bei der Stellung des Insolvenzantrags die in § 305 I geforderten Unterlagen nicht vorlegen können, insbesondere nicht den Nachweis über eine gescheiterte außergerichtliche Schuldenbereinigung. Der Schuldner hat die Nachweise innerhalb einer Frist von drei Monaten einzureichen, § 305 III 3. Die Frist beginnt mit der Aufforderung durch das Insolvenzgericht, die Unterlagen vorzulegen (a. A. Uhlenbruck/*Vallender*, § 306, 73: Eingang des Schuldnerantrags beim Insolvenzgericht). Eine Fristverlängerung scheidet aus (§ 4 mit § 224 II ZPO). Legt der Schuldner die Unterlagen innerhalb der Frist nicht vor, gilt sein Antrag als zurückgenommen, § 305 III 2. Damit endet das Ruhen des Eröffnungsverfahrens und über den Gläubigerantrag muss entschieden werden. 29

IV. Ist das **gerichtliche Schuldenbereinigungsverfahren gescheitert** (vgl. o. Rn. 25) oder gar nicht erst in Gang gekommen (vgl. o. Rn. 14 ff., 26 ff.), so wird das Verfahren über den Eröffnungsantrag des Insolvenzschuldners (vgl. o. Rn. 13, 26) oder des Insolvenzgläubigers (vgl. o. Rn. 26) – aber entgegen § 306 I, III 2 nicht beider (zum Grund vgl. o. Rn. 26 ff. und § 54 Rn. 44) – von Amts wegen (wieder) aufgenommen, § 311. Es wird dann ein **Vereinfachtes Insolvenzverfahren** eröffnet, wenn der **Antrag zulässig und begründet** ist (dazu vgl. o. § 54 Rn. 42 f.). 30

Unzulässig ist er z. B., wenn der Eröffnungsgrund vom antragenden Gläubiger nicht glaubhaft gemacht ist (vgl. § 14 I und o. § 54 Rn. 42); unbegründet ist er z. B., wenn das Gericht vom Vorliegen des Eröffnungsgrundes nicht überzeugt ist (vgl. § 16) oder wenn die Verfahrenskosten voraussichtlich nicht gedeckt sind und ein Kostenvorschuss nicht geleistet wird (§ 26 I); vgl. ferner o. § 54 Rn. 43. Für das Verfahren gelten grundsätzlich die Vorschriften des Regelverfahrens (§ 304 I; vgl. o. Rn. 9), doch sind einige Vereinfachungen vorgesehen. 31

1. **Im Eröffnungsbeschluss** wird **nur** ein **Prüfungstermin** bestimmt, abweichend von § 29 kein Berichtstermin. 32

Ein Berichtstermin hat vor allem dann Bedeutung, wenn von der Insolvenz ein Unternehmen betroffen ist und die Möglichkeiten für einen Insolvenzplan zu erörtern sind (vgl. § 156 I). Für einen solchen Termin besteht im Vereinfachten Verfahren kein Bedarf, da wegen der Person des Insolvenzschuldners ein Unternehmen nicht betroffen sein (§ 304) und folgerichtig ein Insolvenzplan nicht 33 aufgestellt werden kann (§ 312 II). Auf der gleichen Linie liegt es, dass die Eigenverwaltung unzulässig ist (§ 312 II), da sie die Fähigkeit zu selbstständiger wirtschaftlicher Tätigkeit verlangt, die vom Insolvenzschuldner des Vereinfachten Verfahrens generell nicht erwartet werden kann (arg. § 304 I).

34 2. **Bei Verfahrenseröffnung** wird ein **Treuhänder** bestimmt, der die Aufgaben des Insolvenzverwalters wahrnimmt (§ 313 I 1, 2, § 27 I 2). Für ihn gelten die allgemeinen Vorschriften über den Insolvenzverwalter entsprechend, nämlich für die Bestellung, Entlassung, Haftung, Vergütung, Rechnungslegung und gerichtliche Aufsicht (§ 313 I 3 mit §§ 56–66).

35 Die **Befugnisse des Treuhänders** sind gegenüber denen des Insolvenzverwalters **eingeschränkt.** Zur *Insolvenzanfechtung* ist nicht er, sondern jeder Insolvenzgläubiger berechtigt, § 313 II 1 (das ist verfehlt, vgl. o. § 51 Rn. 16). Das Recht zur *Verwertung von Sicherheiten* ist Sache der absonderungsberechtigten Gläubiger (§ 313 III).

36 3. **In wirklichen „Kleinverfahren“**, also bei überschaubaren Vermögensverhältnissen und wenigen Gläubigern oder niedrigen Schulden, kann das Gericht anordnen, dass das Verfahren ganz oder zum Teil **schriftlich** durchgeführt wird (§ 5 II). Das ist seit 1. 7. 2007 keine Besonderheit des Vereinfachten Insolvenzverfahrens mehr (vgl. o. § 39 Rn. 5).

37 4. Das Gericht hat auf Antrag des Treuhänders und nach Anhörung der Insolvenzgläubiger anzuordnen, dass von der **Verwertung** ganz oder zum Teil **abgesehen** wird (§ 314 I 1, II). Die Anordnung soll nicht ergehen, wenn die Verwertung der Masse insbesondere im Interesse der Gläubiger geboten erscheint (§ 314 I 3). Mit der Anordnung ist dem Insolvenzschuldner aufzugeben, binnen bestimmter Frist an den Treuhänder einen Betrag zu zahlen, der dem Liquidationswert der Masse entspricht, die an die Insolvenzgläubiger zu verteilen wäre (das Geld für diese Ausgleichszahlung soll er nach der optimistischen Vorstellung des Rechtsausschusses des Deutschen Bundestages aus seinem pfandfreien Vermögen nehmen oder sich von einem Dritten besorgen, BT-Drs. 12/7302 S. 194). Steht zu erwarten, dass der Insolvenzschuldner zahlen kann, so ist von der Verwertung abzusehen, sonst wirkte sie als Bestrafung des Insolvenzschuldners, an der kein berechtigtes Interesse der Gläubiger bestehen kann; denn zum einen fließt ihnen in bar das zu, was sie nach einer Verwertung erhalten würden, zum anderen ist der Gebrauchswert eines Gegenstands für den Insolvenzschuldner meistens höher als der Liquidationswert. Daher ist von der Verwertung nur dann nicht abzusehen, wenn nach einer (im Gesetz nicht vorgesehenen) Anhörung des Insolvenzschuldners anzunehmen ist, dass er nicht zahlen werde.

38 Ist von der Verwertung abgesehen worden und hat der Insolvenzschuldner **Restschuldbefreiung** beantragt (§ 305 I Nr. 2), so ist sie auf Antrag eines Insolvenzgläubigers und nach Anhörung des Insolvenzschuldners zu versagen, wenn der Ausgleichsbetrag (§ 314 I 2) auch nach Setzung einer weiteren Frist mit Rechtsfolgenandrohung nicht gezahlt worden ist (§ 314 III 2, 3).

39 **V.** Dem Vereinfachten Insolvenzverfahren kann sich ein **Restschuldbefreiungsverfahren** (§§ 286 ff., vgl. u. § 66) anschließen, wenn es vom Insolvenzschuldner beantragt worden ist (vgl. § 305 I Nr. 2).

§ 66. Restschuldbefreiung

Literatur: *Vallender,* Rechtschuldbefreiung, JuS 04, 577.

1 **I.** Die InsO nennt in § 1 – neben dem Ziel der gemeinschaftlichen Gläubigerbefriedigung (Satz 1) – als **weiteres „Ziel des Insolvenzverfahrens“** (amtliche Überschrift von § 1) die **Restschuldbefreiung** zugunsten eines redlichen Insolvenzschuldners (Satz 2). Restschuldbefreiung bedeutet, dass die im Insolvenzverfahren und einer anschließenden mehrjährigen „Wohlverhaltensperiode“ noch nicht erfüllten Forderungen nicht mehr zwangsweise durchgesetzt, wohl aber erfüllt werden können (vgl. § 301 III). Damit ist das Recht der freien Nachforderung, wie es das Konkursrecht kennzeichnete (§ 164 KO) und für das Regelverfahren der InsO (§ 201) gilt, beseitigt, allerdings nur zugunsten natürlicher Personen als Insolvenzschuldner. Ihre Rechts-

stellung ist dadurch jedenfalls der Idee nach erheblich verbessert; denn die unbegrenzte Nachforderungsmöglichkeit belastet den Schuldner nach Ende des Insolvenzverfahrens oft lebenslang, indem sie ihn auf seine unpfändbaren Einkünfte beschränkt, und verhindert so einen wirtschaftlichen Neuanfang. Die in der InsO bestimmten Insolvenzschuldnern eingeräumte Chance eines Neubeginns bezahlen die Insolvenzgläubiger, denn sie büßen ihre Forderungen zum Teil, möglicherweise sogar total ein, gleichgültig, ob sie damit einverstanden sind oder nicht.

Die Restschuldbefreiung verstößt nicht gegen die Eigentumsgarantie des Art. 14 GG (*Prütting/ Stickelbrock* ZVI 02, 305; a. A. *AG München* NZI 04, 456). Der Gesetzgeber kann den Inhalt von Forderungen durch den Umfang der Vermögenshaftung des Schuldners gestalten. Das erfolgt durch Pfändungsfreigrenzen, Verjährungsbestimmungen und Restschuldbefreiung. Die gefundene Ausgestaltung ist auch vor dem Hintergrund des verfassungsrechtlich gebotenen Schuldnerschutzes nicht unverhältnismäßig, zumal der Verbraucher, anders als der Unternehmer, keine Möglichkeit hat, seine Aktivitäten in die Rechtsform einer beschränkt haftenden juristischen Person zu überführen. Eine andere Frage ist, ob es rechtspolitisch sinnvoll erscheint, den Schuldner in einem schwerfälligen und kostenträchtigen Verfahren von seinen Schulden zu befreien; grundsätzlich zu Schuldbefreiung und Vollstreckungsschutz *Häsemeyer*, FS Henckel, S. 353. 2

Die Restschuldbefreiung unterscheidet sich erheblich von den beiden anderen Wegen, auf denen der Insolvenzschuldner die drückende Last seiner Schulden mindern kann. Sowohl in einem Insolvenzplan (§ 227) wie in einem Schuldenbereinigungsplan (vgl. § 305 I Nr. 4) kann dem Insolvenzschuldner ein Teilerlass seiner Verbindlichkeiten gewährt werden. Damit muss aber – anders als bei der gesetzlichen Restschuldbefreiung nach §§ 286 ff. – die Mehrheit der betroffenen Gläubiger einverstanden sein. Nur unter gewissen Voraussetzungen kann das fehlende Einverständnis vom Gericht ersetzt werden (vgl. §§ 245, 248; § 309). 3

Dem **Restschuldbefreiungsverfahren** (§§ 286 ff.) **geht** notwendig ein **Insolvenzverfahren voraus,** das eröffnet und nicht mangels Masse wieder eingestellt worden ist (§ 207, s. auch § 26); Einstellung wegen Masseunzulänglichkeit (§ 211) schadet nicht (vgl. § 289 III). Es handelt sich also von Gesetzes wegen nicht um ein von der Insolvenz abgelöstes selbstständiges Verfahren nach Art eines Vertragshilfeverfahrens (zur Problematik vgl. o. § 65 Rn. 16). Ob die Aussicht, zumindest einen Teil der Verbindlichkeiten loszuwerden, Schuldner motiviert, früh einen Insolvenzantrag zu stellen, bleibt abzuwarten. Eine frühzeitige Antragstellung liegt jedenfalls im Sinne der InsO, wie § 18 zeigt. Danach kann der Insolvenzschuldner schon dann den Antrag stellen, wenn seine Zahlungsunfähigkeit erst droht. 4

Wegen der Verknüpfung mit einem Insolvenzverfahren blieb das Restschuldbefreiungsverfahren nach Inkrafttreten der InsO zunächst ohne nennenswerte Bedeutung. Anträge auf Eröffnung eines Verbraucherinsolvenzverfahrens wurden häufig abgewiesen, weil die Masse nicht einmal die Kosten des Insolvenzverfahrens deckte (vgl. § 26 I 1). Damit waren gerade völlig mittellose Schuldner von der Restschuldbefreiung ausgeschlossen. Abhilfe brachte das mit dem InsOÄndG 2001 eingeführte Stundungsmodell: Stellt der Schuldner einen Antrag auf Restschuldbefreiung, kann die Fälligkeit der Kostenersatzansprüche gestundet werden, § 4 a I. Ist die Stundung erfolgt, darf der Antrag nicht mangels Masse abgewiesen werden (§ 26 I 2) und die Einstellung des eröffneten Verfahrens unterbleibt, § 207 I 2 Fall 2. Die Stundung der Verfahrenskosten erfolgt für jeden Verfahrensabschnitt gesondert, § 4 a III 2. Sie wirkt bis zur Erteilung der Restschuldbefreiung, danach werden die Ansprüche fällig; möglich bleibt aber eine Verlängerung der Stundung gemäß § 4 b I 1. Während der Wohlverhaltensperiode ist der Treuhänder verpflichtet, die Kosten vorab zu berichtigen (§ 292 I 2 letzter HS), bevor an die Insolvenzgläubiger Zahlungen erbracht werden. Die (gewollte) Folge der Einführung dieser Stundungsregelung war, dass die Anzahl der Verbraucherinsolvenz- und Restschuldbefreiungsverfahren enorm zugenommen hat. 5

6 Gemäß § 4 a kann nur eine natürliche Person Antrag auf Stundung der Verfahrenskosten stellen. Ihm wird stattgegeben, wenn ihr Vermögen voraussichtlich nicht ausreichen wird, um die Kosten des Verfahrens zu decken. Kann der Schuldner nur einen Teil der Kosten aufbringen, wird sein Antrag nur zum Teil bewilligt (*Uhlenbruck* § 4 a, 4). In der Regel stellt der Schuldner somit drei Anträge: auf Insolvenzeröffnung, auf Restschuldbefreiung und auf Kostenstundung. Dem Antrag auf Kostenstundung hat der Schuldner die Erklärung beizufügen, ob einer der Versagungsgründe des § 290 I Nr. 1 oder 3 vorliegt. Die Bewilligung des Antrags ist ausgeschlossen, wenn dies der Fall ist (§ 4 a I 4).

7 Zuständig für eine Entscheidung ist im Eröffnungsverfahren grundsätzlich der Richter (§ 18 I Nr. 1 RPflG). Dem Schuldner steht gegen die Versagung oder die Aufhebung der Stundung gemäß § 4 d I die sofortige Beschwerde zu; zur sofortigen Beschwerde der Staatskasse vgl. § 4 d II.

8 **II. Nur** eine **natürliche Person,** die **selbst Insolvenzschuldner** ist, kann Restschuldbefreiung erlangen, § 286. Das Insolvenzverfahren muss also über das *eigene* Vermögen eröffnet worden sein.

9 Daher kann z. B. der persönlich haftende Gesellschafter einer OHG keine Befreiung von seiner Mithaftung für die Schulden der OHG erlangen, wenn nur über deren Vermögen das Insolvenzverfahren eröffnet ist. Ebensowenig kann sich die mitschuldende oder bürgende Ehefrau Befreiung verschaffen, wenn allein ihr Ehemann als (Haupt-)Schuldner in ein Insolvenzverfahren verstrickt ist.

Der zuletzt genannte Fall verdient wegen seiner Häufigkeit besondere Beachtung. Ein Ehegatte erhält in der Regel nur dann Kredit, wenn sich der andere Ehegatte und/oder gemeinsame Kinder mitverpflichten. Ist diese Verpflichtung wirksam (und nicht z. B. nach § 138 BGB nichtig, vgl. *Jauernig* § 138, 12), so bleibt sie bei einer Restschuldbefreiung des (Haupt-)Schuldners ungeschmälert bestehen (§ 301 II 1). Folglich ist eine Schuldenreduzierung im Familienverbund nur möglich, wenn über das Vermögen jedes mitverpflichteten Familienmitglieds das Insolvenzverfahren eröffnet, zu Ende gebracht und anschließend Restschuldbefreiung gewährt wird.

10 Die Beschränkung der Restschuldbefreiung auf natürliche Personen (die Unternehmer sein können), ist sachgerecht; denn juristische Personen, namentlich AG und GmbH, ebenso wie OHG und KG, deren persönlich haftende Gesellschafter juristische Personen sind (Hauptfall: GmbH & Co. KG), werden durch die Insolvenzeröffnung oder deren Ablehnung mangels Masse aufgelöst (§ 42 I 1 BGB; § 262 I Nr. 3, 4 AktG; § 60 I Nr. 4, 5 GmbHG; § 131 I Nr. 3, II 1 Nr. 1 HGB) und gelöscht (§ 394 I 2, IV FamFG). Es gibt dann niemanden, gegen den sich die Restforderung richten könnte.

11 Restschuldbefreiung kann nach der Grundnorm des § 1 S. 2 nur ein **redlicher Insolvenzschuldner** erlangen.

Das ist irreführend; denn die Befreiung kann aus Gründen versagt werden, die nicht auf mangelnder Redlichkeit beruhen (§ 290 I Nr. 3: bereits in den letzten zehn Jahren erlangte Restschuldbefreiung; § 296 I 1: Obliegenheitsverletzung bei missglücktem Entlastungsbeweis; § 298: ungedeckte Mindestvergütung des Treuhänders). Treffender ist es daher, dass nur dem *würdigen* Insolvenzschuldner Restschuldbefreiung gewährt werden soll.

12 **III.** Die wichtigsten Stationen des **Restschuldbefreiungsverfahrens** sind Folgende: Es beginnt mit einem **Antrag** *des* Schuldners auf Insolvenzeröffnung und Restschuldbefreiung (§ 287). Der Antrag auf Restschuldbefreiung kann **scheitern** (§ 290), **oder** das **Gericht kündigt an,** dass bei Erfüllung bestimmter Voraussetzungen **Restschuldbefreiung** gewährt wird (§ 291). Nach Rechtskraft dieses Beschlusses wird das **Insolvenzverfahren aufgehoben** oder wegen Masseunzulänglichkeit eingestellt (§ 289 II 2, III). In der anschließenden **Wohlverhaltensperiode** von sechs Jahren fließen die pfändbaren Bezüge des Insolvenzschuldners an einen vom Gericht bestimmten Treuhänder, der das Geld an die Insolvenzgläubiger verteilt (§ 292 I 2). Lässt der Insolvenzschuldner in dieser Zeit sich nichts zuschulden kommen, so **erlangt** er **Befreiung** von den bis dahin nicht erfüllten Verbindlichkeiten (zumindest ungenau § 286, wonach Befreiung nur „von den im Insolvenzverfahren" nicht erfüllten Verbindlichkeiten gewährt wird). Die rechtskräftig erteilte Befreiung kann

in eng begrenzten Ausnahmefällen **widerrufen** werden (§ 303). Wird die **Befreiung** während oder nach der Wohlverhaltensperiode rechtskräftig **versagt,** so enden die Beschränkungen der Gläubigerrechte (§§ 299, 300 II, 201).

Das **Verfahren im Einzelnen** weist mancherlei Komplikationen auf.

1. Zu unterscheiden sind der **Antrag** auf *Insolvenzeröffnung* und der Antrag auf 13
Restschuldbefreiung. Das Restschuldbefreiungsverfahren setzt einen entsprechenden Antrag des Schuldners voraus, der mit dem Insolvenzantrag verbunden werden soll, § 287 I 1. Erfolgt dies nicht, kann der Antrag nur innerhalb von zwei Wochen, nachdem das Gericht den Hinweis gemäß § 20 II erteilt hat, gestellt werden.

Restschuldbefreiung setzt ferner einen Antrag des Schuldners auf Insolvenzveröffnung voraus 14
(§ 297 I: „seinem Antrag"). Ein Gläubiger kann zwar einen Insolvenzantrag stellen, aber keinen Antrag auf Restschuldbefreiung. Nach Eingang eines Gläubigerantrags hat das Gericht den Schuldner auf das Erfordernis des Eigenantrags hinzuweisen (*BGH* NJW 05, 1433 f.). Wurde das Insolvenzverfahren auf Gläubigerantrag eröffnet, kommt ein Eigenantrag zu spät. Dann genügt ausnahmsweise ein isolierter Restschuldbefreiungsantrag, falls das Gericht den erforderlichen Hinweis nicht oder verspätet erteilt hatte (*BGH* NJW 05, 1433 f.).

Ist Antragsteller ein *Insolvenzschuldner nach § 304,* so *muss* er den Antrag mit dem Eröffnungs- 15
antrag verbinden oder ihn unverzüglich nachreichen (§ 305 I Nr. 2, III; zur Problematik vgl. o. § 65 Rn. 14).

Dem Antrag ist die Erklärung des Insolvenzschuldners beizufügen, dass er seine pfändbaren 16
Dienstbezüge und deren Ersatz für sechs Jahre nach Aufhebung des (vielleicht noch gar nicht eröffneten) Insolvenzverfahrens an einen vom Gericht bestimmten Treuhänder abtritt, § 287 II 1 (das ist irreführend, da eine Abtretung nach § 398 BGB nicht zustandekommt, vgl. u. Rn. 27).

Sind die von der Erklärung erfassten Forderungen bereits an einen Dritten abgetreten oder 17
verpfändet worden, so ist das in der sog. Abtretungserklärung mitzuteilen (§ 287 II 2). Diese früheren Verfügungen haben nur Bestand für rund zwei Jahre nach Verfahrenseröffnung (§ 114 I). Erst danach wirkt der Forderungsübergang auf den Treuhänder. Eine Verfügung über die künftigen Dienstbezüge, die der Insolvenzschuldner nach der Verfahrenseröffnung trifft, ist auch insoweit unwirksam, als Bezüge für die Zeit nach dem Insolvenzverfahren betroffen sind (§ 81 II 1 mit I); das musste besonders angeordnet werden, da diese Bezüge nicht zur Insolvenzmasse gehören (vgl. o. § 40 Rn. 23), aber im Rahmen der Restschuldbefreiung zur Verfügung stehen sollen. Vereinbarte Einschränkungen der Abtretbarkeit (z. B. in Tarifverträgen) sind insoweit unwirksam, als sie den Forderungsübergang auf den Treuhänder vereiteln oder beeinträchtigen würden (§ 287 III).

Stehen dem Insolvenzschuldner keine Forderungen im Sinne von § 287 II zu 18
(sondern z. B. nur „Einmal-Forderungen" im Sinne von § 850 i ZPO; vgl. § 295 II), so geht die Abtretung ins Leere. Das ist unschädlich, da das Gesetz selbst mit einer solchen Möglichkeit rechnet (vgl. § 295 I Nr. 1). Mit der Zulässigkeit einer „Null-Lösung" oder der Problematik einer Mindestquote hat das nichts zu tun (unzutr. *Nerlich/Römermann* § 287, 25–28), schon deshalb nicht, weil der Insolvenzschuldner es nicht bei der ins Leere gehenden Abtretung bewenden lassen darf (vgl. § 295 I Nr. 1, 2, 4, II, auch § 292 I 2, 4).

2. Im **Schlusstermin** (§ 197) sind die Insolvenzgläubiger und der Insolvenzver- 19
walter zum Befreiungsantrag zu hören (§ 289 I 1). Dass die Anhörung erst jetzt erfolgt, macht es möglich festzustellen, ob der Insolvenzschuldner bisher seine Auskunfts- und Mitwirkungspflichten (§ 290 I Nr. 5) erfüllt hat. Nach der Anhörung entscheidet das Gericht über den Antrag durch Beschluss (§ 289 I 2): Entweder wird die Restschuldbefreiung versagt (vgl. u. Rn. 20) oder angekündigt (vgl. u. Rn. 23).

a) Die **Restschuldbefreiung wird versagt,** wenn das ein Insolvenzgläubiger im 20
Schlusstermin beantragt und der Insolvenzschuldner sich für eine Befreiung nicht würdig gezeigt hat (dazu vgl. o. Rn. 11).

Die Versagungsgründe sind in § 290 I abschließend aufgezählt (dazu *Schmerbach* 21
NZI 05, 521); sie sind glaubhaft zu machen, § 290 II:

Nr. 1: Die Verurteilung des Schuldners wegen einer Insolvenzstraftat; sie muss nicht im Zusammenhang mit dem Insolvenzverfahren stehen, in dem die Restschuldbefreiung beantragt wird. Jedenfalls die Fünf-Jahresfrist des § 46 I Nr. 1 BZRG ist zu beachten (*BGH* NJW 03, 974 f.).

Nr. 2: Unrichtige oder unvollständige Angaben des Schuldners über seine wirtschaftlichen Verhältnisse in den letzten drei Jahren vor dem Insolvenzantrag oder danach, wenn sie mit dem Ziel erfolgten, einen Kredit oder Leistungen aus öffentlichen Mitteln zu erlangen oder Leistungen an öffentliche Kassen zu vermeiden.

Nr. 3: Dem Schuldner wurde in den letzten zehn Jahren vor dem Insolvenzantrag oder danach Restschuldbefreiung erteilt oder versagt.

Nr. 4: Der Schuldner führte einen verschwenderischen Lebensstil und beeinträchtigte dadurch die Befriedigungsaussichten der Gläubiger; hierher gehört auch die Verzögerung der Insolvenzeröffnung.

Nr. 5: Der Schuldner verletzt die ihm durch die InsO auferlegten Auskunfts- und Mitwirkungspflichten (*BGH* NJW 03, 2167, 2169). Der Schuldner kann die Handlung nachholen, solange die Gläubiger noch nicht beeinträchtigt sind (*BGH* NJW 03, 2167, 2168).

Nr. 6: Unrichtige oder unvollständige Angaben des Schuldners in den nach § 305 I Nr. 3 vorzulegenden Verzeichnissen. Eine Versagung ist nicht möglich, wenn der Schuldner die erforderlichen Angaben im Eröffnungsverfahren ergänzt oder berichtigt (*BGH* NZI 05, 461).

Kein Versagungsgrund ist das Unterschreiten einer Mindestquote.

22 Gegen den Beschluss steht dem Insolvenzschuldner – und nur ihm als einzig Beschwertem – die sofortige Beschwerde zu (§ 289 II 1), gleich, ob der Richter oder der Rechtspfleger entschieden hat (§ 11 I mit § 3 Nr. 2 Buchst. e RPflG; § 18 I Nr. 2, II 1).

23 b) Ist die **Restschuldbefreiung nicht** nach § 290 **zu versagen,** weil es an Versagungsantrag, Versagungsgrund oder dessen Glaubhaftmachung fehlt, so wird die **Befreiung angekündigt:** Das Gericht stellt durch Beschluss fest, dass der Insolvenzschuldner Befreiung erlangt, wenn er sich im Sinne der §§ 295, 297, 298 als würdig erweist (§ 291 I). Im gleichen Beschluss wird ein **Treuhänder** bestimmt. Er muss eine geeignete natürliche Person sein; den Insolvenzgläubigern und dem Insolvenzschuldner steht ein Vorschlagsrecht zu (§§ 291 II, 288). In Betracht kommt (auch) der amtierende Insolvenzverwalter.

24 Hat ein *Insolvenzgläubiger im Schlusstermin die Versagung beantragt,* so entscheidet der Richter (§ 18 I Nr. 2 RPflG); dem Antragsteller steht die **sofortige Beschwerde** zu (§ 289 II 1). Hat *niemand* die Versagung *beantragt,* so entscheidet der Rechtspfleger; der Beschluss ist unanfechtbar, § 6 I, auch die befristete Erinnerung (§ 11 II RPflG) ist unzulässig, denn niemand ist beschwert.

Restschuldbefreiung kann auch dann angekündigt werden, wenn das Insolvenzverfahren wegen Masseunzulänglichkeit eingestellt wird (vgl. §§ 208, 211) und die in § 289 III 1 genannten Voraussetzungen erfüllt sind.

Hat kein Gläubiger Forderungen angemeldet, ist dem Schuldner schon im Schlusstermin Restschuldbefreiung zu erteilen, wenn er belegt, dass die Verfahrenskosten und alle sonstigen Masseverbindlichkeiten beglichen sind. Weil ein förmliches Restschuldbefreiungsverfahren unter diesen Voraussetzungen sinnlos ist, entfällt die Wohlverhaltensperiode (*BGH* NZI 05, 399, 400).

25 c) Ist der **Beschluss** über den Antrag auf Restschuldbefreiung (vgl. o. Rn. 22 und Rn. 23) **rechtskräftig,** so wird das **Insolvenzverfahren aufgehoben** (§ 289 II 2; zur Einstellung wegen Masseunzulänglichkeit, § 211, vgl. o. Rn. 24 und § 289 III); zur Bekanntmachung vgl. § 289 II 3.

Ist die Restschuldbefreiung *rechtskräftig* **versagt** worden, so haben die Insolvenzgläubiger das *Recht der freien Nachforderung* (§ 201). Ist sie **angekündigt** (vgl. o. Rn. 23), so beginnt die *Wohlverhaltensperiode,* an deren Ende die Restschuldbefreiung stehen kann.

26 3. Die **Wohlverhaltensperiode** dauert sechs Jahre, denn so lange währt die **„Laufzeit der Abtretungserklärung“** (§ 287 II 1), wenn sie nicht vorzeitig beendet wird (§§ 299, 300 I).

a) Der **Übergang der pfändbaren Bezüge** vom Insolvenzschuldner auf den Treuhänder erfolgt nach 27
dem Wortlaut von § 292 I durch Abtretung (vgl. auch § 81 II 2), also durch dinglichen Vertrag (§ 398 BGB). Die Erklärung des abtretenden Insolvenzschuldners heißt dementsprechend Abtretungserklärung (z. B. in § 287 II, zur Terminologie vgl. §§ 1154 f. BGB). Das Zustandekommen eines Vertrags stößt aber auf erhebliche Schwierigkeiten. So ist schon unklar, worin der notwendige Zugang (§ 130 BGB) der Abtretungserklärung als Antrag an den Treuhänder liegen soll, denn sie geht an das Gericht. Ebenso ist fraglich, worin die Annahmeerklärung des Treuhänders gesehen werden kann (hier bietet sich nur die Fiktion einer konkludenten Willenserklärung an, z. B. die Übernahme des Treuhänderamtes, so Begrdg. RegE § 236, ohne den fiktiven Charakter dieser Erklärung zu erwähnen, geschweige auf die Problematik des Antragszugangs einzugehen; auf den Zugang der Annahmeerklärung könnte verzichtet werden, § 151 S. 1 BGB). **Gegen** einen **Forderungsübergang durch Abtretung** (also Vertrag) sprechen die im Gesetz ebenfalls anzutreffenden Vorstellungen. So sollen Vereinbarungen, die die Abtretung ausschließen, insoweit unwirksam sein, als sie die Abtretungserklärung (!) vereiteln oder beeinträchtigen würden (§ 287 III). Da die Vereinbarungen aber nicht die Abtretungserklärung, also das Vertragsangebot, sondern die Abtretung als schuldrechtliche Verfügung ausschließen sollen, ist diese und nicht nur das Vertragsangebot des Insolvenzschuldners unwirksam. Das legt es nahe, in der „Abtretungserklärung" kein Vertragsangebot, sondern eine besonders geartete Erklärung zu sehen. Dafür spricht weiter, dass die Dauer des Forderungsübergangs an die „Laufzeit der Abtretungserklärung" geknüpft wird (vgl. nur §§ 299, 300 I; anders Art. 107 EGInsO: „Laufzeit der Abtretung"[!]); Vertragsangebote, die angenommen worden sind, haben aber keine „Laufzeit". Schließlich bestimmt § 291 II, dass auf den Treuhänder „die pfändbaren Bezüge des Schuldners nach Maßgabe der Abtretungserklärung (§ 287 Abs. 2) übergehen", nicht aber, dass die Bezüge nach Maßgabe der Abtretungserklärung abgetreten werden oder sind. Daraus folgt: Der **Übergang der pfändbaren Bezüge erfolgt** nicht durch Abtretung (Vertrag, § 398 BGB), sondern **nach Maßgabe der Abtretungserklärung als gesetzliche Folge der Bestellung des Treuhänders** durch das Insolvenzgericht **und dessen** zumeist in der Amtsübernahme liegendes **Einverständnis mit der Bestellung** (vgl. *BGH* NJW-RR 06, 1554, 1555). Die „Abtretungserklärung" enthält auch die Angaben über die Dauer des fortlaufenden Forderungsübergangs (§ 287 II), so dass man bei Ablehnung der „Vertragstheorie" durchaus sinnvoll von einer „Laufzeit" der „Abtretungserklärung" sprechen kann.

b) In der Wohlverhaltensperiode hat der Treuhänder die **übergegangenen Bezüge** 28
einzuziehen, sie mit sonstigen Leistungen des Insolvenzschuldners oder eines Dritten als Sondervermögen zu behandeln und einmal jährlich zu **verteilen.** Bei der Verteilung sind zunächst die nach § 4 a gestundeten Verfahrenskosten (mit Ausnahme der Kosten eines beigeordneten Rechtsanwalts) zu berichtigen, § 292 I 2 HS 2. Erst wenn die Verfahrenskosten vollauf berichtigt sind, ist das Sondervermögen aufgrund des Schlussverzeichnisses (§§ 188, 197 I 2 Nr. 2) an die Gläubiger zu verteilen. Der Schuldner erhält nach Ablauf von vier Jahren seit der Aufhebung des Insolvenzverfahrens 10 % und nach Ablauf eines weiteren Jahres 15 % aus den eingezogenen Beträgen, § 292 I 3. Damit soll dem Schuldner ein Anreiz zum „Durchhalten" der Wohlverhaltensperiode gegeben werden. Sind allerdings die nach § 4 a gestundeten Kosten noch nicht vollauf beglichen, erhält er Zahlungen nur insoweit, als sein Einkommen nicht den nach § 115 ZPO errechneten Betrag erreicht.

c) Während der Wohlverhaltensperiode gilt für die Insolvenzgläubiger der 29
Gleichbehandlungsgrundsatz.

Daher ist eine Vereinbarung, die einzelnen Insolvenzgläubigern Sondervorteile verschafft, nichtig (§ 294 II; vgl. auch § 295 I Nr. 4); die Zwangsvollstreckung einzelner Insolvenzgläubiger in das Vermögen des Insolvenzschuldners ist während der Wohlverhaltensperiode unzulässig (§ 294 I), und die Aufrechnung gegen eine übergegangene Forderung ist nur im Rahmen des § 114 II möglich (§ 294 III). Das Vollstreckungsverbot aus § 294 I gilt auch für solche Insolvenzgläubiger, die der Insolvenzschuldner entgegen § 305 I Nr. 3 nicht in das Vermögensverzeichnis aufgenommen hatte; eine analoge Anwendung von § 308 III 1 (dazu vgl. o. § 65 Rn. 24) scheidet aus (*BGH* NZI 06, 602).

d) In dieser Zeit des Wohlverhaltens treffen den **Insolvenzschuldner** eine Reihe 30
von **Obliegenheiten** (§ 295), um die Befriedigung der Insolvenzgläubiger nach Kräften voranzubringen (zur möglichen Überwachung ihrer Erfüllung durch den Treuhänder vgl. § 292 II).

31 Problematisch sind die Obliegenheiten nach § 295 I Nr. 1 und II. „Angemessene" Erwerbstätigkeit und „zumutbare" Tätigkeit sind schwer zu fassende, auf den Einzelfall abstellende Begriffe (vgl. zur „angemessenen Erwerbstätigkeit" § 1574 II BGB). Die „Zumutbarkeit" einer Tätigkeit ist in weitem Umfang zu bejahen, so z. B. bei berufsfremder, auswärtiger, Gelegenheits- und Aushilfstätigkeit. Vom Schuldner wird im Rahmen der Erwerbsobliegenheit mehr verlangt als nach Unterhalts- oder Sozialrecht (*Foerste* Rn. 552). Es genügt nicht, wenn er nur eine Teilzeitbeschäftigung ausübt und sich nicht um eine Vollzeitbeschäftigung bemüht (*AG Hamburg* NZI 01, 103). Einem langjährig inhaftiertem Straftäter wird Restschuldbefreiung versagt, weil er sich um eine angemessene Tätigkeit nicht bemühen kann (*LG Hannover* ZInsO 02, 449). Begibt sich der Schuldner in die Selbstständigkeit, muss er nach § 295 II den Gläubigern am Ende der Wohlverhaltensphase mindestens soviel abführen, wie wenn er ein angemessenes Dienstverhältnis eingegangen wäre; einen Überschuss kann er behalten (*Foerste* Rn. 553).

32 Ein **Verstoß gegen die Obliegenheiten** (§ 295) während der Wohlverhaltensperiode kann zur **Versagung der Restschuldbefreiung** führen (§ 296). Hierüber ist der Insolvenzschuldner schon in dem Beschluss über die Ankündigung der Rechtsschuldbefreiung (§ 289 I), jedenfalls aber bei einer (schriftlichen oder mündlichen) Anhörung durch das Insolvenzgericht (§ 296 II 1) hinreichend deutlich zu belehren (*BGH* NZI 09, 481 f.). Die Restschuldbefreiung kann auch dann versagt werden, wenn der Insolvenzschuldner wegen einer Insolvenzstraftat (§§ 283–283 c StGB) nach dem Schlusstermin rechtskräftig verurteilt worden ist (§ 297). In beiden Fällen setzt die Versagung den Antrag eines Insolvenzgläubigers voraus. Befreiung wird ferner auf Antrag des Treuhänders versagt, wenn er seine Mindestvergütung nicht erhält (§ 298).

33 **Gegen die Versagung** steht dem Insolvenzschuldner die **sofortige Beschwerde** zu (§§ 296 III, 297 II, 298 III), § 6 I; § 11 I RPflG. Sie steht dem Treuhänder zu, wenn sein Antrag auf Versagung (§ 298 I) zurückgewiesen worden ist (§§ 298 III, 296 III); s. aber auch § 298 II 2: Mit der Nachzahlung entfällt die Beschwer.

Den *Antrag eines Insolvenzgläubigers auf Versagung* kann nur der Richter ablehnen (§ 18 I Nr. 2 RPflG); dagegen steht dem Antragsteller die sofortige Beschwerde zu (§§ 296 III, 297 II).

34 e) Wird **während der Wohlverhaltensperiode** die **Restschuldbefreiung rechtskräftig versagt,** so enden die Laufzeit der Abtretungserklärung (vgl. o. Rn. 26), das Amt des Treuhänders und die Beschränkung der Gläubigerrechte (es gilt dann § 201), § 299. Die Versagung ist öffentlich bekanntzumachen (§§ 296 III 2, 297 II, 298 III).

35 4. Ist die **Laufzeit der Abtretungserklärung** (vgl. o. Rn. 27) **nicht vorzeitig,** nämlich während der Wohlverhaltensperiode, **beendet** worden, so hat das Gericht über die **Erteilung der Restschuldbefreiung** zu **entscheiden;** vorher sind die Insolvenzgläubiger, der Treuhänder und der Insolvenzschuldner zu hören (§ 300 I). Die Befreiung kann aus denselben Gründen und auf Antrag derselben Personen wie während der Wohlverhaltensperiode versagt werden (§ 300 II; vgl. § 296 I 1, § 297 I, § 298 I).

36 Für die **Rechtsbehelfe** des Insolvenzschuldners und eines Insolvenzgläubigers, der bei der Anhörung die Versagung beantragt hat, gilt das o. Rn. 33 Gesagte, § 300 III 2. Dem Treuhänder, dessen Antrag erfolglos blieb, steht keine sofortige Beschwerde zu, vgl. § 300 III 3 mit § 6 I; hat, wie in der Regel (arg. § 18 I Nr. 2 RPflG) der Rechtspfleger entschieden, so gibt es die befristete Erinnerung, § 11 II RPflG.

Zur **Bekanntmachung** des Beschlusses § 300 III 1.

37 **IV.** Die **Restschuldbefreiung erfasst** die bisher – also im Insolvenzverfahren und in der Wohlverhaltensperiode (ungenau § 286) – **nicht erfüllten Verbindlichkeiten aller Insolvenzgläubiger,** auch derjenigen, die ihre Forderung nicht angemeldet

haben (§ 301 I). **Ausgenommen** sind nur Verbindlichkeiten des Insolvenzschuldners aus einer vorsätzlichen unerlaubten Handlung sowie Geldstrafen und gleichgestellte Geldschulden, ferner Verbindlichkeiten aus zinslosen Darlehen, die dem Schuldner zur Begleichung der Kosten des Insolvenzverfahrens gewährt wurden (§ 302).

Die **Haftung von Mitschuldnern** und Bürgen des Insolvenzschuldners sowie **dingliche Sicherheiten** bleiben **ungeschmälert** bestehen (§ 301 II 1; ähnlich die Regelung beim Insolvenzplan: § 254 II 1, vgl. o. § 62 Rn. 3). Von **Rückgriffsansprüchen** des Bürgen und anderer Rückgriffsberechtiger wird der Insolvenzschuldner in gleicher Weise befreit wie von den Ansprüchen der Insolvenzgläubiger (§ 301 II 2; auch insoweit ähnlich die Regelung beim Insolvenzplan: § 254 II 2); sonst würde die Restschuldbefreiung praktisch wirkungslos sein. 38

„Befreiung" von den Restschulden heißt, dass die **Restforderungen erfüllbar fortbestehen, aber** von den Gläubigern **nicht mehr eingefordert werden** können. Freilich ist der die Restschuldbefreiung erteilende Beschluss (§ 300 I) keine vollstreckbare Entscheidung im Sinne des § 775 Nr. 1 ZPO, aus der sich die Aufhebung eines Urteils oder die Einstellung der Zwangsvollstreckung ergibt (vgl. o. § 14 Rn. 14). Wird nach Erteilung der Restschuldbefreiung aus einem titulierten Anspruch die Zwangsvollstreckung versucht, muss sich der (ehemalige) Insolvenzschuldner deshalb mit der Vollstreckungsgegenklage (§ 767 ZPO; vgl. o. § 12) wehren (vgl. *BGH* NJW 08, 3640); der materiell-rechtliche Einwand folgt aus der Umgestaltung der Forderung in einen zwar erfüllbaren, aber nicht erzwingbaren Anspruch. 39

Was ein Insolvenzgläubiger zu viel erhält, als ihm aufgrund der Restschuldbefreiung zusteht, muss er nicht zurückzahlen (§ 301 III). Die nicht durchsetzbare Forderung bietet nach ihrer Erfüllung einen Rechtsgrund zum Behaltendürfen. Die vieldeutigen Bezeichnungen „unvollkommene Verbindlichkeit" oder „Naturalobligation" helfen daneben nicht weiter und sollten vermieden werden.

V. Unter engen Voraussetzungen ist auf Antrag eines Insolvenzgläubigers der **Widerruf** einer rechtskräftigen Restschuldbefreiung möglich (§ 303). 40

Es muss sich nach Rechtskrafteintritt herausstellen, dass der Insolvenzschuldner eine Obliegenheit vorsätzlich verletzt und dadurch die Befriedigung der Insolvenzgläubiger erheblich beeinträchtigt hat (§ 303 I). Antragsberechtigt ist ein Insolvenzgläubiger, der von diesen Umständen vor Rechtskraft des Befreiungsschlusses nichts wusste und sowohl die Umstände wie seine Unkenntnis davon glaubhaft macht; der Antrag muss innerhalb eines Jahres nach Rechtskrafteintritt gestellt werden (§ 303 II). Die Entscheidung über den Antrag auf Widerruf der Restschuldbefreiung ist dem Richter vorbehalten (§ 18 I Nr. 2 RPflG mit falscher Formulierung, da nicht über den Widerruf, sondern über den Antrag auf Widerruf entschieden wird). Ein Widerruf beschwert den Insolvenzschuldner, eine Zurückweisung des Antrags beschwert den antragstellenden Insolvenzgläubiger. Ihnen steht die sofortige Beschwerde zu (§ 303 III 2). Der Widerrufsbeschluss ist öffentlich bekanntzumachen (§ 303 III 3). 41

6. Kapitel. Besondere Arten des Insolvenzverfahrens

§ 67. Nachlassinsolvenzverfahren und verwandte Verfahren

1 **I. Nachlassinsolvenzverfahren** ist das **Insolvenzverfahren über das Vermögen** (den Nachlass) **eines Verstorbenen** oder für tot Erklärten (das ist der Erblasser), §§ 315 ff.

2 Ist der Erblasser während eines über sein Vermögen beantragten oder schon eröffneten Insolvenzverfahrens gestorben, so wird das Verfahren ohne Unterbrechung als Nachlassinsolvenzverfahren fortgesetzt (vgl. BGHZ 175, 307, 309). Das ist unkomplizierter als nach dem Recht der KO, weil Eröffnungsgrund nicht mehr allein die Überschuldung (§ 215 KO) ist, sondern wie im Regelverfahren auch die eingetretene und die drohende Zahlungsunfähigkeit (§ 320; die beschränkte Antragsberechtigung für den letztgenannten Eröffnungsgrund bereitet keine Schwierigkeiten, da der Erbe an die Stelle des Erblassers als Insolvenzschuldner tritt, vgl. § 18 I mit § 320 S. 2).

3 **Ziel des Nachlassinsolvenzverfahrens** – wie der Nachlassverwaltung – ist es, den Nachlass vom Eigenvermögen des Erben abzusondern, um die Haftung des Erben für die Nachlassverbindlichkeiten „auf den Nachlass" zu beschränken (§ 1975 BGB). Zur Nachlassverwaltung kommt es, wenn der Nachlass voraussichtlich ausreicht, um die Nachlassgläubiger zu befriedigen; das Nachlassinsolvenzverfahren setzt einen der oben genannten Eröffnungsgründe (§ 320) voraus (vergleichend *Rugullis* ZEV 07, 117 und 156). Die auf diesen Wegen erreichte **Haftungsbeschränkung durch Vermögenssonderung** bedeutet: Die Nachlassgläubiger können nur noch auf den Nachlass, die Eigengläubiger des Erben nur noch auf dessen Eigenvermögen zugreifen; der Zugriff auf das jeweils andere Vermögen ist ihnen versperrt. Diese Haftungsbeschränkung zu Lasten der Nachlassgläubiger tritt allerdings nur ein, wenn der Erbe für die Nachlassverbindlichkeiten noch beschränkbar haftet (§ 2013 I BGB). Haftet er unbeschränkt, z. B. wegen Inventaruntreue (§ 2005 I BGB), so können auch die Nachlassgläubiger auf das gesamte Erbenvermögen – also Eigenvermögen und Nachlass – zugreifen (§ 1975 BGB ist ausgeschlossen: § 2013 I 1 HS 1 BGB). Dass trotz unbeschränkter Erbenhaftung ein Nachlassinsolvenzverfahren eröffnet werden kann (§ 316 I), ändert an diesem Totalzugriff der Nachlassgläubiger nichts; die auch in diesem Fall eintretende Vermögens- und Haftungssonderung wirkt bloß gegen die *Eigen*gläubiger: Sie können sich nur noch an das Eigenvermögen halten, der Zugriff auf den Nachlass ist ihnen versagt (§ 325).

4 Bei unbeschränkter Erbenhaftung kann es leicht vorkommen, dass auch über das Eigenvermögen des Erben ein Insolvenzverfahren eröffnet wird. Dann laufen **Nachlass- und Eigeninsolvenzverfahren** nebeneinander her. An diesem sind die Eigengläubiger beteiligt, die Nachlassgläubiger nur, wenn der Erbe ihnen gegenüber unbeschränkt haftet und nur in Höhe ihres Ausfalls im Nachlassinsolvenzverfahren oder bei Verzicht auf Befriedigung in diesem Verfahren (§ 331 I).

5 **II. Insolvenzschuldner** ist der **Erbe** als Inhaber des Nachlasses, über den das Insolvenzverfahren eröffnet worden ist (vgl. o. § 40 Rn. 7). Bei mehreren Erben ist jeder von ihnen Insolvenzschuldner; trotzdem kann ein Insolvenzplan nur von allen gemeinsam vorgelegt werden. Zum Erbschaftskäufer vgl. § 330, § 2385 BGB.

Die Stellung als Insolvenzschuldner hat der Erbe naturgemäß erst *nach dem Erbfall.* Ein *vorläufiger Erbe* ist zwar nach der Ausschlagung so gestellt, als sei er nie Erbe gewesen (Fiktion: § 1953 I BGB), dennoch ist er insoweit als Insolvenzschuldner anzusehen, als es auf den Benachteiligungsvorsatz bei einer von ihm vorgenommenen Rechtshandlung (§ 130) ankommt (*BGH* NJW 69, 1349 f.). Im Hinblick auf Ereignisse *vor dem Erbfall* ist der Erblasser als Insolvenzschuldner anzusehen, was vor allem für das Schicksal der von ihm geschlossenen gegenseitigen Verträge (§§ 103 ff.) und für die Insolvenzanfechtung (§§ 129 ff., auch § 328 I) von Bedeutung ist. 6

III. Insolvenzgläubiger sind **nur** die **Nachlassgläubiger** (§ 325), nicht die Eigengläubiger des Erben (vgl. o. Rn. 3). 7

Der Erbe kann wegen seiner Ansprüche gegen den Erblasser selbst Insolvenzgläubiger sein (§ 326 I). Das ist eine Folge der Vermögenssonderung durch Eröffnung des Nachlassinsolvenzverfahrens (§§ 1976, 1977 BGB). 8

Bestimmte erbrechtliche Gläubiger sind den *nachrangigen Insolvenzgläubigern* des § 39 im Rang nachgeordnet (§ 327): Pflichtteilsberechtigte, Vermächtnisnehmer sowie diejenigen, die die Vollziehung einer Auflage verlangen können. Vgl. u. Rn. 12. 9

Der Kreis der **Masseverbindlichkeiten** geht über die in §§ 54, 55 genannten hinaus (§ 324). Damit werden Aufwendungen bevorzugt, die typischerweise nach einem Erbfall zu leisten sind. 10

IV. Die **Insolvenzmasse** besteht aus dem Nachlass (soweit er der Zwangsvollstreckung unterliegt, § 36 I). Für den Umfang ist der *Zeitpunkt der Verfahrenseröffnung,* nicht des Erbfalls maßgebend, doch bemüht sich das Gesetz auf verschiedenen Wegen, den Vermögensstand z. Z. des Erbfalls wiederherzustellen. 11

Zwischen Erbfall und Verfahrenseröffnung kann der Wert des Nachlasses durch Verfügungen des (noch verfügungsberechtigten!) Erben geschmälert werden. Was der Erbe mit Mitteln des Nachlasses erworben hat, verbleibt ihm und fällt nicht in die Masse (keine dingliche Surrogation). Als *Ausgleich des Wertverlustes* besteht ein Herausgabeanspruch gegen den Erben aus seiner Verwaltung des Nachlasses (§ 1978 I BGB); der Anspruch fällt in die Masse (§ 1978 II BGB). 12

Der Nachlass als Insolvenzmasse wird ferner dadurch geschützt, dass Vollstreckungsmaßnahmen in den Nachlass, die zwischen dem Erbfall und der Verfahrenseröffnung vorgenommen werden, kein Absonderungsrecht begründen (z. B. ein Pfändungspfandrecht, § 50 I), § 321; das kann über den Zeitrahmen des § 88 hinausgehen (vgl. o. § 51 Rn. 32). Zum Begriff „Zwangsvollstreckung" vgl. o. § 47 Rn. 4.

Ein weiterer Schutz des Nachlasses besteht darin, dass die vor Verfahrenseröffnung aus Nachlassmitteln erfolgte Erfüllung von Pflichtteilsansprüchen, Vermächtnissen und Auflagen ebenso anfechtbar ist wie eine unentgeltliche Leistung (§ 322, dazu § 134). Durch die Rückgewähr der erbrachten Leistungen (und die Beschränkung in § 328) soll erreicht werden, dass die genannten Ansprüche erst erfüllt werden, wenn alle anderen Gläubiger voll befriedigt sind (vgl. § 327 I mit § 39).

V. Für das Verfahren ist **örtlich** ausschließlich **zuständig** das Insolvenzgericht, in dessen Bezirk der Erblasser den Mittelpunkt seiner selbstständigen wirtschaftlichen Tätigkeit hatte; gab es sie nicht, so ist örtlich ausschließlich zuständig das Insolvenzgericht, in dessen Bezirk der Erblasser seinen allgemeinen Gerichtsstand hatte (§ 315). 13

Das **Verfahren** ist **zulässig** vor und nach Annahme der Erbschaft, bei beschränkbarer und unbeschränkter Erbenhaftung (zum Verfahrenszweck im letztgenannten Fall vgl. o. Rn. 3), ferner vor und nach der Teilung des Nachlasses unter Miterben (in diesem Fall hat der Insolvenzverwalter die verteilten Nachlassgegenstände von den Miterben herauszuverlangen), § 316 I, II.

Unzulässig ist das Insolvenzverfahren über einen **Erbteil** (§ 316 III); denn die Erbengemeinschaft ist eine Gesamthandsgemeinschaft (§§ 2032 ff. BGB) mit entsprechender Haftung für gemeinschaftliche Nachlassverbindlichkeiten (§ 2058 BGB). Davon zu unterscheiden ist der Fall, dass über das Vermögen eines Miterben, zu dem auch der Erbteil gehört, das Insolvenzverfahren eröffnet wird (zum gleichzeitigen Nachlassinsolvenzverfahren vgl. § 331).

Eröffnungsgründe sind die Zahlungsunfähigkeit (§ 17) und die Überschuldung (§ 19), § 320 S. 1, ferner die drohende Zahlungsunfähigkeit (§ 18), wenn der Eröffnungsantrag nicht von einem Nachlassgläubiger gestellt wird (§ 320 S. 2). 14

Antragsberechtigt sind – außer den Nachlassgläubigern – jeder Erbe, der Nachlassverwalter, ein anderer Nachlasspfleger, ein verwaltender Testamentsvollstrecker, bei einem zum Gesamtgut einer Gütergemeinschaft gehörenden Nachlass der allein oder mitverwaltende Ehegatte bzw. Lebens- 15 partner, § 318 I, III. Der Antrag einzelner Miterben ist nur zulässig, wenn der Eröffnungsgrund glaubhaft gemacht wird; die übrigen Miterben sind vom Gericht zu hören (§ 317 II; ebenso § 318 II für das Ehegattenantragsrecht). Ein Nachlassgläubiger muss, wie stets (§ 14 I), seine Forderung und den Eröffnungsgrund glaubhaft machen; wird der Antrag erst gestellt, wenn zwei Jahre nach Annahme der Erbschaft verstrichen sind, so ist er unzulässig (§ 319).

Zuweilen trifft den Erben oder den Nachlassverwalter eine **Antragspflicht** (§§ 1980, 1985 II BGB).

16 **VI.** Das **Insolvenzverfahren über das Gesamtgut der fortgesetzten Gütergemeinschaft** ist das Verfahren über ein Sondervermögen (§ 11 II Nr. 2; vgl. o. § 40 Rn. 7). Für seine Abwicklung gelten die Vorschriften über das Nachlassinsolvenzverfahren (§§ 315–331) entsprechend, § 332 I, ferner § 37 III. Insolvenzgläubiger sind hier die Gesamtgutsgläubiger z. Z. des Eintritts der fortgesetzten Gütergemeinschaft (§ 332 II). Die anteilsberechtigten Abkömmlinge haben kein Antragsrecht (§ 332 III), da sie nicht aufgrund der fortgesetzten Gütergemeinschaft für Gesamtgutsverbindlichkeiten persönlich haften (§ 1489 BGB).

17 **VII.** Zum **Insolvenzverfahren über das gemeinschaftlich verwaltete Gesamtgut einer Gütergemeinschaft** vgl. § 11 II Nr. 2 (Insolvenzverfahren über ein Sondervermögen, vgl. o. § 40 Rn. 7), § 333 II (Antragsrecht der Ehegatten; Eröffnungsgrund bei Antrag beider auch drohende Zahlungsunfähigkeit), § 334 (persönliche Haftung der Ehegatten: Geltendmachung sowie Behandlung im Insolvenzplan). **Verwaltet** ein Ehegatte das **Gesamtgut allein,** so wird es insolvenzmäßig als Alleinvermögen des alleinverwaltenden Ehegatten behandelt (§ 37 I).

7. Kapitel. Insolvenzverfahren mit Auslandsbezug

§ 68. Europäisches und Internationales Insolvenzrecht

I. Grundlagen

1 **1. Fragestellung.** Infolge der zunehmenden internationalen Verflechtung gewinnen Rechtsfragen mit internationalem Bezug auch im Insolvenzrecht an Bedeutung.

Beispiele: Zu klären ist beispielsweise, ob sich ein im Inland eröffnetes Insolvenzverfahren auf Auslandsvermögen des Schuldners erstreckt, ob der Verwalter im Ausland belegenes Vermögen verwerten muss, ob ein im Ausland ansässiger Gläubiger seine Forderungen im Inlandsinsolvenzverfahren anmelden kann, ob der Verwalter gegenüber einem ausländischen Gläubiger anfechten kann oder ob eine im Ausland erteilte Restschuldbefreiung auch die Forderungen von Gläubigern mit Sitz im Inland erfasst.

2 Antworten hierauf gibt das Internationale Insolvenzrecht. Drei grundlegende Fragen stehen im Mittelpunkt: Beschränken sich die Wirkungen von Insolvenzverfahren auf den Staat, in dem das Verfahren eröffnet wurde oder erstrecken sich die Wirkungen auch auf andere Staaten? Zweitens stellt sich die Frage nach der internationalen Zuständigkeit für Insolvenzverfahren und drittens das Problem des anwendbaren Rechts.

3 **2. Territorialitäts- und Universalitätsprinzip.** Ob und inwiefern Insolvenzverfahren eine grenzüberschreitende Wirkung entfalten, insbesondere auch das im Ausland belegene Vermögen des Insolvenzschuldners erfassen, ist für in- und ausländische Verfahren zu entscheiden. Wirkt das inländische Verfahren im Ausland? Wirkt das ausländische Verfahren im Inland? Den Ausgangspunkt bildet das aus

dem völkerrechtlichen Souveränitätsgedanken abgeleitete **Territorialitätsprinzip.** Der Staat, der ein Insolvenzverfahren eröffnet, bestimmt zunächst, ob und wieweit das Verfahren nur im Inland oder grenzüberschreitend (weltweit) wirken *soll.* Beansprucht er keine grenzüberschreitende Wirkung, so gilt das Territorialitätsprinzip; das Verfahren wirkt nur im Eröffnungsstaat. Beansprucht der Eröffnungsstaat hingegen grenzüberschreitende Wirkung, so gilt das Universalitätsprinzip. Nur im letzteren Fall hat der betroffene Staat zu entscheiden, ob und inwieweit er das ausländische Verfahren auf seinem Territorium anerkennt. Der Staat, der diesen Geltungsanspruch im Inland anerkennt, folgt dem *spiegelbildlich verkehrten* **Universalitätsprinzip.** Weist er den Geltungsanspruch hingegen für sein Staatsgebiet zurück, wird also das dort belegene Schuldnervermögen vom ausländischen Insolvenzverfahren nicht erfasst, so gilt das Territorialitätsprinzip.

3. Das deutsche Internationale Insolvenzrecht. Vor Inkrafttreten der InsO war das deutsche 4
Internationale Insolvenzrecht in §§ 237, 238 KO nur bruchstückhaft geregelt. Es galt zunächst das Territorialitätsprinzip (BGHZ 53, 383), im Jahre 1985 schwenkte der BGH auf das Universalitätsprinzip um (BGHZ 95, 256).

Die InsO enthielt ursprünglich ebenfalls keine Normierung des deutschen In- 5
ternationalen Insolvenzrechts; nur in Art. 102 a. F. EGInsO fand sich eine rudimentäre Regelung. Der Gesetzgeber wollte zunächst die Entwicklung auf europäischer Ebene abwarten. Am 31. 5. 2002 ist die Europäische Insolvenzverordnung (EuInsVO) in Kraft getreten, am 20. 3. 2003 das Gesetz zur Neuregelung des Internationalen Insolvenzrechts, das das internationale Insolvenzrecht in dem Elften Teil der InsO (§§ 335–358) regelt. Zudem wurde Art. 102 EGInsO grundlegend umgestaltet; die Vorschrift enthält Bestimmungen zur Durchführung der EuInsVO. Sowohl das deutsche Internationale Insolvenzrecht als auch die EuInsVO folgen einem modifizierten Universalitätsprinzip.

Innerhalb der EU (mit Ausnahme von Dänemark) hat die EuInsVO Vorrang vor 6
dem autonomen Recht nach §§ 335 ff.

Drei **Verfahrensarten** sind zu unterscheiden. Im Mittelpunkt steht das *Hauptin-* 7
solvenzverfahren (§ 335; Art. 3 I mit Art. 27 S. 1 EuInsVO), das das gesamte Vermögen des Schuldners erfasst und daher einem (eingeschränkten) Universalitätsprinzip unterliegt. Ein *Sekundärinsolvenzverfahren* (§ 356; Art. 27 EuInsVO) ist eine nach einem anzuerkennenden Hauptinsolvenzverfahren in einem anderen Staat eröffnetes Insolvenzverfahren; es folgt dem Territorialitätsprinzip und erfasst nur das in dem Staat des Sekundärinsolvenzverfahrens belegene Vermögen. Ohne vorausgehendes Hauptinsolvenzverfahren kann nach § 354 ein *Partikularinsolvenzverfahren* eröffnet werden, das ebenfalls nur das Vermögen im Eröffnungsstaat erfasst (Art. 3 IV EuInsVO).

II. Das Europäische Insolvenzrecht

Literatur: *Ehricke/Ries*, Die neue Europäische Insolvenzverordnung, JuS 03, 313; *Hass/Huber/Gruber/Heiderhoff*, EU-Insolvenzverordnung (EuInsVO), Kommentar, 2005; *Oberhammer*, Von der EuInsVO zum Europäischen Insolvenzrecht, KTS 09, 27.

Das europäische Insolvenzrecht wird wesentlich von der EuInsVO geregelt. 8
Art. 102 EGInsO enthält ergänzende Durchführungsvorschriften.

9 **1. Anwendungsbereich der EuInsVO.** Der **sachliche Anwendungsbereich** richtet sich nach Art. 1 I EuInsVO. Danach gilt die EuInsVO für alle Gesamtverfahren, welche die Insolvenz des Schuldners voraussetzen, sein Vermögen vollständig oder teilweise beschlagnahmen sowie die Bestellung eines Verwalters zur Folge haben. Auf das Verfahrensziel ist nicht abzustellen: Liquidations-, Sanierungs-, Reorganisations- und Vergleichsverfahren (vgl. Art. 2 Buchstabe c EuInsVO) fallen unter Art. 1 I EuInsVO. Die im einzelnen erfassten Verfahren sind in Anhang A der EuInsVO aufgeführt (vgl. Art. 2 Buchstabe a EuInsVO).

10 Der **räumliche Anwendungsbereich** der EuInsVO ist eröffnet, wenn sich der Mittelpunkt der hauptsächlichen Interessen des Schuldners in einem Mitgliedstaat befindet und sich sein Vermögen auf mehrere Mitgliedstaaten verteilt. Auf Vermögen in einem Drittstaat findet die EuInsVO keine Anwendung, insoweit bleibt es bei dem autonomen mitgliedstaatlichen Recht (str.).

11 **Persönlich** findet die EuInsVO auf alle Schuldner (Verbraucher, Unternehmer, Handelsgesellschaften, juristische Personen) Anwendung. Allerdings ist die Bestimmung der Insolvenzfähigkeit den Mitgliedstaaten überlassen (Art. 4 II 2 Buchstabe a EuInsVO; vgl. ferner Art. 16 I 2 EuInsVO). Auf die in Art. 1 II EuInsVO genannten Schuldner, insbesondere Versicherungsunternehmen und Kreditinstitute, ist die EuInsVO nicht anwendbar. Sie unterfallen besonderen Richtlinien.

12 **2. Internationale Zuständigkeit.** Die internationale Zuständigkeit für Insolvenzverfahren ist von großer Bedeutung, denn sie bestimmt das auf das Verfahren und die materiellrechtlichen Insolvenzwirkungen anwendbare Recht (Art. 4 EuInsVO, dazu u. Rn. 20 ff.). International zuständig für die Eröffnung eines Hauptinsolvenzverfahrens sind nach Art. 3 I EuInsVO die Gerichte des Staats, in dem der Schuldner den Mittelpunkt seiner hauptsächlichen Interessen („center of main interests", oft abgekürzt „*COMI*", vgl. *Mankowski* NZI 05, 368) hat (dazu *Pannen/Riedemann* NZI 04, 646). Das ist der Ort, an dem der Schuldner üblicherweise und für Dritte erkennbar der Verwaltung seiner Interessen nachgeht. Bei natürlichen Personen ist das regelmäßig der Wohnsitz (str., andere stellen auf den gewöhnlichen Aufenthalt ab), bei einem Unternehmer der Ort, an dem er wirtschaftlich tätig ist. Bei Gesellschaften und juristischen Personen wird nach Art. 3 I 2 EuInsVO vermutet, dass der satzungsmäßige Sitz auch der Mittelpunkt ihrer hauptsächlichen Interessen ist.

13 Die Vermutung kann widerlegt werden. Gerichte hatten wiederholt Hauptinsolvenzverfahren über ausländische Konzerntochterunternehmen am Sitz der inländischen Konzernmutter eröffnet, wenn hier der tatsächliche Verwaltungsort (maßgeblich waren Merkmale wie Finanzierung, Einkauf, Vertrieb, Marketing, Personal und Rechnungswesen) auch für das Tochterunternehmen lag (*High Court of Justice Leeds* NZG 04, 340; *AG München* ZIP 04, 962). Der *EuGH* stellt indes hohe Anforderungen an die Widerlegung der Vermutung: Handelt es sich nicht nur um eine „Briefkastenfirma", sondern geht die Gesellschaft in dem Mitgliedstaat, in dem sie ihren satzungsmäßigen Sitz hat, auch ihrer Tätigkeit nach, „so reicht die Tatsache allein, dass ihre wirtschaftlichen Entscheidungen von einer Muttergesellschaft in einem anderen Mitgliedstaat kontrolliert werden (können) nicht aus, um die Vermutung zu widerlegen" (*EuGH* NZI 06, 360, Rn. 34 – *Eurofood*; zur Interpretation dieser Entscheidung *Oberhammer* KTS 09, 27, 30 ff.).

Das Gericht bleibt auch dann zuständig, wenn der Schuldner nach Antragstellung, aber noch vor Verfahrenseröffnung seinen Wohnsitz und damit den Mittelpunkt seiner hauptsächlichen Interessen in einen anderen Mitgliedstaat verlegt (*EuGH* ZIP 09, 188 – *Susanne Staubitz-Schreiber*). Bei einer Sitzverlegung in einen anderen Mitgliedstaat kurz vor Antragstellung soll hingegen das Gericht am neuen Sitz zuständig sein, auch wenn der Schuldner Gläubiger und Vermögen am früheren Sitz zurück lässt und einen Eigenantrag stellt (*AG Celle* NZI 05, 410).

14 *Kompetenzkonflikte* sind wie folgt zu lösen: Ist ein Hauptinsolvenzverfahren eröffnet worden, kann in einem anderen Mitgliedstaat kein (zweites) Hauptinsolvenzverfahren mehr eingeleitet werden, sondern nur noch ein Sekundärinsolvenz-

verfahren, Art. 3 III EuInsVO. Ein Antrag auf Eröffnung eines Hauptinsolvenzverfahrens ist unzulässig, Art. 102 § 3 I 1 EGInsO.

Ein gleichwohl im Inland eröffnetes zweites Verfahren darf nicht fortgesetzt werden, Art. 102 § 3 I 2 EGInsO, und ist zu Gunsten des Verfahrens des anderen Mitgliedstaats (durch den Richter, § 19 a Nr. 1 RPflG) von Amts wegen einzustellen, Art. 102 § 4 I 1 EGInsO. Die bis zur Einstellung eingetretenen Wirkungen des (zumindest schwebend unwirksam eröffneten) Insolvenzverfahrens bleiben nur dann bestehen, wenn das zweite Verfahren in Unkenntnis des ausländischen Hauptverfahrens eröffnet wurde. Dagegen entfallen die Wirkungen rückwirkend, wenn das inländische Gericht bei Verfahrenseröffnung Kenntnis vom ausländischen Verfahren hatte; Art. 102 § 4 II 1 EGInsO ist auf diesen Fall wegen des Vorrangs der unmittelbar geltenden Art. 16, 17 EuInsVO nicht anwendbar (BGHZ 177, 12, 20). 15

Hat ein Gericht eines anderen Mitgliedstaats im Anwendungsbereich der EuInsVO die Verfahrenseröffnung abgelehnt, weil nach Art. 3 I EuInsVO die deutschen Gerichte zuständig sind, so sind die deutschen Gerichte daran gebunden; sie dürfen den Insolvenzantrag nicht abweisen, weil sie Gerichte eines anderen Mitgliedstaats für zuständig halten, Art. 102 § 3 II EGInsO.

Art. 3 I EuInsVO weist im Sinne einer europäischen *vis attractiva concursus* den Gerichten des Mitgliedstaats, in dem das Insolvenzverfahren eröffnet wurde, auch die Zuständigkeit für Klagen zu, die „aus dem Verfahren hervorgehen und in engem Zusammenhang damit stehen", insbesondere für Anfechtungsklagen (*EuGH* NJW 09, 2189 – *Deko Marty*); EuGVVO oder mitgliedstaatliches autonomes Zuständigkeitsrecht sind danach nicht anwendbar. Diese Rechtsprechung erleichtert dem Verwalter die Durchsetzung von Anfechtungsansprüchen, begründet aber keinen (weiteren) Klägergerichtsstand. Die örtliche Zuständigkeit richtet sich, falls keine Zuständigkeitsnorm einschlägig ist, analog § 19 a ZPO nach dem Sitz des Insolvenzgerichts (*BGH* NJW 09, 1215, 1217 Rn. 21). 16

Art. 3 I EuInsVO regelt nur die internationale Zuständigkeit. Die innerstaatlichen Zuständigkeitsvorschriften bleiben unberührt. Die örtliche Zuständigkeit richtet sich in Deutschland nach § 3. Hat der Schuldner weder einen Gerichtsstand noch den Mittelpunkt einer selbstständigen wirtschaftlichen Tätigkeit in Deutschland, bestimmt sich die örtliche Zuständigkeit nach Art. 102 § 1 EGInsO: Maßgeblich ist das Gericht, in dessen Bezirk den Mittelpunkt seiner hauptsächlichen Interessen hat. Damit ist für die örtliche Zuständigkeit hilfsweise das Kriterium maßgeblich, das auch die internationale Zuständigkeit bestimmt.

3. Anerkennung. a) Die Anerkennung mitgliedstaatlicher Insolvenzverfahren ist das wesentliche Anliegen der EuInsVO. Die Eröffnung eines Hauptinsolvenzverfahrens wird in den Mitgliedstaaten automatisch anerkannt, Art. 16 I EuInsVO. Ein besonderes Anerkennungsverfahren ist nicht erforderlich. Daher ist die Frage der internationalen Zuständigkeit für die Verfahrenseröffnung von großer Bedeutung. Nach Art. 17 I EuInsVO entfaltet die Eröffnung eines Insolvenzverfahrens in jedem Mitgliedstaat grundsätzlich diejenigen Wirkungen, die das Recht des Staates der Verfahrenseröffnung dem Verfahren beilegt (Wirkungserstreckung). Insbesondere richten sich die Befugnisse und Pflichten des Verwalters nach dem Recht des Eröffnungsstaats (Art. 18 EuInsVO). 17

Anzuerkennen sind ferner die zur Durchführung und Beendigung eines Insolvenzverfahrens ergangenen Entscheidungen, Art. 25 I 1 EuInsVO; darunter fallen beispielsweise die Aufhebung und Einstellung des Verfahrens, gerichtlich bestätigte Vergleiche und die Anordnung von Sicherungsmaßnahmen. Vollstreckt werden die Entscheidungen nach der EuGVVO (Art. 25 I 2 EuInsVO; die Verweisung auf das EuGVÜ bezieht sich auf die EuGVVO). Grenze einer jeden Anerkennung ist der Verstoß gegen den *ordre public*, Art. 26 EuInsVO (*EuGH* NZI 06, 360, 363: Verstoß gegen Grundsatz des rechtlichen Gehörs). Ferner werden Verfahrenseröffnung und -entscheidungen nicht anerkannt, wenn im Anerkennungsstaat ein Partikular- oder Sekundärinsolvenzverfahren eröffnet ist. 18

19 b) Von der Wirkungserstreckung ausgenommen sind dingliche Rechte eines Gläubigers oder Dritter an Gegenständen des Schuldners, die sich im Gebiet eines anderen Mitgliedstaats (dazu Art. 2 Buchstabe g EuInsVO) befinden, Art. 5 EuInsVO. Davon betroffen sind insbesondere Sicherungsrechte (vgl. Art. 5 II EuInsVO). Diese Rechte sollen nicht im Hauptinsolvenzverfahren, sondern in einem im Belegenheitsstaat zu eröffnenden Sekundärinsolvenzverfahren erfasst und verwertet werden, das auch vom Verwalter des Hauptinsolvenzverfahrens beantragt werden kann (Art. 29 Buchstabe a EuInsVO).

20 Besonders geregelt ist der Eigentumsvorbehalt. Nicht unter Art. 5 EuInsVO, sondern unter Art. 7 EuInsVO fallen der Eigentumsvorbehalt und das Anwartschaftsrecht des Vorbehaltskäufers, die nicht in allen Mitgliedstaaten als dingliche Rechte angesehen werden, sondern als Annex zum Kaufvertrag. Art. 7 I EuInsVO regelt den Eigentumsvorbehalt in der Insolvenz des Käufers ähnlich wie Art. 5 EuInsVO; die Bestimmung hat keine große praktische Bedeutung, weil sich die Kaufsache häufig im Besitz des Käufers und damit ohnehin im Eröffnungsstaat befindet. In der Insolvenz des Verkäufers sichert Art. 7 II EuInsVO das Anwartschaftsrecht und den Vollrechtserwerb des Käufers; der Grundgedanke des Art. 7 II EuInsVO entspricht § 107 I (vgl. o. § 49 Rn. 11 ff.).

21 **4. Anwendbares Recht.** a) Auf das Insolvenzverfahren findet grundsätzlich das **Recht des Eröffnungsstaats** Anwendung *(lex fori concursus)*, Art. 4 EuInsVO. Das gilt sowohl für das Insolvenzverfahrensrecht als auch für die materiellrechtlichen Wirkungen. Nach dem Recht des Eröffnungsstaats bestimmen sich insbesondere die Insolvenzfähigkeit, der Umfang der Masse, die Befugnisse des Verwalters, die Aufrechnung in der Insolvenz, die Abwicklung laufender Verträge, die Rechte und Beschränkungen der Insolvenzgläubiger während und nach Beendigung des Verfahrens und die Anfechtung nach dem Recht des Eröffnungsstaats. Insbesondere auf einen Insolvenzplan und die Restschuldbefreiung ist das Recht des Eröffnungsstaats anwendbar.

22 b) Von dem Grundsatz des Art. 4 EuInsVO gibt es zahlreiche **Ausnahmen:**
Eine Sonderanknüpfung enthält Art. 6 EuInsVO für die *Aufrechnung*. Steht das nach Art. 4 EuInsVO anwendbare Recht des Eröffnungsstaats der Aufrechnung durch einen Gläubiger entgegen, kann dieser gleichwohl aufrechnen, wenn das auf die Hauptforderung (das ist die Forderung des Schuldners) anwendbare Recht die Aufrechnung erlaubt. Es findet das für den Gläubiger günstigere Recht Anwendung, selbst wenn das für die Hauptforderung maßgebliche Recht durch Rechtswahl bestimmt wurde (vgl. Art. 27 I, II EGBGB).

23 Die Wirkungen des Insolvenzverfahrens auf einen Vertrag, der zum *Erwerb oder zur Nutzung eines unbeweglichen Gegenstandes* berechtigt, richten sich ausschließlich nach dem Recht des Mitgliedstaates, in dessen Gebiet der unbewegliche Gegenstand belegen ist, Art. 8 EuInsVO. Die Vorschrift stellt sicher, dass sich der soziale Mieterschutz nach dem Recht des Staates richtet, in dem die Mietwohnung liegt.

24 Für *Arbeitsverträge* ist das Recht des Mitgliedstaates maßgebend, das auf den Arbeitsvertrag anzuwenden ist, Art. 10 EuInsVO. Diese Bestimmung dient dem Schutz der Arbeitnehmer. Insbesondere die Fortsetzung und Beendigung des Arbeitsvertrags richtet sich nach dem Recht, das ohnehin auf den Vertrag anwendbar ist.

25 In ein Register *eintragungsfähige Rechte* des Schuldners an Immobilien, Schiffen oder Luftfahrtzeugen unterliegen gemäß Art. 11 EuInsVO dem Recht des Mitgliedstaates, unter dessen Aufsicht das Register geführt wird. Für entgeltliche Verfügungen des Schuldners nach Verfahrenseröffnung über Grundstücke oder eintragungspflichtige Schiffe, Luftfahrtzeuge oder Wertpapiere ist das Recht des Staates maßgebend, in dessen Gebiet der unbewegliche Gegenstand belegen ist oder unter

dessen Aufsicht das Register geführt wird (Art. 14 EuInsVO). Dies gilt auch für die Bestimmungen über den redlichen Erwerb. Inwieweit *Leistungen an den Schuldner* nach Verfahrenseröffnung schuldbefreiende Wirkung entfalten, regelt Art. 24 EuInsVO. Danach wird der Leistende von seiner Verbindlichkeit befreit, wenn ihm die Eröffnung des Verfahrens nicht bekannt war.

Für die Frage der *Anfechtbarkeit* von Rechtshandlungen ist grundsätzlich das Recht des Staates der Verfahrenseröffnung maßgebend (Art. 4 II Buchstabe m EuInsVO). Dies gilt nach Art. 13 EuInsVO dann nicht, wenn der Begünstigte nachweist, dass für die angefochtene Handlung das Recht eines anderen Staates gilt und die Handlung danach unanfechtbar ist. **26**

Eine Sonderanknüpfung findet auch bezüglich *anhängiger Rechtsstreitigkeiten* über einen Gegenstand oder ein Recht der Masse statt. Nach Art. 15 EuInsVO entscheidet ausschließlich das Recht des Mitgliedstaates über die Wirkungen des Insolvenzverfahrens auf den anhängigen Rechtsstreit, in dem der Rechtsstreit anhängig ist. **27**

5. Verfahrensdurchführung. Für die Durchführung des Insolvenzverfahrens ist das Recht des Eröffnungsstaats maßgeblich. Der Verwalter darf daher auch auf dem Gebiet anderer Mitgliedstaaten tätig werden, Art. 18 I EuInsVO. Insbesondere kann er die zur Masse gehörenden beweglichen Gegenstände in den Eröffnungsstaat schaffen lassen und Anfechtungsklagen erheben, Art. 18 II EuInsVO. Bei der Durchsetzung der Rechte der Masse ist er (selbstverständlich) an das Recht des Mitgliedstaats gebunden, insbesondere muss er sich der Vollstreckungsorgane bedienen. Der Nachweis der Verwalterstellung erfolgt durch eine beglaubigte Abschrift der Bestellungsentscheidung, die ggf. in eine Amtssprache des Mitgliedstaats zu übersetzen ist, in dem der Verwalter handelt, Art. 19 EuInsVO. **28**

Das Recht der Forderungsanmeldung unterliegt ebenfalls dem Eröffnungsstaat. Art. 39 EuInsVO stellt klar, dass jeder in einem (anderen) Mitgliedstaat ansässige Gläubiger seine Forderungen anmelden kann; eine Diskriminierung ausländischer Gläubiger ist ausgeschlossen. Die Anmeldung hat schriftlich zu erfolgen. Die Forderung ist substantiiert darzulegen, Art. 41 EuInsVO; zur Sprache der Anmeldung vgl. Art. 42 II EuInsVO. Die dem Eröffnungsgericht oder dem Verwalter bekannten Gläubiger sind von der Insolvenzeröffnung zu unterrichten, Art. 40 EuInsVO; zur Sprache der Unterrichtung vgl. Art. 42 I EuInsVO. **29**

6. Partikular- und Sekundärinsolvenzverfahren. Zu den Verfahrensarten vgl. o. Rn. 7.

Neben dem Hauptinsolvenzverfahren regelt die EuInsVO Partikular- und Sekundärinsolvenzverfahren, die dem Territorialitätsprinzip folgen und deren Wirkungen sich daher auf den Eröffnungsstaat beschränken (Art. 3 II 2 EuInsVO). Zugleich entfalten sie eine anerkennungsrechtliche Sperrwirkung: Die Wirkungen des Hauptinsolvenzverfahrens treten in einem Staat nicht ein, in dem ein Partikular- bzw. Sekundärinsolvenzverfahren eröffnet ist (vgl. Art. 17 I HS 2 EuInsVO). **30**

Voraussetzung der Eröffnung von Partikular- und Sekundärinsolvenzverfahren ist, dass der Schuldner in dem Eröffnungsstaat eine Niederlassung hat (Art. 3 II 1 EuInsVO). Der Begriff „Niederlassung" richtet sich nach Art. 2 Buchstabe h EuInsVO. **31**

Partikularinsolvenzverfahren können nach Art. 3 IV EuInsVO nur eröffnet werden, wenn in dem nach Art. 3 I EuInsVO für Hauptinsolvenzverfahren international zuständigen Mitgliedstaat aus irgendwelchen Gründen ein Insolvenzverfahren nicht eröffnet werden kann oder der den Insolvenzantrag stellende Gläubiger im Niederlassungsstaat ansässig ist bzw. seine Forderung sich aus dem Geschäfts- **32** betrieb der Niederlassung ergibt. Im Übrigen ist das Partikularinsolvenzverfahren ein ganz gewöhnliches Insolvenzverfahren; insbesondere sind die Eröffnungsvoraussetzungen zu prüfen. Wird später in dem Staat, in dem der Schuldner den Mittelpunkt seiner hauptsächlichen Interessen hat, ein Hauptinsolvenzverfahren nach Art. 3 I EuInsVO eröffnet, wandelt sich das Partikularinsolvenzverfahren in ein Sekundärinsolvenzverfahren (Art. 36 EuInsVO).

33 Ein Sekundärinsolvenzverfahren setzt voraus, dass in einem anderen Mitgliedstaat bereits ein Hauptinsolvenzverfahren eröffnet worden ist. Ein Insolvenzgrund wird im Sekundärinsolvenzverfahren daher nicht mehr geprüft (Art. 27 S. 1 EuInsVO). Allerdings kann das Insolvenzgericht einen Kostenvorschuss einholen, wenn dies das Recht des Eröffnungsstaats vorsieht (Art. 30 EuInsVO). Antragsberechtigt sind neben dem Verwalter des Hauptinsolvenzverfahrens die nach dem Recht des Mitgliedstaats, in dem das Sekundärinsolvenzverfahren eröffnet werden soll antragsbefugten Personen (Art. 29 EuInsVO). Gläubiger können Forderungen in beiden Verfahren anmelden (Art. 32 I EuInsVO), erhalten aber dadurch keine Vorteile, denn erhaltene Zahlungen sind im jeweils anderen Verfahren anzurechnen (vgl. Art. 20 II EuInsVO). Auch die Verwalter des Hauptinsolvenzverfahrens und des Sekundärinsolvenzverfahrens haben das Recht, die schon in ihren Verfahren angemeldeten Forderungen in dem jeweils anderen Verfahren anzumelden (Art. 32 II EuInsVO). Daher dürfen sie auch an einer Gläubigerversammlung im jeweils anderen Verfahren teilnehmen (Art. 32 III EuInsVO). Im Übrigen trifft die Verwalter eine Kooperations- und Unterrichtungspflicht (Art. 31 EuInsVO). Der Verwalter im Hauptinsolvenzverfahren kann auf das Sekundärinsolvenzverfahren Einfluss nehmen, indem er Vorschläge zur Verwertung des vom Sekundärinsolvenzverfahren erfassten Vermögens unterbreitet (Art. 31 III EuInsVO) oder beim Gericht des Sekundärinsolvenzverfahrens den Antrag stellt, die Verwertung im Sekundärinsolvenzverfahren auszusetzen (Art. 33 EuInsVO), um eine Sanierung im Hauptinsolvenzverfahren zu ermöglichen. Der Verwalter des Hauptinsolvenzverfahrens ist sogar befugt, für das Sekundärinsolvenzverfahren eine Sanierung zu initiieren (Art. 34 EuInsVO).

IV. Das deutsche Internationale Insolvenzrecht

Literatur: *Liersch*, Deutsches Internationales Insolvenzrecht, NZI 03, 302.

34 Das deutsche internationale Insolvenzrecht in §§ 335 ff. ist bei Insolvenzverfahren mit Auslandsbezug anwendbar, soweit der Anwendungsbereich der EuInsVO nicht eröffnet ist. Inhaltlich folgt es im Wesentlichen der EuInsVO. Eine vollständige Übernahme kam nicht in Betracht, denn das Vertrauen in die Rechtsstaatlichkeit und Justizförmigkeit der Insolvenzverfahren ist gegenüber Drittstaaten geringer als gegenüber den Mitgliedstaaten der EU (BT-Drs. 15/16, S. 13). Unterschiede ergeben sich beispielsweise hinsichtlich der Vollstreckung ausländischer Entscheidungen: Abweichend von Art. 25 EuInsVO setzt § 353 ein inländisches Vollstreckungsurteil voraus.

35 § 335 geht von der Wirkungserstreckung aus. Das in Deutschland eröffnete Insolvenzverfahren erfasst das weltweite Vermögen des Schuldners. Zu Partikular- und Sekundärinsolvenzverfahren vgl. §§ 354 ff. Das auf das Insolvenzverfahren anwendbare Recht richtet sich nach dem Eröffnungsstaat. Die §§ 336–340 enthalten

Sonderregelungen. §§ 335 ff. regeln die internationale Zuständigkeit nicht; maßgeblich ist daher § 3.

Nach § 343 I 2 werden ausländische Insolvenzverfahren grundsätzlich anerkannt. **36**
Die Anerkennung entfällt bei Verfahren, bei denen die Gerichte des Staates der Verfahrenseröffnung nach deutschem Recht nicht zuständig waren (§ 343 I 2 Nr. 1); Maßstab ist insoweit § 3. Zudem darf die Anerkennung nicht zu einem Verstoß gegen den *ordre public* führen (§ 343 I 2 Nr. 2). Auf Antrag des ausländischen Insolvenzverwalters hat das deutsche Insolvenzgericht gemäß § 345 den wesentlichen Inhalt der Entscheidung über die Verfahrenseröffnung (und ggf. die Beendigung) im Inland bekannt zu machen; Bedeutung hat dies für den gutgläubigen Erwerb. Der ausländische Insolvenzverwalter kann das Insolvenzgericht um Eintragung des Eröffnungsbeschlusses bzw. von Verfügungsbeschränkungen ins Grundbuch ersuchen (§ 346). Wirkung entfalten auch alle sonstigen Folgen der ausländischen Verfahrenseröffnung. So verliert der Schuldner seine Verfügungsbefugnis. Ein massebezogener Rechtsstreit wird unterbrochen (§ 352).

Gesetzesverzeichnis

Die angegebenen Fundstellen beziehen sich auf die Paragraphen des Buches und deren Randnummern.

InsVV

KO

KSchG

KWG

LPartG

MarkenG

PatG

RPflG

ZVG

ZwVwV

Sachverzeichnis

Die **fett** gesetzten Zahlen verweisen auf die Paragraphen, die mageren auf deren Randnummern. Hauptfundstellen sind *kursiv* gesetzt.